北京大學《儒藏》編纂與研究中心 編

春秋左氏傳舊註疏證

（三）

〔清〕劉文淇等 撰

李君龍 王振華
班龍門 李曉明 校點

北京大學出版社
PEKING UNIVERSITY PRESS

春秋左氏傳舊注疏證

文公《魯世家》：「文公，名興，僖公之子，夫人聲姜所生。」《謚法》：「忠信接禮曰文，博聞多見曰文。」

【經】元年，春，王正月，公即位。無傳。

二月，癸亥，日有食之。無傳。**【注】**劉歆以爲正月朔，燕、越分。《五行志》。**【疏證】**《公羊》「亥」下有「朔」。杜注：「癸亥，月一日，不書朔，官失之。」李富孫云：「《左》、《穀》無『朔』字，或爲闕文。」臧壽恭云：「《漢書·五行志》引經亦無『朔』字。《楚元王傳》注引有『朔』字，蓋《穀梁》經也。案：是年入甲申統一千一十七年，積月一万二千五百七十八，閏餘十三，是歲有閏，積日三十七万一千四百三十九，小餘十七，大餘三十九，正月癸亥朔。又置上積日，以統法乘之，❶以十九乘小餘十七，并之，滿周天除去之，餘五十三万一千二百七十四，滿統法而一，得積度三百四十五度，餘五百七十三，命如法，合辰在斗七度。」❷貴曾曰：案是年積月一万二千五百七十八，以二十三乘之，盈百三十五，去之，餘一百二十四，加二十三者一，得一百四十七，盈百三十五，又去之，餘十

❶「統」，原爲空格，今據《春秋左氏古義》卷三補。

❷原稿眉批：録臧氏説。原引姜岌云入食限，今不録。

二，置加數一，命起十一月算外，得周二月有食。歆以爲正月，當再考。

天王使叔服來會葬。【疏證】《五行志》注：「師古曰：『叔，氏。服，字。』」與杜注同。疏：「傳稱『内史叔服』，内史於《周禮》爲中大夫。天子、大夫例書字，知『叔，氏；服，字』也。」

夏，四月，丁巳，葬我君僖公。

天王使毛伯來賜公命。【注】賈逵以爲：「諸侯踰年即位，天子賜以命珪，合瑞爲信也。」《通典》八十引段暢議。【疏證】賜，監本作「錫」。惠棟云：「唐石經及宋本『錫』作『賜』。《釋文》同，云『本或作錫』。《覲禮》云：『天子賜舍。』注：『今文賜作錫。』」如惠説，則《左氏》古文作「賜」，今從石經正。《公羊傳》：「錫者何？賜也。」彼經文異《左氏》。❶《五行志》注：「師古曰：『毛伯，周之卿士也。賜命者，賜以命圭爲瑞信也。』」即用賈説。杜注：「天子賜以命圭。」知杜氏所見經文亦作「賜公命」矣。疏：「《大宗伯》『侯執信圭』，《冬官·玉人》桓圭以下皆謂之命圭。魯是侯爵，當賜之以信圭也。」又云：「僖十一年晉惠公新立，王賜之命，此亦新立，是其比也。」按：《詩·瞻彼洛矣》箋：❷「此諸侯世子也，除三年之喪，服士服而來，未過爵命之時，時有征伐之事，天子以其賢，任爲軍將。」疏云：「《春秋》之義，諸侯踰年即位，天子賜之以命圭，則天子遣使就國賜之矣。文元年，『天王使

---

❶「彼」、「異」，原爲空格，今據原稿補。

❷「瞻」，原作「贍」，今據原稿改。

毛伯來錫公命』，是其事也。此言除三年之喪，自來受賜命者，❶天子命諸侯之禮亡，❷亦無明文。《春秋》之義，言踰年錫命者，説者致之，非傳辭也。春秋之世，魯文公、晉惠公，即位而賜之。魯成公，八年乃賜之。齊靈公，天子將昏于齊始賜之。衛襄、魯桓，則既葬乃賜之。是賜命時節無定限也。❸由此而言，❹蓋踰年賜命，是其正。其不得命，則除喪自見天子。」《詩》疏謂「踰年即位賜命」，即據賈説。本疏引晉惠賜命爲比，❺杜無其義。蓋舊疏申賈注之辭矣。❻

晉侯伐衛。【疏證】《年表》：「晉襄公二年伐衛，衛伐我。」

叔孫得臣如京師。【疏證】《檀弓》疏引《世本》：「桓公生僖叔牙，牙生戴伯兹，兹生莊叔得臣，得臣生穆叔豹。」杜注：「得臣，叔牙之孫。」用《世本》説。

衛人伐晉。【疏證】《年表》：「衛成公九年，晉伐我，我伐晉。」

秋，公孫敖會晉侯于戚。【疏證】杜注：「公孫敖，魯大夫慶父之子。戚，衛邑。」顧棟高云：「戚，今在直

---

❶「命」，原脱，今據原稿補。
❷「亡」，原作「也」，今據原稿改。
❸「節」，原作「命」，今據原稿改。
❹「言」，原爲空格，今據《毛詩正義》卷十四補。
❺「比」，原作「此」，今據原稿改。
❻「舊」，原作「少回」，今據原稿改。

隸大名府開州北七里，有古戚城。」沈欽韓云：「《清豐縣志》：『戚城在縣南三十五里。』」按：清豐屬直隸大名府。

冬，十月，丁未，楚世子商臣弒其君頵。【疏證】《楚元王傳》注引經，「世」作「大」。《公》、《穀》「頵」曰「髡」。李富孫云：「《繁露・滅國》引同。《十二諸侯年表》、《楚世家》、《古今人表》並作惲。頵、髡同部，惲亦聲之轉。」宣四年傳例：「凡弒君，稱君，君無道也；稱臣，臣之罪也。」

公孫敖如齊。

【傳】元年，春，王使內史叔服來會葬。

公孫敖聞其能相人也，見其二子焉。

叔服曰：「穀也食子，難也收子。【疏證】杜注：「穀，文伯。難，惠叔。食子，奉祭祀供養者也。收子，葬子身也。」

「穀也豐下，必有後於魯國。」【疏證】杜注：「豐下，蓋面方。」按：此明「穀也食子」義。

於是閏三月，非禮也。【疏證】杜注：「於曆法閏當在僖公末年，誤於今年三月置閏，蓋時達曆者所譏。」杜謂上年當置閏，不析言當在何月。貴曾曰：案僖公三十三年閏餘六，❶無閏，杜說非也。案《律曆志》：「文公元年距僖五年辛亥二十九歲，是歲閏餘十三，閏當在十一月後，而在三月，故傳曰『非禮也』。」是舊說謂置閏當在

❶ 下「三」，原作「二」，今據原稿改。

此年，❶魯曆失其月。據《律曆志》，是年閏餘十三，以十二乘之，得百五十六，加七者十一，盈章中二百二十八而餘五，置加數十一，從冬至算外，正小雪，閏應在十一月後。是年當閏十一月，故《志》云閏當在十一月後也。甄鸞《五經算術》：「推文公元年歲在乙未，❷閏當在十月下，而失在三月法，臣淳風謹案：術意其問宜云：❸『從周曆上元丁巳，至魯文公元年歲在乙未，積二百七十五万九千七百九十八算，歲中十二閏餘七，問其年有閏以不，❹若有閏，復在何月下？』曰：『其年有閏，在十月下。』術曰：❺『置周曆上元丁巳，至魯文公元年歲在乙未，積二百七十五万九千七百九十八算，以元法四千五百六十除之，得六百五，棄之，取不盡九百九十八，以章月二百三十五乘之，得二十三万四千五百三十，以章歲十九除之，得一万二千三百四十三爲積月，不盡十三爲閏餘。經云閏餘十二已上，其歲有閏，今有十三，知文公元年有閏也。置章歲十九，以閏餘十三減之，不盡六，以歲中十二乘之，得七十二，以章閏七除之，得十，命從正月起算外，閏十月下而盡，閏三月非也。』」詳甄、李氏推此年之閏，視《律曆志》先一月，蓋據周曆，故與《漢志·三統術》異也。顧炎武云：「古人以閏爲歲之餘，凡置閏必在十二

❶「舊」，原作「少回」，今據原稿改。
❷「推」，原爲空格，今據原稿補。
❸「術」，原爲空格，今據原稿補。
❹「問」，原爲空格，今據原稿補。原稿眉批：不猶否也。
❺「術」，原爲空格，今據原稿補。

月之後，故曰『歸餘於終』。考經文之書閏月者，皆在歲末。文公六年，『閏月不告月，❶猶朝于廟』，哀公五年『閏月，葬齊景公』是也。而《左傳》成公十七年、襄公九年、哀公十五年皆有閏月，亦并在歲末。是以經傳之文，凡閏不言其月者，言閏即歲之終可知也。今魯改曆法，置閏在三月，故爲非禮。《漢書・律曆志》『魯曆不正，以閏餘一之歲爲蔀首』是也。」❷顧氏不詳推閏法，其言閏必歲終，非。

先王之正時也，履端於始，舉正於中，歸餘於終。【注】劉歆說：「經於四時，雖亡事，必書時月。時，所以記啟閉也；月，所以紀分至也。啓閉者，節也；分至者，中也。節不必在其月，故時中必在正數之月，此先王之重閏也。」《律曆志》。【疏證】《曆書》「歸餘」作「歸邪」，集解：❸「邪音餘。」李富孫云：「《詩》『其虛其邪』，《釋訓》作『其徐』，徐、餘聲同。」❹《律曆志》引劉歆說下引此傳，釋云「此先王之重閏也」，亦是歆語，今并裁爲注。然歆說疑不爲此年傳而發，知者，桓十七年經「夏五月」，賈、服說：「若登臺而不視朔，則書時不書月。若視朔而不登臺，則書月不書時。若雖無事，視朔登臺，則空書時、月。」賈、服所謂「空書時、月」，即歆說「雖亡事，必書時、月」也。歆因《春秋》無事必書時、月，❺知啟、閉、分、至關於節氣、中氣，以識此傳舉正於中

❶「不告月」，原作「必告朔」，今據《皇清經解》卷一《左傳杜解補正》改。
❷「閏」，原作「周」；「首」，原爲空格，今據原稿改補。
❸「集解」，原爲空格，今據原稿補。
❹「餘」，原脱，今據原稿補。
❺「因」，原作「用」，今據原稿改。

之理，故引傳釋之。僖五年傳「凡分、至、啟、閉必書雲物」，《律曆志》引歆説，❶亦用此傳舉正於中證之。❷又云：「昭二十年二月己丑，日南至，失閏，至在非其月。梓慎望氛氣而弗正，不履端於始也。」亦舉此傳語爲説。❸杜注：「舉中氣以正月，有餘日則歸之於終。」用歆説也。《曆書》亦引此傳，注：「韋昭曰：『謂正曆必先稱端始也，若十一月朔旦冬至也。舉正於中，❹則時日昏朔皆正也。❺餘，餘分也。終，閏月也。中氣在晦，則後月閏。在望，是其正中也。』」《律曆志》：「師古曰：『履端於始，謂步曆之始，以爲術之端首也。舉正於中，❻謂分一期爲十二月，舉中氣以爲十二月，❼舉中氣以正月也。歸餘於終，謂有餘日則歸於終，積而成閏也。』」韋、顔説詳略互明，疑皆此傳舊説。❽

履端於始，序則不愆。【疏證】《天官書》「愆」作「僁」。《玉篇》：「僁，俗字。」❾

---

❶「引」，原脱，今據原稿補。

❷「正」，原作「中」；「之」，原脱，今據原稿改補。

❸「説」，原脱，今據原稿補。

❹「舉正於中」，《史記・曆書》作「氣在望中」。

❺「朔」，《史記・曆書》作「明」。

❻「正」，原作「中」，今據《漢書・律曆志》改。

❼「舉中氣以爲十二月」，此句《漢書・律曆志》無，疑衍。

❽「舊」，原作「圖」，今據原稿改。

❾原稿眉批：愆，詁。

舉正於中，民則不惑。【疏證】本疏：「閏後之月，中氣在朔，則斗柄月初已指所建之辰。閏前之月，中氣在晦，則斗柄月末方指所建之辰。故舉月之正在中氣，❶則斗柄常不失所指之次。」

歸餘於終，事則不悖。【疏證】《律曆志》「悖」作「誖」。李富孫云：「《説文》：『誖，亂也。』或作悖，字同。」

夏，四月，丁巳，葬僖公。【疏證】杜注：「傳皆不虚載經文，而此經孤見，知僖公末年傳宜在此下。」《讀本》云：「此五月葬，常禮也。閏月不計，杜預并閏月計之爲六月。又以僖公卒，十二月無乙巳，當是十一月十二日，至此爲七月葬。因讀『緩作主』爲葬僖公緩。今檢傳云『緩作主』，不言葬緩，則閏月本不計，其十二月乙巳，日轉寫誤，非月轉寫誤也。杜言『傳皆不虚載經文』，此傳自與二年二月傳前後相引，非虚載經文。」按：《讀本》説是也。❷

王使毛伯衛來賜公命，【疏證】顧炎武云：「石經『錫』誤『賜』。」《校勘記》云：「經與傳文往往不同，顧以作『賜』爲誤，非也。」洪亮吉云：「顧炎武以石經爲誤，非。經、傳文往往不盡同，如五年經『王使榮叔歸含且賵』，傳作『來含』，是也。又《公羊傳》：『錫者何？賜也。』《左氏》作『賜』，正以釋經。今據改。」按：洪説是也。

叔孫得臣如周拜。

晉文公之季年，諸侯朝晉。

---

❶「舉」，原作「本」，今據原稿改。

❷原稿眉批：查曆譜，駁十二月無乙巳。

衛成公不朝，使孔達侵鄭，【疏證】杜注：「孔達，衛大夫。」《祭統》疏引《世本》：「莊叔達生得閭叔穀，穀生成叔烝鉏，鉏生頃叔羅，羅生昭叔起，起生文叔圉，圉生悝。」

伐緜、訾及匡。【疏證】江永云：「緜、訾，杜無注，傳言『伐緜、訾及匡』，則緜、訾當與匡相近。匡在開州長垣縣。衛有訾婁故邑，見僖十八年，在今滑縣。而滑縣與長垣接界，則訾疑即訾婁。始爲邢人所取，後則屬之鄭耳。緜當別一地，亦近匡。」江氏説匡在今長垣，故以訾婁當訾，即平丘之匡亭也。《水經·渠》注：❶「今陳留長垣縣有匡城。」此江説匡在長垣所本。《一統志》：「匡城在陳州府扶溝縣西。」《水經·渠》注又云：「扶溝縣匡亭在匡城鄉。❷《春秋》『孔達侵鄭，伐緜、訾及匡』，即此地也。」《彙纂》同，皆用《水經注》説。江氏又云：「此年之匡，❸非扶溝之匡也。八年『晉使解揚歸匡、戚之田於衛』，❹注謂：『匡，本衛邑，中屬鄭，孔達伐不能克，今晉令鄭還衛及取戚田，皆見元年。』按：此則匡與戚相近之邑也。《一統志》：『大名府開州長垣縣西南十五里有匡城，即《論語》「子畏於匡」之地。』隋嘗改長垣爲匡城，❺今長垣在開州南一百五十里。開州之帝丘，當時衛所都，而戚城即在開州城北七里，故匡與戚本皆衛邑。八年晉歸戚田，并令鄭歸匡田耳。若扶溝之匡，去衛遠，衛不能有

---

❶「渠」，原作「□水」，今據《水經注箋》卷二十二改。下一「渠」字同。
❷「鄉」，原爲空格，今據原稿補。
❸「年」，原作「平」，今據原稿改。
❹「揚」，原爲空格，今據原稿補。
❺「嘗」，原爲空格，今據原稿補。

其地。❶杜注誤扶溝之匡爲鄭邑，見定六年。」按：江説是也。《方輿紀要》謂匡城在開封府洧川，沈欽韓從其説。洧川去訾、戚地皆絶遠，沈説非。

晉襄公既祥，【疏證】本疏：「《禮》『期而小祥』。晉文公以僖三十二年十二月卒，則三十三年十二月爲小祥。此云『既祥』，謂小祥也。」

使告於諸侯而伐衛，及南陽。【疏證】南陽見僖二十五年疏證。《秦本紀》集解應劭説：❷南陽又爲魏、鄭、衛三國之地。此南陽，衛所分地也。

先且居曰：「效尤，禍也。【疏證】杜注：「尤，衛不朝，故伐。今不朝王，是效衛致禍。」

「請君朝王，臣從師。」

晉侯朝王于温，【疏證】惠士奇曰：「温實京師，故王會諸侯於此，諸侯亦朝王於此。杜預謂晉侯自嫌強大，不敢朝周。其説尤悖。」

先且居、胥臣伐衛。五月，辛酉，朔，晉師圍戚。六月，戊戌，取之，【疏證】貴曾曰：三月壬戌朔，二日辛酉。四月辛卯朔，八日戊戌。是年三月誤置閏故。

獲孫昭子。【疏證】杜注：「昭子，衛大夫，食戚邑。」成十四年疏引《世本》：「孫氏出於衛武公。」《世族》謂

---

❶「有」，原作「田」，今據原稿改。

❷「集解」，原爲空格，今據原稿補。

「孫昭子，武公四世孫」，用《世本》説。

衛人使告於陳。陳共公曰：「更伐之，我辭之。」【疏證】杜注：「見伐求和，不競太甚，故使報伐，示己力足以距晉。」顧炎武云：「辭之者，爲之請平於晉。」

衛孔達帥師伐晉，

君子以爲古。古者越國而謀。❶【疏證】杜注：「合古之道，而失今事霸主之禮，故國失其邑，❷身見執辱。」疏引劉炫云：「春秋之時，天子微弱，霸主秉德刑以長諸侯，諸侯从時命以事霸主，大字小，小事大，所以相保持也。晉之與衛，大小不同，而耻於受屈，望以彊獲免，明王在上，理在可然，度時之宜，則非善計。君子以爲合古之道，失當今之宜，亦不言其謀全非禮也。」❸此炫《述義》語。杜注或用舊説。

秋，晉侯疆戚田，故公孫敖會之。【疏證】杜注：「晉取衛田，正其疆界也。」❹

初，楚子將以商臣爲太子，訪諸令尹子上。子上曰：「君之齒未也，而又多愛，黜乃亂也。【疏證】「黜」，《楚世家》作「絀」。鄭玄《禮記》注：「齒，年也。」杜用鄭説。顧炎武云：「言君之春秋富而内嬖多，將來必有易樹之事，則亂從之矣。」按：《楚世家》云「而又多内寵」，則史公以愛爲内嬖。顧説是也。

---

❶ 原稿眉批：越，詁。

❷ 「故」，原爲空格，今據原稿補。

❸ 「禮」，原作「理」，今據《春秋左氏傳正義》卷十八改。

❹ 原稿眉批：疆，詁。

「楚國之舉，恒在少者。【注】賈云：「舉，立也。」《楚世家》集解。【疏證】杜用賈說。李貽德云：❶「舉訓立者，引申之義。」文淇案：昭十二年傳：「叔向曰：『羋姓有亂，必季實立，楚之常也。』」與此同意。

「且是人也，蠭目而豺聲，忍人也，【注】服云：「言忍爲不義。」《楚世家》集解。【疏證】《釋文》：「蠭，本又作『蜂』。」杜注用服說。❷

「不可立也。」弗聽。

既又欲立王子職，而黜太子商臣。【注】賈云：「職，商臣庶弟也。」《楚世家》集解。【疏證】杜用賈說。

商臣聞之而未察，告其師潘崇曰：「若之何察之？」【疏證】杜無注。《通志·氏族略》：「潘氏，羋姓。楚之公族，以字爲氏。」未知何本。《楚世家》：「商臣聞而未審也，告其傅潘崇曰：『何以得其實？』」

潘崇曰：「享江羋而勿敬也。」【疏證】杜注：「江羋，成王妹，嫁於江。」傳稱江羋，杜故指爲成王妹。《楚世家》：「饗王之寵姬江羋而勿敬也。」《楚世家》述商臣事與傳略同，❸惟以江羋爲王寵姬異。集解：「姬，當作『妹』。」，然「寵妹」不詞，❹史公采異說耳。

---

❶「貽德」，原爲空格，今據原稿補。
❷原稿眉批：蠭、豺，補注。
❸「略」，原作「若」，今據原稿改。
❹「然寵妹不」，原作「一」，今據原稿改。

從之。江芈怒曰：「呼，役夫！【疏證】杜注：「呼，發聲也。」《釋文》：「好賀反。」王引之云：「呼，即吁字。《莊子・在宥》篇：『鴻蒙仰而視雲將曰「吁」。』《釋文》：『吁，亦作呼。』《檀弓》：『曾子聞之，❶瞿然曰呼。』《釋文》『呼』作『吁』。是吁、呼古字通也。吁乃驚怪之聲。《檀弓》注以爲虚憊之聲，亦非。」按：王説是也。黄生《義府》云：「《曾子問》呼讀爲吁，非也。按：陽伯嵒《九經補韻》：❷『《左傳》文元年「呼，役夫」，呼音賀。』此亦當從其音。」按：呼、賀雙聲，《補韻》亦从《釋文》讀。黄氏不釋「呼」義，仍用杜注發聲之訓，未得當時情事。杜注：「役夫，賤者稱。」惠棟云：「《管子》曰：『處里爲下陳，處師爲下通，❸謂之役夫。』」沈欽韓云：「《列子・周穆王》篇：『有老役夫筋力竭矣，晝則呻呼而爲僕虜。』❹則役夫爲執役於公之稱。」

宜君王之欲殺女而立職也。」【疏證】《校勘記》云：「《韓非子》作『廢女』。劉知幾《史通・言語》篇引同。」惠棟云：「上云『絀商臣』，合作『廢』。」洪亮吉云：「傳上云『黜商臣』，似作『廢』字爲允。況既作『殺』字，則潘崇下可無『能事諸乎』一語。」李富孫云：「上文王欲絀太子，則此作『廢』字自合。」文淇案：《年表》「王欲殺太子立職」，與傳文合。《韓非》、《史通》皆異文也。壽曾曰：「殺女」乃甚之之辭。《楚世家》：「宜乎王之欲殺若而立職也。」

❶「之」，原脱，今據《禮記正義》卷六補。
❷「嵒」，原作「巒」，今據原稿改。
❸「通」上，原有一空格，今據原稿删。
❹「晝」，原作「盡」，今據《春秋左氏傳補注》卷四改。

告潘崇曰：「信矣。」

潘崇曰：「能事諸乎？」【注】服云：「若立職，子能事之？」《楚世家》集解。【疏證】杜注：「問能事職否。」用服說。李貽德云：❶「案：《周禮・内小臣》疏：『若，不定之辭也。』」

曰：「不能。」「能行乎？」曰：「不能。」「能行大事乎？」【注】服云：「謂弒君。」《楚世家》集解。【疏證】杜用服說。惠棟云：「服、杜皆以爲弒君。按高誘《戰國策》注云：『大事，兵事。』傳所謂『國之大事在祀與戎』也。』故下云『以宫甲圍成王』。」

曰：「能。」冬，十月，以宫甲圍成王。【疏證】杜注：「太子宫甲。僖二十八年，王以東宫卒從子玉，蓋取此宫甲。」洪亮吉云：「《韓非子・内儲》篇：『于是乃起宿營之甲，而攻成王。』」《楚世家》：「商臣以宫衛兵圍成王。」

王請食熊蹯而死，【注】舊注：「熊蹯難熟，冀外救也。」《御覽》九百八。【疏證】《説文》：「熊，獸。似豕，山居，冬蟄。」《釋獸》：「其足蹯。」《説文》引作「其足蹞」。又云：「獸足謂之番，从釆田，象其掌。」鄭玄《周禮》注：「蹯，掌也。」杜注：「熊蹯難熟，冀久將有外救。」與《御覽》所引注異，故定爲舊注。杜增益舊注爲説也。服注説「熊蹯」，見宣二年傳。

弗聽。丁未，王縊。【疏證】《楚世家》：「丁未，成王自絞殺。」

---

❶「貽德」，原爲空格，今據原稿補。

謚之曰「靈」，不瞑。曰「成」，乃瞑。【疏證】賀琛《謚法》佚「靈」字。疏云：「亂而不損曰靈。」見《汲冢周書》。《周書》無「成」謚。琛《謚法》：「佐相克終曰成，❶惇龐純固曰成。」疏所舉「安民立政曰成」，琛書列爲臣謚也。禮，葬而後謚。杜注：「言其忍甚，未斂而加惡謚。」是也。謚「靈」不瞑，傳明楚成彊死，不承此謚也。疏泥杜注，謂特明商臣忍甚。又引桓譚説云：「自縊而死，其目未合，❷尸冷乃合，❸非出謚之善惡也。」此桓氏駁《左傳》語，引以説傳，尤非。

穆王立，以其爲大子之室與潘崇，【疏證】杜無注。疏云：「商臣今既爲王，以其爲太子之時所居室中財物僕妾盡以與潘崇，非與其所居之宮室也。」按：《年表》：「穆王商臣元年，以其太子宅賜崇爲相。」《楚世家》：「以其大子宮與潘崇。」不謂財物僕妾也，疏未得傳意。

使爲太師，且掌環列之尹。【疏證】《楚世家》：「使爲太師，掌國事。」杜注：「環列之尹，宮衛之官，列兵而環王宮。」沈欽韓云：「若漢之衛尉矣。《唐六典》：『十二衛大將軍掌統領宮庭警衛之法令。』」❹

穆伯如齊，始聘焉，禮也。【注】鄭康成云：「《周禮》：『諸侯邦交，歲相問，殷相聘，世相朝。』」

---

❶「佐」，原爲空格，今據原稿補。
❷「目」，原作「曰」，今據《春秋左傳正義》卷十八改。
❸「冷」，原爲空格，今據原稿補。
❹「十二」，《唐六典》卷二十四作「左右」。原稿眉批：注本夾大父條云：查襄三年，未知是此條事否，再檢。

《左氏》合古禮，何以難之？」本疏引《箴膏肓》。【疏證】杜注：「穆伯，公孫敖。」疏引何休《膏肓》：「三年之喪，使卿出聘，於義《左氏》爲短。」下引鄭氏箴辭。《大行人職》：「凡諸侯之邦交，歲相問也，殷相聘也，世相朝也。」鄭君蓋舉彼職文，❶取世相朝爲證也。彼注云：「父死子立曰世。」朝、聘通言之。世相朝，則不以三年喪廢聘矣。

凡君即位，卿出並聘，【疏證】此即位聘例也。杜無注。王引之云：「並之言普也，並聘言徧聘也。」按：《大行人》「歲相問也」注：「凡君即位，大國朝焉，小國聘焉。」疏：「案文元年，『公孫敖如齊』，傳曰：『凡君即位，卿出並聘。』謂己卿往聘他，他卿來聘己，是總語也。云『大國朝焉』者，己是小國，己往朝大國。『小國聘焉』者，己是大國，使聘小國。」如彼疏説，則並聘當作互聘解，王説非也。沈欽韓云：「按：君即位，鄰國有來朝聘于我者，我國亦朝聘于鄰國，兼彼我二義也。」本疏：「即位者，既葬除喪，即成君之吉位也。唯以既葬爲限，❷不以踰年爲斷。」案：踰年改元，經書即位，不關既葬，疏説非。其謂既葬除喪，又誤沿杜預短喪之説。

踐修舊好，要結外援，【疏證】《文選》注「外援」作「大援」。杜注：「踐猶履行也。」❸俞樾云：「按：履行而修舊好，甚爲不辭。❹踐當讀爲纘。《詩·崧高》篇『王纘之事』，《釋文》引《韓詩》作『王踐之事』，是『踐』與『纘』

❶「舉」，原作「本」，今據原稿改。
❷「限」，原作「服」，今據《春秋左傳正義》卷十八改。
❸原稿眉批：杜本鄭氏《禮》注，酌。
❹「不」，原爲空格，今據原稿補。

古字通用。『踐修舊好』，即纘修舊好。」按：俞説是也。

好事鄰國，以衛社稷，忠信卑讓之道也。

忠，德之正也；信，德之固也；卑讓，德之基也。【疏證】傳因聘禮論交鄰之道。杜注：「傳因此發凡，以明諸侯諒闇，則國事皆用吉禮。」按：聘問爲即位常禮，五十凡皆本禮經，不關諒闇用吉，杜説謬甚。

殽之役，【疏證】僖三十三年秦師敗於崤。

晉人既歸秦帥，秦大夫皆言於秦伯曰：❶「是敗也，孟明之罪也，❷必殺之。」

秦伯曰：「是孤之罪也。

「周芮良夫之詩曰：『大風有隧，貪人敗類。聽言則對，誦言如醉。匪用其良，覆俾我悖。』【疏證】《釋文》：「俾，本亦作『卑』。」《國語》注：「芮良夫，周大夫芮伯也。」引《詩·大雅·桑柔》文。《小序》：「《桑柔》，芮伯刺厲王也。」傳：「隧，道也。類，善也。覆，反也。」箋：「西風謂之大風。類，等夷也。對，答也。貪惡之人，見道聽之言，則應答之；見誦《詩》《書》之言，則冥卧如醉。居上位而不用善，反使我爲悖逆之行，是形其敗類之驗。」❸毛、鄭訓「類」異。杜注：「貪人之敗善類。」用毛説。陳奂《毛詩疏》：「善謂善人，即上章所云良人也。」

---

❶「夫」下，《春秋左傳正義》卷十八有「及左右」三字。

❷「罪」，原重文，今據原稿刪。

❸「形」，原爲空格，今據《毛詩正義》卷十八補。

「是貪故也，孤實貪以禍夫子，夫子何罪？」復使爲政。【疏證】陳奂《毛詩疏》：「《左傳》『秦伯曰「孤實貪以禍夫子」』，正釋《詩》『貪人敗類』也。」按：秦伯以貪人自況，與《詩》旨異。《年表》：「魯文公元年如秦繆公三十四年，敗崤亡將歸，公復其官。」

【經】二年，春，王二月，甲子，晉侯及秦師戰於彭衙，秦師敗績。【疏證】杜注：「孟明名氏不見，非命卿也。」沈欽韓云：「按：上傳云『復使爲政』，則孟明實正卿矣。不書其名者，秦僻在西戎，初交中國，《春秋》之記，由略而詳，故孟明晦於前，西乞著於後，不緣貴賤也。若謂非天子之命卿，則屈完、宜申詎是天子所命。若備卿禮乃成爲卿，❶秦之卿禮不備，自非浮屠氏通宿命者，無由知之。」按：沈説是也。《地里志》：「左馮翊衙。」《郡國志》：「衙亦屬左馮翊。」注：「《左傳》：文二年，晉敗秦於彭衙。」《秦本紀》「武公元年，伐彭戲氏」，❷正義：「彭戲，戎號也。即彭衙。」秦文公於其地置白水縣。《一統志》：「衙縣故城在今同州府白水縣東北。」《衙縣志》：「今縣東北四十里有彭衙堡。」

丁丑，作僖公主。【疏證】《通典·吉禮七》引《五經異義》：❸「《春秋左氏傳》曰：『凡君薨，❹卒哭而祔，

---

❶「備」，原作「謂」，今據原稿改。
❷「戲」，原爲空格，今據原稿補。下一「戲」字同。
❸「異」，原作「要」，今據原稿改。
❹「薨」，原作「葬」，今據原稿改。

祔而作主，特祀於主，烝、嘗、禘於廟。』❶主之制，正方，穿中央，❷達四方。天子長尺二寸，諸侯長一尺。皆刻謚於背。」《曲禮》疏引《異義》説主之狀略同。《通典》所引象《左傳》文，疑「主之制」以下爲《左氏》説。臧壽恭云：「許氏受古學於賈逵，《異義》所述蓋《左氏》説。」按：臧説固覈。然《公羊解詁》、《穀梁集解》説主制，❸皆與《異義》同，無「刻謚」句。《公羊》疏云：「皆《孝經説》文也。」則《異義》所稱不敢定爲《左氏》説。《初學記》十三引《五經要義》説木主之狀，❹與《異義》合。或三傳舊説同，不可審知矣。《異義》又云：「惟天子諸侯有主，卿大夫無主。」故於主之制，但詳天子諸侯，而不及大夫以下。《公羊疏》：「卿大夫以下，正禮無主，故不言之。」云云之説，備在《左氏》。」是《異義》卿大夫無主爲《左氏》説也。《御覽》五百三十一引鄭君説：「大夫、士無昭穆，不得有主。」是鄭君同許，無駁。陳壽祺云：「許、鄭皆以大夫、士廟無主，以《少牢》、《特牲》二禮有尸不言主，《士虞禮》有重不言主也。」❺杜注：「主者，殷人以柏，周人以栗。三年喪終，則遷入於廟。」疏：「《論語》：『哀公問主於宰我。宰我對曰：「夏后以松，殷人以柏，周人以栗。」』先儒舊解或有以爲宗廟主者，故杜依用之。案古《論語》及孔、鄭皆

---

❶「嘗」，原殘；「禘」，原爲空格，今據原稿及《通典》卷四十八補。
❷「穿」，原爲空格，今據原稿補。
❸「解詁」，原爲空格，今據原稿補。
❹「記」，原作「説」，今據原稿改。
❺「重」，原爲空格，今據原稿補。

以爲社主，社爲木主者。古《論》不行於世，❶且社主，《周禮》謂之田主，無單稱主者。以張、包、周並爲廟主，❷故杜所依用耳。劉炫就此以規杜過，未爲得也。」疏引《規過》甚略，其云「就此以規」，則「古《論語》」至「無單稱主者」，皆炫辭也。《白虎通》引《論語》亦作「問主」。問主蓋《魯論》文，與古《論》異。《祭法》疏引《異義》：「今《春秋公羊》説：祭有主者，孝子之主繫心。❸夏后以松，殷人以柏，周人以栗。」《公羊》練用栗主，❹《解詁》同。是杜所舉爲《公羊》説，非《左氏》義。《左氏》義「祔而作主」，謂桑主也。期年然後作栗主，無三代用木之别。詳僖三十四年疏證。

三月，乙巳，及晉處父盟。❺

夏，六月，公孫敖會宋公、陳侯、鄭伯、晉士縠，盟于垂隴。【疏證】「垂隴」，《公》、《穀》曰「垂斂」。李富孫云：「顧氏曰：『古侵韻可入東，故垂隴，《公》、《穀》作垂斂。』臧氏學標曰：『「竷竷鼓我」之竷變作坎。』其字从夅，可證隴、斂音變。」《郡國志》：「滎陽有垂隴城。」《水經注》：「垂隴城，濟瀆出其北，世謂之都尉城。」蓋滎陽

---

❶ 「論」，原爲空格，今據原稿補。
❷ 「張」，原爲空格，今據原稿補。
❸ 「繫」，原爲空格，今據原稿補。
❹ 「練」，原爲空格，今據原稿補。
❺ 原稿眉批：沈引胡安國説謂責晉，不采。

典農都尉治，故變垂隴之名矣。京相璠云：『垂隴，❶鄭地，今滎陽縣東二十里有故隴城，即此是也。』」《一統志》：「故隴城在開封府滎澤縣東北。」

自十有二月不雨，至于秋七月。【疏證】《五行志》「庶徵之恒陽」下云：「文公二年，『自十有二月不雨，至於秋七月』。文公即位，天子使叔服會葬，毛伯賜命，又會諸侯于戚，公子遂如齊納幣，又與諸侯盟。上得天子，下得諸侯，沛然自大，躋釐公主，❷大夫始顓事。」按：《公羊傳》：「日長而無災。」《穀梁傳》：「文不憂雨。」俱不言顓事之罰，《志》所稱爲《左氏》說矣。《志》又云：「不傷二穀，謂之不雨。」杜注：「不書旱，五穀猶有收。」

八月，丁卯，大事于太廟，躋僖公。【注】《左氏》說曰：「太廟，周公之廟，饗有禮義者也。祀，國之大事也，惡其亂國之大事於太廟，故言大事也。躋，登也，登釐公於愍公上，逆祀也。」《五行志》。

【疏證】《宮正》注引作「有大事於太廟」。《五行志》「僖」作「釐」，引《左氏》說，又釋之曰：「釐雖閔之庶兄，嘗爲愍臣。臣、子一例，不得在愍上。又未三年而吉禘，前後亂賢父、賢祖之大禮，內爲貌不恭而狂，外爲言不從而僭，故是歲自十二月不雨，至於秋七月。後年若是者三，而大廟屋壞矣。」《公》、《穀》二傳皆以大事爲祫祭，《志》稱未三年而吉禘，則大事爲吉禘，乃《左氏》一家之說。杜注：「大事，禘也。躋，升也。僖公，閔公庶兄，繼閔而立，廟

❶「京相璠」，原爲空格，今據原稿補。
❷「躋」，原作「路」，今據原稿改。

次宜在閔下，今升在閔上，故書而譏之。❶時未應吉禘，而於太廟行之，其譏已明，❷徒以逆祀，故特爲大其事，異其文。」杜蓋用古《左氏》説。其謂「特大其事」，傳無此義，與古説違。魯大廟祀周公爲大祖，故云「周公之廟」。「饗有禮義」，謂饗祀之典必合禮義也。成十三年傳：❸「國之大事，在祀與戎。」「躋，登」，《釋詁》文。❹「逆祀」，❺探傳意爲説。❻

冬，晉人、宋人、陳人、鄭人伐秦。

公子遂如齊納幣。【疏證】《士昏禮》：「納徵，玄纁、束帛、儷皮，❼如納吉禮。」❽胡培翬《正義》：❾「納徵

❶「故」，原作「而」，今據《春秋左傳正義》卷十八改。
❷「其」，原爲空格，今據《春秋左傳正義》卷十八補。
❸「成十三年」，原爲二空格，今據《春秋左傳正義》卷二十七補。
❹「釋詁」，原爲空格，今據《爾雅》卷上補。
❺「逆」上，原衍「公」字，今據原稿删。
❻「探」，原作「採」，今據原稿改。
❼「儷」，原作「佩」，今據原稿改。
❽「納」，原脱，今據原稿補。
❾「翬」，原漫漶不清，今據原稿補。

用幣，故又謂之納幣。」杜注謂公爲太子時，❶已行納采、問名、納吉禮，亦意爲之説。諸侯之昏禮，容異於士。❷

【傳】二年，春，秦孟明視帥師伐晉，以報殽之役。【疏證】《年表》：「秦繆公三十五年，伐晉，報殽。」《晉世家》：「敗秦師於殽。後三年，秦果使孟明伐晉，報殽之敗。」

二月，晉侯禦之。先且居將中軍，趙衰佐之。

王官無地御戎，狐鞫居爲右。【疏證】王官，地名，見三年傳。梁履繩謂「以邑爲氏」。杜注：「鞫居，續簡伯。」六年《集解》：「鞫居，狐氏之族。」閻若璩《潛丘劄記》：「傅山先生問『鞫居』二字何義？余曰：案成二年：『齊師乃止，次于鞫居。』杜氏止注『衛地』，惟劉昭於『兖州封丘縣』下引《陳留志》云：『有鞫亭。古鞫居。』蓋以地命名。」

甲子，及秦師戰于彭衙，秦師敗績。【疏證】《年表》：「晉襄公三年，秦報我殽，敗于汪。秦繆公三十五年，晉敗我于汪。」汪近彭衙，史公采異説。《晉世家》：「秦取晉汪以歸。」與傳違。

晉人謂秦「拜賜」之師。【疏證】杜注：「以孟明言『三年將拜君賜』，故嗤之。」

戰於殽也，晉梁弘御戎，萊駒爲右。

戰之明日，晉襄縛秦囚，使萊駒以戈斬之。囚呼，萊駒失戈，狼瞫取戈以斬囚，禽之以從公乘，

---

❶「謂」，原作「伯」，今據原稿改。「爲」，原作「伯」，今據《春秋左傳正義》卷十八改。

❷「容」，原爲空格，今據原稿補。

遂以爲右。【疏證】沈欽韓云：「暉既斬囚，囚有迸逸，復追禽之，仍追從公車，言其趫捷也。」按：「以爲右」，代萊駒也。《戎右》「掌戎車之兵革使」注：❶「使，謂王使以兵，有所誅斬也。」下引此傳「襄公使萊駒斬秦囚」證之，則戎右有使之稱。

箕之役，先軫黜之，而立續簡伯。【疏證】本疏：「御與車右，雖有常員，必臨戰更選定之。韓之戰，卜右，慶鄭吉，是其事也。自殽戰之後，狼瞫爲右。箕之役，將戰選右，先軫黜之。箕戰，先軫死，爲非既戰乃黜之也。」❷

狼瞫怒。其友曰：「盍死之？」瞫曰：「吾未獲死所。」

其友曰：「吾與女爲難。」【疏證】杜注：「欲共殺先軫。」

瞫曰：「《周志》有之，『勇則害上，不登於明堂』。【注】服云：「明堂，祖廟。」《通典》四十四。賈逵、服虔之説，皆以祖廟與明堂爲一。《靈台》疏、本疏。穎容云：❸「明堂、太廟凡有八名，其體一也。《舊唐書・禮儀志二》。肅然清静謂之清廟，行禘祫、序昭穆謂之太廟，告朔行政謂之明堂，行饗射、養國老謂之辟廱，占雲物、望氣祥謂之靈台，其四門之學謂之大學，其中室謂之大室，總謂之宫。《靈

---

❶「革」，原作「車」，今據《周禮注疏》卷三十二改。

❷「爲」，《春秋左傳正義》卷十八作「焉」，屬上。

❸「穎」上，原衍「周公朝諸侯於明堂」至「初學記十三」三十一字，今據原稿删。

台》疏。周公朝諸侯於明堂。《春秋》人君將出，告於宗廟。反行策勳，獻俘於廟。」《初學記》十三。

【疏證】《小史》鄭司農注：❶「志，謂記也。」杜注：「《周志》，《周書》也。」疏：「志者，記也。謂之《周志》，明是周世之書，不知其書何所名也。」《周書·大匡解》：「惟十有三祀，王在管，用大匡，勇如害上，則不登於明堂。」洪亮吉、沈欽韓皆引以爲證，杜以《周志》爲《周書》是也，疏不能達其說。杜又云：「明堂，祖廟也。」疏云：「鄭玄以爲明堂在國之陽，與祖廟別處。《左氏》舊說及賈逵、盧植、蔡邕、服虔等，皆以祖廟與明堂爲一，故杜同之。」疏引《左氏》舊說，以《靈台》疏證之，即賈、服說，以別出盧、蔡，析言賈、服耳。《周書·作雒解》：「乃位五宮：太廟、宗宮、考宮、路寢、明堂。」孔晁注：❷「大廟，后稷廟。二宮，祖考廟、考廟也。明堂，在國南者也。」鄭君說明堂在國之陽，本於《周書》。《舊唐書·禮儀志》引鄭說云：「在國之陽，三里之外，七里之內，❸丙巳之地。」漢儒同鄭說者甚少。《靈台》疏引盧植《禮記注》：「明堂即太廟也。」蔡邕《明堂月令論》：「明堂者，天子大廟，所以崇禮其祖，以配上帝者也。」故疏稱盧、蔡說與賈、服同。然賈、服、盧、蔡止言明堂即太廟，穎容則謂明堂、廟、學一地。《靈台》疏引袁準《正論》云：「明堂、宗廟、太學，禮之大物也。❹事義不同，各有所爲。而世之論者，合以爲一體，取《詩》《書》放

---

❶「小史」，原爲空格，今據《周禮注疏》卷二十六補。

❷「晁」，原作「義」，今據原稿改。

❸「七里之內，丙巳之地」，爲淳于登語。

❹「物」，原爲空格，今據原稿補。

逸之文、經典相似之語而致之，❶不復考之人情，❷驗之道理，失之遠矣。夫宗廟之中，人所致敬，幽隱清静，鬼神所居，而使衆學處焉，饗射其中，人鬼慢黷，死生交錯，囚俘截耳，瘡痍流血，以干犯鬼神，非其理矣。是故明堂者，大朝諸侯、講禮之處。宗廟，享鬼神歲覲之宫。辟雍，大射養孤之處。大學，衆學之居。靈台，望氣之觀。清廟，訓儉之室。❸各有所爲，非一體也。」袁氏蓋駁穎容説。孫星衍《古合宫遺制考》云：「明堂或稱合宫，稱衢室，稱總期，稱總街，以此諸名，知爲九室，❹有交道、重屋，❺其傳自古無疑也。必有九室，有交道，而後可施三十六户、七十二牖。有重屋，而九室明顯。有宫垣，而後可施四門。靈台者台門，在宫垣之南。辟雍者水名，在宫垣之外。大學者四門之學，在門堂。諸侯半天子之宫，故泮水不周，其北有大廟、大室，無元堂也。明堂，蓋行禮之宫，禮畢則虚其位，故宗祀則曰清廟，齋宿則曰路寢，教士則曰大學，養老則曰庠，始自東則曰東序，習射則曰澤宫。大饗、獻馘諸大禮皆於此宫。漢儒知之，後儒或又惑之。」此申穎容説也。阮太傅《明堂論》：「明堂者，天子所居之初名也，是故祀上帝則于是，祭先祖則于是，朝諸侯則于是，養老、尊賢、教國子則于是，饗、射、獻俘則于是，治天文、告朔則于是，抑且天子寢食恒于是，此古之明堂也。洎夏、商、周三代，文治益隆，路寢之制準郊外明

❶「致」，原殘，今據原稿補。

❷「情」，原爲空格，今據原稿補。

❸「室」，原作「至」，今據《毛詩正義》卷十六改。

❹「知」，原爲空格，今據原稿補。

❺「道」，原爲空格，今據原稿補。下一「道」字同。

堂四方之一，❶鄉南而治，故路寢猶襲古號曰明堂。❷若夫祭昊天上帝，則有圜丘。祭祖考，則有應門内左之宗廟。朝諸侯，則有朝廷。養老、尊賢、教國子、獻俘馘，❸則有辟雍學校。其地既分，其禮益備，故城中無明堂也。然於近郊東南，別建明堂，以存古制，❹藏古帝治法册典於此，❺或祀五帝、布時令、朝四方諸侯，非常典禮乃於此行之。此後世之明堂也。自漢以來，儒者惟蔡邕、盧植實知異名同地之制，尚昧於上古、中古之分，後之儒者執其一端以蔽衆説，分合無定，制度鮮通。二千年來遂成絶學。」按：阮説是也。潁氏所稱，蓋上古明堂之制，用以釋《左氏》與經典，宜多扞格。袁氏駁正，孫氏循守，皆未達矣。賈、服止言明堂、祖廟爲一地，蓋指周東都之明堂，故潁氏謂周公朝諸侯於明堂也。知者，汪中《明堂通釋》謂明堂有六，其三曰東都，釋云：「東都之明堂，亦謂之清廟，故《大戴記・盛德》篇：『或以爲明堂者，文王廟也。』又云：『明堂以茅蓋屋。』而《春秋傳》曰『清廟茅屋』。蔡邕《明堂論》引《檀弓》『王齋，禘于清廟明堂』，古《周禮》、《孝經》説以明堂爲文王廟，皆其證也。《周書・洛誥》正言作洛事，而曰：『戊辰，王在新邑，烝祭歲。周公曰：今王即命曰：記功宗，以功作元祀。』按《司勳》之職『凡有功祭於大烝』，故孔悝《鼎銘》『勤大命施於烝彝鼎』。然則《洛誥》所言，正功臣从享大廟之禮。而《周書・大

---

❶「郊」，原作「郭」，今據原稿改。下一「郊」字同。

❷「襲」，原作「裦」，今據原稿改。

❸「獻」上，原衍「則」字，今據《五經異義疏證》卷中删。

❹「存」，原作「有」，今據原稿改。

❺「法」，原作「沿氵」，今據原稿改。

匡》篇云『勇如害上，不登於明堂』，晉狼瞫引以爲未獲死所之證，明乎清廟之與明堂爲一地也。周公既祀文王於明堂，又營清廟於東都，以其同爲祀文王之地，故亦曰明堂。《詩序》曰：『清廟，祀文王也。周公既成洛邑，朝諸侯，率以祀文王焉。』凡特立廟，皆異其名，故姜嫄曰閟宮，文王曰清廟。」按：汪氏分析周明堂之别甚精。《周書·大匡》作於營洛之時，汪氏説《洛誥》「功宗元祀」以證此詩，則登於明堂，謂功臣大烝配食之典也。然狼瞫引《周志》即受爵於廟，義不關大烝配食，觀穎氏説自明。本疏云：「《祭統》『古者明君必賜爵禄於太廟』，傳稱公行還告廟，舍爵策勳。❶是明堂之中所以策功序德，故不義之人不得升也。」釋穎説也。《南齊書》九引《五經異誼》：「布政之堂，❷故曰明堂。明堂，盛貌也。」疑亦《左氏》舊説，不主祖廟言，與賈、服、穎容説又異。

「死而不義，非勇也。共用之謂勇。【疏證】杜注：「共用，死國用。」沈欽韓云：「《周書·寶典解》：『死勇于武。』」

「吾以勇求右，無勇而黜，亦其所也。

「謂上不我知，黜而宜，乃知我矣。子姑待之。」【疏證】沈欽韓云：「言始之黜，人謂我屈於上之不知也。今死而不義，則其見黜也宜。彼黜之者，真知我矣。」按：沈説是也。杜注：「言今見黜而合宜，則吾不得復言上不我知。」狼瞫方怒於黜右，杜説未合。

及彭衙，既陳，以其屬馳秦師，死焉。【疏證】杜説：「屬，屬己兵。」

---

❶「舍」，原爲空格，今據原稿補。

❷「堂」，《南齊書·禮志》作「宮」。

晉師從之，大敗秦師。君子謂狼瞫於是乎君子。

《詩》曰：「君子如怒，亂庶遄沮。」【疏證】《小雅·巧言》文。傳：「遄，疾。沮，止也。」箋：「君子，斥在位者也。君子見讒人，如怒責之，則此亂庶幾可疾止也。」杜用傳説。《巧言》詩義，謂君子之怒讒人。傳斷章，謂君子怒能止亂。

又曰：「王赫斯怒，爰整其旅。」【疏證】《小雅·皇矣》文，❶傳：「旅，師。」陳奐《傳疏》：「赫，盛怒之貌。斯，語詞。傳於《北山》、《大明》『旅』爲衆而此『旅』爲師者，師，六師也。」杜注謂「整師旅以討亂」，用傳説。

怒不作亂，而以從師，可謂君子矣。

秦伯猶用孟明。【疏證】《儀禮·大射》注：❷「猶者，守故之辭。」

孟明增修國政，重施於民。【疏證】《秦本紀》：「三十六年，繆公復益厚孟明等。」❸繆三十六年當文三年，❹《本紀》以厚孟明下係者，❺爲王官之設通言之。

趙成子言諸大夫曰：【疏證】杜注：「成子，趙衰。」

---

❶「小」，當作「大」。

❷「大射」，原爲空格，今據《儀禮疏》卷十七補。

❸「益」，原作「並」，今據原稿改。

❹「文」，原作「更」，今據原稿改。

❺「下係」，原爲空格，今據原稿補。

「秦師又至，將必辟之。懼而增德，不可當也。

「《詩》曰：『毋念爾祖，聿修厥德。』」【疏證】《大雅·文王》文。傳：「聿，述。」箋亦謂「述修祖德」。陳奂《詩疏》：「《爾雅》：『聿，述也。』《詩》中『聿』字皆語詞，惟此『聿』爲述。」杜注用傳、箋説。又云：「毋念，念也。」

「孟明念之矣。念德不怠，其可敵乎？」【疏證】《讀本》：「引《詩》言念德者，不可敵。」

「丁丑，作僖公主」。書，不時也。【疏證】《讀本》云：「所謂『緩作主，非禮也』。」則傳明作主之緩與葬禮無涉。杜云：「過葬十月，故曰不時。」杜讀三十四年傳「葬僖公緩」句，❶「作主」句，於此傳仍牽於前説，❷非。

晉人以公不朝來討。公如晉。

夏，四月，己巳，晉人使陽處父盟公以耻之。【疏證】杜注：「經書『三月乙巳』，經、傳必有誤。」《讀本》云：「經書『三月乙巳』，傳稱『四月己巳』，公當以三月適晉。」

書曰「及晉處父盟」，以厭之也。【疏證】顧炎武云：「杜解：『厭，猶損也。』未是。傅氏曰：『厭，臨也，以尊臨卑，如漢人所云「厭勝之」耳。』」按：傳説是也。洪亮吉用鄭氏《儀禮》注，以厭爲伏。此時魯屈於晉，未應言伏。

適晉不書，諱之也。

---

❶「四」，當作「三」。

❷「牽」，原作「率」，今據原稿改。

公未至，六月，穆伯會諸侯，及晉司空士縠盟于垂隴，❶**晉討衛故也。**【疏證】杜注：「討元年衛人伐晉。❷士縠，士蔿子。」疏引沈云：「非公命不書，此穆伯會諸侯，公未至而書者，此公既在外，命正卿守國，故守國之臣亦合告廟而行，故得書之也。」此疏引沈文阿説，❸或舊注謂穆伯告廟而行。

書士縠，堪其事也。【疏證】《釋文》：「書士縠，或作『書曰晉士縠』。」沈欽韓云：「杜預謂士縠非卿，以士縠能堪卿事，故書。按：莊二十六年，『士蔿爲大司空』，杜云『卿官』。此言司空，猶宋之大司馬、大司寇亦單稱司馬、司寇。魯孟孫爲司空，于當時皆爲卿官，非一矣。晉之法，用三軍帥，皆以次升。六年夷之蒐，將使士縠將中軍，使士縠尚不爲卿，何能越次爲中軍帥？傳言堪其事者，發士縠見于經之故，亦對上處父盟，言其事與處父異也。杜横加臆説誣傳。」❹按：沈説是也。《讀本》云：「縠，士蔿後，蓋世司空之官。」

陳侯爲衛請成于晉，執孔達以説。【疏證】元年傳「衛孔達帥師伐晉」，陳共公之謀也，故陳爲衛請成于晉。杜注：「陳始與衛謀，謂可以强得免。今晉不聽，❺故更執孔達以苟免也。」顧炎武云：「此即上所謂『我辭之』者也，杜解不合。」

---

❶「縠」，原作「穀」，今據《春秋左傳正義》卷十八改。下同。

❷「討」，原爲空格，今據原稿補。

❸「阿」，原爲空格，今據原稿補。

❹「誣」，原作「注」，今據原稿改。

❺「聽」，原爲空格，今據原稿補。

秋，八月，丁卯，「大事于太廟，躋僖公」，逆祀也。【注】《左氏》説：「逆祀，大惡也。」《禮器》引《異義》。【疏證】杜注：「僖是閔兄，不得爲父子。嘗爲臣，位應在下，今居閔上，故曰『逆祀』。」疏申之云：「禮，父子異昭穆。兄弟昭穆同，故僖、閔不得爲父子，同爲穆耳，當閔在僖上。今升僖先閔，故云『逆祀』。二公位次之逆，非昭穆亂也。」文淇案：《家人》「先王之葬居中，以昭、穆爲左右」，疏云：「兄死弟及爲君，則以兄、弟爲昭、穆。以其弟已爲臣，臣、子一例，則如父、子，故别昭、穆也。必知義然者，案文二年秋八月，『大事于太廟，躋僖公』，謂以惠公當昭，隱公爲穆，桓公爲昭，莊公爲穆，閔公爲昭，僖公爲穆。今升僖公于閔公之上爲昭，閔公爲穆，故云『逆祀』也。知不以兄弟同昭、穆位，❶升僖公于閔公之上爲逆祀者，案定公八年經云『從祀先公』，傳曰『順祀先公而祈焉』，若本同倫，以僖公升于閔公之上，則以後諸公昭、穆不亂，何因至定八年始云『順祀』乎？明本以僖、閔昭、穆别，故于後皆亂也。」如《家人》疏，則閔、僖異昭、穆，當是舊説，駁杜兄弟同昭、穆之説也。《禮器》「夏父弗綦逆祀」，疏：「是時夏父弗綦爲宗伯典禮，佞文公云：❷『吾見新鬼大，故鬼小。』使列昭、穆，以閔置僖下，是臣在君上爲逆祀，❸亂昭、穆。」則統言列昭、穆，仍承杜注同昭、穆之誤。彼疏又云：❹「案《外傳》云：『躋僖公。弗綦云：「明爲昭，其次爲穆。」』以此言之，從文公至惠公七世，惠公爲昭，隱公爲穆，桓公爲昭，莊公爲穆，閔公爲昭，

❶「穆」，《周禮注疏》卷二十二無此字。
❷「佞」，原爲空格，今據原稿補。
❸「祀」，《周禮注疏》卷二十三無此字。
❹「彼」，原爲空格，今據原稿補。

僖公爲穆。今躋僖公爲昭，閔公爲穆，自此以下昭、穆皆違。❶故定八年，順祀先公，服氏云：『自躋僖公以來，昭、穆皆逆。』是同《國語》之説也，與何休義異。《公羊》董仲舒説躋僖公，逆祀，小惡也。《左氏》説爲大惡也。許君謹案：❷同《左氏》説。鄭駁之云：『兄弟無相後之道，登僖公於閔公之上，不順，爲小惡也。』如鄭此意，正以僖在閔上，謂之爲昭，非爲穆也。」壽曾謂：閔當爲昭，僖當爲穆。與《冢人》疏同。其引定八年服注，自僖以來，昭、穆皆逆，尤可證躋僖公爲躋於昭位，未躋之先，蓋是閔昭位矣。兄弟相後各爲昭、穆，此《左氏》義。《公羊傳》：「其逆祀奈何？先禰而後祖也。」《解詁》：「隱、桓與閔、僖當同北面西上。」是兄弟同昭、穆爲《公羊》義。杜取《公羊》義説《左氏》，非也。《左氏》説以逆祀爲大惡，正謂兄弟相後，猶父子相繼。杜乃云閔是僖兄，不得爲父子，亦非。疏既引《魯語》「明者爲昭，❸其次爲穆」，是知僖昭、閔穆矣，顧云：「位次之逆如昭、穆之亂，假昭、穆以言之，非謂異昭、穆也。」此徒附會杜説，❹不顧其安，禮文从實，豈有同昭、穆而云假昭、穆以言者？又云：「兄弟相代，即異昭、穆。設令兄弟四人皆立爲君，則祖父之廟即已從毁，知其理必不然。故先儒無作此説。」禮則止論其常，疏乃舉其變禮，强生辨駁，非也。昭、穆皆逆，見於定八年服注，何以云先儒無此説乎？《晉書·禮儀志》：「穆帝崩，哀帝立，帝於穆帝爲從父昆弟。尚書僕射江霦等四人云：『閔、僖兄弟也，而爲父子，則哀帝應爲帝嗣。』王述

❶「違」，《周禮注疏》卷二十三作「逆」。
❷「君謹」，原爲空格，今據原稿補。
❸「既」，原爲空格，今據原稿補。
❹「徒」，原作「從」，今據原稿改。

云：『成帝不私親愛，而越授天倫，康帝受命顯宗，社稷之主已移所授，纂承之序宜繼康王。』」又云：「咸寧二年，安平穆王薨，無嗣。以母弟敦上繼獻王後。太常問應何服，❶博士張靖答：『宜依魯僖服閔三年例。』尚書符詰靖：❷『穆王不臣敦，敦不繼穆，與閔、僖不同。』」詳江霦、張靖説，則閔、僖相後有父子之義，王述及尚書省駁議，皆不謂閔、僖不得爲父子，則霦、靖説之爲舊誼可知。此亦閔、僖異昭、穆之證。

於是夏父弗忌爲宗伯，【疏證】《古今人表》「弗忌」作「不忌」。《魯語》「夏父弗忌爲宗」注：「弗忌，魯大夫，夏父展之後也。宗，宗伯，掌國祭祀之禮。」杜注：「宗伯，掌宗廟昭穆之禮。」用韋説。按：《春官》「乃立春官宗伯」注：「鄭司農云：『宗伯，主禮之官。《春秋》「禘于太廟，躋僖公」，而傳曰「夏父弗忌爲宗人」，又曰「使宗人釁夏獻其禮」。』」鄭仲師注此傳，❸當亦以宗伯爲主禮之官。彼注引傳作「宗人」，則異文也。《禮器》「夏父弗綦逆祀」，鄭注：「文二年『八月丁卯，大事于太廟，躋僖公』，始逆祀，是夏父弗綦爲宗人之官也。」先、後鄭本疑皆作「宗人」。李富孫云：「《小宗伯職》『掌辨廟祧之昭、穆』，魯三卿，司馬兼宗伯，諸侯不應有宗伯，夏父弗忌當爲小宗伯，則宜稱宗人也。」按：李説是也。《魯語》：「宗人夏父展。」「忌」、「綦」亦異文。惠棟云：「《詩·大叔于田》云：『叔善射忌，❹又良御忌。』鄭箋云：『忌，讀如「彼己之子」之己。』案《曹詩·候人》『彼己之己』作『其』，『其』可

---

❶「太」上，《晉書·禮志》有「移」字。
❷「詰靖」，原爲空格，今據原稿補。
❸「師」，原爲空格，今據原稿補。
❹「射」，原漫漶不清，今據《皇清經解》卷三百五十四《春秋左傳補註》補。

讀爲『記』，則『記』亦可讀爲『其』。古『基』字、『期』字皆省作『其』，與『綦』同音。」

尊僖公，【注】賈云：「將升僖公於閔公上也。」《魯語》注。【疏證】《魯語》「烝，將躋僖公」，注：「賈侍中云：『烝，進也，謂夏父弗忌進言於公，將升僖公於閔公上也。』昭謂：『此魯文公三年喪畢，祫祭先君於太廟，升群廟之主，序昭、穆之時也。經曰「八月丁卯，大事于太廟，躋僖公」是也。凡祭，秋曰嘗，冬曰烝，此八月而言烝，用烝禮也。凡四時之祭，烝爲備。』」傳不謂躋僖爲祫祭，韋説非。今止取賈僖先於閔説。

且明見曰：「吾見新鬼大，故鬼小。【注】服云：「閔公死時年九歲。」本疏。❶【疏證】杜注：「新鬼，僖公，既爲兄，❷死時年又長。故鬼，閔公，死時年少。弗忌明言其所見也。」杜謂閔死時年少，用服説。疏：「劉炫以爲直據兄弟大小爲義，不須云死之長幼，以規杜氏。今删定知不然者，以傳云『新鬼大，故鬼小』，則大小之語總賅諸事，非直獨據兄弟，❸明知亦據年時也。」

「先大後小，順也。躋聖賢，明也。【疏證】此言躋僖以年、以德。杜注：「又以僖公爲聖賢。」

「明順，禮也。」君子以爲失禮。【疏證】疏：「傳有評論，皆托之君子。此下盡『先姑』以來，皆是一君子

---

❶ 原稿眉批：本疏無服注，而各家皆引本疏，存，查閔公疏。

❷「既」，原作「改」，今據原稿補。

❸「獨」，原漫漶不清，今據原稿補。

之辭耳。引《詩》二文，❶於詩之下，各言君子者，君子謂作詩之人。❷此論事君子，又引彼作詩君子以爲證。」

禮無不順。祀，國之大事也，而逆之，可謂禮乎？

子雖齊聖，不先父食，久矣。【疏證】《五帝紀》「幼而徇齊」，集解：「案徇，疾。齊，速也。言聖德幼而疾速焉。」索隱：「《書》曰『聰明齊聖』，《左傳》曰『子雖齊聖』，謂聖德齊速也。」是此傳之齊當訓速，猶言早聖也。杜注：「齊，肅也。」非。焦循用《小宛》傳齊正之訓。俞樾用《祭統》説，以齊爲明。皆非《詩》意。

故禹不先鯀，湯不先契，文、武不先不窋。【注】服云：「周家祖后稷以配天，明不可先也，故言『不先不窋』。禹、湯異代之祖，❸故言『不先鯀、契也』。」本疏。【疏證】杜注：「鯀，禹父。契，湯十三世祖。不窋，后稷子。」於傳舍后稷而及不窋，未釋其義。疏引服説，駁之云：「然則文、武大聖，后稷賢耳，非是不可先也。下句引《詩》『皇祖后稷』，不欲重文，故舉不窋以辟之。」傳文非如後世比偶之辭，豈緣引《詩》故辟其字？杜注非與服違，疏乃駁服説過矣。李貽德云：「后稷爲周始祖，今既舍以明尊，則契爲商始祖，亦當舍契，以其下當不窋。鯀爲禹父，今言文、武者，舍王季而上及不窋，則論禹者亦當舍鯀而上溯鯀祖，乃於禹曰『不先鯀』，於湯曰『不先契』，與言文、武所不先異者，❹正以禹、湯異代，故約略言之，不妨參差也。」李説可申服義。然傳「子不

❶「二」，原作「上」，今據原稿改。
❷「子」，原爲空格，今據《春秋左傳正義》卷十八補。
❸「祖」，《春秋左傳正義》卷十八作「王」。
❹「與」，原脱，今據《春秋左氏傳賈服註輯述》卷八補。

先父食」，此「父子」字兼祖孫言之，服以湯不先契，文、武宜不先后稷耳。鯀、契不一例，沈欽韓云：「此皆論合食位次，鄭注《王制》云：『夏無太祖廟。』疏引《禮緯》云：『夏無太祖，宗禹而已。』禹不先鯀者，鯀親未盡也。親盡則鯀不在禘、祫之列矣。殷以契爲祖，湯固不先。周以后稷爲祖，不窋以下皆在合食之列，故文、武不得而先之。疏於此憒憒。」按：沈謂夏廟宗禹，不以鯀爲始祖，是也。殷祖契，周祖后稷，其禮正同。始祖皆不祧，何得以不窋合食例契，沈由未知服注后稷配天，不可言先之義也。然沈謂此論合食位次，則躋僖本是禘禮，故傳即以合食言之，其説可從。《周語》「我先王不窋，用失其官」，注：「失稷官也。周之禘祫文、武，不先不窋，故通謂之王。❶《商頌》亦以契爲玄王也。」是韋氏以此當禘祫之禮。沈説爲有徵矣。《特牲饋食禮》疏：「若祭無問一廟二廟，皆先祭祖，後祭禰，是以文二年《左傳》云『文、武不先不窋』，子不先父是也。若祭無問尊卑、廟數多少，皆同日而祭畢，以此及《少牢》惟筮一日，明不別日祭。」詳彼疏説，則非禘祫亦一日而祭畢，故先後尤宜詳之。□故此傳禹不先鯀，先儒甚多疑議。權德輿《遷廟議》云：「有司誤引蔡謨征西之議，❷以獻祖居東向，懿祖爲昭，太祖爲穆，此誠乖疑倒置之大者也。議者或引《春秋》『禹不先鯀，湯不先契，文、武不先不窋』以爲證。且湯與文、武皆太祖之後，理無所疑。至于禹不先鯀，安得説者非啓於太康之代，而左丘明因而記之耶？」又仲子陵《獻懿二祖遷祔議》：「今儒者乃援『子雖齊聖，不先父食』之語，欲令已祧獻祖，權居東嚮，配天太祖，屈居昭穆，此不通之甚也。

❶「王」，原脱，今據原稿補。
❷「謨」，原作「説」，今據原稿改。

凡在《左氏》不先食之言，且以正僖公之逆祀，儒者安知非夏后廟數未足之時，❶而言禹不先鯀乎？」權、仲兩説皆駁蔡謨議，❷其言鯀廟，雖有已祧、未祧之分，然於傳文鯀、契非一例，亦未能達其義。《宋書・禮志》：「穆帝永和二年，領司徒蔡謨議：『征南、豫章、潁川、京兆四府君宜改築别室，❸若未展者，當入就太祖之室，❹人莫敢卑其祖，文、武不先不窋。殷祭之日，❺征西東面，❻處宣皇之上。其後遷廟之主，藏于征西之祧，祭薦不絶。』博士張憑議：『或疑陳于太祖者，皆在後毁主。憑按，古義無别前後之文也。禹不先鯀，則遷主居太祖之上亦可無疑矣。』」❼蔡、張二議，皆从傳説。張氏引「禹不先鯀」，以證遷主可居太祖之上，則不謂此傳指鯀爲太祖也。

宋祖帝乙，鄭祖厲王，猶上祖也。【疏證】杜注：「帝乙，微子父。厲王，鄭桓公父。二國不以帝乙、厲王不肖而猶尊尚之。」是「上祖」猶尚祖也。唐孫平子《請祔孝和皇帝封事》云：「昔禹不先鯀，湯不先契，文、武不先不窋，故宋、鄭不以帝乙、厲王不肖，而猶尊尚之。」蓋用杜義。沈欽韓云：「宋二王之後，不以始封之君爲祖，故祖帝乙也。鄭始封在畿内。《周禮》『都宗人掌都祭祀之禮』，注：『王子弟則立其祖王之廟，其祭祀王皆賜禽焉。』

---

❶「時」，原作「數」，今據《全唐文》卷四百八十八改。
❷「謨」，原作「誤」，今據原稿改。下一「謨」字同。
❸「南」，《宋書・禮志》作「西」。
❹「就」，原爲空格，今據原稿補。「祖」，《宋書・禮志》作「廟」。
❺「殷」，原爲空格，今據原稿補。
❻「征」，原爲空格，今據原稿補。下一「征」字同。
❼「上」，原脱，今據原稿補。

賜禽見《夏官・祭僕》。鄭因此有厲王之廟，遂相沿失之。」沈謂宋不以始封之君爲祖，未徵於禮。按：《王制》：「諸侯五廟，二昭二穆，與太祖之廟而五。」注：「太祖，始封之君。王者之後，不爲始封之君立廟。」疏云：「必知然者，❶以經傳無文云微子爲宋之始祖故也，而《左傳》云『宋祖帝乙』是也。」鄭氏謂王者不爲始封之君立廟，蓋據此傳義矣。《荀子・成相篇》：❷「武王怒，師牧野，紂卒易鄉啓乃下。武王善之，封之于宋，立其祖。」注：「立其祖，使祭祀不絶也。《左傳》曰：『宋祖帝乙。』」亦據傳義以爲帝乙。鄭若以始封之君爲祖，則當祖桓公，今祖厲王，與宋祖帝乙同例。故沈引《都宗人》鄭注爲説，鄭義蓋謂鄭以厲王爲太祖，沈以爲相沿失之，非也。昭十八年傳，鄭人救火，「使祝史徒主祏於周廟」。❸杜注：「周廟，厲王廟。」疏引此傳爲證。傳云「周廟」，則鄭□又别立厲王廟，不在五廟中矣。疑宋祖帝乙，鄭祖厲王，其初制皆以爲太祖，後有更革，别立廟，故鄭有周廟也。帝乙、厲王皆天子，其尸之服有疑。《喪服小記》：「父爲天子、諸侯，子爲士，祭以士，其尸服以士服。」注：「爲王者後，及所立爲諸侯者，祀其先君以禮卒者，尸服天子諸侯之服。如遂無所封立，則尸也，祭也，❹皆如士，不敢僭用尊者衣物。」❺疏：「按：《左傳》云『宋祖帝乙』，帝乙是以禮卒者，而宋祀以爲社，明其服天子之服。推此，則諸侯亦

❶「知」，原爲空格，今據原稿補。
❷「相」，原爲空格，今據原稿補。
❸「徒」，原作「設」；「祏」，原爲空格，今據原稿改補。
❹「祭」，原作「士」，今據《禮記正義》卷三十二改。
❺「僭」，原作「潛」，今據原稿改。

然。」如鄭彼注，❶則宋、鄭祀帝乙、厲王，其尸皆服天子之服也。

是以《魯頌》曰：「春秋匪解，享祀不忒。皇皇后帝，皇祖后稷。」【疏證】《魯頌・閟宮》文。箋：「春秋，猶言四時也。忒，變也。皇皇后帝，謂天也。成王以周公功大，命魯郊祭天，亦配之以君祖后稷。」杜注用鄭説。又云：❷「忒，差也。」「差」亦「變」義。《明堂位》：「是以魯君祀帝于郊，配以后稷，天子之禮也。」注：「帝謂蒼帝靈威仰也。❸昊天上帝，魯不祭。」《詩》疏據彼注，謂魯惟祭蒼帝。陳奐《毛詩疏》：「《御覽・禮儀部》：❹《五經異義》引賈逵説：『魯無圜丘方澤之祭者，周兼用六代禮樂，魯用四代。❺其祭天之禮，亦宜損於周。故二至之日，不祭天地也。』賈、鄭説同。《祭法》：『周人禘嚳郊稷。』魯不禘嚳而猶郊稷，故南郊祀天，亦配后稷。其實魯郊與周郊亦不盡同。魯南郊、祈穀爲一祭，故於郊爲祀后稷，而亦祈農事。❻在夏正，正月爲郊之正時。」按：襄七年傳：❼「孟獻子：『夫郊祀后稷，以祈農事也。』」魯郊兼祈穀，陳説得之。

---

❶「彼」，原爲空格，今據原稿補。
❷「云」，原爲空格，今據原稿補。
❸「靈」，原爲空格，今據原稿補。
❹「部」，原作「鄭」，今據原稿改。
❺「魯用」至「之禮」，原重文，今據《詩毛氏傳疏》卷二十九刪。
❻「農」，原作「衆」，今據原稿改。下一「農」字同。
❼「襄」，原作「哀」，今據原稿改。

君子曰禮，謂其后稷親而先帝也。【疏證】后稷雖親，不先于上帝。杜注：「先稱帝也。」❶

《詩》曰：「問我諸姑，遂及伯姊。」【疏證】《邶風·泉水》文，傳：「父之姊妹稱姑，先生曰姊。」傳皆用《釋親》文。箋：「寧，❷則又問姑及姊，親其類也。先姑後姊，尊姑也。」❸沈欽韓云：「按：《士虞禮》『卒哭，祭獻畢，未撤，乃餞尸』，注引《詩》『出縮于泲，❹飲餞于禰。』鄭必不泛引生人之餞以塞文，蓋《韓詩》以爲祭祀之詩也。『問我諸姑，遂及伯姊』，蓋宗子初主祭而未諳，故問其姑若姊，傳所以連類及之。」

君子曰禮，謂其姊親而先姑也。【疏證】孫平子云：「禮爲其後伯姊而先諸姑者何也？尊其先也。弗忌故阿君，❺先其所親，亂國大事，故傳特引二詩，深責其意。」此與杜注略同。「尊其先也」句，杜注無之，疑孫用舊説也。顧炎武云：「言僖公於文有父之親，而閔公於僖有君之尊，禮不敢以其所親加之於尊，故引二詩爲證。」

仲尼曰：「臧文仲，其不仁者三，不知者三。【疏證】《禮器》注：「文仲，魯公子彄之曾孫，❻臧孫辰也。」

---

❶ 原稿眉批：孫平子，查。
❷ 「寧」，原爲空格，今據原稿補。
❸ 「尊」，原作「等」，今據原稿改。
❹ 「縮」，《毛詩正義》卷二作「宿」。
❺ 「故」，《全唐文》卷三百三十五作「欲」。「阿」，原爲空格，今據原稿補。
❻ 「彄」上，原衍「之」字，今據《禮記正義》卷二十三刪。

「下展禽」，【疏證】杜注：「展禽，柳下惠也。文仲知柳下惠之賢而使在下位。」惠棟云：「下猶去也，見《周禮・司民》注。《論語》：『柳下惠爲士師，三黜。』」

「廢六關」，【疏證】廢，《家語》作「置」。王肅注云：「六關，關名。魯本無此關，文仲置之以税行者，故爲不仁。」惠棟云：「廢與置古字通。《公羊傳》：『去其有聲者，廢其無聲者。』❶《鄭志・答張逸》云：『廢，置也。』以廢爲置，猶以亂爲治，徂爲存，故爲今，曩爲曏，苦爲快，臭爲香，藏爲去。郭璞所謂『訓詁有反覆旁通，美惡不嫌同名。』杜氏云：『六關，所以禁絶末游而廢之。』昧於義矣。」洪亮吉云：「《小爾雅》以廢爲置。《莊子・徐無鬼》篇：『于是調瑟，廢一於堂，廢一於室。』是古多訓廢爲置。」按：惠、洪説是也。《聘禮》疏：「置關税行者，故爲不仁。古者竟上爲關者，王城十二門，則亦通十二辰，❷辰有一門一關。諸侯未知幾關。魯廢六關，半天子，則餘諸侯亦或然。」如彼疏説，則關有六也。杜注：「塞關、陽關之屬，凡六關。」與王肅説異。

「妾織蒲」，【疏證】蒲，《家語》作「席」。杜注：「家人販席，言其與民争利。」《史記・公儀休傳》：「爲魯相，食茹而美，拔其園葵而棄之，見其家織布好，❸而疾出其家婦，燔其機。云：『欲令農士工女安所讎其貨乎？』」此孔子譏文仲妾織蒲之意。

「三不仁也。」

---

❶「聲」，原爲空格，今據原稿補。

❷「通」，原爲空格，今據原稿補。

❸「好」，原作「奴」，今據原稿改。

「作虛器，【疏證】作，《家語》作「設」。《論語》：「子曰：『臧文仲居蔡，山節、藻梲，何如其知也？』」本疏引鄭注云：「『節，栭也，刻之爲山。梲，梁上楹也，畫以藻文。』蔡謂國君之守龜。」杜注取《論語》爲說。又云：「有其器，而無其位，故曰虛。」《家語》王肅注：「蔡，天子之守龜，非文仲所宜畜，故曰虛器。」與杜說略同。其以蔡爲天子守龜，與鄭說異。全祖望《經史問答》云：「居蔡是僭諸侯之禮，山節、藻梲是僭天子宗廟之禮，以飾其居。」

「縱逆祀，【疏證】《禮器》：「孔子曰：『臧文仲安知禮？夏父弗綦逆祀而弗止也。』」注：「文仲莊、文之間爲大夫。于時爲賢，是以非之，不正禮也。」弗止，即縱義。杜注：「聽夏父，躋僖公。」

「祀爰居，【注】賈云：「爰居，雜縣也。」《文選·郭景純游仙詩》注引《國語》注。【疏證】「爰居，雜縣」，《釋鳥》文。《釋文》引樊光云：❶「似鳳皇。」《魯語》：「海鳥曰爰居，止于魯東門之外三日，臧文仲命國人祭之。」注：「爰居，雜縣也。文仲不知，以爲神也。」韋用賈說。

「三不知也。」

冬，晉先且居、宋公子成、陳轅選、鄭公子歸生伐秦，取汪及彭衙而還，以報彭衙之役。【疏證】《釋文》：「成，本或作『戌』。」昭十年經《釋文》：「宋戌，讀《左傳》者音成。」則宜作戌矣。杜無注。七年傳杜注：「宋公子成，莊公子。」《讀本》云：「轅，氏。選，名。濤塗之後。」《春秋分記》云：「公子歸生子家，或云靈公弟。」江永云：「汪，當近彭衙。」《方輿紀要》：「同州白水縣有汪城。一曰汪在澄城縣境。」江士鐸曰：「按彭衙既在郃陽

---

❶「樊光」，原爲空格，今據原稿補。

西北，則汪當相近。」彭衙役在本年二月。

卿不書，爲穆公故，尊秦也，謂之崇德。【疏證】杜無注。《讀本》云：「四人皆卿而不書者，傳云尊秦。襄公八年，會于邢丘，齊、宋、衛、邾俱稱人，❶傳云尊晉侯。左氏聞于舊史官有此例。」

襄仲如齊納幣，禮也。【注】鄭康成云：「僖公母成風主婚，得權時之宜。」《檀弓》疏引《箴膏肓》。

【疏證】杜氏經文注：「僖公喪終此年十一月，則納幣在十二月也。」此傳注：「謂諒闇既終，嘉好之事，通於外內。」顧炎武云：「即以僖公之薨爲十一月，亦甫及大祥耳。未畢二十五月之數，何得云『諒闇已終』？」沈欽韓云：「按：傳止言『納幣，禮耳』，不及文公之事。傳主爲經發凡，文公之得失，人自知之，故不置可否。劉敞橫議《左氏》以喪娶爲禮，❷却是冒昧。杜預謂諒闇既終，又大謬也。」按：文公喪娶之説出於《公羊》，彼傳云：「譏喪娶也。娶在三年之外，則何譏乎喪娶？三年之内不圖婚。」何氏《解詁》：「僖公以十二月薨，至是未滿二十五月。」本疏云：「何休據此作《膏肓》，以《左氏》爲短。」杜謂僖公薨于十一月，視何氏先一月者，杜謂十二月經文誤也。杜必欲以納幣爲已除服，故於僖公之薨移上一月，則得二十六月。顧氏謂未畢二十五月之數，非也。《檀弓》「孟獻子禫」疏：「文公二年，冬，公子遂如齊納幣，是僖公之喪，至此二十六月。《左傳》云『禮也』。」下引鄭《箴膏肓》説，其謂二十六月，與杜氏同，又不言僖公薨月之誤。此當是《左氏》舊説。舊説或計閏數之，知者，《南齊書·禮志》：「左僕射王儉議：三百六旬，《尚書》明義；文公納幣，《春秋》致譏。《穀梁》云『積分而成月』，《公羊》

❶「稱」，原爲空格，今據原稿補。

❷「敞横」，原爲空格，今據原稿補。

云『天無是月』，雖然，《左氏》謂告朔爲得禮，是故先儒咸謂三年期喪，歲數没閏，大功以下，月數數閏。夫閏者，蓋是年之餘日，而月之異朔，所以吴商云：❶『含閏以正期，允協情理。』」王儉説雖謂三年期没閏，然必當時禮家説《左氏》有三年期計閏之説，乃據駁之。文公六年《穀梁傳》：❷「閏月者，❸天子不以告朔，而喪事不數也。」則喪不數閏，乃《穀梁》説，《左》則異矣。文二年，閏三月，明見經傳，則不待杜移僖公薨於十一月，由三十三年冬十二月數至此年十二月，已得二十六月矣。此可正《公羊》喪娶之誤。然雖已二十六月，哀思未忘，已行吉禮，故鄭以權時之宜釋之。成風，文公庶祖母也。

凡君即位，好舅甥，修昏姻，娶元妃以奉粢盛，孝也。孝，禮之始也。【疏證】此諸侯娶夫人也。顧炎武云：「此傳通言娶夫人之禮。」杜注：「遣卿申好舅甥之國，修禮以昏姻也。元妃，嫡夫人。奉粢盛。」

【經】三年，春，王正月，叔孫得臣會晉人、宋人、陳人、衛人、鄭人伐沈。沈潰。【疏證】《郡國志》：「汝南郡平輿有沈亭，故國，姬姓。」沈欽韓云：「《水經注》：『汝水逕平輿縣故城南，舊沈國也。』《一統志》：『平輿故城在汝寧府汝陽縣東南六十里。』」江永云：「汝陽縣今屬汝州。」顧棟高云：「平輿故城亦曰縣瓠城。汝水屈曲，形如懸瓠，故名。」本年傳例：「凡民逃其上曰潰。」

---

❶「云」，原脱，今據《南齊書·禮志》補。

❷「六年」，原作「禫」，原稿似作「年」，今據原稿及文意改補。

❸「者」上，原有一空格，今據《春秋穀梁傳注疏》卷十删。

夏，五月，王子虎卒。【疏證】杜注：「周王以同盟之例爲赴。」杜探傳義爲說。

秦人伐晉。【疏證】沈欽韓云：「此惡秦也。杜預言『晉以微者告』，則此魯史又據晉告書之，而不取於秦耶？前後牴牾。」《年表》：「晉襄公四年，❶秦伐我。」

秋，楚人圍江。

雨螽于宋。【注】劉歆以爲螽爲穀災，卒遇賊陰，墜而死也。《五行志》。【疏證】《五行志》：「文公三年，『秋，雨螽于宋』。劉向以爲先是宋殺大夫而無罪，有暴虐賦斂之應。《穀梁傳》曰上下皆合，言甚。董仲舒以爲宋三世内取，大夫專恣，殺生不中，故螽先死而至。」下劉歆說則三傳異說。賊陰，言陰氣也。《五行志》引《洪範》傳「聽之不聰，厥罰恒寒」，又云「凡聽傷者，病水氣」，皆賊陰義也。傳云「隊而死也」，歆用傳義。顧炎武云：「杜解：『宋人以其死爲得天祐，喜而來告，故書。』然則隕石退鷁，豈亦喜而來告乎？」

冬，公如晉。十有二月，己巳，公及晉侯盟。【疏證】《年表》：「三年，公如晉。」《魯世家》：「三年，朝晉。」

晉陽處父帥師伐楚以救江。【疏證】《公》、《穀》無「以」。《年表》：「楚穆王二年，晉伐我。」❷

【傳】三年，春，莊叔會諸侯之師伐沈，以其服于楚也。沈潰。【疏證】杜無注。《讀本》云：「莊叔，

❶「四」，原作「三」，今據《史記・十二諸侯年表》改。

❷「伐」，原作「代」，今據《史記・十二諸侯年表》改。

得臣也。」

凡民逃其上曰潰，在上曰逃。【注】賈、穎以爲：「舉國曰潰，一邑曰叛。」本疏。【疏證】此潰逃例也。杜注：「潰，衆散流移，若積水之潰自壞之象也。❶在衆曰潰，在上曰逃。各以類言之。」杜依傳例爲説。疏引賈、穎説駁之云：「按《左氏》無此義也。傳曰『陳侯如楚，慶氏以陳叛』，此則舉國，不必言潰也。叛者，舉城而屬他，非民潰之謂也。」按：傳止稱潰、逃，賈、穎爲補叛例。《公羊》僖四年傳：「國曰潰，邑曰叛。」賈、穎所本也。洪亮吉云：「賈義本《公羊》，正義糾之，非也。」然《左氏》五十凡無叛例，賈、穎據《公羊傳》例補之，未計違於《左氏》，是賈、穎之偶疏也。本疏又引《釋例》云：「例之潰逃，指爲一國一軍一邑，君民相須爲用，變文以別之也。鄭詹見囚於齊，❷自齊逃來，此爲逸囚，無下可逃，❸《春秋》指事而書，所謂民逃，非在上之逃。而賈氏復申以入例，亦不安。」玩疏説，則賈氏既分潰、叛例爲二，又分逃及逃來例爲二也，其説今無以考。

衛侯如陳，拜晉成也。【疏證】《讀本》：「衛雖執孔達見辱，而二年之成，陳實爲請之。」

夏，四月，乙亥，王叔文公卒，來赴，弔如同盟，禮也。【疏證】《讀本》：「王子虎於周天王爲叔，謚曰文，其後爲王叔氏。」

---

❶「壞」，原作「壤」，今據原稿改。

❷「詹」，原作「侯」，今據原稿改。

❸「下」，原作「不」，今據《春秋左傳正義》卷十八改。

秦伯伐晉，濟河焚舟，【疏證】《秦本紀》：「繆公復厚孟明等，使將兵伐晉，渡河焚船。」❶**取王官及郊。**【注】服云：「皆晉地，不能有。」《秦本紀》集解。【疏證】杜用服説。《秦本紀》：「大敗晉人，取王官及鄗，以報殽之役。」集解：「鄗，徐廣曰：『《左傳》作郊。』」則「郊」非誤字也。李富孫云：「宣十二年，『晉師在敖、鄗之間』。❷郊、鄗聲之轉。」《秦本紀》正義：「《括地志》云：『王官故城在同州澄城縣西北九十里。』又云：『南郊故城在縣北十七里。』又有北郊故城，❸又有西郊古城。《左傳》云：『文公三年，❹秦伯伐晉，濟河焚舟，取王官及郊。』《括地志》云：『蒲州猗氏縣南二里又有王官故城。』亦秦伯取者。上文云『秦地東至河』，蓋猗氏王官是也。」詳《括地志》説，則王官有二。張氏以猗氏之王官當之。沈欽韓云：「《元和志》：『王官故城在同州澄城縣西北。』又云：『王官故城在河中府虞鄉縣南二里。』又云：『在絳州聞喜縣南十五里。』按：虞鄉、聞喜地相連，秦伯已濟河，不當在同州。」江永云：「《水經注》：河東左邑縣西有王官城，涑水逕其北，❺故晉人絶秦之辭云：『伐我涑川，俘我王官。』是王官近涑川也。左邑，今絳州聞喜縣。王官蓋在臨晉之東、聞喜之西。是時秦師

---

❶「焚」，原作「楚」，今據原稿改。
❷「敖」，原作「旅」，今據《春秋左傳正義》卷二十三改。
❸「郊」，原作「郭」，今據原稿改。下一「郊」字同。
❹「三」，原作「二」，今據《史記・秦本紀》改。
❺「北」，原作「地」，今據原稿改。

已渡河，則王官不得在河西。❶澄城之王官，名同而非其地。」則江氏亦不信同州之説。沈氏不取同州之説，與江氏同。其謂虞鄉、聞喜相連，則非。虞鄉在聞喜之西北，中隔解州、運城，❷凡百餘里。以今址考之，臨晉、猗氏、聞喜，壤地相接，江氏謂臨晉之東、聞喜之西即猗氏也，與《括地志》後一説合。顧棟高云：「今蒲州府臨晉縣東南七十里王官谷有廢壘，即王官城也。」《彙纂》云：「郊當爲臨晉、平陽間小邑。」李貽德云：「知不能有者，王官、郊皆在河東，其濟茅津而還，未嘗設守，是不能有也。」

晉人不出。【疏證】洪亮吉云：「按：上年傳趙成子曰『將必辟之』，故今用其言不出師。」《年表》：「晉襄公四年，秦取王官。我不出。」又云：「秦繆公三十六年，伐晉，晉不敢出。」《秦本紀》：「晉人皆城守不敢出。」

遂自茅津濟，【疏證】《郡國志》：「河東郡大陽有茅津。」《秦本紀》「繆公乃自茅津渡河」，集解：「徐廣曰：『在大陽。』」正義：「《括地志》云：『茅津在陝州河北縣、大陽縣也。』」《元和志》：「人陽故關在陝州陝縣西北四里，即茅津也。」皆與《漢志》合。閻若璩《四書釋地·又續》云：❸「河北、大陽。此漢二縣名，並今平陸縣。《秦紀》：『渡河，封殽中尸。』正義云：『自茅津南渡也。』因悟初濟河是自西而東，及茅津濟河，則自北而南。案之輿圖，宛然如覩。」顧棟高云：「今山西解州平陸縣東南有茅城，河水經其南，即茅津也。南對陝州州治，據河僅三

❶「在」，原脱，今據原稿補。
❷「運」，原爲空格，今據原稿補。
❸「續」，原爲空格，今據原稿補。

里，乃黄河津濟處。」按：閻、顧説是也。《秦本紀》：「繆公元年，自將伐茅津。」正義：「劉伯莊曰：『戎號也。』」❶《水經注》：「陜城北對茅城，故茅亭。茅，❷戎邑也，津亦取名焉。」則茅津在繆公初仍爲戎邑，後乃有之。

封殽尸而還。【注】賈云：「封識之。」《秦本紀》集解。【疏證】《水經注》引傳「殽」作「崤」。李貽德云：「《樂記》『封比干之墓』，❸注：『積上爲封。』『識』讀如『故以其旗識之』之『識』。《史記·孝武紀》索隱：『識，猶表也。』」按：杜云：「埋藏之。」不用賈説。惠棟云：「殽尸多，不能用葬禮。故杜云埋藏之。」朱駿聲云：❹「按殽敗在僖三十三年四月，封尸在文三年五月，閲三載之久，豈尚有可以埋藏之尸？惟表識其地而已。賈是，杜非。」按：朱説是也。《秦本紀》：「封殽中尸，爲發喪，❺哭之三日。」

遂霸西戎，用孟明也。君子是以知秦穆之爲君也，舉人之周也，與人之壹也；【注】服云：「周，備也。」《秦本紀》集解。【疏證】今本「穆」下有「公」，从石經省。《一切經音義》引賈逵《國語》注亦云：「周，備也。」則賈、服説同。杜釋「舉」用服説，又云：「不偏以一惡棄其善。壹，無貳心。」《秦本紀》：「君子聞之，皆爲垂涕，曰：『嗟乎！秦繆公之與人周也，卒得孟明之慶。』」

---

❶「號」，原爲空格，今據原稿補。
❷「茅」上，原衍「茅亭」，今據《水經注箋》卷四删。
❸「樂記」，原作「晉紀」，今據原稿改。
❹「駿聲」，原爲空格，今據原稿補。
❺「發」，原爲空格，今據原稿補。

孟明之臣也，其不解也，能懼思也；子桑之忠也，其知人也，能舉善也。【疏證】解，猶懈。《讀本》：「懼思，謂孟明懼而脩德。」杜注：「子桑，公孫枝，舉孟明者。」

《詩》曰：「于以采蘩？于沼于沚。于以用之？公侯之事。」秦穆有焉。【疏證】《召南·采蘩》文。隱元年傳：❶「苟有明信，澗谿沼沚之毛，蘋蘩薀藻之菜，筐筥錡釜之器，潢汙行潦之水，可薦于鬼神，可羞于王公。」與此傳引《詩》意同。已釋彼傳。毛傳之事，祭事也。杜注：「言沼沚之蘩至薄，❷猶采以共公侯，以喻秦穆不遺小善。」

「夙夜匪解，以事一人。」孟明有焉。【疏證】《大雅·烝民》文。箋：「夙，早。夜，莫。匪，非也。一人，斥天子。」杜云：「一人，天子也。」用鄭説。此斷章以一人喻秦繆也。

「詒厥孫謀，以燕翼子。」子桑有焉。【疏證】《大雅·文王有聲》文。《釋言》：❸「詒，遺也。」毛傳：「燕，安；翼，敬也。」箋：「詒，猶傳也。孫，順也。以之爲事，❹故傳其所以順天下之謀，以安其敬事之子孫。」❺杜釋詒、燕用毛傳，改訓翼爲安，又云：「美武王能遺其子孫善謀，以安成子孫。言子桑有舉善之謀。」按：《國語》注：

---

❶「元」，當作「三」。
❷「薄」，原作「藻」，今據原稿改。
❸「言」，原爲空格，今據《爾雅》卷上補。
❹「以」上，原衍「不」字，今據原稿刪。
❺「敬」，原作「疑」，今據原稿改。

「翼，成也。」杜本韋説。陳奐《詩疏》云：「《後漢書・班彪傳》：『昔成王之爲孺子，出則周公、召公、太史佚，入則太顛、閎夭、南宫括、散宜生。左、右、前、後，禮無違者。故成王一人即位，天下曠然大平。是以《春秋》：「愛子教以義方，不納于邪，驕奢淫佚，所自邪也。」《詩》云：「貽厥孫謀，以宴翼子。」言武王之謀遺子孫也。』案：此引《詩》似以得賢輔佐爲遺謀之事，與文三年《左傳》言子桑之忠，知人舉善，亦引此《詩》合。」

「秋，雨螽于宋」，隊而死也。

楚師圍江，晉先僕伐楚以救江。【疏證】杜注：「晉救江在雨螽下。」按：傳因周桓公、晉處父救江之師，因類記晉救江事。圍江不必在雨螽之後也。杜因晉書楚人圍江在雨螽前，强爲此説。

冬，晉救江，故告于周。

王叔桓公、晉陽處父伐楚以救江，【疏證】杜注：「桓公，周卿士王叔文公之子。」疏：「衛有公叔文子，此人蓋以王叔爲氏。」

門於方城，❶遇息公子朱而還。【疏證】杜注：「子朱，楚大夫伐江之帥也。」

晉人懼其無禮於公也，請改盟。

公如晉，及晉侯盟。

晉侯饗公，賦《菁菁者莪》。【疏證】杜注：「《菁菁者莪》，《詩・小雅》。取其『既見君子，樂且有儀』。」

❶ 原稿眉批：方城已見「方城以爲城」。

莊叔以公降拜，【疏證】《燕禮》「賓降西階下，再拜稽首」，則公之降拜同燕禮，主人酬賓禮也。

曰：「小國受命於大國，敢不慎儀？君貺之以大禮，何樂如之？抑小國之樂，大國之惠也。」

【疏證】杜謂取「既見君子，樂且有儀」，以傳知之。鄭箋：「既見君子者，官爵之而得見也。見則心既喜樂，又以禮儀見接。」惟莊叔以「既見君子」屬晉侯，此斷章也。陳奐《毛詩疏》引此傳釋之云：「莊叔釋《詩》樂，即經之樂，『慎儀』即經之『有儀』。『貺之大禮』，❶所謂『錫我百朋』也。《左傳》釋《詩》意『樂且有儀』句，就見君子一邊說，儀當作義。《六月》序云：『《菁菁者莪》廢，則無禮義矣。』今字亦作儀。」按：大禮，謂饗禮也。

晉侯降辭，登成拜。【疏證】《燕禮》：「公命小臣辭，賓升成拜。」注：「升成拜，復再拜稽首也。先時君辭之，於禮若未成然。」❷燕禮之降辭用小臣，此則主人自降辭。疑燕、饗禮異，以賦《詩》、降拜、降辭、登成拜，別爲節文也。杜注：「降階辭讓公。❸俱還上，成拜禮。」

公賦《嘉樂》。【疏證】杜注：「《嘉樂》，《詩·大雅》。取其『顯顯令德，宜民宜人，受祿于天』。」

【經】四年，春，公至自晉。無傳。

---

❶「貺」，原作「覿」，今據原稿改。

❷「若」，原作「答」，今據原稿改。

❸「讓」，原爲空格，今據原稿補。

夏，逆婦姜于齊。【疏證】杜注：「稱『婦』，有姑之辭。」按：傳謂：「卿不行，貴聘而賤逆之。」是經書「婦姜」之義，與二傳異説。《穀梁傳》曰：「婦，有姑之詞也。」杜用《穀梁》説《左氏》，非。

狄侵齊。無傳。

秋，楚人滅江。【疏證】十五年傳例：「凡勝國曰滅之。」《年表》：「楚穆王三年，❶滅江。」

晉侯伐秦。

衛侯使甯俞來聘。【注】賈氏云：「《公羊》曰甯速。」【疏證】今本《公羊》與《左氏》同，彼疏云：「正本作『速』字。」下引賈説。臧琳云：「賈氏所據《公羊》作『甯速』，即徐所謂正本也，後人依《左》、《穀》改之。」

冬，十有一月，壬寅，夫人風氏薨。【注】故《春秋左氏》説：成風，妾，得立爲夫人。母以子貴，禮也。《服問》疏引《異義》。【疏證】杜注：「僖公母，風姓也。赴同祔姑，故稱夫人。」疏：「杜言此者，以成風本是莊公之妾，嫌其不成夫人，故明之也。」杜但以「赴同祔姑」爲言，❷未明所以尊爲夫人之故。《服問》：「君之母非夫人，則群臣無服，唯近臣及僕、驂乘從服，唯君所服服之也。」注：「妾，先君所不服也。禮，庶子爲其母緦。❸言『唯君所服』，尊君也。❹《春秋》之義，有以小君服之者。時若小君在，則益不可。」疏云：「文公四年『夫人風氏

---

❶「三」，原作「二」，今據《史記·十二諸侯年表》改。

❷「赴」，原作「祔」，今據上文改。

❸「緦」，原作「總」，今據原稿改。

❹「尊」，《禮記正義》卷五十七作「伸」。

薨』，是僖公之母成風也。又昭十一年『夫人歸氏薨』，是昭公之母齊歸也。皆亂世之法，非正禮也。按《異義》云：『妾子立爲君，❶得尊其母，立以爲夫人否？今《春秋公羊》說：妾子立爲君，母得稱夫人，故上堂稱妾，屈於適也，下堂稱夫人，尊於國也。子不得爵命父妾，子爲君得爵命其母者，以妾本接事尊者，有所因緣故也。《穀梁傳》曰：魯僖公之妾母成風爲夫人，❷是子爵于母，以妾爲妻，非禮也。古《春秋左氏》說：成風妾，得立爲夫人，母以子貴，禮也。許君謹案：舜爲天子，瞽瞍爲士，起于士庶者，子不得爵父母也。至于魯僖公得尊母成風爲小君，經無譏文，從《公羊》、《左氏》之說。』鄭則從《穀梁》之說。故《異義駁》云：『父爲長子三年，爲衆子期，明無二適也。女君卒，繼室攝其事耳，不得復立爲夫人。』」《服問》引鄭駁至此，《通典》七十二又引云：「魯僖公妾母爲夫人者，乃緣莊公夫人哀姜有殺子般、閔公之罪，應貶故也。」按：五年，「葬我小君成風」，《公羊傳》「母以子貴」，《解詁》：「禮，妾子立，則母得爲夫人。」故許君謂《公羊》、《左氏》同說。鄭君所稱僖公妾母爲夫人，乃《穀梁》說。《穀梁》僖八年傳：「秋七月，❸禘于太廟，用致夫人。」❹集解引劉向云：「夫人，成風也。致之於太廟，❺立之爲夫人。」襄二年疏：「鄭玄以爲正夫人有罪廢，妾母得成爲夫人。」即據鄭《駁異義》爲說。《左氏》以「致夫人」爲哀姜，

---

❶「立」，原作「主」，今據《禮記正义》卷五十七改。

❷「之」，《禮記正義》卷五十七作「立」。

❸「月」，原脱，今據《穀梁傳注疏》卷八補。

❹「用致」，原爲空格，今據原稿補。

❺「致」，原爲空格，今據原稿補。

與《穀梁》説異。杜注不援「母以子貴」義，但以「赴同祔姑」爲説，❶「赴同祔姑」傳例爲致夫人發，❷不關書薨之事。而疏引《釋例》則云：「凡妾子爲君，其母猶爲夫人。雖先君不命其母，母以子貴，其適夫人薨，則尊稱得加於其子，内外之稱皆如夫人矣。」❸則亦用古《左氏》説也。《宋書·徐廣傳》：「李太后薨，廣議服曰：『陽秋之義，母以子貴。既稱夫人，禮服从正，故成風顯夫人之號，僖公服三年之喪。』」按：成風之薨，僖公已没，徐説誤。

【傳】四年，春，晉人歸孔達于衛，以爲衛之良也，故免之。【疏證】二年傳：「陳侯爲衛請成于晉，執孔達以説。」至是，晉人歸之也。❹

夏，衛侯如晉拜。【疏證】杜注：「謝歸孔達。」

曹伯如晉會正。【疏證】杜注：「會受貢賦之政也。」顧炎武云：「會正，即朝正也。周之三月，晉之正月。襄二十二年，『隨于執事以會歲終』，杜氏解曰『朝正』是也。此解以正爲政，似因傳文夏字而曲爲之説。」按：如顧説，則此傳當在「夏，衛侯如晉拜」之前。

逆婦姜於齊，卿不行，非禮也。【疏證】桓三年傳例：「凡公女嫁于敵國，姊妹則上卿送之，禮于先君；

❶「以」，原脱，今據原稿補。
❷「致」，原爲空格，今據原稿補。
❸「稱」，《春秋左傳正義》卷十八作「禮」。
❹眉批：昭十一年，襄二年、二十二年。

公子則下卿送之。於大國，雖公子亦上卿送之。」敵國上卿送女，則逆女亦當然，❶故傳以卿不行爲非禮。下文貴聘賤逆，則大夫行也。

君子是以知出姜之不允於魯也。【疏證】杜注：「文公薨而見出，故曰出姜。」按：出姜無謚，因其大歸而爲稱也。《釋詁》：❷「允，信也。」

曰：「貴聘而賤逆之，【疏證】二年經：「公子遂如齊納幣。」

「君而卑之，立而廢之，【疏證】杜注：「君，小君也。不以夫人禮迎，是卑廢之。」

「棄信而壞其主，在國必亂，在家必亡。不允宜哉！【疏證】杜注：「主，内主也。」按：杜意内主謂君夫人，與下引《詩》之義不承。主即斥信也，讀如「主忠信」之主，猶言棄信而壞其本也。❸卿逆夫人，國之典禮，無禮則無信，故亂亡隨之。

「《詩》曰：『畏天之威，于時保之。』敬主之謂也。」【疏證】《周頌·我將》文。箋：「于，於。時，是也。早夜敬天，❹於是得安文王之道。」則鄭以「安」訓「保」。杜注：「言畏天威，於是保福禄。」亦用箋説。十五年傳亦引此詩，釋之云：「不畏于天，其何能保？」此言畏天而能保，得信之道也。

---

❶「亦」，原脱，今據原稿補。

❷「詁」，原爲空格，今據《爾雅》卷上補。

❸「壞」，原作「培」，今據原稿改。

❹「天」，原作「夫」，今據《毛詩正義》卷十九改。

秋，晉侯伐秦，圍邧新城，【注】服云：「秦邑，新所作城。」《晉世家》集解。【疏證】《説文》：「邧，鄭邑。」與傳文違異。《繫傳》以爲傳寫之誤。杜注：「邧新城，秦邑也。」蓋用服説。惟杜以邧、新城連言，江永《考實》遂析爲二邑。俞樾云：「新城疑即邧，非二邑也。蓋秦人新於邧邑築城，故謂之新城。僖六年經：『伐鄭，圍新城。』傳曰：『圍新密，鄭所以不時城也。』秦之新城猶鄭新城矣。」按：俞説是也。《年表》：「晉襄公五年，伐秦，圍邧新城。」與傳文同。《晉世家》則云：「晉伐秦，取新城，報王官役也。」《世家》不舉邧，則邧、新城爲一邑可知。顧棟高云：「新城即梁國之新里也。❶秦取之，謂之新城。」沈欽韓云：「按：邧，即元里也，在同州府東北。《魏世家》：『文侯十六年，伐秦，築臨晉元里。』《方輿紀要》：『新城在同州澄城縣東北二十里。』」

以報王官之役。【疏證】三年傳，秦取王官。

楚人滅江，秦伯爲之降服，出次，不舉，過數。【疏證】僖三十三年傳：「秦伯素服郊次。」杜注：「降服，素服也。」用彼傳以説，又云：「出次，辟正寢。不舉，去盛饌。❷鄰國之禮有數，今秦伯過之。」疏云：「『鄰國之禮有數』，不知其數幾何，以言『過數』，知其必有數耳。哀十年傳稱：『齊人弒悼公，赴于師。吳子三日哭於軍門之外。』鄰國之數，蓋三日也。」

大夫諫，公曰：「同盟滅，雖不能救，敢不矜乎？吾自懼也。」【疏證】杜注：「秦、江同盟，不告，故不

---

❶「梁」，原爲空格，今據原稿補。

❷「盛」，原脱，今據原稿補。

書。」沈欽韓云：「《續志》：『汝南安陽縣有江亭故國，嬴姓。』按此，則江與秦是同姓，故秦伯矜之過數。同盟猶言宗盟也。杜解非也。」❶

君子曰：「《詩》云：『惟彼二國，其政不獲。惟此四國，爰究爰度。』其秦穆之謂矣。」【疏證】本疏：「徧檢諸本，『君子曰』下皆無『詩云』，則傳文本自略也。」按：石經「曰」下有「詩」，缺「云」，亦用《正義》本也。洪亮吉云：「諸刻本下有此二字。」引《詩・大雅・皇矣》文，傳：「二國，殷、夏也。彼，彼有道也。四國，四方也。究，謀。度，居也。」杜注：「言夏、商之君，政不得人心，故四方諸侯皆懼而謀度其政事也。言秦穆亦能感江之滅，懼而思政。」杜用毛傳説。顧炎武云：「引《詩》蓋取上帝『監觀四方，求民之莫』之義，言恐懼可以致福。」❷

衛甯武子來聘，公與之宴，爲賦《湛露》及《彤弓》。【疏證】《湛露》序：「天子燕諸侯也。」《彤弓》序：「天子錫有功諸侯也。」皆《小雅》篇。杜注：「非禮之常，公特命樂人以示意，故言『爲賦』。」按：傳言賦《詩》，皆自賦，非命樂人，杜説非。疏謂：「自賦者，或全取一篇，或止歌一章，❸未有頓賦兩篇者。」❹亦强爲之説。《燕禮》：「工歌《鹿鳴》、《四牡》、《皇

---

❶ 原稿眉批：江見僖二年，沈今釋不采。
❷ 原稿眉批：顧説與杜同，而謂杜迂。
❸ 「歌」，原作「取」，今據原稿改。
❹ 「頓」，原爲空格，今據原稿補。

皇者華》。」若此，審是工歌，❶則當質言工歌《湛露》、《彤弓》也。❷

不辭，又不答賦。【疏證】《燕禮》工歌無答賦之事，此可證是公自賦。疏謂「非常之賦，宜有對答」，非。

使行人私焉。【疏證】《大行人》：「掌大賓之禮，及大客之儀。」《小行人》：「掌使適四方，協九儀賓客之禮。」杜不釋「行人」。《魯語》注：「行人，官名，掌賓客之禮。」用《周禮》説。顧棟高云：「行人見於經者六，是乃一時奉使，非耑官。」梁履繩云：❸「魯叔孫氏以司馬而爲行人，鄭公孫黑以上大夫而世行，❹蓋是兼職出使者，不必皆專官也。」杜注：「私問之。」

對曰：「臣以爲肄業及之也。【注】賈云：「肄，習也。」《文選·西征賦》注引《國語注》。【疏證】杜釋「肄」同賈説。《釋文》：「肄，字又作『肆』。」昭三年「若爲三師以肆焉」，《釋文》：「肆，本又作『肄』。」王念孫云：「肆者本字，肄者借也。」壽曾曰：《説文》：「肆，陳也。從镸聿聲。𨽸，習也。从聿㣇聲。」許君用賈説。❺則傳文當從「𨽸」。《魯語》説穆子聘晉之事云：「臣以爲肄業及之。」注：「肄，習也。❻以爲樂人自習修其業而及之，故

---

❶「審」，原脱，今據原稿補。

❷「質」，原爲空格，今據原稿補。

❸「履」，原作「嚴」，今據原稿改。

❹「孫黑」，原爲一空格，今據《左通補釋》卷九補。

❺「許」，原脱，今據原稿補。

❻「習」，原作「晉」，今據《國語正義》卷五改。

不敢拜。」此傳賦《湛露》、《彤弓》，與「奏《肆夏》之三」誤同，不敢斥言公賦，故以樂人習學爲解。杜注：「魯人失所賦。」非。其謂「甯武子佯不知，此其愚不可及」，尤謬。

「昔諸侯朝正於王，【疏證】朝正，如本年「曹伯如晉會正」之「正」，以正月朝京師也。杜注：「朝而受政教也。」非。

「王宴樂之，於是賦《湛露》，

「則天子當陽，諸侯用命也。【疏證】《湛露》首章「湛湛露斯，匪陽不晞」，傳：「露雖湛湛，見陽則乾。」杜注：「言露見日而乾，猶諸侯稟天子命而行。」陳奐《詩疏》云：「杜正用毛傳。詩上二句興，陽喻天子，露喻諸侯。二章三章不言陽，末章并不言露，正互見其義。」按：陳説是也。箋以諸侯受爵爲説，與毛小異。然云：「肅敬承命，有似露見日而晞也。」則亦以陽喻君也。顧炎武云：「《湛露》之詩止是宴樂之意，取此爲興耳。天子當陽，言嚮明而治也。解太巧。」此「當陽」自釋詩「匪陽不晞」義，顧説非。《董子·天辨在人》篇：「天下之尊卑，隨陽而序。不當陽者，臣子是也。當陽者，君父是也。」此傳稱當陽之義。《晉書·張華傳》：「賈后欲廢太子，左衛率劉卞謀欲奉太子廢后。華曰：『今天子當陽，太子，人子也，吾又不受阿衡之命，❶忽相與行此，是其無君父，而不孝示天下也。』」亦以當陽屬君父言。

「諸侯敵王所愾，而獻其功，【疏證】《説文》：「鎎，怒戰也。从金氣聲。《春秋傳》曰：『諸侯敵王所

❶「衡」，原爲空格，今據原稿補。

鎎。』」惠棟云：「許氏所據多古文，必得其實。」洪亮吉云：「今本作『愾』，非。」按：《說文》：「愾，太息也。」此別一字。杜注：「愾，恨怒也。」與「鎎」訓怒戰合。則杜本亦作「鎎」矣。《廣雅》：「弸、愾，滿也。」王念孫云：「謂氣滿也。」氣滿即恨怒義，而字已作「愾」，張揖所據已同今本。《彤弓》箋引此傳文，疏云：「敵，當也。愾，恨也。謂夷狄戎蠻不用王命，王心恨之，命諸侯有德者使征之。諸侯于是以王命興師以討。王之所恨者爲讎敵，而伐之既勝，而獻其所獲之功于王。王親授之。獻功者，伐四夷而勝則獻之。其伐中國，雖勝不獻。」

「王於是賜之彤弓一、彤矢百、玈弓矢千，以覺報宴。【疏證】石經「玈弓」下旁增「十旅」，嚴可均云：「今各本無。」杜注：「覺，明也。王賜之弓矢，以明報功宴樂。」惠棟云：「覺，讀爲較。何邵公云：『古者諸侯有較德也。』」按：惠說是也。《釋文》：「覺音角。」則舊注不訓，明此謂較其德以報宴耳。《彤弓》疏：「王又設饗禮禮之，于是賜之弓矢也。其饗之日，先受弓矢之賜，後受獻醻之禮也。」獻醻即謂傳之「報宴」。

「今陪臣來繼舊好，【疏證】杜注：「方論天子之樂，❶故自稱『陪臣』。」

「君辱貺之，其敢干大禮以自取戾？」【疏證】《彤弓》傳：「貺，賜也。」薛綜《西京賦》注：「干，犯也。」《抑》傳：❷「戾，罪也。」❸

冬，成風薨。

---

❶ 「論」，原作「賜」，今據原稿改。

❷ 「抑」，原爲二空格，今據《毛詩正義》卷十八補。

❸ 原稿眉批：查，各詁。

【經】五年，春，王正月，王使榮叔歸含且賵。【注】賈、服云：「含、賵當異人，今一人兼兩使，故書『且』以譏之。」本疏。鄭康成云：「禮，天子於二王後之喪，含爲先，襚次之，賵次之，賻次之；於諸侯，含之，賵之；小君亦如之，於諸侯臣襚之。諸侯相於，如天子於二王後；❶於卿大夫，如天子於諸侯；於士，如天子於諸侯臣。何休云『尊不含卑是違禮』，非經意。其一人兼歸二禮，亦是爲譏。」本疏引《箴膏肓》。【疏證】《釋文》：「含，本又作啥。」《説文》：「唅，❷送終口中玉。」李富孫云：「經典通作含，俗作唅。」《荀子·大略篇》：「輿馬曰賵，玉貝曰含。」杜注用荀義，改「玉貝」爲「珠貝」。❸《公羊傳》：「含者何？口實也。」《解詁》：「天子以珠，諸侯以玉，大夫以碧，士以貝，《春秋》之制也。」彼疏云：「皆《春秋説》文，故云《春秋》之制也。」則杜注「珠貝曰含」，乃《公羊》説。《左氏》古説：「妙玉貝曰含也。」❹《穀梁傳》：「貝玉曰含。」與《左氏》説同。隱元年經「天王使宰咺來歸惠公、仲子之賵」，賈氏以賵爲覆，已於彼經釋訖。本疏引賈、服説，駁之云：「案《禮·襍記》，諸侯相弔之禮，含襚賵臨，同日而畢，與介代有事焉，不言遣異使也。諸侯相於，則唯遣一使，而責天子於諸侯，必當異人，禮何所出而非責王也？春秋之世，風教陵遲，吉凶賀弔，罕能如禮。王之崩葬，魯多

❶「天」，原重文，今據《春秋左傳正義》卷十九上删。
❷「唅」，《説文解字》卷一上作「琀」。
❸下「貝」，《春秋左傳正義》卷十九上作「玉」。
❹「妙」，疑誤。

不行。魯之有喪，甯能盡至？王歸含賵二事而已。宰咺又賵而不含不至，全無所譏。不含，又無貶責。既含且賵，便責兼之不可。是禮備不如不備，行禮不如不行，豈有如此之理哉？《左傳》舉來含且賵、會葬二事，乃云『禮也』，則二事俱是得禮，無譏兼之之義。言『且』者，見有二禮而已。」李貽德云：「《禮記·襍記》：『含者，執璧將命。上介賵，執圭將命。』是含賵異人之證。今歸含賵惟使榮叔一人，是兼兩使矣。」洪亮吉云：「含襚賵贈，既有先後次弟，則每事遣一使可知。正義云：『春秋之世，吉凶賀弔，罕能如禮。』此依時勢立言，非制禮本義。《公羊》及賈、服并據常禮爲説。又經文著『且』字，顯有禮文不備之意。正義以此譏賈，非也。」壽曾謂：李、洪之説皆正疏説之非。《襍記》弔者、含者、襚者、上介賵，❶節次相承。含者有「降出反位」之文，❷鄭注云：「言『降出反位』，則是介也。」疏申之云：「此弔者既爲上客，則賵者是上介，❸則此含者、襚者當是副介、末介。」如彼疏説，則含、襚、賵皆異人，可補洪説所未及。然本疏已謂「與介代有事」，則疏知含賵爲介者事，謂介不可當專使耳。洪氏謂「每事遣一使」，其文並於禮無徵，皆不足駁正疏説。隱元年經宰咺歸賵，《大行人》疏引服注：「咺，天子宰夫。謂宰夫主賻、賵之事。」以證行人唯主弔法。如《禮》疏説，則天子歸賵，當使宰夫榮叔以行人攝其事，故賈、服以兼二使爲譏也。洪氏謂賈、服據常禮言，極是。宰夫之歸賵，亦常禮矣。傳稱「禮也」者，美歸含賵之得禮，不關兼使之事。疏據傳駁賈、服説，非也。《公羊》：「其言『歸含且賵』何？兼之。兼之，非禮也。」《穀梁傳》：

---

❶「含者」，原作「含之」，今據原稿改。

❷「反」，原作「及」，今據原稿改。

❸「則」，《禮記正義》卷四十一作「又」。

「含」，一事也。賵，一事也。兼歸之，非正也。其曰『且』，志兼也。」且賵，三傳同説，杜不用賈、服説，故注中没而不言。❶疏之駁賈、服，非申杜説也。本疏又引何休《膏肓》，以爲：「禮，尊不含卑，又不兼二禮，《左氏》以爲禮，於義爲短。」下引鄭《箴膏肓》説之云：「如康成言，尊不含卑，禮無其事。康成以爲譏一人兼二事，❷非《左氏》義也。」本疏蓋信鄭駁尊不含卑之説，而以譏兼使爲非。詳《公羊傳》，但稱兼使之非禮，《解詁》則云：「以至尊行卑事。」❸與《膏肓》説同，❹或是古《公羊》家説，不可以概《左氏》。《穀梁》疏引鄭《廢疾》文略同本疏，❺無「何休」以下云云，又云：「京師去魯千里，王室無事，三月乃含，故不言來以譏之。」何氏《廢疾》之文無考，以鄭釋推之，何氏蓋以駁《穀梁》不周事之説。《襍記》疏引鄭《釋廢疾》文，亦同本疏，詞有顛倒異。彼疏又申之云：「鄭知天子於二王後含、襚、賵者，爲約此《襍記》兩諸侯相敵，❻明天子於二王後亦相敵也。知諸侯亦然者，約《襍記》文。鄭知天子於諸侯含、賵者，約文五年『榮叔歸含且賵』，三傳但譏兼禮，不譏其數是也。鄭知天子於諸侯臣襚之、賵之者，約《士喪禮》諸侯於士有襚、有賵，明天子於諸侯臣亦然。鄭知諸侯於卿大夫如天子於諸侯者，更無所尊，明

❶「没」，原爲空格，今據原稿補。
❷「以」，原重文，今據原稿删。
❸「卑」，原作「乎」，今據原稿改。
❹「與」，原作「此」，今據原稿改。
❺「略同」，原作「若因」，今據原稿改。
❻「約」，原作「賜」，今據原稿改。下五「約」字同。

尊此卿大夫，含之賵之也。凡此，於其妻亦如其夫。知者，約『宰咺來歸惠公、仲子之賵』，又約魯夫人成風之喪，『王使榮叔歸含且賵』，以外推此可知。」《禮》疏推説鄭義甚詳，今具録之。鄭議兼歸二禮，與賈、服合。其箴詞「諸侯相如」，❶本疏誤爲「於相」，今从《釋廢疾》乙轉之。相於，謂相含、賵也。又賈氏説此經，謂：「畿内稱王，以恩深加禮妾母，恩同畿内，故稱王。」詳成八年疏證。

三月，辛亥，葬我小君成風。

王使召伯來會葬。【疏證】召伯，《穀梁》曰「毛伯」。彼疏云：❷「《左》、《公》及徐邈本並云『召伯』，此本作『毛伯』，疑誤也。」杜注：「召伯，天子卿也。伯，爵也。」

夏，公孫敖如晉。無傳。

秦人入鄀。【疏證】十五年傳例：「獲大城焉曰『入之』。」❸《地理志》：「南郡若，本秦縣，楚昭王畏吴，自郢徙此，後復還郢。」師古曰：「《春秋傳》作鄀，其音同。」洪亮吉云：「《郡國志》作鄀侯國。按舊注亦不言鄀所在，❹今考傳云『鄀叛楚即秦』，是鄀國在秦、楚之間。故城在今宜城縣東南，去武關不遠，正秦、楚兩國界也。《玉篇》亦云：『鄀，秦、楚界小國。』」

---

❶「如」，疑當作「於」。
❷「彼」，原爲空格，今據原稿補。
❸「獲」，原爲空格，今據原稿補。
❹「所」，原作「師」，今據原稿改。

秋，楚人滅六。【疏證】《帝王世紀》：「六，偃姓，子爵，皋陶次子甄，是爲仲甄，封於六。」《地理志》：「六安國故國，皋陶後。」《水經·沘水注》：「沘水出沘山，沘字或作淠。淠水西北逕六安縣故城西。縣，故皋陶國也，夏禹封其少子，❶奉其祀。」酈氏謂皋陶少子封六，❷與《世紀》合。沈欽韓云：「《一統志》：『六縣故城在六安州北。』」江永云：「六安州，今爲直隸州。」《年表》：「楚穆王四年，滅六、蓼。」按：蓼不書「滅」者，不以吉。

冬，十月，甲申，許男業卒。無傳。

【傳】五年，春，王使榮叔來含且賵，召昭公來會葬，禮也。【疏證】杜注：「天子以夫人禮賵之，明母以子貴。」用古《春秋左氏》說。四年經釋訖。

初，鄀叛楚即秦，又貳於楚。夏，秦人入鄀。

六人叛楚即東夷。秋，楚成大心、仲歸帥師滅六。【疏證】杜注：「仲歸，❸子家。」

冬，楚公子燮滅蓼。【疏證】各本脱「公」，从石經增。《釋文》：「蓼，字或作『鄝』。」《地理志》：「六安蓼，故國，皋陶後，爲楚所滅。」《淮南子·氾論訓》：「陽侯殺蓼侯而竊其夫人，故大饗廢夫人之禮。」注：「陽侯，陵國侯也。❹蓼侯，皋陶之後，偃姓之侯國也。今在廬江。」《彙纂》：「今河南汝甯府固始縣東北有蓼城岡，其地即古

---

❶「封」，原作「奉」，今據《水經注箋》卷三十二改。
❷「酈」，原作「鄧」，今據原稿改。
❸「歸」，原作「師」，今據原稿改。
❹「陵」上，《淮南鴻烈解》卷十三有「陽」字。

蓼國，漢蓼縣。」江永云：「按：固始縣今屬河南光州。」❶

臧文仲聞六與蓼滅，曰：「臯陶庭堅不祀忽諸，【注】服云：「諸，辭。」《柏舟》疏。【疏證】《楚世家》：「穆王四年，滅六、蓼。六、蓼，臯陶之後。」用此傳義。黄生《義府》：「《左傳》『臯陶庭堅』，杜以庭堅即臯陶之字，故謂六、蓼皆臯陶後。然古人之語，❷無既舉其名復舉其字之理。羅泌《路史》辨臯陶爲少昊四世孫，庭堅則高陽氏之子；六，❸臯陶後。蓼，庭堅後。此爲得之。」顧炎武云：「十八年，季孫行父所稱八凱有庭堅，杜氏以爲臯陶字。羅泌以爲六，臯陶之後。陸氏據《焦氏易林》『尨降、庭堅爲陶叔後』，謂『二國皆臯陶後，而庭堅則或以支子别封，自爲其國之祖』，❹故文仲並舉之也。未詳孰是。」文淇案：羅泌多鑿空之談，黄氏從之，非也。文十八年疏引鄭玄注《論語》云：「臯陶爲士師，號曰庭堅。」明臯陶、庭堅爲一人也。壽曾謂：陸氏以《易林》陶叔當臯陶，别無所徵。説此傳者，亦未聞以尨降當六也。《陳世家》「或封蓼、六」，索隱云：「本或作英、六，皆通。然蓼、六皆咎繇之後。」據《世本》，二國皆偃姓，故《春秋》文五年《左傳》云楚人滅六、蓼，臧文仲曰『臯陶、庭堅不祀忽諸』。杜預曰：『蓼與六俱臯陶後。』又僖十七年『齊人、徐人伐英氏』，杜預又曰：『英、六皆臯陶後。』國名是有英、蓼，實未能詳。或此英後改爲蓼也。」索隱謂英即蓼國，非。英，今英山也。服注見《柏舟》「日居月諸」疏。李貽

❶ 原稿眉批：《讀本》謂蓼在霍邱。
❷ 「之」，《義府》卷上作「口」。
❸ 「六」，原作「亦」，今據《義府》卷上改。
❹ 「自」，原爲空格，今據原稿補。

德云：「按：辭，猶語助。」

「德之不建，民之無援，哀哉！」【疏證】《水經·決水》注引傳「建」作「逮」。❶李富孫云：「二字形近易淆，作『逮』義亦通。」杜注：「傷二國之君不能建德，結援大國，❷忽然而亡。」❸顧炎武云：「『德之不建』，言二國不能自强於爲善。❹『民之無援』，言中國不能恤小寡。解非。」

晉陽處父聘于衛，反過甯，【疏證】《晉語》注：「甯，晉邑，今河内脩武是也。」杜用韋説。顧棟高云：「今河南衛輝府獲嘉縣西北有修武故城，古甯邑，秦置縣。」江永云：「《韓詩外傳》：『武王伐紂，勒兵于甯，改甯曰修武。』今懷慶府修武縣也。衛輝府之獲嘉縣，與之接境，亦修武地。漢武帝置獲嘉縣，東魏又置西修武，皆甯地。周既改甯爲修武矣，而猶稱甯，❺蓋後又復舊名也。衛有甯氏爲世卿，似食邑於此。獲嘉近衛，則甯當屬衛。」按：修武、獲嘉二邑接壤，然獲嘉在河北。以今地考之，甯武子由晉都反衛，由修武而南，經修武可達衛都，不必迂道渡河至獲嘉也。定元年傳魏獻子卒於甯，亦甯是晉邑之證。衛别有甯耳。《方輿紀要》：「甯城在懷慶府修武縣東。」

---

❶「決」，原爲空格，今據原稿補。
❷「結」，原爲空格，今據原稿補。
❸「亡」，原作「止」，今據原稿改。
❹「於」，原作「相」，今據原稿改。
❺「甯」，原脱，今據原稿補。

甯嬴從之。【注】賈逵以甯嬴爲掌逆旅之大夫。本疏引《國語》注。【疏證】杜注：「嬴，逆旅大夫。」疏云：「《晉語》説此事云：『舍於逆旅甯嬴氏。』注《國語》者賈逵、孔晁皆以甯嬴爲掌逆旅之大夫，❶故杜亦同之。劉炫以甯嬴直是逆旅之主，非大夫。今删定知不然者，若是逆旅之主，則身爲匹庶，是卑賤之人，猶如重館人告文仲，重丘人罵孫蒯，止應稱人而已，❷何得名氏見傳？杜以傳載名氏，故爲逆旅大夫。劉炫以爲客舍主人而規杜氏，非也。」賈注《國語》以嬴爲逆旅大夫，其説傳義，亦當然。杜即取賈《内傳》注也。孔晁不注《左氏》，故留賈置孔。《晉語》韋注：「旅，客也。逆客而舍之。嬴，其姓。」韋氏蓋以嬴爲逆旅主人，與賈、孔異。朱駿聲云：「大夫不得私去其官，❸劉説是也。」按：傳正以甯嬴去官從處父爲異，故記之。《晉書·郭奕傳》：「初爲野王令，羊祜嘗過之，遂送祜出界數百里，坐此免官。」是古人有行之者。

及温而還，【疏證】《晉語》作「及山而還」，注：「山，河内温山。」

其妻問之。嬴曰：「以剛。《商書》曰：『沈漸剛克，高明柔克。』【疏證】《尚書·洪範》文。《校勘記》云：「沈漸，古文《尚書》作沈潛。段玉裁云：『《漢書·谷永傳》「忘湛漸之義」，湛漸即沈潛也。蓋《今文尚書》作漸，與《左氏》合。』」案：今在《周書》。本疏：「箕子商人所説，故傳謂之《商書》。」全祖望《經史問答》云：「《左

---

❶「者」，原脱，今據原稿補。
❷「稱」，原爲空格，今據原稿補。
❸「私去」，原作「外有」，今據原稿改。

傳》引《洪範》爲《商書》，何也？❶答：是蓋殷之遺民所稱，而後人因之者。蓋曰『十有三祀』，則雖以爲《商書》可也。」孫星衍《書疏》云：「《左傳》、《説文》引此經，皆云《商書》，經文亦稱歲爲祀。或武王命箕子陳言，示不臣之義。或此篇舊次在《微子》之前，如《漢書·儒林傳》云『《堯典》、《禹貢》、《微子》、《金縢》諸篇』，不可知矣。」全、孫説與本疏合。閻若璩《潛丘劄記》則謂《商書》爲夫子未删前之《書》，則恐未然也。某氏《書傳》：「沈潛謂地，雖柔亦有剛，能出金石。高明謂天，言天爲剛德，亦有柔克，不干四時。喻臣當執剛以正君，君亦當執柔以納臣。」其即據此傳「天爲剛德，猶不干時」爲説。杜注：「沈漸，猶滯弱也。高明，猶亢爽也。言各當以剛柔勝己本性，乃成全也。」與某氏説同。《宋世家》引馬融説：「沈潛爲陰伏之謀，高明君子，亦以德懷。」《洪範》疏：「鄭玄以爲人臣各有一德，天子擇使之。」鄭、馬説亦自不同，皆與傳引《書》之義不合。孫星衍《書疏》引此傳文及杜注，説之曰：「此周人引《書》，即言治性，不言治人，蓋《書》古文説。杜氏所云，亦不同馬、鄭之説，意以沈漸地道近弱，當以剛勝之；高明天道近剛，當以柔勝之，乃成德也。此言君德之明證。《谷永傳》：『永説王音曰：「意將軍忘湛漸之義，❷委曲從順，所執不彊。」』此亦用《洪範》『沈漸剛克』，班氏、谷永皆用今文《書》説，亦不與馬、鄭同也。」按：孫説是也。

「夫子壹之，其不没乎？【疏證】壹之，壹於剛。

「天爲剛德，猶不干時，况在人乎？【疏證】杜注：「寒暑相順。」《洪範》疏：「《左傳》云『天爲剛德，猶

---

❶ 「何也」至「商書」三十九字，原脱，今據原稿補。

❷ 「意」下，《皇清經解》卷七百五十二《尚書今古文注疏》有「岂」字。

不干時』，是言天亦有柔德，不干四時之序也。地柔而能剛，天剛而能柔，故以喻臣當執剛以正君，君當執柔以納臣也。」用杜注義。

「且華而不實，怨之所聚也。【疏證】《晉語》說此事云：「夫皃，情之華也；言，皃之機也。身爲情，成於中。言，身之文也。言文而發之，合而後行，離則有釁。❶今陽子之皃濟，其言匱，非其實也。」是說「華而不實」之事也。杜注：「言過其行。」亦取《外傳》爲說。

「犯而聚怨，不可以定身。【疏證】《晉語》注：「犯，犯人也。」杜注：「剛則犯人。」用韋說。

「余懼不獲其利，而離其難，是以去之。」【疏證】「離」與「罹」同。襄二十一年傳：「子離於罪。」❷

晉趙成子、欒貞子、霍伯、臼季皆卒。【注】賈云：「欒貞子，欒枝也。霍伯，先且居也。」《晉世家》集解。【疏證】杜云：「成子，趙衰，新上軍帥、中軍佐也。貞子，欒枝，下軍帥也。霍伯，先且居，中軍帥也。臼季，胥臣，下軍佐也。」其釋人名同賈說。《晉世家》集解於賈注蓋節引矣。《年表》：「晉襄公六年，趙成子、欒貞子、霍伯、臼季皆卒。」索隱：「趙成子，名衰。欒貞子，名枝。霍伯，先且居也，封之霍。臼季，胥臣也。四大夫皆此年卒。」杜謂趙衰中軍佐、霍伯中軍帥者，以六年傳知之。彼傳賈注亦同。欒貞子下軍帥、臼季下軍佐，見僖廿八年城濮之戰。本疏云：「清原之蒐，趙衰、箕鄭將新上軍。」❸趙、欒、霍，地皆釋訖。《晉語》注：「先且居，先軫

---

❶「離」，原作「誰」，今據原稿改。

❷ 原稿眉批：離，詁。

❸「箕」，原爲空格，今據原稿補。

之子蒲城伯，後受霍爲霍伯。」洪亮吉云：「臼亦以采地名。《郡國志》：『河東郡解有臼城。』劉昭注引《博物志》曰：『臼季邑在縣西北。』」按：解，今山西蒲城臨晉縣東南十八里。

【經】六年，春，葬許僖公。

夏，季孫行父如陳。【疏證】《世本》：「公子友生齊仲，齊仲生無逸，無逸生行父，行父生夙。」《穀梁疏》引《世本》「齊仲」作「仲無佚」。梁履繩云：❶「韋氏《周語》注：『季文子，齊仲無佚之子。』齊蓋其謚也。」杜注：「行父，季友孫。」用《世本》説。「行父，季友孫」，宋本如此，今本作「季孫友子」，❷誤。洪亮吉云：「范甯注：❸『行父，季友生。』❹生即孫也。與杜注同。」《洪範》序「立武庚」，鄭注：「武庚，字禄父。」某氏傳：「武庚，一名禄父。」疏：「春秋之世有齊侯禄父、蔡侯考父、季孫行父，亦是名，未必是字，故傳言『一名禄父』。」詳《書》疏，則舊説行父爲字，故駁正之。

秋，季孫行父如晉。

八月，乙亥，晉侯驩卒。【疏證】《公羊》「驩」曰「讙」。李富孫云：「《晉世家》作『歡』，《魯世家》作『驩』。

❶「梁履繩」，原爲空格，今據原稿補。

❷「孫」上，原衍「友」字，今據《春秋左傳詁》卷二删。

❸「范甯」，原爲空格，今據原稿補。

❹「友」，原脱，今據原稿補。

《檀弓》引《書》『言乃讙』，注：『喜説。』《孟子》『驩虞如也』，音義：『丁云：義當作「歡娛」，古字通用。』古書多借驩爲歡。」

冬，十月，公子遂如晉，葬晉襄公。【疏證】杜注：「卿共葬事，文襄之制也。」疏：「昭三十年傳：『先王之制，諸侯之喪，士弔，大夫送葬。』昭三年傳：『昔文襄之霸也，其務不煩諸侯。君薨，大夫弔，卿共葬事。』是也。」按：《公羊》此經解謂：「禮，諸侯薨，使大夫弔，自會葬。」❶《公羊》與《左氏》説不同。

晉殺其大夫陽處父。

晉狐射姑出奔狄。【疏證】《穀梁》「射」曰「夜」。杜注：「射姑，狐偃子賈季也。」《檀弓》疏：「賈季即狐射姑也，賈是采邑，季則其字。」

閏月不告月，猶朝于廟。【注】許慎從《左氏》説，不顯朝廟告朔之異，謂朝廟而因告朔。《玉藻》疏引《異義》。【疏證】《公羊》「月」曰「朔」。杜注：❷「經稱『告月』，傳稱『告朔』，明告月必以朔。」《釋文》：❸「不告月，月或作『朔』，誤也。」文淇案：作「朔」者，乃古本也。《司尊彝》「凡四時之間祀，追享朝享」，注：「朝享，謂朝受政於廟。《春秋傳》曰：『閏月不告朔，猶朝于廟。』」❹是鄭康成所見之本正作「告朔」，若作「告月」，實屬不辭。

---

❶「會」，原作「含」，今據原稿改。
❷「杜注」，當作「本疏」。
❸「文」，原重文，今删。
❹「朝」，原脱，今據《周禮注疏》卷二十補。

《玉藻》「皮弁以聽朔于太廟」，疏云：「告朔又謂之告月。」引文六年「閏月不告月」，並據杜本也。壽曾曰：詳鄭氏《禮》注「朝享謂朝受政於廟」，義止明朝廟之禮。其告朔應在何處，❶鄭所未言。彼疏云：「謂天子告朔于明堂，因即朝享。朝享即月祭，《祭灋》云謂之月祭，❷故《祭灋》云：『考廟，王考廟，皇考廟，顯考廟，祖考廟，皆月祭之。❸二祧享嘗乃止。』諸侯告朔于太廟，因即朝享。《祭灋》云：『諸侯考廟、王考廟、皇考廟，皆月祭之。顯考、祖考，享嘗乃止。』告朔，天子用牛，諸侯用羊，月祭皆太牢也。」如彼疏説，則天子告朔於明堂，即明堂以朝。諸侯告朔於大廟，即廟以朝也。諸侯告朔、朝廟皆於廟，則其行禮爲一時事。然三傳中惟《左氏》説如此。知者，《玉藻》「聽朔于南門之外」，疏：「《異義》：『《公羊》説：每月告朔朝廟，❹至于閏月不以朝者，閏月，殘聚餘分之月，無正，故不以朝。經書閏月猶朝廟，譏之。《左氏》説：閏以正時，時以作事，事以厚生。生民之道，于是乎在。不告閏朔，棄時政也。許君謹案：❺從《左氏》説，不顯朝廟、告朔之異，❻謂朝廟而因告朔。』鄭駁之，引《堯典》以閏月定四時成歲，閏月當告朔。又云：『説者不本於經，所譏者異其是與非，❼皆謂朝廟而因告朔，似俱失之。朝廟

❶「應」，原作「聽」，今據原稿改。
❷「祭灋」，原爲空格，今據原稿補。《周禮注疏》卷二十無「月祭」、「云」三字。
❸「之」，原爲空格，今據原稿補。
❹「朝」，原作「告」，今據《禮記正義》卷二十九改。
❺「謹」，原作「謀」，今據原稿改。
❻「顯」，原爲空格，今據原稿補。
❼「與」，原脱，今據原稿補。

之經在文六年，冬，「閏月不告朔，猶朝于廟」，辭與宣三年，春，❶「郊牛之口傷，改卜牛，牛死，乃不郊，猶三望」同。言猶者，告朔然後朝廟，郊然後當三望。今廢其大，存其細，是以加「猶」譏之。《論語》云：「子貢欲去告朔之餼羊。」《周禮》有朝享之禮祭。然則告朔與朝廟祭異，亦明矣。』如此言，從《左氏》說，又以先告朔而後朝廟。鄭以《公羊》閏月不告朔爲非，以《左氏》告朔爲是。二傳皆以先朝廟而因告朔，二者皆失，故鄭云：『其是與非，皆謂朝廟而因告朔，二者皆失。』」案：《公羊傳》：「不告月何？不告朔也。曷爲不告朔？天無是月也。」此《異義》所舉《公羊》說「殘聚餘分之月」義。《穀梁傳》：「不告朔，則何爲不言朔也？閏月者，附月之餘日也，積分而成於月者也。天子不以告朔，而喪事不數也。」❷二傳同說。❸許君所舉《左氏》說，朝廟而因告朔，其禮今無以考。《玉藻》疏：「二傳皆以先朝廟而因告朔。」云「二傳」當斥《公羊傳》說。❹彼傳《解詁》：「朝者，因視朔政爾。無政而朝，故加『猶』。」是朝廟爲告朔而設，然其□次先朝廟後告朔，明告朔即在廟中，不必順經文之次也。《左氏》說亦當然。鄭謂告朔然後朝廟，非也。《大史》「頒告朔于邦」，注：「天子頒朔于諸侯，諸侯藏之祖廟，至朔，朝于廟，告而受行。」則鄭亦謂先朝廟、後告朔矣。駁未定。杜注：「諸侯每月必告朔聽政，因朝宗廟。」亦不析告朔、朝廟爲

---

❶「春」，原脱，今據原稿補。

❷「喪」、「數」，原爲空格，今據原稿補。

❸「二傳同説」，原脱，今據原稿補。

❹「斥」，原爲空格，今據原稿補。

兩事，❶當是用古《左氏》説。其先言告朔，後言朝廟，仍違古説矣。《司尊彝》疏又云：「文公六年《左氏傳》云：『閏月不告朔，猶朝于廟。』❷若然，天子告朔于明堂。而云『受政于廟』者，謂告朔是受十二月政令，故名明堂爲布政之宫。以告朔訖，因即廟朝，❸亦謂之受政，但與明堂受朔别也。《春秋》譏廢人行小。❹引之者，見告朔與朝廟别，謂『若不郊，❺猶三望』，與郊亦别也。」此亦據鄭氏《駁異義》説，非《左氏》義。其謂譏廢大行小，與傳義合。但朝廟因告朔，於文不得云告朔朝廟也。本疏：「告朔、視朔、聽朔，朝廟、朝享、朝正，二禮各有三名，同日而爲之也。」

【傳】六年，春，晉蒐于夷，舍二軍。使狐射姑將中軍，趙盾佐之。**【注】**服云：「使射姑代先且居，趙盾代趙衰也。箕鄭將上軍，林父佐也。先蔑將下軍，先都佐也。改蒐于董，趙盾將中軍，射姑奔狄，先克代佐中軍耳。」本疏。**【疏證】**《晉語》注：「初，晉作三軍。❻魯文五年，晉四卿卒。至六年，❼晉蒐

❶「朝」，原作「告」，今據原稿改。
❷「猶」，原重文，今據原稿删。
❸「廟朝」，《周禮注疏》卷二十作「朝廟」。
❹「廢」，原脱，今據原稿補。
❺「謂」，原作「設」，今據原稿改。
❻「三」，《國語正義》卷十一作「二」。
❼「至」，原作「五」，今據原稿改。

于夷，舍二軍，領放國之制。」❶按：作三軍乃晉文三年事，見僖二十七年傳。僖三十一年傳：「蒐於清原，作五軍。」韋注不言五軍，於事未明。杜注以「清原作五軍」爲說。又云：「今舍五軍，❷復三軍之制。」是也。疏云：「清原之蒐，五軍十卿，有先軫、郤溱、先且居、狐偃、欒枝、胥臣、趙衰、箕鄭、胥嬰、先都。箕之役，先軫死。往歲趙衰、欒枝、先且居、胥臣卒。❸八年傳説此蒐之事，云『晉侯將登箕鄭父、先都』，則郤溱、狐偃、胥嬰亦先卒矣。清原十卿，惟有箕鄭、先都在耳，故蒐以謀軍帥。」疏考清原十卿，今止餘二，至爲明晰。杜注用服説，又云：「盾，趙衰子。」其上、下軍將、佐則没而不説。七年傳，禦秦之役，「趙盾將中軍，先克佐之。荀林父佐上軍。先蔑將下軍，先都佐之。箕鄭居守」。服氏蓋據彼傳爲説，備三軍之制。彼傳杜注：「箕鄭將上軍居守，故佐獨行。」服氏於此傳已明箕鄭將上軍，則杜彼注亦用服説也。易中軍將、佐，服探下文爲説，亦用七年傳。

陽處父至自温，

改蒐于董，易中軍。【疏證】《水經・涑水》注：「董澤東西四里，南北三里，古池也。文六年蒐于董，即此澤。」杜注：「河東汾陰縣有董亭。」馬宗璉從酈氏説謂：❹「元凱汾陰之解誤，不若酈注之簡明易曉。」《郡國志》：「河東臨汾縣有董亭。聞喜縣有董池陂，古董澤。」洪亮吉云：「劉昭注兩處皆引此傳，雖本杜、酈二説，然非也。」

---

❶「領放」，《國語正義》卷十一作「復成」。原稿眉批：夷見莊十六年。

❷「五」，《春秋左傳正義》卷十九上作「二」。

❸「往」，原作「彼」，今據原稿改。

❹「酈」，原爲空格，今據原稿補。下三「酈」字同。

今攷董澤，當以涑水所經者爲是。杜注反舍此而從彼，失之。」如洪説，是謂董即董澤矣，董澤、董亭非一地。沈欽韓云：「鄺氏與劉昭誤合爲一，杜注『汾陰』當作『臨汾』。《一統志》：『董亭在蒲州府榮河縣東。』」

陽子，成季之屬也，【疏證】《趙世家》：「趙衰卒，謚爲成季。」杜注：「處父嘗爲趙盾屬大夫。」洪亮吉云：「處父蓋嘗爲趙衰屬大夫。《説苑》：『師曠對晉平公曰：「陽處父欲臣文公，因咎犯三年不達，因趙衰三日而達。」』是處父由趙衰方得進用。杜注作『趙盾』，乃傳寫之誤。成季，趙衰謚。成八年傳：『韓厥言於晉侯：「成季之勳，宣孟之忠，而無後，爲善者其懼矣。」』杜注即云趙衰，故知此注傳寫失也。」按：洪説是也。

故黨於趙氏，且謂趙盾能，曰：「使能，國之利也。」【疏證】《高帝紀》注：「師古曰：『能，謂材也。』」

宣子於是乎始爲國政。【注】舊注：「宣子，趙盾。」《御覽》六百二十二。【疏證】杜注：「宣，趙盾謚。」則《御覽》所引爲舊注也。《謚法》：「聖善周聞曰宣。」《晉世家》：「趙盾代趙衰執國政。」

制事典，【疏證】《□□》注：「典，常也。」杜用鄭説。疏：「正國之百事，❶使有常也。」

正法罪，【疏證】杜注：「輕重當。」疏：「正法罪，謂準狀治罪，爲將來之法，若今造律令也。」

辟獄刑，【疏證】諸刊本「獄刑」誤倒，從石經，疏述傳作「辟獄刑」可證。杜注：「辟猶理也。」疏：「與上句所以異者，『辟獄刑』謂獄有未決斷當時之罪，❷若昭十四年『韓宣子命斷舊獄』之類是也。」

---

❶「國」，原作「周」，今據原稿改。

❷「獄有」，《春秋左傳正義》卷十九上作「有獄」。「未」，原作「主」，今據原稿改。

董逋逃，❶【疏證】《釋詁》：「董，督，正也。」

由質要，【疏證】《荀子·王霸篇》「質律禁止而不偏」，注：「質律，質劑也，可以爲法，故言質律也。」下引此傳，又云：「或曰質，正也。」則「質要」即質律。《後漢書·馬融傳》：「《廣成頌》曰：『由質要之故業，❷率典刑之舊章。』」❸馬氏正用此傳文也。質要、典刑對文，則「質」不當訓「正」矣。杜注：「由，用也。質要，券契也。」疏：「《小宰》『七曰聽賣買以質劑』，注：『質劑，謂兩書一扎，同而别之。長曰質，短曰劑。』」

治舊洿，【疏證】《釋文》：「洿，本又作『汙』。」沈欽韓云：「洿，濁水不流也。《一切經音義》：『《三蒼》云：停水曰洿。』」杜注：「治理汙穢。」疏：「國之舊政洿穢不潔，❹理治改正之也。」

本秩禮，【疏證】杜注：「貴賤不失其本。」疏：「本其次秩，使如舊也。」❺

續常職，【疏證】杜注：「修廢官。」疏：「任賢使能，❻令續故常也。」

出滯淹。【疏證】杜注：「拔賢能也。」

---

❶ 原稿眉批：逋逃，詁，查《書·商書》。

❷ 「故」，原脱，今據原稿補。

❸ 「刑」，原作「型」，今據原稿改。

❹ 「國」，原作「周」，今據原稿改。

❺ 原稿眉批：秩，詁。

❻ 「賢」，原作「賀」，今據原稿改。

既成，以授太傅陽子與太師賈佗，【疏證】《晉語》「佗」曰「它」。杜注不釋太傅、太師。《檀弓》「其陽處父乎」，注：「陽處父，襄公之太傅。」《王制》疏云：「其大夫之稱，亦得兼三公，故《詩》云『三事大夫』之謂三公也。❶ 上大夫卿，亦稱孤也，故《春秋》陽處父爲太傅，經云『晉殺其大夫陽處父』也。」如《禮》疏説，則陽處父以大夫兼三公，賈佗之兼大師亦然也。本疏：「宣十六年傳：『晉侯請于王，命士會將中軍，且爲太傅。』則太傅尊於中軍之將，與太師皆爲孤卿也。《周禮》上公之國有孤一人，《王制》諸侯三卿。晉，侯爵也，而有三軍六卿，復有孤二人者，晉爲霸主，多置群官，共時所須，❷不能如禮。」疏説晉有孤卿是也，然不謂大夫兼官，則非。杜注：「賈佗以公族從文公，而不在五人之數。」❸《晉語》注：「賈佗，狐偃之子、太師賈季也。公族，姬姓，食邑於賈，字季。」與杜説異。洪亮吉云：「賈佗與賈季是屬兩人。韋注賈佗即賈季，恐非。」按：洪説是也。全祖望《經史問答》云：「晉故有賈氏，七輿大夫之中，右行賈華是也。❹ 蓋故是晉之公族，賈它在從亡諸臣之列。公孫固曰：❺『晉公子父事狐偃，師事趙衰，長事賈它。』則與咎犯等夷，非父子矣。狐氏雖亦姬姓，然戎種，❻非公族也。至咎犯之子

❶「詩」，原作「傳」，今據原稿改。
❷「共」，原作「其」，今據原稿改。
❸「不」，原重文，今據原稿删。
❹「右」，原作「左」，今據《左通補釋》卷九改。
❺「固」，原殘，今據原稿補。
❻「種」，原作「族」，今據原稿改。

始稱賈季，而其氏仍以狐，是猶之士會稱隨會也。襄公之世，趙盾將中軍，賈季佐之，而陽處父爲太傅，賈它爲太師，二賈同列，其時它爲老臣，而季新出，安得合爲一也？」

使行諸晉國，以爲常法。【疏證】斥上九年事言之。❶疏：「此謂所爲制作法式者，豫爲將來使案而遵行，❷臨時決斷者。」

臧文仲以陳、衛之睦也，欲求好於陳。

夏，季文子聘于陳，且娶焉。

秦伯任好卒。【疏證】《年表》：「秦繆公三十九年，繆公薨。葬殉以人，從死者百七十人。❸君子譏之，故不言卒。」此《左氏》舊説，經不書秦伯卒義。

以子車氏之三子奄息、仲行、鍼虎爲殉，【注】服云：「子車，秦大夫氏也。殺人以葬，璇環其左右曰殉。」《黄鳥》疏。【疏證】洪亮吉云：「《詩·黄鳥》云：『子車奄息。』正義曰：『《左傳》作子輿，輿、車字異義同。』今傳仍作『車』，當是傳寫之訛。孔氏所據乃古本也。《史記·秦本紀》亦作『子輿氏』。」按：洪説是也。《校勘記》謂孔氏所據本不同。《詩》、《左氏》疏皆孔氏撰，不當有異。知傳文作「車」，非孔氏舊矣。《釋文》：「仲，本

---

❶「斥」，原爲空格，今據原稿改。
❷「遵」，原作「逆」，今據原稿改。
❸「從死」，原重文，今據《史記·十二諸侯年表》删。

亦作『中』。」《秦本紀》：「繆公三十九年，卒，葬雍。從死者百七十七人，秦之良臣子輿氏三人名曰奄息、仲行、鍼虎，亦在從死之中。」是其事也。正義：「應劭云：『秦穆公與群臣飲酒酣，公曰：「生共此樂，死共此哀。」於是奄息、仲行、鍼虎許諾。及公薨，皆從死。』」《黄鳥》箋亦謂「自殺以從死」。《漢書・匡衡傳》：「秦穆貴信而士多從死。」匡學《齊詩》，鄭用《齊》故也。是漢人有三良自殺之説。感恩自殺，國人不合哀之，與《詩》「臨穴惴栗」義不相應。服謂「殺人以葬」，則三良非自殺矣，杜注用服義。《黄鳥》傳：「子車，氏。奄息，名。」於仲行、鍼虎無釋，是仲行、鍼虎皆名矣。陳奂《詩疏》云：「仲，字也。行，名也。子車仲行，若鄭之祭仲足，祭氏，仲字，足名矣。傳以奄息爲名，則仲行、鍼虎皆名。仲行爲子車氏之第二子，❶單名行，故詩人以此分章，❷不當兩稱名而一稱字。箋謂仲行字，恐非是。」李貽德云：「『璇』與『旋』同，『環』與『還』同。」《括地志》：「三良冢在岐州雍縣一里故城內。」沈欽韓云：「《秦本紀》：『武公二十年卒，葬雍平陽。初以人從死，從死者六十六人。』按：穆公，武公之弟，德公之子，❸其殉葬已歷二世矣。」

皆秦之良也。國人哀之，爲之賦《黄鳥》。【疏證】《黄鳥》序：「《黄鳥》，哀三良也。國人刺穆公以人從死，而作是詩也。」《秦本紀》：「秦人哀之，爲作歌《黄鳥》之詩。」

君子曰：「秦穆之不爲盟主也，宜哉！死而棄民。先王違世，猶詒之法，而况奪之善人乎？

❶「子」，原作「字」，今據《詩毛氏傳疏》卷十一改。

❷「此」，原殘，今據原稿補。

❸「德」上，原衍「子」字；「之」，原爲空格，今據《春秋左氏傳補注》卷四删補。

【疏證】洪亮吉云：「《史記·蒙恬列傳》：『秦穆公殺三良而死，罪百里奚而非其罪也，故立號曰繆。』王充《論衡》：『繆者，誤亂之名。文者，德惠之表。晉文之謚，美於繆公。』按：此則『穆』當讀曰『繆』，所謂『名與實爽曰繆』也。」按：洪說是也。《秦本紀》：「君子曰：『秦繆公廣地益國，東服强晉，西霸戎夷，然不爲諸侯盟主，亦宜哉。死而棄民，收其良臣而從死。且先王崩，尚猶遺德垂法，況奪之善人良臣百姓所哀者乎？』」即衍傳意爲說。

「《詩》曰：『人之云亡，邦國殄瘁。』**【疏證】**《大雅·瞻卬》文。傳：「殄，盡。瘁，病也。」

「無善人之謂。若之何奪之？

「古之王者，知命之不長，

「是以並建聖哲，**【疏證】**此總下十一事也。王引之云：「言徧建聖哲也。」《魏志·程昱傳》：「孫曉爲黄門侍郎。時校事放横，曉上疏曰：『《春秋傳》曰：天有十日，人有十等。愚不得臨賢，賤不得臨貴。於是並建聖哲，樹之風聲。』」則聖哲指庶人以上言之。杜注：「建立聖知，以司牧民。」蓋用古義。

「樹之風聲，**【疏證】**此與《書·畢命》文同。某氏傳云：「立其善風，揚其善聲。」杜云：「因土地風俗，爲立聲教之法。」不用某氏傳說，知杜氏未見僞古文也。杜不釋風，云「因土俗」，傳亦無此義。《文選》注引《廣雅》：「風，聲也。」則風、聲互相訓。陸粲云：「樹立其風化聲教。」是也。王鳴盛《尚書後辨》云：「《畢命》『樹之風聲，弗率訓典』，本之文六年《左傳》『並建聖哲，樹之風聲，告之訓典。』」

「分之采物，【疏證】杜注：「旃旗衣服，各有分别。」❶疏：「定四年傳稱『分魯公以大路大旂』之類是也。」❷

「著之話言，【疏證】《廣雅・釋□》：「話，善也。」杜注：「爲作善言遺戒。」

「爲之律度，【注】服云：「皃氏爲鍾，各自計律，倍而半之。黄鍾之管長九寸，則黄鍾之鍾長二尺二寸半。餘鍾亦各自計律，倍而半之。度量衡其本俱出於律。」本疏。【疏證】杜注：「鍾律度量，所以治曆明時。」❸服以度量衡皆出於律，杜易以「鍾律度量」，非服説律義矣。《皃氏》「爲鍾」注：「鍾之大數以律爲度。」彼疏云：「按《周語》云：『景王將鑄無射，問律於伶州鳩。對曰：律所以立均出度，古之神瞽，考中聲而量，量以制度，度律均鍾。』韋昭云：『均，平也。度鍾律之長短，以平其鍾、和其聲也。』據此義，假黄鍾之律長九寸，以律計，身倍半爲鍾，倍九寸爲尺八寸。又取半，得四寸半，通二尺二寸半以爲鍾。❹餘律亦如是。」詳彼疏，蓋用服義釋鄭注也。《堯典》鄭注：「度，丈尺。」度出於律，故傳言律度。服云度量衡者，❺廣言之。《律曆志》：「推曆生律，莫不用焉。度量衡皆出於黄鍾之律也。度者，分、寸、丈、尺、引也，所以度長短也。本起黄鍾之長。以子

❶「别」，《春秋左傳正義》卷十九上作「制」。

❷「公」，原作「分」，今據原稿改。

❸原稿眉批：顧説同杜，不采。

❹「半」，原脱，今據《周禮注疏》卷四十補。

❺「云」，原作「亦」，今據原稿改。

穀秬黍中者，一黍之長，❶度之九十黍，❷爲黃鍾之長。一黍爲一分，十分爲寸，十寸爲尺，十尺爲丈，十丈爲引，而五度審矣。量者，龠、合、升、斗、斛也，所以量多少也。本起黃鍾之龠，用度數審其容。以子穀秬黍中者千有二百實其龠，以井水準其概。十龠爲合，❸十合爲升，十升爲斗，十斗爲斛，而五量嘉矣。❹衡權者，權，重也，衡所以任權而均物平輕重也。本起於黃鍾之重，一龠容千二百黍，重十二銖，兩之爲兩。二十四銖爲兩，十六兩爲斤，三十斤爲鈞，四鈞爲石，忖爲十八，《易》十有八變之象也。」皆與服義合。

「陳之藝極，【疏證】《六經正誤》引傳文「藝」作「埶」。❺藝，《廣雅·釋詁》：「術、臬，法也。」王念孫云：「臬者，《說文》云：『臬，射準的也。』《漢書·司馬相如傳》：『矢分，藝殪仆。』❻文穎注云：『所射準的爲埶。』埶與臬通。文六年《左傳》『陳之藝極』，杜注：『藝，準也。』藝與臬聲義並同。」按：王說是也。《越語》「用人無藝，往從其所」，❼注：「藝，射的也。無藝，無常所也。」文穎說蓋本韋注，杜亦用韋說。《□□》毛傳：「極，中也。」

❶「長」，《漢書·律曆志》作「廣」。
❷「黍」，《漢書·律曆志》作「分」。
❸「十」，《漢書·律曆志》作「合」。
❹「嘉」，原爲空格，今據原稿補。
❺「誤」，原爲空格，今據原稿補。
❻「仆」，原爲空格，今據原稿補。
❼「往」，原爲空格，今據原稿補。

「引之表儀。【疏證】《廣雅·釋詁》：❶「引，道也。」杜注：「表儀猶威儀。」

「予之法制，【疏證】杜無注。疏：「法制謂王者身自制作，己之所有，故言『予之』。」

「告之訓典，【疏證】《畢命》「弗率訓典」，❷某氏傳：「不循教道之常則。」杜注：「訓典，先王之書。」

「教之防利，【疏證】杜注：「防惡興利。」❸

「委之常秩，【疏證】《文選》注引《倉頡篇》：「委，任也。」

「道之禮則，【疏證】諸本「禮」上有「以」。惠棟云：「案：唐石經無『以』字，俗儒所加，後人遂以『則』字屬下句。」洪亮吉《左傳詁》亦從石經删「以」字。禮則猶禮典也。

「使毋失其土宜，衆隸賴之而後即命。【疏證】《東門之墠》毛傳：❹「即，就也。」《讀本》：「『衆隸賴之』，謂人皆有所依守。」按：賴，賴聖哲也。

「聖王同之。今縱無法以遺後嗣，而又收其良以死，難以在上矣。」君子是以知秦之不復東征也。【疏證】《秦本紀》作「是以知秦不能復東征也」。❺杜注：「不能復征討東方諸侯爲霸主。」

❶「詁」，原爲空格，今據《廣雅》卷三補。
❷「率」，原作「卒」，今據原稿改。
❸原稿眉批：此杜注非。
❹「東門之墠」，原爲二空格，今據《毛詩正義》卷四補。
❺「知」，原重文，今據原稿删。

秋，季文子將聘於晉，使求遭喪之禮以行。【疏證】杜注：「聞晉侯疾故。」疏引劉炫云：「聘使之法，自須造遭喪之禮而行，防其未然也，非是聞晉侯有疾。」惠士奇云：「杜預謂聞晉襄有疾，臆説也。《聘禮》遭喪其禮有五：一主國君之喪；二主國夫人、世子之喪；三聘君之喪；四私喪，謂使者父母之喪；五賓介之喪。其禮皆詳於《聘禮》。故曰：『豫備不虞，古之善教也。』人君出疆，必以椑從。❶人臣出聘，❷亦豫備遭喪之禮。古皆有之，後世以爲豫凶事而去之，則《周禮》不行於春秋久矣。行父亦以其禮久不行，故又曰『過求何害』，豈逆料晉襄之死而先爲之備乎？」《魏書·成淹傳》：「文明太后崩，齊遣裴昭明、謝竣等來弔，欲以朝服行己，❸主客不許。昭明等執志不移，言：『不聽朝服行禮，義出何典？』淹言：『玄冠不弔，童孺共聞。昔季孫將行，請遭喪之禮，千載之下，猶共稱之。卿方謂義出何典，何其異哉！』」此可證文子求遭喪之禮，爲後世使臣所法。若審因聞疾，裴昭明等曷不援以難成淹？❹知聞疾乃杜一人之説，舊説不如此也。邵瑛云：「季文子聘晉，求遭喪之禮以行，魯人以爲三思話柄，而不知實出《禮》經。孔穎達謂依《聘禮》，惟以幣物而行，無別齎遭喪之禮。❺然篇中既有遭喪

---

❶「椑」，原爲空格，今據原稿補。
❷「臣」，《左傳杜解集正》卷四作「君」。
❸「己」，《魏書·成淹傳》作「事」。
❹「不」，原殘，今據原稿補。
❺「齎」，原漫漶不清，今據原稿補。

名目，豈無齎備之禮？❶必謂臨時辦備，無此理也。」按：惠説是也。疏謂炫規杜，非其義。

其人曰：「將焉用之？」【疏證】杜注：「其人，從者。」

文子曰：「備豫不虞，古之善教也。【疏證】隱五年傳：❷「不備不虞，不可以師。」

「求而無之，實難。過求何害？」【疏證】下傳襄公卒，疏不著所行禮。閻若璩《四書釋地・又續》云：「是禮也，即《聘禮》所載：『聘遭喪，入竟則遂也。不郊勞，不筵几，不禮賓。主人畢歸禮，賓唯饔飱之受。❸不賄，不禮玉，不贈。』又曰：『遭喪，將命于大夫，主人長衣練冠以受。』」❹

八月，乙亥，晉襄公卒。靈公少，晉人以難故，欲立長君。【注】服云：「晉國數有患難。」《晉世家》集解。【疏證】杜注：「立少君，恐有難。」顧炎武云：「非也。謂連年有秦、狄之師，楚伐與國。」按：顧注與服義合。李貽德云：「數，屢也。此常訓。患難謂奚齊、卓子、惠、懷之難。」李所説皆襄公以前之事，顧舉秦、狄之師是也。《年表》：「晉襄公卒。趙盾爲太子少，欲更立君。」《晉世家》：「襄公卒，太子夷皐少。晉人以難故，欲立長君。」

趙孟曰：「立公子雍。【疏證】杜注：「趙孟，趙盾也。公子雍，文公子，襄公庶弟，杜祁之子。」《晉世

---

❶「備」，原爲空格，今據原稿補。

❷「隱五」，原爲空格，今據《春秋左傳正義》卷三補。

❸「飱」，《左通補釋》卷九作「飧」。

❹原稿眉批：改引百詩説較備，聘君之薨可不著也。惠説已有。

家》：「趙盾曰：『立襄公弟雍。』」《秦本紀》：「晉襄之弟名雍，秦出也，在秦。晉趙盾欲立之。」

「好善而長，先君愛之，且近於秦，秦，舊好也。置善則固，事長則順，立愛則孝，結舊則安。【疏證】杜無注。近於秦，謂公子雍在秦也。俞樾云：「事，猶立也。《郊特牲》『信事人也』，鄭注：『事，猶立也。』昭二十六年傳『立長則順』，文異而義同。」《晉世家》：「秦，故好也。立善則固，奉愛則孝，結舊好則安。」皆異文。

「爲難故，故欲立長君。有此四德者，難必紓矣。」【注】服云：「紓，緩也。」本疏。【疏證】申言立長之義。四德，固、順、孝、安也。服本作「紓」，杜本作「抒」，云：「抒，除也。」《校勘記》：「『紓』爲正字，『抒』爲假借字。」洪亮吉云：「服作『紓』，《説文》同。杜注隨文生訓。」焦循云：「莊三十年傳『鬬穀於菟爲令尹，自毁其家，以紓楚國之難』，注云：『紓，緩也。』成二年傳『我亦得地，而紓於難』，注云：『齊服則難緩。』此正義引服虔作『紓』，紓、抒古通借耳。抒之爲除，亦猶舒之爲徐。」按：杜於莊三十年、成二年傳皆未改服本，故亦訓「紓」爲緩。此傳獨改服本，非也。「紓，緩」，《釋言》文。

賈季曰：「不如立公子樂。辰嬴嬖於二君，立其子，民必安之。」【注】服云：「辰嬴，懷嬴也。二君，懷公、文公。」《晉世家》集解。【疏證】杜不釋「賈季」。《晉語》「期年，乃有賈季之難」，注：「賈季，晉大夫，狐偃之子射姑也。食采於賈，字季它。」《檀弓》疏：「《傳》：『賈季怨陽子之易其班也。』❶賈季即狐射姑也，賈是采邑，季則其字也。」《禮疏》與《晉語》注同。杜用服説。李貽德云：「案：始稱『懷嬴』者，傳以懷公之謚繫之。此

❶「怨」，原作「怒」，今據原稿改。

稱『辰嬴』者，從其後謚也。」《晉世家》：「賈季曰：『不如其弟樂。』」蒙公子雍爲文，則樂爲雍弟。

趙孟曰：「辰嬴賤，班在九人，【注】服云：「班，次也。」《晉世家》集解。【疏證】杜注：「班，位也。」亦用服義。李貽德云：「《思古》『宗鬼神之無次』注：『第也。』言等第也。」沈欽韓云：「諸侯一娶九女，辰嬴班在九人，所處爲末。其外則皆賤妾給使令者矣。」按：《晉世家》作「班在九人下」，則辰嬴不在媵列矣。此史公異說。

「其子何震之有？【注】賈云：「震，威也。」《晉世家》集解。【疏證】賈以威訓震者，探下「母淫子辟，無威」、「足以威民」言之。杜用賈説。成二年傳：「畏君之震。」

「且爲二嬖，淫也。爲先君子，不能求大，而出在小國，辟也。母淫子辟，無威；陳小而遠，無援。將何安焉？【疏證】《晉世家》「嬖」上有「君」，「安」作「可」，皆異文。朱駿聲云：「《説苑·建本》篇：『樂有寵于國，先君愛而仕之翟。』所傳聞不同。」

「杜祁以君故，【疏證】杜注：「杜祁，杜伯之後，祁姓也。」顧炎武云：「君，謂襄公。」洪亮吉云：「雍，杜祁子。《史記》以爲秦出，❶誤。」

「讓偪姞而上之；【疏證】杜注：「偪姞，姞姓之女，生襄公爲世子。」疏云：「《譜》以偪爲國名。地闕，不知所在。」畢沅《晉書地理志補正》云：「偪，或以爲即偪陽，非是。偪，姞姓。偪陽，妘姓。」

「以狄故，讓季隗而已次之，故班在四。【疏證】杜注：「以季隗是文公託狄時妻，故復讓之，然則杜祁

---

❶ 「爲」，原脱，今據原稿補。

本班在二。」

「先君是以愛其子，而仕諸秦，爲亞卿焉。【疏證】杜注：「亞，次也。」❶

「秦大而近，足以爲援；母義子愛，足以威民。立之，不亦可乎？」【疏證】大、近、義、愛對小、遠、淫、辟言。

使先蔑、士會如秦，逆公子雍。【疏證】杜注：「先蔑，士伯也。」《世本》：「范氏，晉大夫隰叔之子士蔿之後，蔿生成伯缺，缺生武子會，會生文子燮，燮生宣叔匄，匄生獻子鞅，鞅生吉射。」杜以士會爲隨季，用《世本》説。焦竑曰：「『士穀』、『士會』，皆當作『土』，傳譌耳，讀爲杜。土，姓，杜伯之後。土即古杜字。」惠棟既廣引土、杜相通之證，以焦氏之言爲卓，又引《晉語》：「『訾祏曰：「隰叔子違周難於晉國，生子輿，爲理。」』韋昭曰：『理，士官也。』班固亦言：『晉主夏盟爲范氏，范氏爲晉士師。』是范氏先以官爲氏。以土爲杜，恐未然也。」壽曾曰：惠氏後一説是也。《晉世家》：「使士會如秦迎公子雍。」《秦本紀》：「使隨會來迎雍。」

賈季亦使召公子樂于陳。趙孟使殺諸郫。【疏證】杜注：「郫，晉地。」洪亮吉云：「劉昭《郡國志》注，河東垣縣下引此傳文：『賈季逆公子樂于陳，趙孟殺諸郫邵。』據此，則今《左傳》本脱『邵』字。襄二十三年傳『戍郫邵』。劉昭垣縣下注復引《博物志》云：『縣東九十里有郫邵之阸。』皆連言郫邵，則係晉之一邑可知。傳既脱

---

❶ 原稿眉批：一□□，二偪姞，三季隗，四杜祁，五□□，六□□，七□□，八□□，九辰嬴。九人之班，先君有説，當查補。

「邵」字，而杜注遂泛言：『郫，晉地。』可謂近而不察矣。」按：劉昭注未顯引傳文，無以定傳文之脱「邵」字。惠棟云：「襄二十三年云『戍郫邵』，此其地也。」❶但明郫與郫邵爲一地是也。洪氏於郫下補「邵」，未可從。馬宗璉云：❷「郫邵乃晉河内適河東之隘道。公子樂來自陳，❸故使人殺之於此。」沈欽韓云：「按：殺諸郫者，殺賈季所使之人也。《一統志》：『邵原廢縣在懷慶府濟源縣西一百二十里，古曰郫，亦曰郫邵，亦曰邵亭，《府志》今爲邵原鎮。』」《晉世家》：「賈季亦使人召公子樂於陳。」

賈季怨陽子之易其班也，【疏證】本年春，賈季爲中軍帥，改蒐于董，易中軍。**而知其無援於晉也。**

九月，賈季使續鞫居殺陽處父。【疏證】杜注：「鞫居，狐氏之族。」洪亮吉云：「《姓纂》：『晉大夫狐鞫居，食采于續，又姓續氏。』」

書曰「晉殺其大夫」，侵官也。

冬，十月，襄仲如晉，葬襄公。【疏證】《晉世家》：「十月，葬襄公。」

十一月，丙寅，晉殺續簡伯。【疏證】杜注：「簡伯，續鞫居。十一月無丙寅。丙寅，十二月八日也。日

---

❶ 「此」，原爲空格，今據原稿補。

❷ 「宗璉」，原作「家□」，今據原稿改補。

❸ 「來」，原脱，今據《皇清經解》卷一千二百七十七《春秋左傳補注》補。

月必有誤。」貴曾曰：❶

賈季奔狄。宣子使臾駢送其帑。【疏證】《晉語》注：「帑，妻、子也。」杜用韋義。疏：「《詩》云『樂爾妻帑』，文已有妻，故毛傳以帑爲子。帑者，細弱之號，妻、子皆得稱之。《說文》云：『帑，金幣所藏。』字書孥從子。經傳『妻帑』亦從巾。」❷《晉世家》：「趙盾廢賈季，以其殺陽處父。賈季奔翟。」

夷之蒐，賈季戮臾駢，臾駢之人欲盡殺賈氏以報焉。【注】舊注：「人，臾駢從臣也。」《御覽》四百二十九。【疏證】杜無注，《御覽》所引當是舊注。從臣，家臣也。

臾駢曰：「不可。吾聞《前志》有之，曰：『敵惠敵怨，不在後嗣。』忠之道也。【注】服云：「敵，當也。」《衛世家》集解。【疏證】《楚語》注：「志，記也。言在書籍所記。」杜注：「敵，猶對也。」用服義。「敵，當」，《釋詁》文。

「夫子禮於賈季，我以其寵報私怨，無乃不可乎？

「介人之寵，非勇也；【疏證】《晉世家》索隱引《字林》：❸「介，因也。」謂宣子寵己。

「損怨益仇，非知也；【疏證】杜注：「宣子將復怨己。」非。

---

❶ 原稿眉批：查曆譜補說。

❷ 原稿眉批：帑，詁。

❸ 「晉世家」，當作「南越列傳」。「字」，《史記·南越列傳》作「志」。

「以私害公，非忠也。

「釋此三者，何以事夫子？」盡具其帑，與其器用財賄，親帥扞之，❶**送致諸竟。【疏證】**杜注：「扞，衛也。」

閏月不告朔，非禮也。【疏證】《五經算術》：「臣淳風等謹案術意，❷問宜云：『從周曆上元至文公元年，元餘九百九十八算。問文公六年合有閏不？』曰：『無閏。術曰：置文公元年算九百九十八，更加五，得一千三算。以章月二百三十五乘之，得二十三萬五千七百五算。以章歲十九除之，得一萬二千四百五爲積月。不盡十爲閏餘。經云：❸閏餘十二已上，其歲有閏。今止有十，即知六年無閏也。』」❹

閏以正時，❺**【疏證】**正時，見元年傳，已釋訖。

時以作事，【疏證】《校勘記》云：「《隋書·經籍志》引作『時以序事』。」此即元年傳「事則不悖」義也。

事以厚生，

---

❶ 原稿眉批：帥，詁。

❷ 「謹」，原作「謀」，今據原稿改。

❸ 「云」，原作「六」，今據原稿改。

❹ 原稿眉批：查曆譜核對。

❺ 「以」，原作「無」，今據原稿改。

生民之道，於是乎在矣。【疏證】《大史》注引傳「道」作「本」。❶

不告閏朔，棄時政也。【疏證】《律曆志》「政」作「正」，正、政古字通。

何以爲民？【疏證】《讀本》：「言何以治民。」

【經】七年，春，公伐邾。【疏證】《公羊》「邾」曰「邾婁」。

三月，甲戌，取須句。【疏證】《公羊》「句」曰「朐」，《五行志》同。襄十三年傳例：「書『取』，言易也。」僖二十二年「伐邾，取須句，而反其君。」杜注謂：「僖公反其君之後，邾復滅之。」❷

遂城郚。無傳。【疏證】《郡國志》：「魯國卞有郚鄉城。」❸《說文》：「郚，東海縣，故紀侯之邑也。」莊元年經「齊師遷紀郱、鄑、郚」，杜於彼注云：「郚在東莞朱虚縣東南。」此注云：「郚，魯邑。卞縣城南有郚城。」沈欽韓云：「《水經注》：『泗水西逕卞縣故城南，南有姑蔑城。水出二邑之間，❹西逕郚城北。』《一統志》：❺『郚縣故城在兖州府泗水縣東南。』」

❶「大史」，原爲空格，今據《周禮注疏》卷二十六補。
❷原稿眉批：須句見僖公。
❸「郚」，原作「都」，今據原稿改。
❹「水」，原作「凡」，今據原稿改。
❺「一統」，《春秋左氏傳地名補注》卷四作「山東通」。

夏，四月，宋公王臣卒。【疏證】《穀梁》「王」曰「壬」。《釋文》：「王臣，本作『壬臣』。」《穀梁》釋文：「壬，或作『王』。」是《左》、《穀》之本。❶ 王、壬互見也。《古今人表》作「王臣」。❷ 李富孫云：❸「宋成公名，❹譌王爲壬。襄五年，楚公子壬夫，《匡謬正俗》謂宜爲王夫，可證也。」《年表》：「宋成公十七年，公孫固殺成公。」

宋人殺其大夫。

戊子，晉人及秦人戰于令狐。【疏證】沈欽韓云：「趙盾立君大事，輕發其謀，中易其慮，晉國幾于亂，秦禍由此深。《春秋》書法，爲謀國不臧者戒。」

晉先蔑奔秦。【疏證】《公羊》作「晉先眛以師奔秦」，石經同。《公羊》釋文：「《左氏》作蔑。」李富孫云：「《公羊》經衍『以師』二字。」按：《公羊》釋文不言《左氏》無「以師」，李說當是。

狄侵我西鄙。

秋，八月，公會諸侯、晉大夫盟于扈。❺【疏證】《郡國志》：「河南郡卷有扈城亭。」沈欽韓云：「《水經

---

❶「是」，原脱，今據原稿補。
❷「古今人表」，疑當作「年表」。
❸「李富孫」，原作「梁□□」，今據《春秋三傳異文釋》卷四改補。
❹「成」，原作「戊」，今據《春秋三傳異文釋》卷四改。
❺原稿眉批：查莊二十三年。

注》：『河水東北逕卷之扈亭北，文七年盟于扈者是也。《竹書紀年》：❶『晉出公十二年，❷河決于扈。』是也。❸《方輿紀要》：『扈亭在開封府原武縣西北。』」

冬，徐伐莒。

公孫敖如莒涖盟。

【傳】七年，春，公伐邾，間晉難也。【疏證】❹

三月，甲戌，取須句，寘文公子焉，非禮也。【疏證】杜注：「邾文公子叛在魯，❺故公使爲守須句大夫也。絶太皡之祀以與鄰國叛臣，故曰『非禮』。」《公》、《穀》不云置文公子，杜注當是舊説。

夏，四月，宋成公卒。【疏證】《宋世家》：「成公十七年，卒。」與傳合。與《年表》稱「公孫固殺成公」違。此史公駮文。

於是公子成爲右師，【疏證】杜注：「莊公子。」顧棟高云：「春秋官皆尚右，傳叙宋六卿皆先右師。是宋

❶「年」，原作「書」，今據原稿改。

❷「十」，原脱，今據《春秋左氏傳地名補注》卷四補。

❸「也」，原作「此」，今據《春秋左氏傳地名補注》卷四改。

❹原稿眉批：間，詁。

❺「子」，原脱，今據《春秋左傳正義》卷十九上補。

卿以右師爲長。」❶

公孫友爲左師，【疏證】杜注：「目夷子。」顧棟高云：「宋六卿自殤公以前，則大司馬執政。督殺司馬孔父，遂以太宰相。襄公即位，子魚以左師聽政，而傳文始終稱司馬子魚。疑是時始立左、右二師，而子魚以司馬兼左師，後遂爲專官也。」按：上文樂豫爲司馬，宋既立右師、左師，❷不以司馬爲執政官，此時子魚已不爲司馬也。顧説非。

樂豫爲司馬，【疏證】《世本》：「戴公生樂甫術，術生碩甫澤，澤生季甫，甫生子僕伊與樂豫。」❸樂豫，杜注：「戴公玄孫。」用《世本》説。文十八年傳「使樂呂爲司寇」，樂呂即樂豫。杜注：「戴公之曾孫。」誤。

鱗矔爲司徒，【疏證】《世本》：「桓公生公子鱗，鱗生東鄉矔。」❹杜注：「桓公孫。」用《世本》説。

公子蕩爲司城，【疏證】杜注：「桓公子也。以武公名廢司空爲司城。」

華御事爲司寇。【疏證】《世本》：「華督子家，家子御事。」❺杜説：「華元父也。」杜《世族譜》缺御事。《宋世家》正義：「華元，華督之曾孫也。」與《世本》合。

---

❶ 「右」，原作「左」，今據《左通補釋》卷九改。

❷ 「右」，原作「ナ」，今據原稿改。

❸ 「豫」，原脱，今據《春秋左傳正義》卷十九上補。

❹ 「鄉」，原作「卿」，今據《春秋左傳正義》卷十九上改。

❺ 原稿眉批：文六年疏引《世本》。

昭公將去群公子，【疏證】《年表》：「宋昭公杵臼元年，襄公之子。」集解：「徐廣曰：『一云成公少子。』」索隱從徐廣説，謂與《世家》合。《讀本》：「昭公以成公新薨，公族多逼，❶欲去之。」

樂豫曰：「不可。公族，公室之枝葉也。若去之，則本根無所庇廕矣。葛藟猶能庇其本根，【疏證】《釋文》：「廕，本又作『蔭』。藟，本或作『虆』。」廕，俗字，傳文當作「蔭」。《説文》：「草陰地。」虆亦俗字也。此用《王風·葛藟》義。毛傳於葛藟無釋。《周南·樛木》「葛藟纍之」，傳：「南土之葛藟茂盛。」箋：「葛也，藟也，得纍而蔓之。」「本根」以公室言。《晉書·庾旉傳》：「叔向有言：『公室將卑，其枝葉先落。』公族，公室之本，而去之。」下引《解詁》爲約此傳之文，❷而誤樂豫爲叔向。《葛藟》箋亦云：「葛也，藟也，生於河之厓。」是毛、鄭皆以葛、藟爲二物。杜注：「葛之能藟蔓繁滋者，以本枝廕庥之多。」❸焦循亦引《樛木》、《葛藟》二箋，謂葛與藟異物，又云：「班固《幽通賦》『攬葛藟而授余兮』，顔師古注：『葛藟，葛蔓也。一説藟，葛屬，葛之與藟皆有蔓焉。』兼存二説。蓋《詩》言藟，又言纍，故分别上藟字爲葛類，下纍字爲蔓。傳言葛藟庇本根，❹則藟可爲葛之蔓耳。」按：傳援《詩》義，不當與《詩》異説。《詩·樛木》釋文引《義疏》云：「藟葉似艾，白色，其子赤，可食。」《易·困》釋文引

---

❶「逼」，原爲空格，今據原稿補。

❷「約」，原作「弱」，今據原稿改。

❸「枝」，原脱，今據《春秋左傳正義》卷十九上補。

❹「傳」，原作「詩」；「根」，原脱，今據原稿改補。

《義疏》云：「藟，一名巨荒，似蘡薁，連蔓而生，幽州人謂之推虆。」詳所説藟之形狀與葛異。❶ 顔監後一説，❷是其兼言葛蔓，仍是牽於杜注。焦氏從杜説，非也。

「故君子以爲比，【疏證】《葛藟》詩，興也，與傳言比異。杜注：「謂詩人取以喻九族兄弟。」疏：「此傳近取庇根，理淺。❸ 毛意遠取河潤，義深，故以爲興。由義不同，❹故比興異耳。」陳奂《毛詩疏》云：「案：此詩因葛藟而興，又以葛藟爲比，故毛傳以爲興，《左傳》以爲比。凡全詩通例，《關雎》『若睢鳩之有别』，《旄丘》『如葛之曼延相連及』，《竹竿》『如婦人待禮以成爲室家』，❺《齊·南山》『國君尊嚴如南山崔崔然』，《山有樞》『如山隰不能自用其財』，《綢繆》『若薪芻待人事而後束』，❻《葛生》『喻婦人外成于他家』，《晨風》『如晨風之飛入北林』，《菁菁者莪》『如阿之長莪菁菁然』，《卷阿》『猶飄風之入曲阿』。❼ 曰若、曰如、曰喻、曰猶，皆比也，❽傳則皆曰興者。比者，比方于物。興者，託事於物。作詩者之意，先以託事於物，繼乃比方於物，蓋言興而比已寓焉矣。」

---

❶ 「詳」，原脱，今據原稿補。
❷ 「監」，原爲空格，今據原稿補。
❸ 「根」，原作「報」，今據原稿改。
❹ 「由」，原爲空格，今據原稿補。
❺ 「待」，原爲空格，今據原稿補。
❻ 「待」，原作「詩」，今據原稿改。
❼ 「入」，原脱，今據原稿補。
❽ 「比」，原作「此」，今據原稿改。

「況國君乎？【疏證】《葛藟》序：「王族刺平王也。」傳言國君尤宜睦族。

「此諺所謂『庇焉而縱尋斧焉』者也。【疏證】「庇焉而縱尋斧焉」，諺句也。《晉書·庾旉傳》引叔向語，作「芘焉而縱尋斧柯者也」。《淮南子》高誘注：「縱，放也。」杜不釋「尋斧」。《讀本》注：「尋長八尺，所以量木。斧所以伐木。」《隋書·高祖紀》贊：「聽哲婦之言，惑邪臣之説，溺寵廢嫡，託付失所。滅父子之道，開昆弟之隙，縱其尋斧，翦伐本枝。」是前説尋斧皆以器言。❶

「必不可！君其圖之。親之以德，皆股肱也，誰敢携貳？若之何去之？」【疏證】《讀本》注：「樂豫、華御事，戴族也。公子成、公孫固、公孫鄭，莊族也。公孫友、鱗矔、公子蕩，桓族也。」蓋僅舉見於傳者言。

不聽。穆、襄之族率國人以攻公，【疏證】《讀本》注：「時穆、襄二族恐公殺之，乃先攻公。」與盾事較合，昭公所欲去者，不止穆、襄之族也。杜注：「穆公、襄公之子孫，昭公所欲去者。」是昭公欲去者，惟穆、襄之族，非。

殺公孫固、公孫鄭於公宮。【疏證】杜注：「二子在公宮，故爲亂兵所殺。」疏云：「六卿之外，有此二子，❷蓋是孤卿之官也。」《宋世家》：「成公弟禦殺太子及大司馬公孫固而自立爲君。宋人共殺君禦而立成公少子杵臼。」《世家》此言與傳乖異。《年表》又云：「公孫固殺成公。」又自與《世家》違。《世家》謂禦殺太子，則是昭

---

❶ 原稿眉批：尋斧，查本詁。

❷ 「有」，原重文，今據原稿删。

公兄矣。史公蓋采異說。❶

六卿和公室，樂豫舍司馬以讓公子卬。❷【疏證】杜注：「卬，昭公弟。」

昭公即位而葬。

書曰「宋人殺其大夫」，不稱名，衆也，且言非其罪也。【疏證】《讀本》：「經不書固、鄭二人，蓋文闕。」

秦康公送公子雍于晉，曰：「文公之入也無衛，故有呂、郤之難。」乃多與之徒衛。【注】服云：「康公，秦穆公之子罃，晉出也。衛，從兵也。呂、郤之難，呂甥、郤芮欲焚公宮也。」《御覽》一百四十八。❸【疏證】《渭陽》序：「穆公納文公，康公時爲太子，贈送文公於渭之陽。」此因送公子雍，憶送文公時事也。僖十五年傳：「穆姬聞晉侯將至，❹以太子罃、弘與女簡璧登臺而履薪焉。」❺成十三年傳：「康公，我之自出。」故服以罃爲晉出。李貽德云：「《釋名·釋親屬》：『姊妹之子曰出。』出謂姊妹出嫁而生子也。」《說文》：「衛，宿衛

---

❶「異」，原重文，今刪。

❷「卬」，原作「印」，今據《春秋左傳正義》卷十九上改。下一「卬」字同。

❸「八」，當作「六」。下五「卷一百四十八」同。原稿眉批：查《御覽》定服注之稱。

❹「聞」，原作「同」，今據《春秋左傳正義》卷十四改。

❺「璧」，原作「壁」，今據《春秋左傳正義》卷十四改。

也。」《宫伯》「掌王宫之士庶子」，❶鄭司農注：「宿衛之官。」蓋居則曰宿衛，❷行則曰徒衛。服以從兵爲説，兼居、行之衛言。呂、郤之難見僖二十四年傳。❸《晉世家》：「靈公元年四月，秦康公曰：『昔文公之入無衛，故有呂、郤之患。』乃多與公子雍衛。」

穆嬴日抱太子以啼于朝，曰：【注】服云：「穆嬴，襄公夫人。太子，靈公也。」《御覽》一百四十八。

【疏證】杜注：「穆嬴，襄公夫人，靈公母也。」用服説。《晉世家》：「太子母繆嬴日夜抱太子以號泣於朝。」

「先君何罪？其嗣亦何罪？舍適嗣不立，而外求君，將焉寘此？」【注】服云：「寘，置也。此，太子。」《御覽》一百四十八、《晉世家》集解。【疏證】杜無注。《易・坎》「寘於叢棘」，釋文：「張作『置』。」❹是寘、置古字通，故服以置訓寘。《晉世家》：「舍適而外求君，將安置此？」文正作「置」。

出朝，則抱以適趙氏，頓首於宣子，曰：【疏證】惠棟云：「《少儀》曰：『婦人吉事，雖有君賜，肅拜。』注云：『婦人以肅拜爲正，凶事乃手拜耳。』孔正義曰：『言肅拜，婦人之常。《左傳》穆嬴頓首於宣子之門，有求於宣子，非禮之正也。』愚謂穆嬴有襄公之喪，以非喪次，故用吉拜而頓首也。」文淇案：《少儀》注云：「肅拜，拜低頭也。」疏云：「肅拜，婦人之常。而《昏禮》『婦拜扱地』，以其新來爲婦，盡禮于舅姑。」下乃引頓首宣子，以見非禮之

---

❶「王宫」，原重文，今據《周禮注疏》卷三删。
❷「蓋居」至「爲説」十七字，原脱，今據原稿補。
❸「見」，原脱，今據原稿補。
❹「張」，原爲空格，今據原稿補。

正。則彼疏以此傳頓首爲拜扱地，用見舅姑禮也，故云「非禮之正」。惠以當肅拜，非。《太祝》「九拜：二曰頓首」，鄭注：「頓，謂叩地。」叩地即扱地也。《晉世家》：「出朝，則抱以適趙盾所。」

「先君奉此子也，而屬諸子，曰：『此子也才，吾受子之賜；不才，吾唯子之怨。』【注】服云：「如子善爲教誨此子，使之有賢才，知人君之道也，則吾受之賜。賜猶惠。才而受賜，美其教也。不才怨子，惡其教不至也。」《御覽》一百四十八。王肅云：「怨其教導不至。」《晉世家》集解。【疏證】杜注：「欲使宣子教訓之。」是用服義而詞甚簡略。李貽德云：「《大戴禮·保傅》篇：『天下之命懸於天子，天子之善在於早諭教與選左右，心未疑而先教諭，則化易成也。夫開於道術，知義理之指，則教之功也。夫教得左右正，左右正而天子正矣，天子正而天下定矣。』《保傅》言教太子，至國君世子亦猶是也。『善爲教誨』，即『早諭教』之道也。『使之有賢才』，即『開於道術』也。『知人君之道』，即『知義理之指』也。『賜猶惠』者，《荀子·大略》『賤者惠焉』注：『惠亦賜也。』是『賜』、『惠』義相輔也。『美其教』者，《保傅》所云『化與心成，中道若性』是也。『惡其教不至』者，《保傅》所云『其所以習導非其治』是也。」按：李説是也。《保傅》篇出於賈誼之傳《左氏》學，服氏注或傳賈誼緒言也。王肅注但釋「唯子之怨」，疑非完文。《晉世家》：「此子材，吾受其賜；不材，吾怨子。」

「今君雖終，言猶在耳，【注】服云：「君歿未久，其言聲語氣尚在耳。」《御覽》一百四十八。【疏證】杜注：「在宣子之耳。」按：玩服下注，則統指顧命諸大夫言，杜説非也。言語有聲氣，故云「言聲語氣」。《晉世家》：「今君卒，言猶在耳。」

「而棄之，若何？」

宣子與諸大夫皆患穆嬴，且畏偪，【注】服云：「言諸大夫患穆嬴以君顧命之言責己也，畏逼迫無置太子。一云：畏他公子徒來相迫矣。」《御覽》一百四十八。❶【疏證】「皆患穆嬴」，杜無注。服以爲患顧命之言者，以傳蒙上文知之。李貽德云：「《顧命》，《書》篇名。《史記》集解引鄭《書》注：『臨終出命，故謂之顧命，將去之意也。』迴首曰顧，顧命之名施於天子，而諸侯亦得稱顧命者，《禮・緇衣》『葉公之顧命』是已，彼注云『臨死遺書曰顧命』。今襄公顧命，即上『此子也才』數語。」按：李説是也。杜注：「畏國人以大義來偪己。」於服兩説皆不用。顧炎武云：「畏穆嬴之逼也，以君夫人之尊故。杜説非。」今詳服説，畏逼迫無置太子，則正蒙穆嬴言之。顧特未引服説。《晉世家》：「趙盾與諸大夫皆患穆嬴，且畏誅。」❷《趙世家》：「趙盾患之，恐其宗與大夫襲誅之。」❸與服引或説合。

乃背先蔑而立靈公，以禦秦師。【疏證】《晉世家》：「乃背所迎而立太子夷皋，是爲靈公。發兵以距秦送公子雍者。」

趙盾將中軍，先克佐之；【疏證】《年表》：「晉靈公夷皋元年，❹趙盾專政。」專政指將中軍也。杜注：「克，先且居子。代狐射姑。」

---

❶ 原稿眉批：此節《御覽》服注各家所引字句有異，當核。

❷ 「誅」，原脱，今據原稿補。

❸ 「襲」，原爲空格，今據原稿補。

❹ 「公」，原脱，今據原稿補。

荀林父佐上軍；【疏證】杜注：「箕鄭將上軍居守，故佐獨行。」

先蔑將下軍，先都佐之。步招御戎，戎津爲右。【疏證】杜注：「先蔑、士會逆公子雍前還晉，晉人始以逆雍出軍。卒然變計，立靈公，故車右戎御猶在職。」沈欽韓云：「必如杜言，則晉之出軍，原是揚聲以逆雍爲名。秦人猶信其爲逆雍來，❶故受紿而敗。非是先立御右，後變計立靈公，倉卒不及替之也。御右自假設以逆君之計，爲紿秦之術。」

及堇陰，【疏證】杜注：「堇陰，晉地。」《讀本》云：「當在今猗氏東。」顧棟高云：「堇陰，疑當在山西蒲州府滎河縣，❷接潼關，❸與秦以大河爲限。」

宣子曰：「我若受秦，秦則賓也；不受，寇也。既不受矣，而復緩師，秦將生心。先人有奪人之心，軍之善謀也；逐寇如追逃，軍之善政也。」【疏證】《釋文》：「『有奪人之心』，本或此下有『後人待其反』，❹誤。」宣子明速進兵之意。「先人有奪人之心」、「逐寇如追逃」，當出古軍志。

訓卒利兵，【疏證】「利」即「厲」。《校勘記》：「《論語》『必先利其器』，《漢書·梅福傳》作『厲其器』。陳樹華云：『古利、厲通用。』」惠棟《論語古義》：「《春秋傳》云利兵，是利與厲同。」梁履繩云：「僖三十三年厲兵，猶利兵也。」

---

❶「爲」，原脱，今據原稿補。
❷「滎」，原作「榮」，今據《春秋大事表》卷七改。以下逕改。
❸「潼」，原殘，今據原稿改。
❹「後」，原爲空格，今據原稿補。

秣馬蓐食，【疏證】杜注：「蓐食，早食於寢蓐也。」《漢書・韓信傳》：「亭長妻晨炊蓐食。」❶張晏曰：「未起而牀蓐中食。」杜用張義。王念孫《廣雅疏證》云：「蓐，厚也。」蓐食，厚食也。王引之云：「訓卒、利兵、秣馬，非寢之時矣。亭長妻晨炊，固已起矣，而云早食於寢蓐，云未起而牀蓐中食，義無取也。《方言》曰：『蓐，厚也。』食之豐厚於常，因謂之蓐食。訓卒、利兵、秣馬、蓐食者，《商子・兵守》篇：『壯男之軍，使盛食厲兵，陳而待敵。壯女之軍，使盛食負壘，陳而待令。』是其類也。成十六年傳『蓐食申禱』，❷襄二十六年傳『秣馬蓐食』，並與此同。」洪亮吉云：「此傳下云『潛師夜起』，則夜食可知。成十六年『蓐食申禱』，其時楚軍亦曰『雞鳴而起』。❸襄二十六年『秣馬蓐食』下亦有『楚軍宵潰』之文。是張晏云『牀蓐中食』，而杜從之，不爲無據。」案：《後漢書・廉范傳》：「范令軍中蓐食，晨往赴。」《度尚傳》：「尚敕令秣馬蓐食，明旦徑赴賊屯。」《三國志・太史慈傳》：「于是嚴行蓐食，❹須明，便帶鞬攝弓上馬。」❺《晉書・王如傳》：「遂夜令三軍蓐食待命，❻雞鳴而駕。」《隋書・王充傳》：「令軍秣

---

❶「蓐食」至「晨炊」五十二字，原脱，今據原稿補。
❷「傳」，原脱，今據原稿補。
❸「曰」，原作「同」，今據原稿改。
❹「嚴」，原爲空格，今據原稿補。
❺「便帶」，原爲空格，今據原稿補。
❻「食」，原作「草」，今據《晉書・王如傳》改。

馬蓐食，既而宵濟。」右皆以蓐食爲夜食。傳稱蓐食，乃狀食之時早。《南齊書·崔慧景傳》：❶「慧景蓐食輕行，❷皆有饑饉之色。」尤早食之證。傳以晉軍早食，故言蓐食，此不必論其已起未起。洪説是也。

潛師夜起。

戊子，敗秦師于令狐，至于刳首。【疏證】杜注：「令狐在河東，當與刳首相接。」未詳地之所在。顧炎武云：「《水經注》引闞駰曰：『令狐即猗氏。刳首在西三十里。』後漢《衛敬侯碑》陰文：『城惟解梁，地即刳首。山對靈足，谷當猗口。』刳字作郀。《玉篇》：『郀，口孤切。秦地，在河東。』」顧棟高云：「令狐，今蒲州府猗氏縣地。《水經注》：『刳首在西三十里。』當在今滎河、臨晉，間也。」江永云：「滎河、臨晉，今皆屬蒲州府。」沈欽韓云：「《一統志》：『刳首水在同州郃陽縣東南。』」《晉世家》：「趙盾爲將，往擊秦，敗之令狐。」《秦本紀》：「秦以兵送至令狐。晉立襄公子而反擊秦師，秦師敗。」則公子雍已至令狐也。

己丑，先蔑奔秦，士會從之。【疏證】杜注：「從刳首去也。」《晉世家》：「先蔑、士會亡奔秦。」《秦本紀》：「隨會來奔。」

先蔑之使也，荀林父止之，曰：「夫人、太子猶在，而外求君，此必不行。子以疾辭，若何？不然，將及。

❶「景」，原爲空格，今據原稿補。
❷「慧景」，原作「惄前」，今據原稿改。

「攝卿以往，可也，何必子？」【疏證】謂使大夫攝卿往也。

「同官爲寮，吾嘗同寮，敢不盡心乎？」弗聽。爲賦《板》之三章，又弗聽。【疏證】《釋文》：「寮，本又作『僚』。」杜注：「僖二十八年林父將中行，先蔑將左行。」《魯語》「今吾之教官寮」注：❶「唐云：『同官曰寮。』昭謂：❷此景伯之屬，下僚耳，非同官之寮也。同官謂位同者也。」❸杜取韋說。杜又云：「《板》，《詩·大雅》。其三章義取芻蕘之言，猶不可忽，况同寮乎？」按：林父進諫送帑，皆以同寮故。杜謂取《板》之芻蕘，非也。《讀本》云：「《板》之三章言『我雖異事，及爾同寮』，謂同寮不得不盡言。」

及亡，荀伯盡送其帑及其器用財賄於秦，❹**曰：「爲同寮故也。」**【疏證】杜注：「荀伯，林父。」

士會在秦三年，不見士伯。【疏證】杜注：「士伯，先蔑。」《讀本》云：「士會不見士伯，蓋惡其不義。」按：士會之不義士伯，事無可考。

其人曰：「能亡人於國，【疏證】杜注：「言能與人俱亡於晉國。」

「不能見於此，焉用之？」

士季曰：「吾與之同罪，非義之也，將何見焉？」【疏證】《檀弓》「我則隨武子乎」，注：「武子，士會也。」

---

❶「吾」下，《國語正義》卷五有「子」字。「官」，原作「臣」，今據《國語正義》卷五改。

❷「昭」，原作「明」，今據原稿改。

❸「官」，《國語正義》卷五作「僚」。

❹原稿眉批：財賄，詁。

食邑於隨、范，字季。」杜注：「俱有迎公子雍之罪。」

及歸，遂不見。【疏證】杜注：「責先蔑爲正卿而不能匡諫，且俱出奔，惡有黨也。」文淇案：先蔑將下軍，非正卿。下傳：「郤缺言于趙宣子曰：『子爲正卿，以主諸侯。』」宣二年傳：「太史謂宣子曰：『子爲正卿，亡不越境，反不討賊。』」文六年，趙宣子始爲國政，蓋正卿始主國政。杜責先蔑爲正卿而不匡諫，非也。《檀弓》「謀其身，不遺其友」，疏：「文六年士會與先蔑俱迎公子雍，在秦三年，不見先蔑，及士會還晉，遂不見先蔑而歸。是遺其友，而云不遺其友者，彼謂共先蔑俱迎公子雍，❶懼其同罪，禍及于己，故不見之，❷非是無故相遺也。」壽曾曰：觀士會「非義之也」語，則平昔不與先蔑爲友。《檀弓》疏謂避禍，非。

狄侵我西鄙，公使告于晉。

趙宣子使因賈季問酆舒，且讓之。【疏證】賈季在狄，故杜注：「酆舒，狄相。讓其伐魯。」❸

酆舒問於賈季曰：「趙衰、趙盾孰賢？」【疏證】以賈季述盾之言，故問衰、盾。

對曰：「趙衰，冬日之日也。趙盾，夏日之日也。」【疏證】杜注：「冬日可愛，夏日可畏。」

秋，八月，齊侯、宋公、衛侯、陳侯、鄭伯、許男、曹伯會晉趙盾，盟于扈，晉侯立故也。【疏證】《晉

❶「共」，原作「其」，今據原稿改。
❷「故」，原爲空格，今據《禮記正義》卷十補。
❸「魯」，原作「晉」，今據《春秋左傳正義》卷十九上改。

世家》：「秋，齊、宋、衛、鄭、曹、許君皆會趙盾，盟于扈，以靈公初立故也。」《世家》脱陳。

公後至，故不書所會。【疏證】會盟不必同地，文公與盟而未及與會，故不書所會。

凡會諸侯，不書所會，後也。後至不書其國，辟不敏也。【疏證】此會盟例。杜注：「不書所會，謂不具公侯及卿大夫。」疏引僖十四年「諸侯城緣陵」、十五年「諸侯盟于扈」、十七年傳「諸侯會于扈」以當之，❶又云：「總稱諸侯，皆是罪諸侯也。」則不書所會，謂不經。❷不書與會之人，渾言諸侯也。「後至不書其國」二句，亦凡例之辭，正釋此年會扈，不書魯國。杜乃云：「此傳還自釋凡例之意。」疏又云：「諱公罪而歸責於諸侯，若諸侯無功然。」杜以凡例當傳文已誤，疏謂魯推罪於諸侯，彌支離矣。顧炎武云：「公既不及於會，則不知班位之次序，故不書諸國，以辟不敏。」顧氏此説釋「不書所會」則是，❸然不當云「不書諸國，以辟不敏」。合二例而一之，蓋誤於杜注「傳還自釋凡例」之説耳。《讀本》云：「後至者，公及盟而不及會，故經不具書其國名。避不敏者，益謂此不周至之事，避之不復深言。」❹義最明畫。

穆伯娶于莒，曰戴己，生文伯；其娣聲己，生惠叔。【疏證】杜注：「穆伯，公孫敖也。文伯，穀也。惠叔，難也。」

---

❶「引」，原脱，今據原稿補。「傳」，當作「經」，疑衍。
❷「經」，原作「終」，今據原稿改。
❸「釋」，原爲空格，今據原稿補。
❹「復」，原爲空格，今據原稿補。

戴己卒，又聘于莒。莒人以聲己辭，則爲襄仲聘焉。【疏證】杜注：「襄仲，公孫敖從父昆弟。」《讀本》：「穆伯老而更娶，莒人不肯，乃爲襄仲娶。」❶

冬，徐伐莒。莒人來請盟。

穆伯如莒涖盟，且爲仲逆。

及鄢陵，【疏證】杜注：「鄢陵，莒邑。」沈欽韓云：「此別一鄢陵，應在城陽，非潁川郡之鄢陵也。顧棟高謂今沂州府沂水縣地。」

登城見之，美。

自爲娶之。仲請攻之，公將許之。

叔仲惠伯諫，【疏證】《檀弓》疏引《世本》：「桓公生僖叔牙，牙生武仲休，休生惠伯彭，彭生皮，爲叔仲氏。」杜注：「惠伯，叔牙孫。」用《世本》說。

曰：「臣聞之，兵作於内爲亂，於外爲寇。寇猶及人，亂自及也。今臣作亂，而君不禁，以啓寇讎，若之何？」【疏證】穆伯、襄仲相攻，是兵作於内，謂内有兵，則外寇乘之。

公止之。惠伯成之。【疏證】惠棟云：「《周禮·調人職》曰：『凡有鬭怒者成之。』鄭衆曰：『成之，謂和之也。猶今二千石以令解仇。』」文淇案：《調人職》云：「凡過而殺傷人者成之。」注：「成，平也。鄭司農云：『以

❶「仲」，原作「公」，今據原稿改。

民成之，謂立證佐成其罪也。一説以鄉里之民共和解之，《春秋傳》曰「惠伯成之」。』」疏：「先鄭雖爲兩説，後鄭以後説爲是。引《春秋》者，《左氏》文七年傳，注云：『平二子。』」據彼疏説，則先鄭以成爲和，正用此傳成之義。杜用先鄭後一説也。

使仲舍之，公孫敖反之，復爲兄弟如初。從之。【疏證】杜注：「舍，不娶。還莒女也。」《讀本》云：「穆伯既淫亂，惠伯爲平其事，使襄仲不娶，穆伯亦還莒女也。言孟孫、叔孫二族相爲比謀。」❶

晉郤缺言于趙宣子曰：「日衛不睦，故取其地。【疏證】杜注：「日，往日。」元年經：「晉侯伐衛。」❷傳：「晉師圍戚，取之，疆戚田。」

「今已睦矣，可以歸之。叛而不討，何以示威？服而不柔，何以示懷？非威非懷，何以示德？無德，何以主盟？子爲正卿，以主諸侯，而不務德，將若之何？

《夏書》曰：『戒之用休，董之用威。勸之以九歌，勿使壞。』【疏證】杜注以《夏書》爲逸《書》。顧炎武云：「今《大禹謨》。」按：今《書》「勿使」作「俾勿」，某氏傳：「休，美。董，督也。善政之道，美以戒之，威以督之，歌以勸之，使政勿壞，在此三者。」杜注：「有休則戒之以勿休。董，督也。有罪則督之以威刑。」逸《書》，晉時古誼尚具，故杜注與某氏傳同也。今《大禹謨》上文云：「德惟善政，政在養民。水、火、金、木、土、穀惟脩，正德、

---

❶「比」，原作「此」，今據原稿改。
❷「侯」，原作「信」，今據《春秋左傳正義》卷十八改。

利用、厚生惟和。九功惟叙，九叙惟歌。」王鳴盛《商書後辨》云：❶「文七年《傳》：『晉郤缺言於趙宣子，引《夏書》：「戒之用休，董之用威，勸之以九歌，勿使壞。」』《書》詞止此。下云：『九功之德，皆可歌也，謂之九歌。六府三事，謂之九功。水、火、金、木、土、穀，謂之六府。正德、利用、厚生，謂之三事。』此郤缺釋《書》之言，非經文也。僞作《古文尚書》者，乃取其文盡入禹口中，可乎？《周禮·大司樂職》『九德之歌』，鄭司農以《左傳》注之始明。而作《周禮》者，不明言，足徵彼時其樂現存，人所共曉，則但言九歌而已。」按：王説是也。本疏亦謂「勿使壞」以上，皆《大禹謨》正文，而又云：「郤缺令宣子修德行禮，使人歌樂，故先引『勸之以九歌』，然後郤言六府三事。」此牽於僞古文之次第，强爲之説。《後辨》又云：「《離騷經》云：『啟《九辨》與《九歌》。』注：『啟，禹子也。』《天問》云：『啟棘賓商，《九辨》、《九歌》。』注：『《九辨》、《九歌》，啟所作樂也。』伏生《大傳·虞夏傳》：『歌《大化》、《大訓》、《六府》、《九原》，❷而夏道興。』鄭康成注：『四章皆歌禹之功。』則《九歌》乃啟樂，非禹樂明甚。」

「九功之德皆可歌也，謂之九歌。六府三事，謂之九功。【疏證】郤缺先釋「九歌」，謂九功之德，再釋「九功」之爲六府三事，乃倒釋之文。今僞《大禹謨》先云水、火、金、木、土、穀，正德、利用、厚生，再云六府三事，非先綱後目之義，補綴緝痕迹顯然。

「水、火、金、木、土、穀，謂之六府。【疏證】杜無注。《大禹謨》疏：「文七年《左傳》引此一經，乃言『九功之德皆可歌也』，若水能灌溉，火能烹飪，金能斷割，木能興作，土能生殖，穀能養育。古之歌詠，各述其功，猶

❶「商」，疑當作「尚」或「虞」。
❷「化」，原爲空格，今據原稿補。

如漢魏已來樂府之歌，❶其功用是舊成辭。❷人君修治六府以自勸勉，使民歌詠之，三事亦然。」彼疏釋六府三事爲歌辭題目，當是舊説。

「**正德、利用、厚生，謂之三事。**【注】賈、服云：「正德，人德。利用，地德。厚生，天德也。」《大司樂》疏。【疏證】《大司樂》「九德之歌」注：「鄭司農云：『《春秋傳》所謂水、火、金、木、土、穀謂之六府，正德、利用、厚生謂之三事，六府三事謂之九功，九功之德皆可歌也，謂之九歌也。』」疏：「此文七年傳，注云：『正德，人德。利用，地德。厚生，天德。』此本《書·大禹謨》之言，賈、服與先鄭并不見《古文尚書》，故引《春秋》也。」此傳杜無注。據《大司樂》疏引注，則賈、服與先鄭説同也。其云不見《古文尚書》，斥先鄭注《禮》言之。❸如賈、服説，則三事猶三才也。

「**義而行之，謂之德禮。**❹**無禮不樂，所由叛也。**【疏證】行，行六府三事也。前引《夏書》，蒙上「務德」言之。《讀本》云：「以義行此德則曰德禮。」杜以德爲正德，以禮爲制財用、厚生民，❺非。本疏：「在上無禮，則民不樂，是叛之所由。」

❶「歌」下，《尚書正義》卷四有「事歌」二字。
❷「舊」下，《尚書正義》卷四有「有」字。
❸「斥」，原爲空格，今據原稿補。
❹原稿眉批：德從石經。
❺「生民」，原倒，今據原稿改。

「若吾子之德，莫可歌也，其誰來之？【疏證】杜注：「來，猶歸也。」

「盍使睦者歌吾子乎？」

宣子説之。【疏證】杜注：「爲明年晉歸鄭、衛田張本。」疏：「言『歸鄭、衛田』者，謂晉歸以鄭所取衛田。劉炫以爲歸鄭及歸衛田，怪傳文歸衛不歸鄭，而規杜氏，非也。」邵瑛云：❶「文元年傳：『衛孔達侵鄭，伐緜、訾及匡。』八年，『晉侯使解揚歸匡、戚之田于衛』。揆之文義，匡自應屬鄭，然杜注却不明言鄭地。而八年注轉有『匡，本衛邑，中屬鄭』之文，宜劉炫怪傳文歸衛不歸鄭，而規杜氏也。」按：此傳杜注未及匡、戚田之别。本疏謂晉歸以鄭所取衛田，正謂鄭所取衛之匡田也。❷鄭歸匡田，未歸其邑，與戚田同，故杜云鄭、衛田耳。

【經】八年，春，王正月。

夏，四月。

秋，八月，戊申，天王崩。【疏證】《年表》：「周襄王三十三年崩。」❸《周本紀》：「襄王三十二年崩，子頃王壬臣立。」

❶「瑛」，原作「焕」，今據《劉炫規杜持平》卷二改。

❷「所」，原作「以」，今據原稿改。

❸下「三」，原作「二」，今據《史記·十二諸侯年表》改。

冬，十月，壬午，公子遂會晉趙盾，盟于衡雍。❶

乙酉，公子遂會雒戎，盟于暴。【疏證】《公羊》「雒戎」曰「伊雒戎」。《釋文》：「會雒戎，本或作『伊雒之戎』。此後人妄取傳文加耳。」杜注：「暴，鄭地。」十五傳楚侵鄭及暴，❷故杜以爲鄭地。沈欽韓云：「蓋暴，辛公所封邑，在今懷慶府原武縣境。」

公孫敖如京師，不至而復。丙戌，奔莒。【注】賈云：「日者，以罪廢命，大討也。」《釋例》。**【疏證】**《公羊》無「而」。杜注未釋「丙戌」。《公羊傳解詁》：❸「日者，嫌敖罪明則起君弱，故諱，使若無罪。」《穀梁傳》：「其如，非如也。其復，非復也。唯奔莒之爲信，故謹而日之。」則賈所稱爲《左氏》義。敖不至京師而復，故曰廢命。

螽。無傳。**【疏證】**《公羊》曰「蠓」。

宋人殺其大夫司馬，宋司城來奔。

【傳】八年，春，晉侯使解揚歸匡、戚之田于衛，【注】服云：「解揚，晉大夫。」《晉世家》集解。**【疏證】**李貽德云：「揚，《晉世家》作『楊』，注引服義亦作『楊』。當是裴駰據史文所改。」❹按：《說苑・奉使》篇：「霍

---

❶ 原稿眉批：衡雍已見。

❷ 「十五」，疑當作「成十五年」。

❸ 「詁」，原作「詛」，今據《春秋公羊傳注疏》卷十三改。

❹ 「所」，原爲空格，今據原稿補。

人解揚，字子虎。」故後世言霍虎，字亦作揚。杜用服説。此謂以晉所疆之戚田，并鄭取於衛之匡田皆歸於衛，詳七年傳疏證。杜謂晉令鄭還衛匡邑，非傳義。

且復致公壻池之封，自申至于虎牢之境。【注】服虔以爲致之于鄭。本疏。【疏證】《韓非子・亡徵》：「公壻公孫，與民同門。」是公壻蒙公爲稱也。杜注：「公壻池，晉君女壻，又取衛地以封之，今并還衛也。申，鄭地。」本疏云：「杜以上言『歸匡、戚之田于衛』，又言『且復致』，則晉亦致于衛。劉炫云『服虔以爲致之于鄭』，以服言是規杜。」顧炎武云：「傳氏曰：『自申至於虎牢，皆鄭地也，不得致於衛。❶竊以上文言匡、戚歸衛田也，此言自申至於虎牢，歸鄭田也。故杜于上年解云「爲晉歸鄭、衛田張本」，而此則專言歸衛。此杜氏之闕漏耳。』❷按：自申至于虎牢，鄭地，晉取之，以封公壻池，今乃歸之。傳文不言鄭，言申、虎牢，則鄭可知矣。」按：顧説是也。傳氏謂上年杜注「鄭、衛田」，衛田即指此申、虎牢，非。傳不言田也，杜稱鄭田，自謂匡田，於此傳不用服注，非闕漏。洪亮吉云：「按：杜注既言申，鄭地，則服説云『致之于鄭』，方得事實。豈以有鄭地轉致于衛者乎？劉炫以服説規杜，得之。」沈欽韓云：「按：申與虎牢皆是鄭地。衛之國于帝丘，在東郡濮陽，安得其境至虎牢？傳言歸衛地，遂并及鄭，不言鄭者，以申、虎牢易明也。服虔謂致之于鄭者，是。」右二説皆申服誼。顧棟高云：「申當在今汜水縣界。」按：虎牢亦在汜水境内，詳□□年傳疏證。❸

---

❶「不得致於衛」至「歸鄭田也」二十八字，原脱，今據原稿補。

❷「此」，原作「地」，今據原稿改。

❸「□□」，疑當作「莊二十一」。

夏，秦人伐晉，取武城，以報令狐之役。【疏證】《年表》：「晉靈公二年，❶秦伐我，取武城，報令狐之戰。」《秦本紀》：「秦伐晉，❷取武成。」成，異文。江永云：「漢馮翊郡有武城縣。顔師古云：『即秦伐晉，取武城者也。』當在今陝西同州府境。」沈欽韓云：「《史記》正義：『《括地志》：「故武城，一名武平城，在鄭縣東北十三里。」』《華州志》：『武平城在州東十七里。』」按：華州今屬同州府，江、沈説同。

秋，襄王崩。

晉人以扈之盟來討。【疏證】七年，扈之盟，公後至。

冬，襄仲會晉趙盾，盟于衡雍，報扈之盟也。

遂會伊雒之戎。

書曰「公子遂」，珍之也。【疏證】《文選》薛綜《東京賦》注：「珍，貴也。」杜注：「大夫出竟，有可以安社稷、利國家者，專之可也。」杜用莊十九年《公羊傳》文。按：僖三十年經：「冬，公子遂如京師。」傳云：「大夫無遂事。」則《左氏》義不與大夫遂事。此傳「珍之」，古誼無考。杜用《公羊》義，非。

穆伯如周弔喪，不至，以幣奔莒，從己氏焉。【疏證】杜注：「己氏，莒女。」據七年傳，穆伯三娶皆莒女，戴己時已卒，聲己尚存，其三娶莒女爲襄仲聘者。反于莒時，聲己未必偕行，蓋從三娶之莒女也。

---

❶「二」，原作「三」，今據《史記·十二諸侯年表》改。

❷「秦伐」，原脱，今據《史記·秦本紀》補。

宋襄夫人，襄王之姊也，昭公不禮焉。【疏證】杜注：「昭公適祖母。」

夫人因戴氏之族，以殺襄公之孫孔叔、公孫鍾離及大司馬公子卬，皆昭公之黨也。【疏證】杜注：「華、樂、皇皆戴族。」孔叔、公孫鍾離、公子卬，皆襄公孫。

司馬握節以死，故書以官。【疏證】杜注：「節，國之符信也。握之以死，示不廢命。」宋大司馬之官異於《周禮》夏官大司馬，其節之制則無考。❶ 所效之節，當是符節。本疏：「《周禮·掌節》『守都鄙者用角節』，《小行人》『守都鄙用管節』，❷此司馬司城或食采地，即都鄙之主。此節或是管節也。」亦是意爲之説。《司節》「門關用符節」，❸注：「其商者，通之以符節，如門關。門關者，與市聯事，節可同也。」

司城蕩意諸來奔，效節於府人而出。【疏證】《淮南子》注：「效，致也。」杜注：「意諸，公子蕩之孫。」杜於「府人」無釋，疏亦無説。❹ 昭十八年傳「使府人、庫人各儆其事」。彼疏引《周官》大府、内府、外府、玉府、天府、泉府。❺ 胡匡衷《儀禮釋官》云：「案：春秋諸國有府人，而無大府、内府、外府之官，則諸侯府人兼彼數職可知矣。《周禮》大府爲府官之長，下大夫二人，上士四人，下士八人。諸侯之府人當士爲之。」

---

❶「之制」，原脱，今據原稿補。

❷「守」，原脱，今據《春秋左傳正義》卷十九上補。

❸「司節」，當作「小行人」。

❹「亦」，原殘，今據原稿補。

❺「泉」，原作「承」，今據原稿改。

公以其官逆之，皆復之，亦書以官，皆貴之也。【疏證】昭七年傳：「卿違，從大夫。」杜注據以爲說，云：「公賢其效節，故以本官逆之，請宋而復之。司城官屬悉來奔，故言『皆復』。」疏：「請宋復之在十一年。」❶

夷之蒐，晉侯將登箕鄭父、先都，而使士縠、梁益耳將中軍。【疏證】六年傳：「春，晉蒐于夷。」杜注：「登之於上軍也。」疏云：「清原之蒐，箕鄭佐新上軍，先都佐新下軍。七年令狐之戰，箕鄭將上軍，先都佐下軍。先都不登，容可怨恨。箕鄭不失其登而亦共作亂者，蓋先克之薦狐、趙，❷并亦請退箕鄭、先都。❸及狐射姑出奔，箕鄭位次宜佐中軍，而先克代射姑，箕鄭守其故職，蓋以此而恨也。」按：先克之請退箕鄭、先都，傳無其說。或夷蒐時，箕鄭未即將上軍，令狐之戰乃登之，傳文不具。《後漢書·梁統傳》：「安定烏氏人，晉大夫梁益耳即其先也。」注：「《東觀記》：❹『其先與秦同祖，出於伯益，別封于梁。』」

先克曰：「狐、趙之勳，不可廢也。」從之。【疏證】六年傳：「使狐射姑將中軍，趙盾佐之。」

先克奪蒯得田于堇陰，【疏證】《風俗通》：「蒯氏，晉大夫蒯得之後。」❺七年傳：「晉禦秦師，及堇陰。」杜注：「以軍事奪其田也。」

---

❶「請」，原作「言」，今據原稿改。「之」下，《春秋左傳正義》卷十九上有「事」字。
❷「薦」，原爲空格，今據原稿補。
❸「亦」，原脱，今據原稿補。
❹「觀」，原爲空格，今據原稿補。
❺原稿眉批：《風俗通》，查，此據《通志·氏族略》。

故箕鄭父、先都、士縠、梁益耳、蒯得作亂。

【經】九年，春，毛伯來求金。**【疏證】**杜注：「雖踰年而未葬，故不稱王使。」❶據傳而言。

夫人姜氏如齊。無傳。**【疏證】**杜注：「歸甯。」

二月，叔孫得臣如京師。辛丑，葬襄王。**【注】**《左氏》説：王喪，赴者至，❷諸侯既哭，問故，遂服斬衰。使上卿弔，上卿會葬。經書「叔孫得臣如京師，葬襄王」，以爲得禮。《王制》疏引《異義》。《左氏》之説：諸侯，藩衛之臣，不得棄其封守。諸侯，千里之內奔喪，千里之外不奔。四方不可空虛，故遣大夫也。《通典》引《異義》。**【疏證】**杜注：「卿共葬事，禮也。」此蓋用《左氏》舊説。《王制》疏：「《異義》：『《公羊》説：天王喪，赴者至，諸侯哭。雖有父母喪，越紼而行事，葬畢乃還。』」下引《左氏》説，「許慎謹案：『易下邳侍其容説，諸侯在千里內皆奔喪，千里外不奔喪。若同姓，❸千里外猶奔喪，親親也。容説爲近禮。』鄭駁之云：『天子於諸侯無服，諸侯爲天子斬衰三年，尊卑有差。按魯夫人成風薨，「王使榮叔歸含且賵，召伯來會

---

❶「使」，原脱，今據原稿補。

❷「至」，《禮記正義》卷十二作「聞」。

❸「若」，原作「者」，今據原稿改。

葬」，❶傳曰「禮也」。「襄王崩，叔孫得臣如周，葬襄王」。天子於魯既含且賵，又會葬，爲得禮，則是魯於天子，一大夫會，爲不得禮可知。又《左傳》云鄭游吉云：「靈王之喪，我先君簡公在楚，我先大夫印段實往，敝邑之少卿也，王吏不討，恤所無也。」豈非《左氏》諸侯奔天子之喪及會葬之明文？說《左氏》者云諸侯不得棄其所守奔喪，自違其傳。同姓雖千里外猶奔喪，又與禮乖。』鄭之所駁，從《公羊》之義也。又以《左氏傳》諸侯亦奔喪，但說《左氏》者自違其傳云不奔喪，又難許慎云『千里外同姓猶奔喪，與禮乖也』。」按：鄭駁《左氏》說諸侯不得棄其所守奔喪義。《王制》疏未備引，以《通典》所引證之，則亦許君《異義》所有，鄭總括其義駁之。❷《左氏》說謂千里之内奔喪，千里之外不奔喪，與許君所引侍其氏說同。杜氏注隱二年傳「同軌畢至」以下云：❸「赴弔各以遠近爲差，因爲葬節。」又《釋例》云：「萬國之數至衆，封疆之守至重，故天王之喪，諸侯不得越境而奔，修服於其國，卿共弔葬之禮。既葬，卒哭而除凶。魯侯無故，❹而穆伯如周弔。此天子崩，諸侯遣卿弔葬之經傳也。」杜謂「卒哭除凶」，是其蔑禮之野言，自外皆用古《左氏》說。然玩《左氏》說，一謂上卿弔葬，一謂諸侯千里之内奔喪，則二說已自異。鄭駁《左氏》說，謂自違其傳，蓋據昭三十年傳，鄭簡公在楚，未弔靈王之喪爲說，彼疏引鄭君說，以爲「簡公若在，君當自行」。本疏云：「彼言由君在楚，上卿守國，故使少卿印段往耳。非言君當親行也。」此是疏駁鄭

❶「召伯」至「既含且賵」二十九字，原脱，今據原稿補。
❷「總括」，原作「□據」，今據原稿補改。
❸「元」，當作「二」。
❹「侯」，原作「僖」；「故」，原爲空格，今據原稿改補。

説。壽曾謂：《左氏》於經書魯卿弔葬於周，通無譏文，是《左氏》異於《公羊》義。《穀梁傳》亦云：「使大夫則不可。」然彼蒙魯有喪言之，亦與《公羊》説殊。皆與《左氏》説異。詳後説，諸侯千里内奔喪，則非謂不奔喪也。陳壽祺《異義疏證》引《顧命》成王之喪，❶「太保率西方諸侯入應門左，畢公率東方諸侯入應門右」，謂「經有諸侯奔喪之明文」。彼自是周盛時禮，且言東方、西方，不言南北，容指分陝東西千里侯國而言。沈欽韓云：「按：隱二年傳：『天子七月而葬，同軌畢至。』是諸侯會葬，傳有明文。此年傳但言『莊叔如周葬襄王』，不舉例者，正以五年有榮叔之含賵、召伯之會葬，信使交錯，其待諸侯之禮隆且渥如是。經書此遥遥相對，其失禮無疑矣。且以天子之喪，而卿士出求金，求者固非，而藩衛之義，惟知有伯主，不知有天子，不逾顯侯國之怠慢乎？以求金之來而如京師共葬，雖遣得臣，亦非本意。傳意微而顯，而俗儒不察，創爲謬説。」沈亦據鄭駁爲説也。

晉人殺其大夫先都。

三月，夫人姜氏至自齊。無傳。**【疏證】**杜注：「告于廟。」本疏：「蘇氏云：『夫人歸甯書「至」，唯有此耳。餘不書者，或禮儀不備，或淫縱不告廟也。』」按：如杜説，則經書夫人之至，如公行例。

晉人殺其大夫士縠及箕鄭父。【注】賈云：「箕鄭稱『及』，非首謀。」本疏。**【疏證】**杜注：「與先都同罪也。」不用賈説。傳疏：「傳箕鄭先士縠，經士縠先箕鄭者，經以殺之先後，傳以位次序列，傳蒯得居下，知其以位次也。賈逵云：『箕鄭稱「及」，非首謀。』按襄二十三年『陳殺其大夫慶虎及慶寅』，杜云：『及，史異辭，無義

---

❶ 「疏證」，原作「説謬」，今據原稿改。

例。』則此亦然也。」洪亮吉云：「按：箕鄭上軍將，士縠下軍將，傳文亦先箕鄭而後士縠。今顧於士縠下言『及箕鄭』，明非首謀，故書法如此，正義糾賈非也。襄二十三年『陳殺其大夫慶虎及慶寅』，❶亦同此例。」

楚人伐鄭。【疏證】《年表》：「楚穆王八年，伐鄭，以其服晉。鄭穆公十年，楚伐我。」

公子遂會晉人、宋人、衛人、許人救鄭。【疏證】《年表》：「晉靈公三年，率諸侯救鄭。」

夏，狄侵齊。無傳。

秋，八月，曹伯襄卒。【疏證】《管蔡世家》：「曹共公襄立三十五年卒，子文公壽立。」

九月，癸酉，地震。無傳。【疏證】《周語》：「幽王二年，❷西周三川皆震。伯陽父曰：『陽伏而不能出，陰遁而不能蒸，❸於是有地震。』」注：「陰陽相迫，氣動于下，❹故地震也。」本疏引孔晁云：「陽氣伏於陰下，見迫於陰，故不能升，以至於地動。」韋注用孔義。此經無傳，《左氏》義無以考。《外傳》采伯陽父說，則此經亦當陰陽爲言，與《公》、《穀》說小異也。《内傳》「陰遁」，《史記》作「陰迫」，即孔晁所謂陽迫於陰也。杜注：「地道安静，以動爲異。」用《公羊》說。

---

❶「慶虎」，原脱，今據《春秋左傳詁》卷二補。

❷「二」，原作「三」，今據《國語正義》卷一改。

❸「遁」，《國語正義》卷一作「迫」。

❹「于」，原作「乎」，今據原稿改。

冬，楚子使椒來聘。【疏證】《穀梁》「椒」曰「萩」。《釋文》：「或作『菽』。」《公羊》釋文：❶「椒，一本作『萩』。」王引之曰：「萩、菽、椒古並通。」杜注：「椒不書氏，史略文。」❷

秦人來歸僖公成風之襚。【疏證】《釋文》：「襚，《説文》作『裞』，云『贈終者衣被曰裞』。」以此襚爲衣死人衣。」「襚」下引《春秋傳》「公親襚」，❸字正作「襚」。其云「贈終」及「衣死人衣」，亦不知何以別。❹段玉裁謂「裞」篆爲淺人所增也。杜注：「衣服曰襚。」用隱元年《公羊傳》。❺又杜傳注云：「追贈僖公并及成風。」惠棟云：「非也。成風者，僖公之母，莊公之妾。母以子貴，故上經書夫人風氏，母以子氏，故此經書僖公成風。」按：惠用《異義》古《左氏》説，詳四年經疏證。

葬曹共公。

【傳】九年，春，王正月，己酉，使賊殺先克。【疏證】蒙八年傳箕鄭等作亂而言，故不顯所使之人。

乙丑，晉人殺先都、梁益耳。【疏證】杜注：「乙丑，正月十九日。經書二月，從告。」貴曾曰：❻

---

❶「釋」，原爲空格，今據原稿補。

❷原稿眉批：酌。

❸上「襚」上，疑當有「説文」二字。

❹「何」，原稿作「所」。

❺原稿眉批：襚當已見，查。

❻原稿眉批：查譜添。

毛伯衛來求金，非禮也。不書王命，未葬也。【疏證】《年表》：「襄王崩。王使衛來求金以葬，非禮。」史公蓋謂求金即共葬事。

二月，莊叔如周葬襄王。

三月，甲戌，晉人殺箕鄭父、士穀、蒯得。【疏證】本疏：「士穀書經，則是卿也。七年令狐之戰，三軍將佐無士穀。十二年河曲之戰，三軍將佐，杜注無代士穀者，而士穀得爲卿者，先蔑奔秦，傳無其代。十二年『欒盾將下軍』，注云『代先蔑』者，據傳成文言之耳，未必不是士穀代先蔑、欒盾代士穀也。」

范山言於楚子曰：「晉君少，不在諸侯，北方可圖也。」【疏證】杜注：「范山，楚大夫。」萬氏《氏族略》：「案：楚邑。芊尹無宇亦稱范無宇。」《讀本》：「『不在諸侯』，謂志不及諸屬國。」

楚子師于狼淵以伐鄭，【疏證】沈欽韓云：「《水經注》：『潁陰城西南狼陂，南北三十里，❶東西十里，❷《左傳》「師于狼淵」。』《寰宇記》：『狼溝在許州長社縣。』」❸《彙纂》：「潁陰即今開封府許州。」江永云：「許州今爲府，附郭設石梁縣。」

囚公子堅、公子尨及樂耳。❹【疏證】杜注：「三子，鄭大夫。」

---

❶「三」，《春秋左傳地名補注》卷四作「二」。

❷「西」，原作「北」，今據原稿改。

❸「社」，原作「水」，今據《春秋左氏傳地名補注》卷四改。

❹「尨」，原作「茷」，今據《春秋左傳正義》卷十九上改。

鄭及楚平。

公子遂會晉趙盾、宋華耦、衛孔達、許大夫救鄭，不及楚師。卿不書，緩也，以懲不恪。❶【疏證】杜注：「華耦，華父督曾孫。」

夏，楚侵陳，克壺丘，以其服於晉也。【疏證】杜注：「壺丘，陳邑。」顧棟高云：「壺丘在今河南陳州府南境。」洪亮吉云：「《水經注》：『汝水又東南逕壺丘城北，故陳地。《春秋左傳》文公九年「楚侵陳，克壺丘」是也。』」江永云：「壺丘當時爲陳之南鄙，而地不在陳州。」沈欽韓云：「《一統志》：『壺丘城在汝甯府新蔡縣東南。』」

秋，楚公子朱自東夷伐陳，【疏證】杜注：「子朱，息公也。」

陳人敗之，獲公子茷。陳懼，乃及楚平。【疏證】此楚公子茷也。杜無注。顧炎武云：「按：成十六年鄢陵之戰，囚楚公子茷，距此四十四年，疑别是一人。」

冬，楚子越椒來聘，執幣傲。【疏證】《校勘記》：「《五行志》引傳文作『楚使越椒來聘』。」《釋文》：「傲，本又作『敖』。」杜謂經文「椒不書氏，史略文」，疑經奪越也。杜注：「子越椒，令尹子文從子。傲，不敬。」

叔仲惠伯曰：「是必滅若敖氏之宗。傲其先君，神弗福也。」【疏證】杜注：「十二年傳曰：『先君之

❶ 原稿眉批：不恪，查添。

敝器，使下臣致諸執事。』明奉使皆告廟，故言儆其先君也。」杜據《聘禮》賓授節之後，❶有「朝服釋幣于禰」之禮，彼注：「告爲君使也。」

秦人來歸僖公成風之襚，禮也。【注】鄭康成云：「若以爲緩，按禮，衛將軍文子之喪，既除喪而越人來弔，子游何得善之？」《箴膏肓》。【疏證】杜注：「本非方嶽同盟，❷無相赴弔之制，故不譏其緩，而以結好爲禮。」❸《公羊傳》：「其言『僖公、成風』何？兼之。兼之，非禮也。曷爲不言『及成風』？成風尊也。」本疏：「何休《膏肓》云：『禮主於敬，一使兼二喪，又於禮既緩，❹而《左氏》以之爲禮，❺非也。』」下引鄭箴。又云：「是鄭不非其緩也。若譏一使兼二禮，《雜記》諸侯弔禮有含、襚、賵、臨，❻何以一使兼行，知休言非也。」疏說不譏秦襚之緩，全據鄭義，當是舊說。杜謂秦、魯本非方嶽同盟，不譏其緩，傳無其義。秦襚止歸成風，杜以爲「追贈僖公，并及成風」，亦用《公羊》「一使兼二喪」之説，辨詳經疏證。玩鄭義，亦不謂襚僖公也。又案：《襍記》「含

---

❶「賓」，原爲空格，今據原稿補。

❷「非」下，《春秋左傳正義》卷十九上有「魯」字。

❸「結好」，原爲空格，今據原稿補。「結」，《春秋左傳正義》卷十九上作「接」。

❹「禮」，原脱，今據原稿補。

❺「左氏」，原脱，今據原稿補。

❻「臨」，原脱，今據原稿補。

者坐委於殯東南」，疏云：「文九年，秦人來歸僖公成風之襚最晚，不譏者，《釋廢疾》云：『以其殽敗，兵無休時，❶君子原情，不責晚也。』」鄭説《穀梁》亦謂經無譏緩之文。

諸侯相弔賀也，雖不當事，苟有禮焉，書也，以無忘舊好。【疏證】杜注：「送死不及尸，❷故曰『不當事』。」沈欽韓云：「當事，謂斂及啓殯而葬。」案：沈説是也。此秦人來襚文公受弔之服，諸家無説。《檀弓》：「將軍文子之喪，既除喪而後越人來弔。主人深衣練冠，待於廟，垂涕洟。」注：「深衣練冠，凶服變也。❸待于廟，受弔不迎賓也。」疏：「據此而言，禫後始來弔者，則著祥冠。❹若禫後更來有事，主人則著禫服。其吉祭以後，或來弔者，其服無文。除喪之後，亦有弔法，故《春秋》文九年，『秦人來歸僖公之襚』也。」❺按：文公之受秦襚在除喪之後，冠服必異平時，❻將文公之深衣練冠，當有所受，則古禮有除喪後受弔之服也。

【經】十年，春，王三月，辛卯，臧孫辰卒。無傳。

---

❶「兵」，原作「晉」，今據原稿改。

❷「死」，原作「尸」，今據《春秋左傳正義》卷十九上改。

❸「也」，原脱，今據原稿補。

❹「則著」至「弔者」二十六字，原脱，今據原稿補。

❺「公」下，《禮記正義》卷七有「成風」二字。

❻「冠」，原爲空格，今據原稿補。

夏，秦伐晉。

楚殺其大夫宜申。【注】賈氏以爲：不書族，陋。隱四年疏。**【疏證】**杜注：「宜申，子西也。謀弒君，故書名。」杜不用賈説。賈謂得臣、宜申皆辟陋，未賜族也。詳僖二十八年疏證。

自正月不雨，至于秋七月。無傳。**【注】**舊注：「周正月，今之十一月。周七月，今之五月。」《御覽》三十五。**【疏證】**杜注：「義與二年同。」疏亦無説。《玉藻》：「至于八月不雨，君不舉。」注：「爲旱變也。此謂建子之月不雨，盡建未月也。《春秋》之義，周之春夏無雨，未能成災。至其秋秀實之時而無雨則雩。雩而得之，則書『雩』，喜祀有益也。雩而不得，則書『旱』，明災成也。」疏：「文公十年，『自正月不雨，至于秋七月』，傳云『不曰旱，不爲災』者，據周正言之。既言『秋七月不雨』，云『不爲災』，明八月不雨，則爲災。此據文十年『自正月不雨』，故云『謂建子之月』也。按僖公三年傳云：『自十月不雨，至于五月，❶不曰旱，不爲災。』文十三年：『自正月不雨，至於秋七月。』此經直云『至于八月不雨』，不云初不雨之月，鄭必知自建子之月者，以周之歲首，陽氣生養之初。又文十年有『自正月不雨』之文，故據而爲説。」文淇案：文十年無傳，彼疏所引乃僖二年傳文。壽曾曰：鄭以《玉藻》八月不雨爲建未之月，與《御覽》所引舊注同説。舊注：「周七月，建午之月也。」《五行志》：「先是公子遂會四國而救鄭，楚使越椒來聘，秦人歸襚。有炕陽之應。」《穀梁傳》：「歷時而言不雨，文不閔雨也。不

---

❶「五月」至「至於」十九字，原脱，今據《禮記正義》卷二十九補。

閔雨者，無志乎民也。」《公羊》無傳。《解詁》：「公子遂之所招。」❶則《五行志》所稱爲《左氏》義。

及蘇子盟于女栗。【疏證】杜注：「女栗，地名，闕。蘇子，周卿士。」按：經不顯魯何人與盟，疑有闕文。

冬，狄侵宋。無傳。

楚子、蔡侯次于厥貉。【疏證】厥，《公羊》曰「屈」，《釋文》：「二傳作『厥貉』。」惠棟曰：「《公羊》『厥』字皆作『屈』。」杜注：「厥貉，地名，闕。」《彙纂》：「當在陳州項城縣。」江永云：「今按：項城今屬陳州府。」❷

【傳】十年，春，晉人伐秦，取少梁。【疏證】《年表》：「晉靈公四年，伐秦，拔少梁。」《晉世家》：「靈公四年，伐秦，取少梁。」《地理志》：「左馮翊夏陽，故少梁。」《日知録》：「桓九年，梁伯伐曲沃，郤芮曰『梁近秦而逼』是也。❸《水經注》乃曰：『大梁，周梁伯之居也。梁伯好土功，大其城，號曰新里。後魏惠王自安邑徙都之。』是誤以少梁爲大梁，而不知大梁不近秦也。《後漢志》：❹『河南尹，梁故國。』注引《博物記》曰：『梁伯好土功，今梁多有城。』亦誤。」按：顧説是也。顧棟高《春秋輿圖》：❺「梁國在陝西同州府韓城縣南二十里，❻後入秦曰少梁。」

---

❶「招」，原爲空格，今據原稿補。
❷「項城」下，原衍「今城」，今據《皇清經解》卷二百五十三《春秋地理考實》删。
❸「逼」，《日知録》卷三十一作「幸」。
❹「志」，原作「東」，今據原稿改。
❺「顧棟高」，原爲空格，今據《春秋大事表·春秋輿圖》補。
❻「城」，原脱，今據原稿補。

夏，秦伯伐晉，取北徵。【疏證】《年表》：「取我北徵。」《晉世家》：「秦亦取晉之殽。」索隱云：「殽字誤也。」《地理志》：「京兆郡徵。」❶師古曰：「即今之澄城縣是也。《左傳》所云『取北徵』，謂此地。而杜注云未詳其處。」沈欽韓云：「《元和志》：『同州澄城縣，文十年秦取晉北徵即此。』❷《一統志》：『徵縣故城在澄城縣西南。』」

按：澄城今屬陝西同州府。

初，楚范巫矞似【疏證】《北魏書·陽固傳》：「著《演賾賦》云：❸『識同命於三君兮，兆先見於矞姒。』」似、姒異文。古之巫多女，疑陽氏所稱爲古本也。杜注：「矞似，范邑之巫。」《讀本》：「巫能見鬼，矞似蓋有所見。」

謂成王與子玉、子西曰：「三君皆將强死。」【疏證】本疏：「强，健也。無病而死，謂被殺也。」

城濮之役，【疏證】杜注：「在僖二十八年。」

王思之，故使止子玉曰：「毋死。」不及。止子西，子西縊而縣絶，王使適至，遂止之。【疏證】《讀本》：「成王不欲二人强死。」

使爲商公。【疏證】杜注：「商，楚邑。」《彙纂》：❹「隋改商州，今屬西安府。」《地理志》：「弘農郡商。」沈欽

---

❶「京兆郡」，《漢書·地理志》作「左馮翊」。
❷「秦」，原作「春」，今據原稿改。
❸「賾」，原爲空格，今據原稿補。
❹「彙纂」，原爲空格，今據《欽定春秋傳説彙纂》卷十八補。

韓云：「《商州志》：『楚商邑，今商洛鎮，在州東八里。』」❶皆承《漢志》爲説。江永云：「今按：商，契始封之地。商州，今直隸陝西。疑楚成王時楚地未能至商州，❷其使子西爲商公，或是商密之地。」按：江説是也。僖二十五年「商密」，杜注：「鄀別邑。」❸江氏謂在今内鄉，詳彼傳疏證。内鄉，今屬河南南陽府，界湖北之西，濱近漢水，❹其東南行，由今襄陽荆門以至荆州，與傳「沿漢泝江」合。《漢志》之商，不云楚邑，未可爲證。

沿漢泝江，將入郢。【疏證】杜注：「沿，順流。泝，逆流。」疏：「商在漢水北。漢水東流而南入江。子西既至商邑，聞讒，不敢居商縣。沿漢水順流下至江，乃泝流逆上。」疏謂子西以聞讒而入郢，未知所據。顧炎武云：「將入郢爲亂。」探下「懼而辭」爲説，是也。

王在渚宫，下見之。【疏證】杜注：「小洲曰渚。」用《釋水》文。不詳渚宫所在。疏云：「渚宫，當郢都之南。」《水經・江水》注：「江陵縣城，楚船官地也，《春秋》之渚官矣。」酈氏引《春秋》作「渚官」，又蒙楚船官地爲文。疑作「官」非誤，亦漢船司空之比，後人以宫室當之，非。沈欽韓云：「《紀要》：『今荆州府治，楚之渚宫地。』」

懼而辭曰：「臣免於死，又有讒言，謂臣將逃，臣歸死於司敗也。」【疏證】杜注：「陳、楚名司寇爲司敗。」顧棟高云：「陳近楚，設官多相效。昭七年楚芋尹無宇，哀十五年陳有芋尹蓋。」梁履繩云：「案：唐有司敗，

❶「八」下，《春秋左氏傳地名補注》卷四有「十五」二字。
❷下「楚」，原脱，今據原稿補。
❸「鄀」，原爲空格，今據原稿補。
❹「濱」，原爲空格，今據原稿補。

亦近楚也。」如顧炎武説，則畏讒來歸，爲子西歸辭。杜注：「子西畏讒，不敢之商縣。」非。

王使爲工尹，【疏證】杜注：「掌百工之官。」

又與子家謀弒穆王。

穆王聞之。五月，殺鬬宜申及仲歸。【疏證】杜注：「仲歸，子家。」則子家爲仲歸之字。

秋，七月，及蘇子盟于女栗，頃王立故也。【疏證】杜注：「僖十年『狄滅温，❶蘇氏奔衛』。今復見，蓋王復之。」《謚法》：「敏以敬慎曰頃。」《讀本》：「魯不知何人與盟。」

陳侯、鄭伯會楚子于息。❷**冬，遂及蔡侯次于厥貉，**【疏證】經不書陳侯、鄭伯。又下文宋公逆楚子，麇子逃歸，❸經亦不書宋麇。杜注：「宋、鄭執卑苟免，❹麇子耻之，❺遂逃而歸。三君失位降爵，故不列於諸侯。宋、鄭猶然，則陳侯必同也。」疏云：「劉炫以爲告文略，故不書陳、鄭、宋。」炫但明陳、鄭、宋之不書，不及麇者，麇未與會，不當書也。疏謂：「宋、鄭二國爲楚僕役，猶如許、蔡二君降乘楚車。❻許、蔡既不書於經，故知宋、鄭失

---

❶「十」下，原衍「一」字，今據《春秋左傳正義》卷十九上删。

❷原稿眉批：息已見。

❸「子」，原脱，今據原稿補。

❹「執」，原爲空格，今據原稿補。

❺「耻」，原作「辭」，今據《春秋左傳正義》卷十九上改。

❻「車」，原作「軍」，今據《春秋左傳正義》卷十九上改。

位不書也。炫規杜氏，非也。」邵瑛云：「宋本楚、蔡所謀伐，宜其不會息也。」此駁疏説，最爲分明。陳未失位，杜謂陳侯必同，傳所不言，杜何以知？炫謂告文略，義或然也。

將以伐宋。宋華御事曰：「楚欲弱我也，先爲之弱乎！何必使誘我？我實不能，民何罪？」乃逆楚子，勞且聽命。【疏證】杜注：「御事，華元父。」按：誘謂楚挑兵釁，勞謂至厥貉勞楚師也。

遂道以田孟諸。【疏證】孟諸，詳僖二十八年傳疏證。❶

宋公爲右盂，鄭伯爲左盂。【疏證】杜注：「盂，田獵陳名。」下「左司馬」注：「將獵，張兩甄。」是以盂爲甄也。焦循云：「《宋書·禮志》：『先獵一日，遣屯布圍，❷領軍將軍一人督右甄，❸護軍一人督左甄。』《晉書·周訪傳》：『使將軍李恒督左甄，許朝督右甄，❹訪自領中軍。』又《陶侃傳》：『侃擊杜弢，令兄子輿爲左甄。』又《朱伺傳》：『陶侃鎮江夏，署爲左甄。』『兩甄』爲晉軍中之稱，杜氏舉當時事以證古耳。」沈欽韓云：「『盂』取迂曲之義，蓋圓陳也，魏晉時謂之甄。《文選·海賦》注引鄭君云：『甄，表也。』」按：焦、沈説是也。《宋書·禮志》謂「大

---

❶ 原稿眉批：再查《吕覽》。

❷ 「遣」，原作「造」，今據原稿改。

❸ 「領」，原作「飲」，今據原稿改。下一「領」字同。

❹ 「朝」，原作「期」，今據原稿改。

司馬居中，董正諸軍」。《梁書・裴邃傳》：「魏衆五萬挑戰，❶邃勒諸將爲四甄以待之。直閣將軍李祖憐僞遁，❷四甄競發，魏衆大敗。」則甄爲偏師，或用以設覆，盂陳亦當然也。

期思公復遂爲右司馬，【疏證】《地理志》：「汝南郡期思。」沈欽韓云：「《一統志》：『期思故城在光州固始縣西北。』」杜注：「復遂，期思邑公。」

子朱及文之無畏爲左司馬。【疏證】《讀本》：「子朱，息公也。」《淮南・主術訓》：「楚莊王傷文無畏之死于宋也，奮袂而起。」《吕覽・行論》篇注：「無畏，申周，楚大夫也。」《潛夫論・志氏姓》：「楚大夫申無畏者，又氏文氏。」《氏族略》：「申舟稱文之無畏，疑是文族，楚文王之後也。」梁履繩云：「文，蓋以謚爲氏者。申，其食邑。舟，字也。之，語辭。《淮南》稱文無畏可見。」杜注：「將獵，張兩甄，故置二左司馬，然則右司馬一人當中央。」疏：「宋公爲右盂，無畏爲左司馬，而抶宋公之僕，自謂『當官而行』，明無畏當右，子朱當左，是其張兩甄，故置二左司馬，使各掌一甄，自然右司馬一人當中央也。」

命夙駕載燧，【疏證】夙駕，早駕也。《釋文》：「燧，本又作『鐩』。」杜注：「燧，取火者。」《周禮》鄭注：「金燧可取火于日。」杜本鄭義。案：傳稱夙駕，則是夜獵。《釋天》「宵田爲獠」注：❸「即今夜獵載鑪照也。」載燧當是載火炬以照夜，杜注非。馬宗璉云：「蓋將焚林而田。」

---

❶「萬」，原作「可」，今據原稿改。

❷「閣」，原作「同」；「憐」，原爲空格，今據原稿改補。「軍」，原作「將」，今據《梁書・裴邃傳》改。

❸「宵」，原作「宫」，今據原稿改。

宋公違命，

無畏抶其僕以徇。【疏證】《廣雅·釋詁》：「抉、抶，❶擊也。」王念孫云：「《説文》：『抶，笞擊也。』文十年《左傳》云『無畏抶其僕以殉』。」杜無注。十四年傳「歜以扑抶職」，❷注：「抶，擊也。」

或謂子舟曰：「國君不可戮也。」子舟曰：「當官而行，何彊之有？【疏證】杜注：「子舟，無畏字。」《晉書·劉喬傳》：「東海王越轉喬冀州刺史，以范陽王虓領豫州刺史。喬以非天子命，不受代。劉弘與喬牋曰：『明使君受命本朝，列居方伯，當官而行，同獎王室，❸橫見遷代，誠爲不允。』」《梁書·江淹傳》：「兼御史中丞，時明帝作相，因謂淹曰：『君爲南司，足以震肅百僚。』淹答曰：『今日之事，可謂當官而行，更恐才劣志薄，不足以仰酬明旨耳。』」劉氏、江氏引傳，皆以當官爲守官。何彊，謂不知何者爲彊也。

「《詩》曰：『剛亦不吐，柔亦不茹。』【疏證】《詩·烝民》文。傳文引倒，或所據本異。箋：「柔，猶濡毳也。剛，堅彊也。」按：《方言》：「茹，食也。」食與吐相反。《讀本》：「子舟引《詩》，言不吐剛，不吞柔。」

『毋縱詭隨，以謹罔極。』【疏證】《詩·民勞》文。首章傳：「詭隨，詭人之善、隨人之惡者。」箋：「謹，猶慎也。」又云：「罔，無。極，中也。無中，所行不得中正。」陳奐《詩疏》：「《説文》：『詭，責也。』詭人之善，即隨人

---

❶「抉」，《廣雅疏證》卷三上作「抉」。

❷「四」，當作「八」。「扑」，原作「朴」，今據下文改。

❸「獎」，原作「輿」，今據原稿改。

之惡。詭隨，疊韻連語。《廣雅・釋訓》：❶『詭隨，小惡也。』《後漢書・陳忠傳》：『自順帝即位，盜賊並起，郡縣更相飾匿，莫肯糾發。忠上疏曰：「臣聞輕者，重之端；小者，大之源；故隄潰蟻孔，氣洩鍼芒。是以明者慎微，智者識幾。《書》曰：『小不可不殺。』《詩》曰：『毋縱詭隨，以謀無良。』蓋所以崇本絶末，鉤深之慮也。」』案：忠言欲禁盜賊，必先慎微。引《詩》上二句以爲謹小慎微之漸，最合傳意。」又云：「『以謹罔極』，猶首章『以謀無良』耳。」按：陳説是也。子舟引《詩》，言宋公違命，雖是小惡，防無中之漸，未可縱也。杜注用箋説。疏：「言小罪尚不赦，則大罪不敢爲也。」❷

「是亦非辟彊也。敢愛死以亂官乎？」【疏證】《讀本》：「自明不敢辟彊以亂官。」

厥貉之會，麇子逃歸。【注】穎容曰：「麏在當陽。」《御覽》。❸【疏證】穎本「麏」與今通行本異。惠棟云：「麇，杜注不釋其地所在。按：盛弘之《荆州記》云：『當陽本楚之舊，《左氏傳》云楚潘崇伐麏，至于錫穴。』」下引穎氏説。則惠以此傳當作「麏子」也。沈欽韓云：「《方輿紀要》：『麇城在安陸府當陽縣東南六十里。』按：文十一年傳『錫穴』之文，❹當在今鄖陽、興安二府界。」

---

❶「訓」，原作「詁」，今據《詩毛氏傳疏》卷二十四改。
❷「爲」，原作「是」，今據原稿改。
❸原稿眉批：穎注再查《通鑑》注。
❹「文」，原稿作「尋」。

【經】十有一年，春，楚子伐麇。【疏證】《公羊》「麇」曰「圈」。《釋文》：「二傳作『麇』。」據穎氏本，則《左氏》作「麏」，❶又與《穀梁》異。洪亮吉云：「麇、麏字近音同。」

夏，叔彭生會晉郤缺于成匡。【注】服云：「叔仲惠伯。」《魯世家》集解。【疏證】各本「叔」下有「仲」。《釋文》云：「本或作『叔彭生』，『仲』衍字。」則陸氏已謂「仲」不當有。石經作「叔彭生」。《校勘記》：「按：《漢書·五行志》、《水經·陰溝水》注並引作『夏，❷叔彭生會晉郤缺于成匡』。」據阮説，則各本非也。洪亮吉云：「經衍『仲』字，蓋因傳文而誤。」服云「叔仲惠伯」者，據傳言之。杜用服説。李富孫云：「傳稱叔仲惠伯。叔，氏；仲，字；彭生，名。故經書叔彭生，而傳兼舉其字。」按：李説是也。服氏恐讀者疑叔仲惠伯別一人，❸故於經解作叔仲惠伯。匡，各本作「筐」。《説文》：「匡，或作筐。」則各本用或體，今從石經。《水經·陰溝水》注：「谷水首受渙水于襄邑縣東，東逕承匡城。」下引此年經、傳文，引京相璠云：❹「今陳留襄邑西三十里有故承匡城。」杜注：「承匡，宋地。在陳留襄邑縣西。」同京相説。❺惠棟云：「圈稱云：❻『襄邑本襄陵承匡鄉也，宋襄公所葬，故曰襄

---

❶「麏」，原作「麇」，今據原稿改。
❷「引」，原作「行」，今據原稿改。
❸「讀者」，原脱，今據原稿補。
❹「相璠」，原爲空格，今據原稿補。
❺「相」，原爲空格，今據原稿補。
❻「稱」，原爲空格，今據原稿補。原稿眉批：圈稱説不見《水經》，當查，是《陳留風俗傳》。

陵。縣西三十里有承匡城。』」沈欽韓云：「《方輿紀要》：『承匡故城在歸德府睢州西三十里。』」

秋，曹伯來朝。

公子遂如宋。

狄侵齊。

冬，十月，甲午，叔孫得臣敗狄于鹹。【注】服云：「魯地也。」《魯世家》集解。【疏證】杜用服説。沈欽韓云：「《續志》：『東郡濮陽縣有鹹城，或曰古鹹國。』與僖十三年同一鹹，非别地。」如沈説，則鹹在今開州。《春秋輿圖》謂在山東曹州府曹縣境，❶不知何據。《年表》：「魯文公十一年，敗長狄于鹹而歸。」

【傳】**十一年，春，楚子伐麇，成大心敗麇師於防渚。**【疏證】杜注：「成大心，子玉之子大孫伯也。」《地理志》：「漢中郡房陵。」洪亮吉云：「防即漢中郡之房陵。房、防本一字。防渚蓋房陵縣之渚也。」沈欽韓云：「《元和志》：『房州房陵，闞駰以爲防陵即春秋時防渚，州之得名自此。』《方輿紀要》：『房陵城，今鄖陽府房縣治。』」❷

潘崇復伐麇，至于錫穴。【疏證】《校勘記》云：「按《漢書·地理志》，錫縣屬漢中郡，應劭曰：『音陽。』師古曰：『即《春秋》所謂錫穴。』而《後漢書·郡國志》又云：『沔陽有鐵，安陽有錫，春秋時曰錫穴。』《釋文》又曰：

❶「曹州」，原脱，今據原稿補。原稿眉批：《輿圖》查换人。

❷「房」，原作「唐」，今據原稿改。

『錫，本或作鍚，星歷反。』❶劉昭《郡國志》補注引傳文亦作『鍚穴』。似作『錫』字爲當。」沈欽韓云：「《一統志》：『錫縣故城在興安州白河縣東。』❷《方輿紀要》：『錫義山在鄖陽府西北百八十里。』」

夏，叔仲惠伯會晉郤缺于承匡，謀諸侯之從於楚者。【疏證】杜注：「九年，陳、鄭及楚平。十年，宋聽楚命。」

秋，曹文公來朝，即位而來見也。

襄仲聘于宋，且言司城蕩意諸而復之，【注】服云：「反不書者，施而不德。」本疏。【疏證】杜注：「八年，意諸來奔。歸不書，史失之。」疏云：「服虔云：『反不書者，施而不德。』衛冀隆亦同服義，而難杜云：『襄二十九年，欒氏施而不德，《春秋》所善不書，意諸之歸則是施而不德。且經所不書，傳即發文。史失之，即「不書日，史失之」之類是也。此既無傳，何知史失？』」按：衛氏難杜，以史失之義傳所未言，❸最爲分明。疏駁服説云：「諸侯之卿出奔而復歸者，宋華元、衛孫林父之徒皆書其歸，則蕩意諸之歸亦當書之。杜必以爲史失者，案衛侯鄭之歸于衛也，❹僖公納賂而請之；衛侯朔之入于衛也，莊公興師而納之；歸邾了益于邾，自我而歸之。皆受

---

❶「歷」，原作「服」，今據《春秋左傳正義》卷十五《挍勘記》改。

❷「河」，原作「沙」，今據原稿改。

❸「以」，原脱，今據原稿補。

❹「鄭」下，原衍「侯」字，今據原稿删。

魯施，並書于經。何獨意諸施而不德？若意諸施而不德，彼何故施而德之？魯以不書爲是，❶則書者爲非，何以無貶責之文？定人之謂禮，❷存亡之謂義。未有禮義在可諱之意。」壽曾謂：疏之駁服，所引經文皆諸侯出而後歸之事，其書卿大夫反國，《左氏》舊誼容有不同。服氏此注「施而不德」，指襄仲言，故衛冀隆以樂氏施而不德爲例，❸則不得以魯君復鄰國之君臣比。李貽德云：「《晉語》『夫齊侯好示務施』，注：『施，惠也。』僖二十四年傳疏：『苟其恩者，謂之爲德。』施而不德，惠而不自以爲恩也。」

因賀楚師之不害也。【疏證】杜注：「往年楚次厥貉，將以伐宋。」《讀本》：「『楚師不害』，謂前年楚將伐宋，宋先下之，故不害。」

鄋瞞侵齊，【注】服云：「鄋瞞，長翟國名。」《魯世家》集解。【疏證】杜用服説。洪亮吉云：「《説文》：『鄋，北方長狄國也，在夏爲防風氏，在殷爲汪芒氏。《春秋傳》曰「鄋瞞侵齊」。』按：此則鄋爲國號，瞞或其君之稱，❹如酋稱豪之類。服、杜注並云：❺『鄋瞞，國名。』疑非也。」文淇案：洪説非也。❻傳明云「鄋瞞由是遂亡」，

---

❶「魯」，原爲空格，今據原稿補。
❷「禮」，原脱，今據原稿補。
❸「衛冀隆」，原爲空格，今據原稿補。
❹「瞞」，原脱，今據原稿補。
❺「杜」，原脱，今據《春秋左傳詁》卷九補。
❻「洪」，原作「淇」，今據原稿改。

則國名可知。壽曾謂：許君引傳「鄋瞞」釋鄋，知賈君亦同服説。杜又云：「防風之後，漆姓。」據《魯語》爲説。《魯語》：「仲尼曰：『汪芒氏之君，守封、禺之山者也，爲漆姓，在虞、夏、商爲汪芒氏，於周爲長狄氏，今曰大人。』」與《説文》小異。《孔子世家》、《説苑》並云「釐姓」。《校勘記》謂「『漆』字當爲『淶』之譌，❶釐、淶聲近」，是也。《方輿紀要》：「鄋瞞在山東濟南府北境。或云今青州府高苑縣有廢臨濟城，古狄邑，即長狄所居。」段玉裁云：「按：許以此篆厠涿郡、北地之下，則許意謂其地在西北方，非在今山東也。」

遂伐我。【注】服云：「伐我不書，諱之。」本疏。【疏證】杜無注。李貽德云：「案：經書『侵齊』，而伐我不書，❷是史爲本國諱也。《楚辭·謬諫》『恐犯忌而干諱』注：『所隱爲諱。』」

公卜使叔孫得臣追之，吉。侯叔夏御莊叔，【疏證】杜注：「莊叔，得臣。」

緜房甥爲右，❸

富父終甥駟乘。【注】服云：「富父終甥，魯大夫也。」《魯世家》集解。【疏證】杜注：「駟乘，四人共車。」《周禮·大僕》：「凡軍旅田役，贊王鼓。」疏：「王與御者、戎右已有三人，今更有大僕，則駟乘。按：文十一年，『侯叔夏御莊叔，❹緜房甥爲右，富父終甥駟乘』，彼注云：『駟乘，四人共車。』與此同也。」彼疏未明引杜注，疑

---

❶「爲」，原脱，今據原稿補。

❷「書」，原脱，今據原稿補。

❸「甥」，原作「孫」，今據《春秋左傳正義》卷十九下改。

❹「侯」，原爲空格，今據原稿補。

「四人共車」爲舊説也。

冬，十月，甲午，敗狄于鹹，獲長狄僑如。【注】劉歆以爲人變，屬黄祥。《五行志》。舊注：「狄長三丈。」《御覽》三百五十一。**【疏證】**《釋文》：「僑，本作『喬』。」《魯世家》：「文公十一年十月甲午，魯敗翟於鹹，獲長翟喬如。」字正作「喬」。李富孫云：「成二年經『叔孫僑如』，漢《五行志》引作『喬』，二字古通。」杜注：「僑如，鄋瞞國之君，蓋長三丈。」《御覽》引注係於「埋首子駒之北門」下，杜用舊注。《魯語》：「仲尼曰：『僬僥氏長三尺，短之至也。長者不過十之，數之極也。』」注：「十之，三丈，則防風氏也。」本疏：「仲尼所云此十倍僬僥之長者，故云『蓋長三丈』。《魯語》言『不過十之』，❶是疑之言，故云『蓋』也。」《五行志》采此事屬「皇之不極」，劉向以爲近下人伐上之痾。歆與向説異，其云「人變，屬黄祥」，於傳當屬「思心之不睿」，彼傳黄祥未及人變之徵。《皇極傳》：「一曰，屬羸蟲之孽。」此釋歆説，人變即羸蟲孽也。傳又云：「一曰，天地之性，人爲貴，凡人爲變，皆屬皇極下人伐上之痾云。」❷此釋向説。

富父終甥摏其喉，以戈殺之。【注】服云：「舂，猶衝也。」《魯世家》集解。**【疏證】**杜用服義，但服本作「舂」，杜本作「摏」。洪亮吉曰：「《説文》無『摏』字。《史記》作『舂』。鄭玄《禮》注『待其從容』云：『從，讀如富父舂戈之舂。』❸合以服注，是古本皆作『舂』，今從改正。」按：《梁書·元帝紀》：「世祖下令：『舂長狄之喉，擊郅

---

❶「之」，原作「文」，今據原稿改。

❷「皇」，原作「黄」，今據原稿改。

❸「舂」，原作「衝」，今據《春秋左傳詁》卷九改。

支之頸。』」❶字正作「舂」。洪説是也。今列經傳，一從石經。《學記》鄭注云：「舂，撞擊也。」鄭義亦同服。李貽德云：「《説文》：『舂，擣粟也。』然則假借之，以器衝人亦謂之舂。」顧炎武云：「長狄，解云三丈者，未可信。《考工記》『戈柲六尺有六寸』，假如長三丈之人，富父終甥何由以戈摏其喉耶？」按：疏亦於戈制有疑，故云：「兵車之法皆三人共乘。❷魯、宋與長狄之戰，車皆四乘，改其乘，必長其兵。謂之戈，蓋形如戈也。」詳疏意，謂戈不止六尺六寸也，人立於車，執戈末以舂人，其長當及二丈以外。長狄或是步戰，故戈可及也，顧説非。

埋其首于子駒之門，【注】賈云：「子駒，魯郭門。」《魯世家》集解。【疏證】《御覽》三百五十一引傳，「門」上有「北」。惠棟云：「王符《潛夫論》：『魯之公族有子駒氏。』以人氏其門者，猶哀十一年『黨氏之溝』。」《管子·度地》：❸「城外謂之郭。」沈欽韓云：「《山東通志》：『魯郭門，北面三門，最西者子駒門。』」壽曾謂：《通志》北面郭門，與《御覽》引傳合。顧棟高云：「子駒之門，魯西郭門。」非。

以命宣伯。【注】服云：「宣伯，叔孫得臣子僑如也。得臣獲僑如以名其子，使後世旌識其功。」《魯世家》集解。【疏證】杜注：「得臣待事而名其三子。」餘用服説。服注「僑如」，則服本「長狄僑如」亦作「僑」也。疏：「襄三十年傳説此事云：『叔孫莊叔敗狄于鹹，獲長狄僑如及虺也、豹也，皆以名其子。』此三子未必同年而生，或生訖待事，或事後始生，欲以章己功，取彼名而名之也。」李貽德云：「《周禮·司勳》：『凡有功者，銘書於

---

❶「支」，原作「文」，今據原稿改。
❷「法」，原作「乘」，今據《春秋左傳正義》卷十九下改。
❸「子」，原作「氏」，今據《管子》卷十八改。

王之大常。』❶注：『生則書於王旌，以識其人與其功也。』今得臣以名其子，亦是表功之意，故服云『旌識』也。」

初，宋武公之世，鄋瞞伐宋。【注】服云：「武公，周平王時，春秋前二十五年。」《魯世家》集解。

【疏證】杜注：「在春秋前。」不用服二十五年說。疏：「《史記·十二諸侯年表》，宋武公即位十八年，以魯惠公二十一年卒。卒在春秋前二十六年，不知鄋瞞以何年伐宋也。」按：據《年表》宋宣公力即位在魯惠公二十二年，由惠之二十二年數及四十六年，正符二十五年之數，明年隱公元年入《春秋》矣。疏謂二十六年者，由宋武公之卒年計之，故與服差一年也。據疏説，則鄋瞞伐宋之年，舊注空而不説。

司徒皇父帥師禦之，耏斑御皇父充石，【疏證】《釋文》：「禦，本亦作『御』。」《世本》：「皇父，戴公子。」《讀本》：「耏，氏。斑，名。」杜注：「充石，皇父名。」❷疏：「此人子孫以『皇』爲氏，知皇父，字；充石，名。」按：疏知皇父子孫以皇爲字者，襄九年傳「皇鄖」，服氏謂「皇父充石之後」也。杜謂充石爲皇父名，亦用服説。王念孫《周秦名字解故》云：「《説文》：『充，長也，高也。』長與高，皆大也。《爾雅》疏引《尸子·廣澤》篇云：『皇，大也。』《詩·大雅·皇矣》傳云：『皇，大也。』」

公子穀甥爲右，司寇牛父駟乘，以敗狄於長丘，【疏證】杜注：「長丘，宋地。」不詳所在。《地理志》：

❶「銘」，原作「餘」，今據原稿改。

❷「皇父名」，原脱，今據原稿補。

「陳留郡封丘，濮渠水首受泲，❶東北至都關，入羊里水，過郡三，行六百三十里。」❷孟康曰：「《春秋傳》『敗狄于長丘』，今翟溝是。」惠棟云：「張華《博物志》：『陳留封丘有狄溝，《春秋》之長丘也。』」洪亮吉同惠説。則長丘即狄溝。沈欽韓云：「《水經注》：『濟瀆又東逕封丘縣北，南燕縣之延鄉，在《春秋》爲長丘。』《方輿紀要》：『長丘在開封府封丘縣東。』」高士奇云：「近志：❸翟溝在封丘縣南八里。即白溝也，音轉爲翟。」梁履繩云：「縣今屬衛輝府。」按：《魯世家》説宋敗狄事與傳同。《年表》以宋敗長丘亦在魯文公十一年，誤。

獲長狄緣斯，【注】賈云：「緣斯，僑如之祖。」《魯世家》集解。服云：「不言所埋，埋其身首同處於戰地可知。」本疏。【疏證】杜釋「緣斯」用賈説。李貽德云：「案：僑如、榮如皆言埋其首，則身首異處矣。於緣斯不言首埋何地，是身首同埋於戰地故也。」

皇父之二子死焉。【注】賈逵云：「皇父與穀甥、牛父三子皆死。」鄭衆以爲：穀甥、牛父死耳，皇父不死。馬融以爲：皇父之二子，在軍爲敵所殺，名不見者，方道二子死，故得勝之。如令皆死，誰殺緣斯？服虔云：「殺緣斯者，未必三子之手，士卒獲之耳。下言『宋公以門賞耏斑』，斑爲皇父御而有賞，三子不見賞，疑皆死。賈君近之。」本疏。【疏證】杜注：「皇父與穀甥及牛父皆死，故耏斑獨受

❶「渠」，原爲空格，今據原稿補。「泲」，原作「陳」，今據《漢書・地理志》改。
❷「行」，原爲空格，今據原稿補。「三」，原作「二」，今據《漢書・地理志》改。
❸「近」，原作「通」，今據原稿改。

賞。」是杜用賈説。服説亦同於賈也。先鄭謂皇父不死，與賈、服異。由先鄭説，則傳文之二子蒙皇父而言，不謂皇父同死，於文爲不詞，或所據傳文與賈、服異。王引之《經傳釋詞》云：❶「之，猶與也。文十一年《左傳》『皇父之二子死焉』，二子者，公子穀甥、司寇牛父也。言皇父與此二子皆死也。」下引賈注爲證，又云：「成十六年傳『潘尫之黨』，襄二十三年傳『申鮮虞之傅摯』，謂潘尫與黨、申鮮虞與傅摯也。」王説最得賈、服意。疏以杜用賈、服，不加駁辭，而云：「如馬之言，於傳文爲順。」沈欽韓云：「按：馬説是也。若令右與駿乘俱死，則傳文當云『皇父與二子死』，不當云『皇父之二子』也。傳不言三人賞者，主記耏門事耳。」顧炎武云：「傳本云『皇父之二子』，解乃云穀甥、牛父，誤。三大夫亦應有賞，傳特以耏門之名追録其受賞之由，餘不及載耳。」沈氏未知「之」可訓「與」，其駁賈説未是。顧氏未明引馬説，義與馬同。其謂傳主記耏門之賞，則服義所已具也。服謂殺緣斯未必三子之手，乃申馬説，但不取馬「皇父之子」説。

宋公於是以門賞耏班，使食其征，謂之耏門。【疏證】杜注：「門，關門。征，税也。」疏：「《周禮·司關》：『司貨賄之出入，掌其治禁與其征廛。國凶札，則無關門之征。』鄭玄云：『征廛者，貨賄之税。』」如疏説，是「食其征」，謂食征廛也。《梁書·張纘傳》：「作《南征賦》，曰：『陋文仲之廢職，鄙耏門之食征。』」洪亮吉云：「按：耏班獨見賞，或殺緣斯者即耏班也，故以門爲耏門，所以旌其功。亦可備一説。」

晉之滅潞也，獲僑如之弟焚如。【疏證】《魯世家》「潞」作「路」，「焚」作「棼」。杜注：「在宣十五年。」

---

❶「詞」，原脱，今據原稿補。

非，詳下文疏證。

齊襄公之二年，鄋瞞伐齊，齊王子成父獲其弟榮如，【注】賈云：「王子成父，齊大夫。」本疏、《齊世家》集解。**【疏證】**杜注：「魯桓公之十六年。榮如以魯桓十六年死，至宣十五年，一百三歲，其兄猶在。傳言既長且壽，有異於人。」陸粲云：「《史記·魯世家》引此傳文作『齊惠公之二年』。又《齊世家》曰：『惠公二年，長翟來，王子成父攻殺之。』《十二諸侯年表》亦於齊惠公二年書『王子城父敗長翟』。三文皆同。按：惠之二年即魯宣公之二年也，在晉滅潞之前僅十三年爾。此傳以惠公爲襄公，蓋傳寫之誤。」顧炎武从陸説。洪亮吉説略同，又云：「杜因有既長且壽之説，失之不考也。」按：傳文以魯獲僑如，追述前此中國獲狄之事，杜必以滅潞爲宣十五年事，又以傳稱榮如爲焚如弟，乃云：「焚如後死而先説者，欲其兄弟伯季相次。」傳文錯綜，不必如杜説之泥也。然如陸説，則獲焚如、榮如皆在宣公之世，與傳文追叙之例不合。❶ 朱駿聲云：「按《吕覽·審分》篇，管子請桓公用王子成父爲大司馬。❷《説苑》：『晏子曰：「桓公軍吏怠，❸戎士偷，❹則王子成父侍。」』❺蓋齊襄公舊臣，而桓用之者。計齊襄元年至齊惠二年，九十二載，則成父必已百歲上下，何能从軍？此傳追叙前事，以初字冠

❶「與」上，原有「後」字，今據原稿删。
❷「請」，原作「謂」，今據原稿改。
❸「吏」，原脱，今據原稿補。
❹「戎」，原作「式」，今據原稿改。
❺「侍」，原作「傳」，今據原稿改。原稿眉批：馬亦引《説苑》。

之，統三役而言。晉之滅潞，當亦在春秋前，非宣十五年之赤狄潞氏也。齊襄之二年，蓋魯桓之十六年也。『鄋瞞由是遂亡』，是者，指文十一年冬而言。《史記》采《左傳》有誤。若果魯宣二年、十五年之事，❶《左氏》亦應先叙榮如、簡如，❷復叙焚如，不應倒置矣。」按：朱氏以王子成父之年核傳文齊襄之非誤，最確。以滅潞爲春秋前事，則無嫌於焚如後死而先說矣。《讀本》云：「傳言王子成父，❸自是襄、桓時人，不得謂齊惠時人。」是也。杜注「成父」用服說。

埋其首於周首之北門。【疏證】《齊世家》：❹「王子城父攻殺之，埋之於北門。」《水經·濟水》注：「京相璠曰：『今濟北所治盧子城，故齊周首邑也。』」杜用京相義。沈欽韓云：「《一統志》：『周首亭在泰安府東阿縣東。』」❺

衛人獲其季弟簡如，【注】服云：「獲與僑如同時。」《魯世家》集解。**【疏證】**杜注：「伐齊退走，至衛見獲。」則以獲簡如爲齊襄二年事，不用服說。服說當據故書，恐使讀者繫於齊襄時，故特明其與喬如同獲也。

鄋瞞由是遂亡。【疏證】顧炎武云：「杜云『長狄之種絶』者，亦非。傳云亡，特其國亡耳。」按：顧說是也。

---

❶「五」，原作「三」，今據《春秋左傳識小録》卷上改。
❷「左氏」至「之年」二十九字，原脱，今據原稿補。
❸「父」，原作「公」，今據原稿改。
❹「齊」，原作「魯」，今據原稿改。
❺「阿」，原作「河」，今據《春秋左氏傳地名補注》卷五改。下「東」下，原書有「北」字。

疏引蘇氏云：「《國語》稱『今曰大人』者，但迸居四夷，不在中國，故云遂亡。」是舊疏不謂種絶，與杜異。疏乃謂「當時呼往前長狄爲『大人』，❶未必其時有之」，非。

郕太子朱儒自安於夫鍾，❷國人弗徇。【注】服云：「自安，猶處也。夫鍾，郕邑。循，順也。」《御覽》一百四十八。❸【疏證】杜用服義，但服本作「循」，杜本作「徇」。❹《説文》：「循，行順也。」李貽德云：「《漢書》注皆以『循』爲『順』。是循、順通也。」《讀本》：「言自安處於外邑，國人亦不順之。」

【經】**十有二年，春，王正月，郕伯來奔。**【疏證】《公羊》「郕」曰「盛」。杜注：「稱爵，見公以諸侯禮迎之。」據傳「公以諸侯逆之」義也。顧炎武、沈欽韓取劉原父説，謂：「郕伯以去年卒，太子今即位而不能自安，遂出奔，《左氏》誤以爲太子。」壽曾謂：傳繫郕伯之卒於本年春下，即云郕人立君，則郕太子非即位踰年之君矣。魯以諸侯逆，則經以諸侯禮書，劉説非也。本疏：「公既尊之爲君，史遂從公之意。成十年『晉侯有疾，立太子州蒲爲君，會諸侯伐鄭』。經即書爲『晉侯』。」

杞伯來朝。

---

❶「往」，原爲空格，今據原稿補。

❷原稿眉批：夫鍾，見桓十一年。

❸「八」，當作「六」。下二「一百四十八」同。

❹「作」，原作「亦」，今據原稿改。

二月，庚子，子叔姬卒。【疏證】杜注：「既嫁成人，❶雖見出棄，猶以恩録其卒。」《公羊》謂「未適人」，《穀梁》謂「許嫁以卒之」，則杜所稱爲《左氏》義。

夏，楚人圍巢。【疏證】《地理志》「廬江郡居巢」，❷注：「應劭曰：『《春秋》「楚人圍巢」。巢，國也。』」杜用應説。沈欽韓云：「《一統志》：『居巢故城在廬州府巢縣東北五里。』」

秋，滕子來朝。

秦伯使術來聘。【疏證】《公羊》「術」曰「遂」。李富孫云：「《月令》『審端徑術』注云：『術，《周禮》作遂。』《唐韻正》術去聲，則音遂。古術、遂二字通用。」杜注：「術不稱氏，史略文。」《小行人》「凡諸侯之邦交」，❸疏：「言『諸侯邦交』，謂同方岳者。但春秋之世，有越方岳相聘者，是以秦使術來聘，吴使札來聘，時國數少故然，非正法也。」此以春秋諸侯相聘異於邦交，當是《左氏》古義。

冬，十有二月，戊午，晉人、秦人戰于河曲。【注】服云：「河曲，晉地。」《秦本紀》集解。【疏證】《晉語》「河曲之役」注：「河曲，晉地。」用服説。《郡國志》：「河東郡蒲坂有雷首山。」劉昭注：「伯夷、叔齊餓於首陽山，馬融曰在蒲坂華山之北，河曲之中。」杜注：「河曲在河東蒲坂縣南。」與馬融説合。顧棟高云：「今蒲州府永濟縣東南五里有蒲坂故城。」江永云：「河南流至華陰曲而東流，河曲當在其間。《竹書紀年》『秦穆公帥師送公子

---

❶「成」，原作「或」，今據原稿改。

❷「志」，原脱，今據《漢書·地理志》補。

❸「小」，當作「大」。

重耳涉自河曲』是也。」亦謂河曲在蒲州。沈欽韓云：「《方輿紀要》：『河西經同州朝邑縣東，又南經華陰縣東北，東岸爲蒲州城西，又南過雷首山西，乃折而東，其地亦謂之河曲。』」此説河曲不爲定地。然傳文叙河曲之戰，次取羈馬，下羈馬在今蒲州，則以河曲在蒲境爲合。

季孫行父帥師城諸及鄆。❶**【疏證】**《公羊》「鄆」曰「運」。《地理志》「琅邪郡東莞」，師古曰：「《春秋》『城諸及鄆』者。」孟康曰：「故鄆邑，今鄆亭是也。」《水經·沂水》注引京相璠曰：「琅邪姑幕縣南四十里員亭，故魯鄆邑，世變其字，非也。」與孟康説異。杜注：「城陽姑幕縣南有員亭。員即鄆也。」用京相璠説。沈欽韓云：「非也。《郡國志》『東莞有鄆亭』，今在團城東北四十里，猶謂之故東莞城。《山東通志》：『鄆亭城在沂水縣東北四十里。』《十三州記》云：『魯有東西二鄆。昭公所居者爲西鄆，在東平。莒、魯所争爲東鄆，是也。』」按：沈説是也。《郡國志》與孟康説同，顧棟高亦謂此爲東鄆。

【傳】十二年，春，郕伯卒，郕人立君。【注】服云：「立君，改立君，不命於天子。」《御覽》一百四十六。**【疏證】**杜注：「太子自安於外邑。」不説立君義。洪亮吉引服注作「改立君，不用太子也」。引《御覽》誤本，❷今不取。李貽德云：「《周禮·典命》：『凡諸侯之適子，誓於天子。』注：『誓，猶命也。言誓者，明天子既命以爲之嗣，樹子不易也。』《國語·周語》：『魯武公以括與戲見王，❸王立戲。』注：『以爲太子。』今郕太子在外，而

❶ 原稿眉批：諸已見。
❷ 「誤」，原作「讀」，今據原稿改。
❸ 「與」，原作「爲」，今據原稿改。

國人改立衆子爲君，❶是既易受命之太子，❷則其君之立不順，故傳曰『郕人立君』，明國人衆立之，非命自天子也。」

太子以夫鍾與郕邽來奔。【注】服云：「郕邽，亦邑名也。一曰：郕邦之家寶圭，太子及身父在而自安於夫鍾，國人以爲不順，故郕伯卒而更立君，太子以其國寶與地夫鍾來奔也。」《御覽》一百四十八。❸【疏證】杜注：「郕邽亦邑。」用服前一説。服云「亦邑名」者，蒙「夫鍾」言之。高士奇云：「鄭穆公妾曰圭嬀，疑圭亦小國，郕并之而加邑爲邽。《左傳》繫之以郕曰成邽，所以别於秦武所伐之邽也。」江永云：「郕國在兖州府甯陽縣，二邑當近其地。」江以郕、邽爲二邑，❹與高説異。玩服注「亦邑名」，則以郕邽爲一邑，高説是也。惠士奇云：「服虔以郕邽爲郕邦之家寶圭，然則邽不从邑。」朱駿聲云：「郕國在今山東甯陽。《説文》『邽』下云『隴西上邽也』，則在今甘肅秦州故戎地。《漢志》京兆又有下邽，師古曰『取邽戎之人而來爲此縣』，則在今陝西西安府臨潼縣。❺當從後説，讀邽爲圭。」壽曾謂：服前説以郕邽爲邑，斷不指甘肅之上邽、陝西之下邽也。朱駿

---

❶「衆子爲」，原脱，今據原稿補。
❷「太」，原作「天」，今據《春秋左氏傳賈服註輯述》卷八改。
❸原稿眉批：《御覽》查，各家所引異也。
❹「江以郕邽爲二邑」，原脱，今據原稿補。
❺「潼」，原爲空格，今據原稿補。

非是。然服取或説郕邽爲郕國寶圭，❶又申之云「太子以其國寶與地夫鍾來奔」，則服意不以後説爲非矣。《説文》：「圭，瑞玉也。」李貽德云：「古者器物之貴者，恒以國繫，如《顧命》稱越玉、夷玉，《明堂位》稱崇鼎、貫鼎，傳稱紀甗、莒鼎。此郕圭，亦其例也。」

公以諸侯逆之，非禮也。【疏證】郕太子未爲君，不當以諸侯禮逆，傳意止如此。杜注：「非公寵叛人。」非。

故書曰：「郕伯來奔。」不書地，尊諸侯也。【疏證】不書地，謂不書夫鍾、郕邽。❷杜注：「既尊以爲諸侯，故不復見其竊邑之罪。」

杞桓公來朝，始朝公也。【疏證】本疏引劉炫云：「魯君新立，鄰國及時來朝，則曰公即位而來見；晚則云始朝公也。諸侯自新立，來及時者，則云即位而來見；晚則云始見。霸主即位，魯君往朝，則曰通嗣君。❸魯君新立，往朝大國，則曰即位而往見也。」按：此明傳釋來朝、往朝之例，當是古説。

且請絶叔姬而無絶昏，公許之。【疏證】杜注：「不絶昏，立其娣以爲夫人。不書來歸，未歸而卒。」《讀本》：「成五年，又有杞叔姬來歸，是無絶昏之證。」疏引《釋例》：「杞桓公以僖二十三年即位，襄六年卒，凡在位七

❶「爲」，原重文，今據原稿删。
❷「郕邽杜注」，原重文，今據原稿删。
❸「通」，原爲空格，今據原稿補。

十一年。文、成之世，經書『叔姬』二人，一人卒，一人出，皆杞桓公夫人也。」❶

二月，叔姬卒。不言杞，絶也。

書叔姬，言非女也。

楚令尹大孫伯卒。成嘉爲令尹。【疏證】杜注：「若敖曾孫，子孔。」

群舒叛楚。【疏證】《世本》：「偃姓，舒庸、舒蓼、舒鳩、舒龍、舒鮑、舒龔。」傳稱「群舒」以此。《地理志》：「廬江郡舒，故國。又龍舒。」應劭曰：「群舒之邑。」《郡國志》：「廬江郡有舒及龍舒侯國。」顧棟高云：「今江南廬州府舒城，其舒蓼、舒庸、舒鳩及宗四國約略在此兩城間。」❷

夏，子孔執舒子平及宗子，遂圍巢。【疏證】杜注：「平，舒君名。宗、巢二國，群舒之屬。」《讀本》：「宗國在今舒城。」

秋，滕昭公來朝，亦始朝公也。

秦伯使西乞術來聘，且言將伐晉。

襄仲辭玉，曰：「君不忘先君之好，照臨魯國，鎮撫其社稷，重之以大器，寡君敢辭玉。」【疏證】

---

❶ 原稿眉批：啖説未采。

❷ 「及」，原重文，今據原稿删。

杜注：「不欲與秦爲好，故辭玉。」沈欽韓云：「按：《聘禮》『賓襲，執圭。擯者入告，辭玉』，❶注云：『圭，贄之重者，辭之，亦所以致尊讓也。』傳言襄仲辭玉，正合禮文。杜乃以固陋之見亂之。」文淇案：沈説是也。《聘禮》「擯者入告，出，辭玉」，鄭注：「擯者，上擯也。」襄仲辭玉，則襄仲爲上擯可知。彼疏引此傳而云：「彼主人無三辭者，文不具，亦當三辭。」按：《左傳》下文明云「主人三辭」，賈疏誤。

對曰：「不腆敝器，不足辭也。」【疏證】鄭玄《儀禮》注：「腆，善也。」杜注訓「腆」爲「厚」，非。敝器對大器言之。

主人三辭。賓答曰：「寡君願徼福于周公、魯公以事君，【疏證】杜注：「徼，要也。魯公，伯禽也。言願事君，以并蒙先君之福。」

「不腆先君之敝器，使下臣致諸執事，以爲瑞節。【疏證】瑞謂玉也。杜注：「節，信也。出聘必告廟，故稱先君之器。」

「要結好命，所以藉寡君之命，結二國之好，是以敢致之。」【疏證】聘問所以要結好命，故蒙「好命」析言之。杜注：「藉，薦也。」疏：「《聘禮》『執圭所以致君命』，君命致，藉玉而後通。若坐之有薦席然。」

襄仲曰：「不有君子，其能國乎？國無陋矣。」厚賄之。【疏證】《聘禮·記》：「無行，則重賄反幣。」注：「無行，謂獨來，復無所之也。必重其賄與反幣者，使者歸以得禮多爲榮，所以盈聘君之意也。反幣謂禮玉、

❶「辭」上，《左傳杜解集正》卷四有「出」字。

束帛、乘皮，所以报聘君之享禮也。❶昔秦康公使西乞術聘于魯，辭孫而説，襄仲曰：『不有君子，其能國乎？』厚賄之。此謂重賄反幣也。」疏云：「『秦伯使西乞術來聘』，此特來，非歷聘。歷聘則吳公子札聘于上國，聘齊聘魯是也。」詳鄭彼注，則襄仲厚賄西乞術，亦以無行加禮。不言反幣，文略。《吕覽·謹聽》篇：「名不徒立，功不自成，國不虚存，必有賢者。」高誘注：「惟賢者然後立名成功，而存其國。《傳》曰：『不有君子，其能國乎？』」「名不徒立」四語，當是《左氏》舊説，故高氏引此傳證之。

秦爲令狐之役故，【疏證】七年經：「秦人、晉人戰於令狐。」傳：「晉敗秦師於令狐。」

冬，秦伯伐晉，取羈馬。【注】服云：「羈馬，晉地也。」《秦本紀》集解。【疏證】杜用服説。沈欽韓云：「《元和志》：『羈馬故城在同州郃陽縣東北二十六里。』《寰宇記》：『在蒲州河東縣城南三十六里。』」未知孰是。《彙纂》：「今蒲州南三十六里，有羈馬城，一名涉丘。」《讀本》：「今永濟縣南六十里。」皆用樂史説。❷江永云：「今按：《一統志》陝西同州郃陽縣有羈馬城，謂秦取羈馬在此。非也。秦取晉邑，當在河東，故晉人禦之，戰于河曲。羈馬不得在河西。成十三年傳云：『俘我王官，翦我羈馬。』蓋秦遷其民於河西，❸是以澄城亦有王官，郃陽亦有羈馬耳。」按：江説是也。《年表》：「晉靈公六年，秦取我羈馬。秦康公六年，伐晉，取羈馬。」《秦本紀》：「康公六年，秦伐晉，取羈馬。」

---

❶「报」，原作「投」，今據原稿改。
❷「樂」，原爲空格，今據原稿補。
❸「西」，原作「曲」，今據原稿改。

晉人禦之。趙盾將中軍，荀林父佐之；

郤缺將上軍，臾駢佐之；【疏證】杜注：「臾駢，趙盾屬大夫。」

欒盾將下軍，胥甲佐之。【疏證】盾，杜注：「欒枝子。」甲，杜注：「胥臣子。」

范無恤御戎，【疏證】沈欽韓云：「按：此晉君不出而亦有御戎者，明是爲中軍之御。七年之步招、戎津亦是中軍之御與右耳。」

以從秦師于河曲。

臾駢曰：「秦不能久，請深壘固軍以待之。」從之。【疏證】本疏：「壘，壁也。軍營所處，築土自衛，謂之爲壘。深者，高也。高其壘以爲軍之阻固。案：《覲禮》説：『爲壇深四尺。』鄭注云：『深，高也。』是其義也。」詳疏引《禮》注，證深之爲高，則「壘，壁也」以下，疑是舊説。

秦人欲戰，

秦伯謂士會曰：【疏證】《御覽》二百九十引注：「晉士會奔秦。」杜注「會」下多「七年」二字，疑《御覽》所引爲舊注。

「若何而戰？」

對曰：「趙氏新出其屬曰臾駢，必實爲此謀，將以老我師也。趙有側室曰穿，晉君之壻也，【疏證】杜注：「側室，支子。『穿，趙夙庶孫。』」《御覽》引注「支」作「枝」。疏：「《文王世子》云：『公出有疆之政，庶子守公宮，正室守太廟。』鄭玄云：『正室，適子也。』正室是適子，知側室是支子，言在適子之側也。《世族譜》：『穿，趙夙之孫。」❶則是趙盾從父昆弟之子也。盾爲正室，故謂穿爲側室。穿别爲邯鄲氏。」按：疏謂側室對嫡子言，是也。《趙世家》索隱引《世本》云：「公明生共孟及趙夙，夙生成季衰，衰生宣孟盾。」以正《世家》「共孟生衰」之誤。《晉語》注：「夙之孫趙盾從父昆弟、武子穿也。」與《世本》行輩合。杜謂「穿，趙夙庶孫」，正用韋説。則盾與穿爲從父昆弟。疏以穿爲盾從父昆弟之子，非。❷

「有寵而弱，不在軍事，【疏證】杜注：「又未嘗涉知軍事。」焦循云：「按：在，察也。故云涉知。」

「好勇而狂，且惡臾駢之佐上軍也。

「若使輕者肆焉，其可。」【注】舊注：「肆，突，言使輕鋭之兵往驅突晉軍。」《環人》疏。【疏證】杜注：「肆，暫往而退也。」《御覽》引注「退」上有「速」。惠棟云：「《詩》云：『是伐是肆。』鄭箋云：『肆，犯突也。』杜謂肆爲暫往而退，此釋『輕』，非釋『肆』也。」案：《皇矣》傳：「肆，疾也。」杜用毛誼。箋又云：「《春秋傳》：『使勇而無剛者肆之。』」疏：「《左傳》隱九年云：『使勇而無剛者，嘗寇而速去之。』文十二年《左傳》云：『若使輕者肆焉，其可。』」❸其言皆不與此同。鄭以『輕者』與『勇而無剛』義同，故引之而遂謬也。」疏訂鄭謬，是也。測鄭意，當是引

❶「夙」，原作「尺」，今據《春秋左傳正義》卷十九下改。

❷眉批：《禮記》文：「公若有出疆之政，庶子以公族之無事者守於公宫。」今此誤否？

❸「其可」，原脱，今據原稿改。

此年傳文，而誤合隱九年傳爲一。或是兼引，❶傳寫失之。《環人》「掌致師」疏引此傳及舊注，❷又引隱九年傳，亦其比也。舊注以肆爲突，與鄭箋同。惠氏、洪氏皆引爲服注，《禮》疏止稱注，别無所據，今不從。

秦伯以璧祈戰于河。【疏證】《御覽》二百九十引注云：❸「禱河求勝也。」疑是舊注。杜注：「禱求勝。」删「河」字，非。

十二月，戊午，秦軍掩晉上軍，趙穿追之，不及。【疏證】杜注：「上軍不動，趙穿獨追之。」

反，怒曰：「裹糧坐甲，固敵是求，敵至不擊，將何俟焉？」【疏證】杜無注。疏：「甲者，所以制禦非常，❹臨敵則被之於身，未戰且坐之於地。」疑舊注以坐甲爲坐甲於地，疏説其義也。惠棟云：「昭二十七年傳云：『吴王使甲坐於道。』《荀卿子》：『庶士介而坐道。』故云坐甲。」《北周書·太祖紀》：「傳檄方鎮曰：❺『裹糧坐甲，唯敵是俟。』」正用傳語。又《武帝紀》：「建德五年，伐齊，詔曰：『贏糧坐甲，若赴私讎。』」

---

❶「引」，原作「行」，今據原稿改。
❷「致師」，原爲空格，今據原稿補。
❸「二百九十」，當作「三百二十二」。
❹「制」，原爲空格，今據原稿補。
❺「方鎮」，原爲空格，今據原稿補。

軍吏曰：「將有待也。」【疏證】杜不注「軍吏」。《晉語》：「召軍吏而戒樂正。」❶注：「軍吏，主師旅。」杜注：❷「待可擊。」《御覽》同。

穿曰：「我不知謀，將獨出。」乃以其屬出。【疏證】穿之屬也。穿非軍帥，蓋其私屬。

宣子曰：「秦獲穿也，獲一卿矣。【疏證】杜注：「僖三十三年，晉侯『以一命命郤缺爲卿』。不在軍帥之數。然則晉自有散位從卿者。」沈欽韓云：「以趙穿爲公壻，其貴重如卿，故以見獲爲憂。趙穿此時非卿。」按：沈説是也。

「秦以勝歸，我何以報？」乃皆出戰，交綏。【疏證】杜注：「《司馬法》曰：『逐奔不遠，從綏不及。逐奔不遠則難誘，從綏不及則難陷。』然則古名退軍爲綏。秦、晉志未能堅戰，短兵未致争而兩退，故曰交綏。」文淇案：《魏志》：「曹公令曰：『《司馬法》：「將軍死綏。」』」注引王沈《魏書》云：「綏，却也。有前一尺，無却一尺。」❸疏引魏武令，而謂「舊説綏，却也」指此。❹嚴蔚取以爲舊注，❺非也。又按：《司馬法·仁本》篇：「古者，逐奔不過百步，縱綏不過三舍。」縱即從也。《司馬法》以逐奔、從綏對言，則「綏」當訓「却」矣。俞樾云：「綏與退古同聲，

---

❶「召」，原作「有」，今據原稿改。
❷「杜注」至「御覽同」，原漫漶不清，今據整理本補。
❸「尺」，《三國志·武帝紀》作「寸」。
❹原稿眉批：查孫氏書。
❺「嚴蔚」，原爲空格，今據原稿補。

交綏即是交退。」沈欽韓云：「《李衛公問對》：『綏者，御轡之索也。』」非古誼。《御覽》三百六十六引注：❶「古名退軍爲交綏。」《晉志》——綏。

秦行人夜戒晉師曰：「兩君之士，皆未憖也，明日請相見也。」【疏證】洪亮吉云：「《説文》：『憖，間也，謹敬也。一曰説也。一曰且也。《春秋傳》曰：「兩君之士皆未憖。」』按：今本『間』誤『問』，『且』誤『甘』。從《玉篇》、《廣韻》校改。哀十六年『昊天不憖』，杜注：『憖，且也。』正用《説文》。此注：『憖，缺也。』未知何據。余按此『憖』當與『間』同義，故《説苑》載此事云『三軍之士皆未息』，『息』、『間』義並通。又按：《方言》訓『憖』爲傷，與此傳義亦通。」壽曾案：戰事勞苦，當云未息。今甫出戰而交却，❷焉用息爲？李富孫云：「《説苑》『息』，形近而譌也。」洪氏以「間」訓「憖」，非。疏：「憖者，缺之貌。今人猶謂缺爲憖也。沈氏云：『《方言》：「憖，傷。」傷即缺也。』下云『死傷未收』，則是已有死者，但未至大崩，未甚喪敗，故爲『皆未缺也』。」舊疏釋「憖」，亦以爲缺。

臾駢曰：「使者目動而言肆，懼我也，【注】服云：「目動曰眴。」《一切經音義》引《通俗文》。**【疏證】**杜注：「目動，心不安。言肆，聲放失常節。」《説文》：「旬，❸目搖也。」旬即眴。

「將遁矣。薄諸河，必敗之。」【疏證】高誘《淮南》注：「薄，迫也。」❹

❶「御覽」至「晉志綏」，原漫漶不清，今據整理本補。
❷「戰」，原脱，今據原稿補。
❸「旬」，《説文解字》卷四上作「旬」。
❹原稿眉批：查篇。

胥甲、趙穿當軍門呼曰：【疏證】《齊語》：「執枹鼓立於軍門。」注：「軍門，立旌爲門，若今牙門矣。」**「死傷未收而棄之，不惠也；不待期而薄人於險，無勇也。」乃止。**【疏證】不待期，謂秦請以明日戰。

秦師夜遁。復侵晉，入瑕。【疏證】洪亮吉云：「《郡國志》：『河東郡解有瑕城。』劉昭注：『秦侵晉及瑕，即此。』按：此陝州西南之瑕，昭注以爲解縣之瑕，非也。因爲秦所侵，故明年春即使詹嘉處瑕以守桃林之塞。桃林及瑕皆屬漢弘農縣地。」按：洪説非也。《郡國志》釋「瑕」是。❶杜注謂此瑕在河東猗氏，亦非。詳僖三十年「焦瑕」疏證。《年表》：「晉靈公六年，與秦戰河曲，秦師遁。秦康公六年，晉怒，與我大戰河曲。遁。」❷皆與傳合。《秦世家》：❸「秦伐晉，戰於河曲，大敗晉軍。」則史公駁文也。《晉世家》：「大戰河曲，趙穿最有功。」

城諸及鄆。書，時也。【疏證】《穀梁》：「成九年，城中城。」疏：「舊解以爲有難而修城，則不譏之。❹若文十二年，❺季孫行父城諸及鄆是也。此涉《左氏》之説。」

---

❶「是」，原重文，今據原稿删。

❷「遁」，《史記·十二諸侯年表》無此字。

❸「世家」，當作「本紀」。

❹「不」，原作「是」，今據原稿改。

❺「若」，原作「者」，今據原稿改。

【經】十有三年，春，王正月。

夏，五月，壬午，陳侯朔卒。【疏證】《穀梁》疏：「《世本》是陳共公也。」❶《陳杞世家》：「陳共公朔立，十八年卒，子靈公平國立。」❷

邾子蘧蒢卒。【疏證】《公羊》「邾」曰「邾婁」。《公》、《穀》「蘧蒢」曰「籧篨」。李富孫云：「案：《説文》云：『籧篨，粗竹席也。』草部蘧、蒢爲二物。是經文當從竹。從草，隸體通。」杜注：「未同盟而赴以名。」疏：「蘧蒢，邾子瑣之子也。僖元年與魯同盟于犖。而云『未同盟』，蓋據文公爲言。劉炫以犖盟規之，非也。」案：傳例同盟則訃以名，先君同盟，例無區别，杜説非。

自正月不雨，至于秋七月。【疏證】《五行志》：「先是費伯、杞伯、滕子來朝，❸郕伯來奔，秦伯使遂來聘，季孫行父城諸及鄆。二年之間，五國趨之，内城二邑，炕陽失衆。一曰，❹不雨而五穀皆熟，異也。文公時，大夫始顓盟會，公孫敖會晉侯，又會諸侯盟于垂隴。故不雨而生者，陰不出氣而私自行，以象施不由上出，臣下作福而私自成。一曰，不雨近常陰之罰，❺君弱也。」按：此經《公》、《穀》無傳。《公羊解詁》：「公子遂所致。」與

---

❶「是」，原爲空格，今據原稿補。

❷「立」，原作「卒」，今據原稿改。

❸「費」，《漢書・五行志》作「曹」。

❹「曰」，原作「日」，今據原稿改。

❺「近」，原爲空格，今據原稿補。

《志》「大夫始顓盟」意同。則《志》兼《公羊》説。然二年經書「自十二月不雨，至于秋七月」，《志》以爲上得天子，下得諸侯，沛然自大，大夫始顓事。❶與説此經略同。則大夫顓盟之説，《左氏》説與《公羊》同也。

大室屋壞。【注】賈、服等皆以爲：大廟之室也。本疏。服云：「太室，太廟之上屋也。」《北史·牛弘傳》。【疏證】《公羊》「大室」曰「世室」。杜注：「太廟之室。」用賈、服説。《明堂位》「以禘禮祀周公於太廟」，注：「周公曰太廟，魯公曰世室，群公稱宮。」疏：「此《公羊》文。十三年傳曰：『周公稱太廟，魯公稱世室，群公稱宮。』此魯公之廟也，曷爲謂之世室？世室猶世世不毁也。」《左氏經》以爲太室屋壞，服氏云『太廟之室』，與《公羊》及鄭違，今所不取。」是謂鄭從《公羊》説也。然玩鄭引《公羊》，止明太廟、世室之别，未説此經之太室。《魯頌》疏：「文十三年『太室屋壞』，傳云：『書不恭也。』《公羊》、《穀梁》皆以太廟爲世室，謂伯禽之廟。服、杜皆以爲太廟之室。鄭無所説，蓋與《左氏》義同。」可知鄭於此經之大室同賈、服説矣。服以大室爲太廟上屋，視賈爲詳。《月令》「天子居太廟太室」，注：「大廟大室，中央室也。」《五行志》説此事云：「太廟中央曰太室。❷屋其上曰重屋，尊高者也。」與鄭説合。其言「屋其上曰重屋」，即服所謂「上屋」矣。杜不用服「上屋」之説。疏云：「此周公之廟壞也。不直言大廟壞，而云『太室屋壞』者，太廟之制，其簷四阿，而下當其室中，又拔出爲重屋。《明堂位》云：『大廟，天子明堂，復廟重簷，天子之廟飾。』鄭云：『復廟，重屋也。』是天子之廟上爲重屋。此是大廟當中之室，❸

---

❶「大」，原脱，今據原稿補。

❷「太廟」上，《漢書·五行志》有「前堂曰」三字，則「太廟」從上。

❸「當」，原作「堂」，今據原稿改。

其上之屋壞，非太廟全壞也。」正説服氏上屋之制。《五行志》又云：「象魯自是淩夷，將墮周公之祀也。」二傳以爲魯公世室，則《志》所稱爲古《左氏》説。

冬，公如晉。衛侯會公于沓。【疏證】《公羊》「會」下無「公」。杜注：「沓地闕。」

狄侵衛。無傳。

十有二月，己丑，公及晉侯盟。【疏證】杜注：「十二月無己丑，己丑，十一月十一日。」貴曾曰。

公還自晉。鄭伯會公于棐。【疏證】《公》、《穀》「還」上亦無「公」。❶《公羊》「棐」曰「斐」。臧壽恭云：「棐、斐皆從非聲，故可通假。」洪亮吉云：「《郡國志》：『河南苑陵縣有棐林。』劉昭注：『《左傳》宣元年，諸侯會于棐林。杜預曰：「縣東有林鄉。」』據此，則棐即棐林，或苑縣更有棐鄉矣。」沈欽韓云：「《水經注》：『華水又東逕棐城北，即北林亭也。』」與洪説合。《彙纂》：「今開封府新鄭縣東二十里林鄉城是也。」❷

【傳】十三年，春，晉侯使詹嘉處瑕，以守桃林之塞。【注】舊注：「桃林在靈寶縣。」《御覽》一百五十八。【疏證】杜注：「詹嘉，晉大夫。賜其瑕邑，令帥衆守桃林以備秦。桃林在弘農華陰縣東潼關。」杜於此傳不言瑕所在。顧炎武云：「《水經·河水》『又東逕湖縣故城北』，注云：『《晉書·地道記》、《大康記》並言胡縣，漢

---

❶「上」，原脱，今據原稿補。

❷「鄭」，原爲空格，今據原稿補。「十」下，《欽定春秋傳説彙纂》卷十八有「五」字。

武帝改作湖。其北有林焉，曰桃林。』古瑕、胡二字通用。瑕轉爲胡，又改爲湖。今爲閿鄉縣治，❶瑕邑即桃林之塞，而道元以爲郇瑕之地，誤矣。」顧氏以瑕在弘農，乃就杜説引申之。其謂湖、瑕同音，已爲江氏永所駁，見僖三十年焦、瑕疏證。顧氏之誤在從杜注「瑕在河外五城之一」，其謂瑕非郇瑕則是也。沈欽韓云：「《續志》：『河東解縣有瑕城。』劉昭引前年『入瑕』傳，又於猗氏縣下引此年『詹嘉處瑕』傳，云：『在縣東北。』皆非也。《水經注》：『河水又東，菑水注之，西北逕曲沃城南。』《春秋》文公十三年，晉侯使詹嘉守桃林之塞，處此以備秦。時以曲沃之官守之，故曲沃之名遂爲積古之傳。』按：僖三十年焦、瑕，杜預亦云河外五城之二邑。《史記·魏世家》：『襄王五年，秦圍我焦、曲沃。』《汲郡紀年》：『惠王後六年，秦歸我焦、曲沃。』傳以焦、瑕攣稱，而後此以焦、曲沃攣稱，則曲沃即瑕之變名，皆在弘農陝縣，于晉爲河外。而解與猗氏之瑕非秦所侵及，詹嘉所處明矣。杜預注此橫分瑕與桃林爲二處，❷顯然背傳。苟令賜采邑於晉，傳又何云處瑕乎？」按：沈氏亦誤於杜注「瑕在河外」之説，故於《郡國志》説與京相璠説合者，目爲不然。其謂瑕即曲沃，前人亦無言者。謂焦、瑕、曲沃三者攣稱，目爲一地，尤非。焦自河外五城之一，❸不與瑕同地也。杜以瑕爲河外之城，故以桃林在華陰。攷《元和志》，桃林塞自陝州靈寶縣以西至潼關皆是也。《地理通釋》云：「自潼關至函谷關，歷陝、華之地，俱謂之桃林塞。今陝西華陰縣

---

❶「治」，原爲空格，今據原稿補。

❷「與」，原作「于」，今據《左傳杜解集正》卷四改。

❸「焦」，原作「然」，今據原稿改。

以東，河南靈寶以西，皆是也。」則桃林之地甚廣。《郡國志》：「弘農郡弘農有桃丘聚，故桃林。」❶《御覽》所引注謂在靈寶，與顧氏所引《地道記》在閿鄉，皆就一隅言之。顧棟高云：「桃林今在河南陝州靈寶縣南十一里，即秦函谷關也。」江永云：「今按：桃林，即武王放牛之處。閿鄉今屬河南陝州。」壽曾謂：瑕在今蒲州，則桃林當在閿鄉。詹嘉所守，不必桃林全境也。

晉人患秦之用士會也，夏，六卿相見於諸浮。【疏證】杜注：「諸浮，晉地。」今地闕。《晉世家》：「晉六卿患隨會之在秦，常爲晉亂。」《秦本紀》：「晉人患隨會在秦爲亂。」

趙宣子曰：「隨會在秦，賈季在狄，難日至矣，若之何？」【疏證】六年經：「狐射姑出奔狄。」

中行桓子曰：「請復賈季，【疏證】杜注：「中行桓子，荀林父也。」

「能外事，且由舊勳。」【疏證】杜注：「有狐偃之舊勳。」疏：「賈季是狐突之孫，❷狐偃之子。本是狄人，能知外竟之事。」

郤成子曰：「賈季亂，且罪大，【疏證】杜注：「殺陽處父故。」

「不如隨會，能賤而有耻，【注】服云：「謂能處賤且又知耻，言不可汙辱。」本疏。【疏證】邵寶云：「『能』字句絶。能，言才也。」顧炎武云：「按：『能』字仍當屬下句。能賤，猶云爲貴當可使復賤也。」沈欽韓云：

---

❶「故桃林」，原脱，今據原稿補。
❷「是」，原作「見」，今據原稿改。

「按：《後漢書・馬援傳》曰：『凡人爲貴，當使可賤。』」皆與服注合。俞樾云：「能與耐古字通。《漢書・食貨志》『能風與旱』，❶《鼂錯傳》『其性能寒』，❷師古注並曰：『能，讀曰耐。』是也。能賤猶曰耐賤。」李貽德云：「《廣雅・釋詁》：『辱，污也。』二字轉相訓。」

「柔而不犯，【疏證】杜注：「不可犯以不義。」

「其知足使也，且無罪。」

乃使魏壽餘僞以魏叛者，以誘士會，【注】服云：「魏壽餘，晉之魏邑大夫。」《秦本紀》集解。【疏證】杜注：「魏壽餘，畢萬之後。」李貽德云：「《詩・魏譜》：『魏在《禹貢》冀州。』彼疏云：『魏國西接於秦，北隣於晉。』故壽餘以魏叛入秦，於秦易信。」《晉世家》：「乃詳令魏壽餘反晉降秦。」《秦本紀》：「晉乃使魏讎餘詳反，合謀會。」壽、讎異文。

執其帑於晉，使夜逸。【疏證】杜注：「帑，壽餘子。」洪亮吉云：「趙岐《孟子》注：『帑，妻子也。』韋昭《國語》注：『妻子曰帑。』則此執其帑，當亦兼妻子而言。杜注止云『壽餘子』，恐鑿。觀下傳士會云『妻子爲戮』，而秦伯即云『所不歸爾帑』，是帑兼妻子之證。」按：洪說是也。

請自歸于秦，秦伯許之。【疏證】杜注：「許受其邑。」

---

❶「與」，原作「年」，今據原稿改。

❷「寒」，原作「定」，今據原稿改。

履士會之足於朝。【疏證】杜注：「欲使行。」

秦伯師於河西，【疏證】顧棟高云：「河西在今陝西同州府及華州境。秦初起岐、雍，❶未能以河爲界。晉强，跨河而滅西虢，兼舊鄭，以汾、澮爲河東，❷故以華陰爲河西。至僖九年，秦穆公援立夷吾，夷吾請割河外列城五，東盡虢略。河外即河之西。逮背約不與，而戰韓見獲。僖十五年，秦歸晉侯，始征河東，❸而河外五城不必言矣。十七年，晉太子圉爲質於秦，復歸晉河東，而河西五城大抵終爲秦有。秦孝公初立，下令曰『穆公東平晉亂，以河爲界』，此其證也。」

魏人在東。【疏證】《讀本》：「魏在河東，今芮城縣。」

壽餘曰：「請東人之能與二三有司言者，吾與之先。」【疏證】秦在晉西，故晉稱其國之人曰「東人」。❹《讀本》：「謂晉舊人爲河東人所信者。」

使士會。士會辭曰：「晉人，虎狼也。若背其言，臣死，妻子爲戮，無益於秦。❺不可悔也。」

秦伯曰：「若背其言，所不歸爾帑者，有如河。」

---

❶「初」，原作「都」，今據原稿改。

❷「爲」，原脱，今據《春秋大事表》卷八補。

❸「征」，原爲空格，今據原稿補。

❹「稱」，原脱，今據原稿補。

❺「秦」，《春秋左傳正義》卷十九下作「君」。

乃行。【疏證】《晉世家》：「秦使隨會之魏。」《漢書・司馬遷傳》：「晉中軍隨會犇魏，而司馬氏入少梁。」注：「如淳曰：『《左氏傳》晉僞使魏壽餘誘士會于秦，噪而還時也。』師古曰：『據《春秋》，隨會奔秦，其後自秦入魏而還晉。今此云隨會奔魏，司馬因入少梁，❶則似謂自晉出奔魏耳。但魏國在獻公時已滅爲邑，封畢萬矣。既非别國，不得言奔。未詳遷之所説。』」按：士會由魏歸晉，故史公以奔魏爲言。魏雖爲邑，其名自存。特言奔，則史公之駮文耳。

繞朝贈之以策，【注】服云：「繞朝以策書贈士會。」本疏。【疏證】杜注：「繞朝，秦大夫。策，馬檛。臨别授之以馬檛，並示己所策以展其情。」疏引服説，駁之云：「杜不然者，❷壽餘請訖，士會即行，不暇書策爲辭，且事既密，不宜以簡贈人。傳稱以書相與，皆云『與書』，此獨不宜云『贈之以策』，知是馬檛。檛，杖也。」案：杜既説策爲馬檛，蓋不從服説。又云「並示己所策以展其情」，雖是探下爲言，然云示己所策，又若兼取服説，「所策」二字又不詞也。❸惠棟云：「劉勰曰：『春秋聘繁，書介彌盛，繞朝贈士會以策，子家與趙宣以書。』蓋用服説。《韓非子》曰：『繞朝之言當矣，其爲聖人於晉而爲戮於秦也，此不可不察。』是繞朝因贈策之言而戮也。《左氏》不

---

❶「因」，原作「自」，今據《漢書・司馬遷傳》改。

❷「不」，原爲空格，今據原稿補。

❸「不」，原爲空格，今據原稿補。

載，似《韓非》據秦史而言。」惠引劉勰語見《文心雕龍·書記》篇，❶引《韓非》見《説疑》篇。❷劉以贈策與書並稱，可破本疏之惑矣。《魯語》：「臧文仲聞柳下季之言，使書之以爲三筴。」韋注：「筴，簡書。三筴，三卿卿一通。」沈欽韓謂：「三筴，古誥戒之辭。《荀子·大略篇》：『天子即位，上卿授一策，中卿授二策，下卿授三策。』此繞朝所贈，即下文二語，戒厲之辭。秦人不察，以爲繞朝輸情於士會，故被戮。」如沈氏説，則策猶筴也。繞朝被戮，亦用《韓非》説。古人贈言，慮其遺忘，故書於筴。秦納魏邑亦大事，壽餘之來請，秦之議遣士會，士會之行必非一日中可竟。繞朝請留士會而不得，乃書策以詔之，何不暇書策之有？疏駁皆非。李貽德云：「所贈之策，當即留會之言。」可備一説。

曰：「子無謂秦無人，吾謀適不用也。」【注】舊注：「以有策而不用也。」《白帖》。【疏證】此舊注與服注意相承，傅遜云：❸「蓋繞朝曾言於秦伯請留之。」

既濟，魏人譟而還。【疏證】《五行志》注：「群呼曰譟。」《年表》：「晉靈公七年，得隨會。秦康公七年，晉詐得隨會。」《晉世家》：「因執會以歸晉。」《秦本紀》：「詐而得會，會遂歸晉。」❹

秦人歸其帑。

---

❶「書記」，原爲空格，今據《文心雕龍》卷五補。
❷「疑」，當作「難」。
❸「傅遜」，原作「傳」，今據原稿改。
❹「會」下，原有一空格，今據《史記·秦本紀》删。

其處者爲劉氏。【**疏證**】此傳賈、服説佚。杜注：「士會，堯後劉累之胤。別族復累之姓。」案：《後漢書·賈逵傳》：❶「逵奏云：『《五經》家皆無以證圖讖明劉氏爲堯後者，而《左氏傳》有明文。』」則杜注所舉士會堯後，蓋取賈説。杜从賈説，杜於傳文無疑詞。范蔚宗《逵傳》贊言：「逵能附會文致，最差貴顯。」疏承范説，因云：「士會之帑在秦不顯，傳説處秦者爲劉氏，未知何意言此。討尋上下，其文不類，深疑此句或非本旨，蓋以爲漢室初興，捐棄古學，《左氏》不顯於世，先儒無以自申，劉氏從秦從魏，其源本於劉累，插注此辭，將以媚於世。」下引賈逵疏語。又云：「竊謂前世籍此以求道通，故後引之以爲證耳。」則頗疑此語爲賈君所加矣。❷洪亮吉云：「今考《左傳》襄二十四年、昭二十九年士匄之語叔孫、蔡墨之對獻子，其言范氏爲陶唐氏之後、劉累之裔，固已甚明，不必藉此語爲之佐證也。則疑賈氏增益傳文者，蓋習而不察耳。」按：洪説是也。《漢書·高祖贊》：「劉向云戰國時劉氏自秦獲于魏。秦滅魏，遷大梁，都于豐，故周市説雍齒曰：『豐，故梁徙也。』❸是以頌高祖云：❹『漢帝本系，出自唐帝；降及于周，在秦作劉；涉魏而東，遂爲豐公。』豐公，蓋太上皇父。❺其遷日淺，墳墓在豐鮮焉。及

---

❶「逵」，原作「彪」，今據《後漢書·賈逵傳》改。
❷「疑」下，原衍「賈君」，今據原稿刪。
❸「徙」，原殘，今據原稿補。
❹「祖」，原作「頌」，今據原稿改。
❺「皇」，原作「聖」，今據原稿改。

高祖即位，置祠祀官，則有晉秦梁荆之巫，世祠天地，綴之以祀，❶豈不信哉！」注：『文穎曰：『巫，掌神之位次者也。范氏世仕於晉，故祠祀有晉巫。范會支庶留秦爲劉氏，故有秦巫。劉氏隨魏都大梁，❷故有梁巫。後徙豐，❸屬荆，故有荆巫也。』」班氏引劉向頌語「在秦作劉」，皆與傳文合。祠祀官有晉、秦巫，又是漢初之制，則此語非賈氏所增明甚。又《序傳》：「班彪《王命論》：『是故劉氏承堯之祚，氏族之世，著乎《春秋》。』」注：「師古曰：『謂士會歸晉，其處者爲劉氏。』」彪爲固父，❹賈君與固同時，彪之年輩在賈君先，其説亦與傳符。疏駁皆非。班書《高祖贊》亦云：「魯文公世奔秦。❺後歸于晉，其處者爲劉氏。」正用此傳語。惠士奇云：「處者爲留，謂留於秦者，遂以爲氏。漢人改爲劉，以合卯金刀之説。」則以此句傳文所有，漢人但易字也。《公羊傳》：「鄭國處於留。」《地理志》以河南郡緱氏劉聚爲周大夫劉子邑，惠氏移以説此傳，非也。沈欽韓云：「此乃錯簡，當在襄二十四年傳范宣子云『在周爲唐杜氏』下。」按：其處者承歸帑言，必非錯簡，沈説亦非。

邾文公卜遷于繹。【疏證】《地理志》：「高密國騶，❻故邾國，曹姓，二十九世爲楚所滅。嶧山在北。」應

---

❶「以」，原爲空格，今據原稿補。

❷「魏」，原作「既」，今據原稿改。

❸「徙」，原作「復」，今據原稿改。

❹「父」，原作「文」，今據原稿改。

❺「魯」，原作「晉」，今據原稿改。

❻「高密」，《漢書·地理志》作「魯」。

邵曰：「邾文公卜遷於嶧者也。」應氏引傳作「嶧」。洪亮吉云：「繹、嶧字同。京相璠曰：『嶧山在鄒縣北，繹邑之所依爲名也。』」洪引京相説見《水經・泗水》注。沈欽韓云：「《山東通志》：『邾城在兖州府鄒縣東南二十六里，❶邾文公所遷，城周二十餘里，在嶧山之陽，❷俗譌爲紀王城。』」❸本疏：「邾既遷都于此，竟内別有繹邑。宣十年『公孫歸父帥師伐邾，取繹』，取彼之別邑也。」

史曰：「利於民而不利於君。」【疏證】本疏：「史明卜筮，知國遷君必死。」

邾子曰：「苟利於民，孤之利也。天生民而樹之君，❹**以利之也。民既利矣，孤必與焉。」**

左右曰：「命可長也，君何弗爲？」

邾子曰：「命在養民。死之短長，時也。民苟利矣，遷也，吉莫如子！」

遂遷于繹。

五月，邾文公卒。君子曰：「知命。」【疏證】《後漢書・崔駰傳》：「祖篆爲建新大尹，所至之縣，獄犴填滿。遂平理，所出二千餘人。掾吏叩頭諫，篆曰：『邾文公不以一人易其身，君子謂之知命。如殺一大尹，贖二千人，蓋所願也。』」按：「身」疑作「民」，此古説也。《北魏書・陽固傳》：「著《演賾賦》：『文遷繹而身徂兮，景守節

❶「六」，《春秋左氏傳地名補注》卷五作「五」。
❷「陽」，原作「隅」，今據《春秋左氏傳地名補注》卷五改。
❸「紀」，原爲空格，今據原稿補。
❹原稿眉批：樹，詁。

而災移』」。

秋，七月，大室之屋壞。書，不共也。【疏證】杜注：「書以見臣子不共。」據《五行志》「將隳周公之祀」説，則此「不共」，責魯君也。

冬，公如晉，朝，且尋盟。【疏證】《讀本》：「尋盟者，尋八年衡雍之盟。」

衛侯會公于沓，請平于晉。公還，鄭伯會公于棐，亦請平于晉。公皆成之。【疏證】《讀本》：「公之成鄭，蓋在明年六月，傳終言之也。」❶案：成衛亦是明年六月事，即新城之盟也。

鄭伯與公宴于棐，

子家賦《鴻雁》。【疏證】杜注：「子家，鄭大夫，公子歸生也。」案：傳之稱賦《詩》某篇，皆指首章也。《小雅·鴻雁》首章：「之子于征，劬勞于野。爰及矜人，哀此鰥寡。」傳：「之子，侯伯卿士也。劬勞，病苦也。矜，憐也。老無妻曰鰥，偏喪曰寡。」故杜云：「義取侯伯哀恤鰥寡，有征行之勞。言鄭國寡弱，欲使魯侯還晉恤之。」全據毛義，故不謂賦指首章。疏引首章説之，亦未明傳稱賦《詩》例也。

季文子曰：「寡君未免於此。」

文子賦《四月》。【疏證】《小雅·四月》首章云：「四月維夏，六月徂暑。先祖匪人，胡寧忍予？」杜注：

---

❶「終」，原爲空格，今據原稿補。

「義取行役踰時，思歸祭祀，不欲爲還晉。」❶杜之所言，傳、箋所不具。《序》亦不謂《四月》爲行役思祭詩，惟《詩》疏云：「此篇毛傳，❷其義不明。王肅之説，自云述毛，於『六月徂暑』之下注云：『詩人以夏四月行役，至六月暑往，未得反，已闕一時之祭，後當復闕二時也。』『先祖匪人』之下又云：『征役過時，❸曠廢其祭祀，我先祖獨非人乎？王者何爲忍不憂恤我，使我不得修子道？』」則杜用王肅説。沈欽韓云：「按：《王制》云：『諸侯礿則不禘，禘則不嘗，嘗則不烝，烝則不礿。』❹注云：『虞夏之制，諸侯歲朝，闕一時祭。』」沈乃申王肅「闕一時祭」之説。若然，則朝事闕祭，禮之所許。文公已朝晉而返，再往而缺祭，則非禮，故季文子據禮辭之也。陳奂《毛詩疏》云：「王説雖不得毛恉，然其言行役，未嘗無據。徐幹《中論·譴交》篇以《四月》爲行役過時，刺怨而作。徐偉長爲漢靈帝末年人，其解傳已與王子雍合。❺文十三年《左傳》，文子賦《四月》，或是取下國搆禍，望晉安集之意。杜預注用王子雝説。《序》云『搆禍怨亂』，歎行役亦在其中，此非《毛詩》序傳之正解，而義適足以兼晐爾。」按：陳説是也。以下文《載馳》服注證之，則先儒釋傳，每用三家《詩》，行役思祭，當是三家《詩》説。❻

❶「爲」，原爲空格，今據原稿補。

❷「傳」，原作「詩」，今據《毛詩正義》卷十三改。

❸「過」，原作「遇」，今據原稿改。

❹「礿」，原作「灼」，今據原稿改。

❺「傳」，《詩毛氏傳疏》卷二十作「詩」。

❻原稿眉批：顧説不采。

子家賦《載馳》之四章。【注】服云：「《載馳》五章屬《鄘風》。許夫人閔衛滅，戴公失國，欲馳驅而唁之，故作以自痛國小，力不能救。在禮，婦人父母既没，不得寧兄弟，于是許人不嘉，故賦二章以喻『思不遠』也。『許人尤之』，遂賦三章。以卒章非許人不聽，遂賦四章，言我遂往，『無我有尤』也。」《載馳》疏。【疏證】杜注：「《載馳》，《詩・鄘風》。四章以下，義取小國有急，欲引大國以救助。」疏：「此義取小國有急，控告大國。文在五章，而傳言四章，故云『四章以下』，言其并賦五章。杜蓋不用服説。《載馳》疏亦云：「作、賦一也。以作詩所以鋪陳其志，故作詩名曰賦。《左傳》曰『許穆夫人賦《載馳》』也。此實五章，故《左傳》叔孫豹、鄭子家賦《載馳》之四章，四猶未卒，明其五也。然彼賦《載馳》，義取控引大國，❶今『控於大邦』乃在卒章。言賦四章者，杜預云：『並賦四章以下。』賦詩雖意有所主，欲爲首引之勢，❷並上章而賦之也。』」下引《左傳》服虔注，又云：「服氏既云《載馳》之五章，下歷説惟有四章者，服虔以傳稱四章，義取控于大國，此卒章乃是傳之所謂四章也，因以差次章數以當之。首章論歸唁之事，總其所思之意。下四章爲許人所尤而作之，置首章於外，以下别數爲四章也。言許大夫不嘉，故賦二章，❸謂除首章而更有二章，即此二章、三章是也。凡詩之作，首尾接連，未有除去首章，更爲次第者也。❹服氏此言，無所按據，正以傳有四章之言，故爲此釋，不如杜氏並賦之

---

❶「引」，原爲空格，今據原稿補。

❷「勢」，原爲空格，今據原稿補。

❸「故」，原重文，今據《毛詩正義》卷三删。

❹「更」，原作「定」，今據原稿改。

説也。」《詩》疏又駁服説，而申杜説。文淇案：服氏章次，蓋據三家《詩》，本作《載馳》四章，屬《鄘風》，故爲此釋。❶後人見毛《詩》五章，故改爲五，謂服氏除去首章，殊失服意。《都人士》：「行歸于周，万民所望。」疏云：「襄十四年《左傳》引此二句，服虔曰：『逸《詩》也。』《都人士》首章有之，《禮記》注亦言『毛氏有之，三家則亡』。今韓家寔無此首章。❷時三家列于學官，《毛詩》不得立，故服以爲逸。」是知服注《左傳》必不用毛本矣。壽曾謂：傳之稱賦《詩》某章，皆一定之辭。杜謂「四章以下」，顯與傳異，其繆誤不待辨。大父以服氏章句用三家《詩》，注稱五章爲後人所改，❸則唐以來無人指出。今以服注覈之，首章章句與毛同，其云「許人不嘉，故賦二章以喻思不远」，❹則合毛之二章、三章爲第二章。下云：「『許人尤之』，遂賦三章。以卒章非許人不聽，遂賦四章。」卒章即四章矣。李貽德云：「卒章無許人不聽意，非許人不聽，即三章『許人尤之，衆穉且狂』。『卒』當爲『三』章，❺字之誤也。」李説甚審。則服之三章，即毛之四章也。毛之五章云：「我行其野，❻芃芃其麥。控於大邦，誰因誰極。大夫君子，無我有尤。百爾所思，❼不如我所之。」服注「言我遂往」括「我行其野」四句義，「無我有尤」則採「大夫

❶「釋」，原作「辭」，今據原稿改。
❷「寔」，原作「定」，今據原稿改。
❸「注」，原脱，今據原稿補。
❹「远」，原作「返」，今據原稿改。
❺「當」，原脱，今據原稿補。
❻「其」，原作「通」，今據原稿改。
❼「百爾所思」至「無我有尤」二十七字，原脱，今據原稿補。

君子」四句中之一句。此即子家所賦之四章也。杜注「小國有急，控告大國」，❶爲説止得所賦之半。「大夫君子」斥晉之諸臣，❷謂無尤過我君之請。❸服意當如此。知服用三家《詩》，則不必以與毛乖異爲疑。陳奂《詩疏》用服注以改毛章句，甚非。且謂服氏章次亦是五章，謂服注四章、五章錯綜言之，尤非也。

文子賦《采薇》之四章。【疏證】《小雅·采薇》之四章云：「彼爾維何，維常之華。彼路斯何，君子之車。戎車既駕，四牡業業。豈敢定居，一月三捷。」杜注：「取其『豈敢定居，一月三捷』。許爲鄭還，❹不敢安居。」按：傳：「捷，勝也。」箋：「定，止也。將帥之志，往至所征之地，不敢止而居處自安也。」文子賦《詩》取此。

鄭伯拜，公答拜。

【經】十有四年，春，王正月，公至自晉。

邾人伐我南鄙，叔彭生帥師伐邾。【疏證】《公羊》「邾」曰「邾婁」。《讀本》云：「叔仲彭生也，經書『叔彭生』，❺蓋文闕。」

---

❶「控告」，當作「欲引」。

❷「諸臣」，原作「詐□」，今據原稿改補。

❸「請」，原殘，今據原稿補。

❹「還」，原爲空格，今據原稿補。

❺「經」，原爲空格，今據原稿補。

夏，五月，乙亥，齊侯潘卒。【疏證】杜注：「乙亥，四月二十九日。書『五月』，從赴。」賈曾曰：《年表》：「齊昭公二十年卒。」《齊世家》：「昭公十九年五月卒。」視《年表》差一年。《年表》與經合。

六月，公會宋公、陳侯、衛侯、鄭伯、許男、曹伯、晉趙盾。癸酉，同盟于新城。【疏證】《郡國志》：「梁國穀熟有新城。」杜注同。沈欽韓云：「《水經注》：『睢水又逕新城北，即宋之新城亭也。』《方輿紀要》：『新城在歸德府城南。』」

秋，七月，有星孛入于北斗。【注】劉歆以爲北斗有環域，四星入其中也。斗，天之三辰，綱紀星也。宋、齊、晉，天子方伯，中國綱紀。彗，所以除舊布新也。斗七星，故曰不出七年。至十六年，宋人弒昭公；十八年，齊人弒懿公；宣公二年，❶晉趙穿弒靈公。《五行志》。【疏證】杜注：「孛，彗也。既見而移入北斗。」顧炎武云：「非也。『有』者，非常之辭。」按：《公羊傳》：「孛者何？彗星也。」歆以此傳「孛」爲「彗」，同《公羊》說。《年表》：「魯文公十四年，彗星入北斗。」亦以孛爲彗。杜用歆說。《釋天》「彗星爲欃槍」，郭注：「妖星也。亦謂之孛，言其形孛孛似埽彗也。」則孛、彗異名同實。《晉書・天文志》：「妖星一曰彗星。二曰孛星，彗之屬也。偏指曰彗，芒氣四出曰孛。」謂孛、彗微別也。歆說北斗有環域，用《穀梁》說。環域，猶言圍繞之界。《天官書》：「北斗七星，所謂『旋、璣、玉衡以齊七政』。」索隱：「案：《春秋運斗樞》云：『斗，第一天樞，第二旋，第三璣，第四權，第五衡，第六開陽，第七揺光。第一至第四爲魁，第五至第七爲標，合而爲斗。』徐整《長曆》

❶「二」，原作「三」，今據《漢書・五行志》改。

云：『北斗七星，星間相去九千里。其二陰星不見者，相去八千里也。』」如緯書、《長曆》説，❶則北斗之環域廣矣。《石氏星經》不列孛星，惟「文昌星」條有「若彗、孛流星入之」一語。《天官書》於歲星下云：❷「其失次舍以下，進而東北，三月生天棓，長四丈，❸末兑。進而東南，三月生彗星，長二丈，類彗。退而西北，三月生天欃，長四丈，❹末兑。退而西南，三月生天槍，長數丈，兩頭兑。謹視其所見之國，不可舉事用兵。」《漢書・天文志》：「歲星贏而東南，《石氏》『見彗星』，《甘氏》『不出三月乃生彗，本類星，末類彗，❺長二丈』。贏東北，《石氏》『見覺星』，❻《甘氏》『不出三月乃生天棓，本類星，末鋭，長四尺』。縮西南，《石氏》『見欃雲，如牛』，《甘氏》『不出三月乃生天槍，左右鋭，長數丈』。縮西北，《石氏》『見槍雲，如馬』，《甘氏》『不出三月乃生天欃，本類星，末鋭，長數丈』。《石氏》『槍、欃、棓、彗異狀，其殃一也』。」《漢書》説歲星之數與《史記》異。《史記》索隱：「案《天文志》，此皆《甘氏星經》文，而《志》又兼載《石氏》，❼此不取石氏。」按：以《史》、《漢》互校，甘、石之異同顯然，則今本星經孛星一條已佚。

---

❶「緯」，原作「繹」，今據原稿改。

❷「天」，原爲空格，今據《史記・天官書》補。

❸「丈」，原作「尺」，今據《史記・天官書》改。

❹「四丈」至「槍長」十四字，原脱，今據原稿補。

❺「類」，原脱，今據原稿補。

❻「覺」，原爲空格，今據原稿補。

❼「又」，原作「文」，今據原稿改。

歆謂四星入其中，則孛四星，❶當是采《石氏經》也。《石氏經》云天棓去北辰二十八度。《唐書・□□志》李淳風算孛星行度謂此星在角，由杓入斗，是月自北而入。晉居北，齊、宋居晉之東，故三國當之。昭十七年傳：❷「申須曰：『慧，所以除舊布新也。』」歆用申須説。自本年至宣公三年，共八年。歆以近驗在十六年，故引叔服不出七年之説。

公至自會。無傳。

晉人納捷菑于邾，弗克納。【疏證】《公羊》「捷菑」曰「接菑」。疏：「捷菑不言『邾』者，下有『于邾』之文。莊公伐齊納子糾不言『齊』者，與此同也。」又引劉炫云：「已去邾國，又非邾君，故不稱邾捷菑也。得國爲君，皆舉國言之。『齊小白入于齊』是也。」如炫説，則經不書邾，以捷菑已去邾，不關有「于邾」之文。子糾未成君，故不繫齊，亦不關有伐齊之文。

九月，甲申，公孫敖卒于齊。

齊公子商人弑其君舍。【疏證】《年表》：「齊昭公二十年卒。弟商人殺太子自立，是爲懿公。」❸杜注：「舍未踰年而稱君，先君既葬，舍已即位。」疏：「《公羊》之例，既葬稱子，踰年稱公。《左氏》則不然。僖九年九月

---

❶「四」，原作「曰」，今據原稿改。

❷「傳申」至「須説」十七字，原在「七年之説」下，且「傳」作「詩」，今據原稿改。

❸原稿眉批：《齊世家》：商人殺舍於墓上。

『晉侯佹諸卒，❶冬，里克殺其君之子奚齊。』傳曰：『書曰「殺其君之子」，未葬也。荀息立公子卓以葬。十一月，里克殺公子卓于朝。』經書『里克殺其君卓』。是未葬稱子，既葬稱君，不待踰年始稱君也。杜以成君在於既葬，不以踰年爲限。此言『未踰年』者，意在排舊説也。」玩疏説，則舊説容謂踰年乃稱君，其義無考。《公羊》未踰年以「成死而賤生」爲義，《穀梁》亦謂「重商人之弑」，似非舊説所據。

宋子哀來奔。

冬，單伯如齊。【疏證】杜注：「單伯，周卿士。」

齊人執單伯。

齊人執子叔姬。【注】服云：「子殺身執，閔之，故言『子』，爲在室辭。」本疏。【疏證】杜注：「叔姬，魯女，齊侯舍之母。」據傳爲説。又云：「不稱夫人，自魯録之，父母辭。」蓋用服義。本疏：「亦不知是何公之女，魯是其父母家。不言文公是其父。」下引服注，釋之云：「十二年『子叔姬卒』，已被杞絶，是並在室也。」疏蓋以杞叔姬之書子爲例。

【傳】十四年，春，頃王崩。周公閲與王孫蘇争政，故不赴。【疏證】《年表》：「周頃王六年崩。公卿争政，故不赴。」《周本紀》：「頃王六年崩，子匡王班立。」

❶「佹」，原爲空格，今據原稿補。

凡崩、薨，不赴，則不書；禍、福，❶不告，亦不書。懲不敬也。【疏證】此赴告例也。杜注：「奔、亡，禍也。歸、復，福也。」杜説禍福以出奔、來歸爲言。按：《檀弓》「赴車不載櫜韔」，注：「兵不戢，示當報也。以告喪之辭言之，謂還告于國。」疏：「案《春秋左氏傳》禍福稱『告』，崩薨稱『赴』，今軍敗應稱『告』而稱『赴』，故云『以告喪之辭言之』。」如鄭説，則軍敗爲禍，戰勝爲福，與杜異。

邾文公之卒也，

公使弔焉，不敬。邾人來討，伐我南鄙，故惠伯伐邾。

子叔姬妃齊昭公，生舍。叔姬無寵，舍無威。【疏證】《釋文》：「妃，本亦作『配』。」李富孫云：「妃，正字；配，通假文。」《齊世家》：「舍之母無寵於昭公，國人莫畏。」顧炎武云：「案：僖二十七年經書『齊侯昭卒』，今此昭公即孝公之弟，不當以先君之名爲謚。而經不書葬，無可考正，疑《左氏》之誤。然僖公十七年傳曰『葛嬴生昭公』，前後文同，先儒無致疑者。」

公子商人驟施于國，而多聚士，盡其家，貸於公、有司以繼之。【注】服云：「驟，數也。」宣三年疏。【疏證】杜用服説，又云：「商人，桓公子。家財盡，從公及國之有司富者貸。」《齊世家》：「昭公之弟商人，以桓公死争立而不得，陰交賢士，市愛百姓，百姓説。」

夏，五月，昭公卒，舍即位。【疏證】《齊世家》：「昭公卒，子舍立，孤弱。」

---

❶「福」，原作「禍」，今據《春秋左傳正義》卷十九下改。

邾文公元妃齊姜，生定公。二妃晉姬，生捷菑。文公卒，邾人立定公，捷菑奔晉。【疏證】《讀本》：「元妃、二妃，諸侯有三宮夫人也，故又有下妃。」

六月，同盟于新城，從于楚者服，且謀邾也。【疏證】杜注：「從楚者，陳、鄭、宋。」

秋，七月，乙卯，夜，齊商人弑舍而讓元。【疏證】杜注：「書『九月』，從告。七月無乙卯，日誤。」貴曾曰：《齊世家》：「商人即與衆十月即墓上殺齊君舍。」《釋文》：「弑，本又作『殺』。」《校勘記》云：「按：傳文直書其事，作『殺』是也。」《齊世家》不采讓元事，其叙惠公之立云：「迎公子元於衛，立之，是爲惠公。惠公，桓公子也。」杜云：「元，商人兄。」❶

元曰：「爾求之久矣。我能事爾，爾不可使多畜憾。【疏證】《釋文》：「蓄，本又作『畜』。」今从石經初刻作「畜」。《釋文》又云：「憾，本又作『感』，恨也。」❷《校勘記》云：「按：作『感』者，古字。」杜注：「不爲君則恨多。」

「將免我乎？爾爲之。」【疏證】杜注：「言將復殺我。」疏引劉炫云：「爾將免我爲君之事乎？」與杜異。案：復殺之慮已包於蓄憾，炫説得之。

有星孛入于北斗，周内史曰：❸「不出七年，宋、齊、晉之君，皆將死亂。」【疏證】《年表》：「周史

❶「兄」上，原衍「也」字，今據原稿删。

❷「也」，原脱，今據原稿補。

❸「史」下，《春秋左傳正義》卷十九下有「叔服」二字。

曰：『十年，齊君、晉君死。』」約此傳文而脱宋也。❶杜注：「後三年，宋弑昭公；五年，齊弑懿公；七年，晉弑靈公。」杜用劉歆説，已釋於經。下又云：「史服但言事徵，而不謂其占，❷固非末學所得詳言。」蓋不取歆「斗爲紀綱星」及「宋、齊、晉天子方伯」之説。

晉趙盾以諸侯之師八百乘，納捷菑于邾。【疏證】杜注：「八百乘，六萬人。」《年表》：「趙盾以車八百乘納捷菑。」

邾人辭曰：「齊出貜且長。」【疏證】杜注：「貜且，定公。」《讀本》：「明言齊出者，❸謂元妃之子。申言長者，謂嫡長。」

宣子曰：「辭順而弗從，不祥。」乃還。

周公將與王孫蘇訟于晉，

王叛王孫蘇，【疏證】杜注：「叛，不與。」非也。惠棟云：「劉向《九歌》云：『信中塗而叛之。』王逸《章句》曰：『叛，倍也。』倍與背同。王初與王孫蘇，後復背之。文七年傳云『乃背先蔑』，此其類也。」《讀本》曰：「王叛者，時人之言，所謂名不正則言不順，傳特著之，與桓王貳于虢，❹均爲險辭。」

---

❶「此」，原作「比」，今據原稿改。

❷「謂」，《春秋左傳正義》卷十九下作「論」。

❸「言」，原作「出」，今據《春秋左傳讀本》卷九改。

❹「貳」，原爲空格，今據原稿補。

而使尹氏與聃啓訟周公于晉。【疏證】杜注：「尹氏，周卿士。聃啓，周大夫。」萬光泰云：❶「聃啟，疑聃季之後。」

趙宣子平王室而復之。【疏證】《年表》：「趙盾平王室。」復，謂復政之所屬，仍歸王孫蘇也。杜注：「使復和親。」未得傳意。《讀本》：「時周弱，依晉自立。」

楚莊王立，【疏證】《年表》：「魯文公十四年，楚莊王侶元年。」《楚世家》：「穆王十二年卒，子莊王侶立。」

子孔、潘崇將襲群舒，使公子燮與子儀守，而伐舒蓼。【疏證】《楚語》：『昔莊王方弱，申公子儀父爲師，王子燮爲傅，使潘崇、子孔帥師以伐舒。』注：「子孔，楚令尹成嘉也。舒，群舒也。燮，楚公子。儀父，❷申公鬭班之子大司馬鬭克也。」

二子作亂，城郢，而使賊殺子孔，不克而還。【疏證】《楚語》：「燮及儀父施二帥而分其室。」

八月，二子以楚子出，將如商密。【疏證】《楚語》：「師還至，則以王如廬。」與傳異。

廬戢棃及叔麇誘之，遂殺鬭克及公子燮。【疏證】棃，今本「黎」。《地里志》「南郡中廬」，注：「師古曰：『在襄陽縣南，今猶有次廬村。以隋室諱忠，故改忠爲次。』」《郡國志》「南郡中廬侯國」，注：「《襄陽耆舊傳》：『故廬戎也。』」江永云：「《一統志》：『中廬城在襄陽府城南』，今城址在南漳縣東五十里。」《楚語》「廬戢棃

---

❶「光泰」，原爲空格，今據《左通補釋》卷十及卷四補。

❷「父」，原脱，今據《國語正義》卷十七補。

殺二子而復王」，❶注：「戢棃，廬大夫。」杜同韋説，又云：「叔麇，其佐。」

初，鬭克囚于秦，【疏證】僖二十五年傳：「秦、晉伐鄀，秦師囚申公子儀、息公子邊以歸。」

秦有殽之敗，【疏證】僖三十三年經：「晉人及姜戎敗秦師于殽。」

而使歸求成。成而不得志，【疏證】求成於楚也，殽役之後，秦與楚成。經傳不具。

公子燮求令尹而不得，故二子作亂。

穆伯之從己氏也，【疏證】八年傳：「穆伯如周弔喪，不至，以幣奔莒，從己氏焉。」

魯人立文伯。【疏證】杜注：「穆伯之子穀也。」

穆伯生二子於莒，而求復。文伯以爲請。

襄仲使無朝，聽命，復而不出，

三年而盡室以復適莒。【疏證】盡室，指所從己氏及二子。

文伯疾，而請曰：「穀之子弱，請立難也。」【疏證】杜注：「子，孟獻子，年尚少。難，穀弟。」

許之。文伯卒，立惠叔。

穆伯請重賂以求復，惠叔以爲請，許之。

將來，九月，卒于齊。【疏證】自莒還魯過齊也。

---

❶「復」，原作「後」，今據原稿改。

告喪，請葬，弗許。【疏證】杜云：「請以卿禮葬。」按：此請歸葬于魯，下傳飾棺至堂阜，知惟歸葬，尚不及望卿禮也。

宋高哀爲蕭封人，❶以爲卿。【疏證】杜《世族譜》：「高哀，穆公曾孫。」此傳注云：「蕭，宋附庸。仕附庸還，升爲卿。」疏：「蕭，本宋邑。莊十二年『宋萬弑閔公』，蕭叔大心者，宋蕭邑之大夫也。平宋亂，立桓公。宋人賞其勞，以蕭邑封叔爲附庸。莊二十三年『蕭叔朝公』，是爲附庸，故稱『朝』。」則杜注「宋附庸」，以莊二十三年經知之。經、傳無宋附庸明文。

不義宋公而出，遂來奔。【疏證】杜注：「出而待放，從放所來，故曰『遂』。」

書曰「宋子哀來奔」，貴之也。【疏證】《公羊傳》：「無聞焉爾。」《穀梁傳》：「失之也。」與《左氏》異。杜注：「貴其不食汚君之禄，辟禍遠也。」當是《左氏》舊誼。

齊人定懿公，使來告難，故書以九月。【疏證】杜注：「齊人不服，故三月而後定，書以九月，明經日月皆從赴。」疏：「杜言此者，排先儒日月有褒貶之義。」按：據此，則先儒日月褒貶之説，多爲杜所删汰。其可考者，今各於經下説之。此傳明經書九月之義，義不繫褒貶，杜欲以概他經日月例，非也。

齊公子元不順懿公之爲政也，【疏證】《年表》：「懿公不得民心。」《讀本》：「不順，不以爲順。」

---

❶ 「爲」，原脱，今據原稿補。

終不曰「公」，曰「夫己氏」。【**疏證**】杜注：「猶言某甲。」疏：「斥懿公之名也。劉云：❶『甲、己俱是名，故云「猶言某甲」。』」疏以炫説證杜注也。然己非商人之名，炫所謂名者，十干之名，疏誤解杜意。孔廣森《經學卮言》云：「蓋桓之六子，商人第六，以甲乙次之，而稱爲己。僖十七年傳叙懿公于公子雍之上者，❷以無虧與惠、孝、昭、懿皆嘗爲君，而公子雍未得立。又五公子母皆諸侯公子，獨雍母爲宋大夫華氏女。雖云『如夫人者六人』，傳家叙之，自有貴賤，故雍倒在末耳，非長幼之次。」焦循云：「齊桓之六子，並見僖七年，爲武孟，即公子無虧；爲公子元，即惠公；爲公子昭，即孝公；爲公子潘，即昭公；爲商人，即懿公；爲公子雍。以元稱商人爲夫己氏，己於甲乙之次爲第六，蓋商人行六，故以己稱之。然則傳叙公子雍于商人後，何也？雍不立，故後於五人。」焦説與孔同，皆謂懿公行次居六，故稱夫己氏也。洪亮吉引孔説，則云：「桓公如夫人者六人，懿公母氏位次在第六，故以甲乙之數名之。」焦引孔説，❸與《卮言》不相合，且傳明輕懿公之辭，亦無舍其子轉及其母位次之理。洪氏引孔説出於記憶，概不足據。惟孔、焦説皆泥於十干之名，❹巧而近鑿。顧炎武云：「夫己氏，猶言彼其之

---

❶「劉」下，原有一空格，今據原稿删。

❷「叙」，原作「稱」；「于」，原作「子」；「者」，原脱，今據原稿改補。下一「叙」字同。上「公」，原重文，今據《春秋左傳補疏》卷二删。

❸「焦」，當作「洪」。

❹「泥」，原爲空格，今據原稿補。

子。」❶沈欽韓云：「猶云夫夫也。己讀如『彼其之子』之其。《揚之水》箋：『其，或作記，或作己，讀聲相似。』」按焦、沈說是也。❷

襄仲使告于王，請以王寵求昭姬於齊。【疏證】杜注：「昭姬，子叔姬。」

曰：「殺其子，焉用其母？請受而罪之。」【疏證】子謂齊君舍也。

冬，單伯如齊，請子叔姬，齊人執之。

又執子叔姬。

【經】十有五年，春，季孫行父如晉。

三月，宋司馬華孫來盟。【疏證】傳服注謂：「華耦舉其官屬從之，空官廢職。」❸則經書「司馬」，舊誼不以爲褒辭。杜注：❹「華孫奉使鄰國，能臨事制宜，至魯而後定盟，故不稱使。其官皆從，故書『司馬』。」杜不用服義也。疏引劉炫云：「或以爲華耦貴之既深，故特書族。」詳炫說，非完義，其先一說當謂書族爲貶也。

夏，曹伯來朝。

---

❶「其」，《皇清經解》卷二《左傳杜解補正》作「己」。

❷眉批：焦字疑是顧字。

❸「空」，原作「六」，今據原稿改。

❹「杜注」至「至魯而」十六字，原脱，今據原稿補。

齊人歸公孫敖之喪。【疏證】杜注：「大夫喪還不書，善魯感子以赦父，❶敦公族之恩，崇仁孝之敬，故特録敖喪歸以示義。」按：傳云「爲孟氏，且國故也」，杜因傳爲説。❷

六月，辛丑，朔，日有食之，❸鼓，用牲于社。【注】劉歆以爲四月二日魯、衛分。《五行志》。【疏證】《年表》：「魯文公十五年六月辛丑，日蝕。」❹

單伯至自齊。

晉郤缺帥師伐蔡，戊申，入蔡。【疏證】《年表》：「晉靈公九年，我入蔡。蔡莊侯三十四年，晉伐我。」

秋，齊人侵我西鄙。【疏證】《年表》：「魯文公十五年六月，❺齊伐我。」侵、伐例異，此史駁文。

季孫行父如晉。

冬，十有一月，諸侯盟于扈。

十有二月，齊人來歸子叔姬。【疏證】杜注：「齊人以王故來送子叔姬，故與直出者異文。」疏：「傳例『出曰來歸』，是直出之文也。齊人以王之故來送叔姬，故與直出異文也。」

---

❶「感」，原漫漶不清，今據原稿補。

❷「因」，原作「用」，今據原稿改。

❸「日」，原脱，今據原稿補。

❹原稿眉批：補臧説，查莊二十二年。

❺「十五」，原爲空格，今據《史記·十二諸侯年表》補。

齊人侵我西鄙，遂伐曹，入其郛。【疏證】《年表》：「曹文公六年，齊人我郛。」

【傳】十五年，春，季文子如晉，爲單伯與子叔姬故也。

三月，宋華耦來盟，其官皆從之。書曰「宋司馬華孫」，貴之也。【注】服云：「華耦爲卿，侈而不度，以君命脩好結盟，舉其官屬從之，空官廢職。魯人不知其非，反尊貴之。」本疏。【疏證】杜注：「古之盟會，必備威儀，崇贄幣。賓主以戒敬爲禮，❶故傳曰『卿行旅從』。春秋時率多不能備儀，華孫能率其屬，以從古典，所以敬事而自重，使重而事敬，則魯尊而禮篤，故貴而不名。」杜不用服説。疏引服注，申之云：「其意以爲貴之者，❷魯人貴之，非君子貴之。」又駁服説云：「案經儀父與魯結好，❸子哀不義宋公，司城效節來奔，單伯自齊致命，傳皆言『書曰「貴之」』，實善而貴之也。此亦云『書曰「司馬華孫」，貴之』，何故惡而貴之也？劉炫又難云：『此爲不知其非，儀父豈亦魯不知其非而貴之乎？❹孔子脩《春秋》，裁其得失，定其褒貶，善惡彰於其篇，臧否示於來世。若魯人所善亦善之，所惡亦惡之，己無心於抑揚，遂逐魯人之善惡，筆削之勢，❺何勞施用？❻約

---

❶「戒」，原稿作「成」。「戒敬爲禮」，《春秋左傳正義》卷十九下作「成禮爲敬」。
❷「之」，原作「貴」，今據原稿改。
❸「結好」，原爲空格，今據原稿補。
❹「魯」，原脱，今據原稿補。
❺「勢」，《春秋左傳正義》卷十九下作「勞」。
❻「勞」，《春秋左傳正義》卷十九下作「所」。

之以理，豈其然哉？「其官皆從」，謂共聘之官無闕，當有留治政者，豈舉朝盡行而責其空官也？若以官從即責空官，聘禮官屬不少，豈周公妄制禮乎？』」疏之駁服即用劉炫説，炫舉邾儀父，疏亦先舉儀父可證。疏又云：「《聘禮》之文有上介衆介至所聘之國，誓於其境，則史讀書，司馬執策，賈人拭玉，有司展幣，其從群官多矣。盟會禮重於聘。」疏説蓋以實來盟從官之多，❶然傳文明云「其官皆从之」，其者，其司馬也。故服云「舉其官屬從之」，不得以聘禮執事之官相例。劉炫謂「豈舉朝盡行而責其空官」，❷尤非服義。惟傳云「貴之」，不云「魯人貴之」，服謂「魯人不知其非」，似與傳義乖隔，非淺學所能達也。李貽德云：「《説文》：『侈，一曰奢也。』度，法制也。』文元年傳：『凡君即位，卿出並聘，踐修舊好，要結外援。』故服約以爲文。有位謂之官，任事謂之職。」

公與之宴，辭曰：「君之先臣督，得罪於宋殤公，名在諸侯之策。臣承其祀，其敢辱君？【疏證】桓二年經：「宋督弒其君與夷。」策，謂簡策也。杜注：「耦自以罪人子孫，故不敢屈辱魯公，對共宴會。」

請承命於亞旅。」【疏證】杜注：「亞旅，上大夫也。」沈欽韓云：「《尚書》傳云：『亞，次也。旅，衆也。』謂之亞，則非上矣。」按：「亞，次」，「旅，衆」，《釋詁》文。《牧誓》：「司徒、司馬、司空、亞旅。」彼傳又云：「衆大夫其位次卿。」❸本疏亦據某氏傳爲説，又云：「成二年傳魯賜晉三帥三命之服，『侯正、亞旅，受一命之服』。皆卿後即次亞旅，知是上大夫也。」按：彼年傳服注：「亞旅，大夫。」某氏傳以亞旅爲衆大夫，與服注合。亞旅蒙卿爲文，不

---

❶「實」，原爲空格，今據原稿補。
❷「盡」，原作「而」，今據原稿改。
❸「衆」，原爲空格，今據原稿補。

得僅以上大夫當之。沈説是也。

魯人以爲敏。【疏證】杜注：「無故揚其先祖之罪，是不敏。魯人以爲敏，明君子所不與也。」本疏：「魯人，魯鈍之人。」朱駿聲云：「非杜意也。杜解明君子所不與，蓋言庸衆之人以爲敏耳。」疏以魯人爲魯鈍之人，蓋申杜意。朱氏以魯人爲庸衆之人，猶疏説也。傳稱魯人，無釋爲魯鈍者。焦循云：「《檀弓》云：『容居，魯人也，不敢忘其祖。』容居爲徐國大夫，而自稱魯人，故注云：『魯，魯鈍人也。』又『叔仲皮死，其妻魯人也』注亦云：『言雖魯鈍，其於禮勝學。』此正義以魯人爲魯鈍之人，本《檀弓》注也。乃《檀弓》言魯人不止此。如云『魯人欲勿殤重汪錡』，『魯人曰非禮也』，『魯人有朝祥而莫歌者』，皆指魯國之人，此傳在魯言魯，故曰魯國之人以爲敏。華耦之來，魯人固以其爲罪人子孫，若自侈大，將有以譏之。耦先自言華督得罪於殤公，請承命於亞旅，此口給，故魯國之人以爲敏也。服虔云：『魯人不知其非，反尊貴之』，亦謂魯國之人。」按：焦説是也。杜注及疏説皆非傳意。顧炎武云：「傳以華孫辭宴爲合於禮，解失之。」案：服義亦不以華孫辭宴爲合禮，顧説非。

夏，曹伯來朝，禮也。

諸侯五年再相朝，以脩王命，古之制也。【注】鄭玄云：「古者據時而道前代之言，唐虞之禮，五載一巡守。夏殷之時，天子蓋六年一巡守，諸侯間而朝天子。其不朝者，朝罷朝，五年再朝，似如此制，禮典不可得而詳。」本疏及《王制》疏引《鄭志》。【疏證】杜注：「十一年，『曹伯來朝』。雖至此乃來，亦五年。」杜但明曹伯之來朝，符于五年相朝之禮，於傳古之制也無説。本疏：「《大行人》云：『世相朝也。』鄭玄云：『父死子立曰世。』《周禮》諸侯邦交，唯有此法，無五年再朝之制。此云『古之制也』，必是古有此法。但禮文殘缺，未知古是何時。」下引《鄭志》，駁之云：「然則古者據今時而道前世耳，不必皆道前代。傳稱『古者越國而謀』，非謂前代之人有此謀也。『古人有言』，非謂前代之人有此言也。《詩》云『我思古人』，非思夏殷之人也。此云『古』者，亦非必夏殷。鄭言夏殷禮，非也。」按：《王制》：「諸侯之於天子也，比年一小聘，三年一大聘，五年一朝。」彼疏引此傳，又云：「案《鄭志》孫皓問云：『諸侯五年再相朝，不知所合典禮。』」下引鄭答，是鄭氏此條專釋此傳諸侯五年再相朝之義。本疏删去「唐虞之禮，五載一巡狩」二句，又删「禮典不可得而詳」句，❶今從《王制》疏備引之。鄭必言唐虞五載一巡狩者，見夏殷之禮已異唐虞。彼疏云：「如鄭之意，此爲夏殷之禮。而鄭又云『虞夏之制，諸朝歲朝』，以夏與虞同，與《鄭志》乖者，以群后四朝，文在《堯典》。《堯典》是虞夏之書，故連言夏，其實虞也。故《鄭志》：『唐虞之禮，五載一巡守。』今知諸侯歲朝，唯指唐虞也。其夏殷朝天子，及自相朝，其禮則然。」彼疏謂鄭云「虞夏歲朝見」，《王制》注此釋夏殷、唐虞之異最明。鄭必解傳「古之制」爲夏殷禮者，以周禮無諸侯五年相朝之文，疏亦明知之，而云：「一世一朝，疏闊太甚，其於間暇之年，必有相朝之法。五年再相朝，正是周禮之制，《周禮》文不具耳。文、襄之霸，其務不煩諸侯，以五年再朝，往來太數。更制三年一聘，五年一朝，所以説諸侯也。諸侯或從時令，或率舊章。此在文、襄之後，仍守舊制，故五年再相朝也。」按：昭三年《左傳》：「鄭子太叔曰：『文、襄之霸也，其務不煩諸侯，令諸侯三歲而聘，五歲而朝。』」疏蓋本彼傳爲説。鄭注《王制》亦據之，謂「此大聘與朝，晉文霸時所制也」。鄭既釋《王制》五年一朝爲文、襄時制，其周之朝禮，則闕而不言。亦以五年再朝，與世相朝之禮不相應耳。審如疏説，則文、襄以前，五年再朝之制仍存。五十凡例，何以無説？由是尋

---

❶「删」，原作「明」，今據原稿改。

求，則五年再朝，其非周禮明矣。曹伯之來朝，合於古制，故傳特表著之。《王制》疏釋鄭説云：「如《鄭志》之言，則夏、殷天子六年一巡守，其間諸侯分爲五部，每年一部來朝天子，朝罷還國，其不朝者朝罷朝諸侯，至後年不朝者，往朝天子而還，前年朝者，今既不朝，又朝罷朝諸侯，是再相朝也，故鄭云『朝罷朝也』。」鄭君「朝罷朝」之義甚爲隱滯，即彼疏義核之，比如此年甲往朝天子，❶則乙朝丙，丁朝戊。丙、戊皆不朝天子者，其後甲朝丙，乙朝丁，丙朝戊。皆如上法，所謂朝罷朝諸侯也。《王制》疏又云：「熊氏以爲虞、夏制法，諸侯歲朝，分爲四部，四年乃徧。」其説與鄭《禮》注異。然夏、殷六年一巡狩，諸侯分爲五部，則唐、虞五載一巡守，諸侯分爲四部矣。疑《鄭志》亦謂唐、虞諸侯間而朝天子，諸侯五年再相朝，惜無文明之。又按：杜注於僖十五年「公如齊」即引此傳，明諸侯五年相朝。本疏乃云：「杜引此證彼，則是當時正法，非謂前代禮也。或人見僖公朝齊，杜引此爲證，遂言五年再相朝是事霸主之法。然則魯非霸主，曹伯何以朝之？」其謂或人之説，不顯姓名。疏又云：「昭十三年歲聘間朝，是周之諸侯朝天子之法。沈氏以爲諸侯再相朝及昭十三年皆爲朝牧伯之法。❷以『間朝以講禮』與『再朝而會』是三歲之朝與六年之朝。大率言之，是五年之內再相朝也。但魯非曹之伯國，而沈云朝牧伯之禮，又昭十三年朝盟主之法，亦無明證。沈氏之言，未可從也。」則所云或説，即沈文阿説也。沈説與《鄭志》合，知此傳五年再朝，舊説當同《鄭志》。沈欽韓云：「按：傳通論相朝之事，故云『古制』，非專指朝魯，沈氏之言是也。」

齊人或爲孟氏謀，【疏證】惠棟云：「魯三家，慶父、叔牙、季友。慶父之後當云慶氏，稱孟氏者，鄭康成

❶「年」，原脱，今據原稿補。
❷「侯」下，《春秋左傳正義》卷十九下有「五年」二字。

《論語》注云：『慶父鞫死，時人爲之諱，故云孟氏。』杜云：『慶父爲長庶，故或稱孟氏。』按：《公羊傳》：『慶父曰：「吾不得入矣。」於是抗輈經而死。』❶疏云：『鄭氏云慶父輈死者，正取此文。』又案：《禮含文嘉》曰：❷『文家稱叔，質家稱仲，嫡長稱伯，庶長稱孟。』杜依此爲説。」按：先儒謂慶父爲莊公母弟，詳□□□□疏證。杜不用舊説，以爲莊公庶兄，故於此注鑿爲長庶之説。惠氏引《公羊》證之，過矣。鄭氏《論語》注見《檀弓》疏。諱稱孟氏，當是《左氏》舊説。記事者從魯人之辭也。

曰：「魯，爾親也。飾棺寘諸堂阜，【疏證】杜注：「飾棺不殯，示無所歸。」《喪大記》鄭注：「飾棺者，以華道路及壙中，不欲使衆惡其親也。」舊説當同此。疏引《喪大記》：「『飾棺，大夫畫帷。畫荒，火三列，黻三列，素錦褚，❸纁紐二，❹玄紐二。』齊人教之飾棺，蓋依此大夫之制而爲之飾。沈氏云：『飾棺，即《雜記》：「諸侯死於道，其輤有裧，緇布裳帷，素錦以爲屋而行；大夫死於道，❺以布爲輤而行。」』❻義或當然。」玩沈説，不援《喪大記》大夫飾棺之制，則疏引《喪大記》非舊注義也。彼自爲國中喪柩之制，齊人喪孟氏，當用大夫死於道之禮。沈

---

❶「抗」，原作「杭」，今據原稿改。
❷「含」，原爲空格，今據原稿補。
❸「錦」，原作「飾」，今據原稿改。
❹「纁紐」，原爲空格，今據《春秋左傳正義》卷十九下及原稿補。
❺「於道」，原重文，今據《春秋左傳正義》卷十九下删。
❻「而」，原作「爲」，今據《春秋左傳正義》卷十九下改。

説是也。杜以堂阜在齊、魯境上，已釋於莊九年杜注。彼年傳以爲齊地。❶按下文「卞人以告」，則堂阜近卞也。

「魯必取之。」卞人以告。【疏證】杜注：「卞人，魯卞邑大夫。」疏：「治邑大夫，例呼爲『人』。孔子父爲鄹邑大夫，謂之鄹人，知此卞人是卞邑大夫。」

惠叔猶毁以爲請，【疏證】杜注：「敖卒，則惠叔請之，至今期年而猶未已。毁，過喪禮。」疏引劉炫云：「『敖去年九月卒，至今年夏，據月未匝，不得稱期年。』今知非者，杜以傳云『惠叔猶毁』，據日月之久，欲盛言其遠，故云期年。但首尾二年亦得爲期年之義，劉以未周十二月而規杜氏，非也。」敖喪未期年，傳文甚明，炫規杜無可置喙。杜持短喪之説，以惠伯之毁爲過，❷故謬云期年也。疏駁炫説更非。馬宗璉云：❸「《喪服小記》曰：『久而不葬者，惟主喪者不除。』穆伯踰年而不得葬，故惠伯猶服斬衰之服，❹而毁以爲請。」按《喪禮》容貌稱其服，傳稱「猶毁」，則服斬衰可知。馬説深得傳義。❺沈欽韓云：「此猶毁者，未行卒哭、變除之禮。杜預不知而爲無稽之説。」沈氏亦謂惠叔未釋衰。

立於朝以待命。【疏證】禮，斬衰不入公門，此蓋暫釋服而往。

---

❶「以」，原作「政」，今據原稿改。
❷「伯」，疑當作「叔」。
❸「璉」，原爲空格，今補。
❹「伯」，《春秋左傳補注》卷一作「叔」。
❺「義」，原脱，今據原稿補。

許之，取而殯之。【疏證】杜注：「殯於孟氏之寢。」《讀本》：「惠叔取殯，謂欑次於寢之西序。」❶

齊人送之。

書曰「齊人歸公孫敖之喪」，爲孟氏，且國故也。

葬視共仲。【疏證】杜注：「制如慶父，皆以罪降。」

聲己不視，帷堂而哭。【疏證】杜注：「聲己，惠叔母，怨敖從莒女，故帷堂。」《檀弓》：「曾子曰：『尸未設飾，故帷堂，小斂而徹帷。』仲梁子曰：『夫婦方亂，故帷堂，小斂而徹帷。』」注：「帷堂，爲人褻之。❷言『方亂』，非也。」本疏引《檀弓》，申之云：「至大斂之節，又帷堂，以至於殯恒帷堂。《雜記》云『朝夕哭則不帷』。今聲己恨穆伯，故朝夕哭仍帷堂。《檀弓》又云：『帷殯非古，自敬姜之哭穆伯始也。』與此相類也。」案：《雜記》「則不帷」鄭注：「緣孝子之心，❸欲見殯肂也。」❹此朝夕哭不帷堂之義。《檀弓》疏引《鄭志》：「張逸答陳鏗云：『敬姜早寡，晝哭以避嫌，帷殯或亦避嫌，表夫之遠色也。』」本疏謂「至於殯恒帷堂」，蓋取《鄭志》説。其云大斂又帷堂，則與《檀弓》小斂徹帷義乖，未知何據。沈欽韓云：「帷堂、帷殯，其事雖一，而聲己、敬姜則爲二人，當緣穆伯之謚同，相傳者異耳。」按：《檀弓》疏云：「《春秋》文十五年，公孫敖之喪，『聲己不視，帷堂而哭』。公孫敖亦是穆伯，此不

---

❶「欑」，原爲空格；「之」，原作「寑」，今據原稿補改。

❷「褻」，原殘，今據原稿補。

❸「緣」，原爲空格，今據原稿補。

❹「肂」，原作「肆」，今據原稿改。

云聲己之哭穆伯始者，聲己是帷堂，非帷殯也。聲己哭在堂下，怨恨穆伯，不欲見其堂，故帷堂。敬姜哭於堂上，遠嫌不欲見夫之殯，故帷殯。」是帷殯、帷堂，禮非一事。《檀弓》既稱帷殯非古，則古惟有帷堂之禮止行於小斂之初。❶公孫敖之喪自齊還，或用初喪禮，故傳稱帷堂，不稱帷殯。《雜記》所云「朝夕哭不帷」，則顯是帷殯，其禮在敬姜以後也。

襄仲欲勿哭，【疏證】杜注：「怨敖取其妻。」馬宗璉云：「襄仲於穆伯，從父兄弟也，當服小功五月。今穆伯踰年未葬，則襄仲已以麻終小功五月之數，而除喪久矣，故以爲無服則勿哭。然本爲兄弟之親，且未葬者，雖時已除喪，及其葬也，反服其服而可以勿哭乎？」勝杜説。

惠伯曰：【疏證】杜注：「惠伯，叔彭生。」按：惠伯爲公孫兹之子，❷襄仲其從世父也。

「喪，親之終也。雖不能始，善終可也。【疏證】親，指兄弟之親。不能始，謂敖取襄仲所聘莒女。

「史佚有言曰：【注】服云：「史佚，周成王太史。」《玉藻》疏。【疏證】杜不釋「史佚」。李貽德云：「知史佚爲周成王太史者，《書·洛誥》『逸祝册』，《無逸》篇《大傳》『逸』作『佚』。《大戴記·保傅》：『常立於後，是史佚也。』故成王中立而聽朝。』《史記·晉世家》：『成王削桐葉爲珪，以與叔虞，曰：「此封若。」史佚因請擇日立叔虞。』皆史佚爲成王時人之證也。」

---

❶「止」，原作「也」，今據原稿改。

❷「兹」，原爲空格，今據原稿補。

「『兄弟致美。救乏、賀善、弔災、祭敬、喪哀，【疏證】惠伯引史佚之言，惟主祭、喪。本疏：「祭敬者，謂助祭於兄弟之家盡其敬也。喪哀者，謂兄弟死喪之事竭其衷也。」❶

「『情雖不同，毋絶其愛，親之道也。』【疏證】此上皆史佚之言。

「子無失道，何怨于人？」【疏證】道，謂祭、喪之道。

襄仲說，帥兄弟以哭之。【疏證】沈欽韓云：「《喪服傳》：『小功以下爲兄弟。』《士喪禮》：『始死，親者在室，衆兄弟堂下北面。』注：『衆兄弟，小功以下。』又既殯後，『兄弟北面哭殯。兄弟出，主人拜送于門外』。疏云：『大功容有同財同門，故《喪服》以小功以下爲兄弟。』襄仲與穆伯爲從父昆弟，既殯，則哭位在堂下也。」

他年，其二子來，【疏證】杜注：「敖在莒所生。」

孟獻子愛之，聞於國。【疏證】《檀弓》「孟獻子禫」，疏：「仲稱孟者，是慶父之後。」義已説於「齊人或爲孟氏謀」下。又「趨而就子服伯子于門右」，疏：「《世本》：『獻子蔑生孝伯，孝伯生惠伯，惠伯生昭伯，昭伯生景伯。』」杜注：「獻子，穀之子仲孫蔑。」據《世本》也。《讀本》：「時惠叔難已終，文伯子獻子蔑繼立，獻子愛此二子。」按：二子，獻子之季父。

或譖之曰：「將殺子。」獻子以告季文子。【疏證】譖詞謂二子將殺獻子也。季文子，獻子之從季父。

二子曰：「夫子以愛我聞，我以將殺子聞，不亦遠于禮乎？遠禮不如死。」【疏證】此夫子，蓋大夫

---

❶ 原稿眉批：致，詁。美，詁。

之稱。獻子輩下於二子，年或長之，故稱其官。

一人門於句鼆，一人門于戾丘，皆死。【注】服云：「魯國中小寇，非異國侵伐，故不書。」本疏。

【疏證】《釋文》：「鼆，又作『黽』。」杜注：「句鼆、戾丘，魯邑。有寇攻門，二子禦之而死。」用服說。服明經不書二子死事之義。傳云「他年，其二子來」，則非此年之事，傳終言之。句鼆、戾丘，今地闕。

六月，辛丑，朔，日有食之，鼓，用牲于社，非禮也。【疏證】杜注：「得常鼓之月，而於社用牲爲非禮。」按：莊二十五年傳：「六月，辛未，朔，日有食之，鼓，用牲于社，非常也。」本疏引《釋例》曰：「『文十五年與莊二十五年經文皆同，而更復發傳曰「非禮」者，明前傳欲以審正陽之月，後傳發例欲以明諸侯之禮，而用牲爲非禮也。此乃聖賢之微旨，而先儒所未喻也。』是解二傳不同之意。」按：據杜《釋例》之詞，則先儒説此傳非禮，與莊二十五年非常意同，皆以爲審正陽之月。杜謂此傳止譏用牲，非也。疏又云：「彼云『六月』，實是七月。」亦仍杜《長曆》之謬。

日有食之，天子不舉，【疏證】《膳夫》：「掌王之食飲膳羞，❶以養王及后、世子。王日一舉，鼎十有二，物皆有俎。天地有災則不舉。」注：「殺牲盛饌曰舉。」杜注：「去盛饌。」用鄭說。

伐鼓于社，【疏證】□□□□杜注：「責群陰。」義詳莊二十五年「鼓，用牲於社」疏證。此明天子之常禮也。本疏：「孔安國《尚書傳》云：『凡日食，天子伐鼓于社，責上公。』然則社以上公配食，天子伐鼓。責群陰，亦以責

❶ 「膳羞」，原作「膳」，今據原稿改。

上公也。」❶

諸侯用幣于社，【疏證】莊二十五年傳：「凡天災，有幣無牲。」則雖天子亦不得用牲。傳自明鼓幣之異。杜注：「社尊于諸侯，故請救而不敢責之。」

伐鼓于朝，【疏證】杜注：「退自責。」莊二十五年傳：「非日月之眚，不鼓。」則鼓合於禮。傳斥非禮，謂伐鼓于社，又用牲也。

以昭事神、訓民、事君，【疏證】事神、訓民，斥天子諸侯。事君，斥諸侯，謂禮殺於天子也。

示有等威，古之道也。【疏證】杜注：「等威，威儀之等差。」

齊人許單伯請而赦之，❷**使來致命。**

書曰「單伯至自齊」，貴之也。【疏證】單伯，王臣，爲魯請子叔姬，適齊被執，得請而還，故書其至以貴之。杜謂貴而告廟，則王臣不當用公行例，❸傳無其義，是妄説也。

新城之盟，蔡人不與。【疏證】盟在十四年六月。

晉郤缺以上軍、下軍伐蔡，【疏證】杜注：「兼帥二軍。」

---

❶ 原稿眉批：伐，詁。

❷ 「赦」，原作「救」，今據原稿改。

❸ 「用」，原脱，今據原稿補。

曰：「君弱，不可以怠。」【疏證】晉靈公以七年立，彼年傳：「穆嬴日抱太子以啼于朝。」❶至是年，蓋十歲以外。《吕覽》注：「怠，懈也。」

戊申，入蔡，以城下之盟而還。

凡勝國，曰「滅之」；【疏證】此滅例也。杜注：「勝國，絶其社稷，有其土地。」襄十三年重發例曰：「用大師曰『滅』。」

獲大城焉，曰「入之」。【疏證】此入例也。杜注：「得大都而不有。」大都别乎邑言之。襄十三年重發例曰：「弗地曰『入』。」故杜謂得而不有。彼傳例主用師互相備。

秋，齊人侵我西鄙，故季文子告于晉。

冬，十一月，晉侯、宋公、衛侯、蔡侯、陳侯、鄭伯、許男、曹伯盟于扈，尋新城之盟，且謀伐齊也。【疏證】杜注：「齊執王使，且數伐魯。」

齊人賂晉侯，故不克而還。

於是有齊難，是以公不會。【疏證】《讀本》：「魯言有齊難者，秋方見侵，時國内未平。」

書曰「諸侯盟于扈」，無能爲故也。

---

❶「啼」，原爲空格，今據原稿補。

凡諸侯會，公不與，不書，諱君惡也。【疏證】此不與會不書例也。杜注：「謂國無難，❶不會義事，故爲惡。不書，謂不國別序諸侯。」詳杜意，義事當與而不與爲惡。❷不國，謂經不以國立文，別序他國諸侯也。疏云：❸「七年，『公會諸侯、晉大夫盟於扈』，傳曰：『公後至，故不書所會。』又發例云：『凡會諸侯，不書所會，後也。後至，不書其國，避不敏也。』彼乃義事，而公後期，諱君之惡，故總稱『諸侯』。此亦總稱『諸侯』，不會，非公之罪。而經文相似，傳辨諸嫌，❹故更復發例，而以善形惡。凡諸侯爲義事聚會，而公不與，則不歷書諸國，諱君惡也。」按：傳爲公不與發例，與七年傳例無涉。其兼稱「與而不書」，推言之耳。杜氏尚達此意，故注文止云「無難，不會」。疏牽於七年傳例，以後至比較爲説，不與、後至，灼然二事。彼傳無諱惡之文，此傳又非爲七年扈盟而發。彼年經云「公會諸侯及晉大夫盟于扈」，亦不得云經文相似，疏説皆非。

與而不書，後也。【疏證】此重發七年後至例也，蓋兼不書所會、不書其國二例言之。此傳發例專明公不與不書，不必蒙齊難不會之文。杜云：「今貶諸侯，以爲公諱，❺故傳發例以明之。」扈盟以賄終，亦非義事，不得言爲公諱。杜説非。

---

❶「謂」，原作「小」，今據原稿改。
❷「義事」至「爲惡」九字，原在下文「云七年」上，今據原稿改。
❸「云」，原爲空格，今據原稿補。
❹「嫌」，原作「總」，今據原稿改。
❺「以」，《春秋左傳正義》卷十九下作「似」。

齊人來歸子叔姬，王故也。【疏證】《讀本》：「齊雖畏晉，而終不肯以晉爲辭，故仍以王命爲辭。國史因記其故。」

齊侯侵我西鄙，謂諸侯不能也。【疏證】晉受齊賂故。

遂伐曹，入其郛，討其來朝也。【疏證】本年經：「夏，曹伯來朝。」

季文子曰：「齊侯其不免乎！

已則無禮，【疏證】杜注：「執王使而討無罪。」

而討於有禮者，曰：『汝何故行禮？』【疏證】本疏：「言『曰』者，原齊侯之意而爲之辭也。責曹曰：『女何故行禮？』謂責於朝魯也。」《讀本》：「齊惡魯，❶故並伐曹，責其事魯，非責其行禮。季文子憤辭周内之。」

禮以順天，天之道也。已則反天，而又以討人，難以免矣。

《詩》曰：『胡不相畏？不畏於天。』【疏證】《小雅·雨無正》文，箋：「何爲上下不相畏乎？上下不相畏，是不畏於天。」本疏：「胡，何也。」用箋説。陳奐《毛詩疏》：「胡，何也。不畏，畏也。『胡不相畏，不畏于天』，言何不各相敬畏，畏於天也。文十五年《左傳》引《詩》，釋之云：『君子之不虐幼賤，畏於天也。』《左》以『不』爲語辭。」陳據傳爲説，故與鄭小異。

君子之不虐幼賤，畏于天也。【疏證】幼賤，猶言小弱，喻曹、魯也。

---

❶「魯」，原作「晉」，今據《春秋左傳讀本》卷九改。

「在《周頌》曰：『畏天之威，于時保之。』【疏證】《周頌·我將》文，箋：「于，於。時，是也。早夜敬天，於是得安文王之道。」杜注：「言畏天威，于是保福禄。」杜釋「保」與鄭異。陳奂《毛詩疏》：「保，讀『天保定爾』之『保』。保，安也。案：此言天常眷右我周，能保安天命之意。」陳説與傳「其何能保」義合。保安天命，即保福禄之謂也。

「不畏于天，將何能保？【疏證】《孟子·梁惠王》篇：「樂天者保天下，畏天者保其國。」亦引《周頌》爲證。畏天保國，用傳義也。

「以亂取國，奉禮以守，猶懼不終，

「多行無禮，弗能在矣。」

【經】十有六年，春，季孫行父會齊侯于陽穀，齊侯弗及盟。【疏證】洪亮吉云：「石經本脱『春』字，後旁增。」杜注：「及，與也。」

夏，五月，公四不視朔。【注】左氏以爲此獨書公四不視朔者，以表公實有疾，非詐齊也。《穀梁》疏。【疏證】杜注：「諸侯每月必告朔聽政，因朝于廟。」蓋據六年經「閏月不告月」，❶猶朝于廟」爲説。又云：「今公以疾闕，不得視二月、三月、四月、五月朔也。《春秋》十二公以疾不視朔，非一也，義無所取，故特舉此以表行

❶ 下「月」，原爲空格，今據原稿補。

事。因明公之實有疾，非詐齊。」與《穀梁》疏所稱《左氏》説同。彼疏不稱杜注，其詞又異，故定爲《左氏》舊説。告朔朝廟之禮，詳六年經文疏證。❶此經變稱視朔者，從其重者言之。本疏：「告朔，謂告於祖廟；視朔，謂聽治月政。視朔由公疾而廢，其告朔，或有司告之，不必廢也。」疏釋告朔、視朔，致爲分曉。告朔可由有司行之，視朔當聽政，❷必公自臨。杜注直以告朔當視朔，非也。疏又引《釋例》云：「史之所書，當於其始，不於二月書之，而以五月書者，二月公始有疾，未知來月瘳否，不得豫書其數。至六月公瘳，乃積前數之闕，故以五月書四也。」

六月，戊辰，公子遂及齊侯盟于郪丘。【注】賈云：「《公羊》曰『菑丘』，《穀梁》曰『師丘』。」《公羊》疏。【疏證】今本《公羊》作「犀丘」，彼疏云：「正本作『菑丘』。」《校勘記》：「臧琳云：『《釋文》作犀丘，《穀梁音義》亦云《公羊》作犀丘，則唐以來本不作菑字矣。《公羊》疏，唐以前人爲之，所據皆晉宋古書，故猶見正本，與賈景伯合也。』」《釋文》：「郪音西。」李富孫云：「犀與師音相近，師、菑亦同部字。」杜注：「郪丘，齊地。」未詳所在。顧棟高云：「郪丘當在今山東泰安府東阿縣境。」江永云：「郪丘，其地當近國都，豈遠至東阿而與之盟乎？」❸按：江説是也。沈欽韓云：「《續志》：『宋公國，周名郪丘，漢改爲新郪，章帝徙宋公于此。』《方輿紀要》：❹『新郪

❶「經」，原作「釋」，今據原稿改。
❷「朔」下，原衍「之」字，今據原稿删。
❸「至」，原作「在」，今據原稿改。
❹「方輿紀要」，《春秋左氏傳地名補注》卷五作「江南通志」。

城在潁州東八十里，❶有土阜，屹然高大，謂之鄍城。』」

秋，八月，辛未，夫人姜氏薨。【疏證】杜注：「僖公夫人，文公母也。」

毁泉臺。【注】服云：「魯莊公築臺，非禮也。至文公毁之。《公羊》譏云：『先祖爲之而毁之，勿居而已。』」《羽獵賦》服注。【疏證】杜注：「泉臺，臺名。毁，壞也。」不明泉臺所在。《公羊傳》：「泉臺者何？郎臺也。」郎臺即莊三十一年春「築臺于郎」是也，故服云「魯莊公築臺」。彼傳又云：「毁泉臺何以書？譏。何譏爾？築之譏，毁之譏。先祖爲之，己毁之，不如勿居而已矣。」服氏蓋約其文。按：傳：「有蛇自泉宫出，入于國。」則泉宫不在魯都。《左氏》古誼或謂即郎臺，與《公羊》同。《穀梁》疏：「《公羊》以爲泉臺者，是莊公所築郎臺也。《左氏》與此傳并不顯言。或如《公羊》之説也。」然譏毁臺自是《公羊》之説，《左氏》意不必爾。知者，服稱《公羊》譏，審是《左氏》譏毁泉臺，則服不引《公羊》也。以今服義已佚，取《羽獵賦》注綴此。❷

楚人、秦人、巴人滅庸。【疏證】《年表》：「楚莊王三年，滅庸。」

冬，十有一月，宋人弒其君杵臼。【疏證】杵臼，《公羊》曰「處臼」。據十八年「莒弒其君庶其」經劉、賈、許義，此稱國，又稱人，則杵臼惡及國朝、國人，故稱宋人以弒。

【傳】十六年，春，王正月，及齊平。

---

❶「十」，《春秋左氏傳地名補注》卷五無此字。

❷「綴」，原爲空格，今據原稿補。

公有疾，使季文子會齊侯于陽穀，請盟。齊侯不肯，曰：「請俟君間。」【疏證】❶

夏，五月，公四不視朔，疾也。

公使襄仲納賂于齊侯，故盟于郪丘。

有蛇自泉宮出，入于國，如先君之數。【疏證】❷《五行志》引此傳：「劉向以爲近蛇孽也。❸ 泉宮在囿中，母姜氏嘗居之，蛇從之出，象宮將不居也。《詩》曰：『維虺維蛇，女子之祥。』又蛇入國，國將有女憂也。如先君之數者，公母將薨之象也。」此自「泉宮」以下皆《左氏》舊誼，惟蛇孽爲劉向、《穀梁》義。《穀梁》無泉宮、入國、如先人之數也，恐是歆義矣。以文未顯，仍列於疏中。❹ 杜注：「伯禽至僖公十七君。」案：《春秋》自隱至僖五君，桓以上據《魯世家》，魯公伯禽、考公酋、煬公熙、幽公宰、魏公費、厲公躍、鄭公具、順公濞、武公敖、懿公獻、孝公稱、惠公弗皇，凡十二君，故杜云十七君也。

秋，八月，辛未，聲姜薨，毀泉臺。【疏證】杜注：「魯人以爲蛇妖所出而聲姜薨，故壞之。」《五行志》：「秋，公母薨，公惡之，乃毀泉臺。夫妖孽應行而自見，非見而爲害也。文不改行循正，共御厥罰，而作非禮，以重其過。後二年薨，公子遂遂殺文公之二子惡、視，而立宣公。文公夫人大歸于齊。」此蒙上公母將薨爲言，疑亦

---

❶ 原稿眉批：間，詁。
❷ 「疏證」，原在下「杜注」前，今據原稿移此。
❸ 「劉向」至「之象也」六十二字，原爲大字，今據本書體例及文意改爲小字。
❹ 「中」，原脱，今據原稿補。

《左氏》説。其云「作非禮」，即斥毁泉臺之事。明其徵驗，❶蓋謂經之書毁泉臺示譏。❷疏引《釋例》：「書毁而不變文以示義者，君人之心，一國之俗，須此爲安，故不譏也。」非傳意。

楚大饑，戎伐其西南，至于阜山，【疏證】杜注：「戎，山夷也。」不釋「阜山」。沈欽韓云：「《一統志》：『阜山在鄖陽府房縣南一百五十里。』」

師于大林。又伐其東南，至于陽丘，以侵訾枝。【疏證】杜注：「大林、陽丘、訾枝皆楚邑。」未詳所在。洪亮吉云：「《御覽》引伍瑞休《江陵記》曰：『城西北六十里有林城，《春秋》「至于阜山，師于大林」即此城也。』」《彙纂》：「湖廣荆門州西北有長林城。」江永云：「今按：荆門州屬安陸府，舊有長林縣。以長林爲大林，未知是否。」按《宋書·州郡志》，長林屬荆州武甯郡。《彙纂》用《江陵記》説。長林即大林也。陽丘，今地闕。沈欽韓云：「訾枝即《史記》所云『蜀伐楚取兹方』，正義云：『《古今地名》：「荆州松滋縣古鳩兹地即兹方。」』按：訾枝當是今荆州府枝江縣。」按：《春秋輿圖》謂訾枝在今鍾祥。❸鍾祥在荆門州西，與傳稱「伐其東南」，枝江正直楚都之東南。沈説是也。

庸人帥群蠻以叛楚。【疏證】《説文》：「鄘，南夷。」唐盧潘《同食館辨》云：❹「楚莊王時都郢，郢即今之

---

❶「驗」，原爲空格，今據原稿改。
❷「蓋謂」，原倒，今據原稿改。
❸「鍾」，原爲空格，今據原稿補。下一「鍾」字同。
❹「盧」，原作「虚」，今據原稿改。

江陵。由郢而伐西北密邇之庸。」據此，則庸在楚西北也。《郡國志》：「漢中郡上庸，本庸國。」顧棟高云：「庸，今湖廣鄖陽府竹山縣東四十里，有上庸故城。群蠻在今湖廣辰州、沅州二府之境。」江永云：「今按：庸國，今鄖陽府竹山縣及竹谿縣也。」

麇人率百濮聚於選，將伐楚。【疏證】《楚語》注：❶「濮，蠻邑。」杜注：「百濮，夷也。」惠棟云：「劉伯莊《史記地名》曰：『濮在楚西南。』」沈欽韓云：「濮即僰也。《爾雅·釋地》：『南至于濮鉛。』《周書·王會》篇：『伊尹爲四方令曰「正南百濮」。』《通典·邊防三》：『諸濮之城皆出楛矢。❷《周書·王會》「卜人丹砂」注：「卜人，西南之蠻，丹砂所出。」今按：卜人蓋濮人也。』其名有尾濮、木綿濮、文面濮、折腰濮、赤口濮、黑僰濮。」按：沈説是也。濮乃西南夷種類，非有定地。昭九年傳「巴濮，❸吾南土也」，繫巴於濮，可證。高士奇云：「百濮種族非一，約言其地，當在楚境之南而迆西矣。」張平子《蜀都賦》「於東則左緜巴中，百濮所充」，此漢時濮之所居。疏引《釋例》：「建甯郡南有濮夷，無君長總統，各以邑落自聚，故稱百濮。」則又晉時濮之所居也。皆不可證春秋之百濮。《春秋輿圖》：「選，❹在湖廣荆州府枝江縣南。」

於是申、息之北門不啓。【疏證】杜注：「備中國。」疏：「申、息北接中國，有寇必從北來，故二邑北門不

---

❶「楚」，當作「鄭」。

❷「城」，《春秋左氏傳地名補注》卷五作「域」。

❸「昭九年」，原爲空格，今據《春秋左傳正義》卷四十五補。

❹「選在湖廣」，原作「纂選湖廣在」，今據原稿改。

敢開也。」

楚人謀徙於阪高。【疏證】杜注：「楚險地。」未詳。洪亮吉云：「《蜀志·張飛傳》：『曹公追先主，一日一夜及於當陽之長坂。』❶今長坂在當陽南，北去江陵城百五十里，地形高險，或即楚人所欲遷也。《荊州記》亦云：『當陽縣東有櫟林、長坂。』」❷沈欽韓同其說，引《輿地紀勝》：「長坂在荊門軍當陽縣東北二十里。」按：當陽今屬荊門州。

蒍賈曰：「不可。我能往，寇亦能往。不如伐庸。夫麇與百濮，謂我饑不能師，故伐我也。若我出師，必懼而歸。百濮離居，將各走其邑，誰暇謀人？」【疏證】離居，猶言散處也。謀人，人斥我也。

乃出師。旬有五日，百濮乃罷。【疏證】傳終言百濮之事。

自廬以往，振廩同食。❸【疏證】洪亮吉云：「此廬當即南郡中廬。」按：十四年傳「廬戢梨」下已釋。杜注：「同食，上下無異饌也。」

次于句澨。【疏證】杜注：「句澨，楚西界也。」唐盧潘《同食館辨》引此注作「楚境也」。顧棟高云：「句澨當在襄陽府均州西。」

---

❶「日一」，原作「旦」，今據原稿改。

❷「櫟」，原作「採」，今據原稿改。

❸原稿眉批：振廩，詁。

使廬戢梨侵庸，【疏證】杜注：「戢梨，廬大夫。」

及庸方城。【疏證】江永云：「此與僖四年方城異地。」沈欽韓云：「《元和志》：『方城山在房州竹山縣東南三十里，頂上平坦，❶四面險固，山南有城，周十餘里。』《一統志》：『方城亭在鄖陽府竹山縣東南方城山。』」

庸人逐之，囚子揚窗。【疏證】杜注：「窗，戢梨官屬。」

三宿而逸。曰：「庸師衆，群蠻聚焉，不如復大師，【疏證】杜注：「還復句澨師。」❷

「且起王卒，合而後進。」❸【疏證】是時楚子不在軍。

師叔曰：「不可。【疏證】杜注：「師叔，楚大夫潘尪也。」

「姑又與之，遇以驕之。彼驕我怒，而後可克，【疏證】《釋文》：「可克，或作『可擊』。」

「先君蚡冒所以服陘隰也。」【疏證】《古今人表》「蚡」作「坌」。《楚語》注：❹「蚡冒，季紃之孫，❺若敖之子熊率。」與《楚世家》世次異。《世家》作「季徇」，「季徇子熊咢，熊咢子熊儀，是爲若敖。若敖子熊坎，是爲霄

---

❶「坦」，原作「垣」，今據原稿改。

❷「還」，原漫漶不清，今據原稿補。原稿眉批：復，詁。

❸「後」，原作「復」，今據原稿改。

❹「楚」，當作「鄭」。

❺「紃」，原爲空格，今據原稿補。

敖。❶霄敖子熊眴，是爲蚡冒」。索隱：劉音率。❷則熊率即史之熊眴也。杜注：「蚡冒，楚武王父。」疏引劉炫云：「『按《楚世家》，蚡冒弟熊達弑蚡冒子而代立，是爲楚武王。則蚡冒是兄，不得爲父。』今知不然者，以《世家》之文多有紕繆，與經、傳異者，非是一條。杜氏非不見其文，但見而不用耳。劉以《世家》規杜氏，非也。」壽曾謂：韋注雖與《世家》異，却不言蚡冒爲武王父。《内傳》舊説當亦同。以爲武王父者，乃杜氏一人之説，妄不足據。今本《史記》「熊達」作「熊通」，通、達形近而歧。杜注：「陘隰，地名。」疏引《釋例》：「陘隰與僖四年次于陘爲一地。潁川召陵縣南有陘亭。❸楚自武王始居江漢之間，則蚡冒之時，未至中國，不應已能越申、息，遠服潁川之邑，疑非也。」疏蓋駁杜説。顧棟高云：「荆州府以東多山谿之險，因名。」

又與之遇，七遇皆北，

雖裨、鯈、魚人實逐之。【疏證】杜注：「裨、鯈、魚，庸三邑。魚，魚腹縣。」洪亮吉云：「《郡國志》：『巴郡魚復，古庸國。』」馬宗璉云：「《水經·江水》：『又東逕魚腹縣故城南。』酈元曰：❹『故魚國也。』是魚乃群蠻之一，非庸地。劉昭猶沿元凱之誤。」❺按：馬説是也。沈欽韓云：「《方輿紀要》：『魚復故城在夔州府奉節縣城東

---

❶「霄敖」，原倒，今據《史記·楚世家》改。下「霄敖」同。

❷「劉」，原爲空格，今據原稿補。

❸「召陵」，原作「百陸」；「有」，原作「古」，今據原稿改。

❹「酈」，原爲空格，今據原稿及《皇清經解》卷一千二百七十七《春秋左傳補注》補。

❺「猶沿」，原作「□謂」，今據原稿補改。

五里。』」禆、儵，今地闕。

庸人曰：「楚不足與戰矣。」遂不設備。

楚子乘馹，會師於臨品。【疏證】馹，古「驛」字。《釋言》：❶「驛，傳也。」本疏引舍人曰：「『驛，尊者之傳也。』郭璞曰：『傳車，驛馬之名也。』」《彙纂》：「臨品當在襄陽府均州界。」

分爲二隊，【注】服云：「隊，部也。」《文選·子虛賦》注。**【疏證】**杜用服義。《廣雅·釋宫》：「羨、隊，道也。」王念孫云：「隊爲羨道之通稱。襄十八年《左傳》『夙沙衛連大車以塞隧』是也。文十六年傳：『分爲二隊，子越自石溪，子貝自仞，❷以伐庸。』隊與隧同，謂分兩道以伐庸也。哀十三年傳『越子伐吴爲二隧』是也。杜預以隊爲『隊伍』之隊，失之。」按：傳此言分兵，下言分道，服解未誤，故杜依用之。王義可備一説。

子越自石溪，子貝自仞，以伐庸。【疏證】《釋文》：「溪，本又作『谿』。」杜注：「子越，鬭椒也。」《彙纂》：「石溪、仞當在均州界。」

秦人、巴人從楚師。群蠻從楚子盟，遂滅庸。【疏證】《年表》：「楚莊王三年，滅庸。」《楚世家》：「莊王即位三年，遂滅庸。」

宋公子鮑禮於國人，【疏證】杜注：「鮑，昭公庶弟文公也。」《宋世家》：「昭公無道，國人不附，昭公弟鮑

---

❶「言」，原作「地」，今據原稿改。

❷「自」，原脱，今據原稿補。

革賢而下士。」鮑革，異文。

宋饑，竭其粟而貸之。【疏證】「貸」字杜不注。《説文》：「貸，施也。」《廣雅·釋詁》：「斂、钦、匃，❶與也。」王念孫引此傳爲證。

年自七十以上，無不饋詒也，時加羞珍異。【疏證】《御覽》三十五「饋詒」引作「饋飴」。羞如「羞以含桃」之羞。養老禮也。《讀本》：「謂加進珍品。」

無日不數於六卿之門。【疏證】本疏：「言參請不絶也。」

國之材人，無不事也；

親自桓以下，無不恤也。【疏證】據《宋世家》，桓公卒，子襄公立；襄公卒，子成公立；成公卒，弟禦立；宋人殺禦而立昭公。由桓至昭凡四世，謂桓、襄、成之族也。

公子鮑美而豔，

襄夫人欲通之，【注】服云：「襄夫人，周襄王之姊王姬也。」❷《宋世家》集解。【疏證】八年傳：「宋襄夫人，襄王之姊也。」服據彼傳爲説。杜注：「鮑適祖母。」《宋世家》：「先，襄公夫人欲通於公子鮑。」

而不可，【注】服云：「不可，鮑不肯也。」《宋世家》集解。【疏證】李貽德云：「《釋詁》：『肯，可也。』此

---

❶「钦」，原作「欵」，今據原稿改。「匃」，原作「匈」，今據《廣雅疏證》卷三下改。

❷「姊」，原作「娣」，今據原稿改。下一「姊」字同。

釋『可』爲『肯』，轉相訓。」

乃助之施。【疏證】《宋世家》：「乃助之施於國。」正義：「襄夫人助公子鮑布施恩惠於國人也。」

昭公無道，國人奉公子鮑以因夫人。

於是華元爲右師，【疏證】《世本》：「華督生世子家，家生華孫御事，事生華元右師。」杜注：「元，華督曾孫。」蓋據《世本》。❶《宋世家》作「因大夫華元爲右師」，正義：「公子鮑因華元請，得爲右師。」此史公駁文，誤傳之「夫人」爲「大夫」也。鮑爲昭公弟，不假右師之官爲重。

公孫友爲左師，

華耦爲司馬，【疏證】八年傳「襄夫人殺大司馬公子卬」，十五年經書「宋司馬華孫來盟」，則此傳記宋之命官非一時事。❷

鱗鱹爲司徒，

蕩意諸爲司城，【疏證】八年傳「司城蕩意諸來奔」，其歸國不審在何年。

公子朝爲司寇。❸

---

❶「據」，原爲空格，今據原稿補。

❷「之」，原脱，今據原稿補。

❸ 原稿眉批：查釋人。

初，司城蕩卒，公孫壽辭司城。【疏證】《讀本》：「司城蕩，公子蕩也。」杜注：「壽，蕩之子。」按：此溯八年前事。

請使意諸爲之。【疏證】杜注：「意諸，壽之子。」

既而告人曰：「君無道，吾官近，懼及焉。

「棄官，則族無所庇。子，身之貳也，姑紓死焉。【疏證】《卷耳》傳：「姑，且也。」《采薇》傳：❶「紓，緩也。」

「雖亡子，❷猶不亡族。」

既，夫人將使公田孟諸而殺之。公知之，盡以寶行。

蕩意諸曰：「盍適諸侯？」公曰：「不能其大夫，至于君祖母以及國人，【疏證】杜注：「君祖母，諸侯祖母之稱，謂襄夫人。」沈欽韓云：「《喪服》適母爲君母，則君祖母是適祖母之稱。杜預以爲『諸侯祖母之稱』，其不學如此。」案：沈説是也。本疏：「哀十六年，蒯聵告周云『得罪於君父君母』，謂母爲君母，則祖母爲君祖母矣。」以證杜説，然彼傳「君母」即指嫡母也。

「諸侯誰納我？且既爲人君，而又爲人臣，不如死！」

---

❶ 「采薇」，原爲空格，今據《毛詩正義》卷十五補。

❷ 「雖亡」至「亡族」七字，原脱，今據原稿補。

盡以其寶賜左右而使行。【疏證】《廣雅·釋詁》：❶「行，去也。」

夫人使謂司城去公。對曰：「臣之而逃其難，若後君何？」

冬，十一月，甲寅，宋昭公將田孟諸。未至，夫人王姬使帥甸攻而殺之。【疏證】《檀弓》疏「帥甸」引作「甸師」。杜注：「帥甸，郊甸之帥。」宋本「之帥」作「之師」，則杜本或亦作「甸師」。然疏引《載師》：「『以公邑之田任甸地。』帥甸者，甸地之帥，當是公邑之大夫也。獨言帥甸，❷無以相明，故類言之，云『郊甸之帥』。」則唐本已作「帥甸」矣。沈欽韓云：「《周禮》甸師之官，❸其徒三百人。《文王世子》：『公族有罪，磬於甸人。』帥甸即此官也。」沈蓋以帥甸當甸師也。《年表》：「襄夫人使衛伯殺昭公。」《宋世家》：「昭公出獵，夫人王姬使衛伯殺昭公杵臼。」

蕩意諸死之。【疏證】杜注：「不書，不告。」

書曰「宋人弒其君杵臼」，君無道也。【疏證】宣四年傳例曰：「凡弒君，稱君，君無道也；稱臣，臣之罪也。」詳彼年疏證。

文公即位，【疏證】《年表》：「弟鮑立。」《宋世家》：「弟鮑革立，是爲文公。」

---

❶ 「詁」，原爲空格，今據《廣雅》卷二補。

❷ 「獨」，原爲空格，今據原稿補。

❸ 「禮」，原作「地」，今據《春秋左氏傳補注》卷五改。

使母弟須爲司城。

華耦卒，而使蕩虺爲司馬。【疏證】虺，意諸之弟。

【經】十有七年，春，晉人、衛人、陳人、鄭人伐宋。【疏證】《年表》：「宋文公鮑元年，晉率諸侯伐我。」❶杜注謂：「陳侯常在衛侯上，傳不言陳公孫甯後至，甯位非上卿。」疏云：「檢《春秋》上下，亦有後至無傳。而杜云後至者，則秦小子憖是也。案彼則公孫甯未必非後至。」疏蓋駁杜説，則舊説不謂公孫甯非上卿也。

夏，四月，癸亥，葬我小君聲姜。【疏證】《公羊》「聲」曰「聖」。

齊侯伐我西鄙。【注】服虔以爲：再來伐魯，西鄙書，北鄙不書，諱仍見伐。本疏。【疏證】杜注：「西當爲北，蓋經誤。」不用服説。疏引服説，駁之云：「按經十五年『秋，齊人侵我西鄙』，『冬，齊人侵我西鄙』。❷僖二十六年『春，齊人侵我西鄙』，『夏，齊人伐我北鄙』。皆仍見侵伐，書而不諱，此何獨諱而不書？凡諱者，諱國惡也。齊侯無道而伐我，我非有惡可諱，何以諱其仍伐？故知是一事，經文誤耳。知非傳誤者，魯求與平，即盟于穀。穀是濟北穀城縣也，穀在魯北，知北鄙是也。」❸壽曾謂：十五年經再書「齊人伐我西鄙」，下云「遂伐曹，

❶「伐」，《史記·十二諸侯年表》作「平」。
❷「人」，《春秋左傳正義》卷二十作「侯」。
❸「知」下，原衍「者」字，今據原稿删。

入其郛」，或是齊師淹滯境上，經明伐曹之役，承西鄙之役也。僖二十六年經「春，齊人侵我西鄙」，❶下有「公追齊師至酅，弗及」之文，則齊師以敗去魯，故可更書「夏，❷齊人伐我北鄙」。服氏於此經稱「諱仍見伐」，必於彼經詳不諱之義，惜佚不可考。服知此年齊再來伐者，以傳於「葬聲姜」下有「有齊難，是以緩」之文也。《讀本》云：「經書『西鄙』，傳言『北鄙』，服虔云『再伐魯』也。四月葬聲姜前有齊難，則前曾來伐可知。」疏駁服説非也。李貽德云：「《廣雅·釋詁》：『仍，再也。』《漢書》注皆以『仍』爲『頻』。」《年表》：「齊伐我。齊懿公三年，伐魯。」

六月，癸未，公及齊侯盟于穀。

諸侯會于扈。

秋，公至自穀。無傳。

冬，公子遂如齊。

【傳】十七年，春，晉荀林父、衛孔達、陳公孫甯、鄭石楚伐宋，討曰：「何故弑君？」猶立文公而還。卿不書，失其所也。【疏證】《宋世家》：「文公元年，晉率諸侯伐宋，責以弑君。聞文公定立，乃還。」則舊説謂此討宋之役，晉主之。杜注：「卿不書，謂稱人。」

夏，四月，癸亥，葬聲姜。有齊難，是以緩。【疏證】上年秋八月聲姜薨，至是已九月。杜注：「過五月

❶「西」，原作「北」，今據《春秋左傳正義》卷十六改。

❷「更」，原作「定」，今據原稿改。

之例。」

齊侯伐我北鄙，襄仲請盟。六月盟于穀。

晉侯蒐于黃父，【疏證】杜注：「一名黑壤，晉地。」顧棟高云：「宣七年，會于黑壤，傳云盟于黃父，杜注：『黃父即黑壤。』蓋二名爲一地矣。後周宇文泰小字黑獺，諱之改曰烏嶺。」沈欽韓云：「《方輿紀要》『烏嶺在澤州沁水縣西北四十里』，即黃父，『與平陽府翼城縣接界』。」❶

遂復合諸侯于扈，平宋也。【疏證】《年表》：「晉靈公十一年，率諸侯平宋。」杜注：「傳不列諸國而言復合，則如上十五年會扈之諸侯可知也。」

公不與會，齊難故也。【疏證】《讀本》：「魯有齊難，時公在穀也。」按：❷傳明齊之再伐魯。

書曰「諸侯」，無功也。

於是晉侯不見鄭伯，以爲貳於楚也。

鄭子家使執訊而與之書，以告趙宣子，【疏證】子家，公子歸生也。《爾雅·釋言》：❸「訊，言也。」《正月》傳：「訊，問也。」❹杜注：「執訊，通訊問之官。」《讀本》：「言執物問訊宣子安否，即與執訊人書以告宣子。」

---

❶ 原稿眉批：查《寰宇記》。

❷ 「按」，原重文，今據原稿删。

❸ 「爾雅」、「言」，原爲空格，今據《爾雅》卷上補。

❹ 「問」，原作「向」，今據原稿改。

曰：「寡君即位三年，**【疏證】**《年表》：「魯文公二年，爲穆公之三年。」

「召蔡侯而與之事君。九月，蔡侯入于敝邑以行。【疏證】《年表》蔡莊侯之二十一年，謂將召蔡侯至鄭共朝晉。❶

「敝邑以侯宣多之難，寡君是以不得與蔡侯偕。【疏證】僖三十年傳：「初，鄭公子蘭出奔晉，鄭石甲父、侯宣多逆以爲太子。」杜注：「宣多既立穆公，恃寵專權。」因彼傳爲説。

「十一月，克減侯宣多，而隨蔡侯以朝于執事。【疏證】杜注：「減，損也。難未盡而行，言汲汲於朝晉。」王引之云：「上文云『敝邑以侯宣多之難，寡君是以不得與蔡侯偕』，若難猶未盡，亦不能朝于晉矣。減謂滅絶也。《管子·宙合》篇曰：『減，盡也。』《説文》：『剸，減也。從刀尊聲。』《史記·趙世家》曰：『當道者謂簡子曰：「帝令主君射熊與羆，皆死。」簡子曰：「是，且何也？」當道者曰：「晉國且有大難，帝令主君滅二卿。」』❷是滅爲滅絶也。甫滅侯宣多，而即朝于晉，言不敢緩也。」案：王説是也。

「十二年六月，歸生佐寡君之嫡夷，【疏證】杜注：「夷，太子名。」按：即靈公也。《年表》魯文公之十一年。

「以請陳侯于楚，而朝諸君。【疏證】《年表》陳共公之十六年。

---

❶ 原稿眉批：查蔡、鄭《世家》。

❷ 「君」，原脱，今據原稿補。

「十四年七月，寡君又朝以蕆陳事。【注】賈、服云：「蕆，敕也。」本疏。【疏證】《年表》魯文公之十三年。杜用賈、服義。本疏云：「蕆之爲敕，無正訓也。先儒相傳爲然。」下引賈、服説。洪亮吉云：「晉以後諸本皆作『蕆』。徧檢字書，并無『蕆』字。《方言》、《廣雅》『蕆』字亦後人追改。今考字當爲茍，通作『蕆』，形相近而誤也。《説文》：『茍，自急敕也。』正用賈義。」洪氏所云「茍」通作「蕆」，未申説其義。李貽德云：「《説文》無『蕆』字，新附字有之。鈕氏樹玉曰：『蕆，疑古作葴。據《晉語》「陽畢曰：厚戒葴國以待之」，韋注：「箴，勑也。」』此可證洪説。《方言》：「蕆、勑、戒，備也。」《玉篇》：「蕆，解也，備也。」《廣雅》：❶「蕆，飭，備也。」字誤而訓未誤。傳謂朝而戒備陳之朝事耳。王念孫云：「《説文》：『勑，誡也。』鄭注《曾子問》：『戒，猶備也。』飭、勑、敕古通用。戒、誡古通用。」

「十五年五月，陳侯自敝邑往朝于君。【疏證】《年表》魯文公之十四年，陳共公之十八年。❷

「往年正月，燭之武往，朝夷也。【疏證】往年即文之十六年。杜注：「將夷往朝晉。」按：❸謂以夷之朝往也，「往」絶句。

「八月，寡君又往朝。

「以陳、蔡之密邇於楚，而不敢貳焉，則敝邑之故也。【疏證】明陳、蔡之朝楚，鄭使之來。

---

❶ 「廣雅蕆飭備也」六字，原脱，今據原稿補。

❷ 「陳共公之十八年」，疑當作「陳靈公之元年」。

❸ 「按」，原脱，今據原稿補。

「雖敝邑之事君，何以不免？

「在位之中，【疏證】猶言及位以來。

「一朝于襄，而再見于君。【疏證】本疏：「鄭穆公以僖三十三年即位，晉襄公以文公六年卒。一朝于襄，三年十一月也。再見于君，十四年七月，往年八月也。或者十四年七月寡君又朝，敕成陳事。❶再見于君，謂往年正月燭之武往朝夷，八月寡君又朝也。」按：再見不數太子夷朝之事，疏前一説是。

「夷與孤之二三臣相及於絳。【疏證】杜注：「孤之二三臣，謂燭之武、歸生自謂也。」《讀本》：「鄭二三臣前後相及在晉絳都，言事晉恭。」本疏：「小國之君自稱曰孤。臣與他國之人言己君爲寡君。❷此歸生對晉稱己君，當云寡君之二三臣。❸此言孤者，蓋鄭伯身自對晉，或自稱孤。歸生因即以孤言其君也。」❹

「雖我小國，則蔑以過之矣。今大國曰：『爾未逞吾志。』敝邑有亡，無以加焉。【疏證】言無以加於亡。

「古人有言曰：『畏首畏尾，身其餘幾？』【疏證】杜注：「言首尾，則身中之不畏者少。」《淮南·説山

---

❶「敕」，原爲空格，今據原稿補。

❷「言」下，《春秋左傳正義》卷二十有「稱」字。

❸「臣」，原作「君」，今據原稿改。

❹「因」，原作「曰」，今據原稿改。

訓》：❶「皮將弗覩，毛將何顧？ 畏首畏尾，身凡餘幾？」注：「畏始畏終，中身不畏，凡有幾何？ 言常畏也。」惠棟云：「高注較杜注尤明晰。」文淇案：杜即用高義，特不若高之明顯耳。

「又曰：『鹿死不擇音。』」【注】服云：「鹿得美草，呦呦相呼，至於困迫將死，不暇復擇善音。」本疏。**【疏證】**杜注：「音，所庥蔭之處。古字聲同，皆相假借。」杜以音爲蔭，不用服說。疏：「杜意言鹿死不擇庇蔭之處，喻己不擇所從之國，欲從楚也。」下引服注，又以劉炫從服說，「以爲音聲，謂不擇音聲而出之而難杜。今知不然者，以傳云『鋌而走險，急何能擇』，言走險，論其依止之處，以其怖急，得險則停，不能選擇寬静庥蔭之所。傳文所論，止言其出處所在，不論音聲好惡，故杜不依服義。劉以爲音聲而規杜，非也」。顧炎武云：「『鹿死不擇音』，言其鳴急切。《莊子》『獸死不擇音』，郭象注『野獸蹴之窮地，意急情盡，則和聲不至』是也。當從服虔之說。」洪亮吉亦引《莊子注》，又云：「劉逵《吴都賦》『獸不擇音』注：❷『凡間暇則有好音，逼急不擇音。凡獸皆然，非惟鹿也。』皆主音聲而言。杜注以『音』作『蔭』，義轉迂曲，而無所承。劉炫規之，最得。正義非也。」文淇案：《後漢書・皇甫規傳》「中外誣規貨賂群羌，令其文降。規懼不免，上書自訟曰：『臣雖汙穢，❸廉潔無聞，今見覆没，恥痛實深。傳稱「鹿死不擇音」，謹冒昧略上。』」亦是讀從本字。顧、洪說是也。壽曾謂：疏駁服說，蓋據下文「挺而走險」，杜釋爲「如鹿赴險」，此爲杜氏新說，非古義所有。李貽德云：「『鋌而走險』，是言『困迫將死』之狀，

---

❶「山」，當作「林」。

❷「逵」，原爲空格，今據原稿及《春秋左傳詁》卷九補。

❸「汙」、「穢」，原作「汗」、「移」，今據原稿改。

非論其依止之處。傳明云走險，孔氏乃云『得險則停』，更與傳意相違。」是也。《鹿鳴》傳：「鹿得苹，呦呦然而相呼。」❶服約傳意。

「小國之事大國也，德，則其人也；不德，則其鹿也，鋌而走險，急何能擇？【疏證】杜注：「鋌，急走貌。」洪亮吉云：「《說文》：『鋌，銅鐵朴也。挺，拔也。』按：此似當從手廷。高誘《呂覽》注：『挺，猶動也。』蓋云動而走險耳。杜注非義訓。」文淇案：《皇甫規傳》注引傳正作「挺」。《說文》訓「拔」亦動義。李貽德云：「『急何能擇』，仍言『不擇音』也。」❷

命之罔極，亦知亡矣，【疏證】杜注：「言晉命無極。」

將悉敝賦以待於鯈。惟執事命之！【疏證】杜注：「鯈，晉、鄭之境。」今地闕。

「文公二年六月，壬申，朝于齊。【疏證】杜注：「鄭文二年六月壬申，魯莊公二十三年六月二十四日。」顧棟高云：「魯莊二十三年六月是癸丑朔，壬申當是六月二十日。」❸貴曾曰：

「四年二月，壬戌，❹爲齊侵蔡，【疏證】杜注：「魯莊二十五年二月無壬戌，壬戌，三月二十日。」貴曾曰：

---

❶「然」下，《毛詩正義》卷九有「鳴」字。

❷原稿眉批：《廣雅》未引，王從杜說也。

❸「二十日」，原脫，今據原稿補。

❹「戌」，原作「申」，今據《春秋左傳正義》卷二十改。

「亦獲成於楚。

「居大國之間，而從於强令，豈其罪也？【疏證】沈欽韓云：「此追引鄭事。齊桓之時，鄭固從齊，而亦間成於楚。所以然者，介于兩大，急於救患也。齊于爾時未嘗見罪，晉胡爲苛求乎？」

「大國若弗圖，無所逃命。」

晉鞏朔行成於鄭，【疏證】朔即士莊伯。

趙穿、公壻池爲質焉。【疏證】杜注：「趙穿，卿也。公壻池，晉侯女壻。」顧炎武云：「趙穿與池皆晉侯女壻，故以爲質。」朱駿聲云：「趙穿名池，一人也。若謂質兩壻，立文不順。」按：文十二年傳「趙有側室曰穿，晉君之壻也」，❶此顧説所本。朱駁未是。沈欽韓云：「《韓非·亡徵》篇：『公壻、公孫，與民同門，傲暴其鄰。』此公壻之證。」

秋，周甘歜敗戎于邥垂，乘其飲酒也。【注】服云：「邥垂在高都南。」《水經·洛水》注。❷**【疏證】**杜注：「甘歜，周大夫。」《讀本》：「蓋王子帶之後。」❸洪亮吉云：「《説文》無『邥』字。《廣韻》：『邥，沈字古文，國名，亦姓。本自周文王第十子聃季，食采于沈，即汝南平輿沈亭是也。』服説最諦。《郡國志》亦云：『新城縣有高

---

❶ 眉批：文八年傳：「且復致公婿池之封。」

❷ 「洛」，當作「伊」。下一「洛」字同。

❸ 原稿眉批：查人名。

都城。』今亭在城南七里。京相璠亦引舊説言邥垂在高都南，而又以爲上黨有高都縣。此回遠之至，❶宜其爲道元所嗤矣。」❷按：《水經·洛水》注：「邥垂亭在高都城南七里，遺基存焉。」即用服説。《郡國志》「新城」注即引此傳文。《春秋輿圖》：「邥垂在河南汝州伊陽縣境。」

冬，十月，鄭太子夷、石楚爲質於晉。【疏證】杜注：「石楚，鄭大夫。」

襄仲如齊，拜穀之盟。

復曰：「臣聞齊將食魯之麥。【疏證】言將以來年夏侵魯也。

以臣觀之，將不能。齊君之語偷。【疏證】杜注：「偷，猶苟且。」

臧文仲有言曰：『民主偷，必死。』」

【經】十有八年，春，王二月，丁丑，公薨于臺下。【疏證】《讀本》：「薨于台下，言非路寢。」《魯世家》：「十八年二月，文公卒。」

秦伯罃卒。無傳。【注】賈氏云：「《穀梁傳》云『秦伯偃』。」《公羊》昭五年疏。【疏證】《公羊》昭八年

❶「回遠」，原爲空格，今據原稿補。

❷「宜」，原作「立」，今據原稿改。

「秦伯卒」，❶傳《解詁》：「據秦伯嬰稻名。」❷疏：「今此『嬰』字者誤也。文十八年『秦伯罃卒』之下，賈氏云：『《穀梁傳》云秦伯偃。』不道《公羊》曰『嬰』，知《公羊》與《左氏》同，皆作『罃』字矣。」按：賈氏於經文下例著二傳異文，今本《穀梁傳》作「罃」，乃後人以《左氏》改之，非賈氏所見之舊矣。罃、偃雙聲字。《秦本紀》：「康公立十二年卒，子共公立。」索隱：「名貑。」

夏，五月，戊戌，齊人弒其君商人。【疏證】《年表》爲齊懿公之四年，《齊世家》同。

六月，癸酉，葬我君文公。

秋，公子遂、叔孫得臣如齊。

冬，十月，子卒。【疏證】杜注：「先君既葬，不稱君者，魯人諱弒，以未成君書之。子，在喪之稱。」惠士奇云：「杜預既葬稱君之説，至是而辭窮矣。」

夫人姜氏歸于齊。

季孫行父如齊。無傳。

莒弒其君庶其。【注】劉、賈、許、潁以爲：「君惡及國朝，則稱國以弒；君惡及國人，則稱人以弒。」《釋例》。【疏證】杜注：「稱君，君無道也。」不及書國之例。疏既引《釋例》，又云：「《釋例》既不碎辨國之

---

❶「八」，當作「五」。

❷「稻」，原爲空格，今據原稿補。

與人，❶而傳云：『莒紀公多行無禮於國，太子僕因國人以弒之。』經但稱國，不稱人，知國之與人，雖言別而事同也。」壽曾謂：劉、賈、許、潁知此稱國以弒者，正從傳稱「多行無禮於國」鈎得書國、書人之例。杜引於《釋例》，蓋用其說。疏以注所未具駁之，非也。宣四年傳引劉、賈諸君說，亦謂國之與人言別而事一，誤與此傳疏同。

【傳】十八年，春，齊侯戒師期，而有疾。【疏證】《讀本》：「齊於春戒師期，蓋欲食魯之麥。」

醫曰：「不及秋，將死。」

公聞之，卜，曰：「尚無及期！」【疏證】「卜」絶句。杜注：「尚，庶幾也，欲令先師期死。」

惠伯令龜。【疏證】沈欽韓云：「令龜即命龜也。《周禮》『大祭祀大卜眂高命龜』。《士喪禮》『宗人即席坐西南命龜』。按：卜法有六事：陳龜也，貞龜也，涖卜也，會龜也，眂高也，作龜也。其卜立君、卜大封事，更大於祭祀，則小宗伯命龜。故《小宗伯職》『國大貞，則奉玉帛以詔號』。鄭司農云：『大貞謂卜立君、卜大封也。』小宗伯尊於大卜。此惠伯命龜，亦因事大以卿命卜史也。賈疏云：『以大貞事大，故大卜身爲勞事。則大宗伯臨卜，其餘陳龜、貞龜，皆小宗伯爲之。』小事則大卜涖卜，卜師命龜也。」其命龜之辭，《曲禮》曰「假爾泰龜有常」。

卜楚丘占之，曰：「齊侯不及期，非疾也；君亦不聞。令龜有咎。」❷

二月，丁丑，公薨。

❶「既」，原爲空格，今據原稿補。

❷ 原稿眉批：咎，詰。

齊懿公之爲公子也，與邴歜之父爭田，弗勝。及即位，乃掘而刖之，【疏證】《風俗通》：「邴歜，齊大夫。」《楚語》注亦以歜爲齊臣，與應劭説同。洪亮吉云：「《史記·齊世家》曰『與丙戎之父獵，爭獲不勝』，則田乃田獵。或以爲田邑，誤。」按：洪説是也。史公約傳文，以「獵」伐「田」，❶則釋田爲獵也。《世家》又云：「及即位，斷丙戎父足。」杜注：「斷其尸足。」杜以傳言掘，故云斷尸足也。邴、丙，歜、戎，異文。《衛世家》作「邴鄙」，索隱云：「《齊世家》作『丙戎』者，蓋邴鄙掌御戎車，故號邴戎。」李富孫云：「戎、歜，一聲之轉。鄙、歜，亦形近致異。」

而使歜僕。【注】賈云：「僕，御也。」《齊世家》集解。【疏證】杜用賈説。李貽德云：「《詩·正月》箋：『僕，將車者。』《車攻》傳：『御，御馬也。』古佐綏之人或稱僕，或稱御。《禮記·曲禮》『僕人執策』，《儀禮·既夕》『御者執策』是也。」❷

納閻職之妻，而使職驂乘。【疏證】《齊世家》：「庸職之妻好，公内之宫，使庸職驂乘。」索隱：「《左傳》作『閻職』，此言『庸職』。不同者，《傳》所云閻，姓；職，名也。此言『庸職』，庸非姓，蓋謂受顧織之妻，史意不同，字則異耳。」文淇案：閻、庸一聲之轉。壽曾謂：詳索隱「受顧織之妻」，則史公叙事作「庸織」，後人轉以傳文改之。《説苑·復恩》篇正作「庸織」，❸可證也。《後漢書·楊秉傳》秉奏事約此傳，「二人參乘」。參、驂異文。

夏，五月，公游于申池。【疏證】杜注：「齊南城西門名申門，齊城無池，唯此門左右有池，疑此則是。」

---

❶ 「伐」，疑當作「代」。

❷ 「既夕」，原作「疏文」，今據原稿改。

❸ 「恩」，原作「思」，今據原稿改。

案：《水經・淄水》注：「時水出齊城西南，世謂之寒泉。東北流，直申門西。京相璠、杜預並言：申門即齊城南面西第一門矣。今池無復髣髴，尚有竹木遺生。」詳酈氏引京、杜説，止辨申門所在。京氏亦未云此傳之「申池」即在申門。惠棟云：「杜氏依京相璠説，言申池在齊城南，非也。申池在海隅，齊之藪多竹木，故云納諸竹中。若近在城南，不須言歸舍爵也。」惠氏辨申池在海隅，最諦，然誤認爲京、杜同説。馬宗璉云：「此齊海濱之藪，《淮南子》可證。若襄十八年傳『焚申池之竹木』，❶當如京、杜注『申池』爲齊城門，下言『焚東郭、北郭』可證。酈元亦知焚申池之竹木非在海隅，故其《淄水》注不言北極于海。惠定宇不知申池有二，專以京、杜之説爲非，未見明晰。」按：馬説是也，其以京注爲説襄十八年之申門，尤確。杜乃誤會京説。《齊世家》：「五月，懿公游於申池。」集解：「左思《齊都賦》注：『申池，海濱齊藪也。』」此惠説所本。馬氏引《淮南子》見《地形訓》。又案：《晉書・慕容德傳》：「德以晏謨從至漢城陽景王廟，讌父老于申池，❷北登社首山，東望鼎足，因目牛山而歎曰：『古無不死！』愴然有終焉之志。遂問謨以齊之山川丘陵，賢哲舊事。」❸此尤申池在海濱之證。

二人浴于池。歜以扑抶職。【疏證】《釋文》：「朴字宜從手。作木邊，非也。」是唐已有作「朴」之誤本。杜注：「扑，箠也。抶，擊也。」段玉裁云：「扑者，《説文》文字之變。扌即又也。擊之曰扑，因名其器曰扑。」按：《小胥》「巡舞列而撻其怠慢者」，注：「撻，猶抶也。抶以荊扑。」疏：「《左傳》『歜以扑抶職』，是抶爲撻。」據此，則

---

❶「若襄」至「可證」三十二字，原脱，今據原稿補。

❷「讌」，原作「德」，今據原稿改。

❸「哲」下，原衍「之」字，今據原稿删。

抶、撻轉相訓。撻，猶擊也。「抶，擊」，《廣雅・釋詁》文。

職怒。歜曰：「人奪女妻而不怒，一抶女，庸何傷？」職曰：「與刖其父而弗能病者何如？」乃謀弒懿公，納諸竹中。【疏證】《年表》：「二人共殺公。」《齊世家》：「二人浴，戲。職曰：『斷足子！』戎曰：『奪妻者！』二人俱病此言，乃怨。謀與公游竹中，二人弒懿公車上，棄竹中而亡去。」史公謂游竹中而弒公於車，可補傳義。《後漢書・楊秉傳》：「秉奏：❶『中常侍侯覽弟參，貪殘之惡，自取禍滅，覽固知釁重，❷必有自疑之意，臣愚以爲不宜復見親近。昔懿公刑邴歜之父，奪閻職之妻，而使二人參乘，卒有竹中之難，《春秋》書之，以爲至戒。』」詳楊秉説，則古義以懿公之使二人參乘爲非，故秉引以證侯參不宜在帝側也。

舍爵而行。❸【疏證】杜注：「飲酒訖，乃去。」沈欽韓云：「告奠于廟而去也。定八年『子言辨舍爵于季子之廟而出』，與此同。杜預謂『飲酒訖』者，鄙詞也。」

齊人立公子元。【疏證】《年表》：「立桓公子惠公。」《齊世家》：「懿公之立，驕，民不附。齊人廢其子而迎公子元于衛，立之，是爲惠公。惠公，桓公子。其母衛女，曰少衛姬，避齊亂，故在衛。」

六月，葬文公。

秋，襄仲、莊叔如齊。惠公立故，且拜葬也。【注】服云：「襄仲，公子遂。」《魯世家》集解。【疏證】

---

❶「奏」，原漫漶不清，今據原稿改。

❷「重」，原脱，今據原稿補。

❸「舍」上，《春秋左傳正義》卷二十有「歸」字。

《魯世家》引服注次「私事襄仲」下，❶於傳文宜繫此，今移之。❷杜注：「襄仲賀惠公立，莊叔謝齊來會葬。」傳無此意。

文公二妃。敬嬴生宣公。【疏證】杜無注。《讀本》：「二妃，敬嬴。元妃，哀姜也。」則二妃對元妃言之。然傳無元妃、二妃對文之例。《魯世家》：「文公有二妃：長妃齊女哀姜，生子惡及視；次妃敬嬴，嬖愛，生子俀。」史公隱栝傳文。傳「敬嬴」上似有奪句。❸傳於此宣明惡、視所出也。

敬嬴嬖，而私事襄仲。【疏證】私事，謂結襄仲爲援也。此亦險辭，猶周、鄭交質，王叛王孫蘇也。《魯世家》：「俀私事襄仲。」則謂宣公與襄仲親，傳意不如此。

宣公長，而屬諸襄仲。【疏證】《讀本》：「私事襄仲，故襄仲奉其屬。」

襄仲欲立之，叔仲不可。【注】服云：「叔仲，惠伯。」《魯世家》集解。【疏證】杜用服説。據《世本》，惠伯名彭。《魯世家》：「襄仲欲立之，叔仲曰不可。」

仲見于齊侯而請之。齊侯新立，而欲親魯，許之。【疏證】《魯世家》：「襄仲請齊惠公，❹惠公新立，

❶「魯」，原作「齊」，今據上文改。
❷「今」，原作「分」，今據原稿改。
❸「傳」，原殘，今據原稿補。
❹「請」，原作「作」，今據原稿改。

欲親魯，許之。」本疏：「惡是齊甥，❶齊侯許廢惡者，惡以世適嗣立，不受齊恩，宜以非分得國，荷恩必厚，齊侯新立，欲親魯爲援，故許之。」❷此得當時情事。

冬，十月，仲殺惡及視，而立宣公。【疏證】杜注：「視不書，賤之。」沈欽韓云：「母弟豈爲賤？」顧炎武云：「殺視及叔仲惠伯不書，亦諱之耳。」壽曾謂：惡爲嫡長，有君之道，宜書於經。經諱惡之被弑，則視亦不得書矣。顧説是也。《魯世家》：「冬十月，襄仲殺子惡及視而立俀，是爲宣公。」

書曰「子卒」，諱之也。

仲以君命召惠伯，【疏證】《讀本》：「詐子惡之命召惠伯。」按：子惡此時未成爲君，而言君命者，詞窮也。

其宰公冉務人止之，【疏證】《廣韻》「公」字下，以公冉爲複姓。

曰：「入必死。」叔仲曰：「死君命可也。」公冉務人曰：「若君命，可死；非君命，何聽？」弗聽，乃入，殺而埋之馬矢之中。【疏證】沈欽韓云：「《説文》：『𦳊，❸糞也。』《韻會》云：『通作矢。』《莊子·人間世》：『夫愛馬者以筐承矢。』」杜注：「史畏襄仲，不敢書殺惠伯。」文淇案：殺惡既諱，則惠伯之死自不得書，杜説非也。

---

❶「甥」，原爲空格，今據原稿補。
❷「許」，原作「立」，今據《春秋左傳正義》卷二十改。
❸「𦳊」，原作「菡」，今據《春秋左氏傳補注》卷五改。

公冉務人奉其帑以奔蔡，

既而復叔仲氏。【疏證】《世本》：「桓公生僖叔牙，叔牙生武仲休，休生惠伯彭，❶彭生皮，爲叔仲氏。」

「夫人姜氏歸于齊」，大歸也。【疏證】傳例，出曰大歸。杜注：「嫌與有罪出者異，故復發傳。」《魯世家》：「哀姜歸齊。」

將行，哭而過市，曰：「天乎！仲爲不道，殺適立庶。」市人皆哭。魯人謂之哀姜。【疏證】《年表》：「襄仲殺嫡，立庶子爲宣公。」《魯世家》：「哀姜哭而過市，曰：『天乎！襄仲爲不道，殺適立庶！』市人皆哭，魯人謂之『哀姜』。由是公室卑，三桓彊。」索隱：「此『哀』非謚，蓋以哭而過市，國人哀之，謂之『哀姜』，故生稱『哀』，與上桓夫人別也。」按：上文「夫人姜氏」，杜注：「惡、視之母出姜也。」「出」亦非謚，夫人卒於齊，蓋不制謚。

莒紀公生大子僕，【疏證】杜注：「紀，號也。莒夷無謚，故有別號。」紀是地名，詳成八年疏證。今地闕。

又生季佗，愛季佗而黜僕，【疏證】《魯語》注引作「季它」。

且多行無禮於國。

僕因國人以弒紀公，以其寶玉來奔，

納諸宣公。公命與之邑，曰：「今日必授！」【疏證】《讀本》：「納其寶玉，命與之邑。」《魯語》注：「授，

❶「休」，原脱，今據《世本》補。

予也。」

季文子使司寇出諸竟，曰：「今日必達！」【疏證】朱駿聲云：「按：《説文》：『達，行不相遇也。』❶自是古訓。《書·顧命》『用克達殷』，《吴語》『寡人其達王於甬、句東』，正與此達字同放逐之意。《禮記·内則》左右達爲夾室，夾室所以相隔絶也，誼亦相近。」按：朱説是也。《魯語》：「里革遇之而更其書曰：❷『爲我流之于夷，今日必通。』」通即達義。❸注謂「疾之」，非。《讀本》：「季文子蓋矯公命。杜預云：『未見公而出之，故來不書。』恐非當日情事。」壽曾謂：傳例，崩、薨不告則不書，禍、福不告亦不書。莒未告魯以君弑，則不得書也。

公問其故。

季文子使大史克對曰：【疏證】《魯語》謂里革易公命以逐莒僕，故季文子即使里革對公也。韋注：「里革，魯太史克也。」

「先大夫臧文仲教行父事君之禮，行父奉以周旋，弗敢失隊，【疏證】《後漢書·鄭興傳》：「興東歸葬，隗囂不聽，入見囂曰：『興聞事親之道，生事之以禮，死葬之以禮，❹祭之以禮，奉以周旋，弗敢失墜。』」注：「周旋，遵奉也。《左傳》季文子語。」按：興爲《左氏》學，故引傳以對隗囂也。隊、墜異文，字當從隊。隊，古墜字。

❶「遇」，原爲空格，今據原稿補。
❷「遇」，原作「過」，今據原稿改。
❸「達」，原重文，今據原稿删。
❹「死」，原脱，今據《後漢書·鄭興傳》補。

周旋，杜無注。章懷注，或是舊説。

「見有禮於其君者事之，❶如孝子之養父母也；見無禮於其君者誅之，如鷹鸇之逐鳥雀也。【疏證】杜無注。《釋鳥》：「鷹，鶆鳩。」注：「鶆，當爲『爽』字之誤耳。《左傳》作『鷞鳩』是也。」本疏引《釋鳥》「鶆」作「來」。❷昭十七年傳引樊光云：「來鳩，爽鳩也。」《月令》「季夏之月，鷹乃學習」，鄭注：「鷹學習，謂攫搏也。」「孟秋之月，鷹乃祭鳥」，鄭注：「鷹祭鳥者，將食之，示有先也。」皆説鷹逐鳥雀義。《釋鳥》又云「晨風，鸇」，注：「鷂屬。《詩》曰『鴪彼晨風』。」《晨風》疏引舍人云：「晨風一名鸇，鷙鳥也。」又引陸璣《詩疏》云：「鸇似鷂，青黄色，燕頷句喙，❸嚮風摇翅，❹乃因風飛急，疾擊鳩、鴿、燕、雀食之。」則鸇性亦鷙，故傳與鷹連言之。邵晉涵云：❺「鸇爲鷹類。」是也。《漢書·翟方進傳》：❻「奏曰：『昔季孫行父有言曰：「見有禮於其君者愛之，❼如孝子之養父母也；見不善者誅之，若鷹鸇之逐鳥雀也。」』翅翼雖傷，不避也。」蓋據傳義爲説。「翅翼雖傷不避」句乃翟氏説傳取

❶「見」上，《春秋左傳正義》卷二十有「曰」字。
❷「鳥」，原脱，今據原稿補。
❸「頷」，原作「鴿」，今據原稿改。
❹「嚮」，原作「響」，今據《毛詩正義》卷六改。
❺「邵」，原作「耶」；「涵」，原作「語」，今據原稿改。
❻「方」，原爲空格，今據原稿補。
❼「禮」，《漢書·翟方進傳》作「善」。

喻之意。

「先君周公制《周禮》曰：【疏證】《讀本》：「《周禮》、《誓命》，史克引者，今無其書。」

「『則以觀德，【疏證】《魯語》注：❶「則，法也。」杜用韋説，又云：「合法則爲吉德。」

「『德以處事，

「『事以度功，

「『功以食民。』【疏證】杜注：「處，猶制也。度，量也。食，養也。」

「作《誓命》，曰：【疏證】杜注：「誓，要信也。」疏云：「此非《周禮》之文，亦無《誓命》之書。在後作《九刑》者，記其誓命之言，著於《九刑》之書耳。」按：詳下文所稱誓命，❷蓋周公刑律之書。杜注、疏説皆非。

「『毁則爲賊，掩賊爲藏。【疏證】《魯語》「臣聞之：『毁則爲賊，掩賊爲臧。』」❸注：「掩，匿也。」杜用韋説。黄生《義府》云：「藏字，杜不注。疏：『主謂藏匿罪人之名。』按：藏乃臧之誤也。古藏、臟字皆作臧，後人轉寫誤加草耳。考《國語》正作臧。掩賊爲臧，言得賊之物而隱庇其人，猶今窩主之謂，故曰『主臧之名，賴姦之用』。『盜、賊、臧、姦，俱爲凶德』，取本文讀之，其意自顯。作臧，則藏、臟二義皆具。作藏，則義不備、意不明

---

❶「注」，原脱，今據原稿補。

❷「命」，原脱，今據原稿補。

❸「賊」，原作「則」，今據《國語正義》卷四改。

矣。」按：黄説是也。

「『竊賄爲盗，盗器爲姦。』【疏證】杜注：「賄，財也。器，國用也。」《魯語》：「竊寶者爲軌，用軌之財爲姦。」注：「亂在内爲軌，謂以子盗父。財，寶也。」《外傳》文與《内傳》異，義則同。盗器，謂用盗之器。上賊、臧以人言，此盗、姦以物言，觀下文但舉臧與姦可明。杜注既不了晰，疏遂云：「竊人財賄謂之爲盗，盗人器用謂之爲姦。」則此二句何别？

「『主藏之名，賴姦之用，』【疏證】杜注：「以掩賊爲名。用姦器也。」其解「主藏」是，解「賴姦」非。賴姦之用，謂恃爲姦所得之財用也，猶今律窩主分贜矣。

「『爲大凶德，有常無赦。【疏證】杜注：「刑有常。」

「『在九刑不忘！』【注】賈云：「正刑一，加之以八議。」《司刑》疏。服云：「正刑一，議刑八。小司寇以八辟麗邦灋，附刑罰：一曰議親之辟，二曰議故之辟，三曰議賢之辟，四曰議能之辟，五曰議功之辟，六曰議貴之辟，七曰議勤之辟，八曰議賓之辟。」本疏。【疏證】杜注：「『誓命』以下，皆《九刑》之書，《九刑》之書今亡。」不用賈、服説。惠棟云：「九刑，謂刑書九篇也。」引《周書·嘗麥解》「太史筴刑書九篇，以升授大正」，❶謂「周作九刑之事」。惠氏蓋從杜説。杜説本昭六年傳「周有亂政，而作九刑」，疏據之，謂：「此云周公作《誓命》，其事在《九刑》。」又駁服説云：「此八議者，載於《司寇》之章，周公已制之矣。後世更作，何所復

---

❶ 「授」，原作「援」，今據原稿改。

加？且所議八等之人，就其所犯正刑，議其可赦以否，八者所議，其刑一也，安得謂之八刑？杜知其不可，故不解之。」壽曾謂：傳已引《誓命》，則「毁則爲賊」云云，❶皆《誓命》篇中語，不當以「九刑」爲書名。傳言「在九刑不忘」者，❷正申有常無赦之意。謂凡情罪似此者，正刑議刑皆不赦也。賈、服之義止如此，未言以四者加於八議。《周禮》於八議，明言議某之辟，辟即刑也，何得謂不得名八刑？疏駁皆非。其引昭六年周有九刑，亦不足爲此傳九刑之證。知者，《司刑》疏：「案：文十八年，史克云：『周公制禮，「則以觀德」，作《誓命》，曰「毁則爲賊，竊賄爲盗，在九刑不忘」。』言九刑者，鄭注《堯典》云：『正刑五，加之流宥、鞭、朴、贖刑，此之謂九刑者。』賈、服以正刑一，加之以八議。昭六年云『周有亂政，而作九刑』，而云周公作者，《鄭志》：『二辟之興，皆在叔世。受命之王所制法度，時不行耳，世末政衰，隨時自造刑書，不合大中，故叔向譏之。❸作刑書必重其事，故以聖人之號以神其書耳。』若然，九刑之名，是叔世所作，假言周公，其實非周公也。」據此，則昭六年傳之九刑，非周公所制，不得用以釋此傳之九刑也。本疏引服注作「正刑一，議刑八」，又云：「即引《小司寇》八議，議親、故、賢、能、功、貴、勤、賓之辟。」則服注本備列《小司寇》文，今爲補之。賈、服謂正刑者，今律所謂正條也。八議，鄭君注云：「辟，灋也。麗，附也。附，猶著也。議親之辟，鄭司農云：『若今時宗室有罪先請是也。』議故之辟，故謂舊知也。議賢之辟，賢謂有德行者。議能之辟，能謂有道藝者。議功之辟，謂有大勳力立功者。議貴之辟，鄭司農云：『若今時吏墨綬

---

❶ 上「則」，原脱，今據原稿補。
❷ 「忘」，原作「忠」，今據原稿改。
❸ 「向」，原作「面」，今據原稿改。

有罪先請是也。』❶議勤之辟，謂憔悴以事國。議賓之辟，謂所不臣者，三恪、二代之後歟？」❷詳先後鄭説，八議皆謂罪當減等，賈、服之義謂四者之罪不以八議減之。❸

「行父還觀莒僕，莫可則也。【疏證】杜注：「還，猶周旋。」❹

「孝、敬、忠、信爲吉德，盜、賊、藏、姦爲凶德。【疏證】蒙上文「則以觀德」言。

「夫莒僕，則其孝敬，則弑君父矣；則其忠信，則竊寶玉矣。

「其人，則盜賊也；其器，則姦兆也。【疏證】《釋言》：❺「兆，域也。」謂寶玉由莒來。

「保而利之，則主藏也。❻以訓則昏，民無則焉。【疏證】此言魯不當納莒賄。「訓」與「馴」字通，訓猶順也。《孝經》：「以順則逆。」

「不度於善，而皆在於凶德，是以去之。【疏證】《□□》傳：「度，居也。」《讀本》：「言不居善而行凶，不可留也。」

❶「綬」，原爲空格，今據原稿補。
❷「恪」，原爲空格，今據原稿補。
❸原稿眉批：沈説不采。
❹原稿眉批：還，詁。
❺「言」，原爲空格，今據《爾雅》卷上補。
❻「也」，原脱，今據原稿補。

「昔高陽氏有才子八人，【注】先儒舊説皆以顓頊、帝嚳爲帝之身號，高陽、高辛皆國氏土地之號。高陽次少昊，高辛次高陽，堯承高辛之後。本疏。**【疏證】**《五帝本紀》文同。先儒舊説，即服氏説也，知者，下「少皞氏」服注：「少皞，金天氏帝號。」「帝鴻氏」服注：❶「帝鴻，黄帝。」則此當云：「高陽，顓頊也。」杜注：「高陽，帝顓頊之號。八人，其苗裔。」即用先儒舊説。疏約舉其詞，又兼引譙周《考史》，故與下服注文異也。《五帝本紀》：「帝顓頊高陽者，黄帝之孫而昌意之子也。」索隱「引宋衷云：『顓頊，名；高陽，有天下號也。』張晏云：『高陽，所興地名也。』」《紀》又云：「顓頊崩，而玄囂之孫高辛立，是爲帝嚳。帝嚳高辛者，黄帝之曾孫也。」集解：「張晏曰：『少昊以前，天下之號象其德。顓頊以來，天下之號因其名。高陽、高辛，皆其所興之地名。顓頊與嚳，皆以字爲號。上古質故也。」索隱：「宋衷曰：『高辛，地名，因以爲號。嚳，名也。』皇甫謐云：『帝嚳名夋。』」服注蓋取史公書爲説，諸家又用服氏意説史公書也。身號，即名。上古名字之稱未定，其謂嚳名夋者，廣異説耳。本説高陽、高辛，兼及少昊。高陽、高辛、堯之世次者，傳錯舉其事，不次世之先後，因表明之。更當云「少皞次黄帝」，繫高陽之上，今文佚矣。縉雲氏亦當然。洪亮吉云：「《史記》索隱引賈逵，亦以《左傳》高陽才子八人，謂其後代而稱爲子。杜取賈義。」今考索隱未引賈説，不知洪氏何所據。

「蒼舒、隤敳、檮戭、大臨、尨降、庭堅、仲容、叔達，【注】服云：「八人，禹、垂之屬也。」本疏。**【疏證】**洪亮吉云：「隤敳，索隱作『隤皚』，王符《潛夫論》作『隤凱』。檮戭，《古今人表》作『檮敳』。❷尨降，王符作

❶「服」，《史記·五帝本紀》作「賈」。
❷「敳」，原作「戭」，今據原稿改。

『龍降』。」皆異文。《廣雅・釋詁》：「臨、巨，大也。」王念孫云：「《左傳》『高陽氏有才子八人』，自『庭堅』以上，皆以二字爲名。《爾雅》：『厖、洪，大也。』洪與降古同聲，大臨、尨降或皆取廣大之義與。」杜注：「此即垂、益、禹、皋陶之倫。庭堅即皋陶字。」杜於服注外增出益、皋陶二人。疏申之云：「司馬遷采帝系《世本》以爲《史記》，其《夏本紀》稱禹是顓頊之孫，《秦本紀》稱皋陶是顓頊之後，伯益則皋陶之子。垂之所出，史無其文。舊説相傳，亦出顓頊，故云此即垂、益、禹、皋陶之倫也。五年傳『臧文仲聞六與蓼滅，云：「皋陶庭堅不祀忽諸。」』知庭堅、皋陶爲一人，其餘則不知誰爲禹，誰爲益。」壽曾謂：服謂垂、禹之屬，其垂、禹連言者，《書・堯典》：「帝曰：『俞。咨，垂：汝共工。』」馬融注：「爲司空，共理百工之事。」據馬説則垂、禹同掌百工之事矣。杜增益皋陶，非服説所有。《水經・洛水》注引《顯靈碑》以益爲即隤敳，其説蓋不足據。惟庭堅之文有六年傳可證。❶《古今人表》「庭堅」正作「咎繇」，班氏據彼傳改「庭堅」爲「咎繇」也。本疏又云：「《古今人表》銓量古人爲九等之次，雖知禹、益必在八愷，稷、契必在八元，不能識知其人，不得自相分配，故八元、八愷與皋陶、禹、稷並出其名，亦爲不知故也。」疏謂《人表》知八愷有禹、益，與服説異。疑舊説別有釋爲禹、益之屬者，杜但增皋陶耳。然《人表》以咎繇易庭堅，非並出其名，疏亦誤。

「齊、聖、廣、淵、明、允、篤、誠，【疏證】《釋言》：❷「齊，中也。」□□「聖，通也。」《詩・□□》傳：「淵，深也。」《釋詁》：「允，信也。篤，厚也。」

---

❶ 「六」，疑當作「五」。

❷ 「釋」上，原有二空格，今據原稿删。

「天下之民謂之八愷。【注】賈云：「愷，和也。」《五帝本紀》集解。【疏證】杜用賈説。疏：「言其和於物也。愷訓爲樂，樂亦和也。」《五帝本紀》作：「世得其利，謂之八愷。」

「高辛氏有才子八人，【疏證】《五帝紀》文同。高辛氏已説於上。此服注當云：「高辛，帝嚳也。」杜注：「高辛，帝嚳之號，八人，亦其苗裔。」蓋用舊説。

「伯奮、仲堪、叔獻、季仲、伯虎、仲熊、叔豹、季貍，【疏證】洪亮吉云：「伯奮，《古今人表》作『柏奮』。伯虎，作『柏虎』。仲熊，王符作『仲雄』，《人表》作『季熊』。」皆異文。惟《人表》『季熊』下注：「師古曰：『即《左氏傳》所謂季貍也。』」則《人表》「季貍」作「季熊」，洪説誤。此傳服注無考。《説文·人部》：「偰，高辛氏之子，爲堯司徒。」當是用賈君説。偰即契。杜注：「此即稷、契、朱虎、熊羆之倫。」前「八愷」疏「《人表》雖知稷、契必在八元」，則《左氏》舊説止稱稷、契之屬，❶其朱虎、熊羆爲杜所加，或舊説又自不同，如八愷之比也。本疏：「契後爲殷，稷後爲周。《史記》稷、契皆爲帝嚳之子，而上句注云『其苗裔』者，《史記》堯亦帝嚳之子，則稷、契，堯之親弟。以堯之聖，有大德之弟，久而不知，舜始舉用。以情而測，理必不然。且云世濟其美，必應累世，不容高辛之下即至其身。馬遷傳聞於人，未必盡得其實。」壽曾謂：疏駁《史記》者，以高陽氏才子，杜注謂「八人，其苗裔」，疑此傳亦當然。此傳杜注却不言苗裔，杜意以高辛次高陽，其子得爲舜舉耳，疏不能達杜意，乃謂稷、契非帝嚳子。考稷爲嚳子，記載無異説。《生民》疏：「《大戴禮》以堯與契俱爲嚳子，劉歆、班固、賈逵、服虔、王肅、皇甫謐等皆以

---

❶「説」，原作「誼」，今據原稿改。

爲然。」則此傳舊說以稷、契爲即高辛氏之子，杜承其說，故不復云苗裔也。但八人之中，不知誰爲稷、誰爲契矣。疏又云：「此言伯虎、仲熊，《尚書》有朱虎、熊羆。二者其字相類。《尚書》更有夔龍之徒，亦應有在元、愷内者，但更無明證，名字又殊，不知與誰爲一，故不復言之。」疏蓋釋杜朱虎、熊羆之義，但謂其字相類，則不以杜說爲諦。

「忠、肅、恭、懿、宣、慈、惠、和，【疏證】《釋訓》：「肅，敬也。」《釋詁》：「懿，美也。」《釋言》：「宣，徧也。」

「天下之民謂之八元。【注】賈云：「元，善也。」《五帝本紀》集解。**【疏證】**杜用賈說。疏：「言其善於事。❶《易・文言》曰：『元者，善之長也。』」

「此十六族也，【疏證】《五帝本紀》「也」作「者」。杜無注。疏：「謂之族者，以其各有親族。」《五帝紀》索隱云：「謂元、愷各有親族，故稱族也。」與疏說同。疏又引劉炫云：「各有大功，皆賜氏族，故稱族。」此劉氏《述義》語。則舊說謂有功賜族，疏說非。《古今人表》於八元、八愷外，别有禹、卨、垂、朱斨、柏嚳、柏益、龍、夔。吴仁傑《兩漢刊誤補遺》云：「自禹至夔即《書》所謂九官者也。觀舜命九官之外，有殳斨、伯與、朱虎、熊羆，于殳斨、伯與加『暨』字，而朱虎、熊羆不然者，殳、斨爲二人，伯與爲一人，朱、虎、熊、羆爲四人，則殳、斨、伯與、朱、虎、熊、羆爲七人，合九官之數，而爲十六。此所謂八元、八愷也。」可存備一說。

「世濟其美，不隕其名。【疏證】杜注：「濟，成也。隕，隊也。」《五帝紀》索隱：「言後代成前代也。」即釋杜「成」字義。《生民》傳：「后稷之母配高辛氏帝焉。」疏云：「若稷、契即是嚳子，則未嘗隔世。《左傳》之説八元，

❶ 「言」，原作「善」，今據《春秋左傳正義》卷二十改。

云『世濟其美』者，正以紹承父業，而稱爲世，不要歷數世也。其緯候之書及《春秋命曆序》言五帝傳世之事爲毛說者，皆所不信。❶鄭云『當堯之時，爲高辛之世妃』，謂其爲後世子孫之妃也。❷但以姜嫄爲世妃，則于《左傳》『世濟』之文復協，故《易傳》不以爲高辛之妃也。」據《詩》傳及彼疏說，則八元爲高辛氏親子。「世濟其美」蒙「十六族」爲文，則八愷亦高陽氏親子矣。杜以八愷、八元爲顓頊帝嚳苗裔，是由鄭說「高辛世妃」之說推得之，知高陽氏亦當然也。「高陽氏」下疏：「《春秋緯命曆序》顓頊傳九世，帝嚳八世。典籍散亡，無以取信。要二帝子孫，至舜時始用，必非帝之親子。」即用鄭說。服注於八愷無苗裔之文，疑從毛傳也。

「以至于堯，堯不能舉。【疏證】《五帝本紀》「不」作「未」，是史公意謂堯未及舉而已相舜也。

「舜臣堯，舉八愷，使主后土，【注】王肅云：「君治九土之宜。」《五帝本紀》集解。**【疏證】**《堯典》「僉曰：『伯禹作司空』」，鄭君注：「舜舉禹治水。」蓋用傳說。鄭君亦以禹在八愷中，與服注同也。杜注：「后土，地官。禹作司空，平水土，即主地之官。」用鄭說也。疏：「后，訓君也。天稱皇天，故地稱后土。」不從杜「地官」說。蓋舊疏釋王肅「九土」之詞，❸王說與杜異。九土謂九州也。《書·堯典》馬融說謂禹平水土置九州，舜分置并、幽、營也。君治九土之宜，謂度九州水土之宜而治之。

「以揆百事，莫不時序，地平天成。【疏證】《釋言》：「揆，度也。」《釋詁》：「成，平也。」「地官天成」，今

---

❶「所」下，原衍「以」字，今據原稿删。
❷「爲」，原脱，今據原稿補。
❸「釋」，原作「辨」，今據原稿改。

僞古文《大禹謨》有此文，杜注不云逸《書》。

「舉八元，使布五教于四方，【疏證】《堯典》：「帝曰：『契，百姓不親，五品不遜，女作司徒，敬敷五教，在寬。』」傳言「布五教」者，布猶敷也。鄭君《書》注：「五品，父、母、兄、弟、子也。《春秋傳》曰『舉八元，使布五教』，契在八元中。」杜注：「契作司徒，五教在寬，故知契在八元。」杜用鄭説。鄭説五品謂父、母、兄、弟、子，即用下文「父義、母慈、兄友、弟共、子孝」義。五品，父、母、兄、弟、子。五教，義、慈、友、共、孝矣。《百官公卿表》：「卨作司徒，敬敷五教。」是事之大者，故舉以爲言，非是各令八人共主一事，故主土唯禹，主教唯契，❶餘當别有所主，或助而爲之。

「父義、母慈、兄友、弟共、子孝，內平外成。【疏證】已説於上。內平外成，言家治而國亦治也。杜注：「內諸夏，外夷狄。」傳無其義。

「昔帝鴻氏有不才子，【注】賈云：「帝鴻，黄帝也。不才子，其苗裔驩兜也。」《五帝本紀》集解。

【疏證】杜注：「帝鴻，黄帝。」用賈説。《大荒東經》：「帝俊生帝鴻。」郭注以帝俊爲帝舜，畢沅據《帝王世紀》定爲帝嚳，與賈注皆不相應。以賈説證《山海經》，則帝俊，黄帝之父也。《五帝本紀》索隱云：「又據《左傳》，亦號帝鴻氏。」即用賈説。賈云「苗裔驩兜」者，《大玄·積》注：❷「玄孫之後稱苗裔。」杜注於「渾敦」下乃釋以驩兜。本疏

---

❶ 「教唯」，原脱，今據原稿補。

❷ 「玄積注」，原爲空格，今據原稿補。

云：「此傳所言説《虞書》之事。彼云四罪，謂共工、驩兜、三苗、鯀也。此傳四凶，乃謂之渾敦、窮奇、檮杌、饕餮。檢其事，以識其人。先儒盡然，更無異説，皆以行狀驗而知之也。」又《舜典》疏：「惟三苗之行，《堯典》無文。鄭玄具引《左傳》之文，乃云『命驩兜、舉共工』，則驩兜爲渾敦也，共工爲窮奇也，鯀爲檮杌也，而三苗爲饕餮亦可知。是先儒以書傳相考，是三苗爲饕餮也。」據本疏及《書》疏，則《左氏》先儒及鄭君皆以《書》之四罪當傳之四凶。

「掩義隱賊，好行凶德，醜類惡物，頑嚚不友，是與比周，【疏證】《五帝本紀》「德」作「慝」，正義：「言掩義事，陰爲賊害，而好凶惡。」俞樾云：「掩義與隱賊一律，掩猶隱也，義猶賊也。《大戴禮・千乘》篇『誘居室家，有君子曰義』，此傳『義』字正與彼同。古書『義』字有作姦邪解者，《管子・明法解》『雖有大義，主無從知之』，是大義即大姦也。王氏念孫曰：『義與俄通，俄，衺也。』」按：俞説是也。杜注：「醜，亦惡也。」沈欽韓云：「《釋草》注：『醜，類也。』言比類惡事。以醜爲惡，則此語不屬，杜解非。」《廣雅・釋詁》：❶「比，近也。」《釋文》云：「心不則德義之經爲頑，口不道忠信之言爲嚚。」蓋引僖廿四年傳文。❷杜釋於「告之頑，舍之則嚚」下，亦用彼傳文。《魯語》注：❸「周，密也。」杜用韋説。本疏：「《堯典》帝求賢人，驩兜舉共工應帝，是與共工相比。傳述渾敦之惡，云『醜類惡德，相與比周』，知渾敦是驩兜也。」

---

❶「詁」，原爲空格，今據《廣雅》卷三補。

❷「僖廿四」，原爲二空格，今據《春秋左傳正義》卷十五補。

❸「魯」，當作「楚」。

「天下之民謂之渾敦。【注】服虔以爲驩兜人面馬喙，渾敦亦爲獸名。本疏。大而無形曰倱伅。《一切經音義》引《通俗文》。**【疏證】**《五帝本紀》：「天下謂之渾沌。」正義：「一本云『天下之民，謂之渾沌』。」《玉篇·人部》引作「倱伅」，與《通俗文》同，則服氏本作倱伅矣。渾、倱，❶敦、沌、伅皆字之異。朱駿聲云：「驩兜即渾敦之轉音。渾與驩，敦與兜，皆雙聲。」杜注：「謂驩兜。渾敦，不開通之貌。」蓋用服氏「大而無形」義。服氏傳注，❷疏以爲據《山海經》，今本《山海經》無驩兜人面獸身之文，惟《西山經》云：「有神焉，其狀如黄囊，赤如丹穴，六足四翼，渾敦無面目，是識歌舞，實爲帝江也。」畢沅云：「江讀爲鴻，《春秋傳》曰『帝鴻有不才子，天下之民謂之渾沌』，此云帝江，猶言帝江氏子也。」案：惟《西山經》未以渾沌爲獸，畢説甚諦。《神異經》云：「崑崙西有獸焉，其狀如犬，有目而不見，有兩耳而不聞，有腹無五臟，有腸直而不旋，食物經過。人有德行而往牴觸之，有凶德則往依憑之，天使其然，名爲渾沌。」服以渾敦爲獸名。❸以下服注檮杌、饕餮皆引《神異經》，則此下亦當引彼爲説。《莊子》：「中央之帝曰渾沌，人皆有七竅，以視、聽、食、息，此獨無有。」服氏「大而無形」之説，蓋用《莊子》。

「少皞氏有不才子，【注】服云：「少皞，金天氏帝號。」《五帝本紀》集解。**【疏證】**杜用服説，又云：「次黄帝。」當亦是服注。「高陽氏」下，先儒説明諸帝之次，今不能條析矣。疏云：「金天，國號。少皞，身號。」亦是舊説，與先儒説高陽、高辛同例也。又引譙周云：「金天氏能修太昊之法，故曰少皞也。」疏不明少昊年歷之次。

---

❶「倱」，原作「沌」，今據原稿改。

❷「注」下，原稿有「説是也」三字。

❸「敦」，原作「沌」，今據原稿改。

《五帝本紀》：「黄帝生二子，其後皆有天下：其一曰玄囂，是爲青陽，青陽降居江水。」索隱云：「玄囂，帝嚳之祖。案：皇甫謐及宋衷皆云玄囂青陽即少昊也。今此《紀》下云『玄囂不得在帝位』，則太史公意青陽非少昊明矣。宋衷又云：『玄囂青陽是爲少昊，繼黄帝立者，而史不叙，蓋少昊金德王，非五運之次，故叙五帝不數之也。』」壽曾謂：「高陽氏」下，先儒説高陽次少昊，與史公叙世次合。《帝王世紀》：「少昊是爲玄囂，降居江水，邑于窮桑，以登帝位，都曲阜。」是少昊非不立爲帝，降居江水之後，乃登帝位矣。史公謂「不得在帝位」者，拘於五運之次耳。《律曆志》：「少昊帝：《考德》曰少昊曰清。清者，黄帝之子清陽也，是其子孫名摯立。土生金，故爲金德，天下號曰金天氏。」師古曰：「《考德》者，考五帝德之書也。」服以少昊爲金天氏，蓋取班説。昭十七年傳「吾高祖少昊摯之立也」，❶則少昊名摯。班氏謂子孫名摯，與彼傳異。以「帝鴻氏」賈注例之，此下宜云：「不才子，其苗裔共工也。」

「毁信廢忠，崇飾惡言；靖譖庸回，服讒蒐慝，以誣盛德，【注】服虔以蒐爲隱，隱慝，謂陰隱爲惡也。本疏。**【疏證】**《五帝紀》作「毁信惡忠，崇飾惡言」。盛德，疏作「成德」，云：「成德，謂成就之德。定本『成德』爲『盛德』。」《校勘記》云：「成、盛古字通。《公羊》皆以盛爲成。」《釋詁》：「崇，充也。」《廣雅·釋詁》：❷「靖，安也。」《□□》傳：「庸，用也。」《□□》傳：「回，邪也。」《説文》「寠」云「邪也」。❸段玉裁《尚書撰異》：「靖譖庸

❶「摯」，原作「挚」，今據原稿改。
❷「詁」，原爲空格，今據《廣雅》卷一補。
❸「寠」，原殘，今據原稿補。下一「寠」字同。

回，即靖言庸違也。古回、違通用。」則窶亦違矣。《吕覽》高注：「服，行也。」亦□。杜訓「蒐」爲隱，用服説。《廣雅·釋詁》：「廋，隱也。」王念孫云：「《方言》：『廋，隱也。』文十八年《左傳》『服讒蒐慝』服虔注云：『蒐，隱也。』蒐與廋通。」本疏：「《堯典》帝言共工之行云『靖言庸違』，傳説窮奇之惡云『靖譖庸回』，二文正同，知窮奇是共工也。」

「天下之民謂之窮奇。【注】服云：「謂共工氏也，其行窮而好奇。」《五帝本紀》集解。【疏證】杜用服説。《周語》：「昔共工棄此道也。」注：「賈侍中云：『共工，諸侯，炎帝之後，姜姓也。顓頊氏衰，共工氏侵陵諸侯，與高辛争而王也。或云：『共工，堯時諸侯，爲高辛所滅。』昭謂：❶言爲高辛所滅，尚得爲堯諸侯？又堯時共工與此異也。」孫星衍《書疏》：「《左傳》説窮奇爲少皞氏之不才子。少皞己姓，又非一人。」壽曾説：此傳賈注雖佚，疑不謂共工在高辛時，與《外傳》注異。《五帝本紀》正義：「謂共工。言毁敗信行，惡其忠直，有惡言語，高粉飾之，故謂之窮奇。案常行終必窮極，好諂諛奇異於人也。」此蓋張守節引舊説，今佚其所出。舊説謂窮善行而毁敗之，惡言語則粉飾之，與服説小異。正義則申服説也。疏云：「行惡終必窮，故云其行窮也。」未得服意。李貽德云：「服釋渾敦、檮杌、饕餮，❷皆援獸名，此注疑已佚也。《西山經》：『邽山有獸焉，其狀如牛，蝟毛，名曰窮奇，音如獆狗，是食人。』《海内北經》云：『窮奇狀如虎，有翼，食人從首始，所食被髮，一曰從足。』」案：李説是也。❸

❶「昭」，原爲空格，今據原稿補。
❷「饕餮」，原脱，今據原稿補。
❸「是」，原脱，今據原稿改。

正義又云：「《神異經》云：『西北有獸，其狀似虎，有翼能飛，便剿食人，❶知人言語，聞人鬭輒食直者，聞人忠信輒食其鼻，聞人惡逆不善輒殺獸往饋之，名曰窮奇。』案：言共工性似，故號之也。」服或采以證傳，故正義備引之。「案言共工」以下，疑是服注。

顓頊氏有不才子，【疏證】杜無注。此服注當云：「顓頊，高陽也。不才子，其苗裔鯀也。」

不可教訓，不知話言，告之則頑，舍之則嚚，傲很明德，以亂天常，【疏證】《小爾雅》：「話，善也。」頑、嚚義「渾敦」條已説。《讀本》：「言告以德義，不能入；置之則自造説以嚚訟。」疏云：「《堯典》言鯀行，云『咈哉，方命圮族』，傳説檮杌之罪，云告頑舍嚚，傲很明德，即是咈戾圮族之狀。且鯀是顓頊之後，知檮杌是鯀也。」

天下之民謂之檮杌。【注】賈逵云：「檮杌，凶頑無疇匹之貌，謂鯀也。」《五帝本紀》集解。服虔案：「《神異經》云：『檮杌，狀似虎，毫長二尺，人面虎足，猪牙，尾長丈八尺，能鬭不退。』」本疏。**【疏證】**洪亮吉云：「《説文》：『檮斷木也。从木𠷎聲。《春秋傳》曰檮柮。』按：《説文》無『杌』字，當以作『柮』爲是。」李富孫云：「《易》『干臲卼』，《説文》作『槷䵭』，是出聲與兀聲古通。」按：李説是也。杜用賈説。李貽德云：「杌從兀，元從兀聲，頑從元聲。云『頑凶』，以同音字釋『杌』義也。檮，壽聲，疇亦壽聲，疇者，類也。云『無匹』，以同義字解『檮』字也。『檮杌』本獸名，無正訓，故賈以音義相近爲訓。」如李説，是凶頑爲檮，無疇匹爲杌。《五帝本紀》正義：「檮杌，謂鯀也。凶頑而不可教訓，不從詔令，故謂之檮杌。案：言無疇匹，言自縱恣也。」詳正義，蓋申

❶「剿」，原爲空格，今據原稿補。

賈注，即以凶頑當檮杌，其無疇匹乃極凶頑之情狀。李說非。正義又云：「《神異經》：『西方荒中有獸焉，其狀如虎而大，毛長二尺，人面虎足，猪口牙，尾長一丈八尺，攪亂荒中，名檮杌。一名傲很，一名難訓。』言鯀性似，故號之也。」其引《神異經》視服引爲詳，故備列之。「言鯀性似」云云，疑是服注。

「此三族也，世濟其凶，增其惡名，以至于堯，堯不能去。【疏證】《五帝本紀》：「此三族世憂之。至于堯，未能去。」

「縉雲氏有不才子，【注】賈云：「縉雲氏，姜姓也，炎帝之苗裔，當黄帝時在縉雲之官也。」《五帝本紀》集解。服云：「夏官爲縉雲氏。」本疏。【疏證】《說文》：「縉，帛赤色也。《春秋傳》曰縉雲氏，《禮》有縉緣。」《釋文》：❶「《字書》：縉，赤繒也。」是縉雲猶赤雲矣。《五帝本紀》正義：「今括州搢雲縣，蓋其所封也。」杜注：「縉雲，黄帝時官名。」蓋用賈說。《晉語》：「炎帝爲姜。」故賈云姜姓。昭十七年傳黄帝以雲名官，夏官縉雲氏。服取彼傳爲說。此服注當及三苗之說。《堯典》釋文：「竄三苗於三危，馬融注：『三苗，國名，縉雲氏之後，爲諸侯，饕餮也。』」馬氏援此傳，蓋據服說矣。

「貪于飲食，冒于貨賄，侵欲崇侈，不可盈厭，聚斂積實，不知紀極，不分孤寡，不恤窮匱，【疏證】杜注：「冒，亦貪也。」洪亮吉云：「《賈子·道術》篇：『厚人自薄謂之讓，反讓爲冒。』正可作此『冒』字訓解。杜注乃隨文生義耳。」按：洪說是也。《周語》：「國之將亡，其君貪冒。」注：「冒，抵冒也。」亦不讓義。《釋文》引鄭注

❶ 「釋文」，疑當作「本疏」。

《周禮》云：「金玉曰貨，布帛曰賄。」《淮南子注》：「實，財也。」此斥三苗之行，「渾敦」下已説。疏云：「《尚書》無三苗罪狀，既甄去三凶，自然饕餮是三苗矣。」

「天下之民以比三凶，」【疏證】謂以比渾敦、窮奇、檮杌也。杜注：「非帝王子孫，故別以比三凶。」《五帝本紀》作：「天下惡之，以比三凶。」其上云：「貪于飲食，冒于貨賄，天下謂之饕餮。」正義：「此以上四處皆《左傳》文。或本有並文次相類四凶，故書之，恐本錯脱耳。」如張説，則傳當作「以比四凶」，文在「饕餮」下。

「謂之饕餮。【注】賈服云：「貪財爲饕，貪食爲餮。」本疏。服又案：「《神異經》云：『饕殄，獸名，身如羊，人面，目在腋下，食人。』」本疏。**【疏證】**《説文》引傳作「饕飻」。洪亮吉云：「按『飻』字本從殄省，故亦可作『餮』。《玉篇》亦云『餮』與『飻』同。」李富孫云：「飻，从殄省聲，今不省，後人加耳。」沈欽韓云：「高誘《淮南》注：『一作叨飻。』」杜注：「貪財爲饕，貪食爲餮。」疏：「此無正文，先儒賈、服等相傳爲然。」則杜正襲賈、服説。《廣雅·釋詁》：「饕餮，貪也。」王念孫云：「《説文》：『饕，貪也。』《多方》云：『有夏之民叨懫。』叨與饕同。《説文》：『飻，貪也。』引《左傳》『謂之饕飻』。案傳曰：『貪于飲食，冒于貨賄，侵欲崇侈，不可盈厭，聚斂積實，不知紀極，天下之民，謂之饕餮。』是貪財、貪食總謂之饕餮。饕、餮一聲之轉，不得分貪財爲饕，貪食爲餮也。《呂氏春秋·先識》篇云：『周鼎著饕餮，有首無身，食人未咽，害及其身。』蓋饕餮本貪食之名，故其字從食，因謂貪食無厭者爲饕餮也。僖二十四年《左傳》『狄固貪惏』，王逸《楚辭》注云『愛財曰貪，愛食曰婪』，貪惏亦愛財、愛食之通稱，❶

---

❶ 「貪」，原脱，今據原稿補。

不宜分訓也。」壽曾謂：服以饕餮爲獸名，則不合分訓。此特明饕餮義，文或概舉，不與杜同，今無以考。《五帝本紀》正義：「謂三苗也，言貪飲食，冒貨賄，故謂之饕餮。」此説賈、服義最明。知賈、服取傳飲食、貨賄爲説也。正義又云：「《神異經》云：『西南有人焉，身多毛，頭上戴豕，性很惡，好息，❶積財而不用，善奪人穀物。强者奪老弱者，畏群而擊單，名饕餮。』言三苗性似，故號之。」此引《神異經》與服所引詳略互相補，其所云積財、奪穀物亦貪財之證，故賈、服兼貪財、食爲説也。李貽德云：「《北山經》云：『鉤吾之山有獸焉，❷其狀如羊身人面，其目在腋下，虎齒人爪，其音如嬰兒，名曰狍鴞，是食人。』郭注：『像在夏鼎，《左傳》所謂饕餮是也。』服亦以《山海經》之狍鴞爲饕餮，故所引即狍鴞狀。」❸

「舜臣堯，賓于四門，」【疏證】「賓于四門」，《堯典》文。《書》疏云：「鄭玄以賓爲擯，謂舜爲上擯，以迎諸侯。」《五帝本紀》集解引馬融注：「四門，四方之門。諸侯群臣朝者，舜賓迎之。」杜注：「賓禮衆賢。」用馬説。孫星衍云：「四方之門者，謂明堂宫垣四方之門也。古者朝諸侯，必于明堂。《太平御覽》五百三十二引《明堂》『東應門，南庫門，西皋門，北雉門』，《周書·明堂解》及《禮記·明堂位》皆云『九夷之國，東門之外；八蠻之國，南門之外；六戎之國，西門之外；五狄之國，北門之外』，是馬氏所謂四門也。」如孫説則四門即明堂之四門。杜注：

❶「息」，原爲空格，今據原稿補。
❷「鉤」，原作「鈎」，今據原稿改。
❸「狍」，原作「猏」，今據《春秋左氏傳賈服註輯述》卷八改。

「闢四門，達四聰。」《釋文》：「聰，本亦作『窗』。」段玉裁謂《古文尚書》本作「囱」。❶ 考明堂制四牖八窗，杜蓋用《古文尚書》説，則孫氏謂四門爲明堂之門審矣。

「流四凶族，【疏證】《五帝本紀》「流」上有「乃」。杜注：「按四凶之罪而流放之。」按：本疏引先儒説，以《書》之四罪當傳之四凶，已説於「帝鴻氏」下，杜此注亦用先儒説也。《淮南子·脩務訓》：「放驩兜于崇山，竄三苗于三危。」高誘注：「帝鴻之裔子渾敦，少昊之裔子窮奇，縉雲氏之裔子饕餮，三族之苗裔，故謂之三苗。」洪亮吉云：「今考《孟子》『舜流共工于幽州』，賈逵云：『窮奇，共工也。』『放驩兜于崇山』，賈逵云：『渾敦，驩兜也。』『殛鯀于羽山』，賈逵云：『檮杌，鯀。』以此傳及《孟子》證之，不當如高氏之説矣。然四凶獨缺饕餮，復闕西裔，❷則竄三危者當即指饕餮也。」文淇案：高注又云：「一曰放三苗國名於三危。」❸則高氏亦不定以前説爲然。❹ 壽曾謂：洪氏以饕餮爲三苗，用疏引先儒説。❺ 其不引《堯典》者，以《孟子》謂四凶流放，舜之事，與傳合也。《五帝本紀》「分北三苗」，集解引鄭注云：「流四凶者，卿爲伯、子，大夫爲男，降其位耳，猶爲國君，故以三苗爲西裔諸侯。

---

❶ 原稿眉批：查窗。
❷ 「復」上，《春秋左傳詁》卷九有「四裔」二字。
❸ 「名」，《淮南鴻列解》卷十九作「民」。
❹ 「氏」，原作「説」，今據原稿改。
❺ 「説」，原脱，今據原稿補。

猶爲惡，乃復分析流之。」此鄭説流四凶族義。❶四凶流、放、竄、殛不同，傳獨言流者，約省其文也。

「渾敦、窮奇、檮杌、饕餮，

投諸四裔，【注】賈云：「四裔之地，去王城四千里。」《五帝本紀》集解。【疏證】《五帝本紀》作「遷于四裔」。《巷伯》傳：❷「投，棄也。」杜注訓「裔」爲遠。陸粲云：「《説文》：『裔，衣裾也。』徐鍇云：『裾，衣邊也，故謂之四裔。』傳中言裔夷、裔子、裔胄之類，其義皆視此。」按：陸説是也。《方言》：「裔，夷狄之總名。」《菀柳》：「居以凶矜。」箋：「居以凶危之地，謂四裔也。」疏：「文十八年《左傳》曰『投諸四裔，以禦螭魅』，是四裔之文即羽山東裔、崇山南裔、三危西裔、幽州北裔是也。」詳《詩》疏「羽山東裔」云云，《堯典》馬注、僞孔傳皆有其文。彼疏不引《書》注，或是《左氏》先儒舊説。先儒既以四凶當《堯典》之四罪，則解四裔，亦當用《堯典》文矣。江永説四裔援僞孔傳説，又云：「案：《括地志》：『故龔城在檀州燕樂縣界，❸故老傳云舜流共工幽州在此地。』今順天府密雲縣東北塞外地。崇山舊在湖廣澧州慈利縣，❹慈利在州西一百六十里。慈利西一百八十里，❺明設永定衛。今改置永定縣，屬澧州，崇山在其縣。三危詳昭元年，三苗羽山詳昭七年。」江氏不釋服注去王城四千里之説，故

---

❶「此」，原作「比」，今據原稿改。
❷「巷伯」，原爲空格，今據《毛詩正義》卷十二補。
❸「燕」，原爲空格，今據原稿補。
❹「澧」，原爲空格，今據原稿補。
❺「西」，原脱，今據原稿補。

不顯三危羽山所在。按：三危在今甘肅安西州燉煌縣，羽山在今山東登州府蓬萊縣。胡渭《禹貢錐指》云：❶「崇山、羽山與幽州、三危皆在荒服之中。」胡氏指四者爲荒服最諦。知者，《皋陶謨》「弼成五服，至于五千」，《禹本紀》引作「輔成五服，至于五千里」。此安國古文説，與《異義》引今文歐陽、夏侯説謂中國方五千里者不同。《異義》引古文説亦云「五服旁五千里，相距萬里」。馬融注：「面五千里爲萬里。」亦是古文説。鄭君説五服云：「堯制五服，服各五百里。要服之内四千里，曰九州。其外荒服，曰四海。此禹所受。」則是五服止二千五百里，除荒服，故云四千里。仍用古文方五千里説也。又云：「《地記書》曰：『崑崙山東南五千里名曰神州者，禹弼五服之殘數，亦每服合五百里，故有萬里之界、萬國之封焉。去王城五百里曰甸服，其弼當侯服，去王城千里。其外五百里爲侯服，當甸服，去王城一千五百里。其弼當男服，去王城二千里。又其外五百里爲綏服，當采服，去王城二千五百里。其弼當衛服，去王城三千里。又其外五百里爲要服，與周蠻服相當，去王城三千五百里。四面相距爲七千里，是九州之内也。要服之弼當其夷服，去王城當四千里。又其外五百里爲荒服，當鎮服。其弼當蕃服，去王城五千里，四面相距爲方萬里也。』」此鄭君以《職方氏》之九服説《禹貢》之五服。核其所説，乃是面五千里與方五千里不同者。❷鄭君注《禹貢》云：「堯之五服，服五百里耳。禹平水土之後，每服更以五百里輔之。是五服服别千里，故一面而爲差至于五千也。」此可申五服殘數，亦每服合五百里之義。今文言主禹治水前言，古文主禹治水之後言，不妨歧説也。服注「四千里」，乃「五千里」之誤矣。斯時禹未治水，而五服得有千里之

❶「渭」，原作「謂」，今據原稿改。

❷「面」，原爲空格，今據原稿補。

遠者，四凶罪重，屏逐於極遠之區，不以時制荒服爲限也。服氏不以四裔當堯荒服，正其擇言之審。

「以禦螭魅。【注】賈、服云：「螭，山神，獸形，或曰如虎而噉虎。❶ 或曰魅，人面，獸身，而四足，好惑人，山林異氣所生，以爲人害。」《家宗人》疏、《五帝本紀》集解。❷ **【疏證】**《五帝本紀》「禦」作「御」，正義：「案：御螭魅，恐更有邪諂之人，故流放四凶以禦之也，故下云『無凶人』也。」如張説，則魅魅亦喻惡人，❸ 或是舊説。杜注：「使當螭魅之災。」疑未然也。李貽德云：「螭，《説文》作离，云『山神也，獸形』。《廣雅・釋天》：『山神謂之离。』《説文》引歐陽喬説：『离，猛獸也。』《書・牧誓》『如熊如羆』，《史記》引作『如財如離』，徐廣注：『離與螭同，皆离字假借。』若然，則字當作离，本不從虫。從虫者，《説文》所云『若龍而黄』者也。魅，《説文》本作鬽，云『老精物也』，或作魅。《周禮》『致地示物魅』，❹ 注引《春秋傳》『螭鬽魍魎』，則此傳魅亦當作鬽。《釋文》：『魅，本作鬽。』是也。」按：説文离、鬽下皆不引《春秋傳》，疑賈氏本不作离、鬽，离、鬽皆異字矣。杜注又云：「螭魅，山林異氣所生，爲人害者。」即用賈、服説。宣三年傳：「民入川澤山林，不逢不若。」賈、服據彼傳爲説也。其狀螭魅質性，它書無徵。洪亮吉云：「當亦《神異經》文。」《玉篇》：「惑，迷也。」

「是以堯崩而天下如一，同心戴舜，以爲天子，

---

❶ 原稿眉批：噉，詁。

❷ 「家宗人」，當作「神仕」。

❸ 上「魅」，疑當作「螭」。

❹ 「致」，原爲空格，今據原稿補。

「以其舉十六相，去四凶也。【疏證】八元、八愷謂之十六相。《讀本》：「史克稱十六族、三族俱以族氏言之，則八元、八愷、三凶及饕餮，非二十人也。先儒言禹在八愷之列，檮杌是鯀。鯀禹父子，而八愷言『世濟其美』，檮杌言『世濟其凶』，子改父行，兩者俱非世濟，傳文以族言之，知此是二十族也。」

「故《虞書》數舜之功，曰『慎徽五典，五典克從』，無違教也。【疏證】此引《堯典》文。《詩·□□》傳：「慎，誠也。」《書》釋文引馬注：「徽，善也。」《五帝本紀》：「乃使舜慎和五典。」集解引鄭注：「五典，五教也。蓋試以司徒之職。」孫星衍云：「五典五教者，《釋詁》云：『典，常也。』五常之教，❶《春秋左氏》文十八年傳云：『父義、母慈、兄友、弟恭、子孝。』又引此經云：『無違教也。』」如孫説，則鄭君取傳文以説《書》也。杜注：「此八元之功。」用傳「八元敷五教于四方」義。本疏：「『無違教也』，史克解《虞書》之意也。❷每引一事，以一句解之，故每事言曰。」

「曰『納于百揆，百揆時序』，無廢事也。【疏證】亦《堯典》文。孫星衍云：「《釋言》：『揆，度也。』《釋詁》：『叙，緒也。』叙與序同。按：《春秋左氏》文十八年傳云：『使主后土，以揆百事。』《説文》：『癸，冬時水土可揆度也。』鄭既以『慎徽五典』爲『試以司徒之職』，此試以司空之職。❸司空總領百事，又兼冢宰也。《後漢·百官志》注引《古史考》曰：『「舜居百揆，總領百事。」説者以百揆堯初别置，於周更名冢宰。』王氏引之云：『時叙，猶

---

❶「常之教」，原作「帝之數」，今據原稿改。

❷「也」，原脱，今據原稿補。

❸「空」，原作「徒」，今據《尚書今古文注疏》卷一改。

承叙也。』承叙者，承順也。」孫氏以百揆爲百事，則「無廢事」即斥百揆之政事，傳云「地平天成」是其義也。杜注：「此八愷之功。」用傳「以揆百事，莫不時序」義。

「曰『賓于四門，四門穆穆』，無凶人也。【疏證】亦《堯典》文。《五帝本紀》：「于是四門辟，言毋凶人也。」「賓于四門」已説於上。《本紀》又云：「賓于四門，四門穆穆，諸臣遠方賓客皆敬。」馬融注以爲諸侯群臣有美德。孫星衍云：「史公以穆爲敬者，《釋訓》文。馬氏云『有美德』者，《釋詁》云：『穆穆，美也。』鄭上云試以司徒之事，則此試以司馬之事也。劉昭注《百官志》引明帝詔曰：『謁者，堯之尊官，所以試舜。』下引此經也。」如孫説，則舜兼三公官矣。堯闢四門，賓迎有美德之人，意不主屏退惡類，史克援以説流四凶族，故云「無凶人」。

「舜有大功二十而爲天子，【疏證】杜注：「舉十六相，去四凶也。」

「今行父雖未獲一吉人，去一凶矣。

「於舜之功，二十之一也，庶幾免於戾乎！」【疏證】《後漢書·李膺傳》：「應奉上書理膺曰：『昔季孫行父親逆君命，逐出莒僕，于舜之功二十之一。』」❶此東漢人稱述傳義，不以史克説爲非。本疏：「何休以爲孔子云：『蕩蕩乎堯之爲君，唯天爲大，唯堯則之。』今如《左氏》，堯在位數十年，久抑元愷而不能舉，養育凶人以爲民害而不能去，❷則孔子稱堯虛言也。《左氏》爲短。」此何氏《膏肓》之辭。鄭《箴》今不可考，疑當舉《堯典》爲説。

---

❶ 「功」，原脱，今據原稿補。

❷ 「凶人」，原重文，今據原稿删。

杜注：「史克激稱以辨宣公之惑，❶釋行父之志，故其言美惡有過辭，蓋事宜也。」恐鄭意不如此。

宋武氏之族道昭公子，將奉司城須以作亂。**【疏證】**《釋文》：「宋武氏之族，本或作『武、穆之族』者，後人取下文妄加也。道即導也。」杜注：「文公弑昭公，故武族欲因其子以作亂。司城須，文公弟。」❷按：《宋世家》：「昭公子因文公母弟須與武、穆、戴、莊、桓之族爲亂。」是其事也。惟傳稱戴、莊、桓之族皆攻武氏者，不應同於作亂之列。此史公駁文。

十二月，宋公殺母弟須及昭公子，**【疏證】**《宋世家》：「文公盡誅之。」

使戴、莊、桓之族攻武氏於司馬子伯之館，**【疏證】**杜注：「戴族，華樂也。莊族，公孫師也。桓族，向、魚、蕩、鱗也。司馬子伯，華耦也。」《讀本》：「戴族，皇、樂、華三氏。❸莊族，仲氏。桓族，向、魚、蕩、鱗四氏也。」視杜注爲核。

遂出武、穆之族。**【注】**賈云：「出，逐也。」《宋世家》集解。**【疏證】**《宋世家》：「出武、繆之族。」杜注：「穆族黨於武氏故。」《讀本》：「宋所以無武、穆、成、昭四公支裔也。」

使公孫師爲司城。**【疏證】**杜注：「公孫師，莊公之孫。」

公子朝卒，使樂呂爲司寇，以靖國人。**【疏證】**杜注：「樂呂，戴公之曾孫。」疏云：「《世本》云：『戴公

---

❶「激」，原爲空格，今據原稿補。

❷「公」，原作「文」，今據原稿改。

❸「華」，原脱，今據原稿補。

生欒甫術，術生碩甫澤，澤生夷父須，須生大司寇吕。』今云曾孫，誤也。」此疏駁杜説。梁履繩云：「《禮記·檀弓下》正義引《世本》：❶『術生石甫釋，❷釋生夷父頊。』則文又不同，或傳寫之故，杜豈以命氏者爲祖，不數戴公乎？」按：《禮》疏視本疏所引，止文字小異，戴族自以戴公爲始祖，梁説非也。

❶ 「下」，原爲空格，今據原稿補。

❷ 「釋釋」，《左傳通釋》卷十作「願繹繹」。

春秋左氏傳舊注疏證

宣公【疏證】《魯世家》：「文公次妃敬嬴生子俀，是爲宣公。」集解：「徐廣曰：一作『倭』。」《謚法》：「善問周達曰宣。」

【經】元年，春，王正月，公即位。無傳。**【疏證】**《年表》：「魯立宣公，不正，公室卑。」

公子遂如齊逆女。【疏證】桓三年傳「於大國則上卿送之」，故逆女亦卿行。文四年傳：「逆婦姜於齊，卿不行，非禮也。」

三月，遂以夫人婦姜至自齊。【注】服云：「古者，一禮不備，貞女不從。故《詩》云：『雖速我訟，亦不女從。』宣公既以喪娶，夫人從亦非禮，故不稱氏，見略賤之也。」本疏。**【疏證】**杜注：「稱婦，有姑之辭。不書氏，史闕文。」不用服説。本疏引服説，駁之云：「杜不然者，女之出嫁，事由父母。夫來取之，父母許之，豈得問禮具否？拒逆婚姻之命，從夫喪娶，父母之咎，自可罪其父母，何以貶責夫人？若其貶責夫人，當去夫人之號，❶減一氏字，復何所明？夫人之稱姜氏，猶遂之稱公子也。舍遂之族而去子稱公可乎？亦知

---

❶「去」，原作「有」，今據原稿改。

遂不可去子稱公，夫人復安可以去氏稱姜也？逆婦姜于齊，以卿不行，變文略賤。此經貶遂不稱公子，以成夫人之尊，非略賤之事也。《詩》責彊暴之男，行不由禮，陳其争訟之辭，述其守貞之意，此豈是宣公淫掠，而欲令齊女守貞乎！」壽曾謂：疏駁服説，謂《詩》責彊暴之男，用《毛詩·行露》序意。《韓詩外傳·曾子仕》篇：「夫《行露》之人許嫁矣，然而未往也。見一物不具，一禮不備，守節貞理，守死不往。君子以爲得婦道之宜，故舉而傳之，揚而歌之，以絶無道之求，防汙道之行乎。《詩》曰：『雖速我訟，亦不爾從。』」《列女傳·貞順》：「召南申女者，申人之女也。既許嫁于鄷，夫家禮不備而欲迎之，女不肯往。夫家訟于理，致之於獄。終以一物不具、一禮不備，守節持義，必死不往，而作詩曰：『雖速我獄，室家不足。』」劉向傳《魯詩》，則服所據《三家詩》魯、韓説也。魯、韓詩不謂責彊暴，何得謂宣公淫掠，齊女守貞？古者婚姻之道，父母主之，其禮則女當守之。宣公喪娶，其爲不備禮大矣，不得以貶責夫人爲過也。文四年經「逆婦姜於齊」，據傳譏貴聘賤逆，則亦譏哀姜不待備禮而行。疏謂「變文略賤」是也。知哀姜之變文略賤，則此經婦姜非闕文可知。經書夫人，謂與書公子同例，則可謂「夫人之稱姜氏，猶遂之稱公子」，則文例初不相近。疏駁皆非。《公羊傳》：「夫人何以不稱姜氏？貶。曷爲貶？譏喪娶也。喪娶者公也，則曷爲貶夫人？内無貶於公之道也。❶内無貶於公之道，則曷爲貶夫人？夫人與公一體也。」《穀梁傳》：「其不言氏，喪未畢，故略之。」二傳皆以去「氏」爲貶文。本疏引二傳，謂先儒取以爲説，則《左氏》古義如此，不止服氏一人之説矣。沈欽韓云：「婦姜是魯史之常稱，猶言王姬，不稱王姬氏也。」沈不取杜闕文之説，亦不取服説。按：夫人姜氏，乃是魯史常稱。去氏稱姜，去姜稱氏，賈、服等皆以爲書法。詳莊公□年

❶「道」，原作「過」，今據原稿改。下一「道」字同。

疏證。

夏，季孫行父如齊。

晉放其大夫胥甲于衛。【疏證】五十凡放例佚。襄二十九年傳：「齊公孫蠆、公孫竈放其大夫高止於北燕。書曰『出奔』，罪高止也。」是書放、書出奔有異。本疏：❶「放者，緣遣者之意爲義；奔者，指去國之人立文。」

公會齊侯于平州。【疏證】杜注：「齊地。」沈欽韓云：「《一統志》：『平州城在泰安府萊蕪縣西。』」

公子遂如齊。

六月，齊人取濟西田。【疏證】《年表》：「齊惠公元年，取魯濟西之田。」僖三十一年經「取濟西田」，傳「分曹地也」，蓋魯得於晉者，今以賂齊。

秋，邾子來朝。

楚子、鄭人侵陳，遂侵宋。晉趙盾率師救陳。【注】服云：「趙盾既救陳而楚師侵宋，趙盾欲救宋而楚師解去。」本疏。【疏證】《年表》：「楚莊王六年，❷伐宋、陳，以倍我服晉故。鄭穆公二十年，與楚侵陳，遂侵宋。宋文公三年，楚、鄭伐我，以我倍楚故也。晉靈公十三年，趙盾救陳、宋。」史公兼采經傳爲説。服氏以經但書晉救陳，故明救宋不及事。杜注：「傳言救陳、宋，經無宋字，蓋缺。」杜不用服説。本疏引服注，駁之云：

❶「本疏」至「立文」二十字，原脱，今據原稿補。

❷「楚」，原脱，今據《史記・十二諸侯年表》補。

「按經、傳皆言侵陳，遂侵宋。陳在宋南，是先侵陳，去陳乃侵宋也。若趙盾越宋而南救陳，猶及楚師，北迴救宋，安得不及楚也？若言欲救宋而楚師解去，則救陳之時，楚師已向宋矣，何以書救陳也？蓋以陳既被侵，方始告晉，晉人起師救陳，楚又移師侵宋。晉師北至于鄭，❶楚師既已去矣，故諸國會于棐林，同共伐鄭。棐林，鄭地。明晉始至鄭，不得與楚相遇，故竟無戰事。言救陳、宋者，皆是致其意耳。」李貽德云：「案：傳言『晉趙盾率師救陳、宋』，而經但書『救陳』，知楚師已去宋，晉師但及陳，未及宋也。正義譏之，非是。」案：李説是也。陳雖在宋南，然經文明云楚、鄭侵陳，❷遂侵宋，則越宋而侵陳矣。晉師救陳，當後於楚、鄭之師。楚、鄭北回侵宋，又先於晉師，宜其不及。經書兵事，皆從各國來告，救宋之役，宋以晉不及事，不以告，故不書於經。疏謂「救陳、宋，皆是致其意」，非也。

宋公、陳侯、衛侯、曹伯會晉師于棐林，伐鄭。【疏證】《公羊》「棐」曰「斐」。《年表》：「鄭穆公二十年，晉使趙盾伐我，以倍晉故。」沈欽韓云：「《一統志》：『棐城在鄭州東南。』《方輿紀要》：『林鄉城在開封府新鄭縣東二十五里。』」

冬，晉趙穿帥師侵崇。【疏證】《釋文》：「崇，本亦作『崈』。」李富孫云：「崈、崇字同。《漢·地理志》師古注：『崈，古崇字。』」《公羊》「崇」曰「柳」。臧壽恭云：「崇訓聚，柳亦訓聚，古以諧聲爲訓詁。是崇與柳音義皆

---

❶ 「北」，《春秋左傳正義》卷二十一作「比」。

❷ 「經」，原作「汪」，今據原稿改。

同。」杜注：「崇，秦之與國。」❶沈欽韓云：「《詩地理考》：『《通典》崇國在京兆府鄠縣，《帝王世紀》鯀封崇伯，國在豐、鎬之間，周有崇國，晉趙穿侵崇。』」江永云：「今按：殷之崇侯虎國在今陜西西安府鄠縣東，雖已滅，後又别封崇國也。」❷

晉人、宋人伐鄭。

【傳】**元年，春，王正月，公子遂如齊逆女。尊君命也。**

三月，遂以夫人婦姜至自齊。尊夫人也。【疏證】成十四年傳：「宣伯如齊逆女，稱族，尊君命也。僑如以夫人至，❸舍族，尊夫人也。」與此傳説同。杜注云：「公子，當時之寵號，非族也，故傳不言舍族。」蓋依彼傳爲説。傳之重發例者，亦以公子非族之比。

夏，季文子如齊，納賂以請會。【疏證】杜注：「宣公簒立，❹未列於會，故以賂請之。」壽曾謂：賂即斥濟西田。

晉人討不用命者，放胥甲父於衛，【疏證】文十二年河曲之戰也。本疏：「按彼傳，胥甲與趙穿同罪，放

---

❶「國」下，原衍「之與」，今據原稿删。

❷眉批：查《詩》「既伐於崇」。

❸「僑」，原爲空格，今據原稿補。

❹「簒」，原作「纂」，今據《春秋左傳正義》卷二十一改。

胥甲而舍趙穿者，於時趙盾爲政，穿見晉君之壻，❶或本罪輕于胥甲，故得無罪。」《讀本》：「不討趙穿者，十七年穿質于鄭，當以是免。」壽曾謂：胥甲時將下軍，趙穿未有軍行也。

而立胥克。先辛奔齊。【疏證】杜注：「克，甲之子。辛，甲之屬大夫。」❷

會于平州，以定公位。【疏證】杜注：「篡立者，諸侯既與之會，則不得復討。臣子殺之，與弑君同。故公與齊會而位定。」沈欽韓云：「此非傳意也。春秋時習見篡弑之禍，敵國以上，莫不棄已死之舊交而貪建樹之私恩。于是覬覦之徒，以爲與于會盟，已結鄰援，國人亦斂怨降心，莫可誰何。此隣國之罪也，與之會盟者有罪矣。篡竊之君，❸豈謂罪惡便可除乎？時無討惡之人，儼然目之曰公、曰侯，則經亦不能不書之曰公與侯也。非獨經多微辭也，左氏身爲魯史，記魯之事，亦不能不隱情以避禍。如宣公此事，豈教人爲惡而開以避罪之方哉？其深痛而概責之可見矣。曹伯負芻之執，晉之討也緩，遂令曹人得藉口以乞哀，杜預執彼權辭，❹便成義例，其蔑經而誣傳多矣。」

東門襄仲如齊拜成。

六月，齊人取濟西之田，爲立公故，以賂齊也。

---

❶「見」，原爲空格，今據原稿補。
❷眉批：先辛，查釋人。
❸「篡」，原作「簒」，今據《春秋左氏傳補注》卷五改。
❹「權」，原爲空格，今據《春秋左氏傳補注》卷五補。

宋人之弑昭公也，【疏證】文十六年經「宋人弑其君杵臼」，傳「文公即位」。

晉荀林父以諸侯之師伐宋，【疏證】文十七年經：「春，晉人、衛人、陳人、鄭人伐宋。」

宋及晉平，宋文公受盟于晉。【疏證】文十七年經不書宋文公受盟之事，傳云「猶立文公而還」，即此傳受盟之事也。

又會諸侯于扈，將爲魯討齊，皆取賂而還。【疏證】本疏：「取賂而還，書本或云『取齊賂而還』。檢勘古本及杜注意，並無『齊』字。」是別本有「齊」無「皆」也。文十七年六月，「諸侯會于扈」，傳「遂復合諸侯于扈，❶平宋也」。杜彼傳注云：❷「傳不列諸國而言復合，則如上十五年會扈之諸侯可知也。」故此傳注云：「文十五年、十七年，二扈之盟，皆受賂。」本疏：「杜以傳言『皆取賂而還』，必有二事，乃得稱皆，故指二扈之盟以充皆義。劉炫云：『案傳數晉罪，近發宋弑昭公前扈之盟，❸文所不及，何當虚指其事？言皆取賂，故謂宋及晉平，❹取宋賂，爲魯討齊，取齊賂也。』案十七年會于扈，尋檢經、傳，全無爲魯討齊之事，豈得違背經、傳妄指十七年乎？劉炫以傳文先後顛倒而規杜，非也。」邵瑛以炫説爲是，然引文十五年齊人賂晉侯之事，則炫所謂「前扈之盟，文所不及」也。壽曾謂：晉取宋賂，及爲魯討齊，取齊賂，皆文十七年事，彼傳皆不載，傳中多有旁出補叙之文，此類是

---

❶「傳」，原作「討」，今據原稿改。
❷「云」，原脱，今據原稿補。
❸「近」，原爲空格，今據原稿補。
❹「故」，原作「炫」，今據《春秋左傳正義》卷二十一改。

也。炫謂傳文顛倒，非。

鄭穆公曰：「晉不足與也。」遂受盟于楚。【疏證】文十七年傳，伐宋之役有鄭石楚。

陳共公之卒，楚人不禮焉。【疏證】文十三年經：「夏，五月，壬午，陳侯朔卒。」不禮謂會喪、會葬。

陳靈公受盟于晉。【疏證】文十四經：「夏，六月，公會宋公、陳侯、衛侯、鄭伯、許男、曹伯、晉趙盾。癸酉，同盟于新城。」是其事也。

秋，楚子侵陳，遂侵宋。

晉趙盾帥師救陳、宋。會于棐林，以伐鄭也。

楚蔿賈救鄭，過于北林。【注】服云：「北林，鄭南地也。」《水經·渠水》注。【疏證】杜注：「滎陽中牟縣西南有林亭，在鄭北。」不用服「鄭南」之說。《水經·渠水》注引服說，又云：「京相璠曰：『今滎陽苑陵縣有故林鄉，在新鄭北，故曰北林也。』余案：林鄉故城在新鄭東北如北七十許里，苑陵故城在東南五十許里，不得在新鄭北也。考京、服之説並爲疏矣。林亭，今南去新鄭縣故城四十許里，蓋以南有林鄉亭故址，杜預據是爲北林，最爲密矣。」❶江永、沈欽韓皆從酈説。《春秋輿圖》：「北林在河南開封府中牟縣西南。」❷

囚晉解揚，晉人乃還。【疏證】杜注：「解揚，晉大夫。」

---

❶ 「密」，原漫漶不清，今據原稿補。

❷ 眉批：當查師行之道定之乃可。

晉欲求成於秦，

趙穿曰：「我侵崇，秦急崇，必救之。【疏證】《釋文》：「『秦急崇』絶句，本或作『崇急，秦必救之』，是後人改耳。」

「吾以求成焉。」冬，趙穿侵崇，秦弗與成。【疏證】《讀本》：「秦知穿謀，故但救崇而不與晉成。」

晉人伐鄭，以報北林之役。❶

於是晉侯侈，趙宣子爲政，驟諫而不入，故不競於楚。【疏證】《將仲子》疏引哀十二年傳「吳公子慶忌驟諫」，服注：「驟，數也。」❷《□□》傳：「競，强也。」

【經】**二年，春，王二月，壬子，宋華元帥師及鄭公子歸生帥師，戰於大棘。宋師敗績，獲宋華元。**

【疏證】《年表》：「鄭穆公二十一年，❸與宋師戰，獲華元。」《吕覽·察微》篇「鄭公子歸生率師伐宋，宋華元率師應之大棘」，注：「大棘，宋邑，今陳留襄邑南大棘是也。」高氏以大棘爲宋邑，當是舊説。《郡國志》：「陳留己吾縣

---

❶ 眉批：查《釋文》。

❷ 原稿眉批：服注當入哀十二年傳。

❸ 「一」，原脱，今據《史記·十二諸侯年表》補。

有大棘鄉。」則此經大棘，❶漢人有襄邑、己吾二説。顧棟高云：「今河南歸德府睢州西曲棘里有棘城。又寧陵縣西南七里有大棘城，亦與睢相近。」江永云：「今按：曲棘與大棘當是二地，《史記・梁孝王世家》正義引《括地志》『大棘在甯陵縣西南七十里』，非七里。」按：江説是也。經稱大棘，則曲棘非蒙大棘而稱，當依《漢志》。《方輿紀要》：「大棘城在歸德府甯陵縣西南七十里。」《水經注》引《陳留風俗傳》曰：❷「大棘鄉，故安平縣也，其地爲楚莊所并。」此疑即《漢志》己吾之大棘，但陳留無安平縣，俟考。❸

秦師伐晉。

夏，晉人、宋人、衛人、陳人侵鄭。

秋，九月，乙丑，晉趙盾弒其君夷皐。【疏證】皐，《公羊》曰「獔」。《年表》：「晉靈公十四年，❹趙穿殺靈公。」

冬，十月，乙亥，天王崩。無傳。【疏證】《年表》：「周匡王六年，匡王崩。」

【傳】二年，春，鄭公子歸生受命于楚伐宋，【疏證】《釋文》無「受」字，云：「本或作『命于楚』。」非也。臧琳云：「傳本無『受』字，故注云『受楚命』。若傳本作『受命于楚』，則文義已明，杜可無庸注矣。」洪亮吉云：「今

---

❶「此」，原作「比」，今據原稿改。
❷「傳」，原漫漶不清，今據原稿補。
❸原稿眉批：陳留，歸德睢州。己吾，寧陵。安平，直隸深州。
❹「四」，原作「五」，今據《史記・十二諸侯年表》改。

按杜注，不當有『受』字。」按：《宋世家》：「文公四年春，鄭命楚伐宋。」亦無「受」字，與《釋文》合。可證臧、洪説「命楚」猶言「命于楚」也。阮氏《校勘記》云：「《呂覽・察微》篇引作『受命于楚』。」

宋華元、樂呂御之。【疏證】杜注：「樂呂，司寇。」御，猶禦也。《宋世家》：「宋使華元將。」

二月，壬子，戰於大棘，宋師敗績，囚華元，獲樂呂，【疏證】《宋世家》：「鄭敗宋，囚華元。」杜注：「樂呂獲不書，非元帥也。獲，生死通名。經言獲華元，故傳特護之曰囚，以明其生獲，故得見贖而還。」壽曾謂：囚、獲對異散通，❶傳以經不書樂呂之獲，故不云獲華元、樂呂，特異其詞。杜又云：「樂呂獲不書，非元帥也。」

及甲車四百六十乘，俘二百五十人，馘百人。【疏證】《釋文》：「馘百人，或『馘百者』，『人』，衍字。」甲車，杜無注。武億云：「下文『宋人以兵車百乘』，案：《淮南子》高氏注：『馬被甲，車被兵，所以衝於敵城也。』❷故稱甲車。證兵車爲一。」

狂狡輅鄭人，【注】輅，迎也。僖十五年疏。【疏證】杜注：「狂狡，宋大夫。輅，迎也。」杜釋「輅」用服説。服蓋讀輅爲「以迓田祖」之迓。《讀本》：「輅鄭人，謂以戟迎擊鄭人。」❸

鄭人入於井。

倒戟而出之，獲狂狡。【疏證】杜無注。邵寶云：「倒戟猶倒戈也。坐此遲緩，反爲鄭人所獲。」《讀本》：

❶「散」，原爲空格，今據原稿補。
❷「衝」，原作「衛」，今據原稿改。
❸原稿眉批：輅，查説。

「鄭人入井，狡乃倒授戟柄接出之，而鄭人反獲狂狡。」沈欽韓云：「《吴子・圖國》篇：『長戟二丈四尺，短戟一丈二尺。』」沈引此者，明戟長可接人於井。《御覽》三百三十九引《邯鄲五經析疑》駁云：「矢絶於弦，不可追止，戟執在手，制之在人。」此當此是疑傳文，❶狂狡執戟，不當被獲，其義今無考。

君子曰：「失禮違命，宜其爲禽也，【注】鄭康成云：「狂狡臨敵拘于小仁，忘在軍之禮，譏之，義合於讖。」《大明》疏引《箴膏肓》。【疏證】《釋文》：「一本作『宜其禽也』。」杜無注。禮即下文「果毅」也。命，君命也。《大明》疏引此傳文，又云：「何休以爲狂狡近於古道。」蓋《膏肓》之辭。下引鄭《箴》，鄭用傳義駁何。小仁，煦煦之仁也。狂狡之仁，與宋襄公同。其謂「義合於讖」者，彼疏引《雒師謀》説太公受兵鈐之法云：「『踐爾兵革審權矩，應詐縱謀出無孔。』注云：『當親行汝兵革，審其權謀之法，應敵之變詐，縱己之謀，所謂出無常道。』」鄭意謂傳譏狂狡不知行兵權謀。

「戎，昭果毅以聽之之謂禮，【疏證】杜注：「聽，謂常存於耳，著於心，想聞其政令。」惠棟云：「《大戴禮》論四代之政刑云：『祭祀昭有神明，燕食昭有慈愛，宗廟之事昭有義率禮，朝廷昭有五官無廢，甲胄之戒昭果毅以聽。』戒當作戎，然則『戎』爲句，『昭果毅以聽』，古語也。下四句，乃左氏益之耳，杜注殊不的。」按：惠説是也。本疏：「昭，明也。」《讀本》：「戎事當昭明果毅之命，而以聽從上令爲禮。」亦用《大戴記》爲説。《晉書・劉琨傳》：「琨上書曰：『臣聞晉文以郤縠爲元帥而定霸功，高祖以韓信爲大將而成王業，咸有敦詩閲禮之德，戎昭果毅之

---

❶ 下「此」，疑衍。

威。』」失其句讀，由杜注不分明耳。

「殺敵爲果，致果爲毅。易之，戮也。」【疏證】《釋詁》：「奢、犯、果、毅，勝也。」郭注：「陵犯、夸奢、果毅，皆得勝也。《左傳》曰『殺敵爲果』。」蓋謂果、毅皆訓勝，然在傳文有別。《皐陶謨》「强而毅」疏：❶「宣二年《左傳》『致果爲毅』，謂能致果毅殺敵之心，❷是謂强毅也。」此釋「致果」之義。本疏：「能殺敵人是名爲果，致此果敢乃名爲毅。」與《書》疏義同。杜注：「易，改易。」❸《讀本》：「狂狡不殺敵，不致果，是改易軍禮、軍命。」沈欽韓云：「《司馬法·定爵》篇：『居國惠以信，在軍廣以武，刃上果以敏。居國和，在軍法，刃上察。』」沈引此者，明居國、在軍不同，改之則爲戮。

將戰，華元殺羊食士，其御羊斟不與。❹【疏證】杜此不釋「羊斟」。下文「叔牂」下注：「叔牂，羊斟也。」用鄭衆說。《呂覽·察微》篇：「將戰，華元殺羊饗士，羊斟不與焉。」注：「與，及也。」以羊斟爲人姓名，此鄭、賈、服說所出。《淮南·繆稱訓》「羊羹不斟而宋國危」，此斟非人名。注：「宋將華元與鄭戰，殺羊食士，不及其御。」亦止引傳說，不說「斟」字義。《張儀列傳》「厨人進斟」索隱：「斟，謂羹勺，故因名羹曰斟，故《左氏》『羊羹不斟』是也。」文淇案：《小司馬》殆因《淮南》語，誤屬《左氏》也。壽曾謂：《淮南》蓋采褋說，故不與傳文合。《宋世

❶「强」，《尚書正義》卷四作「擾」。
❷「毅」，《尚書正義》卷四作「敢」。
❸「改」，《春秋左傳正義》卷二十一作「反」。
❹「斟」，原作「勘」，今據原稿改。

家》：「華元之將戰，殺羊以食士，其御羊羹不及，故怨。」史公不顯羊斟姓名，❶故竄易傳文耳。《年表》亦云「華元以羊羹故陷於鄭」耳。錢大昕云：❷「《淮南》云『羊羹不斟』，則斟爲斟酌之義。當以『羊』爲其御之名，『斟不與』三字爲句。」張文虎《舒藝室隨筆》用其説，❸謂斟爲分羹之器，後文兩「羊斟」，「斟」皆後人妄加。❹按：錢、張説與《左氏》舊注違，今不取。

及戰，曰：「疇昔之羊，子爲政；今日之事，我爲政。」【疏證】《檀弓》「疇昔之夜」，鄭注：「疇昔，猶前日也。」杜注用鄭説。《吕覽·察微》篇：「明日戰，怒謂華元曰：『昨日之事，子爲制；今日之事，我爲制。』」注：「今日之事，御事也。」洪亮吉云：「按：『政』作『制』，蓋因秦始皇名政而改也。」

與入鄭師，故敗。【疏證】《淮南·繆稱訓》注：「及戰，御馳馬入鄭軍，華元以獲也。」《宋世家》云：「馳入鄭軍，故宋師敗，得因華元。」下文「非馬也」，鄭衆注：「謂羊斟趨入鄭也。」❺皆用《淮南》説。《御覽》七百五十八引李尤《羹魁銘》曰：「羊羹不偏，駟馬長驅。」

君子謂：「羊斟，非人也，以其私憾，敗國殄民，刑孰大焉。《詩》所謂『人之無良』者，其羊斟之

---

❶「顯」，原爲空格，今據原稿補。
❷「大昕」，原爲空格，今據《十駕齋養新録》卷二補。
❸「舒藝室」，原爲空格，今據原稿補。
❹「斟」，原脱，今據原稿補。
❺「趨」，《春秋左傳正義》卷二十一作「驅」。

謂乎！殘民以逞。」【疏證】《釋文》：「憾，本亦作『感』。」杜注：「憾，恨也。殄，盡也。」「人之無良」，《小雅·角弓》文，「人」作「民」，箋：「良，善也。」杜又云：「《詩·小雅》。義取不良之人，相怨以亡。」❶壽曾謂：此引《詩》斷章，以譏羊斟之挾私病國，不關《詩》刺骨肉相怨義。殘，猶殄也。《讀本》：「謂敗大軍而逞小恨。」《吕覽·察微》篇：「夫弩機差以米則不發。戰，大機也。饗士而忘其御也，將以此敗而爲虜，豈不宜哉！」蓋專責華元之不能治兵，雖與傳意不蒙，或是古説。

宋人以兵車百乘、文馬百駟以贖華元於鄭。【注】賈云：「文，貏文也。」王肅云：「文馬，畫馬也。」《宋世家》集解。**【疏證】**《説文》：「駁，馬赤鬣縞身，目若黄金，吉皇之乘，周成王時犬戎獻之。從馬從文，文亦聲。《春秋傳》曰『媽馬百駟』，畫馬也。西伯獻紂，以全其身。」許君稱《春秋傳》，則賈氏本作「媽馬」矣。惠棟云：「《周書·王會》『犬戎駁馬』，此馬當畫赤鬣縞身之形，❷非真吉黄之乘也。」然玩賈注不謂畫馬。沈欽韓云：「按：《周本紀》：『求驪戎之文馬。』《尚書大傳》：『散宜生之犬戎氏，取美馬，駁身、朱鬣、雞目者。』若是，則借畫爲文，則不須遠求。」洪亮吉云：「叔重既言駁馬赤鬣縞身，目若黄金，又云畫馬也，則意亦言馬之文采似畫耳。」沈、洪二説頗疑許君説駁馬前後不相承，沈説尤辨。段玉裁云：「許引《春秋傳》當作『文馬』，此言《春秋傳》之文馬，非《周書》之媽馬也，恐人惑，故辨之。」又云：「自《春秋傳》以下，恐皆非許語。」按：段氏後一説是也。知然者，賈君既以「貏文」訓文，是謂馬之文采似貏。丘光庭云：「文馬，馬之毛色有文采者。」蓋從賈説。李貽德

---

❶「相」，原作「樹」，今據原稿改。

❷「鬣」，原漫漶不清，今據原稿補。

云：「《禮記・檀弓》『貍首之斑然』，《三國志・管輅傳》『雖有文章，蔚而不明，非虎非雉，其名曰貍』，是貍，獸之有文章者。」李以文章釋貍，亦得賈君義。許君朱鬣縞身金目之説，亦謂馬有文章，正用師説。王肅訓「文馬」爲「畫馬」，杜注亦同。《説文》《春秋傳》曰」以下乃後人取王、杜説竄入之，而不知與賈、許義違也。《宋世家》：「宋以兵車百乘、文馬四百匹贖華元。」

半入，華元逃歸，立於門外，告而入。【疏證】《宋世家》：「未盡入，華元亡歸宋。」《讀本》：「鄭得賂而緩華元之囚，元因逃歸。」杜注：「告宋城門而後入。」❶

見叔牂，曰：「子之馬然也？」對曰：「非馬也，其人也。」既合而來奔。【注】賈逵云：「叔牂，宋守門大夫，華元既見叔牂，牂謂華元曰：『子見獲于鄭者，是由子之馬使然也。』華元對曰：『非馬自奔也，其人爲之也。』謂羊斟驅入鄭也。奔，走也。謂宋人贖我之事既和合，而我即來奔耳。」鄭衆云：「叔牂，即羊斟也。在先得歸，華元見叔牂，牂即誣之曰：『奔入鄭軍者，子之馬然也，非我也。』華元曰：『非馬也，其人也。』言是汝驅之耳。叔牂既與華元合語，而即來奔魯。」又一説：「叔牂，宋人，見宋以馬贖華元，謂元以贖得歸，謂元曰：『子之得來，當以馬贖故然。』華元曰：『非馬也，其人也。』言已不由馬贖，自以人事來耳。贖事既合，而我即來奔。」本疏。【疏證】杜注：「叔牂，羊斟也。卑賤得先歸，華元見而慰之。叔牂知前言已顯，故不敢讓罪。叔牂言畢，遂奔魯。合，猶答也。」杜蓋以「子之馬然」

❶ 眉批：查軍敗入國門之禮。

爲華元之言，「非馬，其人」爲羊斟之言，於三説皆不取。本疏云：「服虔載三説，皆以『子之馬然』爲叔牂之語，『對曰』以下爲華元之辭。」下備引三説，又云：「杜以傳文見叔牂而即言『曰』，則『曰』下皆當爲華元之語，不得謂叔牂之辭。且以華元與賤人交語而稱『對曰』，謂歸國而曰『來奔』，皆於文不順。又羊斟與叔牂當是名字相配，故不從三家而别爲之説，采鄭氏來奔爲奔魯耳。」按：叔牂即羊斟，杜用先鄭説，不得謂止取奔魯之文。洪亮吉云：「以叔牂爲羊斟，始於鄭衆，而杜用之。又無别據，第云羊斟與叔牂當是名字相配。今考『羊』當是氏，無緣作字與氏相配。又羊斟既明言『今日之事，我爲政』，則不得更以『子之馬然』面誣華元。鄭衆之説非也。斟前既有言，則元亦不必反爲飾詞。杜説亦非。賈逵以叔牂爲宋守門大夫，其義最確。服虔載或一説，亦云『叔牂，宋人』，與賈注合也。又按：《淮南·繆稱訓》『羊羹不斟而宋國危』，是斟又訓『斟酌』之斟。『其御羊斟不與』，謂御不與食羊羹也。高誘亦不以羊斟爲人姓名，得之。」文淇案：洪説誤矣。《左傳》明言羊斟非人，又言羊斟之謂，則固以羊斟爲人姓名矣。壽曾謂：此傳先儒異説，當並存古義。洪氏專主先鄭，非也。本疏謂服虔載三説，而不引服注，則服於此傳亦第采先儒説，未下己意可知。又案：服注體例，今無可考。玩此條備舉三説，❶則《解誼》多仰述先儒，亦如鄭氏注《周禮》引先鄭、杜子春也。

宋城，華元爲植，巡功。【注】舊注：「植，主巡行城也。」《御覽》八百九十八。【疏證】杜注：「植，將主也。」《御覽》三百五十五引注與杜注同，八百九十八引注文異，今定爲舊注。《大司馬》「屬其植」注：「鄭司農

---

❶「玩」，原作「按」，今據原稿改。

云：『植，謂部曲將吏。故「宋城，華元爲植，巡功」。屬，謂聚會之也。』玄謂植，築城楨也。❶屬，賦丈尺與其用人數。」疏：「案：宣二年《左氏傳》云：『宋城，華元爲植，巡功。』注：『植，將主也。』先鄭云：『植，謂部曲將吏。屬，謂聚會之。』後鄭不從。案昭三十二年，『晉士彌牟營成周，❷計丈數，揣高卑，度厚薄，仞溝洫』。又云：『以令役於諸侯，屬役賦丈尺。』宣十一年，計慮用人之數。以此知屬謂賦丈尺與人數也。」彼疏主後鄭説，杜從司農，沈氏欽韓謂當從後鄭。壽曾謂：先鄭訓「植」爲部曲將吏，而引傳文爲證，則此舊注當即先鄭説。本疏：「巡功，謂巡城檢作功也。」與舊注合。

城者謳曰：「睅其目，皤其腹，棄甲而復。【疏證】《説文》：「睅，大目也。从目旱聲。」《釋文》引《字林》同。杜注：「睅，出目。」恐非古訓。又云：「皤，大腹。棄甲，謂亡師。」

「于思于思，棄甲復來。」【注】賈云：「于思，白頭貌。」本疏。服虔以「于思」爲白頭貌。《瓠葉》疏。

【疏證】杜注：「于思，多鬢之貌。」《御覽》三百五十五引注：「鬚多貌。」❸又三百七十四引注：「于思，多髯之貌。」《釋文》：「于思，多鬚貌。」又云：「鬚，修于反，字又作『鬢』。」則唐本杜注作「鬚」，作「鬢」者誤。杜以「于思」爲多鬚，不用賈、服説。疏云：「成十五年華元爲右師，距此三十二年，計未得頭白，故杜以爲多鬢貌，❹亦是以意言之

❶「楨」，原殘，今據原稿補。
❷「彌」，原作「孫」，今據原稿改。
❸「多」，《太平御覽》卷三百五十五作「之」。
❹「鬢」，原作「鬚」，今據原稿改。

耳。」「鬢」亦當作「鬚」。疏駁賈説，亦不以杜注爲然。華元官右師，年數無考，曷以知此時頭未白也？洪亮吉云：「杜以『于思』爲多鬚之貌，恐非。當以賈義爲長。」亦無所申證。惠棟云：「按：《毛詩・瓠葉》云：『有兔斯首。』鄭箋云：『斯，白也，今俗語斯白之字作鮮，齊魯之間聲近斯。』正義曰：『服虔以于思爲白頭貌。』字雖異，蓋亦以斯聲近鮮，❶故爲白頭也。《後漢書・朱儁傳》『賊多髭者號于氏根』，注引杜注爲證。案此則于爲須，思爲白，于思爲白須也。」按：惠氏兼取服、杜説，非古義。沈欽韓云：「按：《説卦》『巽爲宣髮』，❷虞翻曰『爲白故宣』。宣、鮮聲同，故宣亦爲白。」此申惠氏「思」爲白之説，却與賈、服義合。竊謂《御覽》兩引注，皆與杜注小異，疑亦是舊注，白頭、多鬚髯，師説有異。

使其驂乘謂之曰：「牛則有皮，犀兕尚多，棄甲則那？」【疏證】《釋獸》：「兕，似牛。犀，似豕。」《考工記》：「函人爲甲，犀甲七屬，兕甲六屬。犀甲壽百年，兕甲壽二百年。」此謂取牛、犀、兕皮爲甲也。疏云：「徧檢書傳，犀、兕二獸並出南方，非宋所有。假令波及宋國，❸必不能多。言『尚多』者，苟以答謳者耳。」《釋詁》：「那，於也。」注：「《左傳》『棄甲則那』，那猶今人言那那也。」沈欽韓云：「按：六朝多言阿那。」沈意謂阿那猶則那也。那既訓「於」，自爲歎辭。杜注：「那，何也。」洪亮吉云：「《廣雅》：『奈，那也。』按：那，猶言奈何也。」邵晉涵云：「那者，奈何二字之合聲也。」武億云：「案：兕亦不盡出南方。《詩・吉日》篇『殪此大兕』，《汲郡古文》『夷王

---

❶「斯」，《皇清經解》卷三百五十四《春秋左傳補註》作「思」。

❷「卦」、「巽」，原作「林」、「鬢」，今據原稿改。

❸「宋」，原作「晉」，今據《春秋左傳正義》卷二十一改。

六年，獲犀牛一以歸』，則東周畿内有之。《國語》：『叔向曰：「昔吾先君唐叔射兕於徒林，殪，以爲大甲。」』則晉地有之。」

役人曰：「從其有皮，丹漆若何？」【疏證】制甲必施丹漆，謂如爾言有皮而丹漆亦不易致。

華元曰：「去之！夫口衆我寡。」❶【疏證】陳樹華云：「林堯叟『夫』讀如字，一以『夫』字屬下，❷不如三字連文，『夫』作語助辭爲允也。」《校勘記》云：「按：以下六字爲句是也。《左傳》凡云『夫己氏』、『夫先自敗也已』，言『夫』者皆指其人言也。」按：阮説是也。

秦師伐晉，以報崇也。【疏證】元年經：「冬，趙穿率師侵崇。」

遂圍焦。【疏證】僖三十年傳「取君焦、瑕」。❸江永云：「實一地也。」

夏，晉趙盾救焦，遂自陰地，及諸侯之師侵鄭，【疏證】杜注：「陰地，晉河南山北，自上洛以東至陸渾。」顧棟高云：「哀四年，『蠻子赤奔晉陰地』即此。晉上洛，今陝西商州洛南縣。陸渾，今河南府嵩縣。其地南阻終南，北臨大河，所謂河南山北也。又陝州盧氏縣有陰地城，即命大夫屯戍之所。猶夫南陽爲河内之總名，而別有南陽城，則在修武也。」江永云：「今按：盧氏，今屬河南府陝州陰地，當以盧氏陰地城爲是。❹哀四年，『蠻

❶「夫」下，《春秋左傳正義》卷二十一有「其」字。

❷「以」，原脱，今據原稿補。

❸「取」，當作「許」。

❹「城」，原脱，今據原稿補。

子赤奔晉陰地」，又云『使謂陰地之命大夫士蔑』，是陰自有其邑。」按：江說是也。沈欽韓云：「《方輿紀要》：『陰地城在河南盧氏縣東地。』」

以報大棘之役。【疏證】《讀本》：「報今年春鄭伐宋也。」

楚鬭椒救鄭，曰：「能欲諸侯，而惡其難乎？」遂次于鄭，以待晉師。【疏證】杜注：「鬭椒，若敖之族，自子文以來世爲令尹。」

趙盾曰：「彼宗競于楚，殆將斃矣。姑益其疾。」❶乃去之。【疏證】彼宗斥若敖氏也。杜注：「競，强也。」

晉靈公不君：【注】賈云：「不君，無君道也。」《御覽》五百三十八。【疏證】杜注：「不君，失君道也。」用賈義。《呂覽·過理論》：「晉靈公無道。」此賈所本。《吳語》「昔楚靈王不君」，注：「不得爲君之道。」亦以不君爲無君道。《趙世家》：「靈公立十四年，益驕。」《後漢書·王符傳》：「《潛夫論》曰：『昔晉靈公多賦以彫牆，《春秋》以爲非君。華元、樂舉厚葬文公，以爲不臣。』」❷

厚斂以彫牆；【注】賈云：「彫，畫也。」《晉世家》集解。【疏證】彫，監、毛本作「雕」。《釋文》：「雕，本亦作『彫』。」與賈注合。《晉世家》：「靈公壯，侈，厚斂以雕牆。」《讀本》：「厚斂，蓋在常賦之外。」杜注：「彫，畫

---

❶ 眉批：益，詁。

❷ 「以」上，《後漢書·王符傳》有「君子」二字。

也。」❶用賈說。李貽德云：「《說文》：『彫，琢文也。』彫之本義與『琱玉』之琱同，然從彡，『彡，毛飾畫文也』。《詩·行葦》『敦弓既堅』傳：『敦弓，畫弓也。』」

從臺上彈人而觀其辟丸也；【疏證】杜無注。《晉世家》：「從臺上彈人，觀其逃丸也。」逃即辟意。《呂覽·過理論》與傳同，無「臺」字，然注云：「從高臺上引彈，觀其走而避丸，以爲樂也。」則正文宜有「臺」。沈欽韓云：「《元和志》：『晉靈公臺在絳州正平縣西北三十一里。』」

宰夫胹熊蹯不孰，【注】服云：「蹯，熊掌，其肉難熟。」《晉世家》集解。【疏證】《校勘記》云：「《呂覽·過理》篇作『臑熊蹞』。李善注魏文帝《名都篇》亦引作『臑』。枚乘云『熊蹯之臑』，注引傳文亦然。然《說文》云：『洏，煮熟也。』則作『胹』者俗字，作『臑』則更俗矣。」按：《晉世家》亦作「胹」。《說文》別有「胹」，云：「爛也。」本疏引字書「過熟曰胹」，蓋同《說文》。《廣雅·釋詁》：「胹，熟也。」《方言》：「自關而西，秦、晉之郊曰胹。徐、揚之間曰飪。」《趙世家》：「及食熊蹯，胹不熟。」則「胹」有煮義。杜無注，蓋已釋於文元年傳。李貽德云：「蹯，掌足通稱，故云『熊掌』。」

殺之，寘諸畚，❷使婦人載以過朝。【疏證】《說文》：「畚，蒲器，可以盛糧。」何休《公羊》注：「畚，草器，若今市所量穀者也。齊人謂之鍾。」均不言畚之大小。傳謂用畚載屍，則器亦非小。杜注謂似筥，非也。《呂覽·過理論》：「殺之，令婦人載而過朝，以示威。」本疏：「過朝以示人，令衆懼己。」與《呂覽》合，《呂覽》蓋古義

---

❶ 「畫」，原作「盡」，今據原稿改。

❷ 「寘」，《春秋左傳正義》卷二十一作「寘」。

也。《晉世家》：「靈公怒，殺宰夫，使婦人持其屍出棄之，過朝。」《趙世家》：「殺宰人，持其屍出。」

趙盾、士季見其手，問其故，而患之。【疏證】《釋文》：「其手，一本作『首』。」《晉世家》：「已又見死人手。」則史公所見本作「手」。杜注：「士季，隨會也。」

士季曰：❶「諫而不入，則莫之繼也。會請先，不入，則子繼之。」【疏證】本疏謂盾貴卿，會卑卿，故會請先往諫。《晉世家》：「趙盾、隨會前數諫，不聽。」又云：「二人前諫，隨會先諫。」案：盾、會前數諫不見於傳，史公蓋采他書。

三進，及溜，而後視之，【疏證】杜注：「三進三伏，公不省而又前也。」杜不釋「溜」字。《説文》：「霤，屋水漏也。」❷《釋文》：「溜，❸屋霤也。」惠棟云：「熊氏《經説》：『霤者，屋有複穴，開其上以取明，雨則霤之，因名中庭曰中霤。』」沈欽韓云：「溜即霤。有門內之霤，《燕禮》『賓執脯，賜鍾人于門內霤』是也。有階間之霤，《鄉飲酒記》『磬階間縮霤』是也。傳言『三進及霤』乃階間之霤也。按：《燕禮》『小臣納卿大夫，卿大夫皆入門右，北面東上』，此一進也。『公降，立于阼階之東南，南鄉爾卿，卿西面北上，爾大夫，大夫皆少進』，此二進也。始時入門，繼而當庭，及至升階當霤，則三進矣。」

曰：「吾知所過矣，將改之。」

---

❶「士」上，《春秋左傳正義》卷二十一有「將諫」二字。

❷「漏」，《説文解字》卷十一下作「流」。

❸「溜」，原作「霤」，今據《經典釋文》卷十六改。

稽首而對曰：「人誰無過，過而能改，善莫大焉。《詩》曰：『靡不有初，鮮克有終。』【疏證】《大雅・蕩》文，箋：「民始皆幾於善道，後更化於惡俗。」引者，明改過之難。

「夫如是，則能補過者鮮矣。君能有終，則社稷之固，豈惟群臣賴之。

又曰：『袞職有闕，惟仲山甫補之』，能補過也。君能補過，袞不廢矣。」【疏證】引《詩・大雅・烝民》文，今本「惟」作「維」，傳云：「有袞冕者，君之上服也。仲山甫補之，善補過也。」杜注：「袞，君之上服。」用毛義。陳奐《詩疏》云：「經言袞，傳言袞冕。袞爲衣，冕爲垂九旒，是君之最上服也。」又引此傳釋之云：「案：晉靈公繼文、襄之業，主盟中夏，爲周之上公，是靈有袞矣。故云『能補過，袞不廢』，傳所本也。袞職謂臣職也。」❶

猶不改。【疏證】自「袞不廢矣」以下，❷隨會一人之辭。

宣子驟諫，公患之，【注】賈云：「驟，疾也。」《衆經音義》引《晉語》注。【疏證】宣子諫不與士季諫同時，傳言他日之事也。《呂覽・過理論》：「趙盾驟諫而不聽，公惡之。」《趙世家》：「趙盾驟諫，公不聽。」與傳同。杜無注。哀十二年傳服注以「驟諫」爲「數諫」，則賈、服說「驟諫」不同。《晉語》注：「患，疾也。」

使鉏麑賊之。【注】賈云：「鉏麑，晉力士。」《晉世家》集解。【疏證】鉏麑，《呂覽・過理》作「沮麛」，

---

❶ 眉批：袞似已有釋，查。

❷ 「以下」，原脱，今據原稿補。「下」，疑當作「上」。

《説苑·立節》作「鉏之麛」，❶《古今人表》作「鉏麛」。李富孫云：「沮、鉏形聲相近。」洪亮吉云：「鉏之彌，急讀即作鉏麑。」杜用賈説。《吕覽》「沮麛見之不忍賊」，注：「賊，殺也。」《晉世家》：「鉏麑刺趙盾。」❷刺猶殺也。

晨往，寢門闢矣，【疏證】《晉語》：「晨往，則寢門辟矣。」注：「辟，開矣。」《外傳》「辟」，古字。《晉世家》：「盾閨門開。」史公亦以辟爲開。

盛服將朝。尚早，坐而假寐。【疏證】《晉語》：「盛服將朝，蚤而假寐。」注：「不脱冠帶而寐曰假寐。」杜用韋義。《晉世家》：「居處節。」括傳義爲詞。

麑退，而歎曰：「不忘恭敬，民之主也。賊民之主，不忠；棄君之命，不信。有一於此，不如死也。」【疏證】《晉世家》：「殺忠臣，棄君命，罪一也。」《晉語》：「賊民之鎮，❸不忠；受命而廢之，不信。享一名於此，不若死。」《外傳》易「主」爲「鎮」。杜亦不釋「主」字。❹《吕覽·過理論》説此事云：「不忘恭敬，民之主也。賊民之主，不忠；棄君之命，不信。一於此，不若死。」注：「大夫稱主，因曰『民之主』。」高氏以「主」爲大夫之稱，當是舊説。高又云：「不忠、不信，若行之，必有其一也。」

觸槐而死。【疏證】《晉世家》「槐」作「樹」。杜注：「槐，趙盾庭樹。」顧炎武曰：「退而觸槐，則非趙盾庭

---

❶「節」，原作「篇」，今據原稿改。

❷「趙」，原重文，今據原稿删。

❸「民」，《國語正義》卷十一作「國」。「之鎮」，原爲空格，今據原稿補。

❹眉批：主，查趙主父可證。

樹。」惠棟云：「《吕覽》『觸庭槐而死』，《外傳》云『觸廷之槐而死』。《周禮》『王之外朝三槐，三公位焉』，則諸侯之朝三槐，三卿位焉。此説得之，蓋當時麑退而觸靈公之廷槐，歸死于君也。」馬宗璉云：「案：《晉語》范獻子執董叔紡於庭之槐，❶是槐爲三公之位，故晉卿執人於此，足證槐爲外朝之樹矣。」按：惠、馬説是也。洪亮吉從惠説，謂「杜注以爲趙盾庭樹，非」。杜不釋「觸」。《吕覽》：❷「觸，畜也。」畢沅云：「畜，疑撞字之誤。」

秋，九月，晉侯飲趙盾酒，伏甲，將攻之。【疏證】《晉世家》：「九月，晉靈公飲趙盾酒，伏甲將攻盾。」

其右提彌明知之，【疏證】杜注：「右，車右。」案：此謂趙盾之車右也。《釋文》云：「提，本又作『祇』，上支反。」《校勘記》云：「《後漢・郡國志》引作『祇』，《史記・晉世家》作『示眯明』，索隱曰：『鄒誕生音示眯爲祁彌，即《左傳》之提彌明。』蓋字異而音同。」李富孫云：「案：史公以示眯明即桑下之餓人，❸已而爲晉宰夫。與《左氏》異，迺合二人爲一人，非也。錢氏云：『《説文》「眯」即提彌明之彌。』」案：李説是也。據《説文》，則傳宜作「提眯明」。其作「祁彌明」者，《公羊》宣六年傳，《公羊》字與《左氏》異。

趨登，曰：「臣侍君宴，❹過三爵，非禮也。」【疏證】杜無注。臧琳以「趨登」爲登階而呼，詳下疏證。沈

❶「執董叔紡」，原作「董□」，今據《皇清經解》卷一千二百七十八《春秋左傳補注》補改。

❷「覽」下，疑當有「注」字。

❸「餓」，原作「饑」，今據原稿改。

❹「臣」，原作「君」，今據《春秋左傳正義》卷二十一改。

欽韓云：「《玉藻》：『君若賜之爵，禮，已三爵而油油以退。』疏即引此傳爲證。《小雅》箋：『三爵者，獻也，酢也，❶酬也。』按：此謂三爵則禮成可退，彌明應急之辭，非所論於説屨無算爵也。」壽曾謂：《小雅》三爵是燕禮。《玉藻》之三爵，據彼疏云「言侍君小燕之禮，唯已止三爵，顔色和悦，而油油悦敬，故《春秋左氏傳》曰『臣侍君宴，過三爵，非禮也』。」則《玉藻》三爵非正燕禮。沈氏謂當有無算爵，彌明應急，不俟禮畢，非也。本疏：「此飲趙盾酒，是小飲酒也，非正燕禮。燕禮，獻酬之後，方脱屨升堂，行無算爵，非止三爵而已。」詳疏説，則舊説不謂正燕禮。疏亦引《玉藻》，謂三爵禮訖，自當退也。而又云：「提彌明言此之時，未必已過三爵，假此辭以悟趙盾耳。」亦意爲之説。《晉世家》：「恐盾醉不能起，而進曰：『君賜臣，觴三行，可以罷。』欲以去趙盾，令先，毋及難。」

遂扶以下。【注】服云：「趙盾徒跣而下走。」本疏。【疏證】《釋文》：「遂扶，舊本皆作『扶』，服虔注作『跣』，云『徒跣也』，今杜注本往往有作『跣』者。」此傳杜無注。詳《釋文》，則杜本亦有作「跣」者。本疏「服虔本『扶』作『跣』」下引服注，駁之云：「禮，脱屨而升堂，降階乃納屨，堂上無屨，跣則是常，何須云遂跣而下？且遂者，因上生下之言。提彌明言訖而遂，不得爲趙盾遂也。杜本作『扶』，言扶趙盾下階也。」臧琳云：「案：『遂跣』以下，言雖降階，猶不暇納屨。❷故《公羊傳》宣六年云：『躇階而走。』又云：『有起於甲中者，抱趙盾而乘之。』明盾雖已下階，猶未納屨，不能疾走故也。『遂跣』以下正言匆遽之狀，若如杜本爲提彌明扶盾下階，一何從容不迫乎？《公羊傳》：『祁彌明佐然從乎趙盾而入，放乎堂下而立。』又言：『祁彌明自下呼之曰：「盾食飽則出。」』據

---

❶「酢也」，原脱，今據原稿補。

❷「屨」，原作「履」，今據原稿改。

此，則大夫侍宴君所，御僕立於堂下。《左傳》所謂『趨登』者，言登階而呼耳，不得竟上堂扶盾也。」盧文弨云：「作『跣』是也。襄三年，晉悼公懼魏絳之死，亦『跣而出』。皆是急迫不及納屨使然。趙盾飲未至醉，何暇於扶？明跣是也。」戴望《謫麐堂文集》：「案：古禮，登坐於燕飲，侍坐於長者，無不脱屨而跣。昔褚師聲子襪而坐席，其君戟手而怒之，❶此其不跣者也。《文選·東都賦》注引《韓詩薛君章句》曰：『飲酒之禮，下跣而上坐者，謂之宴。』盾侍宴，本跣而上。及知有變，遂跣以下。」皆駁正疏説。案：《燕禮》「賓及卿大夫脱屨升就席」，則就席乃脱屨，屨在堂上，不得謂堂上無屨。臧、盧等説是也。《説文》：「跣，足親地也。」《少儀》：「凡祭於室中，堂上無跣，燕則有之。」注：「燕則有跣爲歡也。」服注言「徒跣」，本《少儀》爲説。

公嗾夫獒焉，❷明搏而殺之。【注】服云：「嗾，㖩也。夫，語辭。獒，犬名。公乃嗾夫獒使之噬盾也。」本疏。**【疏證】**《釋文》：「嗾，服本作『㖩』。」本疏引服注仍作「嗾」，宋本疏作「嗾，取也」。段玉裁云：「正義當云：『服虔本「嗾」作「取」，注云：「取，㖩也。」』」段直以爲經文字誤。臧琳云：「案：《釋文》㖩即嗾字，㖩讀若諏，與嗾聲相近，故文異。依正義，則服本亦作『嗾』，但訓『嗾』爲『㖩』耳。《説文·口部》：『嗾，使犬聲。從口，族聲。《春秋傳》曰「公嗾夫獒」。』則《左氏》古文本作『嗾』，服本不當用俗字。正義是也。㖩字，❸《説文》、《玉篇》皆無，至《集韻》始收。毛本《注疏》作『取』，不從口，與《釋文》更乖。」洪亮吉云：「服讀嗾爲㖩，非改字。」按：

---

❶「怒」，原作「恕」，今據原稿改。
❷「焉」，原作「馬」，今據原稿改。
❸「㖩字」，原在「爲㖩耳」下，今據原稿改。

臧、洪説是也。《集韻》㖩亦爲「使犬聲」。《釋畜》：「狗四尺爲獒。」《説文》：「獒，犬知人心可使者。」❶杜注：「獒，猛犬也。」用服説。《晉世家》：「盾既去，靈公伏士未會，先縱齧狗名敖。明爲盾搏殺狗。」作「敖」，史公異文。

盾曰：「棄人用犬，雖猛何爲！」【疏證】《晉世家》：「棄人用狗，雖猛何爲！」

鬭且出，提彌明死之。

初，宣子田於首山，❷【注】馬融云：「在蒲坂華山之北，河曲之中。」《郡國志》劉昭補注引。【疏證】《校勘記》云：「按：李善注《朱叔元爲幽州牧與彭寵書》引傳『田』作『畋』。」李富孫云：「田、畋古今字。」《地理志》「河東郡蒲坂」注：「有堯山、首山祠。❸有雷首山在南。」《郡國志》：「河東郡蒲反有雷首山在南。」劉昭補注引《史記》「趙盾田首山」事，又云：「縣南二十里有歷山，舜所耕處。又伯夷、叔齊隱於首陽山。」下引馬融説。余蕭客《鈎沈》以爲融三傳異同説也。❹劉氏別出歷山、首陽山。《括地志》云：「雷首山，西起雷首，東至吴坂，數百里。隨地異名。」則不止蒲坂一縣所耑。《水經·河水》注云：❺「雷首山北去蒲坂三十里，昔趙盾田首山，食祁彌

---

❶「知」，《説文解字》卷十上作「如」。

❷「山」，原脱，今據原稿補。

❸「山」，原爲空格，今據原稿補。

❹「鈎」，原作「錫」，今據原稿改。

❺「河」，原爲空格，今據《水經注箋》卷四補。

明翳桑之下，即此。」《吕覽・有始》注：「首山在蒲坂之南。」與《水經注》北去蒲坂説合。又《報更覽》叙此事云：❶「趙盾將上之絳。」蓋宣子由蒲至絳，過出首山。則宣子所田首山在蒲坂境内矣。沈欽韓云：「《一統志》：『雷首山在蒲州府永濟縣南四十五里。』」

舍於翳桑，【疏證】翳桑，《吕覽・報更》篇作「骩桑」，《淮南・人間訓》作「委桑」。畢沅云：「《後漢書・趙壹傳》注云：『骩，古委字。』」《晉世家》作「見桑下有餓人」，又改傳「翳桑之餓人也」爲「我桑下之餓人」，則史公以翳桑爲桑樹。杜注：「翳桑，桑之多蔭翳者。」馬宗璉云：「疑首山近地。杜注爲桑下意，本《史記》。王引之云：『翳桑，首陽近地。』此説是也。《公羊傳》云：『子某時所食活我於暴桑下者也。』❷案《左氏》、《公羊》傳聞各異，《公羊氏》云『暴桑下』謂桑樹下也。其《左氏》云『舍于翳桑』，又云『翳桑之餓人也』，皆但言『翳桑』，不言『翳桑下』，則翳桑似是地名。《史記・晉世家》用《左氏》文而改『翳桑』爲『桑下』，則已誤以《公羊》之説爲《左氏》説矣。杜氏之誤亦與《史記》同。」按：馬説是也。《趙世家》亦云「嘗所食桑下餓人」，亦采《公羊》説。江永云：「翳桑，當是首山間地名。」沈欽韓云：「《一統志》：哺飢坂在絳州北六里，即食翳桑餓人處。」

見靈輒餓，問其病。【疏證】《吕覽・報更》篇：「見骩桑之下有餓人卧不能起，宣孟止車爲之下。」杜注：「靈輒，晉人。」

曰：「不食三日矣。」【疏證】《吕覽・報更》篇：「宣孟問之曰：『女何爲而餓若是？』對曰：『臣宦於絳，歸

❶「報更覽」，原爲二空格，今據原稿補。

❷「某」，原爲空格，今據《皇清經解》卷一千二百七十八《春秋左傳補注》補。

而糧絶，羞行乞而憎自取，故至于此。』」

食之，舍其半。問之。【疏證】《晉世家》：「盾與之食，食其半，問其故。」《世家》以餓者爲即示眯明，與傳異。其問答之辭，仍采傳文。

曰：「宦三年矣，【注】服云：「宦，宦學士也。」《晉世家》集解、《曲禮》疏。【疏證】《晉世家》同，無「矣」字。《曲禮》「宦學事師」，疏：「熊氏：『宦，謂學仕宦之事。』宣二年《左傳》『宦三年矣』，服虔云：『宦，學也。』是學職事爲宦也。」熊氏釋服義最爲分明。《禮》疏「學」下脱「士」字，服謂學職事爲宦之士耳。杜注：「宦，學也。」用服説而失服義。本疏釋《曲禮》遂謂「宦者學仕宦，學者尋經義」，《禮記》説不如此。❶

「未知母之存否，今近焉，請以遺之。」【疏證】杜注：「去家近。」《晉世家》：「未知母之存不，願遺母。」

使盡之，而爲之簞食與肉，❷寘諸橐以與之。❸【疏證】本疏引鄭君《論語》注：「簞，笥也。」杜用鄭説。疏又云：「鄭玄《曲禮》注云：『圓曰簞，方曰笥。』然則俱是竹器，方圓異名耳。」《讀本》：「橐，謂囊之無當者。」《晉世家》：「盾義之，益與之飯肉。」

既而與爲公介，【疏證】《讀本》：「謂與爲公介士。」

倒戟以禦公徒而免之。【疏證】倒戟，猶迴戟也。《晉世家》：「已而靈公縱伏士出逐趙盾，示眯明反擊

---

❶ 眉批：查孔力堂《漢讀攷》。

❷ 「簞」，原作「簞」，今據《春秋左傳正義》卷二十一改。下二「簞」字同。

❸ 「寘」，《春秋左傳正義》卷二十一作「寘」。

靈公之伏士，伏士不能進，而竟脱盾。」史公以傳靈輒事屬示眯明，「反擊」用傳「倒戟」意。《趙世家》：「盾素愛人，嘗所食桑下餓人反扞救盾。」

問何故。對曰：「翳桑之餓人也。」【疏證】《晉世家》：「盾問其故，曰：『我桑下餓人。』」

問其名居，不告而退，【注】服云：「不望報。」《晉世家》集解。【疏證】《晉世家》：「問其名，弗告。」杜注：「問所居。」林堯叟云：「問其名及所居也。」視杜義爲完。杜注「不告」用服義。《讀本》：「其後乃知其人名靈輒也。」

遂自亡也。【疏證】《晉世家》：「明亦因亡去。」史公以出亡爲示眯明事，與傳言提彌明鬭死異。杜注：「輒亦去。」

乙丑，趙穿攻靈公於桃園。【疏證】杜注：「乙丑，❶九月二十七日。」貴曾云：本疏引《世本》：「趙夙爲衰祖，穿爲夙之曾孫。」按：盾爲衰子，則穿於盾爲從父昆弟。《趙世家》亦云：「夙生共孟，共孟生衰。」即用《世本》夙爲衰祖之説。茆泮林云：「《趙世家》索隱既引《世本》：❷『公明生共孟及趙夙，夙生成季衰，衰生宣孟盾。』後引《左傳》『趙衰，趙夙弟』，均與夙爲衰祖之説不合。古籍流傳轉寫多誤。」壽曾案：《晉語》：「趙穿攻靈公于桃園。」注：「趙穿，晉大夫趙夙之孫，趙盾從父昆弟武子穿也。」杜注：「穿，趙盾之從父昆弟之子。」蓋用韋説。韋、

---

❶「丑」，原作「亥」，今據《春秋左傳正義》卷二十一改。

❷「既引世本」，原重文，今據原稿删。

杜所見《世本》或未誤。衰兄夙弟，《晉語》亦與《内傳》同。本疏及索隱兩引《世本》，皆不足信也。《晉世家》：「乙丑，盾昆弟將軍趙穿襲殺靈公於桃園。」稱爲盾昆弟，亦誤。桃園，《集解》：「虞翻曰：『園名也。』」此《外傳》舊注。舊注以桃園爲游觀之所，不謂地名。《年表》：「趙穿殺靈公。」

宣子未出山而復。【疏證】杜注：「晉境之山。」王引之云：「《晉語》：『陽處父如衛，❶反過甯，甯嬴從之，及山而還。』韋注曰：❷『山，河内温山也。《傳》曰「及温而反」。』然則未出山，亦謂未出温山也。注未詳考，且是時，晉境南至河，而山在其内。僖二十五年傳，『晉于是始啟南陽』，杜彼注曰：『在晉山南河北，故曰南陽。』據此，則出山尚未越竟，不得以爲晉竟之山也。《家語·正論》篇作『未及山而還』，王肅注曰：『山，晉之境。』誤與杜注同。」按：王説是也。《晉世家》：「盾遂奔，未出晉境。」《晉世家》：「盾復位。」《趙世家》：「趙盾復反，任國位。」❸則復謂復正卿位也。

太史書曰「趙盾弑其君」，以示於朝。【疏證】《晉世家》：「晉太史董狐書曰『趙盾弑其君』，以視於朝。」與傳同。示，今注疏本作「視」。惠棟引《鹿鳴》鄭箋：「『視，古示字。』《士昏禮》注：『視，正字，今文作示，俗誤行之，❹謂視爲古文。』」洪亮吉云：「《漢書·趙充國傳》注：『師古曰：《漢書》多以視爲示，古通用字。』《説文》列爲

❶「父」，原脱，今據原稿補。
❷「韋注」，原重文，今據原稿删。
❸「位」，《史記·趙世家》作「政」。
❹「行」，原爲空格，今據《儀禮注疏》卷六補。

部首，則非俗字可知。」《北史・柳虯傳》：「虯以史官密書善惡，未足懲勸，乃上書曰：『古者人君立史官，非但記事而已，蓋所爲鑒戒也。動則左史書之，言則右史書之，彰善癉惡，以樹風聲。故南史抗節，表崔杼之罪；董狐書法，明趙盾之愆。❶是知執筆於朝，其來久矣。而漢魏以來，密爲記注，徒聞後世，無益當時。非所謂將順其美，❷匡救其惡者。且著述之人，密書縱能直筆，人莫知之。何止物生横議，亦自異端互起。故班固致受金之名，陳壽有求米之論。著漢、魏者非一氏，造晉史者至數家。後代紛然，莫知準的。❸伏惟諸史官記事者，皆當朝顯言其狀，然後付之史閣。庶令是非明著，得失無隱，使聞善者日修，有過者知懼。』事遂施行。」此說蓋釋「示諸朝」之義。

宣子曰：「不然。」對曰：「子爲正卿，亡不越境，反不討賊，非子而誰？」【疏證】《晉世家》：「盾曰：『弑者趙穿，我無罪。』太史曰：『子爲正卿，而亡不出境，反不誅國亂，非子而誰？』」《趙世家》：「君子譏盾爲正卿，亡不出境，反不討賊，❹故太史書曰『趙盾弑其君』。」皆用傳説。《趙世家》以董狐語爲君子之辭爲異。董狐責盾不討穿，以盾爲正卿，於義當討賊。知者，《檀弓》「凡在官者殺無赦」，疏：「謂理合得殺，若力所不能，亦不責也。故《春秋》崔杼弑其君，而晏子不討崔杼，而不責晏子者。力能討而不討者，則書之。《春秋》董狐書趙盾

---

❶「愆」，原漫漶不清，今據原稿補。

❷「非」，原脱，今據《北史・柳虯傳》補。

❸「的」，原作「酌」，今據原稿改。

❹「賊」，原脱，今據原稿補。

云『子爲正卿，亡不出境，反不討賊』，書以弒君是也。」當是古《左氏》説。

宣子曰：「烏乎！『我之懷矣，❶**自詒伊慼』，其我之謂矣。」**【注】王肅云：「此《邶風·雄雉》之詩。」《晉世家》集解。❷【疏證】杜注：「逸《詩》。」惠棟云：「今《邶風》『慼』作『阻』，惟《小明》詩作『慼』，而上句又異。王子雍或見三家之詩，據以爲衛詩。」❸按：惠説是也。《雄雉》傳：❹「詒，遺。伊，維。阻，難也。」箋云：「懷，安也。伊，當作繄。繄，猶是也。君之行如是，我安其朝而不去。今從軍旅，久役不得歸，此自遺以是患難。」如鄭君説，則宣子引《詩》，謂君德既荒，我安於卿位不去，自遺以憂也。毛傳以阻爲難，難指軍旅。此作「慼」，則非軍旅義矣。鄭君以阻爲患難，或采三家《詩》説，而不用其字。《詩》疏引此傳「伊慼」作「繄戚」，❺釋云：「此云『自詒伊阻』，《小明》云『心之憂矣』，宣子所引，並與此不同者，杜預云『逸《詩》也』，故文與此異。」

孔子曰：「董狐，古之良史也，書法不隱。【疏證】杜注：「不隱盾之罪。」

趙宣子，古之良大夫也，爲法受惡。【注】服云：「聞義則服。」《晉世家》集解。王肅云：「爲書法

---

❶「我」上，《春秋左傳正義》卷二十一有「詩曰」二字。

❷「晉世家集解」，疑誤。

❸眉批：王子雍説當查，趙、晉《世家》皆無之，惠定宇未著所出。

❹「傳」，原作「詩」，今據原稿改。

❺「慼」下，原衍「伊」字，今删。

受弑君之名。」□□❶【疏證】《晉世家》作「宣子，良大夫也」。惠棟云：「按：『聞義則服』，《弟子職》文。」李貽德云：「《管子・任法》注：『服謂屈服。』」杜注：「善其爲法受屈也。」亦用服注義。王肅説蒙「書法不隱」而言。

「惜也，越竟乃免。」【疏證】《晉世家》「越竟」作「出彊」。杜注：「越竟，則君臣之義絶，可以不討賊。」本疏：「哀八年傳公山不狃云：『君子違，不適讎國，未臣而有伐之，奔命焉，死之可也。』如彼傳文，雖則出奔，臣義未絶，此注云『越竟，則君臣之義絶』者，以仲尼云『越竟乃免』，出竟則免責，明其義已絶也。襄三十年，『鄭人殺良霄』，傳曰：『不稱大夫，言自外入也。』去國不爲大夫，是爲義絶之驗。不狃之言，謂己以他故出奔，非是君欲殺己，閔其宗國，宜還救之。昭二十一年，宋公子城以晉師救宋，是其事也。襄二十七年傳曰：『崔氏之亂，申鮮虞來奔，僕賃於野，以喪莊公。』彼是公之寵臣，去國而行君服，豈復責無罪而將見殺、逃竄而得免死者，皆令反君服乎？」如疏説，則靈公欲殺盾，盾於義當去國，或舊説如此，疏申其義也。杜注但謂「越竟，則君臣之義絶」，不論以何事去國，非。《北史・濟陰王小新成附元顯和傳》：「顯和除徐州安東府長史，❷刺史元法僧叛，顯和與戰，被禽。執手命與連坐。顯和曰：『顯和與阿翁同源別派，皆是磐石之宗，❸一朝以地外叛，若遇董狐，能無慚德？』遂不肯坐。」顯和與法僧同在徐州，故以盾、穿事爲比，可證盾當去國之義。沈欽韓云：「言倉皇出奔他國，義不再返，乃可逃弑君之名。」亦謂盾當去國。

---

❶ 眉批：王説見惠注引，查出處。

❷ 「州」下，原衍「府」字，今據《北史・拓跋麗傳》删。

❸ 「磐石」，原爲空格，今據原稿補。

宣子使趙穿逆公子黑臀于周而立之。【疏證】《晉語》注：「逆，迎也。黑臀，晉文公子、襄公弟成公黑臀也。」杜注：「黑臀，晉文公子。」用韋説。按：《周語》「單襄公云：『吾聞成公之生也，其母夢神規其臀以墨，曰：「使有晉國。」故命之曰黑臀。』」洪亮吉云：「《説文》：『尻，髀也。從尸下丌居几。脣，或從肉，或從骨，殿聲。』今作『臀』，蓋又臀之省文也。」《年表》：「趙盾使穿迎公子黑臀于周，立之。」《晉世家》：「趙盾使趙穿迎襄公弟黑臀于周而立，是爲成公。成公者，文公少子，其母周女也。」《世家》明成公在周之故。

壬申，朝于武宮。【疏證】杜注：「壬申，十月五日。既有日而無月，冬又在壬申下，明傳文無較例。」貴曾曰。❶

初，驪姬之亂，詛無畜群公子，【注】服虔云：「驪姬與獻公及諸大夫詛無畜群公子，❷欲令其二子專國。」本疏。**【疏證】**杜注：「詛，盟誓。」案：「詛」義已釋於桓□年。❸疏引服注，駁之云：「杜雖不注，義似不然。若驪姬身爲此詛，姬死即應復常，❹何得比至于今，❺國無公族？豈復文、襄之霸，遂踵驪姬法乎？蓋爲

---

❶ 原稿眉批：曆譜。

❷ 「子」，原脱，今據原稿補。

❸ 「桓□」，疑當作「隱十二」。

❹ 「復」，原作「服」，今據《春秋左傳正義》卷二十一改。

❺ 「比」，原爲空格，今據原稿補。

奚齊、卓子以庶篡適，❶晉國創其爲亂，不用復畜群公子。按檢傳文及《國語》，文公之子雍在秦，樂在陳，黑臀在周，襄公之孫談在周，❷則是晉之公子悉皆出在他國，是其因行而不改，成公今始革之。故傳本其初也，則是國内因驪姬之亂，乃設此詛，非驪姬自爲詛也。若驪姬爲詛，不須言驪姬之亂，以言之亂，知其創驪姬也。」梁履繩云：「《晉語》：『獻公盡逐群公子，乃立奚齊焉。始爲令，國無公族焉。』正與此傳相符。服虔本之。孔氏云：『爲奚齊、卓子以庶篡適，❸晉國創其爲亂，不用復畜群公子。』此説極得。至云『因驪姬之亂乃設此詛，非驪姬自爲詛』，殆未攷及《外傳》爾。」按：梁氏謂服取《外傳》爲是也。疏謂創其爲亂，不畜群公子，蓋不謂詛由驪姬，與服説違。《晉語》注：「群公子，獻公之庶孽及先君之支庶也。《傳》曰：『獻公之子九人。』」韋氏亦用服説。

自是晉無公族。【注】服云：「公族大夫。」《晉世家》集解。【疏證】杜注：「無公子，故廢公族之官。」用服説。《晉世家》約傳文止稱「賜趙氏爲公族」，集解繫服注於下。服解傳文，當從其先者，故移於此。《讀本》：「其後因而不改，諸公子皆在異國，惟悼公弟楊干、子慭在晉，亦不成族，故無公族之官。」按上「無畜群公子」疏所云「雍在秦，樂在陳，黑臀、談在周」，即群公子在異國之事。本疏：「不畜群公子，故無公族。是公族之官，掌教公之子弟也。下注云：『餘子，適子之母弟，亦治餘子之政。』餘子屬餘子之官，則適了屬公族之官也。孔晁注《國語》云：『公族大夫掌公族、卿、大夫子弟之官。』是卿之適子屬公族也。」壽曾謂：傳稱「自是晉無公族」，明獻公以

❶「篡」，原作「纂」，今據《春秋左氏傳正義》卷二十一改。
❷「襄公之孫談在周」，原脱，今據原稿補。
❸「篡」，原作「纂」，今據《左通補釋》卷十一改。

前有公族大夫也。據孔晁義，則獻公以前止有公族大夫，公族適子、餘子、庶子皆掌之，故但云公族、卿、大夫子弟也。時別無餘子、公行之官。下稱「又宦其餘子，❶亦爲餘子，❷其庶子爲公行」，晉於是有公族、餘子、公行」，明餘子、公行之官，成公所增也。疏謂適子屬公族，餘子屬餘子，此自成公立制後事，疏未分明。

及成公及位，❸

乃宦卿之適而爲之田，以爲公族。【疏證】今注疏通行本「適」下有「子」。《釋文》出「之適」二字。《校勘記》云：「昭二十八年正義、《詩·汾沮洳》箋引作『宦卿之適以爲公族』，❹亦無『子』字。」洪亮吉云：「《一切經音義》引《左傳》作『嫡』。《釋文》：『適，本又作嫡。』當屬玄應所據本。適、嫡古字通。」《曲禮》注：「宦，仕也。」杜用鄭說，又云：「爲置田邑以爲公族大夫。」俞樾云：「杜不解『爲』字之義，因加『置』字以足成之，非也。爲，猶與也。爲之田，言與之田也。襄二十三年傳『齊侯將爲臧紇田』，義與此同。」按：俞說是也。傳不言邑，此田謂采田也。

又宦其餘子，亦爲餘子。【疏證】杜注：「餘子，嫡子之母弟也，亦治餘子之政。」則「爲餘子」謂餘子之官。疏云：「主教卿大夫適妻之次子也。」沈欽韓云：「餘子，即《周禮》國子之倅，諸子掌之，于民在鄉爲羨卒，于

❶「宦」，原作「官」，今據原稿改。
❷「爲」，原作「無」，今據原稿改。
❸「及」，《春秋左傳正義》卷二十一作「即」。
❹「箋」，《春秋左傳正義》卷二十一《挍勘記》作「正義」。

遂爲餘夫也。《書傳·略説》：『餘子十三入小學，❶十八入大學。』其《周傳》云：『適子十五入小學，二十入大學。』餘子之稱猶沿于後世。《吕覽·報更》篇：『張儀，魏氏餘子也。』又《離俗覽》：『齊、楚相與戰，平阿之餘子亡戟得矛。』《説苑·立節》篇：『佛肸用中牟畔，城北餘子田基獨後至。』皆謂支子也。」沈氏亦謂餘子對適子言之。

其庶子爲公行。【疏證】杜注：「庶子，妾子，掌率公戎行。」❷《汾沮洳》「殊異乎公行」，箋：❸「主君兵車之行列。」杜釋「公行」用鄭説。上文「餘子」疏：「下云『庶子爲公行』，掌率公之戎車，則公行不教庶子。然則卿大夫之妾子，亦是餘子之官教之矣。」按：公族之官教公族，餘子之官教餘子，則公行之官當教庶子。觀下文「趙盾爲旄車之族」，則正掌庶子之政也。杜注未晰言耳，疏説非。本疏又引《汾沮洳》公族、公路、公行釋之云：「其公族、公行既同，公路似是餘子。但餘子不主路車，公路當與公行爲一，主車行列謂之公行。」

晉於是有公族、餘子、公行。【疏證】括爲公族，盾爲公行，皆見於傳。惟餘子不詳。《讀本》：「原同、樓嬰，殆仕爲餘子。」

趙盾請以括爲公族，【疏證】杜注：「括，趙盾異母弟，趙姬之中子屏季也。」

曰：「君姬氏之愛子也。【疏證】杜注：「趙姬，文公女、成公姊也。」沈欽韓云：「君姬氏，猶言君母氏，自妾言之謂之女君，自妾子言之謂之君母。趙盾雖爲嫡子，猶以姬氏爲君母。」按：沈説是也。下文亦云「微君姬

---

❶ 「三」，《春秋左氏傳補注》卷五作「五」。

❷ 「掌」，原脱，今據原稿補。

❸ 「箋」，原作「義」，今據原稿改。

氏」。下「軞車」疏：「原同長而使趙括者，❶沈氏云：『以其君姬氏之愛子，故使之，非正適也。』」此舊疏明不以原同爲公族。

「微君姬氏，則臣狄人也。」公許之。【疏證】杜注：「盾，狄外孫也。」按：僖二十四年傳：「趙姬請逆盾與其母，子餘辭。姬曰：『得寵而忘舊，何以使人？必逆之。』固請，許之。來，以盾爲才，固請於公，以爲嫡子，而使其三子下之，以叔隗爲内子而己下之。」

冬，趙盾爲旄車之族，【注】服云：「軞車，戎車之倅。」《汾沮洳》疏。【疏證】《釋文》：「一本作軞。」《汾沮洳》疏引傳亦作「軞」。彼箋云：「公路，主君之軞車，庶子爲之。」彼疏：「趙盾爲軞車之族，趙盾既自以爲庶子，讓公族而爲公行，言爲軞車之族，明公行掌軞車。服虔云：『軞車，戎車之倅。』」據此則服本作「軞」。杜注：「軞車，❷公行之官。」用《詩》箋説。服謂「戎車之倅」，《車僕》文。彼作「戎路之萃」，注：「萃，猶副也。戎路，王在軍所乘也。《春秋傳》曰『公喪戎路』。」鄭謂戎路者，斥公在軍之車，此軞車謂副車也。杜又謂：「盾本卿適，其子當爲公族，辟屏季，故更掌旄車。」杜意謂盾自掌旄車。疏云：「自以身爲妾子，故使其子爲妾子之官。知非盾身自爲旄車之族，而云使其子者，旄車之族，賤官耳。盾身既爲正卿，無容退掌賤職。」按：盾蓋以正卿兼軞車，傳未言使其子也，疏説非。

---

❶「原同長而使趙括者沈氏云」，原作「沈氏云，原同長而使趙括者，沈氏」，今據《春秋左傳正義》卷二十一改。

❷「軞」，《春秋左傳正義》卷二十一作「旄」。

使屏季以其故族爲公族大夫。【疏證】杜注：「以其故官屬與屏季。」沈欽韓云：「按：故族，謂趙衰以來之族屬也。大宗有收族之誼，故統率之，非謂趙盾室内之事。盾爲中軍帥，亦自爲小宗，何能以中軍官屬與室老貴臣益屏季乎？」按：沈説是也。傳止云故族，❶不云衰之官屬。《年表》：「趙氏賜公族。」《晉世家》：「成公元年，賜趙氏爲公族。」蓋《左氏》舊義，譏晉立卿族爲公族也。《讀本》：「趙氏使欲卿族强盛，乃請於成公，假公族之官以與卿族。」與古義合。

【經】三年，春，王正月，郊牛之口傷，改卜牛。牛死，乃不郊。【疏證】僖三十一年傳：「牛卜日曰牲。」杜注：「牛不稱牲，未卜日。」據彼傳説也。卜日，杜謂卜郊之日。考舊説，卜郊兼月日言，已釋於僖三十一年傳。又按：定四年經「牛死，❷改卜牛」，則牛傷亦當改卜，則經不以改卜牛爲譏。

猶三望。

葬匡王。無傳。【疏證】杜注：「四月而葬，速。」

楚子伐陸渾之戎。【疏證】《公羊》「陸」曰「賁」。《公》、《穀》「戎」上皆無「之」。《年表》：「楚莊王八年，伐陸渾。」

---

❶「族」，原作「屬」，今據原稿改。

❷「四」，當作「十五」。

夏，楚人侵鄭。

秋，赤狄侵齊。無傳。

宋師圍曹。【疏證】《年表》：「宋文公五年，圍曹。曹文公十二年，宋圍我。」

冬，十月，丙戌，鄭伯蘭卒。【疏證】《鄭世家》：「繆公二十二年卒，子夷立，是爲靈公。」杜注：「再與文同盟。」本疏：「蘭以僖三十三年即位，文二年盟于垂隴，七年于扈，十四年于新城，魯、鄭俱在，❶當言三同盟，而云再者，以扈之盟，經文不序諸侯，故不數。劉炫規之，非也。」按：炫《規過》説無考，據疏則謂魯、鄭三同盟也。

葬鄭穆公。無傳。【疏證】《公羊》「穆」曰「繆」。

【傳】**三年，春，不郊，而望，皆非禮也。**【疏證】杜注：「前年冬，❷天王崩，未葬而郊者，不以王事廢天事。」按：《王制》：「喪三年不祭，唯祭天地社稷。爲越紼而行事。」此杜所本。天王喪未葬，不廢郊，二傳無此義，則杜所述爲《左氏》古義也。

望，郊之屬也。不郊，亦無望可也。【疏證】杜注：「已有例，❸在僖三十一年。復發傳者，❹嫌牛死與卜不從異。」

---

❶「鄭」，原作「鄰」，今據原稿改。下一「鄭」字同。

❷「前」，原殘，今據原稿補。

❸「有」下，原有一空格，今據《春秋左傳正義》卷二十一删。

❹「復」，原作「後」，今據原稿改。

晉侯伐鄭，及延。鄭及晉平，士會入盟。【疏證】《晉世家》：「成公元年，❶伐鄭，鄭倍晉故也。」❷此史公采舊説。延，今通行本作「郔」。杜注：「郔，鄭地。」未詳其所在。江永云：「今按：十二年『楚子北師次于郔』，杜注：❸『鄭北地。』與此一地也。近郔，在鄭州。」沈欽韓云：「郔，即廩延。《水經注》：『廩延邑，下有延津。』今滑縣。」嚴可均謂字當從「延」，又云：「鄭地之延，以延津得名。遍檢史傳，有延律無郔津矣。」洪亮吉亦云：「郔，即廩延。」按：沈、嚴諸説是也。晉在鄭南，不當繞道出鄭北境。十二年傳之「郔」，當爲楚地，詳彼傳疏證。

楚子伐陸渾之戎，遂至於雒，【注】服云：「陸渾在洛西南。」【疏證】僖十一年傳「揚、拒、泉、皋、伊、雒之戎，同伐京師」，即陸渾戎居伊、雒之間者。二十二年傳「秦、晉遷陸渾之戎於伊川」，其部落蓋已東徙，故服謂陸渾在洛西南也。《地理志》：「弘農上洛，❹《禹貢》洛水出冢嶺山，東北至鞏入河。」❺杜注用《漢志》説。江永云：「今按：上洛，陝西商州也。鞏縣屬河南府，古洛口在鞏縣，近世乃過開封之汜水縣，北入河。」據江説，則楚師所次，爲今河南府鞏縣也。《年表》：「楚莊王八年，伐陸渾，至雒。」《楚世家》：「伐陸渾戎，遂至洛。」

---

❶「成公」，原漫漶不清，今據原稿補。
❷「鄭倍」，原漫漶不清，今據原稿補。
❸「注」，原漫漶不清，今據原稿補。
❹「弘農」，原作「客衆」，今據原稿改。
❺「東」，原作「南」，今據《漢書·地理志》改。

觀兵於周疆。【注】服云：「觀兵，陳兵於周也。」❶《楚世家》集解。【疏證】杜不釋「觀」。據服説，則「觀」當訓「陳」。《讀本》：「觀，示也。觀兵，謂耀示兵衆。」《楚世家》：「觀兵於周郊。」史公蓋謂楚子觀兵於周近郊之地也。詳下疏證。

定王使王孫滿勞楚子。【注】賈云：「王孫滿，周大夫。」《周本紀》集解。服云：「以郊勞禮迎之也。」《楚世家》集解。【疏證】杜用賈説，不謂「勞」爲郊勞。按：天子遣人勞諸侯，❷今惟見《覲禮》，其朝、宗、遇三禮已亡。❸《大行人》：上公之禮，三問三勞；侯伯再問再勞；子男一問一勞。楚爲子爵，則宜一問一勞也。彼疏云：「《司儀》：『諸公相爲賓，主國五積三問。』注：『間濶則問，行道則勞，其禮皆使卿大夫致之。』天子於諸侯之禮，亦當使卿大夫問之。三勞者，案《小行人》『逆勞于畿』，《覲禮》『至于郊，王使人皮弁用璧勞』，注云：『郊謂近郊。』其遠郊勞無文，但近郊與畿，大小行人勞，則遠郊勞亦應使大行人也。」今詳《覲禮》，惟言使人郊勞，不詳往勞之官，彼注云：「郊，謂近郊，去王城五十里。《小行人職》曰：『凡諸侯入王，則逆勞于畿。』則郊勞者，大行人也。」故《禮》疏謂近郊之勞屬大行人。胡培翬云：「竊謂近郊之勞，五等諸侯皆有之。《大行人》曰三公三勞，侯伯再勞，子男一勞。或侯伯加以遠郊勞，上公加以畿勞。爵尊者，其勞遠；爵卑者，其勞近。禮宜然也。」如胡氏説，則王孫滿之勞楚子在近郊也。《楚世家》：「周定王使王孫滿勞楚王。」

---

❶「於」，《史記・楚世家》作「示」。

❷「遣」，原作「造」，今據原稿改。

❸「遇」，原作「過」，今據原稿改。

楚子問鼎之大小輕重焉。【疏證】《年表》：「楚莊王八年，問鼎輕重。」《楚世家》：「楚王問鼎大小輕重。」《周本紀》：「使人問九鼎。」江永云：「今按：《水經注》：『王城東南門名曰鼎門，蓋九鼎所從入也，故謂是地爲鼎中，楚子問鼎於此。』然則，楚子觀兵於周疆，而問鼎在王城東南鼎中之地，逼近王城矣。」按：江説是也。楚子問鼎在郊勞禮成之後，故近王城。

對曰：「在德不在鼎。【疏證】《北齊書·文襄紀》：「侯景報書曰：『輕重由人，非鼎在德。』」謂在德爲德之輕重。

「昔夏之方有德也，【疏證】杜注：「禹之世。」沈欽韓云：「《墨子·耕柱》篇：❶『夏后開使蜚廉採金于山川，而陶鑄之于昆吾。使翁難乙卜于目若士之龜，❷兆之言曰：「九鼎既成，遷于三國。」』金履祥《通鑑前編》曰：『諸家多謂禹鑄九鼎，觀方有德之辭，似非指禹，當從《墨子》之説。』」孫星衍云：「夏之方有德，謂啓之世。杜注云禹，非也。啓鑄鼎事見《墨子》，是此鼎無疑。❸後人誤傳爲禹鑄。」文淇案：《楚世家》：「昔虞夏之盛，遠方皆至，貢金九牧，鑄鼎象物，百物而爲之備。使民知神姦。」則仍當指禹，杜預之説當有所本。壽曾按：《後漢書·孝明紀》：「永平三年，❹詔曰：『昔禹收九牧之金，鑄鼎象物。』」亦以爲禹時事。

---

❶「柱」，原殘，今據原稿補。

❷「翁」、「龜」，原爲空格，今據原稿補。「士」，《春秋左氏傳補注》卷五無此字。

❸「此」，原作「比」，今據原稿改。

❹「三」，《後漢書·顯宗孝明帝紀》作「六」。

「**遠方圖物**，**【疏證】**杜注：「圖畫山川奇異之物而獻之。」據「鑄鼎象物」賈注，此亦賈義。

「**貢金九牧**，**【注】**服云：「使九州之牧貢金。」《楚世家》集解。**【疏證】**杜用服義。《王制》「州有伯」，鄭注：「殷之州長曰伯，虞、夏及周皆曰牧。」疏：「按：《左傳》宣三年『昔夏之方有德也，貢金九牧』，是夏稱牧也。」鄭案：《曲禮》「九州之長入於天子之國曰牧」，注：「每一州之中天下選諸侯之賢者，❶以爲之牧也。」《曲禮》言周制，故鄭君謂虞、夏、周稱牧。服與鄭義同。《郊祀志》「禹收九牧之金」注：「師古曰：『九牧，九州之牧也。』」亦用服義。牧是統尹之稱。《荀子・解蔽篇》：「文王監于殷紂，故主其心而慎治之，是以能長用呂望，而身不失道，此其所以代殷王而受九牧也。」注：「養其民，則謂之九牧。」案：張氏望文生義，不足據也。李貽德云：「《禹貢》荆、揚二州，『厥貢惟金三品』。《詩・泮水》疏引鄭注：『三品者，銅三色也。』按：此之貢金，❷亦當是銅。荆、揚是常貢，此以鑄鼎之故，令九牧皆貢。」

「**鑄鼎象物**，**【注】**賈云：「象所圖物，著之于鼎。」《楚世家》集解。**【疏證】**杜用服義。圖物即謂山川奇異之物。《管子・立政》注：「著，標著也。」《郊祀志》敘此事云：「鑄九鼎，象九州。」則鼎數凡九也。❸畢沅云：「《山海經》海外、海内經，周秦所述也。禹鑄鼎象物，使民知神姦。按其文，有國名，有山川，有神靈奇怪之所際，是鼎所圖也。鼎亡於秦，故其先時人，猶能説其圖，以著於册。」沈欽韓云：「今《山海經》所説形狀物色，殆鼎之所

---

❶「下」，《禮記正義》卷五作「子」。

❷「此」，原作「比」，今據原稿改。

❸「凡」，原脱，今據原稿補。

象也。」與畢説同。又云：「《吕氏·先識覽》：『周鼎著饕餮，有首無身，食人未咽，害及其身，以言報更也。』更《審勢》篇：❶『周鼎著象，謂其理之通也。』又《離謂》篇：『周鼎著倕而齕其指，先王有以見大巧之不可爲也。』又《適威》篇：『周鼎有竊，曲狀甚長，上下皆曲，以見極之敗也。』又《達鬱》篇：『周鼎著鼠，❷令馬履之，爲其不陽也。』所謂周鼎，即夏鼎也。觀其大略，則夏之鑄鼎，非獨燭照神姦，亦炯垂法戒矣。」

「百物而爲之備，使民知神姦。【疏證】《後漢書·宣帝紀》詔書「民」作「人」，❸此唐人避諱改字。杜注：「圖鬼神百物之形，使民逆備之。」

「故民入川澤山林，不逢不若。【疏證】《文選》劉逵《吴都賦》注引傳作「使入山林藪澤」。❹惠棟云：「張衡《東京賦》云：『禁禦不若，以知神姦。』《爾雅·釋詁》云：『若，善也。』郭璞注：『《左傳》云「禁禦不若」。』今《左傳》作『不逢不若』。案：下傳云『莫能逢之』，杜氏曰：『逢，遇也。』既云不逢，又云莫逢，文既重出，且杜氏不應舍上句注下句。此晉以後傳寫之訛。當從張衡、郭璞本作『禁禦不若』。」按：惠説是也。《後漢書·宣帝紀》詔書云「不逢惡氣」，乃檃括傳文爲辭，或後人用漢詔改傳文矣。杜注：「若，順也。」

「螭魅罔兩，莫能逢之，【注】服云：「螭，山神，獸形。魅，怪物。罔兩，木石之怪。」《以神仕者》疏。

---

❶「審」，《春秋左氏傳補注》卷五作「慎」。

❷「著」，原脱，今據原稿補。

❸「宣」，疑當作「明」。下一「宣」字同。

❹「吴都賦」，原爲二空格，今據《六臣註文選》卷五補。

【疏證】《説文》「鼎」字下引作「螭魅蝄蜽」。段玉裁云：「螭者，轉寫之譌字。《説文》此字在厹部，作离，云：『山神，獸形。』」案：《一切經音義》引《通俗文》：❶「山澤怪謂之螭魅，木石怪謂之魍魎。」字亦作「螭」。《釋文》：「魅，本又作『鬽』。兩，本又作『蜽』。」《神仕》注引傳作「螭鬽魍魎」。李富孫云：「《説文》鬽，或作魅，字同。《説文》：『蝄蜽，山川之精物也。』徐鉉曰：『今俗别作魍魎，❷非是。』傳作罔兩，從省。」《周禮》：「凡以神仕者，以夏日至，❸致地示物鬽。」注：「百物之神曰鬽，《春秋傳》曰『螭鬽魍魎』。」疏：「《左氏》宣公三年，服氏注：『螭，山神，獸形。鬽，怪物。魍魎，木石之怪。』文十八年注：『螭，山神，獸形。或曰：如虎而噉虎。或曰：魅，人面獸身而四足，好惑人，山林異氣所生，爲人害。』如賈、服義，與鄭異。鄭君則以螭鬽爲一物，故云百物之神曰鬽，引《春秋》螭鬽以證之。經無魍魎，連引之者，以《國語》『木石之怪夔魍魎』，賈、服所注是也。」據彼疏，則此傳賈、服義同。杜氏於螭魅用賈、服義。其解「罔兩」云水神，與賈、服異。疏云：「螭，山神，獸形。魅，怪物。先儒相傳爲然。」亦賈、服同説之證。疏又云：「《魯語》仲尼云：『木石之怪夔、罔兩，水之怪龍、罔象』，則罔兩是木石之神。杜以爲水神者，《魯語》賈逵注云：❹『罔兩、罔象，言有夔、龍之形而無實體。』然則罔兩、罔象皆是虛無，當總彼之義，非神名也。上句言山林川澤，則螭魅罔兩四神。文十八年注：『螭魅，山林異氣所生。』螭魅既爲山林之神，則

---

❶「一切經音義」，原爲三空格，今據《一切經音義》卷六補。
❷「作」，原脱，今據原稿補。
❸「夏」，原漫漶不清，今據原稿補。
❹「注」，原作「語」，今據《春秋左傳正義》卷二十一改。

罔象宜爲川澤之神，❶故以爲水神也。」文淇案：《外傳》云木石之怪，則非水神。韋注亦云：「蝄蜽，山精，好效人聲而迷惑人也。」與服注同。《説文》引淮南王説：「蝄蜽，狀如三歲小兒，赤黑色，赤目，長耳，美髮。」則非無形質。本疏曲爲之説，非也。疏又以螭魅罔兩爲四神，亦非杜義。又按：《周禮》疏引宣三年注，顯言服氏。引文十八年注，不言姓氏，而下承以如賈、服義，❷則文十八年注蓋賈注也。❸以此例推之，《周禮》疏引《左傳》注不言姓氏者，皆賈、服説也。壽曾謂：文十八年傳注，《五帝本紀》集解正引作賈、服説，已采附於彼傳。逢之，張衡《東京賦》作「逢旃」。❹

用能協于上下，以承天休。【疏證】《周語》「以承天休」，注：「休，慶也。」杜注謂「受天祜」，❺用韋義。

桀有昏德，鼎遷于商，【疏證】《楚世家》「昏」作「亂」。

載祀六百。【注】賈云：「載，辭也。祀，年也。商曰祀。」王肅云：「載祀者，猶言年也。」《楚世家》集解。【疏證】杜注：「載，祀，皆年。」杜用王説。疏：「載、祀皆年之別名，複言之耳。」武億云：「載，當記載

---

❶「象」，《春秋左傳正義》卷二十一作「兩」。
❷「如」，原作「爲」，今據原稿改。
❸「年」，原脱，今據原稿補。
❹「東」，當作「西」。
❺「祐」，《春秋左傳正義》卷二十一作「祜」。

之載，謂記年六百，與下『卜世三十，❶卜年七百』句義同。賈逵以載爲辭，不云皆年義，可據。」按：武説是也。《釋天》：「商曰祀，周曰年。」《洪範》「惟十有三祀」，箕子用商人稱，經傳多稱《商書》。

「商紂暴虐，鼎遷于周。【疏證】《楚世家》「商」作「殷」。

「德之休明，雖小，重也。其姦回昏亂，雖大，輕也。【疏證】大小以鼎言，輕重以德言。《楚世家》：「德之休明，雖小必重；其姦回昏亂，雖大必輕。」

「天祚明德，有所底止。【疏證】《釋言》：❷「底，致也。」段玉裁云：「底，本訓柔石。經傳多借訓爲致。」❸

「成王定鼎于郟鄏，【疏證】《地理志》：「河南，故郟鄏地。周武王遷九鼎，周公致太平，營以爲都，是爲王城，至平王居之。」《説文》：「鄏，河南縣直城門官陌地也。《春秋傳》曰『成王定鼎於郟鄏』。」傳言郟鄏，許君止釋鄏者，《水經·穀水》注：「京相璠云：『郟，山名。鄏，地邑也。』」《楚世家》索隱：「按《周書》，郟，雒北山名，音甲。鄏謂田厚鄏，故以名焉。」與京相説合。《周本紀》正義引《帝王世紀》「王城西有郟鄏陌」，與班《志》稱「官陌」地合。❹沈欽韓云：「《續志》：『河南縣東城門名鼎門。』《唐六典》：『東都城南面三門，中曰定鼎。』《韓愈集·送鄭

---

❶「下」，原脱，今據原稿補。
❷「言」，原爲空格，今據《爾雅》卷上補。
❸「致」，原作「辭」，今據原稿改。
❹「班志」，疑當作「説文」。

十校理序》：❶『席定鼎門外。』《一統志》：『郟鄏陌在洛陽縣西。』」江永云：「今洛陽縣西河南故城是也。」高士奇云：「《河南府圖經》云：『郟山在郡城西南，迤邐其城北二里，亦曰邙山。』」

卜世三十，卜年七百，天所命也。【疏證】本疏：「《律曆志》云：『周三十六王，八百六十七年。』過卜數也。」古人卜世之禮，屢見此傳。《晉書·裴楷傳》：「武帝初登祚，探策以卜世數多少。」即用周卜世、卜年意。

周德雖衰，天命未改。鼎之輕重，未可問也。」【疏證】自「成王定鼎」以下，《楚世家》文同，❷又云「楚王乃歸」。《周本紀》：「王使王孫滿應設以辭，❸楚兵乃去。」傳不言楚師即去，史公采它書也。《梁書·隱逸傳》：「何胤謂王杲曰：❹『鼎者神器，有國所先，故王孫滿斥言，楚子頓盡。』」

夏，楚人侵鄭，鄭即晉故也。【疏證】鄭即晉，謂鄭附於晉。

宋文公即位三年，【疏證】《讀本》：「宋文公以魯文十六年立，魯文十七年爲宋文元年，魯文十八年爲宋文二年，即位之三年也。」

殺母弟須及昭公子，武氏之謀也。使戴、桓之族攻武氏於司馬子伯之館，盡逐武、穆之族。【疏證】事已見文十八年傳。攻武子，彼傳謂戴、莊、桓三族，此少莊族，佚文。

---

❶「校」，原漫漶不清，今據原稿補。
❷「家」，原脱，今據原稿補。
❸「設」，原作「説」，今據原稿改。
❹「隱逸」，當作「處士」。「杲」，《梁書·處士傳》作「果」。

武、穆之族以曹師伐宋。【疏證】《讀本》：「曹師伐宋，不知其年，傳追言之，以釋今伐曹也。」

秋，宋師圍曹，報武氏之亂也。

冬，鄭穆公卒。

初，鄭文公有賤妾曰燕姞。【注】賈云：「姞，南燕姓。」《鄭世家》集解。【疏證】杜用賈説。《説文》：「姞，黄帝之後。」李貽德云：「姞，或作『吉』。《詩・都人士》『謂之尹吉』。」「南燕」已釋於□□年傳。《鄭世家》叙燕姞事於文公二十四年，當魯僖公十一年。

夢天使與己蘭，【注】賈云：「蘭，香草名也。」《鄭世家》集解。【疏證】杜用賈説，不釋「夢天使」義。《鄭世家》無「使」字。疏云：「夢言天者，皆非天也。此既言天使與己蘭，即云『余爲伯儵』，儵即非天也。伯儵不得自稱爲天，明是夢者恍惚之言耳。」又引成五年傳：「『晉趙嬰夢天使謂己：『祭余，余福女。』」謂：「或別有邪神，夢者不識而妄稱天耳。」如疏説，則此傳及成四年之「天使」，皆釋爲「上帝」。俞正燮云：「天使者，使讀去聲，世人泛言神道也。燕姞初夢一不識之神，繼乃自言伯儵。趙嬰亦夢一不知誰何之神求祭，因而祭之，以爲此神殆天使也云爾。舊説以爲上天之使命，因以詆《左傳》，非也。《論衡・變虚篇》宋景公熒惑星事云：❶『熒惑，天使也。』《龍虚篇》：『以龍神爲天使。』《指瑞篇》云：『或言天使之所爲也。其來神怪，若天使之，則謂天使矣。』是《左傳》之義也。《左傳》燕姞『夢天使謂己』，昭九年傳武王邑姜則云『夢帝謂己』，即《左傳》天使非天帝之證。」按：俞

❶「變」，原爲空格，今據原稿補。

說是也。《説文》：「蘭，香草也。從草闌聲。」用賈義。《易・繫辭》「其臭如蘭」，虞注亦以蘭爲香草，鄭君注同。《詩・澤陂》、《溱洧》之「蕳」，傳皆訓爲蘭。陸璣《義疏》云：「蕳，即蘭，香草也。其莖葉似藥草。澤蘭廣而長節，節中赤。高四五尺。可箸粉中藏衣，箸書中辟白魚。」陸氏以《詩》所詠爲澤蘭。陳奂《詩疏》云：「《炮炙論》云大澤蘭即蘭草，小澤蘭即澤蘭。按：澤蘭有此兩種，與今之山蘭不同物。《本草綱目》以爲即今省頭草是也。」

曰：「余爲伯儵。余，而祖也。【注】賈云：「伯儵，南燕祖。」《鄭世家》集解。【疏證】伯儵，《説文》姞字引作「伯鯈」，又「黄帝之後，姞姓」。洪亮吉云：「按：儵即鯈，但移偏旁居上耳。惠氏譏《釋文》誤字，非也。」《鄭世家》「而」作「爾」。杜用賈説。李貽德云：「案黄帝之子得姓者十二，姞其一也。伯儵當是受姞姓者。」

「以是爲而子。【注】王肅云：「以是蘭也，爲汝子之名。」《鄭世家》集解。【疏證】杜注：「以蘭爲女子名。」與王肅義同。

「以蘭有國香，人服媚之如是。」【疏證】國香，香甲於一國也，猶國工之稱矣。《思齊》傳：「媚，愛也。」杜注：「欲令人愛之如蘭。」

既而文公見之，與之蘭而御之。【疏證】《鄭世家》：「以夢告文公，文公幸之，而與之草蘭爲符。」如史公説，是燕姞告文公以夢蘭之事，乃賜以蘭而進御。

辭曰：「妾不才，幸而有子。將不信，敢徵蘭乎？」【疏證】《讀本》：「『妾不才幸而有子』者，言此得幸必有子。『將不信敢徵蘭』者，蓋言其夢以文公又與蘭其事相符爲徵。杜言計賜蘭爲懷子月數，是未幸而先有孕，亦近誣也。」

公曰：「諾。」生穆公，名之曰蘭。

文公報鄭子之妃曰陳嬀，【注】服云：「鄭子，文公之叔父子儀也。報，復也，淫親族之妻曰報。漢律，淫季父之妻曰報。」《雄雉》疏。**【疏證】**杜用服説。《雄雉》疏：「桓十六年傳『衛宣公烝於夷姜』，服虔云：『上淫曰烝』，則烝，進也，自進上而與之淫也。」下引此傳。此及服注、彼疏明烝、報詞有別。《廣雅・釋詁》：「報，淫也。」王念孫云：「案：報者，進也。《樂記》：『禮減而不進則銷，樂盈而不返則放，故禮有報而樂有反。』鄭注：『報，讀曰褒。褒，猶進也。』報與烝皆訓爲進。上淫曰烝，淫季父之妻曰報，其義一也。」文淇案：按《晉書・石勒傳》：「下書禁國人報嫂。」嫂近尊屬，故與旁淫異辭。《讀本》：「報陳嬀、娶江、娶蘇，《史記》所謂三夫人。」

生子華、子臧。子臧得罪而出。【疏證】僖二十四年傳：「鄭子華之弟子臧出奔宋。」未著其年，以子華事核之，亦僖十六年事也。

誘子華而殺之南里，【疏證】僖十六年傳：「十二月乙卯，❶鄭殺子華。」杜注：「南里，鄭地。」襄二十六年傳：「入南里，墮其城。」當是一地。《彙纂》：「今新鄭縣南五里有地名南里。」

使盜殺子臧於陳、宋之間。【疏證】僖二十四年傳：「鄭伯使盜誘之，八月，盜殺之陳、宋之間。」❷

---

❶ 「二」，《春秋左傳正義》卷十四作「一」。

❷ 「宋」，原作「蔡」，今據原稿改。

又娶於江，生公子士。朝于楚，楚人酖之，及葉而死。【疏證】惠士奇云：「楚滅江，惡其所出爲害，故酖之。」《地理志》：「南陽郡葉，楚葉公邑也。」顧棟高云：「今河南南陽府葉縣南三十里有古葉城。」

又娶於蘇，生子瑕、子俞彌。【疏證】《鄭世家》「瑕」作「溉」。李富孫云：「瑕與溉，亦音之轉。」

俞彌早卒。洩駕惡瑕，文公亦惡之，故不立也。【疏證】僖三十一年傳：「鄭洩駕惡公子瑕，鄭伯亦惡之，故公子瑕出奔楚。」《鄭世家》：「文公寵子五人，皆以罪早死。」則子瑕奔楚後即死也。五人謂華、臧、士、瑕、俞彌。

公逐群公子，公子蘭奔晉，從晉文公伐鄭。【疏證】僖三十年傳：「九月甲午，晉侯、秦伯圍鄭。初，鄭公子蘭出奔晉，請無與圍鄭，許之。使待命于東。」蘭之奔晉，傳未明何年。《鄭世家》：「公怒溉，逐群公子。子蘭奔晉，從晉文公圍鄭。」溉即子瑕，則蘭之奔晉，在瑕奔楚後。《左氏》叙子瑕奔楚於僖三十一年，未必其年事也。

石癸曰：「吾聞姬、姞耦，其子孫必蕃。【疏證】據僖三十年傳，石癸即石甲父，鄭大夫也。杜注：「姞姓宜爲姬配耦。」

「姞，吉人也，后稷之元妃也。【疏證】丘光庭曰：「石癸所言是論『佶』字之義，字當從人從吉，後代改之從女，安得吉人之語乎？」按：石癸明「吉」字之義，不言於文爲吉人，猶言祥女也，丘説非。杜注：「姞姓之女爲后稷妃，周是以興，故曰吉人。」《鄭世家》：「鄭大夫石癸曰：『吾聞姞姓乃后稷之元妃，其後當有興者。』」

「今公子蘭，姞甥也，天或啓之，必將爲君，其後必蕃。【疏證】《鄭世家》：「子蘭母，其後也。且夫人子盡以死，餘庶子無如蘭賢。」史公明傳必將爲君義，故詞與傳異。

「先納之，可以亢寵。」【疏證】《廣雅・釋詁》：❶「亢，極也。」《鄭世家》：「今圍急，晉以爲請，利孰大焉！」

與孔將鉏、侯宣多納之，盟于太宮而立之，以與晉平。【疏證】僖三十年傳：「鄭石甲父、侯宣多逆以爲太子，❷以求成於晉，晉人許之。」即此傳盟太宮、立蘭事也，彼傳文略。杜注：「大宮，鄭祖廟。」《讀本》：「穆公即位在僖三十三年。」

穆公有疾，曰：「蘭死，吾其死乎！吾所以生也。」刈蘭而卒。【疏證】《吴語》注：❸「芟草曰刈。」又曰：「刈，❹鎌也。」《讀本》：「穆公蓋愛蘭草，多植之，至此病將卒，乃刈蘭。」《説文繫傳》：「案：《本草》：『蘭入藥，四五月采。』鄭穆公以十月卒，彼時十月，今之八月，非《本草》采用之時者，蓋常人候其華實成，然後刈取之也。」

【經】四年，春，王正月，公及齊侯平莒及郯。莒人不肯。公伐莒，取向。【疏證】《地理志》：「東海郡郯，故國，少昊後，盈姓。」盈即嬴也。沈欽韓云：「《一統志》：『故郯國在沂州府郯城縣西南二十里，與江南邳

---

❶「詁」，原爲空格，今據《廣雅》卷一補。

❷「多」，原脱，今據原稿補。

❸「吴」，原爲空格，今據《國語正義》卷十九補。

❹「刈鎌也」，見《齊語》注。眉批：「是刈是濩」。

州接界。』」《齊策》注：「肯，猶可也。」杜注：「向，莒邑。」江永云：「向，本近莒之國。隱二年莒人入向，遂爲莒邑。」詳彼經疏證。

秦伯稻卒。無傳。**【疏證】**《穀梁》疏引《世本》：「秦共公也。」《秦本紀》：「共公立五年，卒，子桓公立。」❶索隱謂共公名猳，《年表》作和，皆與經異。李富孫云：「和與稻，或字形相涉。」共公卒年，《年表》逸之。

夏，六月，乙酉，鄭公子歸生弑其君夷。【疏證】《年表》：「鄭靈公夷元年，公子歸生以黿故，殺靈公。」取傳「稱臣，臣之罪」義。

赤狄侵齊。無傳。

秋，公如齊。公至自齊。無傳。

冬，楚子伐鄭。【疏證】《年表》：「楚莊王九年，伐鄭。」

【傳】四年春，公及齊侯平莒及郯，莒人不肯。公伐莒，取向，非禮也。平國以禮，不以亂。伐而不治，亂也。以亂平亂，何治之有？無治，何以行禮？【疏證】《典瑞》「穀圭以和難」注：「穀，善也。其飾若粟文然。難，仇讎，❷和之者，若《春秋》宣公及齊侯平莒及郯，晉侯使瑕嘉平戎於王。」如鄭君，則平莒及郯爲和難之禮。和難而繼以兵，故《傳》譏非禮也。

❶「立」上，原有一空格，今據原稿删。

❷「讎」，原作「難」，今據原稿改。

楚人獻黿于鄭靈公。【疏證】《説文》：「黿，大鼈也。」《淮南·時則訓》「漁人伐蛟取鼉，升龜取黿」，❶注：「黿可作羹。《傳》曰『楚人獻黿於鄭靈公』。」《吕覽·季夏覽》注亦云：「黿可爲羹。」《鄭世家》：「楚獻黿于靈公。」

公子宋與子家將見。【注】賈云：「二子，鄭卿也。」《鄭世家》集解。【疏證】杜注：「宋，子公也。子家，歸生。」《御覽》三百七十引同。《讀本》：「《史記》言子公亦穆氏，則亦穆公子。」《鄭世家》：「子家、子公將朝靈公。」

子公之食指動，【注】服云：「第二指。」《鄭世家》集解。俗所謂嚏鹽指也。」本疏。【疏證】杜注：「第二指。」用服説。《大射禮》「右巨指鉤弦」注：「右巨指，右手大擘也。」又曰：「設决朱極三。」注：「極，猶放也，所以韜指，利放弦也，以朱韋爲之。三者，食指、將指、無名指。小指短，不用。」本疏據鄭説，謂：「手之五指之名，曰巨指、食指、將指、無名指、小指也。其食指者，食所偏用。」李貽德云：「巨指爲第一指，則食指爲第二指矣。《一切經音義》八引《字書》：『嚏，喋也。』蓋漢時語也。」

以示子家，曰：「他日我如此，必嘗異味。」【疏證】《鄭世家》：「謂子家曰：『佗日指動，必食異物。』」❷

及入，宰夫將解黿，相視而笑。【疏證】《讀本》：「解黿，殺剥也。」❸《鄭世家》：「及入，見靈公進黿羹，

---

❶「升」，《淮南鴻烈解》卷五作「登」。

❷「食異物」，原脱，今據原稿補。

❸原稿眉批：解，詁。

子公笑曰：『果然！』」

公問之，子家以告。【疏證】《鄭世家》：「靈公問其笑故，具告。」

及食大夫黿，召子公而弗與也。【疏證】食大夫黿，謂召大夫賜食也。《淮南·時則訓》注引傳：❶「靈公獨不與公子宋黿羹。」蓋說傳意。杜注：「欲使指動無效。」❷《鄭世家》：「靈公召之，獨弗與羹。」

子公怒，染指於鼎，嘗之而出。【疏證】《淮南·時則訓》注作「公子宋怒」。《鄭世家》：「子公怒，染其指，嘗之而出。」

公怒，欲殺子公。子公與子家謀先。【疏證】《鄭世家》文同。沈欽韓云：「《韓非·難四》：『君不懸怒。懸怒則臣懼罪，輕舉以行計，則人主危。故靈台之飲，衛侯怒而不誅，故褚師作難；食黿之羹，鄭君怒而不誅，故子公殺君。』注：『有怒不及行，謂之懸。』」沈氏引此者，見《左氏》古義，以靈公怒子公而不誅爲非。《讀本》：「謀先，謂及公未發而作亂。」

子家曰：「畜老，猶憚殺之，而況君乎？」【疏證】杜注釋「畜」爲六畜。《釋文》：「憚，難也。」

反譖子家。子家懼而從之。【疏證】杜注：「譖子家於公。」《讀本》：「子公蓋近臣，日在左右，子家懼而從子公。」

❶「注引傳」，原脱，今據原稿補。

❷「指」，原作「食」，今據《春秋左傳正義》卷二十一改。

夏，弒靈公。書曰「鄭公子歸生弒其君夷」，權不足也。【疏證】此明經書子家弒君之義。《史記·太史公自序》：「爲人臣者，不可不知《春秋》，守經事而不知其宜，遭變事而不知其權。」杜注：「子家權不足以禦亂。」

君子曰：「仁而無武，❶無能達也。」【疏證】此傳與上文不相蒙，責靈公之詞也。《韓非·外儲》：「子夏曰：『《春秋》之記臣殺君、子殺父者，以十數矣，皆非一日之積也，有漸而至矣。凡姦者，行久而成積，積成而力多，力多則能殺，故明主蚤絶之。』」以前沈氏引《難四》篇「懸怒」之義，正與子夏之言相發。能誅臣，貴在蚤絶。不能蚤絶，即所謂「仁而無武」也。「達」謂申其罸。劉恭冕《春秋説》引《韓非》，謂《公》、《穀》原出子夏，《左氏》弒例，《公》、《穀》亦同。壽曾謂：以《韓非》斥靈公懸怒義證之，❷則子夏所稱正《左氏》義也。傳將述君無道之義，以靈公用飲食細故，戲弄其臣，怒而不誅，無道之義未顯，故於傳例之先，明靈公不能察微見遠，無果決之斷，以致身弒名辱，是爲無道。杜注：「初稱畜老，❸仁也。不討子公，是不武也。故不能自通於仁道而陷弒君之罪。」❹子家雖止子公之弒，然以畜比其君，此謂韓厥況晉厲公以老牛何異？❺《左氏》安得尚許其仁？杜説非

❶「無」，《春秋左傳正義》卷二十一作「不」。
❷「懸」，原爲空格，今據原稿補。
❸「老」，原脱，今據《春秋左傳正義》卷二十一補。
❹「通」，原爲空格，今據原稿補。
❺「謂」，原爲空格，今據原稿補。

傳意也。

凡弑君，稱君，君無道也；稱臣，臣之罪也。【疏證】此書弑君例也。杜注：「稱君，謂唯書名而稱國以弑，❶言衆所共絶也。稱臣者，謂書弑者之名。」杜釋稱君、稱臣義不誤。其稱國以弑，則傳例所未及。劉、賈、許、穎説曰：「君惡及國朝，則稱國以弑。君惡及國人，則稱人以弑。」則書國、書人例，❷爲未弑君不稱臣而發，已釋於文十八年經。❸本疏：「《晉語》云：『趙宣子曰「大者天地，其次君臣」』，則君臣之交，猶父子也，君無可弑之理，而云『弑君，君無道』者，弑君之人固爲大罪，欲見君之無道，罪亦合弑，所以懲創將來之君，兩見其義，❹非赦弑君之人，以弑之爲無罪也。」詳疏釋傳例意甚明晰，其云「懲創將來之君」，必是古《左氏》義。而又引《釋例》云：「天生民而樹之君，使司牧之，❺群物所以繫命也。故傳曰：『君，天也，天可逃乎？』此人臣所執之常也。然本無父子自然之恩，未有家人習翫之愛，高下之隔懸殊，壅塞之否萬端。是以居上者，降心以察下，表誠以感之，然後能相親也。若亢高自肆，群下絶望，情義圮隔，是謂路人，非君臣也。人心苟離，則位號雖存，無以自固。故傳例曰：『凡弑君，稱君，君無道；稱臣，臣之罪。』稱君者，惟書君名，而稱國、稱人以弑，言衆之所共絶也。稱臣者，謂

❶「書」下，《春秋左傳正義》卷二十一有「君」字。

❷「例」，原無，今據原稿補。

❸「已釋於文十八年經」，原脱，今據原稿補。

❹「兩見其義」，原重文，今據原稿删。

❺「之」，原脱，今據原稿補。

書弑者主名，以垂來世，終爲不義，而不可赦也。」壽曾謂：杜氏此説，責君太重，責臣轉輕。雖終謂弑逆之罪不可赦，然已謂君臣無父子之恩，例於路人，語意悖謬，致説《左氏》者，集矢此例，謂出漢人附益，皆杜説所召也。疏謂兩見其義，語最無弊。劉恭冕《春秋説》申其説云：「《左氏傳》，凡弑君，稱君，君無道也；稱臣，臣之罪也。此《春秋》最要之義。而解者未明其義，故近世通儒，若顧氏棟高、焦氏循，皆疑其悖理。實則《左傳》説不誤也。蓋無道者，謂不知禮義，失其爲君之道也。《史記·太史公自序》云：『《春秋》之中，弑君三十六，亡國五十二，諸侯奔走不得保其社稷者，不可勝數。察其所以，皆失其本也。故《易》曰：「失之毫釐，差以千里。」故曰：「臣弑君，子弑父，非一旦一夕之故也，其漸久矣。」故有國者，不可以不知《春秋》，前有讒而弗見，後有賊而不知；爲人臣者，不可以不知《春秋》，守經事而不知其宜，遭變事而不知其權。爲人君父，而不通於《春秋》之義者，必蒙首惡之名；爲人臣子而不通於《春秋》之義者，必陷簒弑之誅，死罪之名。』又云：『夫不通禮義之旨，至於君不君，臣不臣，父不父，子不子。君不君則犯，臣不臣則誅，父不父則無道，子不子則不孝。此四行者，天下之大過也。以天下之大過予之，則受而弗敢辭。故《春秋》者，禮義之大宗也。』史公此文，言弑君亡國之諸侯皆失其本。又言人君不通《春秋》，蒙首惡之名。又言君不君則犯，父不父則無道，不即《左氏》『弑君，君無道』之旨乎？而此義又明見《易傳》，言『臣弑君、子弑父，由辯之不早辯』。皆是責爲人君父之辭。辯者，辯乎禮義而已。早辯，是有道。不能早辯，即是無道。故史公引《易傳》，言『失之毫釐，差以千里』，失亦謂失禮義也。既失禮義，不謂之無道得乎？《左氏傳》所載各凡，皆本禮經，即史公所言禮義也。若然，《春秋》之作，不獨治亂臣、賊子，而亦以戒爲人君父當守禮義。然《孟子》但言亂臣、賊子懼，不言無道之君父亦懼者，《孟子》自舉所重言之。蓋君父雖無道，非臣子所得加弑。《吕氏春秋·行論》篇：『父雖無道，子敢不事父乎？君雖不惠，臣敢不事君乎？』語最賅備。禮所謂君雖不君，臣不可以不臣者，此也。」按：劉説是也。史公以禮義責君父臣子，即疏所謂「兩見其義」矣。所云爲人臣者，「遭變事而不知其權」，即此經書子家弑君之義，故傳以權不足譏之。子家書法，兼責君臣，故傳例在此年。❶

鄭人立子良。【疏證】杜注：「穆公庶子。」《鄭世家》：「鄭人欲立靈公弟去疾。」

辭曰：「以賢，則去疾不足；以順，則公子堅長。」乃立襄公。【疏證】《釋詁》：「順，叙也。」《鄭世家》：「去疾讓曰：『必以賢，則去疾不肖；必以順，則公子堅長。』堅者，靈公庶弟，去疾之兄也。於是乃立子堅，是爲襄公。」《世家》以襄公爲靈公庶弟。集解：「徐廣曰：『《年表》云靈公庶兄。』」今本《年表》作「庶弟」，後人用《世家》改。

襄公將去穆氏，而舍子良，【疏證】《讀本》：「《史記》言公子宋爲穆公子，故襄公欲去穆族而獨舍置子良。」

❶ 原稿眉批：引左盦《群經大義相通論》：「案：《荀子·正論篇》云：『湯武者，民之父母也；桀紂者，民之怨賊也。今世俗之爲説者，以桀紂爲君，而以湯武爲弑，然則是誅民之父母，而師民之怨賊也。（又，《議兵篇》曰：『湯武之誅桀紂也，拱揖指揮，而强暴之國莫不趨使，誅桀紂若誅獨夫。故《太誓》曰獨夫紂，此之謂也。』）此即『弑君，稱君，君無道』之義也。《荀子》之説，與孟子對齊宣王之説合。又，襄十四年，晋師曠曰：『天之愛民甚矣，豈可使一人以縱其上，以肆其淫？』亦爲《荀子》之説所本，而《左傳》此語，後儒集矢紛紜，抑獨何與？」

子良不可，曰：「穆氏宜存，則固願也。若將亡之，則亦皆亡，去疾何爲？」乃舍之，皆爲大夫。

初，楚司馬子良生子越椒。子文曰：「必殺之！【疏證】傳明若敖氏滅於越椒，先述椒生時事，子良、子文，皆鬬伯比子也。杜注：「子文，子良兄。」

「是子也，熊虎之狀而豺狼之聲；【疏證】沈欽韓云：「《漢書·王莽傳》：『時有用方技待詔黄門者，或問以莽形貌，待詔曰：莽，所謂鴟目、虎吻、豺狼之聲者也，故能食人，❶亦當爲人所食。』沈引此者，以待詔言王莽狀同越椒，明凶人之不終。

「弗殺，必滅若敖氏矣。

「諺曰：『狼子野心。』是乃狼也，其可畜乎？」【疏證】《楚語》：「葉公子高曰：『人有言曰「狼子野心」。』」蓋楚人相傳有是言。

子良不可。子文以爲大慼。

及將死，聚其族，曰：「椒也知政，乃速行矣，無及於難。」【疏證】子文之死，傳不著其年。據莊三十年傳子文爲令尹，僖二十三年乃授政子玉，其爲令尹凡二十八年，至是年已老壽，其死或在僖公末矣。沈欽韓云：「《小爾雅·廣詁》：『乃，汝也。』」

❶「能」，原作「以」，今據原稿改。

且泣曰：「鬼猶求食，若敖氏之鬼不其餒而！」❶【疏證】《樂記》「幽則有鬼神」注：❷「《五帝德》説黄帝德曰：『死而民畏其神者百年。』《春秋傳》曰：『若敖氏之鬼。』然則聖人之精氣謂之神，賢知之精氣謂之鬼。」疏：「言聖人氣强，能引生萬物，故謂之神。氣劣於神，❸但歸終而已，故謂之鬼。」據鄭君説，則鬼之精氣不如神之强，必求食也。杜注：「而，語助。」

及令尹子文卒，鬬般爲令尹，【疏證】杜注：「般，子文之子子揚。」沈欽韓云：「般爲令尹，當繼子孔之後，傳言子文卒者，叙次相連及之。」按：沈説是也。據傳，子文以伐陳之功讓令尹於子玉，其後蔿吕臣、子上、大孫伯相次爲令尹。大孫伯卒，子孔乃爲令尹，中間相距凡二十五年。《漢書·叙傳》記子文虎乳之事，又云：「楚人謂虎『班』，❹其子以爲號。」注：「師古曰：子文之子鬬班，亦爲楚令尹。」般、班異文。❺

子越爲司馬。蔿賈爲工正，【疏證】襄九年傳：「使皇鄖命工正出車。」彼疏云：「《周禮》司馬之屬，無主車之官。巾車、車僕，職皆掌車，乃爲宗伯之屬。昭四年傳云：『夫子爲司馬，與工正書服。』是諸侯之官，司馬之

❶ 眉批：餒，詰。
❷「注」，原脱，今據原稿補。
❸「神」，《禮記正義》卷三十七作「聖」。
❹「人謂虎」，原重文，今據原稿删。
❺ 眉批：查《文選》屨般班班首。

屬，有工正主車也。」❶詳彼疏説，則宋之工正爲司馬屬官，楚國亦當然。❷賈蓋越椒之屬，故同謀殺鬬般也。

譖子揚而殺之，子越爲令尹，己爲司馬。

子越又惡之，乃以若敖氏之族，圄伯嬴於轑陽而殺之，【疏證】惠士奇云：「《月令》『省囹圄』，蔡邕《章句》云：『囹，牢也。圄，止也。所以止出入，皆罪人所舍也。』然則囹圄亦周時之獄。焦氏答崇精云：『囹圄，秦獄。』恐未然。」按：《月令》注：「圄，❸所以禁守繫者，若今别獄也。」詳鄭君説，則圄猶爲輕繫，與囹異也。惠引焦氏説，乃《鄭志》之文，見《禮》疏。杜注：「圄，囚也。伯嬴，蔿賈也。轑陽，楚邑。」江永云：「漢武帝延和二年，封江喜爲轑侯，即此。」沈欽韓云：「《水經注》：『漻水北出大義山，南至厲鄉西。又南逕隨縣，注安陸也。』《一統志》：『漻水在德安府隨州東北。』❹《魏志·賈逵傳》『屯潦口』，蓋其處矣。又有潦河，《一統志》：『源出南陽府西馬峙坪，南流至新野縣合湍水。』《紀要》：『潦河在南陽府鎮平縣東四十里。』以下文『處蒸野』，此是南陽之潦河也。」

遂處烝野，【疏證】杜注：「烝野，楚邑。」沈欽韓云：「即南陽府之新野縣。《方輿紀要》：❺『新野縣南至襄

❶「正」，原作「車」，今據《春秋左傳正義》卷三十改。
❷眉批：查莊二十二年工正。
❸「圄」上，《禮記正義》卷十五有「囹」字。
❹「府」，原脱，今據原稿補。
❺「方輿紀要新野縣」，原脱，今據原稿補。

陽府一百十里。』」

將攻王。王以三王之子爲質焉，弗受。【疏證】《楚世家》：「相若敖氏。人或讒之王，恐誅，反攻王。」與傳稱釁由子越異。杜注：「三王：文、成、穆。」

師于漳澨。【疏證】杜注：「漳澨，漳水邊。」沈欽韓云：「《水經》：『漳水出臨沮縣東荆山，東南過蓼亭，又東過章鄉南。』❶《方輿紀要》：『漳水在安陸府當陽縣東北四十里，自南漳縣流入境，東南流經麥城東，又南合于沮水。』」本疏：「《爾雅》水邊之名，唯有涯、涘、岸、滸，無以澨爲水邊者。」按：澨，猶涘也。《説文》：「澨，❷埤增水邊土，人所止者。」

秋，七月，戊戌，楚子與若敖氏戰于皋滸。【疏證】杜注：「皋滸，楚地。」沈欽韓云：「《水經注》：『沔水東逕萬山北。山下水曲之隈，云漢女昔游處也。張衡《南都賦》曰：「游女弄珠於漢皋之曲。」漢皋，即萬山之異名也。』《名勝志》：『萬山在襄陽府城西十里。』」據沈氏説，子越師行之路，蓋由今河南邊界，❸進次安陸，南出襄陽也。

伯棼射王，汰輈，【疏證】李富孫云：「襄二十六年傳『棼』作『賁』。」杜注：「伯棼，越椒也。」《輈人》「爲輈」

---

❶「東」下，原衍「南」字，今據原稿删。

❷「澨」，原作「涘」，今據《説文解字》卷十一上改。

❸「界」，原脱，今據原稿補。

注：「輈，車轅也。」杜用鄭説。《輈人》又云：「國馬之輈，深四尺有七寸。」注：「國馬，謂種馬、戎馬、齊馬、道馬。」❶則鄭謂國馬指兵車也。《讀本》：「兵車前轅爲輈。」惠棟云：「《説文》：『泰，滑也。從廾從水，大聲。』徐鉉云：『音他達切。今《左傳》作汰，非。』」洪亮吉云：「《説文》又有夳字，云：『古文泰。』《説文》大字解云：『天大地大人亦大，故大象人形。』據此，則汏從水大聲，爲古泰字之省文，音義亦通。」按：惠、洪説是也。杜注：「汏，過也。箭過車轅上。」杜訓汏爲過，亦是滑義。昭二十六年傳：齊子淵射洩聲子，❷「中楯瓦，繇朐汏輈，匕入者三寸」。杜彼注云：「汏，矢激。」激猶滑也。❸

及鼓跗，著於丁甯。【疏證】洪亮吉：「著，當從竹。」杜不釋「鼓跗」。疏云：「車上不得置簨簴以縣鼓，故爲作跗，若殷之楹鼓也。」如疏説，則鼓跗謂鼓足。梁履繩云：「《吴語》『載常建鼓』，韋云：❹『《周禮》：「將軍執晉鼓。」建，謂爲楹而樹之。』此鼓置車上，蓋即晉鼓也。」梁説可證本疏「楹鼓」之説。《晉語》：「戰以錞于、丁甯，儆其民也。」注：「丁甯，謂鉦也。」杜注用韋義。《廣雅·釋器》：「鉦、鐃，鈴也。」王念孫云：「《小雅·采芑》篇『鉦人伐鼓』，傳云：『鉦以静之，鼓以動之。』《大司馬》疏引《司馬法》云：『十人之長執鉦，百人之長執鐸。』鉦者，丁甯之合聲。」按：本疏：「《鼓人》『以金鐲節鼓』，鄭玄云：『鐲，鉦也。形如小鍾，軍行以爲鼓節。』鐲即丁甯。故先儒皆

❶「種」，原爲空格，今據原稿補。
❷「淵」下，《春秋左傳正義》卷五十二有「捷」字。
❸眉批：查《輪輿私箋》、《通藝録》。
❹「韋云」，原脱，今據原稿補。

以鐲爲鉦之别名。」則舊説或引《鼓人》之「鐲」以釋「丁甯」也。莊二十九年傳例：「凡師有鍾鼓曰伐，無鍾鼓曰侵。」古者師行，皆載鍾鼓。

又射，汏輈，以貫笠轂。【注】服云：「笠轂，轂之蓋如笠，所以蔽轂上以禦矢也。一曰車轂上鐵也，或曰兵車旁幔輪謂之笠轂。」本疏。舊注：「兵車尊者，則邊人執笠依轂下，以禦寒暑。」《御覽》三百八引。**【疏證】**《説文》：「轂，輻所湊也。」《輪人》：「轂也者，所以利轉也。」轂制在車輪之中。笠轂之稱，惟見此傳。笠制諸書不詳。服注三説，杜不承用，注云：「兵車無蓋，尊者則邊人執笠，依轂而立，以禦寒暑，名曰笠轂。此言箭過車轅，及王之蓋。」《御覽》所引舊注與杜義同，而文字小異，杜取舊注。《道右》：❶「王下則以蓋從。」注：「以蓋從，表尊。」疏：「蓋有二種：一者禦雨，一者表尊。」此舊注「邊人執笠」所本。《北周書·庾信傳》「《哀江南賦》『居笠轂而典兵』」，即用「兵車尊者，邊人執笠」之義。本疏但引服注，無所申釋，而云：「杜以彼爲不安，故改之而爲此説，亦是以意而言，差於人情爲允耳。」沈欽韓云：「按：服前後説是也。《吴子·圖國》篇：『革車奄户，縵輪籠轂。』蓋兵車皆長轂，故須籠蔽，防擊觸。杜預謂以笠爲蓋，然矢已汏輈，豈能上激貫蓋乎？」沈氏證服第三説甚諦，而於第一説止言其是，未加引申。按：服謂「笠轂，轂之蓋如笠」，❷則已釋笠爲蓋。其與舊注不同者，服言「禦矢」，舊注言「禦寒暑」耳。轂在輪之中央，笠何所施，則服意亦以爲轂上而有人執蓋，以禦矢也。

---

❶「道」，原爲空格，今據原稿補。

❷「轂」，原脱，今據原稿補。

以是求之，則服注與舊注同説，杜正取服注矣。❶矢之力，可以激起，先汏輈，再貫蓋，❷於情事亦合。沈説非也。服氏注例，凡第一説，皆其所取。其有別説，止坿存。車轂傅鐵，言車制者所未及。李貽德云：「《史記·田單傳》：『令其宗人盡斷其車軸末而傅鐵籠。』足證鐵籠之制，自昔兵戰時已有之。」按：軸所以持轂非即轂。或説蓋謂以鐵護車輪之中心也。❸李氏又云：「『或曰兵車旁幔輪』，幔輪，當作幔轂。《考工記》：『望其轂，欲其眼也。進而眂之，欲其幬之廉也。』注：『幬，幔轂之革也。』❹又曰：『幬必負幹。』注：❺『幬，負幹者，革轂相應，無贏不足。』」謂以革覆轂也，可備一説。❻

師懼，退。

王使巡師曰：【疏證】洪亮吉云：「《廣雅》：『巡，❼徇也。』按：巡師即徇師也。」

---

❶「正」，原作「已」，今據原稿改。
❷「蓋」，原重文，今據原稿刪。
❸「或」下，原衍「謂」字，今據原稿刪。
❹「幔」，原作「漫」，今據《春秋左氏傳賈服註輯述》卷九改。
❺「注幬負幹」，原脱，今據原稿補。
❻眉批：再精求轂制。
❼「巡徇也」，《春秋左傳詁》卷十作「徇巡也」。

「吾先君文公克息，❶**獲三矢焉，伯棼竊其二，**❷**盡於是矣。」**【疏證】《讀本》：「王假辭以安鎮之。」**鼓而進之，遂滅若敖氏。**【疏證】《年表》：「楚莊王九年，若敖氏爲亂，滅之。」《楚世家》：「王擊滅若敖氏之族。」❸

初，若敖取于䢵，【疏證】《釋文》：「䢵，本又作鄖。」❹杜注：「䢵，國名。」未言所在。《説文》：「鄖，漢南之國，漢中有鄖關。」沈欽韓云：「前《志》『江夏雲杜縣』，應劭曰：『若敖娶于䢵，今䢵亭是也。』❺《一統志》：『漢雲杜故城，在安陸府沔陽州西北；❻鄖城，今德安府安陸縣治。』䢵、鄖同。」

生鬭伯比。若敖卒，從其母畜於䢵，【疏證】《我行其野》傳：❼「畜，養也。」

淫於䢵子之女，生子文焉。

---

❶「公」，《春秋左傳正義》卷二十一作「王」。

❷「二」，原作「三」，今據原稿改。

❸「氏」，原脱，今據原稿補。

❹「又」，原脱，今據原稿補。

❺「也」，原脱，今據原稿補。

❻「陽」，原重文，今據原稿删。

❼「我行其野」，原爲二空格，今據《毛詩正義》卷十一補。

䢵夫人使棄諸夢中。【疏證】夢中，❶雲夢澤也。《漢書・序傳》作「瞢中」，《職方氏》亦曰「雲瞢」。江永云：「《書地理今釋》云：『《漢書・地理志》：「南郡華容縣，雲夢澤在南，荆州藪；❷編縣有雲夢宮；❸又，江夏郡西陵縣有雲夢宮。」《水經注》：「雲杜縣東北有雲夢城。又夏水東逕監利縣南，縣土卑下，❹澤多陂陀，西南自州陵東界，逕於雲杜、沌陽，爲雲夢之藪。」杜預云枝江縣、安陸縣有雲夢，蓋跨川互隰，❺兼包勢廣矣。《元和志》：「雲夢澤在安陸縣南五十里。」又云：「雲夢澤在雲夢縣西七里。」漢華容，今荆州府石首、監利二縣地。編縣，今安陸府荆門州。西陵，今黄州府蘄州及黄岡、麻城二縣。雲杜，今安陸府京山縣。州陵，今安陸府沔陽州。沌陽，今漢陽府漢陽縣。枝江，今屬荆州府。安陸、雲夢，今屬德安府。然則東抵蘄州，❻西抵枝江，京山以南，青草以北，皆爲古之雲夢。正義所謂「雲夢一澤而每處有名者也」。右釋雲夢所在甚詳，其稱杜預枝江、安陸之説，安陸見本傳注，枝江見昭四年疏引《土地名》。❼沈欽韓亦從《元和志》安陸之説，又云：「《左傳》䢵子之女棄於夢中，

---

❶「夢中」至「雲瞢」二十字，原漫漶不清，今據原稿補。
❷「荆」上，原衍「今」字，今據《皇清經解》卷二百五十三《春秋地理考實》删。
❸「編」，原爲空格，今據原稿補。
❹「縣」，原脱，今據《皇清經解》卷二百五十三《春秋地理考實》補。
❺「隰」，原重文，今據原稿删。
❻「州」，原脱，今據原稿補。
❼「昭」，疑當作「定」。

無『雲』字；楚子濟江入雲中，無『夢』字。以此推之，則雲、夢二澤本是別矣。❶《漢陽志》云：『雲在江之北，夢在江之南。今巴陵、枝江、荆門、安陸之境皆云有雲夢，蓋雲夢本跨江南北，爲澤甚廣，而後世悉爲邑居聚落，故地之以雲夢名者非一處。而安陸之雲夢尤最著云。』今澤已湮。」按：詳沈説，則雲夢之稱有別，然此傳之夢中在安陸，則是江北地。志書謂夢在江南，非也。雲夢統辭，❷不分江南北。詳昭三年疏證。❸《一統志》：「雲夢縣北有於菟鄉，蓋棄令尹子文之處。」

虎乳之。邧子田，見之，懼而歸。夫人以告。遂使收之。楚人謂乳穀，謂虎於菟，故命之曰鬭穀於菟。【疏證】上「謂」，今通行本作「爲」，非。二「謂」意相比，「乳」、「虎」絶句。今從宋本。石經作「楚人謂乳爲㝅，謂虎爲於菟」。《釋文》「乳」、「穀」中間無「爲」字。洪亮吉謂朱梁補刻，非唐石經，是也。《漢書·叙傳》：「班氏之先，與楚同姓，令尹子文之後也。子文初生，棄於瞢中，而虎乳之。楚人謂乳穀，謂虎於檡，故名穀於檡，字子文。」注：「如淳曰：『穀音構。牛羊乳汁曰構。』師古曰：『穀讀如本字，又音乃苟反。檡或作菟，並音塗。』」據《叙傳》，則班固所見《左傳》本，止「菟」作「檡」，餘與今本同也。如音穀爲構者，梁履繩云：「案：今黔蜀人呼穀樹爲構樹，以樹汁如乳也。可知當時方音亦如是。」梁説證如音甚確。然《廣雅·釋獸》作㝅、於䖘。《校勘記》云：「穀當爲㝅。《説文·子部》云：『㝅，乳也。』」案：㝅正音構，知

❶「夢」，原作「澤」，今據原稿改。
❷「統」，原作「疏」，今據原稿改。
❸「疏」，原重文，今據原稿删。

字當作彀，無待以方音展轉證之。檡字，《玉篇》：「檡，梬棗也。」於稱虎無涉，或是借字，今不可詳。惠棟云：「《説文》：『楚人謂虎爲烏䖘。』《漢書》又作於檡。《方言》注云：『今江南夷呼虎爲䖘，音狗竇。』鄭康成《尚書》注曰：『於者，鳴聲。』則於爲古文烏。」洪亮吉曰：「今按：䖘字係《説文》新附，惠氏《補注》以爲《説文》，❶誤也。」按：新附取《廣雅》彀、於䖘之文，或是相傳異字。菟，本從兔也。李富孫云：「菟、䖘古今字。」王引之曰：「於菟，虎文貌。《説文》：『𤙔，黄牛虎文，讀若塗。』❷菟、𤙔聲義並同，虎有文謂之於菟，故牛有虎文謂之𤙔。於菟云者，言其文之於菟然也。《説文》：『虍，虎文。』於菟與虍聲近而義同，單言之謂之虍，重言之謂之於菟。」按：王説是也。於亦發聲，子文之名穀於菟，以其乳於虎。焦循據《義縱傳》「乳虎」，引《爾雅》「熊虎醜，其子狗」、《尸子》「虎豹之駒」，謂「從句之字，與穀聲相近」，❸證穀於菟爲小虎之稱，❹非傳意。

以其女妻伯比。

實爲令尹子文。【疏證】杜注：「鬭氏始自子文爲令尹。」

其孫箴尹克黄使於齊，【注】舊注：「箴尹，官名。」《御覽》四百十八。【疏證】杜注與《御覽》引注同，以《御覽》連其人注引，定爲舊注。《吕覽》注：「楚有箴尹之官，諫臣也。」杜注：「克黄，子揚之子。」

---

❶「以」，原脱，今據原稿補。

❷「若」，原作「書」，今據原稿改。

❸「穀」，原殘，今據原稿補。

❹「於」，原爲空格，今據原稿補。

還及宋，聞亂。其人曰：「不可以入矣。」【注】舊注：「其人，克黄從臣。」《御覽》四百十八。【疏證】舊注蓋謂克黄家臣也。

箴尹曰：「棄君之命，獨誰受之？君，天也，天可逃乎？」

遂歸，復命，而自拘於司敗。❶

王思子文之治楚國也，【疏證】惠棟云：「《戰國策》曰：『穰侯之治秦也。』高誘曰：『治猶相也。』」

曰：「子文無後，何以勸善？」

使復其所，改命曰生。【疏證】復其所，復箴尹之官。命，猶名也。杜注：「易其名。」惠士奇云：「劉向改名更生，本此。」

冬，楚子伐鄭，鄭未服也。

【經】五年，春，公如齊。

夏，公至自齊。

秋，九月，齊高固來逆叔姬。【疏證】《公羊》作「子叔姬」。洪亮吉云：「按：以下經校之，此亦當有『子』

❶ 眉批：司敗見文十年。

字，疑傳寫時脱也。」❶杜注：❷「高固，齊大夫。」疏據僖五年經「公孫兹如牟」，傳云「娶焉」，謂：「牟以聘爲文，此高固以逆爲文，不言聘者，從魯而出，私娶輕而君命重，故書聘不書逆；自外而來，則嫁女重而受聘輕，故書逆不書聘。」按：彼經高固不稱聘於某，此經亦不稱齊高固來聘，傳止以娶女、逆女爲内外之辭，不關聘禮，疏説非。❸

叔孫得臣卒。無傳。**【疏證】**隱三年傳：「衆父卒，公不與小斂，故不書日。」杜注：「不書日，公不與小斂。」據彼傳示例。❹

冬，齊高固及子叔姬來。【疏證】本疏：❺「叔姬已適高氏，而猶言『子叔姬』者，以其新歸於夫，反馬乃成爲婦。」

楚人伐鄭。【疏證】《年表》：「鄭襄公堅元年，❻楚伐我。」

【傳】五年，春，公如齊。

高固使齊侯止公，請叔姬焉。

❶「寫」，原脱，今據原稿補。
❷「杜」下，原衍「固」字，今據原稿删。
❸「説」，原作「證」，今據原稿改。
❹「傳」，原作「疏」，今據原稿改。
❺「本疏」至下「疏證」三十三字，原脱，今據原稿補。
❻「堅」，原脱，今據原稿補。

「夏，公至自齊」，書過也。【疏證】桓二年傳例：「凡公行，告於宗廟，反行飲至，舍爵策勳焉，禮也。」則公出入告廟，經乃得書。杜注：「公既見止，連昏於隣國之臣，厭尊毀列，累其先君，而於廟行飲至之禮，故書以示過。」杜用傳例爲説，言不可告於廟也。

秋，九月，齊高固來逆女，自爲也。故書曰「逆叔姬」，卿自逆也。【疏證】嫌爲齊侯逆，故析言之。

冬，「來」，反馬也。【注】鄭康成云：「《冠義》云無大夫冠禮，而有其昏禮，則昏禮者，天子、諸侯、大夫皆異也。據《士禮》無反馬，蓋失之矣。此二句據《士昏禮》疏增。❶《士昏禮》云：『主人爵弁，纁裳緇衣。從者畢玄端。五字據《士昏禮》疏增。乘墨車，從車二乘，執燭前馬。四字據《士昏禮》疏增。婦車亦如之，有裧。』二字據《士昏禮》疏、《鵲巢》疏增。此婦車出於夫家，則士妻始嫁，乘夫家之車也。《詩·鵲巢》云：『之子于歸，百兩御之。』又曰：『之子于歸，百兩將之。』將，送也。國君之禮，夫人始嫁，自乘其家之車也。《何彼穠矣》篇曰：『曷不肅雍，王姬之車。』言齊侯嫁女，以其母始嫁之車遠送之。「何彼穠矣」以下據《士昏禮》疏增。則天子、諸侯嫁女，留其乘車可知也。高固，大夫也。來反馬，則大夫亦留其車也。禮雖散亡，以《詩》之義論之，大夫以上，其嫁皆有留車反馬之禮。留車，妻之道也；反馬，壻之義也。高固以秋九月來逆叔姬，❷冬來反馬，則婦入三月，祭行乃反馬，禮

❶「疏」，原脱，今據原稿補。下一「疏」字同。

❷「來」，原脱，今據原稿補。

也。」本疏引鄭《箴膏肓》，又《士昏禮》疏。**【疏證】**杜注：「禮，送女留其送馬，謙不敢自安，三月廟見，遣使反馬。」與鄭説同。惟杜云遣使，鄭義所不具。其所云禮，似出逸《禮》，然鄭云禮散亡，則反馬之禮在漢時已無徵，杜氏安得據而引之？或杜所取義，更出康成之前，爲先儒説反馬義與？本疏云：「《儀禮・昏禮》者，士之禮也，其禮無反馬，故何休據之作《膏肓》以難《左氏》，言禮無反馬之法。」下引鄭《箴》，其引《膏肓》之辭不詳。按：《士昏禮》「婦車亦如之」，疏：「案：宣公五年冬《左傳》云『齊高固及子叔姬來，反馬也』，休以爲禮無反馬，而《左氏》以爲得禮。禮，婦人謂嫁曰歸，明無大故不反於家。經書『高固及子叔姬來』，故譏乘行匹至也。」據此，則休既謂禮無反馬，又譏叔姬之來，休蓋據《公羊》雙雙俱至之義。《公羊》義不與《左氏》同，❶第休謂《左氏》以爲得禮，則《左氏》舊説止明反馬爲得禮，於高固、叔姬無譏辭。杜注乃云：「高固與叔姬俱甯，故經傳具見以示譏。」則用《公羊》説，非《左氏》説。傳但言反馬，不云歸甯。杜於經注云：「叔姬甯，固反馬。」亦非傳義。疏謂「法當遣使，不合親行」，此是杜義，鄭君亦不言當遣使也。《儀禮》疏引鄭《箴》，視本疏有詳略，今互補其文以成完義。《士昏禮》疏「譏乘行匹至」下有「士昏皆異」四字，亦鄭《箴》之詞，疑本疏所引「天子、諸侯、大夫皆異也」，「大夫」下有「士」字。據鄭君義，當通言士，以駁士無反馬也。鄭稱《士昏禮》，與今本同。惟「主人爵弁，纁裳緇衣」，浦鏜據今本改「衣」爲「袘」。《士昏禮》疏正作「袘」，是也。鄭引《士昏禮》，明士昏用夫家之車，連引服飾之文，不關證傳，今不具疏。《士昏禮》注云：「士妻之車，夫家共之。大夫以上嫁女，則自以車送之。」與《箴膏》義同。彼疏即引此傳爲證。鄭必謂士昏用夫家之車者，明士昏無反馬，非大夫以上禮，以駁何休也。鄭引《鵲巢》、《何彼穠矣》者，《鵲

❶「義」，原脱，今據原稿補。

巢》序：「夫人之德也。」首章「之子于歸，百兩御之」，次章「之子于歸，百兩將之」，傳云：「諸侯之子嫁於諸侯，❶送御皆百兩。」箋云：「家人送之，良人迎之，車皆百乘，象有百官之盛。將，送也。」則毛氏亦謂百兩有送車，鄭君從之。《箴膏肓》亦用毛義。彼疏云：「夫人之嫁，自乘家車。」是也。《何彼穠矣》序謂美王姬下嫁於諸侯。首章：「曷不肅雝？王姬之車。」傳於王姬車無説。箋云：「王姬往乘車也。言其嫁時始乘車，則已敬和。」❷鄭亦釋爲送嫁之車，與《箴膏肓》合。毛不言送車者，據諸侯嫁女，諸侯有送車，則王姬嫁於諸侯，得有送車可知。惟《毛詩》謂王姬下嫁，箋亦言王姬往乘車。《箴膏肓》別謂齊侯嫁女者，陳奂《毛詩疏》云：「《鄭志》答張逸以爲魯《詩》，是魯以此爲齊侯嫁女之詩。」據陳氏説，則鄭君《箴膏肓》用魯《詩》説。王姬、齊女，師説雖異，然皆可證大夫以上，嫁女自乘其車。鄭君箋《詩》，《箴》何歧其説耳？❸《鵲巢》疏引鄭《箴膏肓》，視本疏及《儀禮》疏爲略，又云：「故《泉水》云『還車言邁』，箋云：『還車者，❹嫁時乘來，今思乘以歸。』是其義也。」按：《泉水》序：「衛女思歸也。嫁於諸侯，父母終，思歸甯而不得。」則亦大夫以上留車之證。留車，妻之道者，妻恐見出於夫，❺將乘此車以歸，杜注所謂「謙不敢自安」也。反馬，壻之義者，明無出之事也。鄭君以三月祭行反馬爲禮，則反馬在三月

❶「子」，原脱，今據原稿補。
❷「敬和」，原爲空格，今據原稿補。
❸「箴何」，原脱，今據原稿補。
❹「車」，原脱，今據原稿補。
❺「妻」下，原衍「留」字，今據原稿删。

以後。賈、服舊誼，皆謂大夫以上三月廟見成昏，故大夫以上反馬以三月爲節，成昏乃反馬，與《士昏禮》當夕成昏不同。鄭謂三月祭行，用《士昏禮·記》「婦入三月，然後祭行」義。以大夫以上三月廟見禮亡，即《士昏禮》祭行證之。彼注云：「謂助祭也。」故杜以三月廟見爲說。本疏：「杜言三月廟見，謂無舅姑者。《曾子問》篇端稱孔子曰：『三月而廟見，稱來婦也。擇日而祭于禰，成婦之義也。』鄭玄云：『謂舅姑没者也。』是舅姑没者，以三月而祭，因以三月爲反馬之節。舅姑存者，亦當以三月反馬也。」據疏説，則無論舅姑在否，禮皆有反馬。❶

楚子伐鄭。陳及楚平。晉荀林父救鄭，伐陳。【疏證】《年表》：「鄭襄公元年，楚伐我，晉來救。陳靈公十年，楚伐鄭，❷與我平。晉中行桓子距楚，❸救鄭，伐我。晉成公三年，中行桓子荀林父救鄭，伐陳。」《鄭世家》：「襄公元年，楚怒鄭受宋賂縱華元，伐鄭。鄭背楚，與晉親。」《晉世家》：「成公三年，鄭伯初立，附晉而棄楚。楚怒，伐鄭，晉往救之。」

【經】六年，春，晉趙盾、衛孫免侵陳。【疏證】《年表》：「晉成公四年，與衛侵陳。衛成公三十二年，與晉侵陳。陳靈公九年，❹晉、衛侵我。」孫免，杜無注。免止見此年經，當是衛大夫。

---

❶「禮」，原脱，今據原稿補。

❷「伐」，原作「代」，今據原稿改。

❸「桓子」，原重文，今據原稿删。

❹「陳」，原脱，今據原稿補。「九」，《史記·十二諸侯年表》作「十一」。

夏，四月。

秋，八月，螽。無傳。**【疏證】**《公羊》「螽」曰「蟓」。

冬，十月。

【傳】六年，春，晉、衛侵陳，陳即楚故也。**【疏證】**蒙上年傳「陳及楚平」而言。

夏，定王使子服求后于齊。**【疏證】**杜注：「子服，周大夫。」《讀本》：「昏禮不稱主人，此則定王自命之。」

秋，赤狄伐晉，圍懷及邢丘。**【疏證】**《韓詩外傳》：「武王伐紂，到于邢丘，更名邢丘曰懷。」則懷、邢丘爲一地。《地理志》：「河內郡懷、平皋。」平皋下注：「應劭曰：『邢侯自襄國徙此。當齊桓時，衛人伐邢，邢遷于夷儀，其地屬晉，號曰邢丘。』臣瓚曰：『《春秋傳》狄人伐邢，邢遷于夷儀，不至此也。今襄國西有夷儀城。邢是丘名，非國也。』」壽曾謂：瓚駁應說，是也。邢侯未遷夷儀之先，國于邢丘。應云自襄國徙邢丘，前後倒置。據《韓詩》說，則邢侯名國，即緣邢丘。瓚謂非國，亦誤。《水經·濟水》注引應、瓚二說，正之云：「余按《春秋》宣公六年，赤狄伐晉，❶圍邢丘。昔晉侯送女，送之邢丘，即是此處也，非無城之言。《後漢·郡國志》縣有邢丘，『故邢國，周公子所封』矣。」酈氏亦不取瓚注「非國」之說。顧棟高云：「懷，即周之懷邑。邢丘，今河南懷慶府河內縣東南七十里有平皋故城。」懷已說於隱十一年傳。梁履繩云：「懷爲今武陟縣，亦隸懷慶府，可知界固相連耳。」沈欽

---

❶「赤狄」，原脱，今據原稿補。

韓云：「《一統志》：『平皋故城，在懷慶府温縣東。即古邢丘。』」按：《統志》與顧説小異，河内、温接壤，温尤近武陟，當從《統志》説。

晉侯欲伐之。

中行桓子曰：「使疾其民，【疏證】杜注：「爲民所疾。」沈彤云：「疾，害也，若《酒誥》『厥心疾很』之疾。疾其民，謂重民賦役也。」俞樾云：「爲民所疾，不得言疾其民。疾其民，言病其民也。《彖上傳》『出入無疾』，王弼注：『疾，猶病也。』」

以盈其貫。【疏證】杜注：「貫，猶習也。」本疏：「盈其貫者，杜以爲盈滿其心，使貫習來伐。❶劉炫云：『按《尚書·泰誓》，武王數紂之惡云「商罪貫盈」。言紂之爲惡，如物在繩索之貫，不得爲習也。』今知不然者，以《詩》稱『射則貫兮』。先儒亦以爲習，故杜用焉，義得兩通。劉直以《尚書》之文而規杜過，非也。」杜以貫爲習，蓋據《猗嗟》鄭箋，「盈其習」，豈可通乎？劉引「商罪貫盈」，❷出僞《泰誓》。朱駿聲云：「僞書蓋用《左傳》。」惠棟云：「劉光伯據梅賾《泰誓》，其説是也，而所據之書非也。案《韓非子》曰：『有與悍者隣，❸欲賣宅而避之。人曰：「是其貫將滿也。」或曰：「子姑待之。」答曰：「吾恐其以我滿貫也。」遂去之。』此説與劉合，可以規杜過矣。」

---

❶「習」，原脱，今據原稿補。

❷「盈」，原脱，今據原稿補。

❸「隣」，原脱，今據《皇清經解》卷三百五十四《春秋左傳補註》補。

沈欽韓云：「按：《説文》：『貫，錢貝之貫。從毌、貝。』❶《一切經音義》：『《蒼頡》云：貫，穿也。以繩穿物曰貫。』❷此字本訓也，故滿張弓亦謂之貫弓。今滿貫之稱，雅俗通行，不得爲習也。此謬顯然，而疏猶曲爲庇護，不知其何謬也。」按：惠、沈説是也。

「將可殪也。」【疏證】《釋詁》：「殪，死也。」《説文》同，又云：「古文作壼。」杜注：「殪，盡也。」非古訓。顧炎武云：「殪，殺也。」用《爾雅》義。

「《周書》曰『殪戎殷』，」【疏證】《康誥》文。杜注：「義取周武王以兵伐殷，❸盡滅之。」如杜所注，戎訓爲兵，謂以兵伐殷，而殪盡也，「殪」字宜在下。以《周書》本文，故其字在上。沈欽韓云：「《中庸》『壹戎殷』，鄭注云：『衣讀如殷，聲之誤也。齊人言殷聲如衣。壹戎殷者，壹用兵伐殷也。』杜注以殪爲盡，非也。文王豈盡殷之類哉？」❹壽曾謂：《釋詁》：「戎，大也。」《康誥》之「戎」，不當訓爲兵。疏從杜説，知「盡兵殷」之解不詞，遂欲移易《康誥》之文，謬矣。

「此類之謂也。」

冬，召桓公逆王后于齊。【疏證】杜注：「召桓公，王卿士。」

---

❶「從」，原脱，今據《春秋左氏傳補注》卷五補。
❷「穿」，原作「絶」，今據原稿改。
❸「取」，原脱，今據原稿補。
❹「文」，《春秋左氏傳補注》卷五作「武」。

楚人伐鄭，取成而還。【疏證】杜注：「九年、十一年傳所稱厲之役，蓋在此。」

鄭公子曼滿與王子伯廖語，欲爲卿。【疏證】杜注：❶「王子，鄭大夫。」惠士奇曰：「王子，疑非鄭大夫。」文淇案：《漢書·五行志》注：「師古曰：『曼滿、伯廖皆鄭大夫。』」杜注「王」字，疑「二」字之誤。俞樾云：「襄八年，鄭有王子伯駢見於傳。」

伯廖告人曰：「無德而貪，

「其在《周易》豐之離，【疏證】傳言占筮，多援《易》文或繇詞。此口語，非占筮比。然第舉豐之離，下「弗過」、「閒一歲」之文無所蒙承，疑有軼脱。杜注：「離下震上，豐。豐上六變而爲純離。❷豐上六曰：『豐其屋，蔀其家，闚其户，闃其無人，三歲不覿，凶。』」杜備引《易》文，知所據本與今本同矣。《五行志》注：「張晏曰：『離下震上，豐。上六變而之離，曰：豐其屋，蔀其家也。』」與杜義同。其不引《易》三歲之義，非也。虞翻《豐》六三注：「豐，大。蔀，小也。三至上，體大壯屋象，故『豐其屋』。謂四五已變，上動成家人。大屋見，則家人壞，故『蔀其家』。闚，空也。四動時，坤爲闔。户闔，故『闚其户』。坤爲空虚，三隱伏坎中，故『闃其無人』。四五易位，噬嗑離月爲闚。闚人者，言皆不見。坎爲三歲，坤冥在上，離象不見，故『三歲不覿，凶』。」服虔注《左氏傳》、《易》用孟氏，虞仲翔《易》出孟氏，故備列其文，以補服義。又按：《豐》上六爻辭：❸「豐其蔀，位不當也。」此伯廖稱豐之

---

❶「注」，原作「子」，今據原稿改。

❷「而」，原作「易」，今據原稿改。

❸「上六爻辭」，疑當作「九四象傳」。

義，謂德不稱其位也。

「弗過之矣。」【疏證】杜注：「不過三年。」

閒一歲，鄭人殺之。《釋文》：「閒，閒厠之閒。」《五行志》注：「師古曰：『閒一歲者，中間隔一歲。』」

【經】七年，春，衛侯使孫良夫來盟。【疏證】此經及成二年經「孫良夫」，杜無注。良夫當是衛卿。

夏，公會齊侯伐萊，【疏證】《禹貢》：「萊夷作牧。」《地理志》東萊郡注：「師古曰：『即古萊子國也。』」屬縣有黄，班氏自注：「有萊山松林萊君祠。」則《春秋》之萊，漢爲黄縣。沈欽韓云：「《元和志》：『故黄城，在登州黄縣東南二十五里，古萊子國。』《齊乘》：『萊子城地名龍門，居山峽間，鑿石通道，極爲險隘，俗名萊子關。』」按：如《元和志》説，❶即今登州府黄縣也。❷梁履繩云：「萊入齊，亦謂之郲。」

秋，公至自伐萊。無傳。

大旱。無傳。❸

---

❶「如」，原脱，今據原稿補。

❷「今」，原作「令」，今據原稿改。眉批：江氏《尚書疏》謂宣九年齊侯伐萊，服虔以爲東萊黄縣。查，疑有誤也。

❸「無傳」，原脱，今據原稿補。

冬，公會晉侯、宋公、衛侯、鄭伯、曹伯于黑壤。【疏證】黑壤即黄父，已釋於文十七年傳以黑壤山得名也。❶

【傳】七年，春，衛孫桓子來盟，始通。且謀會晉也。【疏證】《讀本》：「公即位，今七年，衛始來，故曰『始通』。謀，謂謀冬會。」

夏，公會齊侯伐萊，不與謀也。【疏證】《讀本》：「不與謀，謂以兵從之，非本謀。」

凡師出，與謀曰「及」，不與謀曰「會」。【注】劉、賈、許、潁以經諸「及」字爲例。《釋例》。【疏證】此師行書及、書會例也。杜注：「與謀者，謂同志之國。相與講議利害，計成而行之，故以相連及爲文。若不獲已，應命而出，則以外合爲文，皆據魯而言。」杜釋傳例，謂「以相連及爲文」，則以經諸「及」字爲例，亦用劉、賈、許、潁説。本疏引《釋例》云：「公親會齊侯伐萊，❷而傳以師出示例，所以通卿大夫帥師者也。」❸此蓋補傳例義，然劉、賈、許、潁之義，杜稱引不完。今繹考其辭，蓋即據此傳例爲説。例云師出則書及、書會，皆繫於戰伐。劉、賈諸儒不當有異。《釋例》乃云：「傳以師出爲例，是惟繫於戰伐，而劉、賈、許、潁濫以經諸『及』字爲義，本不在例，今欲彊合之，所以多相錯亂也。」❹杜以劉、賈諸儒説「及」字爲濫，不實引其文，今無以考。惟莊二十九年經

---

❶「以黑壤山得名也」，原脱，今據原稿補。
❷「萊」，原作「宋」，今據《春秋左傳正義》卷二十二改。
❸「夫」，原脱，今據原稿補。
❹「相」，原脱，今據原稿補。

「城諸及防」，賈君云：「言及，先後之辭。」杜所説，或斥此類。然賈君於彼經之「及」，别爲説，不舉此傳例也。❶

赤狄侵晉，取向陰之禾。【疏證】杜注：「此無秋字，闕文。晉用桓子謀，故縱敵。」杜不説「向陰」。顧棟高云：「晉向，即周之向邑。」沈欽韓云：「蓋西河兹氏縣地。《方輿紀要》：『向陽水在汾州府西三十里，一名懸泉水，源出向陽峽，❷下流合於原公水，❸今涸。』」

鄭及晉平，公子宋之謀也，故相鄭伯以會。

冬，盟于黑壤。王叔桓公臨之，以謀不睦。【疏證】杜注：「王叔桓公，周卿士。」《讀本》：「王叔桓公不書，但臨之，不與會盟也。」

晉侯之立也，公不朝焉，又不使大夫聘，【疏證】襄九年傳例：❹「凡諸侯即位，小國朝之，大國聘焉，以繼好結信，謀事補闕，禮之大者也。」是魯於晉不修朝聘之敬，非禮也。

晉人止公于會。

盟于黄父，公不與盟。以賂免。【疏證】杜注：「黄父即黑壤。」

故黑壤之盟不書，諱之也。

---

❶ 「傳」，原脱，今據原稿補。

❷ 「源」，原作「泉」，今據原稿改。

❸ 「公」，原脱，今據原稿補。

❹ 「九」，當作「元」。

【經】八年，春，公至自會。

夏，六月，公子遂如齊，至黄乃復。無傳。【疏證】江永説桓十七年經「公會齊侯、紀侯盟于黄」，❶據此年經謂「黄爲魯至齊所由之地，近青州府之博興」。按：博興在臨淄之北，非魯至齊所經。謂與齊、紀盟于齊都之北，以釋彼經可也，此經明言至黄乃復，則黄爲近魯地，不當繞出齊都北。沈欽韓云：「按：《史記》正義：『黄城在魏州。』《方輿紀要》：『黄城在東昌冠縣南。』」按：冠縣在魯之東南，由魯至齊當西北行，非經由之路。下文「卒于垂」，垂，今爲泰安府平陰縣境，則黄當在平陰之西、臨淄之東，❷其地無考。江、沈説皆非也。沈氏又云：「杜預云：『大夫受命而出，雖死，以尸將事，遂以疾還，非禮也。』按：以尸將事，謂至彼國而死，則有以柩造朝之事。若未通命而疾瀕于殆，與其廢命失辭，不如還而擇堪其使者可也。《春秋》邦交又與平世修玉帛之好異。」

辛巳，有事于大廟，【疏證】杜注：「有事，祭也。」不言何等祭。按：《宫正》「凡邦之事蹕」，注：「玄謂：『事，祭事也。《春秋傳》曰「有大事于太廟」，又曰「有事於武宫」。』」鄭君舉武宫爲比，蓋謂此「有事」爲禘祭。❸本疏云：「有事，祭也者，謂禘祭也。《釋例》以昭十五年，有事於武宫，傳稱『禘於武公』，則知此言有事，亦是禘也。」《釋例》用鄭説。禘在六月者，《雜記》：「孟獻子曰：『正月日至，可以有事于上帝。七月日至，可以有事于

❶「七」，原作「六」，今據《皇清經解》卷二百五十二《春秋地理考實》改。
❷「在」，原脱，今據原稿補。
❸「事」，原脱，今據原稿補。

祖。』」注：「魯以周公之故，得以正月日至之後郊天，亦以始祖后稷配之。獻子欲尊其祖，以郊天之月，對月禘之，非也。魯之宗廟，猶以夏時之孟月爾。《明堂位》曰：『季夏六月，以禘禮祀周公於太廟。』」疏云：「『魯之宗廟，猶以夏時之孟月爾』者，❶以《明堂位》季夏六月，以禘禮祀周公于太廟。周之季夏，即夏之孟月，建巳之月。又《春秋》宣八年『六月辛巳，有事於太廟』，謂禘祭也，是用建巳之月。案《春秋》宣九年，獻子始見經。案僖八年，于時未有獻子。而『七月禘』者，鄭答趙商云『以僖八年正月，公會王人于洮』。六月應禘，以在會未還，故至七月乃禘。君子原情免之，理不合譏，而書之者，爲致夫人，故書『七月禘』也。獻子七月而禘，非時失禮。《春秋》之例，非時祭者皆書于經，以示譏。獻子以後之禘而用七月，不書於經，而不譏者，鄭《釋廢疾》云：『宣八年六月，「有事於太廟」，禘而云「有事」者，雖爲卿佐卒張本，而書有事，其實當時有用七月而禘，因宣公六月而禘得禮，故變文言有事。《春秋》因事變文，見其得正也。』」詳《禮》疏說，則鄭君以魯六月禘合禮。周六月，夏四月也，故疏云夏之孟月。《春秋》書禘禮，自此經外無書六月者，故鄭據《明堂位》，以爲得禮也。《穀梁》此年傳，未說禘月。《廢疾》軼不可考。詳鄭君之釋，豈何休以僖八年經禘在七月，此非禘月歟？餘詳僖八年疏證。

仲遂卒于垂。【疏證】《檀弓》「仲遂卒於垂」，注：「《春秋》經在宣八年。仲遂，魯莊公之子東門襄仲。先日辛巳，有事於太廟，而仲遂卒。」杜注：「仲遂卒與祭同日。」用鄭君說。又云：「不言公子，因上行還，❷間無異事，省文從可知也。」疏引衛氏難杜云：「『其間有「辛巳，有事于太廟」，何得爲間無異事？』秦氏釋云：『「有事于

❶「時」，原脱，今據原稿補。
❷「行還」，原爲空格，今據原稿補。

太廟」，是爲仲遂卒起文，只是一事，故云間無異事也。』」❶按：衛冀隆爲服氏學者，據其難杜之辭，則服氏説仲遂不書公子，不關省文，惜其義無考。《地理志》：❷「東萊郡腄。」洪亮吉云：「按：腄、黄二縣皆齊地，❸遂自黄復，故卒於垂也。」沈欽韓云：「垂即隱八年『遇於垂』之垂。」按：垂已釋於彼年經。

壬午，猶繹。萬入，去籥。【疏證】《釋天》：「繹，又祭也。周曰繹，商曰肜，夏曰復昨。」❹本疏引孫炎云：「祭之明日，尋繹又祭也。」杜注：「繹，又祭，陳昨日之禮，所以賓尸。」用孫炎説。壬午爲辛巳次日。杜云賓尸者，《絲衣》序：「繹賓尸也。」鄭君箋：「天子諸侯曰繹，以祭之明日。卿大夫曰賓尸，與祭同日。」是繹不得當賓尸。然《楚茨》爲天子祭詩，彼傳云「繹而賓尸」，杜用毛義也。鄭君説《郊特牲》繹、祊云：「其祭禮簡，而事尸禮大。」則天子、諸侯、卿大夫之繹，義皆主賓尸。《詩》箋乃未定之説。《郊特牲》：「繹之於庫門内，祊之於東方，失之矣。」注：「祊之禮，宜於廟門外之西室，繹又於其堂，神位於西也。此二者同時，而大名曰繹。」是鄭君説繹當在廟門外西室之堂。《絲衣》「自堂徂基」傳：「基，門塾之基。」與鄭説廟門外異。陳奂《詩疏》云：「《有司徹》『埽堂』注：『爲賓尸新之。』此繹祭賓尸事於堂也。《爾雅》：『門側之堂謂之塾。』一門凡四塾。門塾之基，廟門内塾之基

---

❶「間無」，原脱，今據原稿補。
❷「志」，原脱，今據原稿補。
❸「二」，原脱，今據原稿補。
❹「昨」，《爾雅》卷中作「胙」。

也。焦循《宫室圖》云：『明日之祭在廟門内，繹在庫門之内爲失。失在庫門，❶不在門内也。』案：祊在正日，繹在明日。祊必先索神於廟門内，繹不索神，故先埽堂，而後及基。堂在内，基在外，鄭以祊、繹一祭，故《禮器》『爲祊乎外』，❷注引《詩》『自堂徂基』。堂爲門堂，基爲堂基，堂、基指一處，而箋詩亦然，非毛義也。」按：陳説是也。《絲衣》疏：❸「祊是接神之名，❹繹是接尸之稱。」以祊、繹爲二祭，義尚明晝。又云：「凡祊有二種，一是正祭之時，既設祭於廟，又求神于廟門之内。《詩·楚茨》云：『祝祭於祊。』二是繹祭之時，設饌于廟門外西室，亦謂之祊。」則牽於鄭君義，以祊、繹爲一祭。又知祊、繹有正日、明日之别，析祊爲二，非也。《左氏》先儒説繹，當據《絲衣》，故列毛義如此。《簡兮》「方將萬舞」，傳：「以干羽爲舞，用之宗廟山川。」彼疏云：「萬者，舞之總名，❺干戚與羽籥皆是。」杜注：「《萬》，舞名。」亦以萬爲干羽之舞，❻已釋於隱三年傳。《釋樂》：「大籥謂之産，其中謂之

❶「失」，原脱，今據原稿補。
❷「器」，原作「祭」，今據《詩毛氏傳疏》卷二十八改。
❸「絲衣」，當作「郊特牲」。
❹「接」，《禮記正義》卷二十五作「求」。
❺「舞」，原作「羽」，今據《毛詩正義》卷二改。
❻「以」，原作「爲」，今據原稿改。

仲，小者謂之箹。」《説文》：「籥，❶三孔。」《碩人》傳：❷「籥，六孔。」《廣雅·釋樂》：「籥，❸七孔。」鄭君《禮》注、趙岐《孟子》注並云三孔，郭璞注亦同，與《説文》合。據《爾雅》，籥之大小非一，孔之多少隨之，故説各不同也。《碩人》經文謂籥「長三尺」。❹經稱「萬入，去籥」，舍籥執翟也。經書「猶」者，《檀弓》「壬午猶繹，萬入，去籥。仲尼曰：『非禮也。卿卒不繹。』」《有司徹》疏云：「宣八年《左氏傳》『辛巳，有事于大廟，仲遂卒於垂』，卿佐卒輕，于正祭不合廢，但繹祭禮輕，宜廢而不廢，故譏之云『壬午猶繹』。」本疏又引沈氏云：「案：《曾子問》：『嘗禘郊社，簠簋既陳，天子崩。后之喪廢。』則卿喪不廢正祭。繹是又祭，爲輕，故當廢之。」則《左氏》舊説，卿喪輕，廢繹，不廢正祭也。杜注：「猶者，可止之辭也。魯人知卿佐之喪不宜作樂，而不知廢繹。」當是舊説。《北魏書·禮志》：「房景先曰：『君之於臣，本無服體，但恩誠相感，致存隱惻。是以仲子卒垂，笙籥不入；知悼在殯，杜蕢明言。』」此鄭君則但以去籥爲合禮，非經書「猶」義。卿卒不繹，當出古禮經，❺故孔子述之。彼注云：「明日而繹，非也。」與此繹釋「不繹」之義。據卿卒不繹，則繹而去樂非矣。昭十五年經：「有事於武宮，籥入，叔弓卒，去樂卒事。」❻與此繹

❶「籥」，《説文解字》卷二下作「龠」。
❷「碩人」，當作「簡兮」。
❸「籥」，《廣雅》卷八作「龠」。
❹「碩人經」，當作「簡兮釋」。
❺「古」，原重文，今據原稿删。
❻「樂」，原作「籥」，今據原稿改。

失禮同。《公羊傳》：❶「其言『去樂卒事』何？禮也。」詳《檀弓》説，則《公羊》説非孔氏義矣。但繹祭輕於正祭，故孔子言不繹，不言不祭。

戊子，夫人嬴氏薨。無傳。**【疏證】**《公》、《穀》「嬴」曰「熊」。段玉裁云：「熊、嬴二字，雙聲。」杜注：「宣公母也。」嬴姓，按《公羊解詁》：「熊氏，楚女。」據杜注，則《左氏》説爲秦女。

晉師、白狄伐秦。【疏證】《年表》：「晉成公六年，與魯伐秦。秦桓公三年，晉伐我。」《年表》「與魯伐秦」，據傳言之。經不書會晉師，其義未聞。

楚人滅舒蓼。【疏證】《穀梁》「蓼」曰「鄝」。《年表》：「楚莊王十三年，滅舒蓼。」杜傳注云：「舒、蓼，二國名。」疏云：「舒蓼二國名，蓋轉寫誤，當云一國名。劉炫以杜爲二國而規之，非也。」陸粲云：「羅泌云：『蓼與舒蓼別。舒蓼，❷皐陶之後，偃姓。若舒又是一國，僖之三年滅矣。杜氏分舒、蓼爲二國名，孔氏遂以爲即文五年楚所滅之蓼，❸皆臆説也。』」文淇案：陸氏引羅泌之説，固未足信。然正義謂與文五年滅蓼同，滅後更復，楚今更滅之，説亦無據。壽曾曰：顧炎武亦引羅泌説，又引傅遜云：「此蓋群舒之一，如舒庸、舒鳩之屬。」傅氏以舒爲大名。穎容《釋例》謂舒有五名：舒庸、舒龍、舒蓼、舒鳩、舒城。❹則傳説可據。此年傳云：「楚爲群舒叛

---

❶「傳」，原爲空格，今據原稿補。

❷「舒」，原脱，今據原稿補。

❸「遂」，原脱，今據原稿補。

❹眉批：穎容《釋例》有説五舒者，當查。梁氏説舒當引入彼傳下。

故，伐舒蓼，❶滅之。」明舒蓼乃群舒之一也。杜於此經舒蓼、成十七年舒庸、襄二十五年舒鳩，❷皆不明在何地。止文十二年「群舒叛楚」，釋爲舒城。而文十四年舒蓼，則注云「即群舒」。亦不能實指舒蓼在群舒中當晉何地。但此經注謂二國，則非耳。江永云：「此舒蓼與文五年之蓼不同。彼蓼在安豐，此舒蓼在舒城。❸疏合爲一，誤。」邵瑛云：「按：文五年傳『楚子燮滅蓼』，不冠以舒者，别自是蓼國。亦如文十六年滅庸，與舒庸無涉也。」❹按：江、邵説是也。江謂文五年之蓼在安豐，據杜注。顧棟高云：「安豐在今河南汝甯府固始縣東北，❺與吴越地懸隔。」又桓十一年傳之蓼，江氏亦謂在河南南陽府也。

秋，七月，甲子，日有食之，【注】劉歆以爲十月二日，楚、鄭分。《五行志》。【疏證】《年表》：「魯宣公八年七月，日蝕。」臧壽恭云：「是年入甲申統一千四十二年，積月一萬二千八百八十七，閏餘十七，正春分，閏在四月後，❻積日三十八萬五百六十四，小餘二十，大餘四十四。正月戊辰朔，小，小餘六十三。二月丁酉朔，大，小餘二十五。三月丁卯朔，小，小餘六十八。❼四月丙申朔，大，小餘三十。閏月丙寅朔，小，小餘七十三。

❶「伐」，原作「代」，今據《春秋左傳正義》卷二十二改。
❷「七」、「五」，原脱，今據原稿補。
❸上「舒」，原脱，今據《皇清經解》卷二百五十三《春秋地理考實》補。
❹「庸」，原脱，今據原稿補。
❺「安豐」至「府也」三十九字，原在「一誤」下，今據原稿改。
❻「後」，原脱，今據原稿補。
❼「小」，原脱，今據原稿補。

五月乙未朔，大，小餘三十五。六月乙丑朔，小，小餘七十八。七月甲午朔，大，小餘四十八。八月甲子朔，大，小餘二。九月甲午朔，小，小餘四十五。十月癸亥朔，二日甲子，又置上積日，加積日二百九十五，以統法乘之，以十九乘小餘四十五，并之，滿周天除去之，餘四十一萬三千八百十六，滿統法而一，得積度二百六十八度，餘一千三百六十四，命如法，得十月癸亥朔，合辰在角五度。二日甲子在角六度，角在鶉尾、壽星之閒十二次之分，❶鶉尾，楚也。壽星，鄭也。故曰楚、鄭分。」❷

冬，十月，己丑，葬我小君敬嬴。【疏證】《公》、《穀》「敬嬴」曰「頃熊」。李富孫云：「敬、頃音相近。」《謚法》：「夙夜勤事曰敬。」

雨，不克葬。庚寅，日中而克葬。【疏證】庚寅後己丑一日。雨，不克葬，士以上禮也。詳傳文疏證。杜注：「克，成也。」❸

城平陽。【疏證】沈欽韓云：「《地理志》：『泰山郡東平陽。』《水經注》云：『河東有平陽，故此加東。晉武帝元康元年，改爲新泰縣。』《元和志》：『晉武帝太始中，鎮南將軍羊祜，此縣人也，表改爲新泰縣。』與《水經注》言元康者異。《一統志》：『平陽故城在泰安府新泰縣西北。』然此所城，未知其爲南平陽、東平陽也。南平陽在兖州府鄒縣西。」顧棟高云：「此東平陽也。西平陽本邾邑，爲魯所取，見哀二十七年。」按：顧稱西平陽，即南平陽也，

---

❶「角」，原脱，今據原稿補。

❷ 眉批：《元志》：「姜岌云：『十月甲子朔。』」先于歆一日。查臧説補。

❸ 原稿眉批：查《禮》。日中。

在曲阜南。顧云西，誤。

楚師伐陳。【疏證】《年表》：「楚莊王十三年，伐陳。陳靈公十三年，楚伐我。」

【傳】八年，春，白狄及晉平。夏，會晉伐秦。

晉人獲秦諜，殺諸絳市，六日而蘇。【疏證】《秦本紀》：「桓公三年，晉敗我一將。」則此役敗秦之將也。❶《年表》：「晉成公六年，與魯伐秦，獲秦諜，殺之絳市，六日而蘇。秦桓公三年，晉伐我，獲諜。」采傳説。《晉世家》：「伐秦，虜秦將赤。」索隱曰：「赤即斥，謂斥候之人也。按：宣八年《左傳》：『晉伐秦，獲諜，殺諸絳市。』諜即此赤也。晉成公六年爲魯宣公八年，故知然。」壽曾謂：以《秦本紀》證之，則晉獲秦將，又獲秦諜，《世家》兼言之。《釋文》：「諜，間也。今謂之細作。」

有事于太廟，襄仲卒而繹，非禮也。

楚爲衆舒叛故，伐舒蓼，滅之。

楚子疆之。

及滑汭，【疏證】杜注：「滑，水名。」沈欽韓云：「今之丹陽湖。《元和志》：『丹陽湖在溧陽西南二十八里，與當塗縣中流分界。』」當塗今屬太平府，如沈説，則楚既滅舒蓼，渡巢湖，由和、含而至當塗也。溧陽、當塗在彼

---

❶「敗」，原作「拜」，今據原稿改。

時屬吴境，下文「盟吴、越」，則楚師可至界上。惟丹陽湖未聞有滑水之名。❶俟考。

盟吴、越而還。【疏證】《地理志》：「會稽郡吴故國，周太伯所邑，具區澤在西，揚州藪。」又云：「會稽郡山陰，越王句踐本國。」顧棟高云：「吴國於梅里，今江南常州府無錫縣東南三十里有太伯城。諸樊南徙吴，闔廬築大城都之，今蘇州府治是。越國于會稽，今浙江紹興府治山陰縣。」按：吴境接楚者，得至今當塗，越之北境，僅至今湖州。沈氏釋滑汭爲丹陽湖，則吴、楚盟於界上，越會吴而來盟也。疏引杜《譜》謂：「吴壽夢元年，當魯成公之六年，越允常魯定公五年始伐吴。」《吴世家》於句卑世記晉滅虢之事，「句卑卒，子去齊立。去齊卒，子壽夢立」。晉滅虢在僖五年，僖五年至此已五十四年，❷疑當去齊之世矣。《越世家》於允常以前不紀其世。此主盟當何君，無以考也。

晉胥克有蠱疾，【疏證】《讀本》：「胥克，胥甲之子。」昭元年傳：❸「晉侯求醫於秦，秦伯使醫和視之，曰：『疾不可爲也，是謂近女室，疾如蠱，非鬼、非食，惑以喪志。』」其云「疾如蠱」，則晉侯非蠱疾，與此傳言「有蠱疾」異。蠱疾之義，據彼傳「非鬼非食」，則蠱爲鬼疾、食疾也。梁履繩云：「按：漢張仲景云：『狐惑之病，狀如傷寒，默默欲眠，目不得閉，起卧不食。』❹此與今俗所云色暈相類。」按：梁説是也。狐惑猶鬼病矣。其蠱由食者，今有

❶「湖」，原脱，今據原稿補。
❷「年」，原脱，今據原稿補。
❸「傳」，原脱，今據原稿補。
❹「食」，《左通補釋》卷十一作「安」。

食蠱之稱。杜注但云「惑以喪志」，未分明。❶

郤克爲政。❷【疏證】當即此年事。杜注：「代趙盾。」《世本》：「郤氏缺生克。」杜十二年傳注云：「郤缺之子。」用《世本》說。

秋，廢胥克，使趙朔佐下軍。【疏證】杜注：「朔，盾之子，代胥克。」

冬，葬敬嬴。

旱，無麻，始用葛茀。【疏證】本疏：「茀字，《禮》或作紼，或作綍。」《檀弓》注：「車曰引，柩曰紼。」❸杜注：「茀，所以引柩。」❹用鄭義。《釋名》：「從前引之曰紼。紼，發也，發車使前也。」《喪大記》君葬用四紼，減於遂人大喪六紼，則葬君夫人，❺茀亦四也。喪制尚麻，茀亦從之。七年經「大旱」，民播穀，不種麻。《說文》：「葛，絺綌草也。」麻質韌，葛質脆。❻

雨，不克葬，禮也。禮，卜葬，先遠日，辟不懷也。【注】《左氏》說「卜」作「士」，又云：「言不汲汲

---

❶ 眉批：查四蠱爲蠱義。

❷「克」，《春秋左傳正義》卷二十二作「缺」。原稿眉批：郤克查，是初見以否。

❸「柩」，《禮記正義》卷九作「棺」。

❹「以」，原脱，今據《春秋左傳正義》卷二十二補。

❺「人」，原脱，今據原稿補。

❻ 眉批：麻、葛亦當釋。

葬其親。雨不可行事，廢禮不行，庶人不爲雨止。」《王制》疏引《異義》。【疏證】《王制》「葬不爲雨止」，疏：「《異義》：『《公羊》説：「雨不克葬，謂天子諸侯也，卿大夫臣賤，不能以雨止。」《穀梁》傳：❶「葬既有日，不爲雨止。」《左氏》説：「士葬，先遠日，避不懷也，言不汲汲葬其親，雨，不可行事，廢禮不行，庶人不爲雨止。」許慎謹按：《論語》云：「死，葬之以禮。」以雨而葬，是不行禮。《穀梁》説非也，從《公羊》、《左氏》之説。』鄭氏無駁，與許同。」文淇案：據《異義》，則《左氏》舊本作「士」，不作「卜」。壽曾謂：《左氏》説先引傳文，其「不汲汲」以下明士葬先遠日之義。先遠日，謂卜日有雨，先卜遠日也。士者，通天子、卿大夫言之，皆卜雨葬日，庶人則否，故言庶人不爲雨止也。則《左氏》古義，不獨與《穀梁》雨葬異説，亦與《公羊》説天子、諸侯之禮不同。陳壽祺云：「《王制》曰：『庶人縣封，葬不爲雨止。』與《公羊》、《左氏》説合。鄭注《王制》：『雖雨猶葬，以其禮儀少。』此鄭從《左氏》説『禮不行庶人』之義。而鄭《釋廢疾》又云：❷『雖庶人，葬爲雨止。』❸與《公羊》、《左氏》説異。」詳《異義》引《公羊》説，卿大夫臣賤，不能以雨止，則不止謂庶人雨葬，陳氏謂《王制》與《公羊》説合，非也。鄭君不駁《異義》，而《釋廢疾》謂「雖庶人，葬爲雨止」者，《廢疾》之辭，今無考。何氏蓋據《公羊》天子、諸侯之禮，以駁《穀梁》。鄭君之辭，亦不取《穀梁》，却又違於《左氏》，非定論也。《既夕》「藁車載蓑笠」，❹鄭君注謂「備雨服」。《穀梁》徐邈説據

❶「傳」，《禮記正義》卷十二作「説」。
❷「釋」，原脱，今據原稿補。
❸「葬」，原作「庶」，今據原稿改。
❹「載蓑」，原作「戴笠」，今據原稿改。

之，謂人君張設兼備，以證不爲雨止義。則鄭君又主《穀梁》説矣。《既夕》爲《士喪禮》記，《左氏》説蓋不取以釋傳也。《曲禮》「喪事先遠日」注：「孝子之心，喪事，葬與練、祥也。」疏：「謂葬與二祥，是有哀之義也。❶非孝子之所欲，但制不獲已，故卜先從遠日而起，示不宜急，微伸孝心也。」鄭君説葬先遠日，即用傳義，與《左氏》説「不汲汲葬其親」義合。《釋詁》：「懷，思也。」

城平陽，書時也。

陳及晉平。❷楚師伐陳，取成而還。

【經】九年，春，王正月，公如齊。無傳。**【注】**《左氏》説：「妾子爲君，當尊其母，有三年之喪，而出朝會，非禮也，故譏魯宣公。」《通典》九十三引《五經異義》。**【疏證】**此經，二傳無説。

公至自齊。無傳。

夏，仲孫蔑如京師。

齊侯伐萊。無傳。

---

❶「有」，《禮記正義》卷三作「奪」。

❷「晉」，原作「楚」，今據《春秋左傳正義》卷二十二改。

秋，取根牟。【疏證】昭八年傳：「大蒐於紅，自根牟至于商、衛，❶革車千乘。」即此根牟也。《郡國志》：「瑯琊國陽都有牟臺。」江永云：「在沂水縣南。《寰宇記》謂根牟國在安丘。安丘在青州府東二百里，其地非屬莒，即屬齊，必非魯所取之國。大蒐陳車乘，亦必不能至此，樂史誤。顧炎武引樂史説，不能辨正，亦誤。」按：江説是也。沈欽韓云：「《一統志》：『根牟城在沂州府沂水縣南。』」

八月，滕子卒。

九月，晉侯、宋公、衛侯、鄭伯、曹伯會于扈。【疏證】《晉世家》：「成公與楚莊王爭彊，會諸侯于扈。」晉、楚爭彊，史公採舊説。

晉荀林父帥師伐陳。【疏證】《年表》：「晉成公七年，使桓子以諸侯師伐陳。」

辛酉，晉侯黑臀卒于扈。【疏證】杜注：「九月無辛酉，日誤。」疏云：「九月無辛酉者，下有十月癸酉。杜以《長曆》推之，癸酉是十月十六日，辛酉在前十二日耳。」貴曾曰：❷《年表》：「晉成公七年，薨。」《晉世家》：「成公卒，子景公據立。」杜謂「四與文同盟」。本疏：「晉侯二年始立，不于文公之世，而云四與文同盟，必是後寫之誤。蘇氏亦以爲然。劉炫以此規杜，非也。」詳疏説，則炫謂晉成不當文公之世也。五年盟黑壤，❸今年盟扈，蓋再同盟。杜又云：「卒於竟外，故書地。」疏：「劉炫云：『襄七

---

❶「至」，原作「自」，今據《春秋左傳正義》卷四十四改。

❷眉批：二弟補説。

❸「五」，當作「七」。

年鄭伯髡頑卒於鄵，昭二十五年宋公佐卒於曲棘，竟内亦書地，非竟外。』」按：炫規是也。諸侯非薨於國，❶訃皆以地。訃以地，則書之，不關竟内外也。《公羊傳》謂「未出其地」，《穀梁傳》謂「未踰竟」，則杜竟外之境，三傳皆無之。

冬，十月，癸酉，衛侯鄭卒。【疏證】《衛世家》：「成公鄭立三十五年卒，子穆公遬立。」杜注：「三與文同盟。」疏云：「鄭父燬以僖二十五年卒，❷鄭代立，其年盟於洮，二十六年于向，二十八年于踐土，文七年于扈，十四年於新城，惟二與文同盟。云三者，以二、三字體相近，轉寫之誤耳。若其不然，杜無容不委。劉炫以此規杜，非也。」據疏説，則炫以再與文同盟規杜。

宋人圍滕。

楚子伐鄭。【疏證】《年表》：「楚莊王十四年，伐鄭。鄭襄公五年，楚伐我。」《漢書・賈捐之傳》：「其罷珠崖，對曰：『及其衰也，南征不還，齊桓捄其難，孔子定其文。』」注：「張晏曰：『孔子作《春秋》，夷狄之國雖大，自稱王者皆貶爲子。』」文淇案：捐之爲賈誼曾孫，當是《左氏》舊説。❸

晉郤缺帥師救鄭。【疏證】《年表》：「楚莊王十四年，❹郤缺救鄭。鄭襄公五年，晉來救。」

❶「薨」，原作「葬」，今據原稿改。
❷「卒」，原脱，今據原稿補。
❸眉批：查楚子始見何年。
❹「王」，原脱，今據原稿補。

陳殺其大夫洩治。【疏證】《公》、《穀》「洩」曰「泄」。洪亮吉謂作「泄」，唐時避諱所改。案：《釋文》不著二傳作泄，洪説或然也。

【傳】**九年，春，王使來徵聘。**【疏證】《周禮・□□》注：「徵，召也。」杜注：「言周徵也。」《讀本》：「王使來，不書於經，蓋不成禮，又不顯致命。」

夏，孟獻子聘于周。王以爲有禮，厚賄之。

秋，取根牟，言易也。【疏證】襄十三年傳例：「凡書『取』，言易也。」又昭四年傳例：「凡克邑不用師徒曰『取』。」杜注：「重發例者，以通叛而自來。」則書取，有兩例矣。根牟非通叛而來，則亦用師徒，故傳止云「言易也」。

滕昭公卒。

會于扈，討不睦也。【疏證】杜注：「謀齊、陳。」按：晉之會扈，蓋卜諸侯向背之心，而討其不睦也。《晉世家》謂晉、楚爭彊，最得傳義。傳亦未斥不睦者何國，杜説非。

陳侯不會。

晉荀林父以諸侯之師伐陳。【疏證】《晉世家》：「陳畏楚，不會。晉使中行桓子伐陳。」杜注：「不書諸侯師，林父帥之，無將帥。」

晉侯卒於扈，乃還。

冬，宋人圍滕，因其喪也。

陳靈公與孔寧、儀行父通於夏姬，❶【疏證】《校勘記》云：「按：鄭氏注《禮運》、賈氏疏《士喪禮》引傳『寧』作『甯』。」洪亮吉云：「儀，高誘引作『義』。」《周語》注：「靈公，恭公之子，靈公平國也。孔寧、儀行父，陳之二卿。」按：經稱「陳殺其大夫」。《陳世家》：「靈公與其大夫孔寧、儀行父皆通於夏姬。」則二子是大夫，非卿。洩冶諫辭「公卿宣淫」者，公卿猶言君臣。韋注謂卿，非。杜用韋義。《列女傳》：「陳女夏姬者，陳大夫夏徵舒之母，御叔之妻也。」《楚語》注：「陳公子夏爲御叔取鄭穆公少妃姚子之女夏姬。」杜謂「鄭穆公女」，據韋義。按：傳稱夏徵舒，❷則御叔食采於夏，❸故稱夏姬也。《周語》：「陳靈公與孔寧、儀行父南冠以如夏氏。」注：「南冠，楚冠。」蓋君臣微行以往，故更其冠耳。

皆衷其衵服，以戲於朝。【疏證】《説文》：「衷，裏褻衣。《春秋傳》曰『皆衷其衵服』。衵，日日所常衣。」此當是賈君説。衷爲裏褻衣之稱，别乎褻衣之在外者，謂以夏姬衵服爲裏褻衣也。《釋文》亦引《説文》，云：「《字林》同，又云婦人近身内衣也。」杜注：「衵服，近身衣。」與《字林》説同。沈欽韓云：「衵服，中帶之類也。衵與襗通。《詩·無衣》箋：『襗，褻衣，近污垢。』《釋名》：『汗衣，近身受汗垢之衣也。《詩》謂之「澤」。作之用六尺裁，足覆胸背。』」沈氏蓋謂衵即澤，澤即汗衣。據劉熙所説，衵即今之單半臂也。《陳世家》：「衷其衣以戲於朝。」

---

❶「父」，原脱，今據原稿補。

❷「傳」，原作「詩」，今據原稿改。

❸「叔食」，原脱，今據原稿補。眉批：夏當考。

洩冶諫曰：「公卿宣淫，民無效焉，【疏證】《鴻鴈》傳：❶「宣，示也。」《陳世家》：「泄冶諫曰：『君臣淫亂，民何效也？』」

「且聞不令。君其納之！」【疏證】《釋詁》：「令，善也。」《文王》「令聞不已」，❷箋同此。謂名聲不善也。杜注：「納藏衵服。」

公曰：「吾能改矣。」

公告二子。【疏證】洩冶之諫蓋在他日，故二子初不聞也。《陳世家》：「靈公以告二子。」

二子請殺之，公弗禁，遂殺洩冶。【疏證】《陳世家》：「二子請殺泄冶，公弗禁，遂殺泄冶。」

孔子曰：「《詩》云：『民之多辟，無自立辟。』其洩冶之謂乎！」【疏證】《釋文》：「多辟，❸本又作僻。」引《詩·板》六章文，傳：「辟，法也。」杜注：「言邪僻之世，不可立法。國無道，危行言孫。」顧炎武云：「以上『辟』爲邪，下『辟』爲法，當時有此解。昭二十八年晉司馬叔游引此詩亦同。漢張衡《思玄賦》『覽蒸民之多僻兮，畏立辟以危身』，正用此也。」按：顧説是也。杜注蓋用舊説。傳引孔子論洩冶，蓋惜其事非其主，非深貶之詞。杜注援《論語》「國無道，危行言孫」，以明洩冶仕無道之國，不能明哲保身，意未甚誤。其於經文注云：「洩冶直諫

---

❶「鴻鴈」，原作「□亻」，今據《毛詩正義》卷十一補改。

❷「令」，原作「今」，今據原稿改。

❸「辟」，原作「僻」，今據原稿改。

於淫亂之朝以取死，❶故不爲《春秋》所貴而書名。」疏又引《釋例》云：「洩冶安昏亂之朝，慕匹夫之直，忘蘧氏可卷之德，❷死而無益。故經同罪賤之文。」❸則非孔子義矣。《春秋》五十凡無鄰國殺卿大夫書名示罪賤之例。此類書法，皆從告辭，不關褒貶。傳惟於文七年「宋人殺其大夫」見例，❹曰：「不稱名，衆也，且言非其罪也。」又成十七年，「晉殺其大夫」，傳言貶胥童。蓋傳以不書名見例，非以書名見例也。此經《公羊》無傳。《穀梁》則云「稱國以殺其大夫，殺無罪也」。杜説於三傳皆不合。自杜謂經罪賤洩冶，宋儒乃謂此非聖人之言，杜氏之罪也。知孔子惜洩冶者，《家語·子路初見》篇：❺「子貢曰：『陳靈公君臣宣淫於朝，洩冶諫而殺之，❻是與比干諫死同，❼可謂仁乎？』孔子曰：『比干於紂，親則諸父，官則少師，忠款之心，❽在於存宗廟而已，固當以必死争之，冀身死之後，紂當悔悟本志，存於仁者也。洩冶之於靈公，位在大夫，無骨肉之親，懷寵不去，仕於亂朝，以區區之身，欲止一國之淫昏，死而無益，可謂狷矣！《詩》云：「民之多辟，無自立辟。」其洩冶之謂乎！』」《家語》雖爲王肅撰集

---

❶「朝」，原脱，今據原稿補。
❷「德」，原爲空格，今據原稿補。
❸「賤」，原漫漶不清，今據原稿補。
❹「人」，原脱，今據原稿補。
❺「子路初見篇」，原爲二空格，今據《孔子家語》卷五補。
❻「冶」，原作「治」，今據原稿改。
❼「諫」，原脱，今據原稿補。
❽「忠」，原作「宗」，今據《春秋左傳正義》卷二十二改。

之書，惟肅傳《左氏》學，又多見古籍，其紀孔子論洩治事，即據此傳，不無附益。然不謂書名爲罪賤，於古義未遠，故録存之。沈欽韓云：「賈子《新書·雜事》曰：『陳靈公殺洩冶，而鄧元去陳以族徙。』」沈引此者，以賈誼傳《左氏》。其嘉鄧元之去，則惜洩冶之死，賈誼取此傳孔子論洩治義。

楚子爲厲之役故，伐鄭。【疏證】十一年傳：「厲之役，鄭伯逃歸。」杜彼注云：「蓋在六年。」按：六年傳：「楚人伐鄭，❶取成而還。」未及會厲、鄭伯逃事，蓋補叙於十一年也。❷《晉世家》：「成公三年，鄭伯初立，附晉而棄楚。楚怒，伐鄭。」

晉郤缺救鄭。鄭伯敗楚師于柳棼。【疏證】《年表》：「晉成公七年，救鄭。楚莊王十四年，晉郤缺救鄭，敗我。鄭襄公五年，晉來救，敗楚師。」《鄭世家》：「襄公五年，楚復伐鄭，晉來救之。」詳傳文，晉師爲救鄭而出，不關伐楚。《年表》謂晉伐楚，非也。杜注：「柳棼，鄭地。」今地闕。

國人皆喜，唯子良憂曰：「是國之災也，❸吾死無日矣。」【疏證】《讀本》：「小國戰勝，是激大國之怒，故曰災。」《周語》注：「無日，無日數也。」

【經】十年，春，公如齊。

---

❶「伐」，原作「代」，今據原稿改。

❷「叙」，原作「祇□」，今據原稿補。

❸「是」，原脱，今據原稿補。

公至自齊。無傳。

齊人歸我濟西田。【疏證】元年經：「齊人取濟西田。」杜注：「不言來，公如齊，因受之。」用《穀梁》説，傳無在齊歸田義。

夏，四月，丙辰，日有食之。無傳。【注】劉歆以爲：二日，魯、衛分。《五行志》。【疏證】《年表》：「魯宣公十年四月，日蝕。」臧壽恭云：「毛本《漢書》『日』作『月』，今從汪本。案：是年入甲申統一千四十四年，積月一萬二千九百十二，閏餘十二，積日三十八萬一千三百二，小餘四十二，大餘二。正月丙戌朔，大，小餘四。二月丙辰朔，小，小餘四十七。三月乙酉朔，大，小餘九。四月乙卯朔，二日丙辰，又置上積日，加積日八十九，以統法乘之，以十九乘小餘九，并之，滿周天除去之，餘十二萬六十四，滿統法而一，得積度七十八度，餘二十二，命如法，❶得四月乙卯朔，合辰在奎七度，二日丙辰，❷在奎八度。」❸

己巳，齊侯元卒。【疏證】《年表》：「齊惠公十年，公卒。」《齊世家》：❹「惠公卒，子頃公無野立。」

齊崔氏出奔衛。【疏證】《年表》：「崔杼有寵，高、國逐之，奔衛。」又云：「衛穆公元年，齊高、國來奔。」❺

---

❶ 「命」，原脱，今據原稿補。
❷ 「日」，原作「月」，今據原稿改。
❸ 「八」，原重文，今據原稿删。
❹ 「齊」，原重文，今删。
❺ 「國」，原作「尚」，今據原稿改。

「高、國」，當云「崔杼」，此史公駁文。

公如齊。

五月，公至自齊。❶ 無傳。**【注】**劉、賈、許云：「不書奔喪，諱過也。」《釋例》。**【疏證】**李貽德云：「傳曰『公如齊奔喪』，君親奔喪，非禮也。經祇書『如齊』，所以諱其事。」

癸巳，陳夏徵舒弑其君平國。❷ **【疏證】**《年表》：「陳靈公十五年，夏徵舒以其母辱，殺靈公。」據傳，明年，楚立成公午，陳是年五月以後無君。

六月，宋師伐滕。

公孫歸父如齊。葬齊惠公。【注】服云：「歸父，襄仲之子。」《魯世家》集解。**【疏證】**歸父初見於經。杜用服説。《周語》注：「東門子家，莊公之孫、東門襄仲之子公孫歸父也。」

晉人、宋人、衛人、曹人伐鄭。【疏證】《年表》：「晉公據元年，與宋伐鄭。」

秋，天王使王季子來聘。❸ **【疏證】**杜注用《公羊傳》，以爲王之母弟，字季子。按：十七年傳例：「凡大子之母弟，公在曰公子，不在曰弟。凡稱弟，皆母弟也。」季子審是周天子之弟，又非匡王之世，❹則宜書「天王使

❶「至自」，原倒，今據原稿改。

❷「君」，原脱，今據原稿補。眉批：查《陳世家》。

❸「子」，原脱，今據原稿補。

❹「世」，原作「弟」，今據原稿改。

其弟季子來聘」。此王季子，據傳即劉康公，不知於宋王長幼之次若何。❶杜稱《公羊》，則《左氏》舊說不如此，蓋已佚也。《穀梁》以王季爲王子，與《公羊》又異。

公孫歸父帥師伐邾，取繹。【疏證】《公羊》「邾」曰「邾婁」，「繹」曰「蘱」。杜注：「繹，邾邑。」疏云：「文十三年傳稱『邾遷于繹』，則繹爲邾之都矣。更別有繹邑，今魯伐取之，非取邾之都也。」馬宗璉云：「此非邾文公所遷之繹，杜注非。」顧炎武云：「蓋文公雖遷，後復還其故都耳。」《彙纂》：「今嶧山在鄒縣東南二十里。蓋縣治徙山北也。『嶧』與『繹』通。」❷

大水。無傳。

季孫行父如齊。

冬，公孫歸父如齊。

齊侯使國佐來聘。【疏證】僖九年傳例：「凡在喪，王曰小童，公侯曰子。」無野，未踰年之君，當稱齊子，先儒或有說。杜謂「既葬成君，故稱君命使」，非也。《周語》注：❸「國佐，齊卿，國歸父之子國武子也。」

饑。

---

❶「宋」，疑當作「宗」。

❷原稿眉批：查《大事表》。

❸「語」，原重文，今據原稿刪。

楚子伐鄭。【疏證】《年表》：「鄭襄公六年，晉、宋、楚伐我。」

【傳】十年，春，公如齊。齊侯以我服故，歸濟西之田。

夏，齊惠公卒。

崔杼有寵於惠公，

高、國畏其逼也，【疏證】杜注：「高、國二家，齊正卿。」

公卒而逐之。奔衛。【疏證】《齊世家》文同。

書曰「崔氏」，非其罪也；【注】鄭康成云：「公卿之世，立大功德，先王之命，有所不絕。」《文王》疏引《箴膏肓》。【疏證】本疏：「何休《膏肓》以爲《公羊》譏世卿而難《左氏》，蘇氏釋云：『崔氏祖父名不見經，則知非世卿，且春秋之時，諸侯擅相征伐，尚不譏世卿，雖曰非禮，夫子何由獨責？』又鄭《駁異義》引《尚書》『世選爾勞』，又引《詩》刺幽王絶功臣之世。然則興滅繼絶，王者之常，譏世卿之文，其義何在？」案：本疏但引《膏肓》，不引鄭《箴》，今據《詩》疏所引列爲注。鄭《箴》與《駁異義》説同，蘇氏説即鄭君義也。《公羊》於隱三年尹氏卒及此年經皆謂譏世卿，《穀梁》舊説亦同。《左氏》説則云：「卿大夫得世禄，不得世位。」詳隱公八年傳「官有世功」疏證。惠棟據僖二十八年傳有齊崔夭以駁蘇氏説，是申《公羊》義，未達《左氏》無譏世卿文也。

且告以族，不以名。【疏證】崔杼蓋以族行，故齊人以族行告。本疏云：「知法當以名告，❶而齊人誤以

---

❶ 「法」，原爲空格，今據原稿補。

族告也。」非傳意。《讀本》：「其後崔杼還齊，不告，不書。」

凡諸侯之大夫違，【疏證】《書·□□》傳：「違，奔亡也。」是違爲去國之通稱。杜注：「奔放也。」奔，謂身自行。放，見逐於其國。

告於諸侯曰：「某氏之守臣某，【疏證】杜注：「上某，出者姓。下某，出者名。」本疏：「若言崔氏之守臣杼也。守臣，言守宗廟之臣也。❶《禮》謂族人爲庶姓，故云上某出者姓，其實正是族也。」按：傳云某氏，謂氏非姓，疏謂族是也。

「失守宗廟，敢告。」【疏證】此告辭稱守臣意也。宗廟，謂大夫之家廟也。

所有玉帛之使則告；【疏證】杜注：「玉帛之使謂聘。」本疏：「杜意以爲奔者之身常有玉帛之使於彼國，唯告奔者常聘之國，餘不告也。劉炫以爲玉帛之使，謂國家有交好之國皆告，❷非指奔者之一身。」按：《周語》：「魯宣公卒，赴者未及，東門氏來告亂，子家奔齊。」注：「來告，告周大夫也。東門子家謀去三桓，使如晉，未返。宣公薨，三桓逐子家，遂奔齊也。諸侯大夫以君命使出，出必有禮贄私覿之事，以通情結好，吉凶相告。子家常使於周，故以亂告也。」❸杜以玉帛之使爲奔者之身，蓋用韋義。炫規杜之辭，疏無駁，則兼用炫説矣。邵瑛云：「如蔡與魯，未嘗交聘，而書其大夫出奔。」按：邵説是也。傳例爲崔杼而發，杼亦未聘魯。

---

❶「守」，原脱，今據原稿補。
❷「謂」，原作「使」，今據原稿改。
❸「亂」，原作「禮」，今據原稿改。

不然，則否。【疏證】如劉炫説，則非交好之國不告也。右，大夫違其國告例。

公如齊奔喪。【疏證】沈欽韓云：「按：天王崩，終《春秋經》，無奔喪之文，而宣公獨汲汲於齊，忘大義而顧私恩。傳出『奔喪』二字，著其無耻，此傳之顯於經者也。」

陳靈公與孔寧、儀行父飲酒於夏氏。公謂行父曰：「徵舒似女。」對曰：「亦似君。」徵舒病之。【疏證】杜不釋「夏氏」。《論衡・□□篇》：❶「夏氏，陳公族。」《周語》注：「夏氏，陳大夫夏徵舒之家。」《陳世家》：「靈公與二子飲于夏氏。公戲二子曰：『徵舒似汝。』❷二子：『亦似公。』徵舒怒。」《世家》以公戲辭屬二子，❸與傳小異。杜注：「徵舒已爲卿，年大，無嫌是公子。蓋以夏姬淫放，故謂其子多似以爲戲。」

公出，自其廄射而殺之。二子奔楚。【疏證】《陳世家》：「靈公罷酒出，徵舒伏弩廄門，射殺靈公。孔甯、儀行父奔楚，靈公大子午奔晉。徵舒自立爲陳侯。」

滕人恃晉而不事宋。

六月，宋師伐滕。

鄭及楚平，【疏證】九年傳：「鄭伯敗楚師於柳棼。」今結好也。

---

❶「論衡」，疑當作「潛夫論」。

❷「汝」，原作「女」，今據原稿改。

❸「子」，原作「字」，今據原稿改。

諸侯之師伐鄭，取成而還。【疏證】經首書晉人，晉主兵謀。

秋，劉康公來報聘。【疏證】九年「夏，仲孫蔑如京師」。杜注：「即王季子也。其後食采於劉。」

師伐邾，取繹。

季文子初聘于齊。

冬，子家如齊，伐邾故也。【疏證】蓋遣使告以伐邾之事。

國武子來報聘。

楚子伐鄭。【疏證】以晉取鄭成也。

晉士會救鄭，逐楚師於潁北。【疏證】《地理志》：「潁川郡陽城陽乾山，潁水所出，東至下蔡入淮。」《水經·潁水》篇：❶「潁水出潁川陽城縣西北少室山，又東南過陽翟縣北。」注云：「又逕上棘城西，《左傳》楚師伐鄭，城上棘以涉潁者也。潁水又逕陽翟縣故城北。」顧棟高云：「陽翟，今禹州。潁北，當在禹州之北。成十六年諸侯師於潁上，襄十年晉師與楚夾潁而軍，亦禹州之潁也。」

諸侯之師戍鄭。

鄭子家卒。鄭人討幽公之亂，【疏證】《謚法》：「動静亂常曰幽。」

斲子家之棺，而逐其族。【疏證】杜注：「斲薄其棺，不使從卿禮。」本疏：「《喪大記》：『上大夫大棺八

---

❶「潁」，原爲空格，今據《水經注箋》卷二十二補。

寸，屬六寸。』然則子家上大夫，棺當八寸，今斲薄其棺，不使從卿禮耳。不知斲薄之，使從何禮也。」疏蓋疑杜說非傳意。斲薄其棺，誠非典禮，杜注甚謬。然疏亦未明斲棺何解。案：《三國·魏志·王凌傳》：「朝議咸爲《春秋》之義，齊崔杼、鄭子家皆加追戮，陳尸斲棺，載在方策。凌、愚罪應如舊典。」❶《晉書·劉牢之傳》：「牢之喪歸丹徒，❷桓玄令斲棺斬首，暴尸于市。」《魏書·韓子熙傳》：「元叉害清河王懌，❸子熙等上書，謂：『成禍之末，良由劉騰。騰合斲棺斬骸，沈其五族。』遂剖騰棺。」詳《王凌傳》稱《春秋》之義，則此傳舊說，謂陳子家之尸，追戮之也。以陳尸而斲棺，斲謂剖也。《晉》《魏書》說斲棺皆同。今律猶有戮尸之條。《鄭世家》：「子家卒，國人復逐其族，以其弑靈公也。」

改葬幽公，謚之曰「靈」。

【經】十有一年，春，王正月。

夏，楚子、陳侯、鄭伯盟于辰陵。【疏證】《穀梁》「辰」曰「夷」。《水經·洧水》注：「洧水東南逕辰亭東。經書：魯宣公十一年，楚子、陳侯、鄭伯盟于辰陵也。京相璠曰：『潁川長平有故辰亭。』杜預云：『長平縣東南有辰亭。』今此城在長平城西北，長平在東南，或杜氏不謬，傳書之誤耳。」詳酈注，杜用京相說，又云「陳地」。沈欽

---

❶「愚」，原爲空格，今據原稿補。原稿眉批：《孔融傳》未采。

❷「歸」，原作「師」，今據原稿改。

❸「懌」，原作「惲」，今據原稿改。

韓云：「《一統志》：『辰亭在陳州府淮甯縣西六十里。』」洪亮吉從《穀梁》，謂當作「夷陵」，爲今宜昌府治，當陽、荆門之宛城。則非陳地矣。

公孫歸父會齊人伐莒。

秋，晉侯會狄于攢函。【疏證】杜注：「攢函，狄地。」沈欽韓云：「即攢茅之邑。」按：沈説是也。杜謂「晉侯往會之」，故用《穀梁》説，斥爲狄地。詳傳稱，晉大夫欲召狄，郤成子勸其勤，蓋晉與狄會境上。傳不謂狄地。

冬，十月，楚人殺夏徵舒。【疏證】《年表》：「楚莊王十六年，率諸侯誅陳夏徵舒，❶立陳靈公子午。」❷沈欽韓云：「二百四十二年之中，❸正弑君之罪而得討賊之義者，楚莊一人而已。可爲中夏羞也。」

丁亥，楚子入陳。【疏證】杜注：「楚子先殺徵舒，而欲縣陳，後得申叔時諫，乃復封陳，不有其地，故書入在殺徵舒之後。」本疏引劉炫云：「楚子入陳乃殺徵舒，經先書殺徵舒，後言入陳者，以楚子本意止欲討賊，無心滅陳。及殺徵舒，滅陳爲縣，後得申叔時諫，乃復封陳，於例不有其地。『入陳』之文，爲下納張本。昭八年，『楚師滅陳，執公子招，放於越，殺陳孔奂』。彼心欲滅陳，此則主爲討賊，無心滅陳而復封之。君子善其自悔，故退『入陳』於下，隱其縣陳之過。」案：此炫《述義》語，與杜注合，則杜注用舊説也。

納公孫寧、儀行父于陳。【注】賈云：「二子不係之陳，絶于陳也。惡其與君淫，故絶之。善楚

---

❶ 「舒」，原脱，今據原稿補。

❷ 「午」，原脱，今據原稿補。

❸ 下「二」，原脱，今據《春秋左氏傳補注》卷五補。

有禮也。本疏。稱納者，内難之辭。」本疏。**【疏證】**杜注：「二子，淫昏亂人也。君弒之後，能外託楚以求報君之讎，内結强援于國，故楚莊得平步而討陳，除弒君之賊。於時陳成公播蕩於晉，定亡君之嗣，❶靈公成喪，賊討國復，功足以補過，故君子善楚復之。」壽曾謂：公孫寧、儀行父覆亂陳國，杜乃以賊討國復爲二子之功，非經書「納」之義。《晉書·刁協傳》：「協悉心盡力，元帝甚信任之。王敦構逆，上書罪協。帝勸令避禍。協行至江乘，爲人所殺，送首于敦。敦平後，周顗等皆被顯贈。咸康中，協子彝上疏訟之。丹陽尹殷融議曰：『王敦專偪之時，元帝慮深崇本，以協爲比，事由國計，蓋不爲私。昔孔寧、儀行父從君于昏，楚復其位者，❷君之黨故也。況協之比君，在于義順。謂宜顯贈，以明忠義。』時庾冰輔政，疑不能決。蔡謨與冰書曰：『《春秋》之義，以功補過。過輕功重者，得以加封；功輕過重者，不免誅絶；功足贖罪者，無黜。雖先有邪佞之罪，而臨難之日，黨於其君者，不絶之也。孔寧、儀行父親與靈公淫亂于朝，君殺國滅，由此二臣，而楚尚納之。傳稱有禮、不絶其位者，君之黨也。若刁令有罪，重於孔、儀，絶之可也。若無此罪，宜見追論。』」詳殷融、蔡謨所論，蓋用杜義。惟所云楚復其位，以君之黨，杜所未言。《公羊傳》：「其言納何？納公黨與也。」何休注：「本以助公見絶。」則殷、蔡所稱，《公羊》義也。賈謂善楚有禮，亦止謂楚納二子爲有禮，不謂二子有功於陳。杜不用賈説。疏引賈説，駁之云：「案子糾、捷菑皆不繫國，自是例之常，賈説非也。」子糾、捷菑皆國君，不得與公孫甯、儀行父比例，疏駁非是。沈欽韓云：「按：賈謂二子之惡絶於陳，是也。然納惡而謂楚有禮，則于義難通。杜又舉二子之功足以補過。夫身爲貴

❶「亡」，原作「正」，今據原稿改。

❷「者」，原脱，今據原稿補。

臣，朋淫妻豬，戮賢禍主，雖寸磔不足蔽辜，何功之可補？害義傷教，若説爲大矣。傳之稱楚有禮，❶謂入其國而不貪其土，豈目二豎子之出入哉！曰：莊王以義自克，何爲不殺而納之，納之甯得爲禮？曰：陳，國小君弱，不有貴戚世臣，何以立國？春秋時，世臣與其君相輔而行者也。故臣有罪，絕其身，不絕其世。非若後來之政，臣新故相乘，不憂乏材。蓋積貴之繫於人心久矣。楚之納也，亦因陳所欲，擇利而權耳。若使恕二子之凶慝，是飛廉、惡來可逭武王之誅也。❷後儒深責楚莊，又不揣彼時之勢情矣。」沈氏既信賈注絕二子於陳之説，則賈説本不與杜同。駁杜而牽連賈説，非矣。傳稱楚有禮，兼復陳、納二子爲説，賈注未誤。沈謂無貴戚世臣，無以立國，積貴使然，即殷氏、蔡氏所引君黨之義，雖未引《晉書》，義闇合也。然是《公羊》義。賈止云善楚有禮，止用本傳意，不取《公羊》。洪亮吉云：「按：《左氏》之義，賈爲得之。」賈氏又説納爲内難之辭，本疏謂其依放《穀梁》，又云：「言書有禮，不可言内難也。」詳《穀梁》云：「納者，内弗受也。」此賈所本。

【傳】十一年，春，楚子伐鄭，及櫟。❸

子良曰：「晉、楚不務德而兵争，與其來者可也。晉、楚無信，我焉得有信？」乃從楚。

夏，盟于辰陵，❹陳、鄭服也。【疏證】《讀本》：「楚已盟于陳地，此年十月始殺徵舒，知討亂非其本志。」

❶「楚」，原作「義」，今據《春秋左氏傳補注》卷五改。

❷「惡來」，原脱，今據原稿補。

❸眉批：櫟已見。

❹「盟」上，《春秋左傳正義》卷二十二有「楚」字。

楚左尹子重侵宋，【疏證】杜注：「子重，公子嬰齊，莊王弟。」王引之云：「案：鄭罕嬰齊，字子蘁，則嬰齊謂齒矣。《說文》：『蘁，齒參差。』參差，不齊也。差與重一聲之轉。重疊亦不齊也。嬰、賏古字通。《說文》：『賏，頸飾也，從二貝。』」

王待諸郔。【疏證】洪亮吉云：「《說文》：『郔，鄭地。』今考隱元年『至於廩延』，杜注：『鄭邑。』此注復云：『楚地。』至後二年『楚子北師次于郔』，注又云：『鄭北地。』前後不同如此。自當以《說文》爲正也。」武億云：「子重侵宋，楚莊留爲聲援，必不遽返歸於楚境，疑郔地幅員廣倍他邑，自鄭國城之北，以逮廩郔皆爲其地，故有延名。下文十二年傳『楚子北師次于郔』，蓋『待諸郔』者，郔之南境。❶『次于郔』，郔之北境也。一地而前後兩見，傳特以北師標之。杜氏不達其旨，注前郔爲楚地，非也。」按：洪、武說是也。廩延已詳於隱元年。

令尹蔿艾獵城沂，【注】服云：「艾獵，蔿賈之子孫叔敖也。此年云蔿艾獵，明年云令尹孫叔敖，明一人也。」本疏。【疏證】惠棟云：「服、杜皆云蔿賈之子孫叔敖。案《世本》，艾獵爲叔敖之兄。又《孫叔敖碑》云：『君名饒，字叔敖。』以艾獵爲叔敖名。此服、杜臆說。襄十五年傳『蔿子馮爲大司馬』，注云：『叔敖從子。』案《世本》，馮是艾獵之子，此明文可據者。」洪亮吉云：「杜用服說。按《世本》，蔿艾獵爲叔敖之兄，今云艾獵即叔敖，未知何據。襄十五年杜注亦云：『叔敖從子也。』明艾獵非即叔敖。杜注一依《世本》，一又取服注，可云前後失據。」沈欽韓云：「漢邊韶《孫叔敖碑》出漢人妄傳，不足信。諸子書但言其爲期思之鄙人。《世本》云：『艾

---

❶「郔」，原作「楚」，今據《群經義證》改。

獵爲叔敖之兄。』」惠、洪、沈駁服注，皆據《世本》叔敖兄之説。《世本》見本疏所引，疏云：「《世本》多誤，本必不然。」則疏謂《世本》轉寫有失矣。其襄十五年所引《世本》，馮爲艾獵子，則馮即叔敖子矣。《呂覽·情欲》篇「世人之事君者，皆以孫叔敖之遇荆莊王爲幸」，❶注：「孫叔敖，楚令尹，薳賈之子也。」盧文弨云：「宣十二年傳『蔿敖爲宰』，下『令尹南轅反旆』，是蔿敖即令尹孫叔敖，軍事皆主之。前一年令尹蔿艾獵城沂，❷比年之間，楚令尹不聞置兩人。」❸又文弨《鍾山札記》云：「《呂氏春秋》注薳賈，薳即蔿也。《左氏》蔿敖一言，可以爲蔿氏之確證。與其信諸子也，不如信傳。」按：盧氏蓋取服説。服亦以此年及十二年皆稱令尹，明蔿艾獵、孫叔敖爲一人也。漢人撰《孫叔碑》不及艾獵名。顧炎武謂其人似不曾見《春秋》、《史記》者，此説最諦，惠氏信之過矣。梁履繩云：「叔敖本出蔿氏，而更稱孫氏者，❹叔敖係王子蔿章之後。❺不忘故族，以孫爲氏，即王孫氏之意。」杜注：「沂，楚邑。」沈欽韓又云：「《吴志·討逆傳》注『劉勳乃投西塞，至沂』，《通鑑》作『流沂』。《一統志》：『黄石城在武昌縣東二十里，一名流沂壘。』」

使封人慮事，以授司徒。【注】舊注：「封人，司徒之屬官。」《大司馬》疏。【疏證】《大司馬》「大役，

---

❶「遇」下，原衍「莊」字，今據原稿删。
❷「艾」，原脱，今據原稿補。
❸「置」，原脱，今據原稿補。
❹「而」，原脱，今據原稿補。
❺「章」，原爲空格，今據原稿補。

與慮事」，注：「大役，築城邑也。鄭司農云：『國有大役，大司馬與謀慮其事也。』玄謂慮事者，封人也。于有役，司馬與之。」疏：「按宣十一年，『楚令尹蔿艾獵城沂，使封人慮事，以授司徒』。注：『封人，司徒之屬官。』是封人慮事，司馬與在謀慮中也。」據彼疏，則後鄭説與《左氏》舊注同。杜注：❶「封人，其時主築城者。」不取司徒屬官之説。按：《封人》：「凡封國，封其四疆，造都邑之封域者亦然。」此城沂，蓋斥造都邑封域。❷封人官卑於司徒，而先慮事者，蓋如今土木之役，屬官估計工需，❸上於所司也。杜又云：「慮事，無慮計工。」顧炎武云：「慮，籌度也。解非。」惠棟引《大司馬》先鄭説，以釋「慮事」。杜釋慮爲「無慮」，用十二年傳「前茅慮無」義，詳彼傳疏證。

量功命日，【疏證】杜注：「命作日數。」案：謂計三旬之日。❹

分財用，【疏證】計財用之多寡也。築城工役，四面各有主之者，分財用，便於事也。杜謂「築作具」，下板榦、畚築當之，杜説非。

平板榦，【疏證】《説文》：「榦，築牆木也。」《釋詁》：「楨、翰、儀，榦也。」是榦即楨。杜注：「榦，楨也。」用《釋詁》義。本疏引舍人曰：「楨，正也。築牆所立兩木也。翰所以當牆兩邊鄣土者也。」舍人用許義。本疏以板當翰，云：「板在兩旁，卧鄣土者，即彼文翰也。」按：《費誓》：「峙乃楨榦。」《魯世家》集解引馬融云：「楨、榦皆築

---

❶「注」，原作「氏」，今據原稿改。

❷「域」，原作「邑」，今據原稿改。

❸「需上」至「計工」十五字，原重文，今據原稿删。

❹ 眉批：量，詁。

具。楨在前，榦在兩旁。」又析楨、榦爲二事，與舍人説不合。據舍人説，則板在兩旁，榦在兩頭，以榦束板，防土之傾也。今制猶然。《鴻雁》傳：「一丈爲板。」本疏：「平板榦者，等其高下，使城齊也。」

稱畚築，【疏證】畚，釋於二年。此畚蓋以盛土。《周語》：「其時儆曰：❶『收而場功，待而畚挶。』」注：「畚，器名，土籠也。具汝畚挶，將以築作也。」杜用韋義。本疏云：「築者，築土之杵。《司馬法》輂車所載二築是也。稱畚築者，量其輕重，均負土與築者之力也。」

程土物，【疏證】杜注：「作爲程限。」❷案：程限已賅於「量功命日」，杜説非傳意。土物，謂築城之土也。計城之丈尺，而稽土之數，猶今土方矣。本疏：「程土物，謂鍬、钁、畚、畢之屬，爲作程限備豫也。」上已云「稱畚築」，不當複舉，杜意亦不如此。

議遠邇，【疏證】議城之廣袤也。杜注：「均勞逸。」非。

略基趾，【疏證】杜注：「略，行也。❸趾，城足。」案：此蒙上言之，遠近既定，乃得基趾所在。

具餱糧，【疏證】《釋言》：「餱，食也。」《説文》：❹「餱，乾食也。」《公劉》「乃裹餱糧」，箋：「乃裹糧食於橐囊之中。」

度有司。【疏證】杜注：「謀監正。」《讀本》：「擇督視之人也。」

❶「其」上，原衍「其語」，今據原稿删。
❷「作爲」，《春秋左傳正義》卷二十二作「爲作」。
❸「行」，原作「引」，今據原稿改。
❹「文」，原作「天」，今據原稿改。

事三旬而成，不愆於素。【疏證】杜注：「十日爲旬。不過素所慮之期也。」洪亮吉云：「《廣雅》：『傃，經也。』❶素、傃同。鄭玄《儀禮》注：『刑法定爲素。』」

晉郤成子求成於衆狄。【疏證】顧棟高云：「衆狄，係白狄之種類，若鮮虞、肥、鼓之屬是也。」

衆狄疾赤狄之役，遂服於晉。【疏證】杜注：「赤狄潞氏最强，故服役衆狄。」

秋，會於欑函，衆狄服也。【疏證】顧棟高云：「晉蓋欲攜赤狄之黨。至十五年，遂滅潞氏。」

是行也，諸大夫欲召狄。

郤成子曰：「吾聞之，非德，莫如勤，非勤，何以求人？能勤有繼。【疏證】《釋詁》：「勤，勞也。」言無德以服遠，❷則當勞以求遠。杜注：「勤則功繼之。」

「其從之也。【疏證】顧炎武云：「言往而會狄。」

「《詩》曰：『文王既勤止。』【疏證】《周頌・賚》文，傳訓「勤」爲「勞」。

「文王猶勤，況寡德乎？」

冬，楚子爲陳夏氏亂故，伐陳。【疏證】《楚世家》：「莊王十六年，伐陳。」《陳世家》：「成公元年冬，楚莊王爲夏徵舒殺靈公，率諸侯伐陳。」

---

❶ 「經」，原重文，今據原稿删。

❷ 「言無」，原倒，今據原稿改。

謂陳人：「無動！將討於少西氏。」【疏證】王引之云：「動，謂驚懼也。《史記・陳世家》作『謂陳曰「無驚」』，是其證矣。」杜注：「少西，徵舒之祖子夏之名。」疏：「徵舒以夏爲氏。」則傳稱少西氏，猶言徵舒家。《陳世家》：「楚謂陳曰：『無驚，吾誅徵舒而已。』」

遂入陳，殺夏徵舒。【疏證】《楚世家》：「殺夏徵舒。徵舒弑其君，故誅之也。」

轘諸栗門。【疏證】。《説文》：「轘，車裂人也。《春秋傳》曰『轘諸栗門』。」許君當據賈氏義。《條狼氏》「誓馭曰車轘」，注：「車轘，謂車裂也。」上已云殺夏徵舒，則已殺而車分其尸也。襄二十二年傳「轘觀起於四境」，❶亦謂分其尸。杜注：「栗門，陳城門。」

因縣陳。【疏證】杜注：「滅陳而爲楚縣。」惠士奇云：「《廣韻》：『縣，郡縣也。』《釋名》曰：『縣，懸也，懸於郡也。』古作寰。楚莊王滅陳爲縣，縣名自此始也。』縣不見《周官》，似非自楚莊王始。然古文作寰，亦非無本。而《説文》無寰字，似縣即寰也。《集韻》云：『寰通作縣。』」按：惠説是也。下云「諸侯、縣公」，則楚有縣不自莊王始。《楚世家》：「已破陳，即縣之。」《陳世家》：「已誅徵舒，因縣城而有之。」❷《淮南・人間訓》：「莊王以討有罪，遣戍卒陳。」❸蓋縣陳而戍守之。

陳侯在晉。【疏證】《陳世家》：「靈公太子午奔晉。」繫于徵舒弑靈公之下，蓋亦十年夏事也。傳文不具。

---

❶「襄二十二年」，原爲三空格，今據《春秋左傳正義》卷三十五補。

❷「城」，《史記・陳世家》作「陳」。

❸「卒」，原脱，今據原稿補。

申叔時使於齊，【注】賈云：「叔時，楚大夫。」《陳世家》集解。【疏證】杜無注。

反，復命而退。

王使讓之，曰：「夏徵舒爲不道，殺其君，寡人以諸侯討而戮之，【疏證】本疏：「經無諸侯，而云以諸侯討之，諸侯皆慶者，時有楚之屬國從行也。十二年邲之戰，經不書唐，而傳云唐侯爲左拒。昭十七年長岸之戰，經不書隨，而傳云使隨人守舟。明此時亦有諸侯，但爲楚私屬，不以告耳。」按：《淮南・人間訓》：「莊王曰：『陳爲無道，寡人起九軍以討之，征暴亂，誅罪人。』」用傳以諸侯討義。

「諸侯、縣公皆慶寡人，女獨不慶寡人，何故？」【疏證】《淮南・人間訓》「陳大夫畢賀」，注：「楚僭稱王，守邑大夫皆稱公。」杜注：「楚縣大夫皆僭稱公。」用高説。《楚世家》：「群臣皆賀，申叔時使齊來，不賀。王問。」《陳世家》文略同。《淮南・人間訓》：「羣臣皆賀，而子不賀，何也？」

對曰：「猶可辭乎？」王曰：「可哉！」【疏證】辭，猶言也。問猶可進言以否。

曰：「夏徵舒弑其君，其罪大矣；

「討而戮之，君之義也。

「抑人亦有言曰：❶『牽牛以蹊人之田，而奪之牛。』【疏證】《禮記・中庸》注：❷「抑，辭也。」《楚世

❶「言」，原脱，今據原稿補。

❷「中庸」，原爲空格，今據《禮記正義》卷五十二補。

家》：❶「鄙語有之：『牽牛徑人田，田主奪之牛。』」《陳世家》：❷「鄙語曰：『牽牛徑人田，田主取之牛。』」❸「蹊」並作「徑」，史公以「徑」詁「蹊」也。《緜》「行道兑矣」，傳：「兑，成蹊也。」疏：「《説文》：『蹊，徑也。』宣十一年《左傳》曰：『牽牛以蹊人之田。』則蹊者，先無行道，初爲徑路之名。兑是成蹊之貌。」《遂人》：「凡治野，夫間有遂，遂上有徑。」注：「徑容牛馬。」疏：「徑不容車軌，而容牛馬及人之步徑，是以《春秋》有『牽牛蹊』，蹊即徑也。」皆以蹊爲徑。《李將軍傳》：「桃李不言，下自成蹊。」《唐書・李乂傳》：❹「李下無蹊。」❺亦謂樹木下之路爲蹊也。《淮南・人間訓》：「申叔時曰：『牽牛蹊人之田，田主殺其人而奪之牛。』」此因楚殺徵舒，以殺人取牛爲譬，非傳義所有。

「牽牛以蹊者，信有罪矣；而奪之牛，罰已重矣。【疏證】《楚世家》：「徑者則不直矣，取之牛，不亦甚矣！」《陳世家》：「徑則有罪矣，奪之牛，不亦甚矣！」史公以「不直」詁「有罪」。《淮南・人間訓》：「罪則有之，❻罰亦重矣。」

---

❶「楚」，當作「陳」。

❷「陳」，當作「楚」。

❸「田」上，原衍「人」字，今據《史記・楚世家》删。「牛」，原脱，今據原稿補。

❹「乂」，原爲空格，今據《新唐書・李乂傳》補。

❺「蹊」下，《新唐書・李乂傳》有「徑」字。

❻「罪」上，原衍「則有之」，今據原稿删。

「諸侯之從也，曰討有罪也。今縣陳，貪其富也。以討召諸侯，而以貪歸之，無乃不可乎？」【疏證】《楚世家》：「且王以陳之亂而率諸侯伐之，以義伐之，而貪其縣，亦何以復令於天下！」《陳世家》：「今王以徵舒爲賊弑君，故徵兵諸侯，❶以義伐之，已而取之，以利其地，則後何以令於天下！是以不賀。」

王曰：「善哉！吾未之聞也。反之，可乎？」【疏證】未之聞，謂楚臣無以此説進者。

對曰：「吾儕小人所謂『取諸其懷而與之』也。」【疏證】《説文》：「儕，等輩也。《春秋傳》曰『吾儕小人』。」《樂記》注：「儕，猶輩類。」與許君説同。梁履繩云：「案：吾儕，猶今人云我輩也。」杜注：「叔時謙言小人意淺，謂譬如取人物於其懷而還之，爲愈於不還。」

乃復封陳。【疏證】《楚世家》：「莊王乃復國陳。」《陳世家》：「莊王乃迎陳靈公太子午於晉而立之，復君陳如故，是爲成公。」

鄉取一人焉以歸，謂之夏州。【注】舊注：「言取討夏徵舒之州。」❷《州長》疏。【疏證】《州長》「各掌其州之教治政令之法」，注：「鄭司農曰：『二千五百家爲州。《論語》曰：「雖州里行乎哉。」《春秋傳》曰：「鄉取一人以歸，謂之夏州。」』」疏：「引《春秋傳》已下者，《左氏》宣公十一年傳注云：『言取討夏徵舒之州。』」蓋引《左氏》舊注。洪亮吉謂是服注，非。《鄉大夫》注：「萬二千五百家爲鄉。」杜云：「州，鄉屬。」用鄭君義。詳先鄭義，

❶「兵」，原作「君」，今據《史記·陳杞世家》改。

❷「之州」，原脱，今據原稿補。

五州爲鄉也。楚蓋俘陳之民，鄉各一人，於楚地別立夏州，以旌武功也。惠士奇云：「車武子撰《桓温集》云：『夏口城上數里有洲名夏州。』盛宏之《荆州記》曰：『《史記》蘇秦説楚威王「東有夏州」，今江陵夏口城有州名夏州。』」惠引《桓温集》，見《蘇秦列傳》集解。沈欽韓云：「《一統志》：『夏州在漢陽府漢陽縣北。』」江永云：「夏州蓋在北岸江漢合流之間，其後漢水遂有夏名。」

故書曰「楚子入陳，納公孫甯、儀行父于陳」，書有禮也。【疏證】《陳世家》：「孔子讀史記至楚復陳，曰：『賢哉楚莊王！輕千乘之國而重一言。』」《家語·好生》篇略同，❶又云：「非申叔時之忠，不能建其義；非楚莊王之賢，不能受其訓也。」此《左氏》褒申叔時之義。《淮南·人間訓》：「申叔時教莊王封陳氏之後，而霸天下。」亦是舊説。

厲之役，鄭伯逃歸，【疏證】厲役不見於經傳。杜注：「蓋在六年。」指六年傳楚伐鄭取成而言。

自是楚未得志焉。

鄭既受盟於辰陵，又徼事于晉。【疏證】辰陵盟在今年春。

【經】**十有二年，春，葬陳靈公。**無傳。

楚子圍鄭。【疏證】《年表》：「楚莊王十七年，圍鄭。」

❶「好生」，原爲空格，今據《孔子家語》卷二補。

夏，六月，乙卯，晉荀林父帥師及楚子戰於邲，晉師敗績。【疏證】《説文》：「邲，晉邑也。《春秋傳》曰：『晉楚戰于邲。』」疑是賈君説。杜注：「邲，鄭地。」與《説文》異。《淮南・人間訓》「昔者，楚莊王既勝晉于河、雍之間」，注：「莊王敗晉荀林父之師于邲。邲，河、雍地也。」則高氏亦謂晉地。洪亮吉云：「《公羊傳》獨以爲邲水。今考《水經注》：『扈亭水自亭東南流，❶注于濟，濟水於此又兼邲目。《春秋》宣公十二年晉、楚之戰，楚軍于邲，即是水也。音卞。』❷據此，則邲有『卞』音，可補陸氏之缺。道元又引京相璠云：『邲在敖北。』」按：敖謂敖山，即漢之敖倉也。沈欽韓云：「《元和志》：『邲城在鄭州管城縣東六里。』管城縣，明初省入鄭州。」壽曾按：敖山在鄭州之西，舊屬河陰。《方輿紀要》：「邲城在鄭州東六里。」顧棟高云：「邲水亦名汴水，楚、漢時謂之鴻溝，三國時謂之官渡。」

秋，七月。

冬，十有二月，戊寅，楚子滅蕭。【疏證】蕭，已釋於莊十二年。杜注：「十二月無戊寅。戊寅，十一月九日。」貴曾曰。❸

晉人、宋人、衛人、曹人同盟于清丘。【注】賈氏、許氏曰：「盟載詳者，日月備；易者，日月略。」《釋例》。【疏證】《公》、《穀》有經無傳。賈、許所稱，《左氏》例也。以經次十二月之後，又不日，故云「日月略」。

---

❶ 「流注」，原倒，今據原稿改。

❷ 「卞」，原作「六」，今據原稿改。下一「卞」字同。

❸ 原稿眉批：查莊十二年。

杜注：「清丘，衛地。」《郡國志》：「東郡濮陽有清丘。」沈欽韓云：「《水經注》：『瓠瀆又東南逕清丘北，京相璠曰：在今東郡濮陽縣東南三十里。』《一統志》：『清丘在大名府開州東南七十里。』《方輿紀要》：❶『丘高五尺，唐置清丘縣。』」

宋師伐陳，衛人救陳。【疏證】《公羊》本年疏：「宋師伐陳者，按諸家經皆有此文，唯賈氏注者闕此一經，疑脱耳。」盧文弨云：「賈氏所闕，當并『衛人救陳』亦闕。否則，救陳之文，何所承乎？」按：盧説是也。《公羊》疏稱缺此一經，則此經八字均脱。《年表》：「宋文公十四年，伐陳。」

【傳】十二年，春，楚子圍鄭，旬有七日，【疏證】《楚世家》：「十七年春，楚莊王圍鄭。」《鄭世家》：「襄公八年，楚莊王以鄭與晉盟，來伐，圍鄭。」

鄭人卜行成，不吉。

卜臨於大宮，【注】賈云：「臨，哭也。」《御覽》四百八十。【疏證】杜用賈説，又云：「大宮，鄭祖廟。」李貽德云：「襄十二年傳：『吴子壽夢卒，臨于周廟。』以《檀弓》『哭於寢門』例之，則臨亦哭也。」馬宗璉云：「鄭祖厲王，此祖廟蓋厲王廟。」

且巷出車，吉。【注】賈云：「巷出車，陳于街巷，示雖困不降，必欲戰也。」《御覽》四百八十。【疏證】杜注：「示將見遷，不得安居。」不用賈説。惠棟云：「按：下鄭復修城，則賈説良是。」洪亮吉亦從賈説。李貽

❶「紀」，原脱，今據原稿補。

德云：「巷，《説文》作𨛜，里中道也，從䢽、共，皆在邑中所共也。古之巷，今之街。故賈以街巷連文。經傳無『街』字，疑即『逵』之變文。《説文》：『降，下也。』夂部有夅，云：『夅，服也。』此正字。作降，通字也。《公羊》莊八年傳『曷爲不言降吾師』，注：『降者，自伏之。』❶今出車，則示欲戰之狀，不肯爲自伏之計矣。」壽曾按：伏、服義通。

國人大臨，守陴者皆哭。【注】賈云：「埤，城也。」《御覽》四百八十。【疏證】傳「守陴」，據賈注作「埤」。《説文》：「陴，城上女牆俾倪也。埤，增也。」埤無城牆訓，許作「陴」是。《晉語》「反其埤」，亦後人所改。《御覽》三百十七注：「陴者，城上辟兒也。皆哭者，告楚窮也。」字正作「陴」。杜注略同，疑即賈注，四百八十引有脱字耳。杜注「辟兒」作「僻倪」。辟，古僻字。兒，古倪字。辟兒，即俾倪也。《一切經音義》引《埤蒼》：「俾倪，城上小垣也。」《廣雅》：「俾倪，女牆也。」《釋名·釋宮室》：「城上垣曰陴，❷於孔中俾倪非常也。亦同陴。陴，裨也，言裨助城之高也。」其釋「陴」，皆云「俾倪」，與《説文》同。《釋名》據本疏引，今本「俾倪」作「睥睨」。俾倪，看視意，從目，俗字。《墨子·備城門》篇：「俾倪廣三尺，高二尺五寸。」今制猶然。又云：「守法：五十步，丈夫十人，丁女廿人，老小十人。」《小司徒》注引《司馬法》：「六尺爲步。」則每二陴以一人守之。《漢書·王莽傳》：「崔發言：『《周禮》及《春秋左氏》，國有大災，則哭以厭之。』」師古曰：「《周禮》春官之屬女巫氏之職曰：『凡邦之大災，歌哭而請。』哭者所以告哀也。《春秋左氏傳》：『宣十二年，楚子圍鄭，鄭人大臨，守陴者皆哭。』故發引之。」則鄭遇災而大臨，用《周禮》也。

❶「之」下，《春秋左氏傳賈服註輯述》卷九有「文」字。

❷「曰」，原脱，今據原稿補。

楚子退師。鄭人修城。進復圍之，三月，克之。【疏證】《御覽》三百十七引注：「哀其窮，故退師。尚不服，故復圍九十日。」杜注略同。以「守陴」注證之，疑亦是賈注，杜取之也。本疏：「杜以『三月克之』，謂圍經三月，方始克之，故云『九十日』也。知非季春克之者，下云『六月晉師救鄭』，若是季春克之，不應比至六月而晉人不聞，以此知『三月』非季春也。❶經傳皆言春圍鄭，不知圍以何月爲始。圍經旬有七日，❷爲之退師。❸聞其修城，進圍三月方始克之。則從初以至於克，凡經一百二十許日。蓋以三月始圍，至六月乃克也。」此疏明舊注「圍九十日」之義。《楚世家》：「三月克之。」《鄭世家》：「三月，鄭以城降。」史公以三月爲季春。惠棟云：「時鄭石制爲内間，故楚得克鄭。」

入自皇門，【注】賈云：「皇門，鄭城門。」《楚世家》集解、《御覽》四百八十。【疏證】杜不解「皇門」。《公羊》何休《解詁》：「皇門，鄭郭門。」二傳説皇門異。高士奇云：「皇城南門也。❹諸侯國各以所向之地爲名。皇，周邑。蓋走王畿之道也。」❺

至於逵路。【疏證】杜注：「塗方九軌曰逵。」與説隱十一年「大逵」謬同。逵九達，非九軌也，詳彼傳疏證。

---

❶「知」，原脱，今據《春秋左傳正義》卷二十三補。

❷「七」，原作「五」，今據《春秋左傳正義》卷二十三改。

❸「退」下，原衍「歸」字；「師」，原作「帥」，今據原稿删改。

❹「皇」下，《左通補釋》卷十二有「門」字。

❺「走」，原爲空格，今據原稿補。

惠棟云：「杜以爲九軌，於《爾雅》不合。」

鄭伯肉袒牽羊以逆，【注】賈云：「肉袒牽羊，示服爲臣隸也。」《鄭世家》集解。❶【疏證】《楚世家》文同。《鄭世家》作「肉袒掔羊以迎」。李富孫云：「案：《易》『牽羊』，《子夏傳》作『掔』。《說文》：『掔，固也。』《三蒼》云：『掔，亦牽字。』《說文》：『逆，迎也。關東曰逆，關西曰迎。』」杜注「示服爲臣僕」，❷用賈說。《廣雅·釋詁》：「隸，臣也。」《年表》：「楚莊王十七年，圍鄭，鄭伯肉袒謝。」

曰：「孤不天，【注】賈云：「不爲天所祐。」《楚世家》集解。【疏證】杜用賈說。李貽德云：「《易·大有》爻辭：『自天祐之，吉無不利。』《繫辭》：『祐者，助也，天之所助者順也。』鄭伯言不爲天所助。」

「不能事君，使君懷怒以及敝邑，孤之罪也。

「敢不唯命是聽？【疏證】《卷阿》疏：「《左傳》言『維命』，皆謂受其節度，聽其進止。」據《詩》疏，則傳「唯」舊皆作「維」也。

「其俘諸江南以實海濱，亦唯命。【疏證】杜無注，疏亦無説。《釋文》：「俘，囚也。」閻若璩《潛丘劄記》云：「此句具有兩層義。❸楚文王滅羅，徙羅子於長沙，故長沙有汨羅。鄭若滅，得徙於楚之南徼，爲江南。此一義也。實海濱，《楚世家》作『賓之南海』。古以、與通用，言不得徙楚境内，即填實於百越之地，爲海濱之民。此

❶「鄭」，當作「楚」。眉批：肉袒牽羊已見，查。
❷「僕」，原脱，今據原稿補。
❸「義」，原脱，今據原稿補。

又一義也。」高士奇云：「楚徙郢都，在荆州府，居江北。自荆州以南，皆楚所謂江南也。楚遷羅於枝江，遷許於華容，在江南，鄭欲自比此屬耳。春秋時，未知有南海。屈完對齊桓公云『寡人處南海』，不過漫爲侈大之辭，實非楚境。」按：閻、高説同。據閻説，則「以實海濱」，猶言「與實海濱」也。楚、鄭《世家》皆删「以實海濱」句，非傳意。

「其翦以賜諸侯，使臣妾之，亦唯命。【疏證】□□箋：「翦，割截也。」此謂分散其國衆。僖十七年傳：「男爲人臣，女爲人妾。」

「若惠顧前好，【疏證】《御覽》三百十七引注：「世有盟誓。」當是舊注。杜注：「楚、鄭世有盟誓之好。」

「徼福於厲、宣、桓、武，【疏證】《鄭世家》：「鄭桓公友者，周厲王少子而宣王庶弟也。友初封於鄭。幽王治多邪，諸侯或畔之。於是桓公東徙其民雒東，而虢、鄶獻十邑，竟國之。❶二歲，犬戎殺幽王，并殺桓公。鄭人立其子掘突，是爲武公。」杜注：「周厲王、宣王，鄭之所自出也。鄭桓公、武公，始封之賢君也。」杜用史公説。其謂桓、武皆始封之君，則未核。桓公所封之鄭，索隱謂：「鄭，縣名，屬京兆。」此西鄭也。當桓公世，❷即遷雒東。《鄭語》注：「今河南新鄭。」此東鄭也。桓公已由東鄭遷西鄭，不得以武公當東鄭始封之君。本疏云：「桓公始封西鄭，武公始居東鄭。」亦與《鄭世家》違。楚、鄭《世家》記鄭伯語，均作「若君王不忘厲、宣王，桓、武公」，史公增王、公字以釋傳。

---

❶「竟」，原作「遂」，今據原稿改。

❷「世」，原作「時」，今據原稿改。

「不泯其社稷」，【疏證】《釋詁》：「泯，❶滅也。」杜注：「使社稷不滅。」楚、鄭《世家》作「哀不忍絶其社稷」，❷以「絶」訓「泯」。

「使改事君」，【疏證】楚、鄭《世家》「使復得改事君王」，改謂舍晉從楚也。❸

「夷於九縣」，【疏證】《曲禮》「在醜夷不争」，注：「夷，猶儕也。」《御覽》三百十七引注「楚滅九國以爲縣」，❹當是舊注。杜注用之，而不數九國之名。本疏：「楚滅諸國見於傳者，哀十七年傳稱『文王縣申、息』，莊六年『楚滅鄧』，十八年稱『武王克權』，❺僖五年『滅弦』，十二年『滅黄』，二十六年『滅夔』，文四年『滅江』，五年『滅六』，又『滅蓼』，十六年『滅庸』，凡十一國見於傳。僖二十八年傳曰：『漢陽諸姬，楚實盡之。』則楚之滅國多矣。言九縣者，申、息是其二，餘不知所謂。蘇氏、沈氏以權是小國，庸先屬楚，自外爲九縣也。』據蘇寛、沈文阿説，❻則舊注九縣，謂申、息、鄧、弦、黄、夔、江、六、蓼也。《釋文》數十一國，與本疏同，云：「此十一國，不知何以言九。」不主

❶「泯滅也」，《爾雅》卷上作「泯、滅，盡也」。

❷「哀」，原漫漶不清，今據原稿補。

❸「舍」、「從」，原作「會」、「以」，今據原稿改。

❹「注」，原脱，今據原稿補。

❺「武」上，原衍「文」字，今據《春秋左傳正義》卷二十三删。

❻「寛」，原爲空格；「阿」，原作「何」，今據《春秋左傳正義》卷二十三補改。

蘇、沈説。傳遂云：「時楚適有九縣，故鄭願得比之，言服事恭謹，如其縣邑耳，非必追記其所滅之國也。」❶

「君之惠也，孤之願也，非所敢望也。

「敢布腹心，君實圖之。」【疏證】《盤庚》疏：「以心爲五藏之主，腹爲六府之總。《詩》曰：『公侯腹心。』《左傳》云：『敢布腹心。』是腹心足以表内。」

左右曰：「不可許也，得國無赦。」【疏證】《楚世家》：「群臣曰：『王勿許。』」《鄭世家》：「楚群臣曰：『自郢至此，❷士大夫亦久勞。今得國，舍之何如？』」

王曰：「其君能下人，必能信用其民矣，庸可幾乎！」【疏證】《楚世家》「幾」作「絶」。杜無注。《釋文》：「幾音冀。」本疏：「庸，用也。幾讀如冀。言用可冀幸而得之乎？何必滅其國？」沈欽韓云：「《檀弓》『子張曰：「吾今日其庶幾乎？」』疏云：『庶，❸幸也。幾，冀也。其幸冀爲君子乎！』」沈氏謂「可幾」作「冀幸」解。史公易「幾」爲「絶」，未得傳意。《鄭世家》：「莊王曰：『所爲伐，伐不服也。今已服，尚何求乎？』」則仍用傳意。

退三十里，而許之平。【疏證】《楚世家》：「莊王自手旗，左右麾軍，引兵去三十里而舍，遂許之平。」《鄭世家》：「莊王爲却三十里而後舍。」❹《年表》：「鄭襄公八年，楚莊圍我，卑辭以解。」

---

❶「追」，原作「遽」，今據原稿改。
❷「郢」，原作「鄭」，今據原稿改。
❸「庶」，原脱，今據原稿補。
❹「里」，原脱，今據原稿補。

潘尫入盟，【注】賈云：「楚大夫。師叔，字也。」《御覽》四百八十。【疏證】杜用賈説。洪亮吉引賈注，謂出《楚世家》集解，非，集解所引乃杜注也。下「子良」注同。李貽德云：「案：下文欒武子曰『師叔，楚之崇也』，故知尫字師叔。」

子良出質。【注】賈云：「子良，鄭公子。」《御覽》四百八十。【疏證】杜注：「子良，鄭伯弟。」案：子良，穆公子去疾也。

夏，六月，晉師救鄭。【疏證】《鄭世家》：「晉聞楚之伐鄭，發兵救鄭。」《楚世家》：「晉救鄭。」

荀林父將中軍，【疏證】八年傳：「郤缺將中軍。」

先縠佐之。【疏證】《晉世家》：「先縠，先軫子也。」文十二年傳：❶「荀林父佐中軍。」杜注：「彘季代林父。」疏云：「勘《譜》亦以彘子、彘季爲一人。劉炫云：『傳文皆稱彘子，何以知是彘季？』以縠非彘季而規杜。知非然者，季之與子，❷是得通稱。」沈欽韓云：「彼誤以士魴之字爲先縠也。」朱駿聲説同。彘季見成八年傳。❸

士會將上軍，【疏證】《晉世家》「士」作「隨」。據八年傳，士會已代郤缺將上軍。

郤克佐之。【疏證】文十二年傳：「臾駢佐上軍。」

---

❶「文」，原脱，今據《春秋左傳正義》卷二十三補。

❷「季」，原作「李」，今據原稿改。

❸「八」上，當有「十」字。

趙朔將下軍，【疏證】文十二年傳：「欒盾將下軍。」

欒書佐之。【疏證】八年傳：「趙朔佐下軍。」朔今爲帥，故書爲佐。《晉語》注：「晉卿，欒枝之孫、欒盾之子。」❶

趙括、趙嬰齊爲中軍大夫。【疏證】杜注：「括、嬰齊，皆趙盾異母弟。」二年傳：「趙盾請以括爲公族。」

鞏朔、韓穿爲上軍大夫，【疏證】朔，釋於文十七年。穿，字謚無考，當是諸韓之族。❷

荀首、趙同爲下軍大夫。【疏證】杜注：「荀首，林父弟。趙同，趙嬰兄。」按：《世本》：「荀元與智氏同祖逝遨，逝遨生莊子首。」

韓厥爲司馬。❸**【注】**服云：「韓萬玄孫。」本疏。❹**【疏證】**杜用服説。本疏云：「《韓世家》云韓之先事晉，得封韓原，曰韓武子，後三世有韓厥。《世本》云：『桓叔生子萬，萬生求伯，求伯生子輿，子輿生獻子厥。』《史記》所云武子，蓋韓萬也。如彼二文，厥是韓萬之曾孫。而服虔、杜預皆言『厥，韓萬玄孫』，不知何所據也。」

---

❶ 眉批：書初見。

❷ 眉批：穿初見。

❸ 眉批：初見。

❹ 「本疏」，原脱，今據原稿補。

洪亮吉云：「索隱引《世本》一條云：❶『萬生賕伯，賕伯生定伯簡，❷簡生輿，輿生獻子厥。』所引與《世族譜》世次同，則知《史記》及孔疏所引《世本》皆脱一代，當以服氏所據之本爲是。知必有賕伯、定伯兩世者，僖十五年『韓簡視師』下杜注云：『簡，晉大夫，韓萬之孫。』韋昭《國語》注亦同。韋、杜皆當用服氏。服注雖無可攷，然亦必據《世本》可知。」案：洪説是也。疏引服注并杜注言之，非完文。《晉語》注：「獻子，韓萬之玄孫、子輿之子厥。」《晉世家》書晉三軍之帥與傳同，❸又云：❹「郤克、欒書、先穀、韓厥、鞏朔佐之。」❺若止書軍佐，不當及鞏、韓也。

及河，聞鄭既及楚平，【疏證】《鄭世家》：「晉救鄭，其來持兩端，故遲，此至河，楚兵已去」。

桓子欲還，【疏證】杜注：「桓子，林父。」

曰：「無及於鄭而勦民，焉用之？【疏證】《説文》：「勦，勞也。❻《春秋傳》曰『安用勦民』。」❼蓋許稱賈説。杜用之。許引傳義，非有異同。《廣雅・釋詁》：「勦、屑，勞也。」

---

❶「索隱」，《春秋左傳詁》作「小司馬」。
❷「賕伯」，原重文，今據原稿删。
❸「軍之帥」，原作「年之師」，今據原稿改。
❹「又云」，原脱，今據原稿補。
❺「鞏朔」，原脱，今據原稿補。
❻「勞」，原作「傷」，今據原稿改。
❼「勦」，原作「剿」，今據原稿改。

「楚歸而動，不後。」【疏證】杜注：「動兵伐鄭。」案：不後，謂不後於事也。

隨武子曰：「善。【疏證】杜注：「武子，士會。」

「會聞用師，觀釁而動。❶【注】服云：「釁，間也。」《釋文》。【疏證】杜注：「釁，罪也。」不用服說。本疏：「釁訓爲罪者，釁是間隙之名。今人謂瓦裂、龜裂皆爲釁。既有間隙，故得爲罪也。」疏說間隙義，是舊疏釋服注者，服、杜說不能合一。疏謂有間隙得爲罪，非也。《晉語》注：「釁，隙也。」李貽德云：「《文選・東京賦》『巨猾間亹』，亹即釁之俗字。❷薛注：『亹，隙也。』隙、間義通。」沈欽韓云：「若武王觀兵孟津。」是也。當從服說。動，蒙上「楚歸而動」爲義。

「德、刑、政、事、典、禮不易，不可敵也，不爲是征。【疏證】傳舉六事之目。疏云：「不爲是六事不易，行征伐也。」

「楚君討鄭，怒其貳而哀其卑。叛而伐之，服而舍之，德刑成矣。伐叛，刑也；柔服，德也。二者立矣。【疏證】君，通行本作「軍」，非。《文選・辨亡論》注引傳，❸「舍」作「赦」。怒其貳而伐，刑也；哀其卑而舍，德也。伐叛、柔服，申「怒」與「哀」義。

---

❶「而」，原作「可」，今據原稿改。

❷「亹」，原作「釁」，今據原稿改。

❸「辨亡論」，原爲二空格，今據《六臣註文選》卷五三補。

「昔歲入陳，今茲入鄭，民不罷勞，君無怨讟，政有經矣。【疏證】洪亮吉云：「《説文》：『讟，痛怨也。《春秋傳》曰「民無怨讟」。』今本作『君無怨讟』。昭元年傳又作『民無謗讟』。❶杜注此云『謗也』，昭元年注又云『誹也』。」壽曾謂：傳明楚民役不告勞，於君無怨讟也。許君約引傳義，非有異同。《五行志》注：「師古曰：『讟，痛怨之言也。』」杜以讟爲誹謗，亦謂民有怨言，與許君義合。杜又云：「經，常也。」

「荆尸而舉，【疏證】《釋詁》：❷「尸，陳也。」杜注：「楚武王始爲此陳法，遂以爲名。」

「商、農、工、賈不敗其業，【疏證】杜無注。疏云：「《齊語》云：『公曰：❸「成民之事若何？」管子對曰：「四民者，勿使雜處。」❹公曰：「處士、工、商、農若何？」❺管子對曰：「昔聖王之制也，處士就閒燕，處工就官府，處商就市井，處農就田野。」』彼四民謂士、農、工、商，此數亦四，無士而有賈者，此武子意，言舉兵動衆，四者不敗其業。發兵則以士從征，不容復就閒燕，故不云士，而分商、賈爲二。行曰商，坐曰賈。雖同是販賣，而行坐異業。發兵征伐，四者皆不與，故總云不敗其業也。」❻

---

❶「元年」至「云謗」十五字，原重文，今據原稿删。
❷「詁」下，原衍「□」，今據原稿删。眉批：查《疋》，又查鄧曼事。
❸「公曰」，原脱，今據原稿補。
❹「雜」，原作「離」，今據原稿改。
❺「工」上，原衍「民」字；「農」，原脱，今據原稿删補。
❻「其業也」，原脱，今據原稿補。眉批：查焦《疏》，商賈皆欲立於王之市。

和也。

「**而卒乘輯睦**，【**疏證**】《呂覽·簡選》注：❶「步曰卒，車曰乘。」❷杜用高説。步卒蓋以護車。輯睦，謂

「**事不奸矣**。【**疏證**】杜注：「奸，犯也。」❸

「**蔿敖爲宰，擇楚國之令典**。【**疏證**】杜注：「宰，令尹。蔿敖，孫叔敖。」本疏：「《周禮》六卿，太宰爲長，遂以宰爲上卿之號。楚臣令尹爲長，故從他國論之，謂令尹爲宰。❹楚國仍别有太宰之官，但位任卑耳，傳稱太宰伯州犁是也。《釋詁》云：『令，善也。』」

「**軍行，右轅，左追蓐**，【**注**】舊注：「右者挾轅爲軍備，左者追草蓐爲宿備。」《御覽》三百四十。【**疏證**】杜注「右」上加「在車之」，「軍」作「戰」，❺「左」上加「在」，「追」下加「求」。以下文「前茅慮無」注證之，❻則此亦舊注。杜又云：「傳曰『令尹南轅』，又曰『改乘轅』，楚陳以轅爲主。」此釋「轅」義，爲杜增也。疏云：「《司馬

❶「簡選」，原爲空格，今據《吕氏春秋》卷八補。
❷「車曰乘」，不見於《吕覽·簡選》注，《一切經音義》卷二十二引《三蒼》作「載曰乘」。
❸眉批：奸，詁。
❹「謂令尹」，原重文，今據原稿删。
❺「作戰」，原脱，今據原稿補。
❻「注」，原脱，今據原稿補。

法》：兵車一乘甲士三人，步卒七十二人。甲士在車，不共碎役。❶所云左、右，分步卒爲左右也。❷步卒被分在右者，當軍行之時，又分之使在兩廂，挾轅以爲戰備。其應在左者，追求草蓐，令離道求草，不近兵車也。蓐謂卧止之草，❸故云『爲宿備』也。此是在道時然。至對陳之時，則各在車之左右。」據疏説，則步卒七十二人，戰時當分左右，各三十六人。楚於軍行時，以車右之三十六人，分左右各十八人，❹挾轅而行，以備不虞，以車左之三十六人爲樵兵也。

「前茅慮無，【注】舊注：「如今斥候持絳及白幡，見騎賊擧絳旛，見步賊擧白幡，備不虞，有常處。❺茅，明也。或云：楚以茅爲旌幟也。」《御覽》三百四十。【疏證】杜注：「慮無，如今軍行前有斥候蹹伏，皆持以絳及白爲旛。見騎賊擧絳幡，見步賊擧白幡，備慮有無也。茅，明也。或曰：時楚以茅爲旌識。」蓋襲用舊注，删增之迹顯然。其與舊注異者，舊注但謂斥候，杜則兼蹹伏言之。「茅，明」，《釋言》文，郭注即引此傳。本疏引舍人云：「茅，昧之明也。」謂昧而使明也。沈欽韓云：「《雜記》云：『御柩以茅。』謂以茅旌爲前導也。《新序》：『鄭伯肉袒，左執茅旌。』《韓非·外儲説右上》：『楚國之法，車不得至於茅門。天雨，庭中有潦。太子遂驅

---

❶「碎」，原爲空格，今據原稿補。
❷「左右」，原倒，今據原稿改。
❸「止」，原作「上」，今據原稿改。
❹「各」，原脱，今據原稿補。
❺「常處」，《太平御覽》卷三百四十作「無」。

車至於茅門，廷理舉殳而擊其馬，敗其駕。』《説苑·至公》篇：『楚莊王之時，太子車立于茅門之外，少師慶逐之。』然則楚軍壘之法，以茅旌爲和門，如漢之旄頭在前，豹尾車在後，故太子車不得近之也。」沈釋「前茅」最諦。前茅猶前明，即茅旌，故舊注舉赤白幡爲説。其引或説謂以茅爲旌幟，此不得茅之義，望文解之，不足據。《曲禮》：「前有水，則載青旌；前有塵埃，則載鳴鳶；❶前有車騎，則載飛鴻；前有士師，則載虎皮；前有摯獸，則載貔貅。」疏：「王行宜警衛，❷善惡必先知之，故備設軍陳行止之法。軍陳卒伍，行則並銜枚，無喧譁聲。若有非常，不能傳道，且人衆廣遠，難可周徧，故前有變異，則舉類示之，故宣十二年傳『前茅慮無』是也。」❸彼疏詳載旌之義，與舊注合。《通典》：「李靖《兵法》曰：『移營當先使候騎前行，持五色旍，見溝坑揭黄，衢路揭白，水澗揭黑，林木揭青，野火揭赤，以鼓五數應之，令相聞。』」靖用候騎持旍，蓋師古人載旌之意，故舊注以斥候言之。斥候前行，正以告變異，故舊注以「備不虞」解之。❹有常處，言舉旌有一定之法也。《兔罝》箋：「於行攻伐，可用爲策謀之臣，使之慮無。」疏：「慮無者，宣十二年《左傳》文，謀慮不意之事也。今所無，不應有此，即令謀之，出其奇策也。」鄭君以慮無爲慮事，❺故疏引傳文釋之。《禮運》「非意之也」注：「意，心所無慮也。」疏：「謂於無形之處，用心思慮，

❶「鳴」，原作「鳴」，今據原稿改。
❷「王」，原作「云」，今據原稿改。
❸「傳」，原脱，今據原稿補。
❹「舊」，原脱，今據原稿補。
❺「無」，原脱，今據原稿補。

即無慮慮無也。❶宣十二年《左傳》云：『前茅慮無。』❷是備慮無形之處。」鄭君説「非意」爲無慮，與《詩》箋説同。《詩》疏謂不意之事，《禮》疏謂無形之處，二文相足，皆鄭君義。❸十一年傳「使封人慮事」，❹注：「慮事，❺無慮計功。」彼疏云：「築城之事，無則慮之。」用鄭君説也。然慮無仍有一義。《廣雅·釋訓》：「揚推、嫴榷、堤封、無慮，都凡也。」王念孫云：「無慮，亦大數之名。宣十一年《左傳》釋文云：『無慮，如字，一音力於反。』無慮，疊韻字也。或作亡慮。總訓事物謂之無慮，❻總度事情亦謂之無慮，皆都凡之意也。今江淮間人，謂揣度事宜曰無量，即無慮之轉。」文淇案：無慮，謂無則慮之，乃第一義。轉而爲都凡之訓，乃第二義。《禮運》注及《左傳》自當以初義訓之。壽曾謂：鄭君《禮》注及十一年杜注，皆不以慮無爲都凡，王氏《疏證》乃引以爲證，又駁《禮》疏及十一年疏，非也。前茅都凡，甚不詞矣。此傳舊注，未明釋「慮無」。杜注「慮有無也」，與鄭君説「慮無」合。沈欽韓以慮無爲夜中扞衛，蓋緣杜注「踰伏」義。然杜稱「踰伏」乃增舊注「斥候」爲説，❼非以慮無爲踰伏也。

「中權後勁。【疏證】杜注：「中軍制謀，後以精兵爲殿。」疏無説。沈欽韓云：「《尉繚子·兵令》：『常陳

---

❶「無慮」，原脱，今據原稿補。
❷「左」，原作「冬」，今據原稿改。
❸「皆」下，原衍「詳」字，今據原稿刪。
❹「年」，原脱，今據原稿補。
❺「注慮事」，原脱，今據原稿補。
❻「訓事物」，《廣雅疏證》卷六上作「計物數」。
❼「然杜稱踰伏」，原重文，今據原稿刪。

皆向敵，有内向，有外向，有立陳，有坐陳。夫内向所以顧中也，外向所以備外也，立陳所以行也，坐陳所以止也。坐立之陳相參進止，將在其中。坐之兵劍斧，立之兵戟弩，將亦居中。』又《踵軍令》云：『所謂踵軍者，去大軍百里，期于會地，爲三日熟食，前軍而行。爲戰，合之表，合表乃起。踵軍亭士，使爲之戰勢。』」沈引《尉繚・兵令》，釋「中權」也。❶引《踵軍令》，釋「後勁」也。如《尉繚》說，則中權爲督坐陳、立陳之將。杜謂「中軍制謀」，非也。傳遂云：「『右轅左追蓐，前茅慮無，中權後勁』者，❷楚分其三軍爲五部，而使之各專其職。」

「百官象物而動，軍政不戒而備，」【疏證】杜注：「物猶類也。」本疏：「類，謂旌旗畫物類也。」按：《御覽》三百四十引「象物而動」，則象物即指襍帛之爲物。隱五年「昭文章」服注引《大司馬》「中秋教治兵，辨旗物之用」爲說，已釋於彼傳疏證。《司常》仲冬教大閱，旗物與《大司馬》治兵旗物不同。本疏用鄭君說，❸謂治兵大閱，爲時不同，❹亦與彼疏合。據鄭君説「出軍之旗則如秋」，則此傳「象物」，當謂用中秋治兵之旗物也。故《晉書・成帝紀》：「咸和八年，詔曰：『九賓充庭，百官象物。』」

「能用典矣。」

❶「釋」，原作「詳」，今據原稿改。
❷「後勁」，原重文，今據原稿删。
❸「本疏」，原脱，今據原稿補。
❹「爲時不同」，原脱，今據原稿補。

「**其君之舉也，内姓選於親，外姓選於舊。【疏證】**本疏：「内姓，謂同姓也。」❶按：親以支系之近言，舊謂世臣也。

「**舉不失德，【疏證】**杜無注。此謂無德而不舉者。本疏：「於親内選賢，於舊内選賢。」

「**賞不失勞，【疏證】**無勞而不賞者。

「**老有加惠，【疏證】**杜注：「賜老則不計勞。」本疏引劉炫云：「『老者當有恩惠之賜，非勞役之限。但恩惠則賞賜之。以文連「賞不失勞」之下，故杜云「賜老則不計勞」』。❷劉炫不計勞而規杜氏，一何煩碎。」邵瑛云：「此謂年老者有加增恩惠，賈山所謂九十者一子不事，八十者二算不事。❸又禮所謂執醬、執爵、祝饐、祝鯁也。光伯《規過》蓋此意。」按：邵説是也。此與「賞勞」文不蒙。

「**旅有施舍，【疏證】**《孟子》載葵丘之盟云：「三命曰：無忘賓旅。」趙注：「賓客羈旅，無忘忽也。」按：旅謂它國之臣來朝聘，或寓公也。施以餼言，舍以館言。杜注：「施之以惠，舍不勞役。」亦誤。❹

「**君子小人，物有服章。**

「**貴有常尊，賤有等威，【疏證】**杜注：「威儀有等差。」《後漢書·東平王蒼傳》：「蒼上疏曰：『臣聞貴有

---

❶「謂」，原作「謁」，今據《春秋左傳正義》卷二十三改。

❷「老」，原作「者」，今據原稿改。

❸「者」，原作「老」，今據原稿改。

❹原稿眉批：舍，查詁。

常尊，賤有等威，高卑列叙，上下以理。』」注：「《左傳》隨武子之辭也。等威，儀有差等也。」❶章懷説「等威」同杜注。馬宗璉云：「等威，如僚臣僕、僕臣臺之類。」

「禮不逆矣。

「德立、刑行、政成、事時、典從、禮順，【疏證】總上六事言。上言德刑二者立，此云德立刑行者，❷屬辭之法。

「若之何敵之？

「見可而進，知難而退，軍之善政也。【疏證】此疑出古兵家言。

「兼弱攻昧，武之善經也。【疏證】《魏志·陳留王紀》：「詔曰：『夫兼時攻昧，武之善經。』」即用此傳，時、弱異文。惠棟云：「《周書·武稱解》：『攻弱而襲不正，武之善經也。』」洪亮吉、沈欽韓並引以爲説。❸按：《周書》襲不正即攻昧義。《廣雅》：「昧，冥也。」杜注：「昧，昏亂。經，法也。」

「子姑整軍而經武乎！【疏證】《葛覃》傳：❹「姑，且也。」軍、武蒙上言。

「猶有弱而昧者，何必楚？

---

❶「儀」上，《後漢書·東平憲王蒼傳》有「威」字。

❷「者」，原脱，今據原稿補。

❸「引」，原脱，今據原稿補。

❹「葛覃」，當作「卷耳」。

「仲虺有言曰『取亂侮亡』」，【疏證】定元年傳：「仲虺居薛，以爲湯左相。」《孟子・盡心》篇注：「萊朱，一曰仲虺。」《書序》：「湯歸自夏，至於大坰，中虺作誥。」《書》疏引鄭君注云「仲虺之誥亡」。❶ 此「取亂侮亡」，蓋逸文也。襄十四年中行獻子引仲虺有言，作「亡者侮之，亂者取之」。襄三十年傳，鄭子皮引仲虺之志，作「亂者取之，亡者侮之」。此隨武子引，節約其文，故與彼二文異也。《魏志・辛毗傳》：「毗對太祖曰：『仲虺有言「取亂侮亡」，今二袁不務遠略而内相圖，可謂亂矣。居者無食，行者無糧，可謂亡矣。』」辛毗説亂亡之别，當是舊説。僞古文《仲虺之誥》：「兼弱攻昧，取亂侮亡。」閻若璩《疏證》云：「宣十二年上引『兼弱攻昧』成語，次即引《書》、《詩》語以條釋之，可見『兼弱攻昧』、『取亂侮亡』各有所出，非如今同出《仲虺之誥》也。」

「兼弱也。」【疏證】取、侮皆兼義。

「《汋》曰『於鑠王師，遵養時晦』」，【疏證】《詩・酌》序疏：「酌，《左傳》作汋，古今字耳。」《酌》傳：「鑠，美。遵，率。養，取。晦，昧也。」箋：「養是闇昧之君，以老其惡。」鄭釋「養」與毛異。杜注：「言美武王能遵天之道，❷須惡積而後取之。」蓋兼用毛、鄭説。❸ 然既以養爲惡積，則「養」不容再訓「取」。養之訓取，舊訓無徵。陳奐《詩疏》引《孟子・告子》篇：「『舍其梧檟，養其樲棘』，『養其一指而失肩背』，『爲其養小以失大』，養與舍、失對文。」又云：「『於己取之而已矣』，趙注：『皆在己之所養。』養爲取，則取爲養。」按：陳説是也。毛傳率取時昧，隨

❶ 「云」，原脱，今據原稿補。
❷ 「美」，原作「養」，今據《春秋左傳正義》卷二十三改。
❸ 「用」，原脱，今據原稿補。

武子引《汋》，證「耆昧」義。

「耆昧也。」【疏證】《武》「耆定爾功」，傳：「耆，致也。」《釋言》：❶「底，致也。」郭注：「見《詩》傳。」則毛傳「耆定」，或作「底定」。《釋文》：「耆，老也。」非。杜注：「耆，致也，致討於昧。」用毛義。致猶取也，與毛傳訓「養」爲取合。疏謂「養之使昧，然後討之」，則用鄭《詩》箋説。❷陳奐《詩疏》云：「耆昧即攻昧。傳訓晦爲昧，義本《左傳》。《韓詩外傳》兩引此詩，而釋之云：『言相養者之至於晦也。』箋當用《韓詩》義。」案：疏未達《毛詩》養取之訓，舍傳從箋，非。

「《武》曰：『無競維烈。』」【疏證】《武》傳：「烈，業也。」杜用毛義。按：《執競》亦有「無競維烈」文，彼傳云：❸「無競，競也。」釋「烈」同。則「無」，發聲。《烈文》傳：❹「競，彊也。」詩美武王兵力之彊，以成大業。杜謂「成無疆之業」，非毛義。

「撫弱耆昧，以務烈所，可也。」【疏證】撫弱，猶兼弱也。《釋文》：「以務烈所，絶句。」陸粲云：「烈所者，功烈之處所也，猶『民知義所』之所。」

---

❶「言」，原爲空格，今據《爾雅》卷上補。
❷「則」，原脱，今據原稿補。
❸「傳」，原作「詩」，今據原稿改。
❹「傳」上，原衍「詩」字，今據原稿删。

彘子曰：❶**【注】**服云：「食采於彘。」本疏。**【疏證】**杜注：「彘子，先縠。」疏引服注於上「先縠佐之」下，以辨彘子、彘季之異。然服氏自爲傳「彘子」而釋，今移於此。《禮運》：「大夫有采，以處其子孫。」《地里志》：「河東郡彘。」《郡國志》：「永安，故彘。」《周語》「乃流王於彘」，注：「晉地，漢爲縣，屬河東，今曰永安。」梁履繩云：「案：先縠族滅後，士魴食邑於彘，故稱彘恭子，見成十八年。其子彘裘，即以邑爲氏，見襄十四年。服説是也。永安，今山西霍州。」

「晉所以霸，師武臣力也。【疏證】師武臣，師中之武臣也，猶言師尚父。疏謂「軍師之武，群臣有力」，非。

「今失諸侯，不可謂力；有敵而不從，不可謂武。【疏證】《晉世家》：「彘子曰：『凡來救鄭，不至不可。』」括傳「有敵不從」義。

「由我失霸，不如死。【疏證】謂自文、襄以來晉霸諸侯。

「且成師以出，聞敵彊而退，非夫也。【疏證】杜注：「非丈夫。」

「命爲軍帥，而卒以非夫，唯群子能，我弗爲也。」

以中軍佐濟。【疏證】杜注：「佐，彘子所帥也。濟，渡河。」

---

❶ 「曰」下，《春秋左傳正義》卷二十三有「不可」二字。

知莊子曰：「此師殆哉！【疏證】《晉語》注：「知莊子，荀首也。」杜用韋義。沈彤云：❶「案：《後漢書·郡國志》引《博物記》：『河東解縣有智邑。』則氏於邑者也。」梁履繩云：「解爲今山西解州。」惠棟云：「案《世本》：『晉大夫逝遨生桓伯林父及莊子首，本姓荀，自林父將中行，別中行氏。』知，邑名。《括地志》云：『故智城，在蒲州虞鄉縣西北四十里。《古今地名》云解縣有智城，蓋謂此也。』《博物志》云：『河東解縣有智邑。』」

「《周易》有之，在師之臨，【注】服云：「坎爲水，坤爲衆。又互體震，震爲雷。雷，鼓類，又爲長子。長子帥衆巡水而行，❷師之象也。❸臨，兑爲澤，坤爲地。居地而俯視于澤，臨下之義，故名爲臨。」本疏。【疏證】杜注：「坎下坤上，師。兑下坤上，臨。師初六變而之臨。」傳文占筮，服注之可見者，止明內外卦，杜多用之。此獨釋師、臨內外卦之象者，知莊子引《易》説兵事，不關蓍龜，故爲明其取師、臨之義也。坎爲水，坤爲衆，震爲雷，並《説卦》文。師二之四，互體震。雷爲鼓類者，《繫辭上》「鼓之舞之以盡神」，虞翻注：「神，易也。陽息震爲鼓。」張惠言云：「雷聲動萬物，故以鼓言。」坤下震上，豫。《豫》象辭曰：「雷出地奮。」《五行志》：「雷以二月出，其卦曰豫。」孟氏《易》豫、訟、蠱、革、夬值三月。惠棟云：「豫內卦主春分二月中。」《説文》：「鼓，郭也。春分之音，萬物郭皮革而出，故曰鼓。」則服氏謂「雷，鼓類」用孟義也。虞氏學出孟氏。《師》六五爻辭：「長子帥師。」虞翻云：「長子謂二，震爲長子，在師中，故帥師也。」服又云「師衆」，即師六五之帥師也。師二

❶「沈」上，原衍「括傳有敵不從義」，今據原稿删。
❷「衆」下，《春秋左傳正義》卷二十三有「鳴鼓」二字。
❸「師」上，《春秋左傳正義》卷二十三有「行」字。

當坎之中，故服謂「巡水而行」。「兑爲澤，坤爲地」，亦《説卦》文。《臨》象辭：「澤上有地。」虞義缺。張惠言云：「地大容澤，澤大浸地，故曰臨。」張説不見臨下之義。荀爽曰：「澤卑地高，高下相臨之象也。」❶服説與荀義合。❷

「曰：『師出以律，否臧，凶。』【疏證】《師》初六爻辭，虞義已亡。《荀九家》曰：「坎爲法律。」《釋言》：「坎、律，銓也。」邵晉涵云：「《晉書・郭璞傳》：『璞上書曰：「坎爲法象，刑獄所奉。」』是坎卦主法，《易》家之舊説也。」杜注：「律，法。」用荀義。張惠言補虞義云：「師之同人，二下初息，復以坎爲震，震爲出，坎爲法律，故云『師出以律』，初失位不變，是不用律。」張以同人爲説者，師旁通同人也。又注象辭曰：「初不正，二之五，坎象不見，是失律。」傳明《師》初爻變。張又以二五爲言者，姚配中云：「否臧凶，謂化。❸初化爲兑，毁折，坎律壞，故凶。二者，軍之將，初當奉二而行，自化之正，是不從二也，故凶。二升居五，初乃可化。」則知莊子説《易》之義，以二當荀林父，初當先穀。□□注：「臧，善也。」

「執事順成爲臧，逆爲否，【疏證】此分釋臧、否義，謂逆撓順也。杜注：「今彘子逆命不順成，故應否臧之凶。」❹

❶ 「高」，原脱，今據《春秋左氏傳賈服註輯述》卷九補。

❷ 「説」上，原衍「義」字，今據原稿删。

❸ 「化」，原作「地」，今據原稿改。

❹ 原稿眉批：臧，查詁。

「**衆散爲弱**，【**疏證**】杜注：「坎爲衆，今變爲兑，兑柔弱。」疏云：「《晉語》：『文公筮「尚有晉國」，司空季子占之，曰：「震，雷也，車也。坎，水也，衆也。主雷與車，而尚水與衆。」』是坎爲衆也。」傳主《師》初爻言，故杜不引坤爲衆爲説。疏云：「『兑爲少女』，故爲柔弱。」沈欽韓云：「按：《説卦》：『兑於地爲剛鹵。』」惠棟曰：「『兑剛鹵，非柔弱也。』《師》惟九二一陽爲帥，以統群陰，所謂毒天下而民從之。今初變九撓二之權，則坤衆散而爲弱矣。二爲初撓，故下云『有帥而不從』。」焦循云：「上坤衆也，二行於五，則聚而爲强；二不行，故散爲弱也。」沈、焦説同。❶

「**川壅爲澤**，【**疏證**】《釋文》：「壅，本又作雍。」《説文》：「𡿧，害也。《春秋傳》曰『川雝爲澤，凶』。」洪亮吉云：「今本作壅，非。」據許君引傳爲「雝」，則賈氏本作「雝」，「澤」下又多「凶」字。杜注：「坎爲川，今變爲兑。兑爲澤，是川見壅。」疏云：「《説卦》『坎爲溝瀆』，溝瀆即是川也。」按：虞翻注《坎・象傳》云：❷「坎爲川。」虞氏逸象，受於孟氏。孟《易》即據傳文。焦循云：「下坎川也，二行於五，則通而不塞；二不行，❸而初來成兑澤，故壅爲澤也。」

「**有律以如己也**。【**疏證**】岳本「有律」句。律謂法，已釋於上。《釋詁》：「如，往也。」焦循云：「五本陽位，二宜往者也。如己，謂自歸本位也。」杜注：「如，從也。法行則人從法，法敗則法從人。」疏云：「往是相從之

❶ 眉批：惠説須查。

❷ 「傳」，原脱，今據原稿補。

❸ 「二」，原作「塞」，今據原稿改。

義。」按：傳未及不從意，下文「律竭」乃謂不從，杜説非。

「故曰律。否臧，且律竭也，【疏證】岳本「故曰律」句。杜注：「竭，敗也。」傅遜云：「將帥之貴於法律者，能使其下如己之志，故謂之律，所謂順成而臧也。否臧，則律且竭而敗矣。」按：「故曰律」，乃申以己從律意，非謂使其下如己志。傅氏未達杜意，又失句讀。《吕覽・音律》注：「且，將也。」焦循云：「二不往，則五空虚，如隍之涸，故云竭。」

「盈而以竭，【疏證】焦循云：「二先往，而後初來成屯爲盈，❶不成屯而成臨，故云『盈而以竭』。」

「夭且不整，所以凶也。【疏證】杜注：「水遇夭塞，❷不得整流，則竭涸也。」傅遜云：「夭，屈也。言其法律如水之壅而盈則必竭，屈而不伸，散而不整，故爲凶。」

「不行之謂臨，【疏證】杜注：「水變爲澤，乃成臨卦。澤，不行之物。」焦循云：「《易》學至春秋時，淆於術士之附會。然遺義尚有存而可繹者，如知莊子舉師之臨是也。師二宜進五成比，而後同人四來之初成屯，則順師二不出而之五，❸而同人四來之初則成臨。由於二不行，故云『不行之謂臨』。臨，大也，無不行之義。以二不行成臨，專就初之不從二明之，非釋臨之義也。」

「有帥而不從，臨孰甚焉？此之謂矣。【疏證】焦循云：「二行之五則帥也，而初順從之，是從帥也。

---

❶「初」，原重文，今據《春秋左傳補疏》卷三删。

❷「遇」，原作「過」，今據原稿改。

❸「二」，原作「師」，今據原稿改。

初不從二，而先來成臨，故云『有帥而不從，臨孰甚焉』。」

「果遇，必敗，

「彘子尸之。【注】服云：「主此禍也。《易·師卦》六五：『長子帥師，弟子輿尸，凶。』『長子帥師，以中行也。弟子輿尸，使不當也。』佐之於元帥，弟子也。而專以師濟，使不當也。軍必破敗而輿尸。」本疏。【疏證】《釋言》：「尸，主也。」《韓策》：❶「甯爲雞口，無非牛後。」《顏氏家訓》引「雞口」作「雞尸」，❷謂雞中之主也。杜注：「主此禍。」用服説，其引《易·師卦》以下杜所不取。❸疏云：「按下句云『雖免而歸』，則謂彘子當在陳而死。師卦有『輿尸』之語，其言『尸之』，或容有此意。但『尸』字不可兩解，故杜略去之。」按：服氏《解誼》間存或説，❹「易師卦」上當有「或曰」字，疏删之。「長子率師，弟子輿尸，凶」，《師》六五爻辭。今本「凶」上有「貞」，或服氏所據本異。虞翻云：「長子謂二，震爲長子，在師中，故帥師也。弟子謂三，三體坎。坎，震之弟而乾之子，失位乘陽，逆，故貞凶。」詳虞氏《易》有「貞」。沈欽韓謂服氏説《易》多與虞翻合，則服所稱引當有「貞」字，或奪佚也。張惠言云：「輿尸言貞，明三之同人折首。」按：《師》六三：「師或輿尸，凶。」虞翻云：「坎爲尸爲車，多眚。同人離爲戈兵、爲折首。失位乘剛，無應。尸在車上，故『輿尸，凶』矣。」張謂「三之同人折首」，用

---

❶「韓」，原爲空格，今據《戰國策》卷二十六補。
❷「顏氏家訓」，原爲空格，今據《戰國策》卷二十六補。
❸「引易師卦以」，原脱，今據原稿補。
❹「氏」，原作「云」，今據原稿改。

六三。虞義，長子謂二，弟子謂三。荀爽、宋衷義同。「長子帥師，以中行也。弟子輿尸，使不當也」，《師》六五象辭。張惠言云：「震爲行。」以師互體震言也。「佐之於元帥」以下，或説申師卦義。蓋以荀林父爲長子，先縠爲弟子。以師濟，謂先縠以中軍佐濟也。然知莊子謂「在師之臨」，止舉師初爻爲説。《師》六五爻辭荀爽注：「五處中，應二，受任帥師，當上升五。」姚配中所謂「二升居五，初乃可化」，❶實用荀義。荀義與知莊子合。服退輿尸義爲或説，則服意不謂先縠應六三之弟子也。

「雖免而歸，必有大咎。」

韓獻子謂桓子曰：【疏證】杜注：「獻子，韓厥。」

「彘子以偏師陷，子罪大矣。【疏證】洪亮吉云：「《文選》注引作『罪孰大焉』。」

「子爲元帥，師不用命，誰之罪也？

「失屬亡師，爲罪已重，不如進也。【疏證】先縠爲中軍佐。屬，猶佐也。杜注：「今鄭屬楚，故曰失屬。」非傳意。

「事之不捷，惡有所分。【疏證】杜注：「捷，成也。」

「與其專罪，六人同之，不猶愈乎？」【疏證】杜注：「三軍皆敗，則六卿同罪。」《讀本》：「韓厥以林父不能禁止先縠，則不如以大衆渡河。」

---

❶ 「初」，原脱，今據原稿補。

師遂濟。【疏證】《晉世家》：「將率離心，卒渡河。」《鄭世家》：「晉將率或欲渡，❶或欲還，卒渡河。」

楚子北師次于郔。【疏證】即十一年「王待諸郔」之郔。杜注：「郔，鄭北地。」

沈尹將中軍，【疏證】杜注：「沈，或作寢。寢，縣也。」洪亮吉云：「《郡國志》：『汝南郡固始，侯國，故寢也。』」惠棟云：「杜意以孫叔敖封於寢丘，故謂之寢尹。《呂覽・當染》篇『荆莊王染於孫叔敖、沈尹蒸』，❷注云：『孫、沈，其二大夫。』則此沈尹也。」沈欽韓云：「按：叔敖爲令尹，無容不將中軍，❸而庶尹爲之。《墨子・所染》篇『楚莊染於孫叔沈尹』，似沈尹即孫叔敖也。又《呂覽・贊能》云：『孫叔敖、沈尹莖相與友。』《察傳》云：『楚莊問孫叔敖于沈尹筮。』❹《新序・雜事》作『沈尹竺』。《説苑・雜言》：『沈尹名聞天下，以爲令尹而讓孫叔敖。』據諸文則實有沈尹其人，異説難同，故並存之。」壽曾謂：《呂覽・尊師》篇「楚莊王師孫叔敖、沈尹巫」，注：「沈縣大夫。」按：蒸、莖、筮、竺、巫，文皆相近。據高注，則沈尹爲沈縣尹，非令尹矣。❺

子重將左，子反將右，【疏證】杜注：「子反，公子側。」❻

---

❶「率」，原作「卒」，今據原稿改。

❷ 上「染」，原漫漶不清，今據原稿補。

❸「不」，《左傳杜解集正》卷五無此字。

❹「叔」，原脱，今據《左傳杜解集正》卷五補。

❺ 眉批：沈在文三年。

❻ 眉批：子重，查。

將飲馬於河而歸。【疏證】《晉世家》：「楚已服鄭，欲飲馬於河爲名而去。」

聞晉師既濟，王欲還，

嬖人伍參欲戰。【疏證】武億云：「《孟子》『嬖人臧倉者』注：『嬖人，愛幸小人也。』案：《外傳·魯語》『十行一嬖大夫』，注：『十行，千人。嬖，下大夫也。』又『子産謂子南曰：「子皙上大夫，汝嬖大夫。」』蓋此嬖人當爲嬖大夫之屬。」據武説，則此嬖人亦是嬖大夫，其位次於軍大夫矣。❶《潛夫論·氏姓》：「楚伍氏，羋姓也。」《古今人表》「伍」作「五」。李富孫云：「襄二十六『伍舉』，❷漢《叔敖碑》作『五』，昭十九年傳『使伍奢爲之師』，二十年傳『伍尚歸』，《廣韻》『十姥並作五』。」杜注：「參，伍奢之祖父。」

令尹孫叔敖弗欲，【疏證】《吕覽·知分》：「孫叔敖三爲令尹而不喜。」據顧棟高《楚令尹表》，孫叔敖爲令尹，始宣五年，終宣十八年。顧氏謂鬭椒誅於宣四年，叔敖當爲令尹，别無顯證。其三爲令尹，除罷之年，亦不可考。

曰：「昔歲入陳，今兹入鄭，不無事矣。【疏證】不，猶非也。

戰而不獲，❸參之肉其足食乎？」

---

❶「軍」，原爲空格，今據原稿補。

❷「襄」，原作「哀」，今據原稿改。

❸「獲」，《春秋左傳正義》卷二十三作「捷」。

參曰：「若事之捷，孫叔爲無謀矣。不捷，參之肉將在晉軍，可得食乎？」【疏證】據武億說，則伍參爲下大夫，統千人，亦與戰事，故謂當死晉軍也。

令尹南轅、反旆，【疏證】杜注：「迴車南鄉。旆，軍前大旗。」

伍參言於王曰：「晉之從政者新，未能行令。【疏證】王應麟《困學紀聞》云：「謂荀林父也。」閻若璩云：「林父從政在本月。」

「其佐先縠剛愎不仁，未肯用命。【疏證】《廣雅·釋詁》：❶「愎，狠也。」

「其三帥者，專行不獲。【疏證】此總三軍之帥言。杜注：「欲專其所行而不得。」案：謂三帥權力相侔，所謀扞格也。

「聽而無上，衆誰適從？【疏證】衆，謂三軍之士也。軍士聽命於帥，三卿謀不齊一，是無上也。無上，則不知所從。杜謂「聽彘子、趙同、趙括，則爲軍無上令」，非傳意。

「此行也，晉師必敗。

「且君而逃臣，若社稷何？」【疏證】晉侯未親行。

王病之，告令尹改乘轅而北之，【疏證】《鄭世家》：「楚王還擊晉。」

次于管以待之。【疏證】《釋文》：「管城，管叔所封也。管，或作菅，非也。」《郡國志》：「河南郡中牟有管

---

❶「詁」，原爲空格，今據《廣雅疏證》卷三上補。

城。」杜注：「滎陽京縣東北有管城。」與《漢志》合。《水經注》：「不家溝水自梅山北溪東北流逕管城西，故管國也。」顧棟高云：「管城在今河南開封府鄭州北二里。」

晉師在敖、鄗之間。【疏證】《書序》：「仲丁遷於囂。」《殷本紀》「囂」作「隞」。《車攻》「薄狩于敖」，箋：「敖，鄭地。今近滎陽。」《郡國志》「滎陽有敖亭」，劉昭注：「『晉師在敖、鄗之間』。秦立爲敖倉。」與鄭君説合。《水經·濟水》注：「濟水又東逕敖山北。《詩》所謂『薄狩于敖』也。其山上有城，即殷帝仲丁之所遷也。」則囂、隞、敖特音聲之轉。洪亮吉云：「《圖經》：『滎陽有碻、磝。《晉書》劉裕留向彌守碻、磝即此。』按：碻、磝即敖、鄗也。」洪意以磝當敖，以碻當鄗。據《水經·漯水》注：「河水北經碻磝城西。《述征記》曰：『囂磝，津名也。』」城與津，蓋皆以山得名。囂磝即敖也。❶詳輿地之書，❷多舉敖山而不及鄗。杜注：「敖、鄗，二山，在滎陽縣西北。」《釋文》：「鄗，山名。」陸以敖爲山名，書傳多有，弟明鄗也。《方輿紀要》：「敖山，在鄭州河陰縣西二十里。」河陰即滎澤縣析置。沈欽韓云：「《河陰縣志》：『敖山沿河入境，約二里許，峰巒特起，兩岸壁立，中僅容輪蹄，蓋懷河之門户也。』」據沈引縣志，則敖山中有山路。鄗乃敖之支山矣。江永云：「鄗縣是邑名，非河陰縣，今并入開封府滎澤縣。」

鄭皇戌使如晉師，【疏證】通行本「戌」作「戍」，非。浦鏜云：「凡人名，除定十三年『公叔戌』外，並從『戌

---

❶「囂磝即敖也」五字，原脱，今據原稿補。

❷「地」，原作「城」，今據原稿改。

亥』之戌。」鄭之皇氏，《世本》無考，杜亦無注。❶

曰：「鄭之從楚，社稷之故也，未有貳心。【疏證】從楚，鄭請與楚平也。言雖從楚，未有貳心於晉。

「楚師驟勝而驕，其師老矣，而不設備。【疏證】驟勝，謂圍師久而勝也。楚以今年三月圍鄭，六月乃克，故曰「師老」。

「子擊之，鄭師爲承，楚師必敗。」【疏證】《權輿》傳：❷「承，繼也。」鄭許以邀擊楚師也。《讀本》：「鄭使誘晉。」

彘子曰：「敗楚服鄭，於此在矣，必許之。」

欒武子曰：【疏證】杜注：「武子，欒書。」

「楚自克庸以來，【疏證】文十六年傳：「庸人帥群蠻以叛楚，楚子滅庸。」

「其君無日不討國人而訓之，【疏證】馬融《論語》注：「討，治也。」

「于民生之不易、禍至之無日、戒懼之不可以怠；【疏證】《□□》箋：「于，曰也。」「民生」以下，楚君訓國人之辭。

❶ 眉批：皇戌，查。

❷ 「權輿」，原爲空格，今據《毛詩正義》卷六補。

「在軍，無日不討軍實而申儆之，❶

「于勝之不可保，紂之百克而卒無後，【疏證】「勝之」以下，楚君申儆軍中之辭。杜不釋「百克」。《律書》：「夏桀、殷紂手搏豺狼，足追四馬，勇非微也；百戰克勝，諸侯懾服，權非輕也。」是紂有戰伐之事，故引爲軍誡。書傳亡佚，今無以考。《竹書紀年》載紂伐有蘇事，僞書不足信也。

「訓之以若敖、蚡冒【疏證】杜注：「若敖、蚡冒，皆楚之先君。」據《楚世家》若敖爲蚡冒之祖。文十六年傳「先君蚡冒」，杜以蚡冒楚武王父，與《史記》不合，已釋於彼傳。

篳路藍縷，【注】服云：「蓽露，柴車，素木輅也。藍蔞，言衣敝壞，其蔞藍藍然。」《楚世家》集解、本疏。【疏證】杜注：「篳路，柴車。藍縷，敝衣。」杜用服説。「篳路藍縷」，昭十二年傳再見。《楚世家》采昭公傳，故集解引服義釋之。然注例多詳初見，此服注當在是年。本疏引服虔云：「言其縷破藍藍然。」即此年有服注之證。惟脱「敝壞」，「蔞」作「縷」，「縷」下有「破」。洪亮吉、嚴蔚、李貽德皆爲昭十二年傳注，今移此年。蓽、露、路、蔞，❷皆服本異字。本疏云：「以荆竹織門謂之篳門，篳路亦以荆竹編車，故謂篳路爲柴車。」則唐本作「篳」，疏以「篳」從竹，强以荆竹釋之，故取服注柴車之文，不謂木路也。服本之從蓽，義亦無考。《楚世家》集解：「徐廣曰：『蓽一作暴。』」史公所見《左氏》本又異於服氏。蓽、暴雙聲，服稱蓽露，疑即暴露義。其車無幨帷屏蔽，故謂

---

❶ 眉批：軍實已見。

❷ 「路」，疑當作「輅」。

柴車其實路車也。《巾車》五路，五曰木路，注：「革路，輓之以革而漆之，無他飾。至木路，則不輓之以革，漆之而已。」服以木路無飾，故曰「素木路」，猶禮稱素車矣。《説文》：「綢謂之襤褸。❶襤，無緣也。」與《方言》合。❷服之作「蔞」者，蔞、褸音近，得假借。沈欽韓云：「《方言》：『以布而無緣，敝而紩之，謂之襤褸。』又云：『楚謂無緣之衣曰襤，紩衣謂之褸。』按：紩，謂縫也。」壽曾按：《方言》又云：「凡人貧衣敝醜爲藍縷。」詳服注「衣敝壞」，❸當兼無緣及敝而紩之義。李貽德云：「藍藍，當是漢時方言，服故以狀衣之縷破也。」李氏據疏引服注，故釋「縷」爲縷破，縷破非古義。服注「其蔞」，指衣之紩者言之。

「以啟山林。【疏證】《方言》引傳「啟」作「启」。昭二十年傳：「以處草莽，跋涉山林。」

「箴之曰：『民生在勤，勤則不匱。』【疏證】杜注：「箴，誡。」王應麟《困學紀聞》云：「生，如『生於憂患』之生。」梁履繩云：「案：『勤則不匱』，❹即上年傳郤成子所謂『能勤有繼』也。」

「不可謂驕。

「先大夫子犯有言曰：『師直爲壯，曲爲老。』

「我則不德，而徼怨於楚，我曲楚直，【疏證】杜注：「徼，要也。」

---

❶「綢」，《説文解字》卷八上作「裯」。

❷原稿眉批：藍縷，《方言》引傳作「襤褸」。

❸「注」，原脱，今據原稿補。下一「注」字同。

❹「則」，原脱，今據原稿補。

「**不可謂老。**」

其君之戎分爲二廣，【疏證】《車僕》「掌戎路之萃，廣車之萃」，注：「戎路，王在軍所乘也。廣車，橫陳之車也。《春秋傳》曰『公喪戎路』，又曰『其君之戎，分爲二廣』，則諸侯戎路、廣車也。」疏：「以時楚雖僭號，爲廣，故知餘諸侯兵車，并以廣車爲之。避天子，不得以戎路也。」據鄭君注及疏説，諸侯不得有戎路，但有廣車。楚雖僭王，止用廣車。❶顧炎武云：「其君之戎，謂戎車。」是也。二廣，杜注謂「君之親兵」。傅遜云：「以其親兵分左右二部，故曰二廣。」

廣有一卒，卒偏之兩。【注】服云：「左右廣各十五乘。百人爲卒，廣有一卒爲承也。五十人爲偏，二十五人曰兩。廣既有一卒爲承，承有偏，偏有兩，故曰卒偏之兩。」《大司馬》疏。或解云：兩屬於偏，云「偏之兩」者，謂偏家之兩。本疏。【疏證】杜注：「十五乘爲一廣。《司馬法》：百人爲卒，二十五人爲兩。車十五乘爲大偏。❷今廣十五乘，亦用舊偏法，復以二十五人爲承副。」惠棟云：「案：《禮説》言杜氏據《司馬法》以釋偏兩之法。司馬穰苴，齊湣王時人，其所論兵法與周制異，且與《左氏傳》乖牾不合。當從服虔之説。」洪亮吉云：「杜注據《司馬法》，與周制不合，當從服説。」惠氏、洪氏但明服説當從，其杜説異於周制者，未晰言之。「百人爲卒」，「二十五人爲兩」，皆《司馬》序官文。服、杜所據同。《大司馬》注：❸「鄭司農云：『百人爲

❶「止」，原脱，今據原稿補。

❷「偏」，原脱，今據原稿補。

❸「馬」，原爲空格，今據《周禮注疏》卷二十八補。

卒，二十五爲兩。』」下即引本傳爲證。則先鄭説此傳，亦據《司馬》序官文也。杜以《周禮》無偏，故引《司馬法》「十五乘爲大偏」釋之。按：傳下云「楚子爲乘，廣三十乘，分爲左右」，則十五乘可釋廣，而不可釋偏，以十五乘爲大偏，此是春秋以後車制。若如此説，則傳稱廣有卒百人，再明廣爲古偏法，❶殊爲不詞。其尤異於服者，服謂「一卒爲承」，承訓副，謂此百人爲廣車之副。杜乃謂以二十五人承副，乃是承副卒。本疏云：「兩廣之別，各有一卒之兵，百人也。一卒之外，復有十五乘之偏，并二十五人之兩。既言『一卒』，又云『卒偏之兩』。言卒之，❷成辭婉句耳。」據杜意，偏即廣耳。疏謂卒之外，有十五乘之偏，更不分明。謂「之」字婉詞足句或可也。❸「卒」不與「之」一例。若如疏説，則傳止是偏兩二字，又釋爲廣兩可乎？疏又引劉炫云：「兩廣之別，各有一卒百人，一卒外復有偏，一兩二十五人從之。❹《兵法》：十五乘爲偏，偏有一兩從之。兩是偏家之物，故謂此爲偏之兩。❺其實一廣十五乘，有一百二十五人從之。」此炫説當是《述義》語，其謂一卒外復有偏，一兩二十五人從之，即杜注「二十五人爲承副」之説。《述義》語不知釋何家注。疏所引，或解兩屬於偏，似炫説即釋其義。然或解未別兩於偏之外，則仍與服説同。炫或誤會也。或解兩屬於偏，知兩即偏中之人，猶慮讀者不明，又申之云「云『偏之兩』

---

❶「爲」，原作「及」，今據原稿改。

❷「之」至「句耳」，原脱，今據原稿補。

❸「字」，原脱，今據原稿補。

❹「從之」，《春秋左傳正義》卷二十三無此二字。

❺「此」，原作「比」，今據原稿改。

者，謂偏家之兩」，可謂昭晰之至。疏牽於杜説，乃云：「一廣之中，實有此偏，非是偏名爲兩。」語意茫昧。又駁之云：「按成七年『以兩之一卒』亦云『之』字，豈又是兩家之卒？」沈彤云：「卒偏之兩，謂卒爲偏法之兩也。兩之一卒，謂充兩法之一卒也。又卒偏之兩者，分其一卒爲偏法之兩者，四也。偏兩之一，則一偏四兩中之一也。兩字皆指法，不指數，故此處文義當云：廣別有一卒，一卒又四分之，爲偏法之兩。如此而已。非謂一卒外，有二十五人之兩也。『廣有一卒，卒偏之兩』，與桓五年『鄭魚麗之陳，先偏後伍，伍承彌縫』者，數雖異，而法同。彼云先偏後伍，則此云先廣後兩也。彼云伍承彌縫，則此兩承彌縫也。陳用之《禮書》云：『先偏後伍，伍從其偏。卒偏之兩，兩從其偏。先其車，足以當敵。後其人，足以待變。』亦以爲一法也。」按：沈説可解疏引「兩之一卒」之疑。其駁杜説卒之外有二十五人尤爲諦確。惟未據服注五十人爲偏之義，故釋「偏」仍用杜説。既謂偏是法非數，因謂兩亦指法，不指數。杜謂二十五人爲兩，則以兩爲數，杜與服同，於服、杜兩無所據矣。且所云「一卒四分之，爲偏法之兩」，既云四分，非數乎？謂「與先偏後伍，數異法同」，非以數推較乎？沈説與服義合，惟牽於偏之非數，致前後説小有矛盾也。李貽德云：「卒百人外，復有偏五十人，偏外復有兩二十五人。一廣十五乘，有一百七十五人從之。」其説甚誤。又云：「必云『卒偏之兩』者，猶文十一年傳『皇父之二子死焉』，以『之』爲與也。」則深得服義，與或解尤合。卒偏之兩，謂卒之中有偏與兩之制耳。傳義非隱奥，誤於杜注，致多糾紛。「之」訓爲與，見賈氏文十一年注，服虔亦云「賈君近之」。王引之據成十六年「潘尫之黨」，襄三十三年「申鮮虞之傅摯」，❶二「之」字亦訓與，詳彼傳疏證。此左右廣，每廣用卒百人，乃戰陳臨時所制，不能與出軍之人數合。知然者，《孔子

❶ 上「三」，當作「二」。

閒居》「家富不過百乘」，❶疏：「諸侯成方十里，出賦之時，雖革車一乘，步卒七十二人，其臨敵對戰之時，則同鄉法『五人爲伍，五伍爲兩』之屬也。故《左傳》云：『邲之戰，楚廣有一卒，卒偏之兩。』又云：『兩之一卒，適吳。』是臨軍對陣同鄉法也。《牧誓》云：『武王戎車三百兩。』孔注：『一車步卒七十二人。』則出軍法也。❷經云千夫長、百夫長，謂對敵時也。」梁履繩謂《禮》疏説出賦，乃畿外邦國法，與畿内異。《牧誓》序疏視《禮》疏爲詳，疏云：「若鄉、遂不足，則徵兵于邦國。則《司馬法》六十四井爲甸，計有五百七十六夫，其出長轂一乘，甲士三人，步卒七十二人。至於臨敵對戰，布陣之法，❸則依六鄉軍法，五人爲伍，五伍爲兩，四兩爲卒，五卒爲旅，五旅爲師，五師爲軍。故《左傳》云『先偏後伍』，又云『廣有一卒，卒偏之兩』。非直人數如此，車數亦然。故《周禮》云：『及會車之伍。』❹鄭云：『車亦有卒伍。』」疏引鄭説見《司右》「合其車之卒伍」注。彼疏引此傳釋之，又引《司馬法》「二十五乘爲偏」，「以百二十五乘爲伍」注：「伍重，故百二十乘。是其車之卒伍也。」而疏稱「五人爲伍」以下，❺皆《小司徒》文。六鄉法者，謂伍當比，兩當閭，卒當旅，旅當黨，師當州，軍當鄉，以家出一人科算之也。據《書》疏，則楚廣止是在王左右之兵車，其全軍之兵車數，亦用卒、偏、兩、伍之制，故云謂車數亦然。比如有車百乘，則亦分爲

---

❶「孔子閒居」，當作「坊記」。
❷「則出軍法也」至「謂對敵時也」，原在「與畿内異」下，今據原稿改。
❸「法」，《尚書正義》卷十一作「時」。
❹「及會車之伍」，《尚書正義》卷十一作「乃會車之卒伍」。
❺「而疏」至「徒文」十四字，原脱，今據原稿補。

五十，再分爲二十五，二十五之中，又分爲五，使各有統攝。若然，則五乘爲伍。《司馬法》謂一百二十五乘爲伍者，亦是春秋以後軍制。其稱二十五乘爲偏，以服注五十爲偏例之，亦不合。

「右廣初駕，數及日中，

「左則受之，以至于昏。【疏證】杜無注。後云：「右廣雞鳴而駕，日中而説。左則受之，日入而説。」按：此謂駕車嚴備也。馬宗璉云：「《五經要義》：『昏，闇也。日入後三刻爲昏。』」

「内官序當其夜，【疏證】《釋文》：「一本作『序當其次』。」李富孫云：「案：杜注：『序，次也。』則作『其次』與上『序』字義複。」沈欽韓云：「内官若中射之士。見《韓非子》。」邵寶云：「若今宿直，遞持更也。」❶

「以待不虞。不可謂無備。

「子良，鄭之良也；師叔，楚之崇也。【疏證】杜注：「師叔，潘尫，爲楚人所崇貴。」

「師叔入盟，子良在楚，楚、鄭親矣。

「來勸我戰，我克則來，不克遂往，以我卜也！【疏證】勸戰，謂鄭皇戌之辭。卜，卜筮。疏云：「猶人揲蓍看卦善惡，而卜其去之與往也。」

「鄭不可從。」

趙同、趙括曰：「率師以來，唯敵是求。

---

❶「遞」，原爲空格，今據原稿補。

「克敵得屬，【疏證】杜注：「得屬，服鄭。」

「又何俟？必從彘子。」

知季曰：「原、屏，咎之徒也。」【疏證】杜注：「知季，莊子也。原，趙同。屏，趙括。徒，黨也。」案：咎，殃咎也。知季先謂彘子雖免而歸必有大咎。❶原、屏從彘子説主戰，故曰「咎之徒」。

趙莊子曰：「欒伯善哉！【疏證】杜注：「莊子，趙朔。欒伯，武子。」

「實其言，必長晉國。」【疏證】杜注：「實猶充也。言欒書之身行，能充此言，則當執晉國之政也。」朱駿聲云：「杜讀『長少』之長，謂執國。按：云晉國長長安也。」❷按：朱説是也。

楚少宰如晉師，【疏證】杜注：「少宰，官名。」

曰：「寡君少遭閔凶，不能文。【疏證】杜注：「閔，憂也。」按：楚莊王爲穆王子，據《楚世家》，穆王立十二年而卒，莊王立三十一年乃卒，❸則莊王即位年甚少，❹故曰「少遭閔凶」。「不能文」謂無文德也。❺

「聞二先君出入此行也，【疏證】杜注：「二先君，楚成王、穆王。」疏云：「莊十六年，楚始伐鄭，文王之世

---

❶「先」，原爲空格，今據原稿補。

❷「長長」，《春秋左傳識小録》卷上作「長」。

❸「三十一」，《史記·楚世家》作「二十三」。

❹「少」，原脱，今據原稿補。

❺「不能文」，原脱，今據原稿補。眉批：閔，詁。

也。二十八年，子元伐鄭，成王之初也。五年，❶首止之會，鄭伯逃歸，自是以後鄭復從楚。❷成王以前，鄭未屬楚，故出入此行，唯成、穆耳。今之莊王，成王孫、穆王子。出入此行，猶往來於鄭。」按：行指軍行也。

「將鄭是訓定，豈敢求罪於晉？

「二三子毋淹久！」【疏證】杜注：「淹，留也。」

隨季對曰：「昔平王命我先君文侯曰：『與鄭夾輔周室，毋廢王命！』」【疏證】文侯，名仇，穆侯太子。《年表》：「晉穆侯二十七年，穆侯卒，弟殤叔自立，太子仇出奔。殤叔四年，仇攻殺殤叔，立爲文侯。」殤叔四年當周幽王之元年。其十一年當周平王之元年，亦鄭武公滑突之元年，文侯蓋與鄭武公同受策命也。

「今鄭不率，【疏證】杜注：「率，遵也。」

「寡君使群臣問諸鄭，

「豈敢辱候人？【疏證】《候人》：「若有方治，❸則率而致於朝。及歸，❹送之於境。」《候人》傳：「候人，道路迎送賓客者。」陳奐《詩疏》云：「《序官》：『候人：上士六人，下士十有二人。』彼王朝之官是上士，下士則侯國之官。候人當在中士以下。」杜注：「候人，謂伺候望敵者。」與《周禮》異。按：此明不與楚以兵相見，則候人非

---

❶「五」上，《春秋左傳正義》卷二十三有「僖」字。

❷「鄭」，原脱，今據原稿補。

❸「治」，原作「致」，今據《周禮注疏》卷三十改。

❹「歸」，原作「師」，今據原稿改。

偵敵之官，猶云不敢以兵力自處。

「敢拜君命之辱。」

彘子以爲諂，

使趙括從而更之，曰：【疏證】彘子以趙括主戰，與己同，故改使括對。

「行人失辭。【疏證】士會，上軍將，蓋攝行人之官如楚軍也。

「寡君使群臣遷大國之迹於鄭，【疏證】杜注：「遷，徙也。」沈欽韓云：「《吴語》注：『遷，轉退也。』言欲遷退楚師之迹，無在於鄭。遷或當作迁，《玉篇》：『迁，且堅切。行進也。』❶《佩觿辨證》曰：❷『《集韻》：「撫謂之迁，一曰伺候也，進也，表也。」』言使群臣候視大國之迹猶在鄭否。字與遷別，後人疑迁爲遷，改之。」按：沈説是也。杜謂徙迹，非使命之詞。

「曰：『無辟敵！』群臣無所逃命。」

楚子又使求成于晉，晉人許之，盟有日矣。

楚許伯御樂伯，攝叔爲右，以致晉師。【疏證】楚師止書三軍帥。杜注云：「單車挑戰。」則軍帥不親

---

❶「進」，原作「近」，今據《春秋左氏傳補注》卷五改。

❷「證」，原作「正」，今據原稿改。

行，三子，軍大夫之屬矣。《環人》「掌致師」注：❶「致師者，致其必戰之志。古者將戰，先使勇力之士犯敵焉。《春秋傳》曰：『楚許伯御樂伯，攝叔爲右，以致晉師。』」鄭未釋「致」字義。《後漢書・荀彧傳》：「操與彧議，欲還許以致紹師。」注：「致，猶至也。《兵法》曰：『善戰者致人，不致於人。』」則致晉師，謂使晉師至也。《魏志・陳留王紀》：「詔曰：『致人而不致於人，兵家之上略。』」《晉書・蔡豹傳》：「尚書令刁協奏曰：『書云甯致人，而不致於人，宜頓兵所在，深壘固壁。』」則以守城爲致師，與傳言「挑戰」異。

許伯曰：「吾聞致師者，御靡旌摩壘而還。」【注】旌，一作「旍」。舊注：「摩，近也。靡旍，❷馳也。」《御覽》三百十一。**【疏證】**《御覽》一百三十五、三百十一引傳，❸「旌」作「旍」。李富孫云：「《玉篇》旍同旌，當爲別體字。」杜注：「靡旌，驅疾也。摩，近也。」杜本作「旌」，則《御覽》所引非杜說。❹杜取舊注，而改其字。舊注「靡旍，馳也」，當作「靡旍，馳驅疾也」，杜注文當互相補。焦循云：「莊十年傳『望其旗靡』，靡者，衺倚也。與此靡同。彼奔疾而旌自靡，此驅疾，自以旌靡之。」沈欽韓云：「按：疾驅則轅稍偏，偏則駛，故旌似偃，謂之靡旌也。以《世説》王愷與石崇鬭車事知之。」沈説最得靡旌情事。《釋文》：「近，附近之近。」亦是舊説。《廣雅・釋詁》：「切、摩，近也。」王念孫云：「摩者，宣十二年《左傳》『摩壘而還』，杜注：『摩，近也。』《淮南子・人間訓》云：

---

❶「掌」，原作「裳」，今據原稿改。
❷「靡」，原作「摩」，今據原稿改。
❸「一百三十五」，疑誤。
❹「引」，原脱，今據原稿補。

『物類之相摩近而異門户者，衆而難識也。』磨與摩同。馬融注《繫辭》云：『摩，切也。』❶鄭注《樂記》：『摩，猶迫也。』義並相近。」按：《夏官・量人》注：「軍壁曰壘。」

樂伯曰：「吾聞致師者，左射以菆，【注】舊説：「凡兵車之法，射者在左，御者中，戈、盾在右。菆，矢之善者。」《環人》疏。❷【疏證】此服虔諸君説也。知然者，《環人》注引此傳「楚許伯、樂伯至，皆行其所聞而復」。疏隨文解説，又云：「引之者，證致師之事。」疏以鄭君引此傳文，故引舊注釋之。其釋下「御下，兩馬掉鞅而還」，與杜注同。疏云：「服虔亦云。」梁履繩謂彼疏并用服注，❸是也。特自「兩」、「掉」義外，無服注顯證。惠棟、洪亮吉以此「凡兵車」以下四句爲服注，未合蓋闕之義。今止題舊説。杜注：「左，車左也。菆，矢之善者。」用舊説。❹舊説欲明車左司射，因并及御者、戈、盾之所在也。洪亮吉云：「鄭玄《儀禮》注：『蒲菆，牡蒲根也。』❺按：此則蒲莖之可爲矢者。下傳云『董澤之蒲』是也。杜注：『菆，矢之善者。』蓋望文生訓。」按：菆之爲蒲，詳下「董澤之蒲」疏證。此「射以菆」，猶言射以矢也。菆爲好箭，服、杜義並同。又「菆」古文作「騶」，均詳下「每射抽矢菆」疏證。

---

❶「切」，原作「近」，今據原稿改。

❷「疏」，原作「注」，今據原稿改。

❸「疏」，原作「注」，今據原稿改。

❹「舊説舊説」，原爲空格，今據原稿補。

❺「根」，《春秋左傳詁》卷十作「莖」。

「代御執轡，御下，兩馬掉鞅而還。」【注】服云：「兩，飾也。掉，正也。」本疏。鄭康成引「兩」爲「掚」。《環人》注。舊説：「掚，猶飾也。掉，猶正也。」《環人》疏。【疏證】以御下車，故車左代御執轡。兩、掉，杜用服義。疏云：「兩，飾。掉，正。皆無明訓。服虔亦云：『是相傳爲然也。』」惠棟云：「鄭康成引作『掚』，徐仙民曰：『兩或作掚。』按此則『兩』本『掚』字，故服注訓爲飾。❶古文省，故作兩。邵寶以爲掉兩馬之鞅，非也。」案：惠謂鄭引作「掚」，即據《環人》注。徐仙民音見《釋文》，亦云「飾也」。《禮》疏引舊説作「掚」，則服本或與鄭同。《釋文》誤本「掚」作「𣑊」。《玉篇》「𣑊」訓松脂。傳字必非「𣑊」。然《説文》無「掚」字。《集韻》：「掚，整飾也。」用服義。《説文》：「飾，刷也。」《釋名·釋言語》：「飾，拭也。」《封人》「飾其牛牲」，注：「飾，謂刷治潔清之也。」本疏：「謂隨宜刷刮。」是也。李貽德云：「掉爲正者，正即整。《説文》：『整，從正，正亦聲。』整亦同振，故『振旅』亦曰『整旅』。《文選·西京賦》『振天維』，薛注：『振，整理也。』」按：《隋書·虞世基傳》：「陳主嘗于幕府山校獵，令世基作《講武賦》，于坐奏之曰：『或掉鞅而直指，或交綏而弗傷。』」則傳「掉鞅而還」，謂正鞅而出，又還於軍也。❷

攝叔曰：「吾聞致師者，右入壘，折馘、執俘而還。」【注】舊説：「死者取左耳曰馘，生者曰俘。執，取之。」《環人》疏。【疏證】《釋詁》：「馘，獲也。俘，取也。」《皇矣》「攸馘安安」，傳：「不服者，殺而獻其左耳

---

❶ 「注」，《皇清經解》卷三百五十四《春秋左傳補註》作「杜」。

❷ 原稿眉批：鞅似已見。

曰馘。」杜注：「折馘，斷耳。」用舊説。舊説本毛傳。杜不釋「俘」，則不謂馘、俘有死、生之别。《一切經音義》引《國語》賈注：「伐國取人曰俘。」則賈君以俘爲生者也。❶《殷武》釋文：❷「俘，囚也。」《泮水》「在泮獻馘，在泮獻囚」，傳：「囚，拘也。」陳奂《詩疏》：「此囚訓拘者，囚與馘對文，馘謂已死，囚謂生者。生拘之，問其辭也。」如陳説，則馘、俘亦對文。

皆行其所聞而復。【注】舊説云：「皆行其所聞之事，而後反。」❸《環人》疏。【疏證】《環人》注引傳，「復」下有「之」。杜無注。據舊説，則復猶反也。許伯、樂伯、攝叔皆云「吾聞致師」，則古兵家言有致師法。

晉人逐之，左右角之。【疏證】三人致師，蓋一時事。已反其軍，晉人追之也。杜注：「張兩角，從旁夾攻之。」

樂伯左射馬而右射人，【疏證】以晉人從左右來，故左右射。

角不能進，

矢一而已。【疏證】《讀本》：「矢盡，餘一矢。」

麋興於前，射麋麗龜。【注】服云：「麗，著也。龜，背之隆高當心者。」本疏。【疏證】杜用服義。

---

❶ 眉批：查《晉語》。

❷ 「殷武釋」，原爲空格，今據原稿補。

❸ 「後」，《周禮注疏》卷三十作「復」。

《廣雅》：「擐、蘼，著也。」王念孫云：「蘼者，附之著也。《説文》：『蘼，草木相附麗土而生也。』❶字通作麗，亦作離。」本疏謂：「龜之形，背高而前後下，此『射麋麗龜』，謂著其高處。」但猶不知其射法之精也。《北史·斛律光傳》：❷「羨及光並工騎射。每日令出田，還，即數所獲。光獲少，必麗龜達腋。❸羨獲雖多，非要害之所。光恒蒙賞，羨或被捶。人問其故，云：『明月必背上著箭，豐樂隨處即下手，數雖多，去兄遠矣。』❹聞者服其言。」詳《光傳》義，凡獵獸必俯射，故以中背爲貴。

晉鮑癸當其後，使攝叔奉麋獻焉，【疏證】癸逐欒伯，故云當其後。欒伯使攝叔下車奉麋。

曰：「以歲之非時，獻禽之未至，敢膳諸從者。」【疏證】《獸人》「夏獻麋」，此戰主六月，云「非時」者，以有戰事，非田獵時，獸人不獻禽也。與下「獸人不給於鮮」意同。膳，羞也。

鮑癸止之曰：「其左善射，其右有辭，君子也。」既免。【疏證】「止之」謂止其軍士也。杜注：「止不復逐。」焦循云：「既之言盡也，承上其左其右言之。其左善射宜免，❺其右有辭亦宜免，故盡免之也。『既免』二字，鮑癸止其衆之言。」

---

❶「麗」，原作「蘼」，今據原稿改。
❷「光」，當作「羨」。
❸「麗」，原脱，今據原稿補。
❹「遠」，原漫漶不清，今據原稿補。
❺「左」，原作「右」，今據《春秋左傳補疏》卷三改。

晉魏錡求公族未得，【注】服虔以爲犨子。本疏。【疏證】杜注：「錡，魏犨子。」用服説。疏云：「《世本》以爲犨孫。❶《世本》多誤，未必然也。」杜又云：「欲爲公族大夫。」

而怒，欲敗晉師。

請致師，弗許。請戰，❷許之。遂往，請戰而還。

楚潘黨逐之，及熒澤，【疏證】杜注以黨爲尫子。熒即滎也。《地理志》：「河東郡垣，沇水東南至武德入河，軼出滎陽北地中。」案：武德，屬河内郡。又河南郡滎陽，云：「有狼湯渠，首受泲，東南至陳入潁。」注：「師古曰：『泲，本濟水字。』」據《禹貢》「導沇水東流爲濟」，則沇入河後乃得濟稱。《水經·濟水》注：「濟水出河東垣縣東。」又云：「又南當鞏縣北，入於河。❸與河合流，又東過成皋縣北，又東過滎陽縣北，又東至礫谿南，東出過滎澤北。」注又「索水」條下引京相璠云：「滎澤在滎陽縣東南與濟隧合。」是濟水在滎陽北境，轉流而東，乃爲滎澤。滎澤實在滎陽之東。胡渭《禹貢錐指》云：「《元和志》：『滎澤在滎澤縣北四里。』恐誤。《括地志》云：『滎陽故城在滎澤縣西南十七里。』今治與隋治皆在其東北，故此澤舊在滎陽縣東，隋唐至今則在滎澤縣南也。自東漢時已塞爲平地，故周徑里數，志家莫能言之。今滎澤南，相傳爲古滎澤，即此也。」案：胡説是也。滎澤縣今屬河南開

❶「犨」，原作「讎」，今據原稿改。
❷「戰」，《春秋左傳正義》卷二十三作「使」。
❸「入」上，《水經注箋》卷七有「南」字。

封府，分滎陽地置縣。江永云：「澤今無水，滎陽人猶謂其地爲滎澤。」❶

見六麋，射一麋以顧獻，曰：【疏證】錡爲潘黨逐，見麋，射而獻之。傳詳其事，不謂視樂伯有優絀。杜注：「見六得一，❷言其不如楚。」❸非傳意。顧，反顧也。

「子有軍事，獸人無乃不給於鮮？【疏證】《獸人》：「掌罟田獸。」《益稷》某氏傳：❹「鳥獸新殺曰鮮。」杜注同。

「敢獻于從者。」

叔黨命去之。【疏證】杜注：「叔黨，潘黨。」

趙旃求卿未得，【疏證】杜注：「旃，趙穿子。」

且怒於失楚之致師者。

請挑戰，弗許。【疏證】杜無注。惠棟云：「李奇曰：『挑身獨戰，不復須衆也。挑，音徒了反。』薛瓚曰：『挑戰，❺擿嬈敵求戰，古謂之致師。』」惠所引，見《漢書·高帝紀》注，李、薛説不同。薛釋「挑」意是。但晉已行

---

❶ 眉批：查閔二年滎澤。

❷ 「一」，原漫漶不清，今據原稿改。

❸ 「不」，原重文，今據原稿刪。

❹ 「益稷」，原爲空格，今據《尚書正義》卷五補。

❺ 「戰」，原脱，今據原稿補。

致師，則此撓戰，非致師也。洪亮吉云：「挑，❶撓也，一曰擾争也。《廣雅》：『誂，嬈也。』挑、譊、撓、嬈字並通。」洪用瓚說。《吴語》：「今夕必挑戰，以廣民心。」注：「挑晉求戰，以廣大民心，示不懼也。」《楚策一》：「兵不如者，勿與挑戰。」則挑戰亦成軍以出，與致師以一乘往者不同。其謂獨戰爲挑戰，蓋楚漢之際事矣。

請召盟，許之。【疏證】召楚而爲盟也。

與魏錡皆命而往。【疏證】傳已稱錡爲潘黨所逐，此稱同命而往，溯前而言。

郤獻子曰：「二感往矣，【疏證】杜注：「獻子，郤克。」通本本「感」作「憾」，❷《釋文》亦作「憾」，皆後人改之，與宋本違。❸感，古憾字。《南史・武陵王紀傳》：「初，楊乾運求爲梁州刺史不得，紀以爲潼州刺史。楊法深求爲黎州刺史亦不得，以爲沙州刺史。二憾不獲所請，各遣使通西魏。」❹

「弗備，必敗。」

彘子曰：「鄭人勸戰，弗敢從也；楚人求成，弗能好也。

「師無成命，多備何爲？」【疏證】成猶一成不易之成。

士季曰：「備之善。

---

❶「挑」上，《春秋左傳詁》卷十有「説文」二字。

❷ 上「本」，疑當作「行」。

❸「違」，原脱，今據原稿補。

❹ 眉批：感，詁。

「若二子怒楚，楚人乘我，喪師無日矣。【注】賈云：「乘，陵也。」《國語》注。【疏證】杜注：「乘，猶登也。」與賈異。惠棟云：「陵，亦侵也。」洪亮吉云：「杜注似非。」

「不如備之。

「楚之無惡，除備而盟，何損於好？若以惡來，有備不敗。

「且雖諸侯相見，軍衛不徹，警也。」【疏證】此當出古諸侯相見禮，禮經已亡，其軍衛之制無攷。

彘子不可。

士季使鞏朔、韓穿帥七覆於敖前，【疏證】士季，上軍將，故使其軍大夫。杜注：「帥，將也。覆，爲伏兵七處。」《水經・濟水》注：「礫石谿水出滎陽城西南李澤，東北流，歷敖山南。《春秋》晉、楚之戰，設覆於敖前。」敖山，已釋於「敖、鄗之閒」。

故上軍不敗。

趙嬰齊使其徒先具舟於河，故敗而先濟。【疏證】據「使其徒」，則軍大夫各有所統。顧炎武云：「傳因士季語竟言之。」

潘黨既逐魏錡，【疏證】杜注：「言魏錡見逐而退。」案：錡之退，晉軍蓋未知，故下稱以軘車逆二子。

趙旃夜至於楚軍，【疏證】錡已逐，不得達命，故惟明旃至楚軍之事。杜注：「二人雖俱受命，而行不相隨，趙旃以後至。」非也。

之命。

席于軍門之外，使其徒入之。【疏證】杜注：「布席坐，亦無所畏也。」❶按：旃使其人入楚軍，達召盟之命。

楚子爲乘廣三十乘，分爲左右。【疏證】此即上稱楚君之戎分爲二廣也。左右廣各十五乘，與偏法無涉。傳粲云：「兵法十五乘爲偏，今楚用舊法，而易其名。」蓋用杜注「卒偏之兩」義，非傳義，上疏證已具。

右廣雞鳴而駕，日中而說。【疏證】《典路》「與其用説」，注：「鄭司農云：『説，謂舍車也。《春秋傳》曰：「雞鳴而駕，日中而説。」』」杜注：「脱，❷舍也。」用先鄭義。猶上稱以至日中也。

左則受之，日入而説。【疏證】猶上稱「以至於昏」也。

許偃御右廣，養由基爲右；【疏證】班固《東都賦》「由」作「游」，注：「游與由同。」《淮南·説山訓》「基」作「其」。李富孫云：「《詩》『夙夜基命宥密』，《孔子閒居》引作『其命』，古從省，通。」案：《淮南》注：「由其，楚王之臣，養姓。」《周策》注亦云：「養，姓。由基，名。楚之善射人也。」《水經·汝水》注引京相璠云：「襄城郟縣西南，有養水，由基之邑。」梁履繩云：「昭三十年，楚逆吴公子使居養。疑由基即食邑於此，故以邑爲氏。襄十三年稱養叔，即其字。」梁氏蓋據京相説，與高誘以爲養姓異。

彭名御左廣，屈蕩爲右。【疏證】杜注：「楚王更迭載之，故各有御、右。」❸

---

❶「亦」，《春秋左傳正義》卷二十三作「示」。眉批：席，詁。

❷「脱」，《春秋左傳正義》卷二十三作「説」。

❸「右」，原作「名」，今據原稿改。

乙卯，王乘左廣以逐趙旃。【疏證】乙卯，即趙旃至楚軍之夜也。楚史書其日，故傳據之。《讀本》：「楚王追趙旃時爲日入，乘左廣。」

趙旃棄車而走林，【疏證】《讀本》：「趙旃以昏時走。」

屈蕩搏之，得其甲裳。【疏證】《考工記》疏引傳，「得」作「棄」。杜注：「下曰裳。」未釋「甲」字義。《廣雅・釋器》：「鏀、甲、介，鎧也。」王念孫云：「《釋名》：『鎧，猶塏也。塏，❶堅重之言也。或謂之甲，似物有孚甲，以自禦也。』凡甲，聚衆札爲之，謂之旅。上旅爲衣，下旅爲裳。《考工記・函人》云：『權其上旅與其下旅，❷而重若一。』❸宣十二年《左傳》云：『得其甲裳。』」按：王氏聚札爲旅義本《考工記》疏，疏云：「以札衆多，故言旅。」《隋書・虞世基傳》：「世基作《講武賦》曰：『中小枝於戟刃，徹蹲札於甲裳。』」

晉人懼二子之怒楚師也，【注】舊注：「魏錡、趙旃。」《御覽》七百七十二。

使軘車逆之。【注】服云：「軘車，屯守之車。」本疏。【疏證】《車僕》五戎無軘車。《說文》：「軘，兵車也。」杜用許說。疏云：「襄十一年，『鄭人賂晉侯以廣車、軘車、淳十五乘，甲兵備』。甲兵從之，是兵車明矣。」疏蓋疑服「屯守」說非。然詳服意，亦以軘車爲兵車。但是守車，非戰車耳。李貽德云：「服以字從屯，故云『屯守之車』，從指事之義。《文選・東都賦》『陳師按屯』注：『臣瓚引律說：「勒民而守曰屯。」』」

---

❶「塏」，原作「嵦」，今據《廣雅疏證》卷八上改。

❷「上旅與其」，原脱，今據《廣雅疏證》卷八上補。

❸「若」，原作「各」，今據原稿改。

潘黨望其塵，【疏證】惠棟云：「《孫子・行軍》篇：『塵高而鋭者，車來也。』」❶《讀本》：「旃夜至楚軍，謂將夜時，時猶見軘車之塵。」

使聘而告曰：「晉師至矣！」【疏證】黨使人告楚王於左廣。

楚人亦懼王之入晉軍也，遂出陳。

孫叔曰：「進之！寧我薄人，無人薄我。

《詩》云：『元戎十乘，以先啓行。』先人也。【疏證】引《詩・六月》文，傳云：「元，大也。夏后氏鉤車，先正也。殷曰寅車，先疾也。周曰元戎，先良也。」箋：「鉤，鉤鞶，行曲直有正也。寅，進也。二者及元戎，皆可以先前啟突敵陳之前行。其制之異同未聞。」陳奐《詩疏》：「《史記・三王世家》裴駰《集解》引《韓詩章句》：❷『元戎，❸大戎，謂兵車也。車有大戎十乘，謂車縵輪，馬被甲，衡扼之上，盡有劍戟，名曰陷軍之車，所以冒突先啟敵家之行伍也。』箋云：『先前啓突敵陳之前行。』鄭從《韓詩》義。」按：杜注：「元戎，戎車在前也。《詩・小雅》。言王者軍行，必戎車十乘在前開道，先人爲備。」全用鄭義。陳氏明鄭用《韓詩》。詳傳以元戎爲先良，良即

---

❶「來」，原作「乘」，今據原稿改。

❷「駰」，原作「絪」，今據《詩毛氏傳疏》卷十七改。

❸「戎」，原脱，今據原稿補。

選鋒之士，❶韓蓋與毛同。傳釋「先」爲先人，謂先敵人之來而啟突之。❷「《軍志》曰『先人有奪人之心』，薄之也。」【疏證】杜注：「奪敵戰心。」

遂疾進師，車馳卒奔，乘晉軍。【疏證】乘猶陵也，如「晉人乘我」之乘。❸

桓子不知所爲，

鼓於軍中曰：「先濟者有賞！」

中軍、下軍爭舟，【疏證】江永云：「今按《水經注》，爭舟之處在卷縣北。❹卷縣故城在今懷慶原武縣北。」

舟中之指可掬也。【疏證】《説文》：「在手曰匊。從勹米。徐鉉等曰：『今俗作掬，非是。』」據大徐説，則傳當從匊。杜注：「兩手曰掬。」非許義。《晉世家》：「晉軍敗，走河，爭度，船中人指甚衆。」

晉師右移，上軍未動。【疏證】杜注：「言餘軍皆移去，唯上軍在。」本疏：「晉之三軍，上軍在左，中軍在中，下軍在右。言晉之中軍、下軍敗走，在上軍之右者皆移，唯上軍未動。」疏釋「右移」，視杜注爲分明。

工尹齊將右拒卒以逐下軍。❺【疏證】《釋文》：「拒，本亦作矩。」杜注：「工尹齊，楚大夫。右拒，陳

---

❶「之士」，原脱，今據原稿補。

❷「之來」，原脱，今據原稿補。

❸「晉」，《春秋左傳正義》卷二十三作「楚」。

❹「卷縣」，原作「令」，今據《皇清經解》卷二百五十三《春秋地理考實》改。

❺「卒」，原脱，今據原稿補。

名。」案：據作「矩」之本，則右矩爲方陳也。❶此時晉中軍、下軍已亂，謂下軍者，以右移者言。

楚子使唐狡與蔡鳩居告唐惠侯，【疏證】杜注：「二子，楚大夫。唐，楚之屬國。」按：《晉世家》：「周武王崩，成王立，唐有亂，周公誅滅唐。」索隱：「唐本堯後，封在夏墟。及成王滅唐之後，乃分徙之於許、郢之間，故《春秋》有唐成公。」據傳，宜數此唐惠侯，裴氏之疏也。❷《地理志》：「南陽郡春陵縣，有上唐鄉，故唐國。」杜注：「義陽安昌縣東南有上唐鄉。」與班《志》小異。江永云：「今按：晉義陽安昌縣，今河南南陽府鎮平縣也。又今南陽府唐縣，本唐之唐州，蓋亦古之唐國。」按：江説是也。《漢志》春陵在今襄陽府棗陽縣東。《一統志》：「故唐城在德安府隨州西北九十五里。❸唐侯國。」蓋今湖北之隨、棗，❹河南之新、鄧，皆古唐國也。本疏云：「此未戰之前告。」

曰：「不穀不德而貪，以遇大敵，不穀之罪也。

「然楚不克，君之羞也。

「敢藉君靈以濟楚師。」【注證】服云：「藉，借也。」《漢書·陳勝傳》注。❺【疏證】杜注：「藉，猶假借

❶「則」，原脱，今據原稿補。
❷「裴」，疑當作「司馬」。
❸「五」，《大清一統志》卷三百四十三無此字。
❹「棗」，原漫漶不清，今據原稿補。
❺「陳勝傳」，原爲空格，今據《漢書·陳勝傳》補。

也。」用服説。

使潘黨率游闕四十乘，【疏證】《車僕》注引傳，「率」作「帥」，「游」作「斿」。斿，古游字。杜注：「游軍補闕者。」❶惠棟云：「游闕，游車、闕車也。❷《外傳》曰：『戎車待游車之裂。』❸《周禮·車僕》有闕車之倅。」惠氏以游闕爲兩種車，其引《外傳》見《齊語》，彼注云：「游車，游戲車。」韋義，他無所證。車不可蒙游戲之名，疑其不然。蓋游軍，猶今游擊之師，臨陣有調發，以濟正軍之不足，故名游闕也。杜注用《周禮》「闕車」義。沈欽韓云：「《周禮·車僕》注：『闕車，所用補闕之車。』《六韜·軍用》篇『大扶胥衝車三十六乘，螳螂武士共載，可以擊縱横，敗强敵』。」沈氏謂游闕即闕車，是也。《晉書·載記·吕光傳》：「光伐龜兹，諸將咸欲每營結陣，案兵以距之。光曰：『彼衆我寡，恐又相遠，❹勢分力散，❺非良策也。』于是遷營相接，陣爲鉤鏁之法，❻精騎爲游軍，彌縫其闕。戰于城西，大敗之。」亦用杜義。

從唐侯以爲左拒，以從上軍。【疏證】從，猶逐也。

---

❶「軍」，《春秋左傳正義》卷二十三作「車」。

❷上「車」，原作「軍」，今據《皇清經解》卷三百五十四《春秋左傳補註》改。

❸「戎車」、「車」，原作「戍軍」、「軍」，今據《皇清經解》卷三百五十四《春秋左傳補註》改。

❹「恐」，《晉書·吕光載記》作「營」。

❺「散」，原作「義」，今據原稿改。

❻「鏁」，原爲空格，今據原稿補。

駒伯曰：「待諸乎？」【疏證】杜注：「駒伯，郤克，上軍佐也。」惠棟云：「郤錡，字駒伯，克之子也。大夫門子，得從父於軍。鄢陵之戰，范匄從文子於軍，此其證。」洪亮吉云：「此亦不必遠引，即此傳，知罃，知莊子之子，從其父在軍，爲楚所獲。又逢大夫與其二子乘，皆是顯證。杜氏以爲郤克，疏矣。」王引之云：「『待諸』者，禦之也。時上軍未動，故郤克欲禦楚師。《魯語》『帥大讎以憚小國，其誰云待之』，《楚語》『其獨何力以待之』，韋注並曰：『待，禦也。』」按：王氏釋「待諸」，是也。其謂駒伯即郤克，仍沿杜注之誤。

隨季曰：「楚師方壯，若萃於我，吾師必盡，【疏證】杜注：「萃，集也。」**不如收而去之。分謗生民，不亦可乎？」殿其卒而退，不敗。【疏證】**王引之云：「士會以寡不敵衆，故收兵而退也。」

王見右廣，將從之乘。屈蕩户之，【疏證】户之，各本作「尸之」，非也。《校勘記》云：「《漢書・王嘉傳》注、《文選》范蔚宗《宦者傳論》注引並作『户』。錢大昕《跋余仁仲校刻左傳本》云：『家藏淳熙九經，及長平游御史本、巾箱小本俱作户字。』」惠棟云：「《爾雅》：❶『户，止也。』昭十七年傳『扈民無淫』，是古皆訓户爲止也。淳熙《正義》亦作『户』也。」洪亮吉云：「户、扈通用。」沈欽韓云：「蘇轍《欒城集・次子瞻石芝韻詩》亦引此傳『户之』，可知宋本不誤也。」顧炎武云：「古人以守户之人謂之户者，❷取其能止人也。《漢書・樊噲傳》：『詔户者無得入

---

❶ 「爾」，原稿重文，疑上「爾」當作「小」。

❷ 「以」，原作「之」，今據原稿改。

群臣。』《王嘉傳》：『坐户殿門失闌免。』《唐書·李紳傳》：『擊大毬，户官道，車馬不敢前。』」文淇案：《宋書·沈文季傳》：❶「父慶之爲景和所殺，兵仗圍宅，❷收捕諸子。文季揮刀馳馬去，❸收者不敢户，❹遂得免。」亦以「户」爲止義。壽曾曰：杜注：「户，止。」用《小爾雅》義。《説文繫傳》邑部引作「扈」，則宋又有作「扈」之本，與昭十七年傳「扈民」字同。「扈，止」爲本義。户爲扈省。門户之户，引申義也。《説文》：「户，護也。」朱駿聲云：「户所以限隔，故轉而訓止。」非。

曰：「君以此始，亦必以終。」【疏證】《文選·宦者傳論》注引作「必以此終」。杜注：「軍中易乘，則恐軍人惑。」

自是楚之乘廣先左。【疏證】終言之也。杜注：❺「以乘左得勝故。」疏云：「桓八年傳云『楚人尚左，君必左』者，謂置車尚左，故君在左。此言先左，謂乘廣先左耳。」

晉人或以廣隊不能進，【疏證】杜注：「廣，兵車。」杜謂晉之兵車亦名廣也。疏云：「下云『拔旆投衡』，蓋是晉人在軍之前載旆之車。」《説文》𢍏下引「隊」作「墜」，釋爲「廣車陷」。則賈君本作「墜」。《讀本》：「時晉敗，

---

❶「宋」，當作「南齊」。
❷「仗」，原作「杖」，今據原稿改。
❸「季」，原脱，今據《南齊書·沈文季傳》補。
❹「户」，《南齊書·沈文季傳》作「追」。
❺「杜注以」，原脱，今據原稿補。

軍有廣車墜陷者。」

楚人惎之，【疏證】惠棟云：「《説文》引作『楚人畀之』，云『舉也』。黃顥説：『廣車陷，楚人爲舉之。』按此，則『惎』當爲『畀』，杜氏所據本與許所據不同。傅遜謂『楚人將毒害之，而晉人乃脱扃拔旆投衡而出』，非也。」按：惠説是也。《説文》：「惎，毒也。」此傅遜説所出。顧炎武從傅説，引定四年「管、蔡啟商，惎閒王室」爲證。顧棟高亦云：「惎字當依《説文》作『毒』字解。」皆不知舊本傳文是「畀」，非「惎」也。若審是毒害義，則下「不如大國數奔」之謔，意何取乎？許君所見本，既作「楚人畀之」，賈君本亦當然。黃顥説蓋出《左氏》先師矣。沈欽韓云：「《玉篇·収部》：『畀，渠記、渠其二切，舉也。』」亦用許君訓。杜注：「惎，教也。」本《小爾雅》。疏云：「脱扃、拔旆，皆是教人之語，知惎爲教也。」詳疏意，則杜訓「惎」爲教，以意言之，❶非用舊説。顧棟高謂「兩軍相敵，無教敵人出險之理」，是也。然詳黃顥説，則楚人助晉人舉其車，但無口語。杜氏以舊説有助舉車，遂謂脱扃、拔旆、投衡皆楚人教之。朱駿聲云：「惎讀爲誋。」亦不察「惎」爲誤字。

脱扃，【注】服云：「扃，横木校輪閒。一曰車前横木也。」《釋文》、本疏。【疏證】杜注：「車上兵闌。」疏引服注云：「扃，横木，有横木投於輪閒。一曰扃，車前横木。」《釋文》單行本「投於」作「校」，義長，今依之。注疏本引《釋文》作「投輪閒」，亦誤。沈欽韓云：「《士昏禮》注：『扃，所以扛鼎。』張衡《西京賦》『旗不脱扃』，薛綜注：『扃，所以止旗。』然此下有拔旆、投衡之事，則脱扃不得爲止旗之横木也。服云『輪閒横木』，是也。」沈氏駁薛

❶「之」，原脱，今據原稿補。

綜「止旗」之説，本疏正據之以説杜注「兵蘭」義，謂服注「各以意言，皆無明證」。又云：「杜云兵蘭，蓋横木車前，以約車上兵器，慮其落也。隊坑，則横木有礙，故不能進。」則杜注蓋取服注後一説也。疏未分析，竟若杜自爲説。沈氏亦缺引。服注之例，凡稱「一曰」，多廣異聞，服義仍主「横木校輪」也。《曲禮》「入户奉扃」，注：「奉扃，敬也。」鄭君不釋扃制，❶彼疏云：「奉扃之説，事有多家。今謂禮有鼎扃，所以關鼎，今關户之木，與關鼎相似，亦得稱扃。」則關鼎、關户之木，皆謂之扃。車之有扃，義亦從之。沈氏引「鼎扃」爲證是也。《説文》：「關，以木横持門户也。」又云：「横闌木也。」此校輪之木，《輿人》等職未詳。《雜記》：「叔孫武叔朝，見輪人以其杖關轂而輠輪者。」《禮》譏其用杖，則關轂當有木。服言「校輪」，即關轂也。《小爾雅》：「校，交也。」蓋交午之義。

少進，馬還，又惎之，【疏證】杜注：「還，便旋不進。」文淇案：惎，亦當作畁。

拔旆投衡，乃出。【疏證】黄承吉云：「杜解拔旆投衡，謂拔旆投衡上，使不帆風，差輕。旆乃大旗，若使置卧衡上，則旆愈横長，拖逼馬首，勢更阻於帆風，豈能反便登陒？蓋拔旆、投衡自是兩事，謂拔去旆，又投去衡。投者，投之車外，與拔旆互文。拔者亦投，投者亦拔。去此兩物於車外，則車輕馬便，乃可得出。車陷而不能進，正須多人助力，移舉車上機礙重物，以爲釋卸輕便之地。即今道路陷車之情狀，或謂衡既投去，何從縛轅？按皇侃《論語疏》云：『即時車枙用曲木，駕于牛脰，仍縛枙兩頭著兩轅。古時先取一横木縛著轅兩頭，又别取曲木爲枙，縛著横木，以駕牛脰。』是則無横木時，枙木亦可自轅上。❷皇侃又引鄭注云：『輗穿轅端著之，軏因

---

❶「制」，原作「則」，今據原稿改。

❷「自」下，疑當有「縛」字。

轅端著之。』是輗軏所以持衡，而皆在轅。蓋軶即可以牽貫輗軏。故是時雖去衡，而軶遂暫著於轅，俟既出，然後復衡耳。」

顧曰：「吾不如大國之數奔也。」【疏證】《讀本》：「舉車出陷，此楚之愚人，蓋宋狂狡之比，而晉乃反譃之曰：『出陷多智，大國數數奔逃乃如此。』」

趙旃以其良馬二濟其兄與叔父。【疏證】范照藜云：「二人名皆不傳。」案：此旃已過左廣奔還晉軍時事，故下云「以他馬反」也。

以他馬反，遇敵不能去，棄車而走林。【疏證】旃入楚軍後，傳已稱「棄車而走林」，❶傳欲明逢大夫二子死事，故再及。

逢大夫與其二子乘，【疏證】杜注：「逢，氏。」

謂其二子無顧。

顧曰：「趙傁在後。」【疏證】惠棟云：「傁與叟同，見《無極山碑》。《説文》作『叜』，云『叜』或作『傁』。」《校勘記》云：「按：《五經文字》云：『傁，與叟同，見《春秋傳》。』」按：《説文》：「叜，老也。」《孟子》趙注：「叟，長老之稱，猶父也。」

怒之，使下，指木曰：「尸女於是。」【疏證】杜無注。《穀梁》僖三十三年傳注：「尸女者，收女尸。」

❶「傳」，原脱，今據原稿補。

授趙旃綏，以免。【疏證】車乘載重，則不能馳，故下其子，而授旃綏，使登車。

明日，以表尸之，【疏證】杜注：❶「表所指木，取其尸。」《後漢書·蓋勳傳》：「指木表曰：『必尸我於此。』」注：「表，標也。」

皆重獲於木下。【疏證】《大車》「祗自重兮」傳：「重，猶累也。」杜注：「兄弟累尸而死。」用毛義。焦循云：「按：獲之言得也，謂二子皆尋得在所表木下。加其『重』字，明其尸相累。若曰皆得之，而重在木下。云『皆重獲於木下』，❷古人屬文之奥也。正義以『獲』爲『被殺之名』，非。」按：《皇矣》箋：❸「獲，得也。」此焦氏所據。定九年傳：❹「得焉曰獲。」❺

楚熊負羈囚知瑩，❻【疏證】杜注：「負羈，楚大夫。知瑩，知莊子之子。」

知莊子以其族反之，【疏證】杜注：「族，家兵。反，還戰。」朱駿聲云：「按：族，猶屬也。與僖二十八年傳『中軍公族』、成十六年傳『中軍王族』同。」俞樾云：「族者，部屬也。字從㫃，從矢。㫃，所以指麾也。矢，所以

---

❶「杜注」，原脱，今據原稿補。
❷「木」，原重文，今據《春秋左傳補疏》卷三删。
❸「皇矣」，原爲空格，今據《毛詩正義》卷十六補。
❹「定九」，原爲空格，今據《春秋左傳正義》卷五十五補。
❺「得」下，《春秋左傳正義》卷五十五有「用」字。
❻「瑩」，《春秋左傳正義》卷二十三作「罃」。下一「罃」字同。

自衛也。❶《楚語》曰：『在中軍王族而已。』❷韋昭注曰：『族，部屬也。』此説得之。文二年傳『以屬馳秦師』、宣十七年傳『請以私屬』，『屬』皆『族』之假借字。凡親屬，字皆當作屬，今相承作族。部族，皆當作族，今相承作屬。」

厨武子御，下軍之士多從之。【疏證】杜注：「武子，魏錡。」洪亮吉云：「按：厨，當屬武子采邑。僖十六年傳『秋，侵晉取狐、厨』，杜注：『平陽臨汾縣西北有狐谷亭。』則厨又别一地可知。彼注云：『狐厨、受鐸、昆都，晉三邑。』亦以意定之，或不止三也。」

每射，抽矢菆，納諸厨子之房。【注】服云：「菆，好箭。」《既夕·記》疏。【疏證】《廣雅》：「抽，拔也。」惠棟云：「《既夕》注：『古文菆作騶。』《漢書·晁錯傳》云：『材官騶發，矢道同的。』如淳曰：『騶，矢也。』小顔曰：『騶謂善矢。《左氏傳》作菆字，其音同耳。』則知古菆字作騶。」《校勘記》云：「騶，自是假借字。菆，正字。」文淇案：《既夕禮》云：「御以蒲菆。」鄭注云：「蒲菆，牡蒲莖也。」賈公彦云：「據《左氏傳》，蒲非直得策馬，亦爲矢幹。」是鄭以菆爲矢幹，如淳依鄭説，是也。服、鄭義同。服注見《既夕禮》單疏本所引，毛本作「杜注」，下「蒲」注同。杜又云：「房，箭舍。」

厨子怒曰：「非子之求而蒲之愛，【注】服云：「蒲，楊柳，可以爲箭。」《既夕·記》疏。❸【疏證】杜

---

❶「以」，原脱，今據原稿補。

❷「在」上，原衍「皆」字，今據原稿删。

❸「疏」，原作「注」，今據原稿改。

用服説。沈欽韓云：「《揚之水》箋：『蒲柳。』陸璣《疏》：『蒲柳有兩種：皮正青者曰小楊，其一種皮紅者曰大楊。其葉皆長廣似柳，皆可以爲箭幹，故《春秋》曰：「董澤之蒲，可勝既乎？」』按：鄭注云『牡蒲』者，赤楊也，其幹尤堅直者。」沈引鄭説，見《既夕》注。《揚之水》傳云：「蒲，草名。」陸璣《疏》以爲似柳，則亦以爲草名。惟服氏與鄭君合。

「董澤之蒲，可勝既乎？」【注】舊注：「董，澤名，在河東聞喜縣。」《御覽》三百二十。❶【疏證】《郡國志》：「河東郡聞喜有董池陂，古董澤。」與舊注同。顧棟高云：「今山西絳州聞喜縣東北三十五里，有董氏陂，中産楊柳，可以爲箭。又名豢龍池，即禹封董氏豢龍之所也。」據顧説，則蒲爲楊柳，以今地目驗者知之，與鄭君説合。葉隆禮《遼志》：「西樓有蒲，瀕水叢生，一幹葉如柳，而長不盈尋丈。❷用以作箭，不矯作而堅。《左氏傳》所謂『董澤之蒲』是也。」葉氏所稱，蓋非蒲而强名爲蒲，地壤又隔，不足證董澤。本疏云：「重物不可舉者，謂之不勝。用之不可盡者，亦言不勝。史傳多有其事。」疏説「可勝」意不誤。其謂「既」爲「盡」，則用杜注。案：《廣雅》：「概、扱，取也。」王念孫云：「《玉篇》：『概，許氣切。』引《召南·摽有梅》『傾筐概之』，今本作『塈』。❸毛傳：『塈，❹取也。』宣十二年《左傳》『董澤之蒲，可勝既乎？』杜預注：『既，盡也。』按：既，亦與概通。言董澤之蒲，不

❶「二」，當作「五」。
❷「盈」，原漫漶不清，今據原稿補。
❸「塈」，原作「墍」，今據《廣雅疏證》卷一上改。
❹「塈」，原作「墍」，今據原稿改。

可勝取也。」洪亮吉云：「塈、既古字同。」❶王氏、洪氏皆謂「既」當訓取，則「可勝既乎」，猶言不勝取也。杜就「既」本字訓爲「盡」，非。胡渭云：「董澤之蒲，中矢苛。❷禹時在甸服，故無貢。」

知季曰：「不以人子，吾子其可得乎？【疏證】謂知罃。

「吾不可以苟射故也。」

射連尹襄老，獲之，遂載其尸；【疏證】《楚語》注：❸「連尹，楚官名。」洪亮吉云：「連，楚地名。襄老，當爲此地之尹，故以官稱之也。《楚語》有『雲連徒洲』，《漢書·地理志》長沙國連縣，唐時爲連州。」

射公子穀臣，囚之。以二者還。【疏證】《晉語》：「獲楚公子穀臣與連尹襄老，以免子羽。」注：❹「子羽，知莊子之子罃之字也。」據《外傳》，則知罃以戰時逃歸，可補傳闕。

及昏，楚師軍於邲，晉之餘師不能軍，【疏證】《晉世家》：「鄭新附楚，畏之，反助楚攻晉。」《鄭世家》亦云：「鄭反助楚。」傳文不具。

宵濟，亦終夜有聲。【疏證】杜注：「言其兵衆，將不能用。」顧炎武云：「言其軍囂，無復部伍。杜解非。」

丙辰，楚重至於邲，【疏證】杜注：「重，輜重也。」疏云：「輜重載器物糧食，常在軍後，故乙卯日戰，丙辰

---

❶「塈」，原作「取」，今據原稿改。
❷「苛」，《左通補釋》卷十二作「笴」。
❸「楚」，當作「晉」。
❹「注」，原脫，今據原稿補。

始至於邲也。」❶沈欽韓云：「曹操《孫子注》：『革車，重車也。』杜牧曰：『革車，重車也，載器械、財貨、衣裝也。』按：軍行，輜重在後，故《孫子·軍争篇》：『委軍而争利，則輜重捐。』《尉繚子》所謂『興軍，去大軍一倍其道』者也。」按：沈説是也。

遂次于衡雍。【疏證】《楚世家》：「晉救鄭，與楚戰，❷大敗晉師河上，遂至衡雍而歸。」《鄭世家》：「楚大破晉軍於河上。」沈欽韓云：「《韓非子》：『莊王既勝，狩於河雍。』即衡雍也。《釋水》：『水自河出爲灉。』邵晉涵《爾雅正義》：『楚莊之河雍，是莨蕩渠初出之灉也。』《水經注》：『河水又東逕卷縣北，晉軍争濟，楚莊告河，即是處也。』」馬宗璉云：「衡雍在卷縣，故酈元云：『祀于河，在卷縣也。』」❸案：卷縣在今河南懷慶府原武縣北。

潘黨曰：「君盍築武軍，【疏證】《翟義傳》：「莽下詔曰：『蓋聞古者伐不敬，取其鯨鯢築武軍，封以爲大戮，于是乎有京觀以懲淫慝。乃者反虜劉信、翟義誖逆作亂于東，❹而芒竹群盜趙明、霍鴻造逆西土，❺遣武將征討，咸伏其辜。惟信、義等始發自濮陽，結姦無鹽，殄滅于圉。趙明依阻槐里環隄，霍鴻負倚盩厔、芒竹，咸用破

❶ 原稿眉批：疏釋犖極明，當於襄十年重説之。
❷ 「與」上，原衍「晉世家」，今據《史記·楚世家》删。
❸ 「也」，《皇清經解》卷一千二百七十八《春秋左傳補注》作「北」。
❹ 「劉信」，原脱，今據《漢書·翟義傳》補。
❺ 「鴻」，原作「洪」，今據《漢書·翟義傳》改。

碎，亡有餘類。❶其取反虜逆賊之鱷鯢，聚之通路之旁，濮陽、無鹽、圉、槐里、盩厔凡五所，各方六丈，高六尺，築爲武軍，封以爲大辱，❷薦樹之棘。建表木，高丈六尺。書曰「反虜逆賊鱷鯢」，在所長吏常以秋循行，勿令壞敗，以懲淫慝焉。』」據莽詔書，其築武軍封，當采劉歆説。京觀即在武軍之上也。杜注：「築軍營以章武功。」分武軍、京觀爲二，非古義。

「而收晉尸以爲京觀？【疏證】杜注：「積尸封土其上，謂之京觀。」按：《漢書·翟義傳》注：「師古曰：『京，高丘也。觀謂如闕形也。』」單言之亦曰京。《呂覽·不廣》篇：「齊攻廩丘，趙使孔青將死士而救之。與齊人戰，大敗之，齊將死。得車二千，得尸三萬，以爲二京。」《淮南·覽冥訓》：「掘墳墓，揚人骸，大衝車，高重京。」則京觀亦可止稱京。據杜注謂「積尸封土」，《淮南》謂「掘墳墓、揚人骸」者。唐太宗令諸州剗削京觀詔云：「季葉馳競，恃力肆威，鋒刃之下，恣情翦馘。血流漂杵，方稱快意。尸如亂麻，自以爲武。露骸封土，多崇京觀。徒見安忍之心，未宏掩骼之禮。静言念此，憫歎良深。但是諸州有京觀處，無問新舊，宜悉剗削，加土爲墳，掩蔽枯朽，勿令暴露。」是京觀之制，露骸封土也，杜注未盡其義。

「臣聞克敵必示子孫，以無忘武功。」

楚子曰：「非爾所知也。

「夫文，止戈爲武。【疏證】杜注：「文，字。」《説文》：「武，楚莊王曰：『夫武，定功戢兵，故止戈爲武。』」段

❶「亡」，原作「止」，今據原稿改。

❷「辱」，《漢書·翟義傳》作「戮」。

玉裁云：「宣十二年傳文。此隱括楚莊王語，以解『武』義。莊王曰：『夫文，止戈爲武。』是倉頡所造古文也。祇取『定功戢兵』者，以合於止戈之義也。文之會意已明，故不言從止戈。」案：段以武爲會意字者，許君序云：「會意者，比類合誼，以見指撝，武、信是也。」段氏又云：「凡會意之字，曰『從人言』，曰『從止戈』，人言、止戈皆聯屬成文。」按《漢書・武五子傳》：「是以倉頡作書，止戈爲武。聖人以武禁亂整亂，❶止息干戈，非以爲殘而興縱之也。」全據此傳義。以⿱戈止爲倉頡書，❷當是《左氏》舊説。《晉書・郄詵傳》：詵對策曰：「止戈而武，義實在文。惟任賢，然後無患耳。」蓋取傳禁暴戢兵爲説。

「武王克商，作《頌》曰：『載戢干戈，載櫜弓矢。我求懿德，肆於時夏，允王保之。』」【疏證】《周頌・時邁》文，小序：「巡狩告祭柴望也。」本疏：「《詩序》云：『頌者，以成功告於神明。』則《頌》詩功成乃作。此傳言『武王克商作《頌》』者，武王克商，後世追爲作《頌》，頌其克商之功，非克商即作也。《國語》引此云『周文公之頌曰』，則此周公所作也。」據疏説，則是成王時追頌武王克商之事。《後漢書・李固傳》注引《韓詩章句》謂「美成王能奮舒文武之道而行之」。❸此三家《詩》異説。《書序》：「武王伐殷，往伐歸獸，識其政事。」歸獸即歸狩，與《詩序》合。《周語》引此《頌》，與《内傳》同，注：「載，則也。干，盾也。櫜，韜也。言天下已定，聚斂其干戈，韜藏其弓矢，示不復用。懿，美也。肆，陳也。于，於也。時，是也。夏，大也。言武王常求美德，故陳其功于是夏而

---

❶ 上「亂」，《漢書・昌邑哀王劉髆傳》作「暴」。

❷ 「⿱戈止」，原作「武」，今據原稿改。

❸ 「李固傳注」，原爲三空格，今據《後漢書・李固傳》補。

歌之。樂章大者曰夏。允，信也。信哉武王能保此時夏之美也。」按：韋注「戢，聚」，「櫜，韜」，「夏，大」，用毛傳説；「載，則」，「懿，美」，「肆，陳」，「允，信」，用鄭箋説。杜用韋義，惟訓「肆」爲「遂」，與鄭箋違。陳奂《詩疏》云：「《昊天有成命》傳：『肆，固也。』此『肆』字亦當訓爲『固』。時，是；于時，于是也。宣十二年《左傳》『夫武，禁暴、戢兵、保大』，又云『暴而不戢，安能保大』。《周語》：『使務利而避害，懷德而畏威，故能保世以滋大。』保即『允王保之』，❶大即『肆於時夏』，故傳訓『夏』爲『大』。正本内外《傳》説。又《鹽鐵論·論菑》篇：❷『兵者，凶器也。甲堅兵利，爲天下殃。以母制子，故能久長。聖人法之，厭而不陽。』其下亦引此詩。陽與揚通，久長亦保世滋大之意。❸此皆西京舊説。」案：夏爲樂章，韋用鄭箋説，傳止訓「夏」爲大，此傳、箋異者。杜云：「故遂大而信王保天下。」亦不取鄭箋「樂章」義。又箋云：「王巡狩而天下咸服，兵不復用。我武王求有美德之士而任用之。」據傳武王克商作頌之説。

「又作《武》，其卒章曰：『耆定爾功。』」【疏證】《周頌·武》文。疏云：「頌皆一章，言『其卒章』者，謂終章之句也。」據下引《賚》三爲《武》之三章，《桓》六爲《武》之六章，則此《武》爲《武》之卒章甚明。疏云「終章之句」，未諦。傳：「耆，致也。」又云：「言武王誅紂，致定其功。」箋：「耆，老也。」與毛異。

「其三曰：『鋪時繹思，我徂惟求定。』」【疏證】《周頌·賚》文，今通行本「惟」作「維」。《校勘記》云：「按

---

❶「允」，原作「永」，今據原稿改。
❷「菑」，原爲空格，今據原稿補。
❸「滋」，原脱，今據《詩毛氏傳疏》卷二十六補。

傳引《詩》、《書》多從忄旁。」今依宋本。杜注：「其三，三篇。」《詩》「鋪」作「敷」。《廣雅》：「鋪，布也。」箋云：「敷，猶徧也。」則「敷」亦訓「布」。李富孫云：「《釋文》：『鋪，徐音敷。』聲近字通。」毛傳：「繹，陳也。」杜用毛義，又云：「時，是也。思，辭也。」箋謂「敷是文王之勞」，❶杜用其訓。陳奐《詩疏》云：「傳云『繹，陳』者，陳讀如《文王》『陳錫哉周』之陳。王肅云：『文王能有布陳大利以賜予人。』與《序》言『錫予善人』合。徂，往也，往伐殷也。定，安也，與《武》『耆定爾功』之『定』義同。」

「其六曰：『綏萬邦，屢豐年。』」【疏證】《周頌·桓》文。杜注：「其六，六篇。」《詩》「屢」作「婁」。惠棟云：「《說文》無屢字，❷當從《毛詩》作婁。今《詩》亦有作屢者，俗作之。」洪亮吉云：「《毛詩》、《漢書》皆以婁爲屢。」箋云：「綏，安也。婁，亟也。」「綏，安」，《釋詁》文。杜以「婁」爲數武王「數致豐年」，不知何據。箋又云：「誅無道，安天下，則亟有豐孰之年，陰陽和也。」與傳「和衆豐財」義合。杜又云：「此三、六之數，與今《詩·頌》篇次不同。蓋楚樂歌之次第。」疏云：「杜以其三、其六與今《詩·頌》篇次不同，故爲疑詞。蓋楚樂歌之次第，言楚之樂人歌《周頌》者，別爲次第。劉炫以爲其三、其六者，是楚子第三引詩『鋪時繹思』，第六引『綏萬邦』。今刪定知非者，此傳若是舊文及傳家敘事，容可言楚子第三引『鋪時繹思』，第六引『綏萬邦』。此既引楚子之言，明知先有三、六之語，故楚子引之，得有『其三』、『其六』。若楚子始第三引《詩》，第六引《詩》，豈得自言『其三曰』、『其六曰』？劉以『其三』、『其六』爲楚子引《詩》次第，以規杜過，何辟之甚！沈氏難云：『襄二十九年季札觀樂，篇次

❶「勞」下，《毛詩正義》卷十九有「心」字。

❷「字」上，原衍「詩」字，今據原稿刪。

不同，杜云「仲尼未删定」；此亦不同，而云「楚樂歌之次」者，襄二十九年雖少有篇次不同，大略不甚乖越，故云「仲尼未删定」；以前此之三、六，全與《詩》次不同，❶故云「楚樂歌之第」。❷今《周頌》篇次，《桓》第八，《賚》第九也。』」按：疏駁炫説，是也。沈文阿亦難炫而從杜「楚樂歌」説。❸胡承珙《毛詩後箋》云：「杜謂『楚樂歌次第』，亦未必然。楚子明言『克商作《頌》』，自必用當時《周頌》之次。其與後世不同，不必推及未删定以前。即如《左》正義引沈氏難云：『今《周頌》篇次，《桓》第八，《賚》第九。』而《周頌・譜》疏所次，則《桓》在二十九，《賚》在三十，是六朝篇次又與鄭譜不同，况未經秦火時乎？所謂可與㧑論難與精悉者也。」❹詳胡氏意，則三、六是當時《周頌》之次。洪亮吉云：「梁履繩謂：『此蓋未經孔子删定。』似爲得之。」

「夫武，禁暴、戢兵、保大、定功、安民、和衆、豐財者也。【疏證】杜注：「此武七德。」疏：「戢干戈、櫜弓矢，禁暴、戢兵也。時夏、保之，保大也。耆定爾功，定功也。我徂求定，安民也。綏万邦，和衆也。屢豐年，豐財也。」

「故使子孫無忘其章。【疏證】杜注：「著之篇章，使子孫不忘。」疏：「謂子孫不忘上四篇之詩。必知然者，以文承『武王克商作頌』之後，文連四篇詩義。劉炫云：『能有七德，故子孫不忘章明功業。』横取下文『京觀』

❶「全」，原脱，今據原稿補。
❷「第」上，原衍「次」字，今據原稿删。
❸「阿」，原作「何」，今據原稿改。
❹「謂」，原脱，今據《詩毛氏傳疏》卷二十七補。

爲無忘其章明武功，以規杜過，非也。」按：「無忘其章」即《詩》「不愆不忘，率由舊章」義。炫謂「章明功業」是也，原不謂京觀武功，疏駁非。邵瑛云：「詳玩上下文義，光伯解義自確。」

「今我使二國暴骨，暴矣；觀兵以威諸侯，兵不戢矣。**【疏證】**暴骨，謂京觀。《釋文》：「本或作『曝』。」與下「暴」别。

「暴而不戢，安能保大？猶有晉在，焉得定功？

「所違民欲猶多，民何安焉？

「無德而强争諸侯，何以和衆？

「利人之幾，而安人之亂，以爲己榮，何以豐財？**【疏證】**《釋詁》：「幾，危也。」杜注：「兵動則年荒。」

「武有七德，我無一焉，何以示子孫？

「其爲先君宫，告成事而已。**【疏證】**杜注：「祀先君，告戰勝。」疏云：「《禮記·曾子問》：『古者師行，必以遷廟主行，載於齊車，言必有尊也。』『爲先君宫』，爲此遷主作宫，於此祀之。《禮·大傳》記云：『牧之野，武王之大事也。』既事而『奠於牧室』，亦是新作室而奠祭也。」據疏説，則楚以遷廟主行。諸侯五廟，若用《左氏》兄弟異昭穆義，當莊王得祀武王、文王、堵敖、成王、穆王。其蚡冒以上已在遷主之列。疏别引《曾子問》無遷主奉祖禰，義未合。

「武非吾功也。

「古者明王伐不敬，取其鯨鯢而封之，以爲大戮，**【注】**大魚，喻不義吞食小國。《御覽》三百三十五。【疏證】杜注：「鯨鯢，大魚名，以喻不義之人吞食小國。」與《御覽》所引小異。《御覽》引注不出「鯨鯢」字，與杜注在「以懲淫慝」下不同，故定爲舊注。《説文》：「鱷，海大魚也。《春秋傳》曰：『取其鱷鯢。』或從京。」則賈君本作「鱷鯢」，與今本異。《漢書·薛宣傳》曰：❶「古者明王伐不敬，取其鱷鯢。」小顏云：「鱷，古鯨字。」《王莽傳》：「莽下詔曰：『古者伐不敬，取其鱷鯢築武軍，封以爲大戮。』」字亦作「鱷」。《淮南·覽冥訓》：「鯨魚死而彗星出。」注：「鯨魚，大魚。長數里，死於海邊。」《衆經音義》引許慎《淮南子》注：「鯨，魚之王也。」與高注義同。疑《淮南書》作「鱷魚」，高、許注皆後人所改矣。《五經文字》並收鱷、鯨二字，❷注云：「同。」《廣雅·釋魚》：「鰌，鯢也。」本疏引裴淵《廣州記》：「鯨鯢，長百尺。雄曰鯨，雌曰鯢。」《北周書·庾信傳》：「《哀江南賦》：『大則有鯨有鯢，小則爲梟爲獍。』」皆用許君「大魚」訓。杜注：「鯨鯢，大魚名，以喻不義之人吞食小國。」《御覽》三百三十五引注：「大魚，喻不義吞食小國。」與杜注小異，或是舊注。❸《翟義傳》注：「師古曰：『鱷鯢，大魚爲害者也。以比敵人之勇桀者。』」與杜注義又不同。《荀子·王霸篇》：「身死國亡，爲天下大戮。」❹注引此傳「大戮」爲證，則鯨鯢喻不義之人，通君臣言之，非盡忠死綏之比。小顏「勇桀」義，非。

---

❶「薛宣」，當作「翟義」。下「王莽」，亦當作「翟義」。
❷「鯨」，原作「鯢」，今據《五經文字》卷上改。
❸「是」，原作「楚」，今據原稿改。
❹「戮」下，原衍「辱也」二字，今據《荀子》卷七删。

「於是乎有京觀，以懲淫慝。【疏證】杜無注。《翟義傳》注：「師古曰：『懲，創人也。❶慝，惡也。』」

「今罪無所，

「而民皆盡忠以死君命，

「又可以爲京觀乎？」【疏證】通行本「可」作「何」，從宋本。洪亮吉云：「可與何通，《説文》『誰何』之何，本單作可，其从人者，則爲『儋何』之何。此傳可字，當訓作何。諸本竟改爲何，又誤。」《校勘記》云：「石經無觀字，後旁增。《爾雅》疏引亦脱。」案：京觀可省言京，見上疏證。「又可以爲京乎」，或是古本如此，宋本有「觀」。

祀于河，【疏證】謂祀衡雍之河。

作先君宫，告成事而還。

是役也，鄭石制實入楚師，【注】入楚師，❷使楚師來入鄭。本疏。【疏證】杜無注。疏引服説，又云：「此石制引楚師入鄭。」按：疏未得服意，服謂石制入楚師，言其國可圖，故云「使楚師來入鄭」，楚師未興而謀已泄。

將以分鄭，而立公子魚臣。【疏證】本疏：「將分鄭國，以半與楚，取半立公子魚臣爲鄭君。」

卒未，鄭殺僕叔及子服。【疏證】杜注：「僕叔，魚臣也。子服，石制也。」王念孫《周秦名字解詁》：「制、

---

❶「人」，《漢書·翟義傳》作「又」。

❷「入」上，疑當有「服云」二字。

製古字通。襄公三十一年《左傳》『子有美錦，不使人學製焉』，定公九年『晳幘而衣貍製』，哀公二十七年『成子衣製杖戈』。然則，製，衣服之通稱也。」❶

君子曰：「史佚所謂『毋怙亂』者，謂是類也。【疏證】《釋言》：❷「怙，恃也。」杜注：「言恃人之亂以要利。」

「《詩》云：『亂離瘼矣，爰其適歸？』歸於怙亂者也夫！」【疏證】引《詩·小雅·四月》文，傳：「離，憂。瘼，病。適，之也。」箋：「爰，曰也。今政亂，國將有憂病者矣。曰此禍其所之歸乎？言憂病之禍必自之歸於亂。」疏：「宣十二年《左傳》引此詩乃云『歸于怙亂者也』，是之歸於亂也。」據彼疏説，鄭君箋詩，即用傳歸於怙亂義。疏引傳脱「夫」字。杜注訓「爰」爲「於」，又云：「言禍亂憂病，於何所歸乎？」與傳、箋義皆不合。

鄭伯、許男如楚。

秋，晉師歸，桓子請死，【疏證】《晉世家》：「林父曰：『臣爲督將，軍敗當誅。請死。』」本疏：「《檀弓》云：『謀人之軍，師敗則死之。謀人之邦，邑危則亡之。』今桓子將軍，師敗，故請死。」

晉侯欲許之，

士貞子諫曰：「不可。【疏證】杜注：「貞子，士渥濁。」《説苑·尊賢》作「士貞伯」，與成五年傳合。《晉世

❶ 原稿眉批：王説或删。

❷ 「釋言」，原爲空格，今據《爾雅》卷上補。

家》作隋會之辭，史公采異說也。

「**城濮之役，晉師三日穀，**【疏證】事見僖二十八年傳，❶夏四月事也。彼傳云：「晉師三日館穀，及癸酉而還。」

「**文公猶有憂色。左右曰：『有喜而憂，如有憂而喜乎？』**

「**公曰：『得臣猶在，憂未歇也。**【疏證】杜注：「歇，盡也。」

「**『困獸猶鬭，況國相乎！』**【疏證】《淮南·齊俗訓》：「獸窮則皐。」時子玉爲令尹，故云國相。晉文憂子玉之詞，僖二十八年傳未及，此傳互補。

「**及楚殺子玉，公喜而後可知也，曰：『莫予毒也已。』**【疏證】僖二十八年傳：「得臣及連穀而死。晉侯聞之而後喜可知也，曰：『莫予毒也已。』」文句略同，已釋於彼傳。惟文十年傳謂子玉自殺，此稱楚殺子玉者，僖傳謂楚成止子玉之入，雖自殺，意由楚成也。《晉世家》：「昔文公之與楚戰城濮，成王歸，殺子玉，文公乃喜。」

「**是晉再克而楚再敗也，楚是以再世不競。**【疏證】杜注：「成王至穆王。」

「**今天或者大警晉也，**【疏證】杜注：「警，戒也。」

「**而又殺林父以重楚勝，其無乃久不競乎？**【疏證】殺林父則楚如再勝。《晉世家》：「今楚已敗我師，又誅其將，是助楚殺仇也。」

---

❶「傳」，原脱，今據原稿補。

「**林父之事君也，進思盡忠，退思補過，**【**疏證**】杜無注。洪亮吉云：「《孝經》有此二言，當屬古語。」按：二語見《事君章》，鄭注已佚。《聖治章》「進退可度」，《釋文》引鄭注：「難進而盡忠，易退以補過。」蓋以進思爲服官時，退思爲致政時。其注《事君章》，注義當亦如此。彼疏引韋注云：「進見於君，則思盡其忠節；退居私室，則思補其身過。」與鄭君言進退異。本疏引孔安國説與韋義同，則韋注用隋人僞古文本也。疏又云：「或當以此二句，據臣心爲文。文既據臣，君在其上。施之於君則稱進，内省其身則稱退。盡忠者，盡己之心，以進獻於君；補過者，内脩己心，以補君愆失。故以盡忠爲進，補過爲退耳，非謂進見與退還也。」疏駁孔説，然以補過爲補君之過，義亦迂曲，當從鄭君説。

「**社稷之衛也，若之何殺之？**

「**夫其敗也，如日月之食焉，何損於明？**」【**疏證**】《論語·季氏》篇：❶「子貢曰：『君子之過也，如日月之食焉。過也，人皆見之；更也，人皆仰之。』」皆仰即「何損於明」義。

晉侯使復其位。

冬，楚子伐蕭，

宋華椒以蔡人救蕭。【**疏證**】《讀本》云：「蕭，宋附庸國。」程公説云：「閔子椒。」❷

---

❶「季氏」，當作「子張」。

❷原稿眉批：酌。

蕭人囚熊相宜僚及公子丙。【疏證】梁履繩云：「案：哀十六年，有熊宜僚，彼以熊爲氏。此熊相是氏，特名同耳。昭廿五年，熊相禖即其後。」

王曰：「勿殺，吾退。」蕭人殺之。

王怒，遂圍蕭。蕭潰。【疏證】本疏：「實未潰，史以實王之意，故言潰。知者，下云『明日蕭潰』是也。」顧炎武云：「此處疑衍。若此言『蕭潰』，下便不得言『遂傅於蕭』也。」洪亮吉云：「顧説是也，正義殊屬曲説。」

申公巫臣曰：【疏證】《荀子·堯問篇》注：「巫臣，楚申邑大夫也。」梁履繩云：「巫臣即屈巫，見成二年。巫字子靈，見襄二十六年。」

「師人多寒。」王巡三軍，拊而勉之，【疏證】《文選·馬汧督誄》注引傳「拊」作「撫」。《説文》：「拊，循也。撫，安也。」杜注：「拊，撫慰勉之。」

三軍之士皆如挾纊。【疏證】《説文》：「纊，絮也。《春秋傳》曰『皆如纊』。❶或從光作『絖』。」「纊，絮」，當是賈訓。洪亮吉云：「《水經注》引作『皆同挾纊』。杜注：『纊，綿也。』本《三倉》。」按：絮、綿皆繭之通稱，《玉藻》「纊爲繭」，❷注：「纊，新綿也。」《淮南·繆稱訓》「小人在上位，如寢關曝纊」，注：「纊，繭也。曝繭，蛹動摇不

---

❶「如」下，《説文解字》卷十三上有「挾」字。

❷「爲」，原作「如」，今據原稿改。

休，死乃止也。」《淮南》「曝纊」又一義，謂繭之未析爲絮者，繭絮，今謂之絲綿。

遂傳於蕭。【疏證】杜無注。沈欽韓云：「傳，肉薄圍之也。《墨子·備蛾傳》篇：『禽子曰：「敢問適人强弱，遂以傳城，後上先斷，以爲涖程，斬城爲基，❶掘下爲室，前止不止，後射既疾，爲之奈何！」』此傳城之事也。蛾同蟻，涖蓋法訛。《孫子·謀攻》篇：『將不勝其忿而蟻附之。』」

還無社與司馬卯言，號申叔展。【疏證】還無社，❷蕭大夫。司馬卯、申叔展，皆楚大夫也。無社素識叔展，故因卯呼之。《釋文》：「號，呼也。」

叔展曰：「有麥麴乎？」曰：「無。」「有山鞠窮乎？」曰：「無。」【注】賈云：「麥麴、鞠窮，所以禦濕。」本疏。【疏證】錢大昕云：❸「《説文》『营藭』，即鞠窮之異文。」《釋文》：「鞠，起弓反。」則鞠有芎音，營、芎疊韻字。杜注：「麥麴、鞠窮，所以禦濕。欲使無社逃泥水中，無社不解，故曰無。軍中不敢正言，故謬語。」本疏：「『麥麴、鞠窮，所以禦濕』，賈逵有此言，則相傳爲此説也。」《御覽》九百九十引注與杜注同，無「無社不解」以下，則杜注「欲使無社逃泥水中」，疑亦用賈注也。賈君但謂「麥麴、鞠窮，禦濕」，未言二者是何藥品。本疏云：「《尚書·説命》『若作酒醴，爾惟麴蘖』，則麥麴，作酒之物。《本草》有芎藭者，是藥草之名。」説殊惝略。李貽德云：「麴，《説文》作『籟』，云：『酒母也。鞠或從麥，鞠省聲。』故經傳皆作麴。麥麴即餅麴，説文䴬、䴷、𪌶皆云餅籟，

❶「城」，原作「程」，今據《春秋左氏傳地名補注》卷五改。

❷「還」上，疑當有「杜注」二字。

❸「大昕」，原爲空格，今據《潛研堂文集》卷十一補。

蓋以麥堅築之成鞠。《釋名·釋飲食》：『麴，朽也，鬱之使生衣朽敗也。』鞠、窮雙聲。❶《爾雅》『鞫、究，窮』是也。《説文》：『营藭，香草也。司馬相如説营從弓。』营與鞠一聲之轉。」❷沈欽韓云：「《本草》：『麴止痢，芎窮一名山鞠窮，此藥行上，專治頭腦之疾，並禦濕氣。出四川者爲川芎。』」李、沈説「麥麴、鞠窮」，視疏説爲詳。沈引《本草》得證賈氏「禦濕」之義，痢亦濕疾也。賈注「禦濕」之説，當本漢人醫經。今藥品神麯之麯，即麴。南方卑濕，每焚川芎，禦止其氣，醫人治濕亦用之，則賈君説爲可信矣。焦循云：「《神農本草》有芎藭，麥麴不見《神農本經》。二物皆不禦濕，《證類本草》引《春秋》注云：『山芎藭，能去卑濕風氣。』此不知何人之注。卑即指痛痺，以痺由於溼，故連云痺溼。杜當本此，而删去『痺』字。若麥麴，則并不治痺，於禦濕尤無謂矣。梁簡文《勸醫論》云：『胡麻、鹿藿，纔救頭痛之痾；❸麥麴、芎藭，反止河魚之疾。』胡麻、鹿藿未詳所本。麥麴、芎藭正指《左氏》所言，出醫經藥性之外，故云反止。反之云者，本不止此疾也。然簡文所據，即由杜注，而千百年來，實無以麥麯、芎藭治濕者，則叔展之隱語，果如杜所測乎？蓋叔展取於聲音假借，非取義於藥性。還無社號叔展，欲其免己。叔展曰：『有麥麴乎？』麥者，霾也。麯者，曲也。欲其隱霾而局曲也。無社曰無者，言無處藏也，非不解也。叔展曰：『有山鞠窮乎？』鞠窮言曲躬，❹仍麥霾、麴曲之義，謂其宜藏匿曲蹵於山中。無社仍曰『無』者，言山中無處

❶「鞠」上，原衍「濕」字，今據《春秋左氏傳賈服註輯述》卷九删。

❷原稿眉批：俞説不采。

❸「纔救」，原爲空格，今據原稿補。

❹「躬」，原作「折」，今據原稿改。

可藏也，亦非不解也。麥麴、鞠窮喻其屈身藏匿，庚其辭於藥疾之中，本非言藥、言疾。杜氏望文生意。」按：焦說甚新異，然又引《名醫別録》「麴，❶温，消穀止利」，則麥麴爲禦濕之藥已明，不得以《神農經》未載爲疑矣。考《證類本草》，宋人所編，金人宇文虚中跋稱，於經史諸書中，得藥名、方論，集爲此書。其所引《春秋傳》注，又與賈、杜注異，則所引注或是古注。《神農本草》亦云：「芎藭主寒痺，筋牽緩急。」與古注合。焦氏謂麥麴、鞠窮不治濕，非也。叔展欲無社逃於泥水，其稱藥名已是隱語，若再以藥名寓隱霾曲局之義，轉嫌迂曲。詳簡文《醫論》。蓋六朝人說麥麴、芎藭已與賈君異，簡文并非用杜說。

「河魚腹疾奈何？」【疏證】奈，石經作「柰」，從宋本。杜注：「叔展言無禦濕藥，將病。」尋杜意，謂無社兩答「無」未解叔展意，故叔展再以河魚腹疾喻入水也。❷入水又防濕疾，故以禦濕無藥爲疑。疏云：「如似河中之魚，久在水内，則生腹疾。無此二物，其奈濕何？」汪瑜云：「孔疏殊未明晰，河魚腹疾，言如河魚之腹大也。《内經·本神篇》云：『脾氣實則腹脹。』故以麥麴化水消滯，❸芎藭升清散鬱。」按：汪說是也。河魚腹疾，蓋當時有此疾名，猶今藴濕中滿也。❹焦循云：「謂山中無處藏，❺可曲蹙於水也。」傳文無「曲蹙」意，焦說非。沈欽韓

---

❶「別録」，原脱，今據原稿補。
❷「疾」，原作「病」，今據原稿改。
❸「消」上，原衍「清」字，今據原稿删。
❹原稿眉批：俞說不采。
❺「中」，原脱，今據原稿補。

云：「以上所謂隱語也。《藝文志》『雜賦家』有《隱書》十六篇，《列女傳》『臧文仲拘于齊，使人遺公書，恐得其書，乃謬其詞』，亦《六韜》所云《陰書》也。」

曰：「目於眢井而拯之。」【疏證】《釋文》：「眢井，廢井也。」當是《左氏》舊注。杜氏謂「使叔展視虛廢井而拯之」，亦用舊説。《廣雅·釋詁》：「蔫、菸、婑，葾也。」王念孫云：「《玉篇》：『葾，敗也，萎葾也。』《説文》：『眢，目無明也。』宣十二年《左傳》『目於眢井而拯之』，《釋文》云：『眢，井無水也。』《唐風·山有樞》篇『宛其死矣』，毛傳云：『宛，死貌。』義與『葾』並相通。」按：「眢，井無水也」，是《釋文》引《字林》語，傳借目無明義當廢井，今人猶况井爲泉眼。杜注：「出溺爲拯。」洪亮吉云：「《方言》：『出休爲抍。』休與溺、抍與拯，古字並通。」沈欽韓云：「《元和志》：『眢井在徐州蕭縣北二百步。』」

「若爲茅絰，哭井則已。」【疏證】杜注：「叔展又教結茅以表井，須哭乃應以爲信。」疏云：「此亦叔展之言也。無社既解其意，令展視井拯已，但廢井必多，不可知處。故教無社令結茅爲絰，置於井上，又恐無社錯應他人，更教之云若號哭向井，則是我之己身。己，叔展自謂也。」詳杜注「須哭爲信」，則杜讀與疏説異。《釋文》：「已音紀，舊音已。」

明日，蕭潰。申叔視其井，則茅絰存焉，號而出之。【疏證】杜注：「號，哭也。傳言蕭人無守心。」

晉原縠、宋華椒、衛孔達、曹人同盟于清丘。【疏證】杜注：「原縠，先縠。」疏云：「上文稱爲彘子，服虔以爲食采於彘。今復稱原，原其上世所食也。於時趙氏有原同，蓋分原邑而共食之者也。」

曰：「恤病討貳。」於是卿不書，不實其言也。【疏證】杜注：「宋伐陳，衛救之，不討貳也。❶楚伐宋，晉不救，不恤病也。」《讀本》：「『不實其言』者，今年宋以陳貳討之，而衛救陳，則衛言不實。明年楚爲陳伐宋，而晉不救，則晉不實。」按：晉、衛不實其言，故經書人。經不書宋卿者，與晉、衛同辭。十三年傳：「清丘之盟，惟宋可以免焉。」則《左氏》説宋卿書人非貶。

宋爲盟故，伐陳。【疏證】杜注：「陳貳於楚故。」

衛人救之。孔達曰：「先君有約言焉。若大國討，我則死之。」【疏證】杜注：「衛成公與陳共公有舊好，故孔達欲背盟救陳，而以死謝晉。」

【經】十有三年，春，齊師伐莒。【疏證】《公羊》「莒」曰「衛」。毛奇齡云：「伐莒有前事，伐衛則不知何事，不可考。」趙坦云：「莒與衛，古音部不通，《公羊》作衛，方音之轉。」

夏，楚子伐宋。

秋，螽。無傳。【疏證】《公羊》「螽」曰「蝝」。

冬，晉殺其大夫先縠。【疏證】《穀梁》「縠」曰「穀」。《釋文》云：「一本作穀。」

【傳】十三年，春，齊師伐莒，莒恃晉而不事齊故也。

---

❶ 「也」，原脱，今據原稿補。

夏，楚子伐宋，以其救蕭也。【疏證】十二年傳：「宋華椒以蔡人救蕭。」

君子曰：「清丘之盟，唯宋可以免焉。」【疏證】杜注：「宋討陳之貳，今宋見伐，晉、衛不顧盟以恤宋，而經同貶宋大夫，傳嫌華椒之罪累及其國，故曰『唯宋可免』。」邵寶云：「清丘，晉與宋、衛盟，既而衛背盟而救陳，晉背盟而不救宋，故曰『唯宋可免』，責晉、衛也。」按：邵說是也。上年清丘之盟，三國之卿皆書人，傳明宋華椒書人，非貶之故。杜謂「嫌華椒累及其國」，傳無其義。疏云：「盟之不信，惟椒身合貶。」更非。

秋，赤狄伐晉，及清，先縠召之也。【疏證】杜注：「清，一名清原。」清原，已釋於僖三十一年。《晉世家》：「先縠以首計而敗晉軍河上，恐誅，乃奔翟，與翟謀伐晉。」

冬，晉人討邲之敗與清之師，歸罪於先縠而殺之，盡滅其族。【疏證】邲之敗，見前年。《晉世家》：「晉覺，乃族縠。」

君子曰：「惡之來也，己則取之，其先縠之謂乎？」【疏證】此傳者引古語，證先縠之事，惡猶禍也。杜注：「晉滅其族，爲誅已甚。」疏云：「君子既嫌晉刑太過，又尤先縠自招。」按：傳無譏晉失刑義。

清丘之盟，晉以衛之救陳也，討焉。【疏證】《讀本》：「清丘盟言討貳，衛救陳爲不討貳。」按：討謂遣使責問救陳之罪，非加兵也。

使人弗去，【疏證】沈欽韓云：「晉使來責衛者，不肯去，欲得其要領也。」

曰：「罪無所歸，將加而師。」

孔達曰：「苟利社稷，請以我說。」【疏證】以我說，猶言以我爲解也。《釋文》：「説如字，又音悦。」❶杜注：「欲自殺以説晉。」故陸有二音。

「罪我之由。我則爲政，而亢大國之討，將以誰任，我則死之。」【疏證】王念孫云：「亢，當也。大國之討，謂晉討衛之救陳也。言我實掌衛國之政，而當晉之討，不得委罪於他人也。十二年，宋伐陳，衛孔達救陳，曰：『若大國討，我則死之。』是其證也。杜注訓亢爲禦，以亢大國之討爲禦宋討陳，皆失之。」

【經】十有四年，春，衛殺其大夫孔達。

夏，五月，壬申，曹伯壽卒。無傳。【疏證】《年表》：「曹文公二十三年，薨。」《管蔡世家》：「曹文公壽卒，子宣公彊立。」索隱：「按《左傳》，宣公名廬。」

晉侯伐鄭。【疏證】《年表》：「晉景公五年，伐鄭。鄭襄公十年，晉伐我。」《晉世家》：「景公五年伐鄭，爲助楚故也。」《楚世家》：❷「莊王十年，晉來伐鄭，以其反晉而親楚也。」

秋，九月，楚子圍宋。【疏證】《年表》：「楚莊王十九年，圍宋，爲殺使者。衛穆公十六年，❸殺楚使者，楚

---

❶「悦」，原作「説」，今據《經典釋文》卷十七改。

❷「楚世家莊王」，當作「鄭世家襄公」。

❸「衛穆」，《史記·十二諸侯年表》作「宋文」。

圍我。」

葬曹文公。無傳。【疏證】

冬，公孫歸父會齊侯于穀。

【傳】十四年，春，孔達縊而死。

衛人以説于晉而免。【疏證】杜注：「以殺告。」

遂告於諸侯，曰：「寡君有不令之臣達，構我敝邑於大國。【疏證】構，諸本作「搆」。嚴可均《石經校文》云：「搆，磨改作『構』，岳本作『構』。」❶

「既伏其罪矣，敢告。」

衛人以爲成勞，【疏證】杜以「成勞」爲「平國之功」。疏云：「《釋詁》以『平』爲『成』，則『成』亦『平』也。」馬宗璉云：「《戴記》正義云：『《左傳》孔達無相衛成公復國之事。』璉案：孔悝《鼎銘》云：『叔舅，乃祖莊叔，左右成公。成公乃命莊叔隨難於漢陽，即宮於宗周，奔走無射。』鄭注：『莊叔，悝七世之祖，衛大夫孔達也。』據鼎銘，是孔達實有佐成公復國之勞。故衛人雖告其背盟之罪于諸侯，而復使其子得閭敖爲卿。❷杜注『平國之功』，未詳佐成之事。夫亢大國之仇，豈反以爲功乎？」按：馬説是也。成勞，猶言佐成公而有勞。

---

❶ 眉批：構，詁。

❷ 「子」，原脱，今據原稿補。「敖」，《皇清經解》卷一千二百七十八《春秋左傳補注》作「叔穀」。

復室其子，【疏證】杜注謂「以女妻之」，疏云：「言衛侯以女妻之也。劉炫以爲傳文無衛侯之女爲孔達之妻，『復室其子』，謂復以室家還其子。謂達既被誅，家當没入官，復以孔達財物家室還其子。今知非者，孔達忠於衛國，本實無罪，何得没其家貲？」疏蓋駁炫《規過》説。惠棟云：「《周禮·司勳》云：『事功曰勞。』室，禄也。《周書》有『一室之禄』，謂禄其子，襲父位，自一室至千室，卿之禄也。《周禮》謂之宅田。注謂『以女妻之』，非是。《世本》曰：『莊叔達生得閭叔穀，穀生成叔烝鉏，鉏生項叔羅，❶羅生昭叔起，起生文叔圉，圉生悝。』其子，謂得閭叔穀也。」沈欽韓云：「《喪服》公卿大夫之貴臣曰室老，襄十七年傳『華臣弱臯比之室』，是卿大夫之家爲室也。」邵瑛云：「孔達絶不見爲成公壻之文，光伯説得之。《楚語》『孌及儀父施二帥，而分其室』，韋注：『室，家資也。』是也。」右三説，皆得炫義。朱駿聲云：「復，還也。」

使復其位。

夏，晉侯伐鄭，爲邲故也。【疏證】杜注：「晉敗於邲，鄭遂屬楚。」

告於諸侯，蒐焉而還，

中行桓子之謀也。

曰：「示之以整，使謀而來。」

鄭人懼，使子張代子良于楚。【疏證】杜注：「子張，穆公孫。」高士奇云：「公孫黑肱，字子張，亦曰伯

---

❶「鉏」上，原衍「蒸」字，今據原稿删。

張，子印子。」十二年傳：「子良出質。」

鄭伯如楚，謀晉故也。

鄭以子良爲有禮，故召之。**【疏證】**杜注：「有讓國之舉。」

楚子使申舟聘於齊，**【疏證】**《吕覽・行論》篇「楚莊王使文無畏于齊」，注：「申舟，楚大夫。」《校勘記》云：「按，舟、周，古字通。」杜注：「申舟，無畏。」

曰：「無假道于宋。」**【疏證】**《淮南・主術訓》注：「不假道于宋。」

亦使公子馮聘于晉，不假道于鄭。**【疏證】**《讀本》：「楚不假道，志在伐宋，鄭籍爲兵端。」

申舟以孟諸之役惡宋，**【疏證】**文十年傳：「楚子田孟諸，宋公爲右盂。宋公違命，無畏抶其僕以徇。」《吕覽・行論》篇：「楚之會田也，故鞭君之僕。」

曰：「鄭昭宋聾，**【疏證】**馬融《尚書》注：「昭，明也。」《説苑》：「上無聞則謂之聾。」《説文》：「聾，無聞也。」與《説苑》訓合。《淮南・修務訓》「馬，聾蟲也」，注：「聾，無知也。」無聞則無知，二義相足。杜注：「聾，闇也。」與《淮南》高誘注合。洪亮吉謂「非義訓」，非也。申舟之意，謂鄭解事，宋不解事，故下云「晉使不害」也。疏云：「鄭昭言其目明，則宋不明也。宋聾言其耳闇，則鄭不闇也。耳目各舉一事而對以相反，言宋不解事，必殺我也。」傳謂昭聾相反，是。然傳不專主耳目言，亦不謂宋無目、鄭有耳，疏説太滯。

「晉使不害，我則必死。」**【疏證】**《淮南・主術訓》注：「無畏曰：『宋必襲殺我。』」

王曰：「殺女，我伐之。」見犀而行。**【疏證】**《淮南・主術訓》注：「王曰：『殺女伐宋。』見犀而行。」杜

注：「犀，申舟子。以子託王，示必死。」

及宋，宋人止之。

華元曰：「過我而不假道，鄙我也。鄙我，亡也。【疏證】杜注：「以我比其邊鄙，是與亡國同。」顧炎武云：「鄙我，猶輕我。」文淇案：顧説非也。《吕覽・行論》篇：「楚莊王使文無畏于齊，過于宋，不先假道。還反，華元言于宋昭公曰：『往不假道，來不假道，是以宋爲野鄙也。』」高注：「欲以宋爲鄙邑。」是也。杜解爲「邊鄙」，亦非。壽曾謂：顧氏用陸粲説，見傅遜《辨誤》。陸云：「鄙當作鄙薄之意，❶昭十六年傳『夫猶鄙我』，注云：『鄙，賤。』是也。」傅云：「此當從杜無疑，下云『亡也』可見。」傅又引《吕覽》，謂「與杜説同」。按：傅駁陸説極諦。《吕覽》「鄙野」義，與杜注「邊鄙」義異。傅氏謂與杜説同，非也。昭十七年傳「是晉之縣鄙也，何國之爲」，縣鄙即野鄙義，故高云「鄙邑」也。傳謂申舟往齊，宋即止之，《吕覽》謂「往不假道，來不假道」，是宋止申舟在聘齊還後，此别采異説。

「殺其使者，必伐我。伐我，亦亡也。亡一也。」乃殺之。【疏證】《淮南・主術訓》注：「『以兵殺其使者，亦亡也。』遂殺之。」《吕覽・行論》篇：❷「華元請誅之，乃殺文無畏於楊梁之隄。」《宋世家》：「文公十六年，楚使過宋，宋有前仇，執楚使。」

楚子聞之，投袂而起。【疏證】杜注：「投，振也。袂，袖也。」洪亮吉云：「《吕覽・行論》篇：『莊王方削

---

❶ 下「鄙」，原脱，今據原稿補。

❷ 「行」，原作「引」，今據原稿改。

袂，聞之曰：「嘻！」投袂而起。』孔檢討廣森云：『削，裁也。投袂，投其所削之袂也。』較杜注爲長。」案：因削袂而投袂，此《吕覽》異文，不與傳合。孔、洪取之，非。《後漢書・朱浮傳》：「浮上書曰：『昔楚、宋列國，俱爲諸侯。莊王以宋執其使，遂有投袂之師。』」「投袂」與傳同。《淮南・齊俗訓》：「楚莊王裾衣博袍，令行乎天下，遂霸諸侯。」注：「裾，裒也。衣，裾也。」衣袍裒博，臨事奮興，振袖而起，彼事情事如此。又《主術訓》云：「楚莊王傷文無畏之死於宋也，奮袂而起。」奮袂，即用傳「投袂」意，注亦云：「莊王聞之怒，故投袂而起。」

屨及於窒皇，【疏證】《吕覽・行論》篇作「履及諸庭」。《宋書・毛修之傳》：「修之表曰：『昔宋害申舟，楚莊有遺履之艱。』」則本亦作「履」也。《吕覽》注「窒」作「絰」。惠棟云：「與莊十九年『絰皇』一也。」杜注：「窒皇，寢門闕。」疏云：「經傳通言兩觀爲闕，惟指雉門。名爲闕者，以其在門兩旁，而中央闕然爲道。雖則小門，亦如此耳。故杜於寢門、冢門，皆以闕言之。此作窒，彼作絰，字異音同。」疏不知古本作「絰皇」，然生人之居，未必襲墓闕之名。《吕覽》高注承寫之誤，杜注承高注而誤也。兩觀相距遠，不得以門之中央爲例。疏説太迂曲。沈欽韓云：「窒皇，蓋堂塗之名。寢門之間，安得有闕？杜謬也。」武億云：「室，古作『窒』，見《漢韓敕碑後》『庫窒中』，即是。窒皇即室皇，亦猶《漢書》『坐堂皇上』，師古曰：『室無四壁曰皇。』是也。據楚子當時聞申舟被殺，必在路寢之室，投袂而起，故屨及於室之皇。《吕氏春秋》『屨及諸庭』，庭即室之皇也。杜解謬。」沈、武皆用《吕覽》説，以窒皇爲庭。沈氏謂寢門無闕，尤諦矣。《梁書・皇后傳》：「高祖丁貴嬪薨，張纘爲哀策文，曰：『遺備物於營寢，掩重闈於窒皇。』」❶此亦窒皇爲寢庭之證。洪亮吉云：「窒皇至蒲胥之市，皆由近至遠，則窒皇在寢門左近可

❶「闈」，原作「關」，今據原稿改。

知。《爾雅·釋言》：『窒，塞也。』《釋詁》：『隍，虛也。』皇、隍同。是窒皇蓋即今之擁道，上實中虛，今乾清門陛下擁道亦然，莊公十九年『經皇』同。蓋經皇之在墓上，即隧道、羨道也。正義云：『經皇當是寢門闕。』言寢門近之，言闕非也。」洪氏知杜「寢門闕」之謬，而釋「窒皇」爲實虛，比于隧道、羨道，則仍用杜説，非。《釋文》：「窒皇，門闕也。」亦以杜説不安，改之。或是舊説，但「門闕」之訓，經典無他證，俟考。

劒及於寢門之外，【疏證】此寢庭外之門也。

車及於蒲胥之市。【注】舊注：「怒也。」《御覽》三百四十二。【疏證】惠棟云：「《吕覽》作『蒲蔬之市』，❶胥、蔬古字通。」沈欽韓云：「《御覽》一百九十一引《郡國志》：『郢城内有市，名蒲胥，故南蠻校尉府也。』《一統志》在荆州府江陵縣北郢城内。」舊注統釋此上三句也。邵寶云：「寢門之外，遠於窒皇。蒲胥之市，遠於寢門之外。屨人進屨，追而及於窒皇，❷前此未及屨也。劒人進劒，追而及於寢門之外，前此未及劒也。車人駕車，追而及於蒲胥之市，前此未及車也。蓋興師之速如此。」桂馥云：「及者，追而及之也。楚子未納屨，未帶劒，未乘車，急遽而走，左右奉屨，追及于窒皇；奉劒，追及於寢門；御者駕車，而追及于蒲胥之市。此猶宋武帝往西州幸徐羨之宅，便步出西掖門。羽儀絡繹追隨，已出西關矣。」

秋，九月，楚子圍宋。【疏證】《吕覽·行論》篇：「遂舍于郊，興師圍宋。」《楚世家》：「莊王二十年，圍宋，以殺楚使也。」《宋世家》：「九月，楚莊王圍宋。」

---

❶「蔬」，原作「胥」，今據下文改。《皇清經解》卷三百五十四《春秋左傳補註》作「疏」。

❷「而」，原脱，今據原稿補。

冬，公孫歸父會齊侯于穀。【疏證】《讀本》：「歸父，仲遂子也。」

見晏桓子，與之言魯，樂。【疏證】杜注：「桓子，晏嬰父。」《寰宇記》：「齊州禹城縣有晏嬰城。」❶沈欽韓云：「《山東通志》：『晏城在齊河縣西北二十五里，晏嬰采邑。』」疏云：「樂謂樂居高位也。」

桓子告高宣子，【疏證】杜注：「宣子，高固。」

曰：「子家其亡乎，懷于魯矣。【疏證】杜注：「子家，歸父字。懷，思也。」

「懷必貪，貪必謀人，人亦謀己。❷一國謀之，何以不亡？」

孟獻子言於公，曰：「臣聞小國之免於大國也，

「聘而獻物，【疏證】杜注：「物，玉帛皮幣也。」疏云：「《聘禮》：賓執圭以致命，享用束帛加璧。夫人聘用璋，享用玄纁束帛加琮。其享幣，又有皮馬。是聘所獻物有玉帛皮幣也。」又引劉炫云：「聘而獻物，謂獻其國内之物。」詳炫意，物指下文「庭實旅百」，與杜異。按：炫説是也。聘止用圭璋，疏兼享禮之皮幣者，以杜釋「庭實」爲饔餼，故獻物即以實事言。

「於是有庭實旅百。【疏證】杜注：「主人亦設籩豆百品，實於庭以答賓。」疏引《聘禮》「饔餼五牢」等事證

❶「齊」、「禹城」，原爲空格，今據《太平寰宇記》卷十九補。

❷「人」上，《春秋左傳正義》卷二十四有「謀人」二字。

之。又云「劉炫以爲皆是賓事」，以杜於此傳謂主人享賓禮也。又引炫説云：❶「『於是所獻之物，庭中實之，有百品，謂聘享之禮，龜、金、竹、箭之屬有百品也。』炫以杜注莊二十二年『庭實旅百，奉之以玉帛』：『諸侯朝王，陳贄幣之象。』則此聘陳幣，亦實百品於庭，非謂主人也。」「炫以」已下疏推炫義如此，則疏亦知「庭實」非主人享賓矣。沈欽韓云：「按：《禮器》所云三牲、魚腊、籩豆之薦，皆謂諸侯助祭於天子所貢耳。庭實，車馬與皮也。旅百，所謂旅幣無方，各以其國所有也。此賓所以享主人者，非主人之享賓。杜預謂『主人亦設籩豆百品於庭，以答賓』，非獨《禮記》未見，并此傳上文『聘而獻物』，亦不曉其義。」邵瑛云：「傳論小國之免於大國，而言朝聘，自當以賓爲重。」按沈、邵説是也。沈雖駁杜説，然謂《禮器》所稱品物非指庭實，與炫説小異。按：炫引《禮器》龜、金、竹、箭之屬，鄭君注《覲禮》亦據之。《覲禮》云：「四享皆束帛加璧，庭實唯國所有。」此《覲禮》有庭實，即享禮也。鄭君注：「四當作三。」《聘禮》「賓裼奉束帛加璧享」，又云「庭實皮則攝之」。江永《釋例》云：「此聘畢行享也。」胡培翬云：「凡聘覲，皆行享禮。諸侯使人於諸侯，但一享。」據江、胡説，則聘禮有享，但殺於覲禮之享。炫謂聘享之禮，是也。但止據《覲禮》，未晰言之。沈氏引《郊特牲》「旅幣無方」，亦是覲禮，非聘禮。據《聘禮》，惟有皮幣，有言則加束帛。此言庭實旅百者，春秋聘享之節，不必合於周禮。或以大國之尊，禮有加隆，❷百言其多，不必有百品也。下「獻功」疏「成二年傳云『侯伯克敵，使大夫告慶之禮』」下云「據此文，則聘賓有庭實」，此是舊疏語，上非所承。蓋有奪佚，未知據何文爲説，餘已釋於莊二十二年。

❶「又」，原殘，今據原稿補。

❷「隆」，原漫漶不清，今據原稿補。

「朝而獻功，【疏證】杜注：「獻其治國若征伐之功於牧伯。」疏云：「劉炫謂治國有功。」又別引炫説云：「朝而獻功，言治國有功，故土饒物産。」此當是《述義》語。據炫義，則功即通包下文「采章加貨」之事。疏又云：「劉炫云：『傳稱朝以正班爵之儀，率長幼之序，則不名獻功。成二年，王禮鞏伯，「如侯伯克敵，使大夫告慶之禮」，則侯伯克敵，衹合使大夫告王征伐之功，何故親朝獻牧伯？禮，小朝大，小國不合專征，復有何功可獻？』」疏又云：「襄八年，鄭伯親獻蔡捷於邢丘，獻征伐之功於牧伯也。劉以諸侯親朝無獻征伐之功，以規杜氏，違經背傳，於義非也。」疏再引炫説，皆《規過》之辭，其駁炫説之前，又云：「案成二年傳云：『侯伯克敵，使大夫告慶之禮。』又君無獻征伐之功，何以知獻功於牧伯？」則同炫説。蓋舊疏之辭，失删者也。然杜注有二義，本兼治國之功及征伐之功言，炫用其治國之義，規其征伐之説耳。邵瑛云：「按：據魯而言朝，如僖二十八年，公朝於王所；壬申，公朝於王所；成十三年三月，公如京師，此其正也。其次則如公如齊，自僖十年春至昭二十七年冬，凡十；又公如晉，自文三年冬至定三年春王正月，凡二十一。又其次則如楚，襄二十八年十有一月、昭七年三月，凡二，皆爲牧伯而朝也。車服文章，貨賂幣帛，無一非其土地之所出，未嘗不可見其治國之功。❶至征伐之功，則魯固小國，如襄十九年傳：『季武子以所得於齊之兵作林鍾，而銘魯功。臧武仲以爲非禮，且曰「計功則借人也」。』言借晉力也，則魯實無征伐之功可獻也。故莊三十一年六月，獻戎捷，乃齊桓耳；僖二十一年，使宜申來獻捷，乃楚成耳，非小國之所敢與也。」按：邵説是也。諸侯以征伐相告，經止書「獻捷」，不云「獻功」。疏所舉鄭獻蔡捷於齊，亦是獻捷。此傳獻子之意，在賄楚謀免。故舉朝聘禮用財之事，不合稱征伐獻功，所謂言各有當也。

---

❶「國」，原漫漶不清，今據原稿補。

「於是有容貌、采章，嘉淑而有加貨。【疏證】杜注：「容貌，威儀容顏也。采章，車服文章也。嘉淑，令辭稱讚也。言往共，則來報亦備。」據杜「報備」義，則傳明主人報賓以禮。疏云：「炫謂采章、加貨，則聘享獻國所有，玄纁璣組，羽毛齒革，皆充衣服旌旗之飾，可以爲容貌、物采、文章。嘉淑謂美善之物，加貨言賄賂之多，皆賓所獻，亦庭實也。❶於聘總言庭實，於朝指其所有，詳於君、略於臣也。」此亦是引《述義》語，指此爲朝禮之庭實，以賓事言，與杜異。又云：「劉炫云：『按：此勸君行聘，惟當論聘之義深，不宜言主之禮備，豈慮楚不禮而言此也？君之威儀，無時可舍，豈待朝聘賓至，乃始審威儀、正顏色，無賓客則驕容儀？容儀非報賓之物，何言報禮備？』」此疏又引炫《規過》辭也。疏又云：「按莊二十二年傳『庭實旅百』，則朝者庭實。又『庭實旅百』與『容貌采章』相對，杜何知庭實、容貌之等，非是賓之所有，必爲主人之物？今知劉説非者，僖二十二年，『楚子入享於鄭，庭實旅百，加籩豆六品』。又昭五年，『燕有好貨，飧有陪鼎』。僖二十九年，『介葛盧來朝，禮之，加燕好』。此傳云『嘉淑而有加貨』，故知加貨、庭實之等，皆是主人待賓之物。《禮》傳賓之於主，無『加貨』之文，故杜爲此解。劉苟進杜義，以爲『庭實旅百』及『容貌』、『采章』、『嘉淑』、『加貨』之等，並爲賓物。」按疏，「今知劉説非者」以上，皆主炫説。又加「案」字，則非炫説，容是舊疏之辭。其據莊傳，謂「朝有庭實」，可補朝禮之闕。疏駁炫説，皆主燕享禮，傳不謂燕享也。秦蕙田云：「『庭實旅百，容貌采章』，以上下文義求之，劉説爲長。疏家曲護杜氏，殊未安。」朱駿聲説同。

❶「也」，原脱，今據原稿補。

「謀其不免也。【疏證】本疏引劉炫云：「多獻賄賂，以謀其不免於罪也。」❶

「誅而薦賄，則無及也。【疏證】《釋訓》：❷「薦，進也。」杜注：「見責而往，則不足解罪。」

「今楚在宋，君其圖之。」公説。

【經】十有五年，春，公孫歸父會楚子于宋。

夏，五月，宋人及楚人平。【注】賈云：「稱人，衆辭，善其與衆同欲。」本疏。【疏證】《穀梁傳》：「人者，衆辭也。平稱衆，上下欲之也。」賈用《穀梁》義。杜注：「平者，總言二國和，故不書其人。」不用賈説。疏駁賈云：「然則彼不稱『人』者，豈惟國君欲平，而在下不欲平乎？」按：賈之取《穀梁》義者，以兩國平書人，❸唯見此經，疏駁非。❹

六月，癸卯，晉師滅赤狄潞氏，以潞子嬰兒歸。【疏證】李富孫云：「淳化本、足利本無『潞』，當爲脱誤。」惠棟云：「潞，《漢書》、《劉寬碑陰》作『路』，三體石經仍作『潞』，《説文》同。」杜注：「潞，赤狄之別種，氏，國，故稱氏。子，爵也。」沈欽韓云：「按：杜用《公羊》『州不若國，國不若氏』之語，疏謂其俗尚赤衣、白衣，故有赤、

❶「免」，原脱，今據《春秋左傳正義》卷二十四補。
❷「訓」，當作「詁」。
❸「平」，原脱，今據原稿補。
❹眉批：核例。

白，非也。赤狄、白狄，猶紀年之赤夷、白夷，今之花苗、紅苗，黑玀玀、白玀玀，各自其種類耳。《一統志》：『潞縣故城在潞安府潞城縣東北。』」沈謂杜用《公羊》「國不若氏」，是也。疏：「『胙之土而命之氏』者，❶即以國名爲氏。單國不復成文，故以氏配之。潞氏、甲氏、皋落氏，皆是也。」疏不以書氏爲進狄，與杜異。此年，潞子始見經，《漢書·景武昭宣元成功臣表》：「昔《書》稱『蠻夷率服』，《詩》云『徐方既倈』，《春秋》列潞子之爵，許其慕諸夏也。」注：「應劭曰：『潞子離狄內附，《春秋》嘉之，稱其爵，列諸盟會也。』」文淇案：《公羊傳》「離於夷狄而未能合於中國」，❷解詁：「疾夷狄之俗而去離之，故曰子。」班、應似皆用《公羊》説。

秦人伐晉。無傳。**【疏證】**《年表》：「晉景公六年，秦伐我。」

王札子殺召伯、毛伯。**【疏證】**杜注：「王札子，王子札也。蓋經文倒札字。」疏云：「傳稱此人爲王子捷，捷、札一人。《公羊傳》曰：『王札子者何？長庶之號也。』何休云：『天子之庶兄也。』《左傳》言札爲王孫蘇所使，非是尊貴，不得爲王之庶兄。」此疏明《左氏》與《公羊》義異，「札子」文倒，杜亦意爲之説。三傳同辭異義者多矣。《古今人表》亦作王札子。杜注又云：「稱殺者名，兩下相殺之辭。」用《公羊》説。

秋，螽。無傳。**【疏證】**《公羊》「螽」曰「蝝」。

仲孫蔑會齊高固于無婁。**【疏證】**《公羊》「無」曰「牟」。杜注：「無婁，杞邑。」沈欽韓云：「無婁，即牟婁

---

❶「氏」，原作「士」，今據原稿改。

❷「離」，原作「雜」，今據原稿改。下一「離」字同。

聲之轉也。」《彙纂》：「蓋即隱四年莒人伐杞所取之邑，此時已爲莒邑矣。杜注疑有誤。」

初税畝。【疏證】《年表》：「魯宣公十五年，初税畝。」《食貨志》：「故魯宣公初税畝，《春秋》譏焉。」此譏義，三傳所同。注孟康引《穀梁》「履畝」，非《左氏》義。杜注：「公田之法，十取其一。今又履其餘畝，復十收其一。故哀公曰：『二，吾猶不足。』遂以爲常，故曰初。」是初税十二，自宣公始也。傳稱「穀不過藉」，《公羊傳》：「古者什一而藉，什一者，天下之中正也。多乎什一，大桀小桀。寡乎什一，大貉小貉。什一者，天下之中正也。什一行，而頌聲作矣。」《穀梁傳》亦云：「古者什一，藉而不税。」二傳皆謂什一而藉，傳但稱藉，則亦是什一，與二傳同。什一爲税正法，而《載師》云：「凡任地，近郊十一，遠郊二十而三，甸、稍、縣、都皆無過十二。❶漆林之征，二十有五者。」本疏云：「王畿之内所供多，故賦税重。諸書所言十一，皆謂畿外之國。」據疏説，則自王畿以外皆什一矣。杜此注不詳授田之法，其傳注云：「周法，民耕百畝，公田十畝，借民力而治之，税不過此。」則據傳「穀不過藉」爲説。其云「民耕百畝，公田十畝」，是別十畝於百畝之外。《孟子》云：「夏后氏五十而貢，殷人七十而助，周人百畝而徹，其實皆什一也。徹者，徹也。助者，藉也。」傳明周田制，當云「徹」而云「藉」者，即《孟子》貢、助、徹皆什一之説所出，則傳謂用助法矣。《孟子》趙注云：「民耕五十畝，貢上五畝。耕七十畝者，以七畝助公家。耕百畝者，徹取十畝以爲賦。雖異名而多少同，故曰皆什一也。」趙氏釋「助」爲七十畝之助法。三傳之「藉」，則是百畝之助法，以趙氏説助義近之於徹，是每夫授田百畝，在百畝内徹十畝爲公田也。本疏云：「《孟子》曰：『方里而井，井九百畝，其中爲公田。八家皆私百畝，同養公田。公事畢，然後敢治私事。』《漢書・食貨志》取彼意而

❶「甸」，原脱，今據《周禮注疏》卷十三補。

爲之文，云：『井田方一里，是爲九夫。八家共之，各授私田百畝，公田十畝，是爲八百八十畝，❶餘二十畝爲廬舍。』諸儒多用彼爲説。如彼所言，則家别一百一十畝，是爲十外税一也。鄭玄《詩》箋云『井税一夫，其田百畝』，則九而税一，其意異於《漢書》，不以《志》爲説也。」疏謂《漢志》取《孟子》之説，諸儒多用爲説，則《左氏》舊説皆謂每夫授田一百一十畝，與趙注「每夫百畝」説異。《孝經》疏引劉熙《孟子》注云：「家耕百畝徹取十畝以爲賦也。」亦同趙注義，與《漢志》不合。疏引鄭君箋，見《甫田篇》，箋云：「九夫爲井，井税一夫，其田百畝。井十爲通，通税十夫，其田千畝。通十爲成，成方十里，成税百夫，其田萬畝。」疏云：「周制有貢有助。助者，九夫而税一夫之田。貢者，什一而貢一夫之穀。通之二十夫而税二夫，是爲什中税一也。故《冬官·匠人》注廣引經傳而論之，云：『周制，畿内用夏之貢法，税夫，無公田。邦國用殷之助法，制公田，❷不税夫。貢者自治其所受田，貢其税穀。助者借民之力以治公田，又使收斂焉。諸侯謂之徹者，通其率以什一爲正。《孟子》云：「野，九夫而税一；國中，什一。」是邦國亦異外内之法耳。』是鄭解通率爲什一之事也。《孟子》又云：『方里而井』云云，是説助法。井别一夫，以入公也。云『别野人』者，别野人之法，使與國中不同也。助法既言百畝爲公田，則使自賦者，明是自治其田，貢其税穀也。助則九而助一，貢則什一而貢一，通率爲什一也。如鄭之言，邦國亦異外内，則諸侯郊内貢、郊外助矣。而鄭正言畿内用貢法、邦國用助法，❸以爲諸侯皆助者，以諸侯郊内之地少、郊外助者多，故以邦國爲

---

❶「爲」，原脱，今據原稿補。

❷「制」，原爲空格，今據原稿補。

❸「貢」，原作「夏」，今據《毛詩正義》卷十四改。

助，對畿内之貢爲異外内也。史傳述助、貢之法，惟《孟子》爲明。鄭據其言，以什一而徹爲通外内之率，理則然者。而《食貨志》云云，其言取《孟子》爲説，而失其本旨。班固既有此言，由是群儒遂謬。何休之注《公羊》、范甯之注《穀梁》、趙岐之注《孟子》、宋均之述《樂緯》，咸以爲然，皆義異於鄭，理不可通。何則？言井九百畝，其中爲公田，則中央百畝共爲公田，❶不得家取十畝也。又言八家皆私百畝，則百畝皆屬公矣，何得復以二十畝爲廬舍也？言同養公田，是八家共理公事，何得家分十畝自治之也。若家取十畝，各自治之，安得謂之同養也？若二十畝爲廬舍，則家二畝半亦入私矣，則家别私有百二畝半，❷何得爲八家皆私百畝也？此皆諸儒之謬。鄭於《匠人》注云：『野，九夫而税一。』此箋云：『井税一夫，其田百畝。』是鄭意無別公田十畝及二畝半爲廬舍之事。俗以鄭説同於諸儒，是又失鄭旨矣。」詳《詩》疏論畿内邦國税民之異，甚諦，亦與鄭君義合。本疏據《匠人》鄭君注，通其率以十一爲正義。謂言郭内郭外相通，其率爲十税一也。杜今直云「十取其一」，則又異於鄭，與《詩》疏説鄭義同，蓋以杜不別郭外、内爲疏也。魯是邦國，則郊外用殷之助法，故傳云「穀不過藉」也。三代税民制異，井田未改，助之異於徹者，助是通力合作，徹是各家分治其田，公田之在中央無異也。《詩》疏泥於助法合作之義，以家取十畝爲疑，非也。《信南山》云「中田有廬」，《穀梁傳》「古者公田爲居，井、竈、葱、韭盡取焉」，此廬舍在公田中之證。廬舍二十畝，乃公田之給民者，是割公田所有，不得謂私。若謂家無二畝半之廬舍，則公田百畝須十夫治之，不得謂八家矣。彼疏駁《漢志》，皆横生瘡痏，不足爲據。《韓詩外傳》：「古者八家而井田，方里爲一

❶「共」，原作「其」，今據原稿改。

❷「百」，原脱，今據《毛詩正義》卷十四補。

井，廣三百步，長三百步爲一里。其田九百畝，廣一步，長百步爲一畝。廣百步，長百步爲百畝。八家爲鄰，家得百畝，餘夫各得二十五畝。家爲公田十畝，餘二十畝共爲廬舍，各得二畝半。八家相保，出入更守，疾病相憂，患難相救，有無相貸，飲食相召，嫁娶相謀，漁獵分得，仁恩施行。是以其民和親而相好。《詩》曰：『中田有廬，疆埸有瓜。』」右《韓詩》説，亦謂家授私田百畝、公田十畝，更在《漢志》之前。惟《小司徒》「九夫爲井」，《司馬法》亦云「畝百爲夫，夫三爲屋，屋三爲井」。萬斯大《學春秋隨筆》據此二文，謂：「周人井九百畝，分之九夫，每夫百畝，中以十畝爲公田。」與鄭君《甫田》箋「九夫爲井，井税一夫」、《匠人》注「九夫而税一」似合。然據《漢志》，井田方一里，是爲九夫，則九夫以地言之，猶言九百畝耳。❶鄭氏意亦當如此。本疏乃以「九而税一」解鄭《甫田》箋義，其《甫田》疏亦然，致近儒謂鄭君義與《漢志》不合。《穀梁》則傳文□云：「井田者，九百畝，公田居一。」集解云：「出除公田八十畝，餘八百二十畝，故井田之法，八家共一井，八百畝餘二十畝，❷家各二畝半爲廬舍。」則傳文已明家授一百十畝之制也。《甫田》疏謂何休、范甯、趙岐、宋均説同《漢志》，而不察爲《穀梁傳》文，趙岐注則謂家耕百畝，徹取十畝爲公田，與《漢志》不同。并爲一説，尤謬。此釋《公》《穀》「履畝」義，異於《左氏》。至授田之數，三傳并同《漢志》，未可駁也。特徹田視助法，法同而實異其制度，故書未詳。倪思寬《讀書記》云：「竊嘗據鄭旨核分畝，八家九百畝，而公田百畝，通公私之率，無異家別一百十二畝半，於一百一十二畝半，抽其一十二畝半，則於九分之中而税其一分，正合九一之旨。其數其明，不待持籌而知也。」據倪説，則鄭君九夫税一義，與《漢志》

---

❶「猶」，原作「獨」，今據原稿改。

❷「十」，原脱，今據原稿補。

正合。《公羊解詁》云：「聖人制井田之法，而口分之，一夫一婦受田百畝，以養父母妻子，五口爲一家，公田十畝，即所謂什一而税也。廬舍二畝半，凡爲田一頃十二畝半。❶八家而九頃，共爲一井。」按：頃，百畝也。其謂家授一百十畝，此猶是注説。文田云：「《周官·司稼》云：『巡野觀稼，❷以年之上下出斂法。』是知徹無常額，惟視年豐凶，此其與貢異處。助法正是八家合作，而上收其公田之入，無須更出斂法。然其弊必有如何休所云『不盡力於公田』者，故周直以公田分授八夫，至斂時則巡野觀稼，合百一十畝通計之，而取其什一。其法亦不異於助，故《左傳》云：『穀出不過籍。』然民自無公私緩急之異，此其與助異處。至魯宣公因其舊法而倍收之，是爲什而税二矣。」姚氏説徹，蓋據鄭君通其率之義，❸謂「公田分授八夫」，亦與《漢志》合。

冬，蝝生。【注】劉歆以爲蝝，蚍蠹之有翼者。食穀爲災，黑眚也。《五行志》。劉歆曰：「蚍蜉子也。」《説文》、《釋文》。【疏證】杜注：「螽子以冬生，遇寒而死，故不成螽。」與劉歆説異。《釋蟲》：「蝝，蝮陶。」本疏引李巡説：「蝝，蝗子也。」郭注：「蝗子未有翅者。」用李説。本疏：「劉歆以爲蚍蜉有翅者，非也。上云『秋，螽』，秋而生子于地，至冬其子復生，遇寒而死，故不成災。傳稱『凡物不爲災，不書』，此不爲災而書之者，傳云『幸之也』。此年既飢，若使蝝早生，更爲民害。喜其冬生，故書之。」杜以「蝝生」蒙「秋螽」爲文，疏述其義而斥歆説爲非也。其引歆説，乃隱括之辭，故與《五行志》、《釋文》小異。《五行志》：「蚍蠹。」孟康曰：「音蚍蜉。」《釋

❶「一頃十二畝半」，原脱，今據原稿補。
❷「野」，原作「行」，今據原稿改。
❸「據」，原作「括」，今據原稿改。

蟲》：「蚍蜉，大螘。」《説文》：「𧖸蠹，大螘也。蝝，復陶也。」劉歆説：「蝝，蚍蜉子。」𧖸省爲螕，螕又省爲蚍，許君爲正字也。許君謂蝝即蚍蜉，賈義或當然。《釋蟲》又云：「螱，飛螘。」郭注：「有翅。」即用歆「有翼」之説，則蝝即螱也。歆云：「食穀爲災。」則正以爲災而書，與傳例合。疏謂「不爲災而書」，非。黑眚者，《五行志》：「甚則異物生謂之眚，自外來謂之祥。」又云：「傳曰聽之不聰，是謂不謀。時則有黑眚、黑祥。」歆以飛螘爲黑眚者，螘色玄，《小正》：「十有二月，玄駒賁。玄駒，螘也。」歆厘釋「蝝」，未及徵驗。《五行志》又云：「董仲舒、劉向以爲蝝，螟始生也。一曰螟始生。」以蝝爲蝗，乃《公》《穀》義。杜舍歆、《左氏》説而取《公》《穀》義，非也。《釋文》先引歆説，又引董仲舒云「蝗子」，明《左氏》與《公羊》異説。

饑。【疏證】據劉歆義，則饑承蝝食穀言。杜注：「風雨不和，五稼不豐。」與歆義異。

【傳】十五年，春，公孫歸父會楚子于宋。

宋人使樂嬰齊告急于晉，晉侯欲救之。【疏證】杜無注。宋有樂氏。《晉世家》：「景公六年，楚伐宋，宋來告急晉，晉欲救之。」《鄭世家》：「十一年，楚莊王伐宋，宋告急於晉，晉景公欲發兵救宋。」

伯宗曰：「不可。【注】賈云：「伯宗，晉大夫。」《晉世家》集解。【疏證】洪亮吉云：「《元和姓纂》引《世本》：『晉孫伯起生伯宗，因氏焉。』」

「古人有言曰：『雖鞭之長，不及馬腹。』【疏證】杜注：「言非所擊。」《北魏書・李沖傳》：「別詔安南大將軍元英、平南將軍劉藻討漢中，召雍、涇、岐三州兵六千人擬戍南鄭，剋城則遣。沖表諫曰：『西道險阨，單徑千里。今欲深戍絶界之外，孤據群賊之口，敵攻不可卒援，食盡不可運糧。古人有言：「雖鞭之長，不及馬腹」，南鄭於國，實爲馬腹也。』」據李冲引傳意，馬腹喻宋，距晉遠，中隔大河、太行也。杜説非。

「天方授楚，未可與爭。雖晉之强，能違天乎？【疏證】《晉世家》：「伯宗曰：『楚，天方開之，不可當。』」《鄭世家》：「伯宗諫晉君曰：『天方開楚，未可伐也。』」

「諺曰：『高下在心。』【注】舊注：「高下猶屈申也。」《御覽》四百九十五。【疏證】惠棟以爲服虔説，未知何據。《魏志·王粲傳》：❶「何進召四方猛將，并使引兵向京城，欲以刼恐太后，琳進諫曰：『今將軍總皇威，握兵要，龍驤虎步，高下在心。此行事，無異于鼓洪爐以燎髮。』」琳引傳文義，與舊注合。杜注：「度時制宜。」猶屈申義也。

「川澤納汙，【疏證】《路温舒傳》上書引與「山藪」句互倒，《傳》又云：「温舒受《春秋》，通大義。」其上書連引傳文，則所受爲《左氏春秋》也，章句異此。《周禮》鄭注：「澤，水所鍾也。」杜以「納汙」爲受汙濁。《路温舒傳》注：「川澤之形廣大，❷則獨受于汙濁。」❸《隋書·長孫平傳》：「平進諫曰：『川澤納汙，所以成其深。』」與《漢書》注「廣大」義合。

「山藪藏疾，【疏證】《路温舒傳》「藏」作「臧」。按：「臧」，古「藏」字。杜注：「山之有林藪，❹毒害者居

---

❶「王粲」，疑當作「陳琳」。
❷「形」，原作「功」，今據《漢書·路温舒傳》改。
❸「獨」，《漢書·路温舒傳》作「能」。
❹「藪」，原脱，今據原稿補。

之。」疏云：「近山近澤，皆得稱藪。上既有『川澤』之文，下別云『山藪』之事。此藪近山。劉炫以爲『澤旁之藪』，以規杜氏，非也。」邵瑛云：「《釋地》李注：『藪，澤之别名也。』然藪、澤雖同而微異，大抵有水謂之澤，無水則爲藪。故《周語》注：『澤無水曰藪。』《漢書·五行志》注：『藪謂澤之無水者。』劉炫謂『澤旁之藪』，確不可易，而傳連山言之，曰『山藪』，言山藪草木，毒螫之蟲所在，故曰『山藪藏疾』。劉炫之意，亦是如此。而杜以爲『山之有林藪』，❶孔穎達因謂此藪近山，未合也。」按：邵説是也。《路温舒傳》注：「言山藪之有草木，則毒害者居之。」山藪兼言，與杜注「山之林藪」異，當是舊説。《周禮》鄭注：「水希曰藪。」鄭君亦不謂藪近山。《後漢書·陳寵傳》：「寵子忠上疏曰：『臣聞人君廣山藪之大，納切直之謀。』」《隋書·長孫平傳》：「山岳藏疾，所以就其大。」用傳義。藪、岳，或亦異字。

「瑾瑜匿瑕，【疏證】《路温舒傳》「瑕」作「惡」。李富孫云：「惡與瑕，義不甚異。」❷《説文》：「瑾瑜，美玉也。瑕，玉小赤也。」玉以白爲尚，白而小赤，非玉之美。《聘義》「瑕不揜瑜，瑜不揜瑕」，注：「瑕，玉之病也。」杜注以「瑕」爲「穢」，非。又云：「匿，亦藏也。」

「國君含垢，【注】舊注：「含，忍也。垢，耻也。」《御覽》四百九十五。**【疏證】**《釋文》：「垢，本或作詬。」案：《路温舒傳》作「含詬」，與《釋文》一本合。《説文》：「謑詬，耻也。」是詬亦耻也。《考工記》「燕無函」，

---

❶「山之有」，原作「有山之」，今據《劉炫規杜持平》卷三改。

❷「義」，原脱，今據《春秋左傳異文釋》卷九補。

注：「鄭司農云：『函，讀如「國君含垢」之含。』」疏：「彼勸晉侯忍不救宋之事，❶引之證函是含容之義也。」據彼疏説，則先鄭訓傳之「含」爲含容也，❷與舊注義合，舊注或即先鄭義矣。杜注：「忍垢耻。」《路温舒傳》：❸「人君之善御下，亦當忍耻病也。」皆用舊注義。惠棟云：「《淮南子》云：『《老子》曰：「能受國之垢，是爲社稷主。」』」受亦含義。

「天之道也。君其待之。」乃止。【疏證】馬宗璉云：「時晉將圖赤狄，故休其兵力而不救宋，託言楚强以止之，❹觀伯宗之謀伐潞可見。」

使解揚如宋，使無降楚，【注】服云：「解揚，晉大夫。」《晉世家》集解。【疏證】杜無注。洪亮吉云：「《史記·鄭世家》曰：『乃求壯士，得霍人解揚，字子虎。誆楚，令宋無降。』《説苑》載此事，與《史記》略同。惠氏《補注》舍《史記》而反引《説苑》，疏矣。」案：《晉世家》亦云：「乃使解揚，紿爲救宋。」

曰：「晉師悉起，將至矣。」

鄭人囚而獻諸楚。【疏證】《年表》：「鄭襄公十一年，佐楚伐宋，執解揚。」

楚人厚賂之，使反其言，不許，三而許之。【疏證】《鄭世家》：「鄭與楚親，乃執解揚而獻楚。楚王厚

---

❶「彼勸」，原脱，今據原稿補。「忍」，原作「志」，今據《周禮注疏》卷三十九改。
❷「傳」，原作「詩」，今據原稿改。
❸「路温舒傳」至「耻病也皆」，原在「受亦含義」下，今據原稿改。
❹「强」，原爲空格，今據《皇清經解》卷一千二百七十八《春秋左傳補注》補。

賜與約，使反其言，令宋趣降，三要乃許。」《晉世家》：「鄭人執與楚，楚厚賜，使反其言，令宋急下，解揚紿許之。」

登諸樓車，【注】服云：「樓車所以窺望敵軍，兵法所謂『雲梯』也。」《鄭世家》集解。【疏證】《御覽》三百三十六引「登諸樓車」注：「所爲雲梯。」❶蓋節服注文。《説文》：「轈，兵車高如巢以望敵也。」此成十六年「楚子登巢車」義。❷樓車，疑與巢車類，皆以望敵。《六韜·軍略》篇：「若攻城圍邑，則有轒轀、臨衝。視城中，則有雲梯、飛樓。」服引兵法，即《六韜》文。李貽德云：「兵法泛指兵家之言，《漢書·藝文志》云：『張良、韓信叙次兵法，凡百八十二家，❸删取要用，❹定著三十五家。』是古來稱兵法，皆衆矣。」據《藝文志》「《太公兵》八十五篇」，則太公書得稱兵法，李説非也。《墨子·公輸》篇：「公輸般爲楚造雲梯之械成，將以攻宋。」未説雲梯之制若何。《列子》用其文，張湛注：「雲梯可以凌虛。」與《六韜》「視城中」義合。今之雲梯，爲傳城之械，蓋襲古名，異其實矣。杜注：「樓車，車上望櫓。」《漢書·劉屈氂傳》注：「櫓，望敵之樓也。」杜謂車上有樓，《鄭世家》「於是楚登解揚樓車」，❺集解兼引服、杜説，以服、杜説異。

使呼宋人而告之。

---

❶「爲」，《太平御覽》卷三百三十六作「謂」。

❷「成十六」，原爲空格，今據《春秋左傳正義》卷二十八補。

❸「百」，原脱，今據《春秋左氏傳賈服註輯述》卷九補。

❹「用」，原脱，今據《春秋左氏傳賈服註輯述》卷九補。

❺「鄭」下，原衍「晉」字，今據《史記·鄭世家》删。

遂致其君命。【疏證】《鄭世家》：「遂負楚約，而致其晉君命曰：『晉方悉國兵以救宋，宋雖急，慎毋降楚，晉兵今至矣。』」《晉世家》：「卒致晉君言。」

楚子將殺之，使與之言，曰：「爾既許不穀而反之，何故？非我無信，女則棄之。速即爾刑！」【疏證】《鄭世家》：「楚莊王大怒，將殺之。」《晉世家》：「楚欲殺之。」

解揚曰：「臣聞之，君能制命爲義，臣能承命爲信，信載義而行之爲利。謀不失利，以衛社稷，民之主也。

「義無二信，信無二命。【注】舊注：「義不行兩信，信不受二命也。」《御覽》七百七十七。【疏證】舊注「信」下奪「信」字，今以意增。杜注：「欲爲義者，❶不行兩信；欲行信者，不受二命。」用舊注義。

「君之賂臣，不知命也。

「受命以出，有死無霣，【注】服云：「隕，隊也。」《鄭世家》集解。【疏證】《鄭世家》：「受吾君命以出，有死無隕。」與傳作「霣」異。集解改服注爲「隕」，以合史公字也。李貽德云：「案：《說文》云『齊人謂雷爲霣，一曰雲轉起也』，此別一義。服訓『隊』者，謂霣爲隕之假借字。《爾雅·釋詁》：『隕，落也。』《說文》：『隕，從高下

---

❶「義」，原作「信」，今據《春秋左傳正義》卷二十四改。

也。隊，從高隊也。』落、下，❶皆隊也。」❷案：杜注：「霣，廢墜也。」墜，隊之俗。然「霣」不訓廢，杜用服注，增「廢」字，非。

「又可賂乎？

「臣之許君，以成命也。【疏證】杜注：「成其君命。」《鄭世家》：「莊王曰：『若之許我，已而背之，其信安在？』解揚曰：『所以許王，欲以成吾君命也。』」則成命之辭，蓋答莊王語。信，傳略之。

「死而成命，臣之禄也。【疏證】禄，猶言福也。

「寡君有信臣，

「下臣獲考死，又何求？」【疏證】杜以「考」字絶句，云「成也」。沈欽韓云：「當與下『死』字爲句，考死猶考終命也。」案：《鄭世家》：「將死，顧楚軍曰：『爲人臣，無忘盡忠得死者！』」得死，即「考死」義。

楚子舍之以歸。【疏證】《鄭世家》：「楚王諸弟皆諫王赦之，於是赦解揚，使歸晉，爵之，爲上卿。」《晉世家》：「或諫，乃歸解揚。」傳略楚莊王納諫事。《年表》：「晉景公六年，救宋，執解揚，有使節。」此《左氏》褒解揚義。

夏，五月，楚師將去宋，【疏證】上年經：「秋，九月，楚子圍宋。」《宋世家》：「文公十七年，楚以圍宋五月

---

❶ 「下」，《春秋左氏傳賈服註輯述》卷九作「墜」。

❷ 「隊」，原作「墜」，今據原稿改。

不解。」《楚世家》：「圍宋五月。」史公以爲五閱月，❶皆駁文。杜注：「在宋積九月，不能服宋故。」是也。

申犀稽首於王之馬前，曰：

「毋畏知死而不敢廢王命，王棄言焉。」

王不能答。

申叔時僕，【疏證】杜注：「僕，御也。」按：謂王車之御。

曰：「築室，反耕者，宋必聽命。」從之。【疏證】杜注：「築室於宋，分兵歸田，示無去志。王從其言。」案：築室反耕，當是古人圍師久留之法。《晉書·載記·石勒傳》：「遣季龍討徐龕，龕堅守不戰。於是築室反耕，列長圍以守之。」《慕容儁傳》：「慕容恪進圍廣固，諸將勸恪宜急攻之，恪曰：『彼我勢均，且有强援，當羈縻守之，以待其斃。』乃築室反耕，嚴固圍壘。」《禿髮傉檀傳》：「蒙遜圍樂都，三旬不尅，築室反耕，爲持久之計。」皆用申叔時之策也。

宋人懼，使華元夜入楚師，登子反之牀，【注】舊注：「華元若不因閒，若不用諜，無由得入楚軍也。」《御覽》四百八十。❷【疏證】傳說華元入楚軍，不謂由閒諜，舊注推較事情知之。杜注：「《兵法》：『因其鄉

---

❶「閱」，原漫漶不清，今據原稿補。

❷「四百八十」，當作「二百九十二」。

人而用之，必先知其守將、左右、謁者、門者、舍人之姓名，❶因而利導之。』華元蓋用此術，得以自通。」惠棟云：「此注皆見《孫子・用間》篇。曹公《孫子》注曰：『因敵鄉人，知敵表裏虛實之情，故舊而用之，可使伺候。』守，有官職在者。謁，告也，上告事者也。門者，守門者也。舍人，守舍之人也。又先知爲親舊，有急即呼之，則不呵止，亦因之以知敵情。」按：杜注義與舊注同，舊注非完文，當引《兵法》有閒諜，以證華元入楚師之事。杜注或即用舊注矣。《宋世家》：「宋城中急，無食，華元乃夜私見楚將子反。」

起之，曰：「寡君使元以病告，【疏證】起之，謂呼子反使起也。

「曰：『敝邑易子而食，析骸以爨。【疏證】此至「唯命是聽」，華元述宋文公之言也。《釋文》：「骸，又作骨。」《呂覽・行論》篇云「析骨而爨之」，與《釋文》一本合。《宋世家》：「子反告莊王，王問：『城中何如？』曰：『析骨而炊，易子而食。』」《楚世家》：「圍宋五月，城中食盡，易子而食，析骨而炊。」字皆作「骨」，其改「爨」爲「炊」，因《公羊》字也。《廣雅》：「爨，炊也。」

「『雖然，城下之盟，有以國斃，不能從也。【疏證】杜注：「寧以國斃，不從城下盟。」《御覽》二百九十二引此傳及注，「斃」皆作「敝」。按：國不可言斃，作「敝」是，傳寫失之。

「『去我三十里，惟命是聽。』」

子反懼，與之盟而告王。【注】服云：「與華元私盟，許爲退師。若孟任割臂，與魯莊公盟。」本

---

❶「左右」，原脱，今據原稿補。

疏。**【疏證】**杜無注。疏引服説，又云：「下云『盟曰』，是兩國平後共盟，而楚人爲此辭耳，非此華元、子反私盟之辭也。」此疏申服義。嚴蔚、洪亮吉引服注，皆至「與莊公盟」止。李貽德獨取「下云」以下，亦取爲服注，非。魯莊公與孟任盟，見莊公三十二年。服以此爲私盟，故以孟任割臂爲證，不以辭害義。傅遜云：「華元登牀，乘其不虞，刼之與盟也。」邵寶云：「子反懼華元之脅也，盟豈得已哉？」

退三十里，宋及楚平。【疏證】《吕覽·行論》篇：「莊王爲却四十里，而舍於盧門之闔。」注：「盧門，宋城門。闔，扉也。」此盧門，當謂宋外郭門。《楚世家》：❶「莊王曰：『誠哉言，我軍亦有二日糧。』以信故，遂罷兵去。」《宋世家》：❷「宋華元出，告以情。莊王曰：『君子哉！』遂罷兵去。」《年表》：「華元告子反以誠，楚罷。」又云：「華元告楚，楚去。」

華元爲質。盟曰：「我無爾詐，爾無我虞。」【疏證】杜注：「楚不詐宋，宋不備楚。」是杜解「虞」爲「虞度」。按：《廣雅·釋詁》：「詐、僞、謾、膠、誣、詿、詑、調、突、虞，欺也。」王念孫云：「《淮南子·繆稱訓》引《屯》六三：『即鹿無虞。』高誘注云：『虞，欺也。』《魏志·王粲傳》：『陳琳諫何進曰：「《易》稱『即鹿無虞』，諺有『掩目捕雀』。夫微物尚不可欺以得志，況國之大事，其可以詐立乎？」』高誘、陳琳皆以『無虞』爲無欺，蓋漢時師説如此。宣十五年《左傳》『我無爾詐，爾無我虞』，謂兩不相欺也。『虞』與『詿誤』之『誤』，古聲義並同。」按：據王説，則杜注非古義。

---

❶「楚」，當作「宋」。

❷「宋」，當作「楚」。

潞子嬰兒之夫人，晉景公之姊也。【疏證】嬰兒，潞君名。

酆舒爲政而殺之，【疏證】洪亮吉云：「《古今人表》、《水經注》並作『豐舒』。」李富孫云：「豐、酆，古今字。」惠棟云：「王符引此『殺』作『虐』。」按：見《潛夫論・志氏姓》篇。❶ 杜注：「酆舒，潞相。」

又傷潞子之目。晉侯將伐之，

諸大夫皆曰：「不可。酆舒有三儁才，【疏證】杜注：「儁，絶異也。」洪亮吉云：「趙岐《孟子》注：『俊，美才出衆也。』俊、儁通。」本疏引《辨名記》云：「五人曰茂，十人曰選，倍選曰儁，千人曰英，倍英曰賢，萬人曰桀，倍桀曰聖。」是儁謂才過二十人，不謂絶異也。疏又云：「知其有才藝勝人者三事耳，不知三者何事也。」按下云「恃才與衆」，則儁才謂酆舒身，故疏以三事言。

不如待後之人。」

伯宗曰：「必伐之。

狄有五罪，儁才雖多，何補焉？

不祀，一也。【疏證】文五年傳：「皐陶庭堅，不祀忽諸。」此不祀，亦謂不祀其先人。

耆酒，二也。

---

❶ 「志氏姓」，原爲二空格，今據《潛夫論・志氏姓》補。

「棄仲章而奪黎氏地，三也。【注】服云：「黎侯之國。」《旄丘》疏。【疏證】杜注：「仲章，潞賢人。❶黎氏，黎侯國。」杜蓋用服說。《御覽》六百四十一引注：「仲章，潞賢人。黎氏，黎侯也。」當是舊注，或即服義矣。仲章事，無攷。《釋文》：「黎，國名。」《地理志》「上黨郡壺關」，應劭曰：「黎侯國也。」杜注據晉縣云：「上黨壺關縣有黎亭。」《旄丘》「匪車不東」，箋云：「黎國在衛西，今所寓在衛東。」疏據杜注謂黎國在衛之西。疏又云：「宣公十五年《左傳》，伯宗數赤狄潞氏之罪云：『奪黎氏地，三也。』服虔云：『黎侯之國。』此詩之作，責衛宣公。宣公以魯桓十二年卒，至魯宣十五年百有餘歲，即此時爲狄所逐。後更復其國，至宣公之世，乃赤狄奪其地耳。」彼疏說黎寓衛之後，❷仍復其國，最爲分明。此黎在衛西，鄭君說與《漢志》合。顧棟高云：「今潞安府長治縣西三十里黎侯亭是也。」❸江永云：「今按：潞安府之長治、壺關，皆黎國地，潞子奪之。又有黎城縣，在潞安東北，❹本漢潞縣地，隋始置縣。《一統志》云黎侯城在縣東北十八里，晉立黎侯，即此。」右皆用《漢志》說。其黎侯寓居之黎，據《漢志》在東郡黎縣，注：「孟康曰：『《詩》黎侯國，今黎陽也。』臣瓚曰：『黎陽在魏郡，非黎縣。』師古曰：『瓚說是。』」《水經注》「瓠子河東逕黎縣故城」，即《漢志》東郡之黎也。而酈氏於「河水過黎陽縣」下又云古黎侯國。《元和志》於「鄆州鄆城」下載黎丘，與《水經》黎縣合，而「衛州黎陽」下又云：「古黎侯國。」焦循辨之云：「魏郡之

❶ 「潞」，《太平御覽》卷六百四十一作「路」。
❷ 「彼」，原作「按」，今據原稿改。
❸ 「安」，原重文；「西」，原脫，今據原稿刪補。
❹ 「在潞安」，原脫，今據《春秋地理考實》卷二補。

黎陽，以黎山得名。東郡之黎，以黎侯寓得名。黎陽既非本國，亦非寓地。酈道元、李吉甫之書兩繫之，殊惑人。」按：焦説是也。《詩》疏既謂此黎國非衛東之黎，則黎陽之説，歧出不足辨。恐後人疑惑，故删次焦説，附列之。

「虐我伯姬，四也。【疏證】惠棟云：「上云『酆舒爲政而殺之』，此云『虐』者，案《尚書·吕刑》『惟作五虐之刑』，《墨子》引作『五殺之刑』，《論語》『不教而殺謂之虐』，又十八年傳云『凡自内虐其君曰弑』，皆以虐爲殺也。」

「傷其君目，五也。

「怙其儁才，而不以茂德，【疏證】洪亮吉曰：「《爾雅》：『怙，恃也。』定四年『無怙富』同。」

「滋益罪也。❶

「後之人或者將敬奉德義，以事神人，而申固其命，【疏證】杜注：「審其政令。」沈欽韓云：「《詩》傳：『申，重也。』言後人修德，則其命將毀而重固。」

「若之何待之？不討有罪，而曰『將待後，

「『後有辭而討焉』，毋乃不可乎？

「夫恃才與衆，亡之道也。

---

❶ 原稿眉批：查。

「**商紂由之，故滅。**【**疏證**】杜注：「由，用也。」疏云：「《史記·殷本紀》：『紂賢辨捷疾，聞見甚敏，材力過人，手格猛獸，知足以拒諫，飾是非之端，矜人臣以能，高天下以聲，以爲皆出己之下。』武王伐滅之，是由恃才雋故滅也。」詳史公義，兼才、衆言。疏止云「恃才雋」，誤。❶

「**天反時爲災，**【**疏證**】杜注：「寒暑易節。」按：時所賅，不止寒暑反時，如經書雩、旱、饑、日食、星變之類。

「**地反物爲妖，**【**疏證**】《説文》：「祅，地反物爲祅也。從示，芙聲。」則賈君本作「祅」。《後漢書·鄭興傳》引作「妖」，與賈君本異。杜注：「群物失性。」按：如經書山崩、川竭、螽蜚、桃李華、李梅實之類。

「**民反德爲亂，**【**疏證**】杜無注。本疏：「民謂人也。感動天地，皆是人君感之，非庶民也。」據《後漢書·鄭興傳》作「人」，知先鄭本與唐本異。德，五常之德也。如經書臣弑君、子弑父及刑賞不中之類。

「**亂則妖災生。**【**疏證**】反德則妖災生也。《後漢書·鄭興傳》建武七年三月晦，日食，興上書引「天反時」以下四句，釋之曰：「往年以來，謫咎連見。意者執事，頗有闕焉。夫國無善政，則謫見日月，變咎之來，不可不慎。其要在因人之心，擇人處位也。」興與子衆皆傳《左氏》學，其謂變咎出人心，用傳「亂則妖災生」義也。❷

「**故文反正爲乏，**【**注**】服云：「言人反正者，皆乏絶之道。」本疏。【**疏證**】杜注：「文，字。」未説「乏」形義，故疏引服説補之。乏，經文當作「[illegible]」，「乏」隸變字也。《説文》「[illegible]」，《春秋傳》曰：『反正爲乏。』」段玉裁

---

❶ 原稿眉批：仍查周秦書證之。

❷ 原稿眉批：楚莊事見《説苑》，乃《穀梁》家言，未采於此傳，義亦遠也。

曰：「此説字形而義在其中矣。不正則爲匱、丒，二字相鄉背也。《禮》受矢者曰正，拒矢者曰丒，以其禦矢謂之丒，以獲者所容身謂之容。」段氏説正、丒義見《射禮》。其乏取反正義，於射最諦。黄生《字詁》云：「正之爲字，本訓射的，文從一、從止。射者必以步揣其遠近之準，而施的焉，故從止。一爲指事，所以識其處也。丏爲避箭短牆，丒爲受矢之器，皆從反正會意，故知射的爲『正』本訓。射者必志正體直，然後發矢，不偏不激，正中其處，故借去聲爲邪之對。」據黄説，則反正有丏、丒二文，❶傳止取丏文。射的之正，爲平聲，借去聲爲正邪字也。此正字，當如畫布曰正之正。李貽德云：「乏絶，自釋字義。《周禮·服不氏》杜子春注、《車僕》鄭司農注並云：『乏讀爲「匱乏」之乏。』反正，字之形；匱乏，❷字之義。」本疏云：「妖災生則國滅亡，是乏絶之道也。」蓋述服義。

「盡在狄矣。」【疏證】本疏：「言『盡在狄矣』，則狄皆有之，其『反德爲亂』，則五罪是也。天地災妖，傳不指斥，不知於時潞國有何災何妖也。」

晉侯從之。

六月，癸卯，晉荀林父敗赤狄於曲梁。【疏證】馬宗璉云：「杜注：『曲梁在廣平。』蓋沿晉侯弟亂行於曲梁而誤。彼曲梁在廣平，有雞澤可證。此曲梁近潞，不得遠引廣平之曲梁爲據。」洪亮吉云：「赤狄潞子國，即在潞縣。晉即伐赤狄，必不東走五六百里至廣平之曲梁，況又隔太行一山。杜注可云全不計道里矣。」皆駁杜説。惠棟云：「杜注：『廣平曲梁縣。』迴遠，非也。劉昭《郡國志》注引《上黨記》曰：『潞，濁漳也。縣城臨潞。晉

---

❶「文」，原作「義」，今據原稿改。

❷「乏」，《春秋左氏傳賈服註輯述》卷九作「絶」。

荀林父伐曲梁，在城西十里，今名石梁。』」沈欽韓云：「曲梁當近潞城，若廣平之曲梁，在山東，去潞遠矣。《元和志》斷梁城在潞州銅鞮縣東北三十里，下臨深壑，東西北三面阻澗，❶廣袤二里，俗謂之斷梁城，疑即此處。」惠、沈皆謂曲梁在潞縣。按：潞縣，今山西潞安府潞城縣東北。銅鞮，今山西沁州治，沁州在潞安東北。沈説與《郡國志》合。

辛亥，滅潞。

酆舒奔衛，

衛人歸諸晉，晉人殺之。

王孫蘇與召氏、毛氏争政，【疏證】杜注：「三人皆王卿士。」

使王子捷殺召戴公及毛伯衛。

卒立召襄。【疏證】本疏：「卒，終也。謂後終立之。」《讀本》：「召襄，召戴公子也。」

秋，七月，秦桓公伐晉，次于輔氏。【疏證】《晉語》注：「輔氏，晉地。」杜用韋説。沈欽韓云：「《一統志》：『輔氏城在同州朝邑縣西北十三里。』」❷

壬午，晉侯治兵于稷，以略狄土。【疏證】杜注：「壬午，十月二十七日。」賈曾曰。

---

❶「北」，原脱，今據《春秋左氏傳地名補注》卷五補。

❷「十三」，原倒，今據原稿改。

《郡國志》："河東郡聞喜邑，有稷山亭。"《水經注》："汾水又逕稷山北，❶山東西二十里，南北三十里，西去介山十五里，山上有稷祠，山下稷亭。《春秋》『晉侯治兵于稷』，是也。"文淇案：《御覽》四十五引《隋圖經》曰："稷山在絳郡，后稷播百穀于此山，亦《左傳》謂『晉侯治兵于稷，以略狄土』，是也。"與酈氏説合。故杜云"晉地"也。沈欽韓云："《方輿紀要》：『稷神山，在絳州稷山縣南五十里。』"《廣雅·釋詁》："竊、略，取也。"王念孫云："略者，《方言》：『略，强取也。』宣十五年《左傳》『晉侯治兵于稷，以略狄土』，杜注：『略，取也。』襄四年《左傳》『季孫曰略』，注云：『不以道取曰略。』《齊語》『犧牲不略』，韋注：『略，奪也。』"

立黎侯而還。

及雒，【疏證】杜注："雒，晉地。"沈欽韓云："《秦本紀》：『魏築長城，自鄭濱洛。』《方輿紀要》：『洛水在同州朝邑縣南，宣十五年，晉侯及雒，謂此。』"按：漢經師改"洛"爲"雒"也。

魏顆敗秦師于輔氏，

獲杜回，秦之力人也。【疏證】《論衡·死僞篇》重"杜回"，《張衡傳》注引《左傳》同。

初，魏武子有嬖妾，無子。【疏證】杜注："武子，魏犨，顆之父。"

武子疾，命顆曰："必嫁是。"【疏證】《論衡》"是"下有"妾"字，《張衡傳》注同。《文選·陳情表》注引作"吾死嫁之"。

❶ "北"，原作"之"，今據《水經注箋》卷六改。

疾病，則曰：「必以爲殉。」【疏證】《釋文》：「本或作『必以殉』。」《論衡》「疾病」作「病困」，《文選》注作「及困」。《論衡》「以」下有「是」。

及卒，顆嫁之，

曰：「疾病則亂，吾從其治也。」【疏證】杜無注。顧炎武云：「治謂病閒之時，凡人病未昏、酒未醉皆曰治。《列子》：『鄧析謂子産曰：「子奚不時其治也。」』謂伺其醒。」文淇案：《晉書·曹志傳》：「志遭母憂，居喪過禮，因此篤病，喜怒失常。九年卒，奏以惡謚。崔褒歎曰：『魏顆不從亂，以病爲亂故也。今謚曹志而謚其病，豈謂其病不爲亂乎！』」據崔褒説，則亂指疾病時，與治對，非謂病閒也。

及輔氏之役，顆見老人結草以抗杜回。【疏證】杜注：「亢，禦也。」洪亮吉云：「《廣雅》：『亢，遮也。』鄭玄《儀禮》注：『抗，禦也。』按：杜注蓋本鄭義，然詳此傳文義，當從《廣雅》訓爲是。」

杜回躓而顛，故獲之。【疏證】《説文》：「躓，跲也。」《詩·蕩》傳：「顛，仆也。」

夜夢之，曰：「余，而所嫁婦人之父也。【疏證】《論衡》「而」作「是」，《文選》注作「乃」。李富孫云：「案，杜注：『而，汝也。』《廣雅》：『乃，汝也。』訓同。《論衡》作『是』，亦通。」

爾用先人之治命，余是以報。」【疏證】《校勘記》云：「朱梁補刻石經『用』下有『而』字。按《漢書·張衡傳》注、《論衡·死僞篇》引傳無『而』字。」李富孫云：「《文選·思玄賦》注引無『而』字，淳化本、岳本同此，爲朱梁補刻。」按：阮、李説是也。洪亮吉據石經增「而」字，非。

晉侯賞桓子狄臣千室，【疏證】狄臣，謂狄之俘也。男曰臣。杜注以「千室」爲「千家」。

亦賞士伯以瓜衍之縣，【疏證】杜無注。《彙纂》：「山西汾州府孝義縣北十里有瓜城。」

曰：「吾獲狄土，子之功也。微子，吾喪伯氏矣。」【疏證】通行本「土」皆作「士」。顧炎武云：「誤作『士』。」李富孫云：「案：《書》『有邦有土』，《周本紀》作『有士』。」武億曰：「漢碑刻文多以『土』爲『士』，是石經所依與古同。」十二年，晉師敗於邲，士伯諫殺桓子，杜注：「士伯，士貞子。」

羊舌職説是賞也，【疏證】《説苑·善説》篇作「羊殖」。惠士奇云：「殖爲舌職合聲。」杜注：「職，叔向父。」惠棟云：「《宰相世系表》曰：『晉武公子伯僑生文，文生突，羊舌大夫也。突生職，職五子：赤、肸、鮒、虎、季夙。』」

曰：「《周書》所謂『庸庸祗祗』者，謂此物也夫。【疏證】引《周書·康誥》文。《釋訓》：「庸庸，勞也。」《釋詁》：「祗，敬也。」《廣雅·釋訓》：「祗祗、畏畏，敬也。」杜注訓「庸」爲「用」，用亦勞意，又云：「物，事也。」王引之云：「言《周書》所謂『庸庸祗祗』者，其謂此類也夫。前六年傳：『《周書》曰「殪戎殷」，此類之謂也。』十二年傳：『史佚所謂「毋怙亂」者，謂是類也。』皆其證。」

「士伯庸中行伯，【疏證】桓子將中行，故云中行伯。

「君信之，亦庸士伯，此之謂明德矣。

「文王所以造周，不是過也。

「故《詩》曰『陳錫載周』，能施也。【疏證】引《詩·文王》文。《詩》「載」作「哉」。昭十年引《詩》，與此傳同，則《左氏》作「載」，與毛公不同。傳「哉，載」，用《左氏》字釋「哉」可證。《詩》疏：「哉與載，古字通。」十行本改

「載」爲「哉」，非也。《周語》：「《大雅》曰『陳錫載周』，是不布利而懼難乎？故能載周以至于今。」注：「《大雅・文王》之二章。陳，布也。錫，賜也。言文王布施賜利，以載陳周道。」❶《外傳》以「陳錫」爲「布利」，與傳「能施」義合。《詩》箋云：「哉，始也。能敷恩惠之施，以受命造始周國。」是也。疏云：「王肅云：『文王能布陳大利，以賜予人，故能載行周道，致有天下。』鄭以文王受命，創爲天子，宜爲造始周國。❷昭十年傳曰：『「陳錫載周」，能施也。』夫故知云恩惠之賜，❸以施予也。宣十五年傳亦引此《詩》，乃云：『文王所以造周，不是過也。』是造始周國也。」據彼疏引王子雍説，從内外《傳》，不依鄭君訓「哉」爲「始」，其説《左氏》亦當然。陳奂《詩疏》云：「載見傳，載，始也。哉爲載，載又爲始，此一義之申。序云『文王受命作周』，《左傳》云『文王所以造周』，作、造，皆始也。」如陳説，則毛、鄭皆用傳「造周」義。杜注：「錫，賜也。《詩・大雅》，言文王布陳大利，以賜天下，故能載行周道，福流子孫。」疑用王子雍説。

「率是道也，其何不濟？」

晉侯使趙同獻狄俘于周，不敬。【疏證】《釋文》：「不敬，一本作『而傲』。」

劉康公曰：「不及十年，原叔必有大咎，【疏證】杜注：「劉康公，王季子也。原叔，趙同也。」

「天奪其魄矣。」【疏證】昭二十五年傳：「心之精爽，是謂魂魄。魂魄去之，何以能久。」杜注據以爲説。

---

❶「陳」，《國語正義》卷一作「成」。
❷「宜」，原脱，今據原稿補。
❸「云」，《毛詩正義》卷十六作「去」。

「初説畞」，非禮也。

穀出不過藉，以豐財也。【疏證】藉即助法，詳經疏證。《王制》「古者，公田藉而不税」，注：「藉之言借也。借民力，治公田，美惡取於此，不税所自治也。」鄭君説可證「穀出不過藉」義一。《讀本》：「傳言不過藉，所以通古今之制。民足食，則賦役自供，所以財豐。」

「冬，蝝生，饑」，幸之也。【疏證】杜注：「幸其冬生。」非劉歆義，歆義無攷。❶

【經】**十有六年，春，王正月，晉人滅赤狄甲氏及留吁。**【疏證】杜注：「甲氏、留吁，赤狄别種。」顧棟高云：「甲氏在今直隸廣平雞澤縣境。」《水經注》：「絳水經屯留故城，即故留吁國也。」沈欽韓云：「《一統志》：『純留故城在今潞安府屯留縣南，《春秋》赤狄留吁邑。』」江永謂在縣南十三里。

夏，成周宣榭火。【注】《左氏》説：「榭者，講武之坐屋。」《五行志》。服云：「宣揚威武之處。」本疏。【疏證】成周，已釋於隱三年。《釋文》「榭」作「謝」，云：「本又作『榭』。」惠棟云：「《説文》無『榭』字。周《郉敦銘》曰：『王格於宣射。』❷古文『榭』字作『射』。」洪亮吉云：「劉逵《吴都賦》注引《國語》曰：『射不過講軍實。』今本作『榭』，知『射』即『榭』也。《説文》『榭』字，後人妄增。」與惠説同。李貽德云：「《儀禮·鄉射禮》『豫則鉤楹

---

❶「歆」下，原稿有「説幸」二字。

❷「射」，原作「榭」，今據原稿改。

内』，鄭注：『豫謂州學也，讀如「成周宣謝」之謝。』若然，則『榭』本作『謝』。」李氏既據鄭君「宣謝」字，又引惠説，證以劉逵引《國語》，謂《左氏》古文作「宣射」，榭本以行射禮，故州學名之，則經字當作「射」矣。李富孫云：「《詩·抑》疏引《楚語》亦作『射』。」據諸説，則「宣射」爲古文，作「謝」或是鄭君本。今《公》、《穀》通行本皆作「榭」，惟《公羊》石經作「謝」，其《穀梁》釋文云：「本或作謝。」惠棟又云三傳皆作「謝」者，蓋據三傳《釋文》而言，其實《左氏》古文與二傳異也。《公》、《穀》火曰災，《五行志》引此傳文，釋之曰：「榭者，講武之坐屋。」二傳皆以宣榭爲藏祭器之所，故定爲《左氏》説。杜注：「宣榭，講武屋。」用舊説。《釋宮》：「闍謂之臺，有木者謂之榭。」此榭附於臺上。本疏引李巡云：「臺上有屋謂之榭。」是也。郭注亦云：「臺上起屋。」經之「宣榭」，非此榭之制。《釋宮》又云：「無室曰榭。」《禮記》疏引李巡云：「但有大殿，無室，名曰榭。」《書》疏引孫炎云：「榭，但有堂也。」郭注：「今堂堭。」與《左氏》説「坐屋」義合。屋猶李、郭注之言殿、言堂也。屋而不室，其屋通連，不以室閒隔。云坐屋，則别於寢室矣。今講武之廳，屋而不室，略同古制。杜注但引《爾雅》「無室曰榭」，尚爲分明。疏乃連引二文，云：「榭是臺上之屋，居臺而臨觀講武。」非杜意。服以宣榭講武，故以宣揚威武説之。《禮運》注：「宣，猶揚也。」

秋，郯伯姬來歸。

冬，大有年。無傳。**【疏證】**洪亮吉云：「《説文》：『秊，孰也。❶從禾，千聲。《春秋傳》曰：「大有年。」』」

---

❶「孰」上，《春秋左傳詁》卷三有「穀」字。

《孔廟碑》亦作『季』。」❶

【傳】十六年，春，晉士會帥師滅赤狄甲氏及留吁、鐸辰。**【疏證】**《年表》：「晉景公七年，隨會滅赤翟。」《晉世家》：「晉使隨會滅赤狄。」杜注：「鐸辰不書，留吁之屬。」顧棟高云：「鐸辰在潞安府境。」

三月，獻狄俘。

晉侯請於王，

戊申，以黻冕命士會將中軍，且爲太傅。**【疏證】**杜注：「黻冕，命卿之服。太傅，孤卿。」本疏：「《論語》稱『禹惡衣服，而致美乎黻冕』，鄭玄云：『黻，祭服之衣。冕，其冠也。』此云黻冕，亦當然也。黻，蔽膝也。祭服謂之黻，其他服謂之韠，俱以韋爲之，制同色異。韠各從裳色，黻則其色皆赤。尊卑以深淺爲異，天子純朱，諸侯黄朱，大夫赤而已。大夫以上，冕服皆有黻。此士會冕服，❷當是希冕也。」據疏説，則黻韠即韍，然又謂黻韠色異。沈欽韓云：「《典命職》『公之孤四命，以皮帛眡小國之君』，《司服職》『孤之服，自希冕而下，如子男之服』，注云：『孤，朝聘天子及助祭之服，自祭家廟爵弁，其大夫皆玄冠，與士同。』按：『黻』與『韍』同。《玉藻》『三命赤韍』，注：『此玄冕爵弁之韠，尊祭服，異其名耳。』疏云：『他服稱韠，祭服稱韍。』按：他服之韠，則《玉藻》所云『韠，君朱、大夫素、士爵韋』，注謂：『玄端服之韠。凡韠以韋爲之，皮弁服皆素韠。』然則爵弁以上，合

---

❶ 眉批：臧引劉、賈、許説似已見，查。

❷ 「冕服」，《春秋左傳正義》卷二十四作「黻冕」。

自稱黻。鄭云『尊祭服，異名』者，以卿大夫惟助祭得用冕弁，方施韍，惟祭服爲然，故言尊之。其實韠、韍之制一也。」沈氏用疏「蔽膝」説，而釋韠、韍爲一，視疏爲覈。然杜注但云「黻冕，命卿之服」，未以黻爲蔽膝。金鶚《禮説》云：「《禮器》云：『禮有以文爲貴者，天子龍衮，諸侯黼，大夫黻，士玄衣纁裳。』龍衮言衣，非言裳，則黼黻亦皆言衣可知。孤、卿希冕，裳有黼黻。孤、卿亦大夫，若謂黼黻在裳，則不得言諸侯黼、大夫黻矣。經意言尊者文多，卑者文少，諸侯備有黼黻，大夫有黻而無黼也。黼重於黻，文重於章，天子、諸侯皆有黼黻，大夫但有黻與章。《王制》疏：『有孤之國，孤絺冕，卿大夫玄冕；無孤之國，卿絺冕，大夫玄冕。』《禮器》所謂大夫，則統孤、卿、大夫稱之。服希冕者，刺粉米於中，而章在左，黻在右。服玄冕者，裳刺黻爲一章，衣亦有黻，衣裳既相稱，而黻爲黑青相配，與玄衣之色相似。大夫有黻與章，以黻爲重，又玄冕但有黻無章，故曰大夫黻也。《左》宣十六年傳：『晉侯請於王，以黻冕命士會將中軍，且爲太傅。』所謂大大黻也。此黻冕與《論語》『禹致美黻冕』不同。禹之黻冕，乃衮冕之通稱，此則大夫之正服也。孔疏引《論語》『黻冕』解之，且以黻爲蔽膝，誤矣。」按：金説是也。《論語》鄭注：「黻，祭服之衣。冕，其冠也。」亦未説爲蔽膝。桓二年傳：「火龍黼黻。」與「衮冕韍珽」並舉，則黻非韍矣。杜注：「太傅，孤卿。」疏引《典命》：「『公之孤四命。』鄭衆云：『九命上公，得置孤卿一人。』」晉爲上公，先鄭説此傳義當不異。《讀本》：「中軍則爲政，太傅則近君。成十八年士渥濁、襄十六年羊舌肸，皆爲此官。蓋春秋時，晉主禮刑之近官。文六年太傅陽子，❶亦司法罪、刑獄、逋逃之事，此則中軍兼之。」

❶「六」上，原衍「十」字，今據《春秋左傳讀本》卷十一刪。

於是，晉國之盜逃奔於秦，

羊舌職曰：「吾聞之『禹稱善人，不善人遠』，此之謂也夫！【疏證】杜注：「稱，舉也。」惠棟云：「《玉篇》引云『禹偁善人』，云『與「稱」同』。《爾雅》曰：『偁，舉也。』與杜訓同，當從人。」

「《詩》曰：『戰戰兢兢，如臨深淵，如履薄冰。』善人在上也。【疏證】引《詩·小旻》文。《釋文》：「兢，本又作矜。」傳：「戰戰，恐也。兢兢，戒也。」「深淵」下云：「恐墜也。」「薄冰」下云：「恐陷也。」陳奐《詩疏》云：「宣十六年《左傳》引《詩》本亦作『矜矜』，《説文·兄部》云：『兢讀若矜。』章末三句，自言王者在上，進賢，退不肖，當有戒慎恐懼之意。《左傳》晉羊舌職引此詩而釋之云：『善人在上。』《吕覽·慎大》篇『賢主愈懼，愈彊，愈恐』，其下即引《周書》曰：『「若臨深淵，若履薄冰。」以言慎事也。』文義亦同。」

「善人在上，則國無幸民。

諺曰：『民之多幸，國之不幸也。』是無善人之謂也。」

「夏，成周宣榭火」，人火之也。

凡火，人火曰火，天火曰災。【疏證】此火例也。《説文》：「烖，天火災。從火，𢦏聲。或從宀，籀文𡿧。」則賈君本作「烖」也。本疏：「人火從人而起，故指火體而謂之爲火。天火則自然而起，不能本其火體，故以所害言之，謂之爲災。聖人重天變，故異其名。《春秋》書災多矣，惟此言火耳。」按：《公》、《穀》經字作「災」，疏所述爲《左氏》舊義。

「秋，郯伯姬來歸」，出也。

爲毛、召之難故，王室復亂。【疏證】十五年「王子捷殺召公、毛伯」，杜注：『毛、召之黨，欲討蘇氏。』

王孫蘇奔晉，晉人復之。

冬，晉侯使士會平王室。

定王享之，原襄公相禮。【疏證】《周語》注：「原公，周卿士。相，佐也。」杜用韋義。

殽烝，【疏證】《周語》注：「烝，升也。升折俎之殽。」杜用韋義。《曲禮》「左殽右胾」，注：「殽在俎。」疏：「《春秋》宣十六年，王享士會殽烝，下云：『宴有折俎。』是殽在俎也。」韋謂「折俎之殽」，本鄭君説。本疏：「禮，升殽於俎，皆謂之烝也，故烝爲升也。切肉爲殽，乃升於俎，故謂之殽烝。」沈欽韓云：「牲體不合升，直以體骨薦俎也。《曲禮》注：『殽，骨體也。』疏云：『熟肉帶骨而臠曰殽。』《禮運》注：『腥其俎，謂豚解而腥之。熟其殽，謂體解而爓之。』❶疏云：『豚解者，《士喪禮》小斂之奠，載牲體，兩髀、兩肩、兩胉并脊，凡七體也。《士虞禮》「主人不視豚解」，注：「豚解，解前後脛、脊、脅而已。」是豚解七體也。體解則《特牲》、《少牢》所升于俎以進神者。《特牲禮》九體，肩一、臂二、臑三、肫四、胳五、正脊六、横骨七、長脅八、短脅九；❷《少牢》則十一體，加以脡脊、代脅者，爲十一體也。』楊復《儀禮旁通圖》『十一體：前脛骨三，肩、臂、臑也；後脛骨二，膊、胳也；脊有三分，前分爲正脊，次中爲脡脊，復分爲横骨；脅亦作三分，前分爲代脅，次中爲長脅，後分爲短脅。』按：豚解者，下云『享有體

---

❶「爓」，原作「爛」，今據原稿改。

❷「骨」，《春秋左氏傳補注》卷五作「脊」。下一「横骨」同。

薦』；體解者，下云『宴有折俎』。」按：沈據《禮》疏，以殽爲體解，甚諦。本疏但云切肉爲殽，不别體骨之數，而於「宴有折俎」下，引《特牲》饋食九體、《少牢》脡脊、代脅，以爲十一體，又云：「其宴飲殽烝，其數無文，若祭祀體解，其諸侯、天子無文，或同十一。」則疏亦以殽蒸體薦皆骨體矣。

武季私問其故。【疏證】通行本「季」作「子」，《校勘記》云：「山井鼎云：『今本後人「武子」上補足「季」字，所校諸本皆無，檢杜注「武，士會謚；季，其字」，不爲無據也。』陳樹華云：❶『杜氏爲下傳文季氏而出此注，且内外傳文閒稱「士季」，無有稱「季武子」者，山井鼎説非也。』」案：山井鼎《攷文》「『武子』上補足『季』字」，謂「子」上加「季」，非謂作「季武子」。作「武季」與宋本合。杜注并釋「季」以此，陳説非。《周語》注：「季，范子字。」杜用韋説，又云：「享當體薦而殽烝，故怪問之。」《讀本》：「私問相者。」

王聞之，召武子曰：「季氏，而弗聞乎？【疏證】閻若璩《尚書疏證》云：「天子字諸侯，僅見《書·文侯之命》，降而字陪臣，惟春秋中業後有之。宣十六年，王於士會曰季氏；成二年，王於鞏朔曰伯；❷昭十五年，王於荀躒曰伯氏、籍談曰叔氏，竟稱其五十字。較之僖十二年，王謂管仲舅氏者，已少不同，豈非世降變禮之一端乎？」

「王享有體薦，【疏證】《校勘記》云：「《詩·伐木》、《禮·王制》正義引『享』作『饗』。」《周語》「王公立飫，則有房烝」，注：「禮之立成者爲飫。房，大俎也。《詩》云『籩豆大房』，謂半解其體，升之房也。」杜注：「享則半解

❶ 「華」，原脱，今據《春秋左傳正義》卷二十四《挍勘記》補。
❷ 「伯」下，原衍「氏」字，今據原稿删。

其體而薦之，所以示共儉。」杜用韋説。本疏云：「注《國語》者，皆云禘祭宗廟，郊祭大地，則有全其牲體，而升於俎，謂之全烝。王公立飫，即享禮也。禮之立成者，名爲飫。半解其體，而升於俎，謂之房烝。傳言體薦，即房烝也。」疏引《國語》注，視韋義爲詳，不知何人之注。以全烝屬郊禘，半體屬飫，甚爲分明。半體據《禮》疏，謂髀、肩、胳、脊，已釋於上。凌廷堪《禮經釋例·釋牲》云：「凡牲前體謂之肱骨，肱骨三，最上者謂之肩。後體謂之股骨，股骨三，下謂之胳。胳下謂般，般中體謂之脊。肫上謂之髀。」按：此謂割牲留脊而分爲兩，兩又三分之，并脊，是爲七體。

「宴有折俎，」【疏證】《校勘記》云：「《詩·伐木》正義引作『燕以折俎』。」《周語》「親戚宴饗，則有殽烝」，注：「殽烝，升體解節折之俎，謂之折俎也。」杜云：「體解節折，升之於俎，物皆可食，所以示慈惠。」按：杜用韋説。「享以訓共儉，宴以示慈惠」，成十二年傳文，杜據以説此享、宴也。本疏云：「注《國語》者皆云親戚宴享，則宴享禮同，皆體解節折，乃升於俎，謂之殽烝。」與韋義略同，亦不知爲何人之注。據彼注，則折俎、殽烝，對同散異。疏又云「宴享禮同」者，謂此宴享之享，與親戚宴享之享，同用體解也。體解之十一體内，有七體之肩、胳、脊而無髀，又皆尚右，則肩、胳止當二體，❶脊、脅各三，當六體。沈氏已具説於上，惟臂、臑、肫未詳。凌廷堪《禮經釋例·釋牲》云：「肩下謂之臂，臂下謂之臑，股骨最上謂之肫。」合之肩、胳及三脊、三脅，故爲十一體也。本疏於此傳備列《周語》之文，謂此傳與《國語》略同，故杜取《國語》注解之。其實杜用《國語》注解《左傳》者甚多，不止此也。

❶「胳」，原作「骼」，今據原稿改。

「公當享，卿當宴，王室之禮也。」【疏證】杜注：「公謂公侯。」❶本疏：「言諸侯親來，則爲之設享，又設宴也。享用體薦，燕用折俎。若使卿來，雖爲設享，仍用公之燕法，亦用折俎，是王室待賓之禮也。」按：《王制》「有虞氏以燕禮，夏后氏以饗禮」，疏：「盧氏云：『燕禮，脱屨升堂。』崔氏云：『燕者，殽烝折俎，行一獻之禮，坐而飲酒，以至於醉。』皇氏云：『一是諸侯來朝，天子饗之，則《周禮·大行人職》云「上公之禮，其饗禮九獻」是也。其牲則體薦，體薦則房烝，故《春秋》宣十六年《左傳》云：「饗有體薦。」二是王親戚及諸侯之臣來聘，王饗之禮亦有飲食及酒者，親戚及賤臣不須禮隆，但示慈惠，故並得飲食之也。其酌數亦當依命數，其牲折俎亦曰殽烝也。故《國語》云「親戚宴饗，則有殽烝」，謂以燕禮而饗則有之也。又《左傳》宣十六年云：「饗有體薦，宴有折俎，公當饗，卿當宴，王室之體也。」定王享士會而用折俎，以《國語》及《左傳》，故知王親戚及諸侯之大夫來聘者，皆折俎饗也。其饗朝廷之臣，亦當然也。』」本疏用皇侃説，皇説當本《左氏》古義，其引傳「享」作「饗」，「禮」作「體」，皆異文。

武子歸而講求典禮，以脩晉國之法。【疏證】杜注未説脩法。《國語》説此事云：「歸乃講聚三代之典禮，於是乎脩執秩，以爲晉法。」注：「三代，夏、殷、周也。秩，常也。可奉執以爲常法者。晉文公蒐於被廬，作執秩之法，自靈公以來，闕而不用。故武子脩之，以爲晉國之法。」則法謂政事條格也。

---

❶ 下「公」，《春秋左傳正義》卷二十四作「諸」。

【經】十有七年，春，王正月，庚子，許男錫我卒。無傳。【疏證】子靈公甯立，成二年傳叙楚救齊之事云：「蔡景公爲左，許靈公爲右。二君弱，皆强冠之。」則靈公即位時，年甚幼。

丁未，蔡侯申卒。無傳。【疏證】《年表》：「蔡文侯二十年，薨。」《管蔡世家》：「蔡文侯申立，二十年卒。子景侯同立。」據成二年傳，蔡景公立年亦幼也。杜注：「丁未，二月四日。」貴曾云。

夏，葬許昭公。無傳。

葬蔡文公。無傳。

六月，癸卯，日有食之。無傳。【注】劉歆以爲三月晦朓魯、衛分，又云：「春秋食晦日朓者一，侯王展意顓事，臣下促疾，故月行疾也。」《五行志》。【疏證】《年表》：「魯宣公十七年，日蝕。」杜注：「不書朔，官失之。」杜以食在六月，其違於三統術，謬不待辨。即據大衍術，六月甲辰朔，交分已過食限也。❶歆謂三月晦朓者，《五行志》云：「晦而月見西方，謂之朓。朔而月見東方，謂之仄慝。仄慝則侯王其肅，朓則侯王其舒。劉歆以爲舒者，侯王展意顓事，臣下促疾，故月行疾也。肅者，王侯縮朒不任事，臣下弛縱，故月行遲也。當春秋時，侯王率多縮朒不任事，故食二日仄慝者十八，食晦日朓者一，此其效也。」右《漢志》「晦而月見」以下四句，當是古術，歆以《左氏》說證之，今裁約其文爲注。本年，晉侯徵會於齊，執晏弱、蔡朝、南郭偃；十八年，邾人戕鄫子於鄫，魯逐東門氏，子家奔齊，皆侯王展意顓事，臣下促疾之事也。臧壽恭云：「案：是年入甲申統，一千五十一年，

❶ 原稿眉批：引大衍合否，二弟核之。

積月一萬二千九百九十九，閏餘四，積日三十八萬三千八百七十一，小餘五十七，大餘五十一。❶正月乙亥朔大，❷小餘十九。二月乙巳朔小，小餘六十二。三月甲戌朔大，癸卯晦，小餘二十四。又置上積日，加積日八十八，以統法乘之，以十九乘小餘二十四，并之。滿周天，除去之。餘十二萬五千三百三十七，滿統法而一，得積度八十一度餘六百七十八。命如法，合辰在奎十度。」

己未，公會晉侯、衛侯、曹伯、邾子，同盟于斷道。【疏證】《公羊》「邾」曰「邾婁」。杜注：「斷道，晉地。」顧棟高云：「今山西沁州東有斷梁城。」沈欽韓云：「傳云『盟于卷楚』，疑斷道、卷楚一地也。《方輿紀要》：『卷城在開封府原武縣西北七里。』」案：傳注云「卷楚即斷道」，沈本杜説。沁州在絳西北二百餘里，開封在絳南四百餘里，且是沈、蔡地。晉侯徵盟，不得遠涉沈、蔡，顧説是也。

秋，公至自會。

冬，十有一月，壬午，公弟叔肸卒。

【傳】十七年，春，晉侯使郤克徵會于齊。【疏證】《晉語》「郤獻子聘于齊」，注：「獻子，晉卿，郤缺之兄子克也。」❸杜注：「徵，召也。欲爲斷道會。」

齊頃公帷婦人，使觀之。郤子登，婦人笑于房。【疏證】《晉語》「齊頃公使婦人觀而笑之」，注：「郤子

❶ 「大」下，原衍「小」字，今據《春秋左氏古義》卷四删。
❷ 「大小」，原倒，今據《春秋左氏古義》卷四改。
❸ 「兄」，《國語正義》卷十一無此字。

跛。」杜注：「跛而登階，故笑之。」杜用韋義。本疏：「沈氏引《穀梁傳》云：『魯行父禿，晉郤克跛，衛孫良夫眇，曹公子首偃，故婦人笑之。』是以知郤克跛也。《穀梁》定本作『郤克眇，衛孫良夫跛』。」按：今通行本從定本。據沈氏引作「郤克跛」，用古本，《左氏》舊説與《穀梁》同，故沈氏疏引《穀梁》也。《年表》：「齊頃公七年，晉使郤克來齊，婦人笑之。晉成公八年，❶使郤克使齊，婦人笑之。」與傳説同。婦人，汎指之辭。《晉世家》：「成公八年，❷使郤克於齊。齊頃公母從樓上觀而笑之。所以然者，郤克僂而魯使蹇、衛使眇，故齊令人如之以導客。」以笑者爲頃公之母，用《公》、《穀》説。按：成二年傳：「晉人曰：『必以蕭同叔子爲質。』」蓋報笑郤克之隙。三傳皆以婦人爲頃公母也。《齊世家》：「頃公六年，春，晉使郤克於齊。齊使夫人帷中而觀之。郤克上，夫人笑之。」以婦人爲頃公夫人，史公蓋采雜説，其作「頃公六年」亦誤。

獻子怒，出而誓曰：「所不此報，無能涉河！」【疏證】杜注：「不復渡河而東。」按：郤克謂非以師至，不再渡河也。《齊世家》：「郤克曰：『不是報，不復涉河！』」《晉世家》：「郤克怒，歸至河上，曰：『不報齊者，河伯視之！』」

獻子先歸，使欒京廬待命于齊，曰：「不得齊事，無復命矣。」【疏證】杜注：「欒京廬，郤克之介。使得齊之罪，乃復命。」按：杜説非也。郤克未致徵會之命而行，故留介待命。事，即謂會之事。《年表》：「克怒歸。」

❶ 「成」，《史記·十二諸侯年表》作「景」。

❷ 「成」，《史記·晉世家》作「景」。

郤子至，請伐齊，晉侯弗許。請以其私屬，又弗許。【疏證】杜注：「私屬，家衆也。」《晉世家》：「郤克至國，❶請君，欲伐齊，景公問其故，曰：『子之怨，安足以煩國。』」《齊世家》：「歸，請伐齊，晉侯弗許。」

齊侯使高固、晏弱、蔡朝、南郭偃會。【疏證】杜注：「晏弱，桓子。」按：四子皆齊大夫。

及斂盂，❷高固逃歸。

夏，會于斷道，討貳也。盟于卷楚，辭齊人。【疏證】《讀本》：「晉以正使逃，辭齊，不與會。」

晉人執晏弱于野王，執蔡朝于原，執南郭偃于温。【疏證】沈欽韓云：「《方輿紀要》：『野王縣，❸今懷慶府河内縣治。』」

苗賁皇使，見晏桓子。【疏證】洪亮吉云：「《外傳》作『苗棼皇』。《説苑》：『蘧伯云：「釁蚠黄生楚，走之晉，治七十二縣。」』疑即苗賁皇。」李富孫云：「釁讀爲門，與苗聲相近。蚠、棼，同聲通假。」《晉語》注：「棼皇，❹晉大夫，楚鬭伯棼之子也。」杜注：「賁皇，楚鬭椒之子。楚滅鬭氏而奔晉，食邑於苗地。」用韋説。馬宗璉云：「《唐書·宰相世系表》云：『河南軹縣南有苗亭。』案：《郡國志》河内有野王、温、軹三縣，軹有原鄉。

---

❶「國」，原脱，今據原稿補。

❷眉批：斂盂，衛地，似已見，查。

❸「縣」，《春秋左氏傳地名補注》卷五作「城」。

❹「棼」，原作「賁」，今據《國語正義》卷十一改。

賁皇爲苗邑大夫時，自軹縣往野王，見晏桓子，歸乃言於晉侯。自是河内歸河東。」江永云：「《水經注》：『溱水出王屋西山，南逕苗亭西。亭，故周之苗邑。』今溱水在濟源縣西，是苗亭在縣西也。」按：濟源，今屬懷慶府。

歸，言於晉侯曰：「夫晏子何罪？

「昔者，諸侯事吾先君，皆如不逮。【疏證】先君，晉先君也。《釋言》：「逮，及也。」

「舉言群臣不信，【疏證】杜注：「舉亦皆也。」

「諸侯皆有貳志。【疏證】貳於晉。

「齊君恐不得禮，【疏證】杜注：「不見禮待。」

「故不出，而使四子來。左右或沮之，【疏證】《□□》傳：「沮，止也。」

「曰：『君不出，必執吾使。』故高子及斂盂而逃。

「夫三子者曰：『若絶君好，寧歸死焉。』爲是犯難而來。

「吾若善逆彼，【疏證】俞樾云：「若猶當也。言吾當善逆彼，以懷來者也。『若』與『如』同義。《宋策》注：『如，當也。』」杜注：「彼，三人。」

「以懷來者。吾又執之，以信齊沮。【疏證】本疏：「使沮者之言信也。」

「吾不既過矣乎？過而不改，而又久之，以成其悔，何利之有焉？【疏證】傅遜云：「言三子見執，齊人必悔，有遺使之心。今又久之，必將背晉。」按：傳説是也。疏謂「晏桓子等恨齊侯之使」，非。

「使反者得辭，【疏證】杜注：「反者，高固。謂得不當來之辭。」

「而害來者，以懼諸侯，將焉用之？」

晉人緩之，逸。【疏證】杜注：「緩，不拘執，使得逃去也。」武億云：「於時晏弱、蔡朝、南郭偃三子，皆被執。逸者惟弱一人，以苗賁皇首爲之言，故先得逸去。下傳齊侯、晉侯盟於鄫，以公子彊爲質於晉，晉師還，蔡朝、南郭偃逃歸。不及晏弱，知弱得脱久矣。」按：武説是也。傳文此句，承上晏桓子言。《齊世家》「齊使至晉，郤克執齊使者四人河内，殺之」，與傳違異。

秋，八月，晉師還。【疏證】惠士奇云：「晉未嘗出師而云晉師還者，豈斷道討貳之師歟？似有闕文。」

范武子將老，【疏證】《晉語》注：「武子，晉正卿士會也。」杜注：「老，致仕。初受隨，故曰隨武子。後更受范，復爲范武子。」顧棟高云：「今山東曹州府范縣東三里，有士會墓。季氏《私考》疑濮州衛地，晉不應以封其大夫。愚攷狄嘗滅衛，士會以宣十六年與滅狄之功，晉得狄土以爲賞邑耳。士會於十二年傳稱隨武子，于十七年請老稱范武子，以後終春秋之世，稱范不稱隨。」

召文子，曰：「燮乎！【疏證】《晉語》注：「燮，武子之子。」杜用韋説。

「吾聞之，喜怒以類者鮮，易者實多。【疏證】《後漢書·寇恂傳》論：「傳稱『喜怒以類者鮮矣』，夫喜而不比，怒而思難者，其惟君子乎。」不比、思難，皆釋「類」義。此古説，范蔚宗引之。沈欽韓云：「《詩》傳：『類，善也。』言喜怒不妄施者尠也。」沈謂喜怒不妄施，與范蔚宗引傳義合，則易者兼喜怒言，謂輕於喜怒也。杜云：「易於遷怒。」非。

「《詩》曰：『**君子如怒，亂庶遄沮。君子如祉，亂庶遄已。**』【疏證】《小雅・何人斯》文。❶傳：「遄，疾。沮，止也。祉，福也。」杜用毛説。陳奐《詩疏》云：「《孟子・梁惠王》篇：『嬖人有臧倉者沮君，君是以不果來也。曰：「行，或使之；止，或尼之。行止，非人所能爲也。」』是沮爲止也。《魯語》『慶其喜而弔其憂』，韋注云：『喜猶福也。』是福亦喜也。遄已，猶遄沮也。《左傳》：『君子之喜怒，以已亂也。』『喜』詁『祉』，與毛傳『福』詁『祉』義同。箋云：『君子見讒人，如怒責之，❷則此亂庶幾可疾止也。福賢者，謂爵禄之也。如此，則亂亦庶幾可疾止也。』此鄭申毛也。」

「君子之喜怒，以已亂也。

「弗已者，必益之。郤子其或者欲已亂於齊乎？【疏證】洪亮吉云：「高麗宋本作『欲已於亂乎』。」

「不然，余懼其益之也。

「余將老，使郤子逞其志，【疏證】《晉語》：「武子曰：『郤子之怒甚矣，不逞於齊，必發諸晉。』」注：「逞，快也。」杜注：「欲使郤子從政，快志以止亂。」用韋説。

「庶有豸乎？【疏證】豸，石經本作「鳩」，改刻作「豸」。《釋文》：「豸，本又作鳩。」《校勘記》云：「按《群經音辨》引作『庶有鳩乎』，云：『今文作豸。』《集韻・四紙》引同，云：『徐邈讀通作豸。』」據阮説，則作「鳩」非誤。杜

❶「何人斯」，當作「巧言」。

❷「責」，原作「貴」，今據原稿改。

注：「豸，解也。」杜從今文，用《方言》訓。洪亮吉云：「解廌，《字林》等皆作『解豸』，豸、解音同，故杜以『解』訓『豸』也。」然「鳩」無「解」訓，《群經音辨》：「鳩，辭也，音豸。」當是舊説。定四年傳「若鳩楚境」，杜注：「鳩，安集也。」别是一義，不可釋此傳。

「爾從二三子，唯敬。」【疏證】杜注：「二三子，晉諸大夫。」

乃請老，郤獻子爲政。【疏證】《讀本》：「郤克自斷道歸，士會不能平其怒，乃老而授郤克政。」

「冬，公弟叔肸卒」，公母弟也。【疏證】《讀本》：「叔肸後爲嬰齊，其後爲叔氏。」

凡大子之母弟，公在曰公子，不在曰弟。【疏證】此適妻子稱謂繫公、不繫公例也。本疏：「前『凡』明稱母弟之人，適子及妾子之等。劉炫云：『前凡據適妻子爲文。』」按：傳例明云「太子之母弟」，則以適長爲義，不及妾子。炫説是也。

凡稱弟，皆母弟也。【注】先儒説稱弟，皆謂公子，不爲大夫者，得以君爲尊。潁氏又曰：「臣無竟外之交，故去弟以貶季友。子招樂憂，故去弟以懲過。」《釋例》。【疏證】此妾子爲君，君弟亦得稱弟例也。本疏：「後『凡』明策書稱弟者，皆母弟之義。劉炫云：『後「凡」嫌妾子爲君，母弟不得稱弟，故更言「凡」也。』」疏義與炫説同，而略妾子爲君，再發「凡」之義，非。杜注：「此策書之通例也。庶弟不得稱公弟，而母弟或稱公子。若嘉好之事，則仍舊史之文。惟相殺害，然後據例以示義，所以篤親親之恩，崇友于之好。」杜氏於前後「凡」不加别析，統以策書通例釋之。其云庶弟不得稱公弟，正與後「凡」義相反。且如杜説，嘉好之事，自庶弟外，或稱弟，或稱公子，皆仍舊史之文，則《左氏》無煩立此例。其云「惟相殺害」，據例示義，疏舉鄭段、魯公子友、衛叔武，實母弟而不稱弟爲證。右經文三事，皆不書弟之例，非稱弟之例，杜意亦不如此。《釋例》引秦鍼、陳黄、衛鱄、陳招、宋辰之事，明殺害謂存弟以示兄曲，即注所謂據例示義也。此與穎氏貶季友、子招義相發。其引先儒説，稱弟皆謂非大夫，意不謂然。因并穎氏貶季友、子招之説，亦不依之。然稱弟皆謂非大夫，亦穎氏説。知者，杜題「穎氏又曰」，文承先儒，則先儒説即穎氏説矣。「先儒説」下有「母弟善惡褒貶，既多相錯涉」，此杜氏語。穎氏説「懲過」下有「鄭段去弟，唯以名通」，亦杜氏語。洪亮吉總取爲舊説，非也。杜駁「稱弟皆非大夫」説，云：「莒挐非卿，非卿則不應書。今嘉獲，故特書。特書猶不稱弟，明諸書弟者皆卿也。」又云：「按傳莒挐非卿，乃法所不書，書而不言弟，非得以君爲尊也。凡聘享嘉好之事，於是使卿，故夷仲年之聘，皆以卿稱弟而行，此例所謂凡稱弟皆母弟，《左氏》明文而自違之。」詳杜氏兩稱「莒挐」，則穎氏「稱弟皆非大夫」之説，蓋據僖元年傳「獲莒子之弟挐，非卿也」爲例。杜既知莒挐非卿，法所不書，則夷仲年之非卿可知。惟其非卿，故書弟，示以君爲尊之義，非其人已爲卿，而以君尊稱弟也。書弟乃策書之例，杜謂以卿稱弟而行，甚爲不辭。杜《釋例》又曰：「秦伯之弟鍼適晉，女叔齊曰『秦公子必歸』，此公子亦國之常言，得兩通之證也。」亦駁穎説。按：「秦伯之弟鍼」，經之書法；「秦公子必歸」，傳之叙事例以釋經，不爲傳而發也。杜駁穎氏貶季友、子招説，云：「鄭段去弟，唯以名通，故謂之貶。今此二人皆稱公子，公子者，名號之美稱，又非所貶也。」按：莊二十五年經「公子友如陳」，穎氏所謂「臣無竟外之交，故去弟以貶季友也」。昭元年「叔孫豹會陳公子招于虢」，穎氏所謂「子招樂憂，故去弟以懲過」也。穎氏之意，以季友爲魯莊母弟，子招爲陳哀母弟，未列爲大夫，例當稱弟，經不稱弟，稱公子者，有所貶也。既爲大夫，書公子，從爵命之實；未爲大夫，書公子，奪君尊之義。各有取爾。杜駁之，非。

【經】十八年，春，晉侯、衛世子臧伐齊。【疏證】《年表》：「晉景公九年，伐齊。齊頃公八年，晉伐敗我。」

公伐杞。無傳。

夏，四月。

秋，七月，邾人戕鄫子于鄫。【注】賈云：「使大夫往殘賊之。」本疏。【疏證】邾，《公羊》曰邾婁。鄫，《穀梁》曰繒。杜注：「邾大夫就殺鄫子。」用賈說。疏云：「杜以會盟之例，卿則書名氏，大夫則稱人，故云邾大夫耳。」賈釋「戕」爲「殘賊」者，《大司馬》「放弒其君則殘之」，注：「殘，殺也。《王霸記》云：『殘滅其爲惡。』」疏：「《尚書・梓材》云：『戕敗人宥。』注：『戕，殘也。』又云：『無胥戕，無胥虐。』注云：『無相殘賊，無相暴虐。』是戕爲殘賊也。《異義》鄭君以爲《左氏》宣十八年，秋七月，『邾人戕鄫子于鄫』，傳曰『凡自内虐其君曰弒，❶自外曰戕』，即邾人戕鄫子，是也。『自内弒其君曰弒』者，『晉人弒其君州蒲』是也。雖他國君，不加虐，亦曰殺。若加虐殺之，乃謂之戕，取殘賊之意也。若自上殺下，及兩下自相殺之等，皆曰殺。」據《禮》疏引鄭君《尚書》注，訓「戕」爲「殘」，與賈君同。彼疏引鄭《駁異義》，以「戕」爲「加虐殺之」，義尤明了。杜云「就殺」，用賈說，而非賈義也。《公羊傳》：「戕鄫子于鄫者何？殘而殺之也。」《穀梁傳》：「戕，猶殘也，捝殺也。」二傳亦明加虐之義，與《左

---

❶「内」，原脱，今據原稿補。

氏》説同。其許君《異義》説佚，或謂戕、殺義同，不據三傳也。

甲戌，楚子旅卒。【疏證】旅，《穀梁》曰「吕」，《年表》、《楚世家》作「侶」。臧壽恭云：「按《説文》：『膂，篆文吕，從肉，旅聲。』是吕爲古文，膂爲篆文，旅即膂之省文。」李富孫云：「旅、吕音義同，侶又形聲之亂。」❶按：臧、李説是也。《年表》：「楚莊王二十三年，薨。」《楚世家》：「莊王侶立，二十三年卒，子共王審立。」《坊記》：「《春秋》不稱楚、越之王喪。禮，君不稱天，大夫不稱君，恐民之惑也。」注：「楚、越之君，僭號稱王，不稱其喪，謂不書『葬』也。《春秋傳》曰：『吴、楚之君不書葬，辟其僭號也。』」疏：「引《春秋傳》者，宣公十八年，楚子旅卒，《公羊傳》曰：『吴、楚之君不書「葬」，辟其號也。』」又云：「春秋越子卒，經傳全無其事。但記者據越稱王之後追言之，非當時之事也。」據疏説，鄭君説楚、越之君不書葬，用《公羊》義。杜注：「吴、楚之葬，僭而不典，故絶而不書，同之夷蠻，以懲求名之僞。」蓋用鄭君説。本疏：「諸侯之葬，魯不會則不書。知吴、楚之葬爲僭不書者，襄二十九年傳稱葬楚康王，公親送葬，經亦不書，故知其不爲魯不會也。」據疏説，則楚葬雖會不書，《左氏》義亦同《公羊》也。

公孫歸父如晉。【注】服云：「歸父，襄仲之子。」《魯世家》集解。【疏證】杜傳注用服説。李貽德云：「襄仲，公子遂也。」

十月，壬戌，公薨于路寢。【疏證】《魯世家》：「十八年，宣公卒。」

❶「亂」，原爲空格，今據原稿補。

歸父還自晉，至笙，遂奔齊。【疏證】笙，《公羊》、《穀梁》作「檉」，《釋文》：「本作檉，又作朾。」臧壽恭云：「笙、檉同音，得通假。」李富孫云：「僖元年經『會于檉』，《公羊》作『朾』，皆音近字。」杜注：「魯竟外。」江永云：「今按：莊九年，殺子糾於生竇。《史記》作『笙瀆』，賈逵曰：『句瀆也。』今曹州府北有句陽古城，笙地其在此歟？」

【傳】十八年，春，晉侯、衛太子臧伐齊，至于陽穀。【疏證】《年表》：「齊頃公八年，晉伐敗我。」

齊侯會晉侯，盟于繒。以公子彊爲質于晉，晉師還。【疏證】繒，今地闕。經文「邾人戕鄫子于鄫」，❶《穀梁》「鄫」作「繒」。疑傳之盟繒，即鄫也。《年表》：「質子彊，兵罷。」《齊世家》：「晉伐齊，齊以公子强質晉，晉兵去。」

蔡朝、南郭偃逃歸。

夏，公使如楚乞師，將欲以伐齊。【疏證】通行本脱「將」，從石經。杜注：「不書，微者行。」

秋，邾人戕鄫子于鄫。

凡自內虐其君曰弒，自外曰戕。【疏證】此書弒、書戕例也。通行本脱「內」字。惠棟云：「唐石經云『自內虐其君』，正義同，今本皆脱『內』字。」《校勘記》云：「《大司馬職》正義、李善《魏都賦》注引傳，並有『內』字。」《易·文言》：「臣弒其君，子弒其父，非一朝一夕之故，其所由來者漸矣，由辨之不早辨也。」杜注：「弒、戕，皆殺

---

❶ 「經」，原作「釋」，今據原稿改。

也。所以别内外之名。弑者，積微而起，所以相測量，非一朝一夕之漸。戕者，卒暴之名。」此經，《公》、《穀》無傳。杜所稱，當是《左氏》舊説，舊説用《易》「非一朝一夕」義也。《説文》：「弑，臣殺君也。《易》曰：『臣弑其君。』」賈君説此傳，或亦援《易》。杜云戕爲卒暴者，由弑義推之。《釋名》：「下殺上曰弑。弑，試也，❶伺也，伺閒而後得施也。」本疏：「弑者，試也。言臣下伺候閒隙，試犯其君。戕者，殘也。言外人卒暴而來，殘賊殺害也。」疏説「弑」義，用《釋名》説；「戕」之訓「殘」，用賈君「殘賊」説，已詳經疏證。

楚莊王卒，楚師不出。既而用晉師，【疏證】杜注：「成二年戰於鞌是。」**楚於是乎有蜀之役。**【疏證】杜注：「在成二年冬。」杜注：「魯地。」顧棟高云：「蜀亭爲泰安府接境。」沈欽韓云：「《一統志》：『蜀亭在泰安府泰安縣西。』」俞樾云：「此二十一字，乃錯簡也。本在上文『夏，公使如楚乞師，欲以伐齊』下，編次者因經書『甲戌，楚子旅卒』在『邾人戕鄫子于鄫』之後，遂割傳文而綴諸此，使經事相次耳，非《左氏》之舊。」按：楚子之卒，經繫於秋七月甲戌，傳爲經「楚子卒」而終「楚師不出」之事，不必與魯「乞師」文相承，俞説非也。

公孫歸父以襄仲之立公也，有寵。【疏證】《魯世家》：「襄仲立宣公，公孫歸父有寵。」**欲去三桓，以張公室。**【注】服云：「三桓，魯桓公之族仲孫、叔孫、季孫。」《魯世家》集解。【疏證】杜注：「時三桓彊，公室弱，故欲去之，以張大公室。」當亦服義。魯有三桓，猶鄭有七穆。

---

❶ 「試也」，《釋名》卷八無此二字。

與公謀，而聘於晉，欲以晉人去之。【疏證】《魯世家》：「宣公欲去三桓，與晉謀伐三桓。」史公以去三桓爲宣公意，與傳小異。

冬，公薨。

季文子言於朝曰：「使我殺適立庶，以失大援者，仲也夫。」【注】服云：「援，助也。仲殺適立庶，國政無常，鄰國非之，是失大援助也。」《魯世家》集解。【疏證】事見文十八年經傳。襄仲殺惡及視，惡，適長，殺適，指惡也。《魯世家》：「使我殺適立庶失大援者，襄仲。」又云：「會宣公卒，季文子怨之。」怨之，謂怨襄仲也。杜注：「子惡，齊外甥。不能堅事齊、晉，故云失大援。」嚴蔚云：「經書宣公如齊凡五，齊亦以公服故，歸濟西之田。杜解『失大援』爲『不能堅事齊、晉』，謬矣。」嚴氏駁杜説，未及「大援」斥何國。沈欽韓云：「按：『失大援』之語，行父之詭詞欺衆耳。宣公數如齊，且奔喪，其事齊甚勤。齊以公故，反其所賂，所以援之者甚力。傳文分明，何可厚誣？」案：沈説是也。服云「鄰國非之」，亦知「失大援」非斥齊國，而未達行父詭辭之義。《讀本》：「宣公實齊所立，今魯與齊惡，季氏誣稱舊事，以欺朝臣。」

臧宣叔怒曰：【疏證】杜注：「宣叔，文仲子，武仲父。」

「當其時不能治也，後之人何罪？

「子欲去之，許請去之。」【疏證】杜注：「許，其名也。時爲司寇，主行刑。」

遂逐東門氏。【疏證】杜注：「襄仲居東門，故曰東門氏。」

子家還，及笙，【疏證】杜注：「子家，歸父。」

壇帷，復命於介。【疏證】杜注：「除地爲壇而張帷。」焦循云：「《釋文》：『壇，音善。』讀壇爲墠也。《金縢》『三壇同墠』、《祭法》『一壇一墠』，是除地爲墠，封土爲壇，二字自别。而壇、墠音近，得相通借。《詩》『東門之墠』，亦作『壇』。毛傳解爲『除地町町』，❶則『墠』是而『壇』借，與此傳借『壇』爲『墠』同。」沈欽韓云：「《曲禮》：『大夫士去國，踰竟，爲壇位，鄉國而哭。』此去國之儀，本自有壇也。《聘禮》：『聘，❷君若薨于後，❸歸，執圭復命於殯，升自西階，不升堂。辯復命如聘，子臣皆哭，與介入，北鄉哭。出袒括髮，入門右，即位踊。』此出使君喪復命之禮。歸父既被逐，不得復命於殯，故使介復命也。」

既復命，袒，括髮，即位哭，三踊而出。【疏證】惠棟云：「《士喪禮》曰：『主人髺髮袒。』鄭注云：『古文髺爲括。』是『括』爲古文『髺』也。」沈欽韓云：「《奔喪禮》：『至于家，入門左，升自西階，殯東；西面坐，哭盡哀，括髮袒；降堂東，即位，西向哭，盡哀，括髮袒，降堂東，即位，西向哭，成踊；襲絰于序東，絞帶；反位，拜賓成踊；於又哭，括髮袒成踊，於三哭，猶括髮袒成踊。三日成服。奔母之喪，皆如奔父之禮，於又哭，不括髮。』按：臣爲君斬衰，似三哭皆括髮。❹《奔喪》又云：『聞喪不得奔喪，乃爲位。凡爲位者壹袒。』然今歸父惟壹袒也。又云：『大

❶ 下「町」，原作「之」，今據原稿改。
❷ 「聘」，原脱，今據原稿補。
❸ 「于後」，原重文，今據《春秋左氏傳補注》卷五删。
❹ 「括」，《春秋左氏傳補注》卷五作「袒」。

夫哭諸侯，不敢拜賓。』注：『謂哭其舊君。』未知歸父之哭宣公，爲舊君以否。此即位者，即哭位也。鄭云：『位有鄭列之處，如于家朝夕哭位矣。』」

遂奔齊。書曰：「歸父還自晉。」善之也。

北京大學《儒藏》編纂與研究中心 編

春秋左氏傳舊註疏證

（四）

〔清〕劉文淇等 撰

李君龍 王振華
班龍門 李曉明 校點

北京大學出版社
PEKING UNIVERSITY PRESS

春秋左氏傳舊注疏證

成公❶**【疏證】**《魯世家》：「成公名黑肱，宣公之子。」《謚法》：「安民立政曰成。」

【經】元年，春，王正月，公即位。無傳。

二月，辛酉，葬我君宣公。無傳。

無冰。無傳。❷

三月，作丘甲。【注】服云：「《司馬法》云：『九夫爲井，四井爲邑，八字據《孔子閒居》疏。❸ 四邑爲丘。有戎馬一匹，牛三頭，是曰匹馬丘牛。四丘爲甸，甸六十四井，出長轂一乘、馬四匹、牛十二頭、甲士三人、步卒七十二人，戈楯具備，謂之乘馬。』」《信南山》疏，《孔子閒居》疏。**【疏證】**「九夫爲井，四井爲邑，四邑爲丘，四丘爲甸」，皆《小司徒職》文。服據《司馬法》者，以穰苴六國時人，其說軍制與春秋世相接

---

❶ 以下成公元年至十八年，底本缺，此據原稿補。

❷ 原稿眉批：查桓十五年。

❸ 「孔子閒居」，當作「坊記」。

耳。《信南山》、《孔子閒居》兩疏引服注，互有詳略，今兼取之。本疏引鄭注《論語》云「《司馬法》『成方十里，出革車一乘』」，與服注所據不同。《信南山》疏引《論語》鄭注「成」上有「井十爲通，通十爲成」，釋之云：「是據成方十里，出車一乘也。」又引此服注，釋之云：「是據甸方八里，出車一乘也。二者事得相通，故各據一焉。」按：《小司徒》鄭注云：「方十里爲成，緣邊一里治溝洫。實出税者方八里，六十四井。」詳鄭君説，則成與甸乃互名。計溝洫謂之成，除溝洫謂之甸。故《詩》疏云「二者事得相通」也。杜注即用服説，惟杜謂：「此甸所賦，今魯使丘出之。」此杜以己意言也。顧炎武云：「周制四丘爲甸，旁加一里爲成，共出長轂一乘、步卒七十二人、甲士三人，則丘得十八人，❶不及一甲。今作丘甲，令丘出二十五人，一甸之中共出百人矣。解云『丘出甸賦』，驟增三倍，恐未必然。」又云：「其實爲益兵，向之四丘共出三甲者，今使每丘出一甲爾。非若杜氏所謂丘出一甸之賦。」沈欽韓云：「按：顧説是矣，而不得其證。蓋一甸之中本出甲士三人，今令出甲士四人，則丘出一甲也。知者，以杜牧引《司馬法》云『一車甲士三人，步卒七十二人，炊家子十人，固守衣裝五人，廄養五人，樵汲五人，輕車七十五人，重車二十五人，故二乘兼一百人爲一隊』，《李衞公問對》引《曹公新書》同。然古制惟七十五人，其廝輿之役皆在步卒七十二人之中。今《司馬法》百人爲一隊，則丘出二十五人，當一丘而一甲也。車兼輕重，則一甸又出二乘也。❷《司馬法》本於穰苴，則春秋之中皆用丘甲之法，而晉、楚諸國可知也。《李衞公問對》：『楚二廣之法，每車一乘，用士百五十人，比周制差多。』是丘出甲又不止一矣。」按：顧、沈説是也。服引《司馬法》而無釋，此可補服義。

---

❶「得」，原作「則」，今據《皇清經解》卷二《左傳杜解補正》改。

❷「則」，原重文，今據《左傳杜解集正》卷五删。

《孔子閒居》「故制國不過千乘」疏「其諸侯計地出軍」下引《司馬法》文，❶又云：「故成元年作丘甲，服、杜俱引此文以釋之。」此未知服、杜雖同據《司馬法》，意各不同也。朱駿聲云：「此加兵非加賦，加甲士非加步卒。❷古四丘出甲士三人，今四丘出甲士四人。每車御一人，射一人，擊刺二人，如文十一年傳之『駟乘』也。」與沈説合。本疏又云：「案鄭注《小司徒》又引《司馬法》云：『成出革車一乘，甲士十人，徒二十人。』與此『車一乘，甲士三人，步卒七十二人』不同者，《小司徒》辨畿内都鄙之地域，謂公卿大夫畿内采地之制，此之所謂諸侯邦國出軍之法，故不同也。案此一車，甲士、步卒總七十五人，《周禮·大司馬》：『五人爲伍，五伍爲兩，四兩爲卒，五卒爲旅，五旅爲師，五師爲軍。』大數不同者，《大司馬》所云，謂鄉遂出軍及臨時對敵布陳用兵之法；此甲士三人、步卒七十二人，謂徵課邦國出兵之時所徵之兵。既至臨陳，還同鄉遂之法。必知臨敵用鄉遂法者，以桓五年『戰于繻葛』、『先偏後伍』，又宣十二年『廣有一卒，卒偏之兩』，及《尚書·牧誓》云『千夫長、百夫長』，是臨時對敵皆用卒兩師旅也。長轂、馬牛、甲兵、戈楯，皆一甸之民同共此物。若鄉遂所用車馬、甲兵之屬，皆國家所共。知者，以一鄉出一軍，則家出一人，其物不可以私備故也。此言四丘爲甸，並據上地言之。若以上、中、下地相通，則二甸共出長轂一乘耳。」右以《周禮》之制説《司馬法》，疑皆舊疏釋服注之文，故備列之。《刑法志》：「二伯之後，寖以陵夷，至魯成作丘甲，哀公用田賦，搜狩治兵大閱之事皆失其正。《春秋》書而譏之，以存王道。」此是古《左氏》誼。注約引《司馬法》文釋之云：「今乃使丘出甸賦，違常制也。」又曰：「一説別令人爲丘作甲也。士、農、工、商，四類異

❶「孔子閒居」，當作「坊記」。
❷「卒」，原作「士」，今據《春秋左傳識小録》卷下改。

業，甲者非凡人所能爲，而令作之，譏不正也。」臧壽恭以顔注所引前一説爲服注，又云：「案：顔注所稱『一説』云云，此二傳説。然服氏注傳，每稱『一説』，疑服氏兼取二傳。」案：顔注「使丘出甸賦」，用杜説，臧氏指爲服説，非。則「一説」亦非服引矣。杜止言丘出甸賦，不用二傳説。本疏據《穀梁》謂「杜以爲丘作甸甲」，尤誤。

夏，臧孫許及晉侯盟于赤棘。【疏證】杜注：「晉地。」今地闕。

秋，王師敗績于茅戎。【疏證】《公》、《穀》「茅」曰「貿」。惠士奇云：「齊、魯諸儒讀『茅』爲『貿』。」李富孫云：「案茅、貿，聲之轉。」《校勘記》云：「按：茅、貿，古音皆讀如矛。」杜注：「茅戎，戎别種也。」沈欽韓云：「按：茅戎蓋西羌之入居中國者。鄭《角弓》箋：『髦，西夷别名。』《括地志》：『岷、洮等州以西爲古羌國，以南爲古髳國。今疊、宕以西，松、當、悉、静等州以南皆是。』于今爲松潘廳及疊溪營地。茅、髳同。」沈氏蓋説茅戎國所在。又云：「《方輿紀要》：『大陽津在陜州西北三里，黄河津濟之處。』《志》云：『津北對茅城，古茅邑也。』」則即茅邑對岸言之。高士奇云：「《水經・河水》注：『大陽縣有茅亭，故茅戎邑也。』《括地志》：『茅城在河北縣西二十里，今之平陸縣界。』此晉邑也，蓋戎人亦附晉邑而居。」江永云：「平陸今屬解州。」

冬，十月。

【傳】元年，春，晉侯使瑕嘉平戎于王。【疏證】惠棟云：「《周禮・典瑞》注引作『叚嘉』。蓋古文止作叚，讀爲遐也。今本亦作瑕。惟陸氏《周禮》釋文猶存古字。」李富孫云：「案《檀弓》『公肩假』，《古今人表》作『肩瑕』，是瑕、假同，音通。叚讀爲遐，古又從省。」杜注：「平文十七年邥垂之役，詹嘉處瑕，故謂之瑕嘉。」

單襄公如晉拜成。【疏證】《周語》注：「單襄公，王卿士單朝也。」杜用韋義，又云：「謝晉爲平戎。」

劉康公徼戎，將遂伐之。【疏證】杜注：「康公，王季子也。」

叔服曰：【疏證】杜注：「叔服，周内史。」

「背盟而欺大國，此必敗。

「背盟不祥，欺大國不義。

「神人弗助，將何以勝？」

不聽。遂伐茅戎。

三月，癸未，敗績於徐吾氏。【疏證】杜注：「徐吾氏，茅戎之别也。」疏：「是茅戎内聚落之名，王師與茅戎戰之處。」

爲齊難故，作丘甲。【疏證】宣十八年傳：「夏，公使如楚乞師，欲以伐齊。楚莊王卒，楚師不出。」至是懼齊發難。

聞齊將出楚師，夏，盟于赤棘。【疏證】杜注：「與晉盟，懼齊、楚。」

秋，王人來告敗。

冬，臧宣叔令修賦、繕完、具守備。【疏證】《讀本》：「繕完，繕甲兵，完城郭也。」

曰：「齊、楚結好，我新與晉盟，

「晉、楚争盟，齊師必至。

「雖晉人伐齊，楚必救之，是齊、楚同我也。【疏證】《讀本》：「同我謂害魯。」❶**「知難而有備，乃可以逞。」【疏證】**《方言》：「逞，解也。」

【經】二年，**春，齊侯伐我北鄙。**

夏，四月，丙戌，衛孫良夫帥師及齊師戰於新築，衛師敗績。【疏證】杜注：「四月無丙戌，丙戌，五月一日。」貴曾曰：杜注「新築，衛地」，不言所在。沈欽韓云：「《方輿紀要》：『葛築城在大名府魏縣西南二十里。趙成侯及魏惠王遇于葛築，即此城。今其地又有築亭。』顧棟高直以爲新築。按《趙世家》作葛孽，《紀要》又云：『葛孽城在廣平府肥鄉縣西。』《寰宇記》作葛築，地與衛遠。」據沈説，則新築非葛築、葛孽地，地闕。

六月，癸酉，季孫行父、臧孫許、叔孫僑如、公孫嬰齊帥師會晉郤克、衛孫良夫、曹公子首及齊師戰于鞌，齊師敗績。【注】服云：「鞌，齊地名也。」《齊世家》集解。**【疏證】**《公》、《穀》「首」曰「手」。臧壽恭云：「案：手，古首字。襄二十五年傳『授手於我』，手亦首之古文。聲同，古通用。」杜注：「鞌，齊地。」用服注，不言所在。閻若璩《潛丘劄記》云：「秀水徐善敬問余：『成二年鞌之戰，杜注止云齊地，《穀梁傳》則云去國五百里，恐非。以下文有華不注山，山下有華泉證之，鞌似去此不遠，當屬今歷城縣地。』余曰：『《通典》「濟州平陰縣」注云：「《左傳》齊、晉戰鞌，故城在縣東。」《括地志》、《寰宇記》同。蓋唐世鞌故城尚存，故杜以爲據。余意鞌在今平

❶ 原稿眉批：同，詁。

陰東四五十里，其去華不注山亦一百三四十里。朝戰于鞌，勝而逐之一百三四十里之山下，且三周焉。蓋古駟駕一車，車僅三人，御復得其法，故取道致遠，而氣力有餘。』」江永云：「自始合以至齊敗，止爲一日之事。華不注在濟南城北，去平陰二百三十里，何以一奔而遽至乎？近《志》云鞌即古之歷下，似爲得之。」錢大昕云：「古人車戰，師行日三十里，即逐利遄行，必無一日行百四五十里之事。《穀梁》云『鞌去齊五百里』，指齊都臨淄而言，歷城非齊都，亦不必疑其道里之不合。」按：江、錢皆駁閻説，謂鞌在歷城，惟説華不注距平陰道里有差。據《方輿紀要》，平陰故城在東平州東北六十五里，❶州在濟南府西北百五十里，華不注山在府東北十五里。即師行有捷出之徑，平陰之去華不注山亦在二百里以外，則鞌定不在平陰也。沈欽韓云：「鞌地，志所不載，《沂水雜記》『沂水縣西北一百里有將軍峴，峴西南有鞌山』，非此鞌也。鞌地當在濟南府歷城縣西北十里鞌山下。」與徐説合。《年表》：「與晉伐齊。」又云：「晉景公十一年，與魯、曹敗齊。衛穆公十一年，與諸侯敗齊。齊頃公十年，晉郤克敗公於鞌。」

秋，七月，齊侯使國佐如師。【疏證】《周語》注：「國佐，齊卿，國歸父之子國武子也。」《環人》「訟敵國」，注：「敵國兵來，則往之與訟曲直，若齊國佐如師。」此鄭君説「如師」義。

己酉，及國佐盟于袁婁。【疏證】袁婁，《穀梁》曰「爰婁」。臧壽恭云：「袁、爰通。」杜注：「《穀梁》曰：『袁婁去齊五十里。』」引作「袁」，誤。杜不能定袁婁所在，故引《穀梁》約言之。疏引《釋例·土地名》亦云「鞌與

❶「六」，《讀史方輿紀要》卷三十三作「三」。

袁婁并闕」。馬宗璉云：「《博物記》：『臨淄縣西有袁婁。』」沈欽韓云：「《一統志》：『爰婁在青州府臨淄縣西。』」顧棟高云：「或曰在臨淄縣境。」案：淄川屬濟南府。

八月，壬午，宋公鮑卒。【疏證】《宋世家》：「文公二十二年卒，子共公瑕立。」《世家》稱文公名「鮑革」，與經異。

庚寅，衛侯速卒。【疏證】《公羊》「速」曰「遬」，《衛世家》同。《世家》：「穆公十一年卒，子定公臧立。」

取汶陽田。【疏證】《年表》：「齊歸我汶陽。」

冬，楚師、鄭師侵衛。【疏證】《年表》：「楚共王二年冬，伐衛。衛穆公十一年，楚伐我。」

十有一月，公會楚公子嬰齊于蜀。

丙申，公及楚人、秦人、宋人、陳人、衛人、鄭人、齊人、曹人、邾人、薛人、鄫人盟于蜀。【注】不書楚公子嬰齊，舊説惡蠻夷得志。本疏。【疏證】《穀梁》「鄫」曰「繒」。杜注：「傳曰：『卿不書，匱盟也。』然則楚卿於是始與中國準。自此以下，楚卿不書，皆貶惡也。」疏引《釋例》曰：「楚之君臣，最多混錯。舊説亦隨文强生善惡之狀，混濆無已。其不能得辭，則皆言惡蠻夷得志。」據《釋例》引舊説，則此經書楚人，不書楚公子嬰齊，舊説以爲惡蠻夷得志，今用爲注。其「不書楚公子嬰齊」七字，繹舊説增之也。《釋例》又云：「當齊桓之盛，而經以屈完敵之。若必有褒貶，非抑楚也。此乃楚之初興，未閑周之典禮，告命之書，自生同異，故經稱『荆敗蔡師』、『荆人來聘』，從其所居之稱而總其君臣，至於魯僖，始稱楚人。僖二十一年，當楚成王之世，會于盂，楚之君爵始與中國列。然其臣名氏猶多參錯。至魯成二年，楚公子嬰齊始乃具列。傳曰：『卿不書，匱盟也。』兼爲楚臣示例也。自此以上，《春秋》未以入例。自此以下，褒貶可得而論之也。」按：杜謂經書屈完以敵齊桓，非《春秋》尊攘之意，楚未閑周典禮告命之説，策書或沿之。《春秋》經孔子筆削，不得謂策書之誤也。杜乃謂成二年以前書楚事無褒貶，尤謬也。臧壽恭云：「《左氏》舊説以傳云『匱盟』專指秦、宋、陳、衛、鄭言，傳云『畏晉而竊與楚盟，故曰匱盟』，然則楚固未嘗畏晉也，嬰齊之不書，非爲匱盟可知。」按：臧説是也。

【傳】二年，春，齊侯伐我北鄙，圍龍。【疏證】《校勘記》云：「《史記·魯世家》《晉世家》『龍』並作『隆』。索隱云：『劉氏云隆即龍也。』」按：《年表》：「春，齊取我隆。」惟繫於元年爲異。《齊世家》亦作「隆」，索隱又云：「鄒誕生及別本作『俱』字，『俱』當作『鄆』。文十二年『季孫行父帥師城諸及鄆』，『鄆』即『俱』也，字變耳。」洪亮吉云：「按：字書無『俱』字，疑誤。」詳索隱説，作俱者《史記》本異文，非經字之異。《郡國志》：「泰山郡博，有龍鄉城。」《水經·汶水》注：「汶水南經博縣故城，❶又西南逕龍鄉故城南，《春秋》成公二年齊侯圍龍者也。」❷江永云：「博縣在今泰安府泰安縣。」張雲璈云：「今泰安縣東南五十里有龍鄉城。」梁履繩云：「今大汶口東十餘里有城基，俗云鄉城是也。」

頃公之嬖人盧蒲就魁門焉。【疏證】《水經·汶水》注作「盧蒲就」。杜注：「攻龍門也。」

龍人囚之。

齊侯曰：「勿殺。

---

❶「城」下，《水經注箋》卷十有「東」字。

❷原稿眉批：查《水經》，似文未完。

「吾與而盟，無入而封。」❶

弗聽。殺而膊諸城上。【疏證】《掌戮》「掌斬殺賊諜而搏之」，注：「搏當爲『膊諸城上』之膊，字之誤也。膊謂去衣磔之。」杜注：「膊，磔也。」用鄭義。《説文》：「膊，薄脯，膊之屋上。」段玉裁云：「當作『薄之屋上』。薄，迫也。《釋名》：『膊，迫也。薄椓肉迫著物使燥也。』説與許同。《方言》：『膊，暴也。燕之外郊、朝鮮洌水之間，凡暴肉，發人之私，披牛羊之五臟，謂之膊。』《左傳》『膊諸城上』，《周禮》『斬賊諜而膊之』，皆謂去衣磔其人，如迫脯於屋上也。」按：段説是也。洪亮吉謂或訓磔，或訓曝，「隨文爲訓」，非。《廣雅》：「磔，張也。」「張」亦暴露義。

齊侯親鼓，【疏證】《清人》疏：「將居鼓下，雖人君親將，其禮亦然。《夏官・太僕職》云：『凡軍旅田役，贊王鼓。』注云：『王通鼓，佐擊其餘面。』是天子親鼓也。成二年《左傳》云『齊侯親鼓之』，是爲將乃然，故云『將居鼓下』。」

士陵城，三日取龍。【疏證】《魏書・房崇吉傳》：「領太原太守，戍升城。未幾，白曜軍至，乃遣衆陵城。」❷

遂南侵，及巢丘。【注】賈云：「殺盧蒲就魁，不與齊盟，以亡其邑，故諱不書耳。」本疏。【疏證】江永云：「巢丘，杜無注，當近龍，在泰安縣界。」杜注：「取龍、侵曹丘不書，其義未聞。」本疏引賈説，駁之云：「案

---

❶ 原稿眉批：而，詁。封，詁。

❷ 原稿眉批：陵，詁。

楚子滅蕭，嬰齊入莒，皆殺楚人，而經不變文以加罪，此何當改文以諱惡也？ 哀八年，『齊人取讙及闡』，以淫女見取，猶尚書之，此殺敵見取，何以當諱？ 知諱義不通，故不從也。」洪亮吉云：「按：賈義蓋因内諱不書之例推之，正義譏賈，乃引楚子滅蕭、嬰齊入莒以例，失其旨矣。 當以賈義爲長也。」按：洪説是也。 哀八年讙、闡之役，魯未殺齊將，又釁由卿族之女，例無内諱，疏駁皆非。

衛侯使孫良夫、石稷、甯相、向禽將侵齊，與齊師遇。【疏證】杜注：「良夫，孫林父之父。 石稷，石碏四世孫。 甯相，甯俞子。」《衛世家》：「穆公十一年，孫良夫救魯伐齊。」則侵齊之師爲救魯而來。

石子欲還。

孫子曰：「不可。 以師伐人，遇其師而還，將謂君何？

「若知不能，則如無出。 今既遇矣，不如戰也。」

夏有。【疏證】杜注：「闕文，失新築戰事。」案：《年表》、《衛世家》皆云「反侵地」，則新築戰事之上，當更有取巢丘之文，史公據傳書之。

石成子曰：【疏證】杜注：「成子，石稷也。」

「師敗矣。 子不少須，衆懼盡。【疏證】杜注：「衛師已敗，而孫良夫復欲戰，故成子欲使須救。」俞樾云：「按：須之言待也。《詩·匏有苦葉》、《儀禮·士昏禮》鄭君箋、注並云：『須，待也。』『子不少須』者，子不少待也。 詳其文義，蓋未戰之前，孫良夫欲戰，既敗之後，又懼而欲先歸。 故石成子以此言止之。」石子欲孫子以所將之卒爲殿。

「子喪師徒，何以復命？」

皆不對。【疏證】俞樾云：「三子莫肯爲殿。」

又曰：「子，國卿也。隕子，辱矣。【疏證】《説文》：「抎，有所失也。《春秋傳》曰：『抎子，辱矣。』」是賈氏本作「抎」。惠棟云：「《戰國策》『齊宣王曰「唯恐夫抎之」』，《墨子·天志》曰『抎失社稷』，《廣雅》亦云『抎，失也』。案《呂覽·季夏紀》云：『昭王抎于漢中。』高誘曰：『抎，隊，音曰顛隕之隕。』知『抎』與『隕』通，抎古字也，隕今字也。」洪亮吉云：「《説文》：『隕，從高下也。《易》曰「有隕自天」。』抎、隕二字古通，惠氏似誤。」按：惠氏知「抎」爲古字者，❶以賈逵作「抎」，許君於「隕」下不引傳也。李富孫云：「抎，本字隕，同音字。」沈欽韓云：「《楚策》『莊辛云「黃鵠折清風而抎矣」』，抎即隕也。」

「子以衆退，我此乃止。」

且告車來甚衆。【疏證】杜注：「新築人救孫桓子，故並告令軍中。」按：杜以下文仲叔于奚事，知車爲新築之車。

齊師乃止，

次于鞫居。【疏證】杜注：「鞫居，衛地。」沈欽韓云：「《續志》注引《陳留志》：『封丘縣有鞫亭，古鞫居。』封丘，今屬開封府。」

---

❶ 「爲」，原重文，今刪。

新築人仲叔于奚救孫桓子，桓子是以免。【疏證】杜注：「于奚，守新築大夫。」疏云：「大夫守邑，以邑冠之，呼曰某人。孔子父，鄹邑大夫，傳稱鄹人紇。《論語》謂孔子爲鄹人之子，即此類也。」

既，衛人賞之以邑，辭，

請曲縣、【注】舊注：「諸侯軒縣，闕南方，形如車與，是曲也。」《小胥》疏。【疏證】《小胥》：「正樂縣之位，王宮縣，諸侯軒縣，卿大夫判縣，士特縣。」注：「鄭司農云：『宮懸四面縣，軒縣去其一面，判縣又去一面，特縣又去一面。四面象宮室四面有牆，故謂之宮縣。軒縣三面，其形曲，故《春秋傳》曰「請曲縣、繁纓以朝」，諸侯之禮也。故曰：唯器與名，不可以假人。』」先鄭注軒縣，引傳「曲縣」說之，其爲傳注，亦當引《小胥職》。彼疏引成二年《左傳》注義，與先鄭同。先鄭不言闕南方，今止稱舊注。鄭君注《小胥》云：「軒縣去南面，辟王也。」與舊注合。《家語・正論》篇「請曲縣之樂」，❶王肅注：「軒縣，闕一面。」亦不明所闕之方，蓋用先鄭說。杜注：「《周禮》天子樂，宮懸，四周。諸侯軒懸，闕南方。」全取舊注爲文。軒縣必闕南方者，《泮宮》疏：❷「諸侯樂用軒縣，去其南面，泮宮之水則去北面者，樂爲人君而設，貴在近人，與其去之，甯去遠者。泮水自以節觀，故留南方。各從其宜，不得同也。」此軒縣闕南方義。《小胥》鄭君注又云：「判縣左右之合，又空北面，特縣縣於東方，或於階間而已。」是判縣視軒縣又去北面，特縣視軒縣又去西面也。形如車輿者，《說文》：「輿，車底也。」車上受物處必空一面，以喻曲縣有闕。阮太傅《考工・車制解》云：「輿者，軫輢軹轛之總名。」按：車底以軫爲率，後軫前式，皆稍斂

---

❶「正論」，原缺，今據《孔子家語》卷九補。

❷「宮」，當作「水」。

輒又侈出，非正方，故云曲也。

繁纓以朝，【疏證】《釋文》「繁纓」亦作「樊纓」。《巾車》：「掌王之五路：玉路，樊纓十有再就，以祀。金路，樊纓九就，同姓以封。象路，樊纓七就，異姓以封。革路，條纓五就，以封四衛。木路，前樊鵠纓，以封蕃國。」字正作「樊」，注：「樊讀如鞶帶之鞶，謂今馬大帶也。鄭司農云：『禮家説曰：纓當胸，以削革爲之。』玄謂今馬鞅。」是後鄭以繁、纓爲二物，其説樊不引先鄭者，明先鄭亦同。彼疏云：「『樊讀如鞶帶之鞶』者，按《易・訟卦》上九云『或錫之鞶帶』，注云：『鞶帶，佩鞶之帶。』但《易》之鞶謂鞶囊，即《内則》云『男鞶革』是也。此鞶謂馬大帶，音字同，故讀從之。」此説「繁」讀如「鞶」之義也。本疏云：「樊即鞶也，字之異耳。」鞶謂鞶囊，見後鄭《内則》注，是鞶帶與鞶異。然桓二年「鞶厲游纓」，服注云：「鞶，大帶。」則鞶得稱帶矣。先鄭謂「纓當胸」，彼疏云：「後鄭明纓是夾馬頸。」此先、後鄭異説。賈、服則同先鄭説，知者，《巾車》疏：「賈、馬亦云：『鞶纓，馬飾，在膺前，十有二帀，以毛牛尾，金塗十二重。』」此賈氏《周禮》注逸文，其《左氏》注義亦當然。字作「鞶纓」，則又後鄭改讀所本矣。❶桓二年「鞶厲游纓」，服注：「纓如索帬，今乘輿大駕有之。」《晉書・輿服志》：「乘輿繁纓，赤罽易茸，金就十有二。」注：「繁纓，馬飾，纓在馬膺前，如索帬。」《晉志》即用服説，則賈、服皆謂纓在馬膺前，膺即胸也。惟先、後鄭分釋樊、纓，賈氏止稱鞶纓，詳賈義不以爲二物，又謂在膺前，則與先鄭當胸説又小異。按：賈説是也。《釋名》：「鞅，嬰也，喉下稱纓，言纓絡之也。其下飾曰樊纓。」其不別樊纓爲二，最爲明析。膺前則近頸，故云「喉下」。《汪士鐸文集・後釋車》云：「頸下當膺大帶謂之勒，勒謂之鞶。鞶，樊也。帶下懸者謂之纓。」可申賈氏纓在膺前之義。

---

❶ 原稿眉批：王肅《家語》注未采。

杜注：「繁、纓，馬飾，皆諸侯之服。」亦析繁、纓爲二，不用賈説也。杜氏不説纓之制。鄭君《巾車》注云：「玉路之樊及纓，皆以五采罽飾之，十二就。就，成也。」彼疏云：「按《爾雅・釋言》云：『氂，罽也。』郭氏云：『毛氂所以爲罽。』如是，罽，染毛爲之。《典瑞》『鎮圭繅五采五就』，繅藉五采，即云五就，則一采帀爲一就。樊纓就數雖多，亦一采一帀爲一就，如《玉藻》十二就然。」按：賈注謂「十有二帀，以毛牛尾」，與鄭君用罽説合。蓋染氂五色，分爲十二帀。賈謂「金塗十二重」者，一帀之端以金塗之，塗謂飾。王肅《家語》云：❶「纓當馬膺以索裙，銜以黄金爲飾也。」此即金塗之義。其《晉志》謂「赤罽易茸」，則不施五采，此制度之異。今制馬纓皆赤罽矣。本疏云：「《巾車》又云：『孤乘夏篆，卿乘夏縵，大夫乘墨車，士乘棧車。』其飾皆無樊纓，是樊纓爲馬之飾，諸侯之服也。案《儀禮・既夕》士『薦馬纓三就』，又諸侯之卿有受革輅、木輅之賜，皆有繁纓，而云『諸侯之服』者，以與『曲縣』相對。又于奚所請，故云『諸侯之服』。且諸侯之卿特賜乃有大輅，《士喪禮》爲送葬設盛服耳，皆非正法所有。」右疏説杜注「諸侯之服」義。

許之。

仲尼聞之，曰：

「惜也，不如多與之邑，

「唯器與名，不可以假人。【疏證】杜注：「器，車服。名，爵號。」《呂覽・審分》篇：「夫名多不當其實而

❶「語」下，疑當有「注」字。

事多不當其用者，故人主不可以不審名分也。」注：「名，虛實爵號之名也。分，生殺與奪之分也。傳曰：『唯器與名，不可以假人。』」杜以名爲爵號，用高氏説。《呂覽》以虛實對文，則爵土亦該其中，與此傳異，故杜以器當車服也。《堯典》「車服以庸」，《後漢書・劉玄傳》：「李淑上書諫曰：『唯名與器，聖人所重，今以所重加非其人。』」淑以「加非其人」釋「假人」義最諦。本疏云「不可以借人也」，則假即借義。《鄭興傳》：「隗囂遂廣置職官，❶以自尊高。興復説囂曰：『孔子曰唯器與名，不可以假人。』」亦以置官非人爲説。

「君之所司也，【疏證】《呂覽・審分》篇注引作「君之所慎也」，《後漢書・來歙傳》：「王遵諫隗囂曰：『愚聞爲國者慎器與名，爲家者畏怨重禍。』」則舊本「司」作「慎」，或脱爛，誤爲「司」。李富孫云：「作『慎』字義長。」

「名以出信，【疏證】《易・説卦》虞注：「出，生也。」

「信以守器，

「器以藏禮，【疏證】《呂覽・圜道》篇注：「藏，潛也。」本疏：「言禮藏於車服之中也。」

「禮以行義，

「義以生利，

「利以平民，【疏證】《擊鼓》箋：「平，成也。」本疏同。

「政之大節也。

---

❶「廣」，原作「度」，今據《後漢書・鄭興傳》改。

「若以假人，與人政也。

「政亡，則國家從之，弗可止也已。」【疏證】此以上皆孔子之言也。《北史・清河王懌傳》：「高肇又録囚徒以立私惠，懌言於孝武曰：❶『臣聞唯器與名，不可以假人。是故季氏旅泰山，宣尼以爲深譏；仲叔軒縣，丘明以爲至戒。』」懌推傳引孔子説之義，故以爲《左氏》語。

孫桓子還於新築，不入，

遂如晉乞師。

臧宣叔亦如晉乞師，皆主郤獻子。【疏證】《齊世家》：「頃公十年，齊伐魯、衛。魯、衛大夫如晉請師，皆因郤克。」郤克怒齊，❷見宣十七年傳。其言曰：「所不此報，無能涉河。」故魯、衛乞師主之。杜注：「孫桓子、臧宣叔皆不以國命，故不書。」按：孫桓子乞晉師義，不得見於經。

晉侯許之七百乘。【疏證】杜注：「五萬二千五百人。」蓋以乘七十五人計之，即用賈説，詳下疏證。

郤子曰：「此城濮之賦也，【疏證】僖二十八年傳叙城濮之戰云：「晉車七百乘。」

「有先君之明，【疏證】此君謂文公。

「與先大夫之肅，故捷。【疏證】顧炎武云：「先大夫謂原軫、狐偃、欒枝之類。」馬宗璉云：「先大夫指晉

---

❶「孝」，《北史・清河王懌傳》作「宣」。

❷「齊」，原作「晉」，今據《春秋左傳正義》卷二十四改。

郤縠。縠悦禮樂而敦《詩》《書》，故曰『先大夫之肅』。亭林説猶未備。」

「克於先大夫，無能爲役，【疏證】役，當作「君子行役」之役。《少儀》：「謂之社稷之役。」言役，謙若僕隸也。《讀本》：「言視其時將帥才遜之。」

「請八百乘。」許之。【注】賈云：「六萬人。」《晉世家》集解。❶【疏證】杜用賈説。《齊語》「有革車八百乘」，注：「賈侍中云：『謂一國之賦八百乘也。乘七十五人，凡甲士六萬人。』昭謂：此周制耳。齊法五十人爲小戎，車八百乘，有四萬人。又上管仲制齊爲三軍，軍萬人。下又云『君有是士三萬人，以方行於天下』，而車數多者，其副貳陪從之車乎？或者『八』當爲『六』。」此韋氏説齊車乘人數異於周制也。賈氏注内外《傳》，蓋皆以七十五人爲一乘。晉、齊車乘之制無考，故通以周制説之。服氏「作丘甲」注：「據《司馬法》一乘，甲士三人，步卒七十二人。」則此傳服注當與賈義同。李貽德云：「每百乘計七千五百人，以七八五六、五八四乘之，八百乘合六萬人矣。」

郤克將中軍，【疏證】據宣十七年傳「郤獻子爲政」，則其時已將中軍，傳再發之。

士燮佐上軍，【疏證】通行本「佐」作「將」，從宋本。《校勘記》云：「按四年傳尚云『士燮佐上軍』，至十三年傳始云『士燮將上軍』，此時不得爲將明矣。」按：阮説是也。杜注：「范文子代荀庚。」詳宣十二年傳，士會將上軍，郤克佐之；十六年傳，士會將中軍，傳文之可據者僅此年上軍之將及□佐何人，傳所不説。惟三年傳荀庚來

❶ 「晉」，當作「齊」。

聘，傳稱「中行伯之於晉也，其位在三」，杜彼注云「下卿」。杜意以此時荀庚由上軍佐爲上軍將，故云「士燮代荀庚」，則杜本字亦作「佐」矣。《齊世家》作「士燮將上軍」，亦誤。將佐除授，非軍事則不見。本疏推考宣十二年以來晉三軍將佐，惟説此年中軍之佐爲荀首，有傳文「知罃之父新佐中軍」可證，餘皆肊測之辭，今不取。

欒書將下軍，【疏證】《晉語》注：「武子，晉卿，欒枝之孫、欒盾之子書也。」杜注：「代趙朔。」宣十二年傳：「趙朔將下軍，欒書佐之。」本疏云：「邲戰以來，趙朔無代，今欒書將下軍，則趙朔卒矣。故知欒書代趙朔，不知此時誰代欒書佐下軍也。」

韓厥爲司馬，【疏證】宣十二年傳邲之戰，韓厥已爲司馬，傳以厥斬人，再著其職。

以救魯、衛。【疏證】《齊世家》：「晉使郤克救魯、衛，伐齊。」《晉世家》：「晉乃使郤克、欒書、韓厥與魯、衛共伐齊。」

臧宣叔逆晉師，且道之。季文子率師會之。【疏證】道謂向導也。

及衛地，韓獻子將斬人。【疏證】《晉語》注：「將斬人以戮罪在可赦之者。」

郤獻子馳，將救之，至，則既斬之矣。

郤子使速以徇，【疏證】《説文》：「㣛，行示也。《司馬法》『斬以㣛』。」洪亮吉云：「按《集韻》云：『或作徇、𡬶。』是『㣛』乃『徇』本字也。」

告其僕曰：「吾以分謗也。」【疏證】《晉語》注：「言欲與韓子分謗共非也。言能如此，故從事不乖。」杜用韋義。

師從齊師于莘。【疏證】杜注：「莘，齊地。」高士奇云：「桓十六年，衛公子伋使于齊，盜待諸莘，或謂即此，今之莘縣也。蒙上文晉師自衛來，理亦相近。但杜注一云衛地，一云齊地，豈莘地原跨兩境，齊、衛皆得有之乎？ 攷是役齊侯親逆晉師，而莘去鞌四百餘里，既遇於境上，即當遏勿使進，何爲不戰引退，縱敵深入四百餘里，至鞌而始戰也？ 由是推之，莘亦當爲近鞌之地耳。」按：高氏不言鞌之所在，而云莘去鞌四百餘里。今以鞌在平陰、在歷城兩説校之，平陰距莘東百餘里，歷城距莘東二百餘里，無四百餘里之遠。莘之齊師當是游軍，無戰事，齊侯逆晉師，在師次靡笄之後，不得以晉師不戰深入爲疑也。沈欽韓云：「此衛之莘也，杜預謂齊地，非。今東昌府莘縣。」與高氏引或説合。

六月，壬申，次于靡笄之下。【注】賈云：「靡笄，山名也。」《齊世家》集解。【疏證】《齊世家》：「六月壬申，與齊兵合靡笄下。」集解：「徐廣曰：『靡亦作摩。』」索隱：「靡笄山在濟南，與代地靡笄山不同。」❶顧棟高據之謂：「靡笄山在今濟南府治歷城縣南十里。」《晉世家》：「平公元年，伐齊，齊靈公與戰靡下。」集解：「徐廣曰：『靡一作歷。』」索隱：「即靡笄也。」《方輿紀要》據之謂：「歷山在濟南府南五里，或以爲即靡笄山。靡與歷相近。」二説雖道里小殊，然有與鞌一地之疑，校之傳文，師行次第不合。江永云：「今按：戰于鞌，鞌在歷城，傳云六月壬申師次于靡笄之下，癸酉師次于鞌，則靡笄與鞌非一地。《史記》『戰于靡下』當作『歷下』，然遂以靡笄爲歷山，恐非。《金史》云『長清有劏笄山』，劏笄當即靡笄。長清縣在濟南府西南七十里，山在其縣，晉師從西來，

❶ 「靡」，《史記·齊世家》作「磨」。

正與壬申、癸酉差一日相合，當以《金史》爲是。」按：江說是也。

齊侯使請戰，曰：「子以君師，辱於敝邑，不腆敝賦，詰朝相見。」【疏證】杜注：「詰朝，平旦。」❶

對曰：「晉與魯、衛，兄弟也，來告曰：『大國朝夕釋感於敝邑之地。』【疏證】通行本「感」作「憾」，從宋本。

「寡君不忍，使群臣請於大國，無令輿師淹於君地。【疏證】《魯語》：「敢犒輿師。」注：「輿，衆也。」杜用韋義。《釋詁》：❷「淹，久也。」

「能進不能退，君無所辱命。」【疏證】杜注：「言自欲戰，不復須君命。」

齊侯曰：「大夫之許，寡人之願也。若其不許，亦將見也。」

齊高固入晉師。

桀石以投人，【疏證】杜注：「桀，擔也。」洪亮吉云：「《說文》：『桀，磔也。』《廣雅》：『揭，擔也。』按：桀、揭、擔，並舉也。杜注本《廣雅》。」王念孫云：「《說文》：『竭，負舉也。』《禮運》：『五行之動，迭相竭也。』揭、竭、桀，並通。」焦循云：「桀與揭，音義同。《廣雅》檐、揭皆訓舉，檐即擔字。《楚詞·哀時命》『負檐荷以丈尺兮』，❸

---

❶ 原稿眉批：詰，詰。

❷ 「詁」，原缺，今據《爾雅》卷上補。

❸ 「時」，原作「詩」，今據《春秋左傳補疏》卷四改。

王逸注云：『背曰負，荷曰檐。』檐、揭皆舉義，故杜讀『桀』爲『揭』，而以『擔』訓。桀石以投人，即舉石以投人也。」

禽之而乘其車，

繫桑本焉，以徇齊壘，【疏證】《御覽》三百八十六引「本」作「木」。按：繫桑樹以揚塵也。

曰：「欲勇者，賈余餘勇。」【疏證】❶

癸酉，師陳于窒。【疏證】洪亮吉云：「《史記》作『戰于靡下』，徐廣曰：『靡一作歷。』蓋戰于歷下耳。據此，則窒在歷下可知。」按：洪氏謂窒在歷下，與江永、錢大昕説合，已詳經文疏證。惟戰于靡下，見《晉世家》，乃平公元年事，非此役。

邴夏御齊侯，逢丑父爲右。【注】賈云：「齊大夫。」《齊世家》集解。【疏證】《齊世家》「逢丑父爲齊頃公右」，下引賈注。《世家》未説邴夏爲御事，疑賈注統謂齊大夫也。杜無注。

晉解張御郤克，鄭丘緩爲右。【疏證】萬光泰云：❷「鄭丘，氏；緩，名。故下傳單稱緩。」❸

齊侯曰：「余姑翦滅此而後朝食。」【疏證】《校勘記》云：「按《説文繫傳》引『翦滅』作『揃滅』，似不可爲典要。」李富孫云：「《莊子》『揃搣可以休老』，《急就篇》『沐浴揃搣』，文異義同。」宋本無「後」字。洪亮吉云：「《方

---

❶ 原稿眉批：賈，詁。

❷ 「光泰」，原缺，今據《左通補釋》卷十三及卷四補。

❸ 原稿眉批：查《氏族略》。姑，詁。

言》、《廣雅》：『煎，盡也。』煎、翦聲近義同。薛綜《西京賦》注亦云：『翦，盡也。』」《齊世家》：「頃公曰：『馳之，破晉軍會食。』」

「不介馬而馳之。【疏證】杜注：「介，甲也。」《讀本》：「戰馬皆甲，《詩》曰『四介陶陶』是也。」❶

郤克傷於矢，流血及屨，未絶鼓音，【疏證】《齊世家》：「射傷郤克，流血至履。」杜注：「中軍將自執旗鼓，故雖傷而擊鼓不息。」

曰：「余病矣！」【疏證】《齊世家》：「克欲還入壁。」本疏：「郤克欲有退軍之意。」

張侯曰：【疏證】《晉語》注：「張侯，晉大夫解張也。」杜用韋義。

「自始合，而矢貫余手及肘，【疏證】《齊世家》：「其御曰：『我始入，再傷。』」據史公「再傷」義，則手肘中兩矢也。下言「左輪」，傷在左。

「余折以御，左輪朱殷。【疏證】《廣雅·釋器》：❷「朱，赤也。」王逸《楚辭章句》：「朱，赤色也。」杜注：「朱，血色。血色久則殷。殷音近煙，今人謂赤黑爲殷色。言血多，汙車輪。」據杜説，「殷」爲黑色。《廣雅·釋器》：「黫、涅，黑也。」王念孫云：「成二年《左傳》『左輪朱殷』，殷、黫，並音於閒反。」按：殷、烟同部字，故杜謂「殷音近煙」。

---

❶ 原稿眉批：查「四介旁旁」傳箋。

❷ 「器」，原脱，今據《廣雅》卷八補。

「豈敢言病？吾子忍之！」【疏證】《齊世家》：「不敢言疾，恐懼士卒，願子忍之。」

緩曰：「自始合，苟有險，余必下推車，【疏證】推車非車右之職，緩以涉險攝之。詳下疏證。

「子豈識之？然子病矣。」

張侯曰：「師之耳目，在吾旗鼓，進退從之。【疏證】杜無注。《晉語》注：「張侯曰：『三軍之心，在此車矣。其耳目在於旗鼓。』」耳聽鼓音，目視旗表，車表鼓音，進退異數。惠棟云：「《孫子》引《軍政》曰：『言不相聞，故爲之金鼓；視不相見，故爲之旌旗。夫金鼓旌旗，所以一人之耳目也。人既專一，則勇者不得獨進，怯者不得獨退，此用衆之法也。』荀卿子云：『將死鼓，御死轡。』」文淇案：惠氏引《荀子》，見《議兵篇》。❶ 楊倞注云：「死謂不棄之奔亡也。《左傳》曰：『師之耳目，在吾旗鼓。』」則「將死鼓」爲《左氏》古誼。

「此車一人殿之，可以集事，【疏證】《采菽》「殿天子之邦」，❷傳：「殿，鎮也。」《黍苗》「我行既集」，箋：「集，猶成也。」

「若之何其以病，敗君之大事也？【疏證】《釋文》：「病絶句。」

「擐甲執兵，【注】賈云：「擐衣甲也。」《一切經音義》十七引《國語》注。【疏證】《吴語》：「乃令服兵擐甲。」《一切經音義》蓋引彼注。《説文》：「擐，貫也。《春秋傳》曰：『擐甲執兵。』」許君引傳據賈君義，如此則《外

---

❶ 「議兵」，原缺，今據《荀子》卷十補。

❷ 「采菽」，原缺，今據《毛詩正義》卷十五補。

傳》賈注當云：「擐，貫衣甲也。」玄應引失之。《吴語》韋注「擐，貫也」，即據賈義，杜注同。《淮南子・要略訓》：「武王繼文王之業，用太公之謀，悉索薄賦，躬擐甲冑。」高注：「擐，貫著也。」《廣雅・釋詁》：「擐、䕻，著也。」則「擐」又訓「著」。

「固即死也。【疏證】《□□》箋：「即，就也。」

「病未及死，吾子勉之。」

左并轡，右援枹而鼓，【疏證】《釋文》：「枹，本亦作桴。」《校勘記》云：「按：李善注孫子荆《爲石仲容與孫皓書》引作『桴』。《禮記》云：『蕢桴而土鼓。』玄應書引《詔定古文官書》云：『枹、桴二字同體。』」李富孫云：「桴，枹之借字。《别雅》：『古包、孚一聲之轉。』」此左、右，謂手也。左并轡，謂轡在兩手者併於左手執之，讓右手以援桴也。鼓是中軍將之事，以郤克傷，故御攝鼓援桴。杜無注。本疏云：「《説文》：『援，引也。』枹，擊鼓杖也。』」《釋文》：「桴，鼓槌也。《字林》云：『擊鼓柄也。』」案：《淮南子・兵略訓》：「維枹綰而鼓之。」注：「綰，貫。枹繫于臂，以擊鼓也。」是枹有索綰之。焦循謂：「枹本在郤克手，❶張侯以手持而牽引之使擊。」非。

馬逸不能止，師從之。【疏證】《晉語》注：「逸，奔也。」轡縱，故馬逸。

齊師敗績。

逐之，三周華不注。【疏證】《晉語》「逐之，三周華不注之山」，注：「周，帀也。華，齊地。不注，山名。」杜

❶ 「本在」，原倒，今據《春秋左傳補疏》卷四改。

注：「華不注，山名。」與韋義稍異。洪亮吉云：「按：合下華泉觀之，華泉蓋華地之泉。杜注以『華不注』三字合爲山名，非也。」洪氏以華爲地名，用韋説，又云：「伏琛《齊地記》『不』讀如『跗』，『跗注』與成十六年『韎韋之跗注』義同。」按：洪引伏琛説非完文，故不、跗之同義未顯。伏云：「『不』音跗，與《詩》『鄂不韡韡』之『不』同，謂花蒂也，言此山孤秀如華跗之著於水也。」❶詳其説，則山如花蒂，❷故以花鄂之不狀之。成十六年「韎韋之跗注」，賈、服説：「跗謂足跗，注，屬也。」以跗爲足，人足猶花蒂矣。《鄭志》引彼傳文，「跗注」作「不注」，云「不讀如跗」。伏琛據鄭君説爲音也。詳彼傳疏證。《水經·濟水》注：「華不注山，單椒秀澤，不連丘陵以自高；虎牙桀立，孤峰特拔以刺天。青崖翠發，望同點黛。」與伏琛説山形合。沈欽韓云：「『單椒秀澤，不連丘陵』，此晉人所以得逐之三周也。《元和志》：『華不注山在齊州歷城縣東北十五里。』」梁履繩云：「案：縣今屬山東濟南府。」

韓厥夢子輿謂己曰：【疏證】杜注：「子輿，韓厥父。」

「旦辟左右。」【疏證】通行本「旦」作「且」，從石經、淳化本。錢大昕云：「夢必在夜，則作『旦』義爲長。」沈欽韓云：「旦日當戰，預於一昔夢其父使之辟左右，其夢必不在戰之日也，作『且』誤。」

故中御而從齊侯。【疏證】杜注：「居中代御者，自非元帥，御者皆在中，將在左。」本疏：「韓厥爲司馬，亦是軍之諸將也。」據杜義，則韓厥宜在車左，以代御而居中也。《曲禮》「左必式」，疏：「乘車則君皆在左，若兵戎革路，則君在中央，御者在左。故成二年韓厥代御居中，杜云云。以此而言，則元帥及君宜在中也。」按：《禮》

❶ 原稿眉批：查伏琛説出何書。
❷ 「則」，原重文，今删。

疏謂兵戎革路君亦在中，不獨元帥，與杜義小異。知君亦在中者，《檀弓》「朝不坐，燕不與」，注：「兵車參乘，射者在左，戈盾在右，御在中央。」疏云：「案宣十二年《左傳》云『楚許伯御樂伯，攝叔爲右』，于時樂伯主射，樂伯云『左射以菆』，是『射者在左』。攝叔云『右入壘，折馘執俘而還』，是戈盾勇力在右，自然御在中央。此謂凡常戰士也。若是元帥，則在中央鼓下，御者在左，戈盾在右。故成二年鞌之戰，于時郤克爲中軍將，時『流血及屨，未絶鼓音』，是將居鼓下也。解張御郤克，解張云『矢貫余手及肘，❶余折以御，左輪朱殷』，是御者在左，自然戈盾在右。若天子、諸侯親爲將，亦居鼓下，故《戎右》云『贊王鼓』。成二年『齊侯圍龍，齊侯親鼓之』是也。若非元帥，則皆在左，御者在中，故成二年韓厥自其車左居中代御，❷而逐齊侯。故杜預云兵車『自非元帥，御皆在中』。故熊氏以爲雖非元帥，上軍、下軍之將亦居鼓下。故成十六年鄢陵之戰，『子重將左』，而云子重鼓之也。故爲將皆在鼓下也。以其親鼓，故以爲鼓下。案《周禮》『諸侯執賁鼓，軍將執晉鼓，師帥執提，旅帥執鼙』，豈皆居鼓下也？其義恐非也。」《禮》疏從皇氏説，以駁杜預謂「兵車非元帥，御皆在中」之説。文淇案：《詩·清人》疏：「將居鼓下，雖人君親將亦然。」不獨元帥始居鼓下矣。韓厥爲司馬，本非將，故不在中，而以夢故代御居中也。

邴夏曰：「射其御者，君子也。」

公曰：「謂之君子而射之，非禮也。」【疏證】邴夏見韓厥狀似君子，欲射而意未決。齊侯因其言折之。杜注謂：「齊侯不知戎禮。」非傳意。

---

❶「及肘」，原脱，今據《禮記正義》卷十補。

❷「自其」，原重文；「左」、「中」，原作「中」、「左」，今據《禮記正義》卷十删改。

射其左，越于車下；【疏證】❶

射其右，斃于車中。【疏證】❷

綦毋張喪車，【疏證】杜注：「綦毋張，晉大夫。」

從韓厥，曰：「請寓乘。」【疏證】《方言》：「寓，寄也。」

從左右，皆肘之，使立於後。【疏證】《説文》：「肘，臂節也。」謂不言而肘退之。

韓厥俛，❸**定其右。**【疏證】杜注：「俛，俯也。右被射仆車中，故俯安隱之。」疏：「言此者，以爲下『丑父與公易位』。由厥之俯，故不覺其易，綦毋張蓋助厥定右，故并不見之。」

逢丑父與公易位。【疏證】馬宗璉云：「《御覽》引《五經要義》：『國君及元率戎車，將在中央當鼓，御者在左，勇力之士執戈在後。』丑父易位，蓋居中而使公爲御。」按：馬氏引《要義》可證「將居鼓下」之説，丑父爲御，宜在左，而傳云右者，或當時之制不同。戈盾在後，亦是古法，春秋時不取也。《齊世家》：「齊急，丑父恐齊侯得，乃易處，頃公爲右。」《晉世家》：「頃公乃與右易位。」云易右者，皆據傳逢丑父爲右文。《讀本》：「自居公處，以誘敵而逃公。」

---

❶ 原稿眉批：越，詰。

❷ 原稿眉批：斃，詰。

❸ 「俛」，原作「俯」，今據《春秋左傳正義》卷二十五及下文改。

將及華泉，【注】京相璠云：「華泉，華不注山下泉水也。」《水經・濟水》注。【疏證】杜無注。《水經注》：「華不注山下有華泉，即華水也。北絶聽瀆二十里，注於濟。」又引傳文及京相説。《魏書・地形志》「濟南郡歷城」注：「有黄臺、華不注山、華泉。」則華泉亦屬今歷城境。傳以下頃公「如華泉取飲」，明所止之地。

驂絓於木而止。【疏證】《齊世家》「驂」作「車」，正義：「絓，止也，有所礙也。」杜注：「驂馬絓也。」疑有奪誤。❶

丑父寢於轏中，【疏證】洪亮吉云：「《説文》：『竹木之車曰棧。』《字林》曰：『卧車也。』按：『轏』當爲『棧』。杜注：『轏，士車。』蓋取《周禮・巾車》『士乘棧車』之義，非本訓也。《詩》『有棧之車』，傳曰：『棧車，役車也。』亦與《説文》義通。」按：洪説是也。齊侯兵車已止，故改乘棧車而走，取其輕速。此車亦佐車之類。

蛇出於其下，以肱擊之，❷**傷而匿之，故不能推車而及。**【疏證】顧炎武云：「在軍中不敢言病，故匿其傷。」沈欽韓云：「御車，非右之事。云『不能推車』者，即上文鄭緩所云『苟有險，余必下推車』，蓋御者止執策循軌。其險阻陷輪，則須勇力之士扶輪，故欒鍼爲右，掀公出淖。《周禮・旅賁氏》：『掌執戈盾，夾王車而趨，左右各八人，車止則持輪。』《宋史・輿服志》大駕有持輪將軍，❸皆以助推車者也。」杜注：「爲韓厥所及。」

---

❶ 原稿眉批：驂絓，當考。

❷ 原稿眉批：肱，詁。

❸ 「持」，《春秋左氏傳補注》卷六作「捧」。

韓厥執縶馬前，【疏證】《説文》：「馽，馬絆也。」❶引傳作「韓厥執馽前」，「讀若輒。縶，馽或從糸執聲」。臧琳云：「古文《左氏》本作『韓厥執馽前』，『馽』即『縶』正字，今本訛爲『馬』，又別出『縶』字，『縶』當爲衍文。」按：臧説是也。段玉裁亦謂「古本作『執馽前』，改易誤衍耳」。錢坫説同。朱駿聲云：「與襄二十五年『子展執縶而見』同，加馬字則不詞。」杜注：「執之，以修臣僕之禮。」❷《齊世家》：「晉小將韓厥伏齊侯車前。」

再拜稽首，奉觴加璧以進，【注】服云：「《司馬法》：『其有殞命以行禮，如會所用儀也。若殞命，則左結旗，司馬授飲，右持苞壺，左承飲以進。』」❸【疏證】杜注：「進觴璧，以示敬。」疏：「蓋古者有此禮。彼雖敗績，猶是國君，故戰勝之將示以臣禮事之，❹不忍即加屈辱，所以申貴賤之義。《晉語》云：『靡笄之役，郤獻子伐齊。齊來，❺獻之以得殞命之禮也。』服虔引《司馬法》云云，杜不引之者，蓋彼此不甚相當故也。」疏所引蓋服氏《外傳》注，疏亦用服説，以爲隕命之禮，以杜不同，故斥其不甚相當。彼傳韋注：「伐國獲君，若秦獲晉惠，是爲殞命。」杜不用服説者，以齊頃公未被獲，與晉惠之已獲者不同。然詳《外傳》，齊來獻之，則敵國君在軍而敗，無論已獲、未獲，皆當行隕命之禮。知者，襄二十五年鄭公孫舍之帥師入陳，傳：「陳侯免，擁社。子展執

---

❶「馬絆」，《説文解字》卷十上作「絆馬」。
❷「以」、「禮」，《春秋左傳正義》卷二十五作「示」、「職」。
❸「進」下，疑當有「本疏」二字。
❹「臣」，原作「君」，今據《春秋左傳正義》卷二十五改。
❺「齊」下，《春秋左傳正義》卷二十五有「侯」字。

縶而見，再拜稽首，承飲而進獻。」彼傳無獲陳侯文。子展之見陳侯禮，如韓厥之見齊侯。唯無璧，文不具耳。沈欽韓云：「古之軍禮，想當如此。」是也。李貽德云：「言『如會所用儀』者，《晉語》注亦引《司馬法》：『其有隕命，行禮如會所，争義不争利也。』若『殞命』以下，言所用儀，《曲禮》『武車綏旌』注：『盡飾也。武車，亦兵車。』今以隕命不必盡飾，故結旗。司馬即《周禮》之軍司馬、輿司馬，在列國，則《晉語》云中軍司馬、上軍司馬也。❶ 飲者，《周禮·膳夫》注曰：『酒漿也。』《曲禮》注：『苞苴，或以竹，或以葦。』《釋文》：『苞，裹也。』《周禮·挈壺氏》注：『壺所以承飲。』言持苞裹之壺以進。」壽曾謂：韓厥職爲軍司馬，則授飲是其職，蓋右手持壺，左手持觴注酒，故云「右持苞壺，左承飲以進」。李説未晰。

曰：「寡君使群臣爲魯、衛請，曰：【疏證】《齊世家》：「寡君使臣救魯、衛。」

「『無令輿帥陷入君地。』【疏證】通行本「帥」作「師」，從石經。李富孫云：「按上《釋文》云：『師，如字。一音所類反。』《地官》注：『師之言帥也。』義通。」《魯語》「敢犒輿師」，注：「輿，衆也。」

「下臣不幸，屬當戎行，【疏證】《□語》注：「屬，適也。」

「無所逃隱。

「且懼奔辟，【疏證】《釋文》：「辟，音避。服氏扶亦反。」此服虔音之文，然漢人無翻切，當是讀如例，陸氏改之。李貽德云：「此辟讀闢。《周禮·閽人》『則爲之闢』，《釋文》：『闢，本又作辟，避也。』」按：李説是也。所

---

❶ 「上」，原作「下」，今據《春秋左氏傳賈服註輯述》卷十改。

引乃《周禮》釋文。服氏音存義亡，不列爲注。

「而忝兩君。【疏證】杜注：「若奔辟，則爲辱晉君，并爲齊侯羞，故言二君。」

「臣辱戎士，敢告不敏，攝官承乏。」【疏證】《檀弓》：「冉子攝束帛、乘馬而將之。」注：「攝，猶貸也。」攝官承乏，謂以戎士行隕命禮。杜注：「言欲以己不敏，攝承空乏，從君俱還。」非傳義。

丑父使公下，如華泉取飲。【疏證】《齊世家》：「丑父使頃公下取飲。」

鄭周父御佐車，【疏證】杜注：「佐車，副車。」疏無説。《檀弓》注：「朝祀之副曰貳，❶戎車之貳曰佐。」彼疏云：「案《周禮》『戎僕掌倅車之政，道僕掌貳車之政，田僕掌佐車之政』，則戎車之貳曰倅，此云佐者，《周禮》相對爲文有異，若散而言之，則田獵、兵戎俱是武事，故同稱佐車。《少儀》注『戎獵之副曰佐』是也。熊氏以爲此皆諸侯法。」據彼疏説，則佐車即《戎僕》之倅車。

宛茷爲右，

載齊侯以免。【疏證】《齊世家》：「頃公因得亡，脱去，入其軍。」

韓厥獻丑父，郤獻子將戮之，【疏證】《年表》：「齊頃公十年，晉虜逢丑父。」《齊世家》：「晉郤克欲殺丑父。」

呼曰：「自今無有代其君任患者，有一於此，將爲戮乎？」【疏證】《齊世家》：「丑父曰：『代君死而

---

❶「朝祀之副曰貳」，見《少儀》注。

見僇，後人臣無忠其君者矣。』」❶按：有一於此，言尚有一人能如此也。

郤子曰：「人不難以死免其君，我戮之不祥，赦之，以勸事君者。」乃免之。【疏證】《齊世家》：「克舍之，丑父遂得亡歸齊。」

齊侯免，求丑父，三入三出。每出，齊師以帥退。入于狄卒，❷【疏證】杜注：「三入晉軍求之。齊師大敗，皆有退心，故齊侯輕出其衆，以帥厲退者，遂迸入狄卒。狄卒者，狄人從晉討齊者。」本疏云：「劉炫以齊侯三入齊軍，又三出齊軍，以求丑父。每出之時，齊之將帥敗而怖懼，以師而退，不待齊侯，致使齊侯入於狄卒。今知不然者，以傳文三入在前，三出在後，若用此說，齊侯先在晉軍，今入齊軍，得以二入在前。今齊侯既先在齊軍，欲出求丑父，應先出後入，不應先入後出。且初時二出，容有二入，在後之出，遂入狄卒，有出無入，何得云三入？又以傳文師、帥兩字分明，故杜以爲齊侯每出齊，即以帥厲退者，每出之文，別自爲義，不計上之三出。劉君不達此旨，妄規杜失，非也。」王引之《經義雜記》云：❸「三入三出，當從劉光伯說。齊侯本在陳與晉戰，因敗而下如華泉取飲以免，此一入齊軍也。丑父不可得而仍入於齊，方入而又出求之，此一入二出也。丑父終不可得，故三入齊軍，然必欲求免之，因三出齊軍而忽誤入於狄卒，遂不得復入矣。劉氏三入三出，一主齊軍言之。既於傳文爲順，而出入之數又合。若杜以爲三入晉軍，則第三次入晉軍，即入於狄卒，不得復出，止有二出矣。若謂

---

❶「臣」，原作「君」，今據《史記・齊世家》改。

❷原稿眉批：狄早見，《漢志》「千乘郡狄縣」，查前。

❸「王引之」，疑當作「臧琳」。

入於狄卒之前已有三出，則當有四入矣。孔氏不知杜注之失，反誤解劉説爲二入三出，因爲杜注作疏故也。又據劉光伯説，則下傳本作『齊帥以師退』，言齊之帥以衆兵退也。杜改作『齊師以帥退』，則權不在元帥而在士卒矣。」沈欽韓云：「按：劉説是也。齊侯破膽之後，豈敢復入晉軍？晉軍方憤於丑父之紿，既入其軍，豈肯輕縱如狄、衛之容情乎？劉氏所解皆明通，遠過杜預。」按王、沈説皆申炫説甚諦。

狄卒皆抽戈楯冒之，以入于衛師。衛師免之。【疏證】杜注：「狄、衛畏齊之强，故不敢害齊侯，皆共免護之。」沈欽韓云：「《説文》：『冐，突前也。』《一切經音義》引賈逵《周語》注：『冐没猶輕觸也。』沿作冒。韋昭注：『冒，抵觸也。』狄與齊無素，故以戈楯抵觸之。齊侯乃逸入衛師也。冒，《釋文》音『亡報反』，非也。」

遂自徐關入。【疏證】通行本「徐」作「齊」，誤，從宋本。《校勘記》云：「按：作『徐』即十七年傳云『國佐以穀畔，齊侯與之盟于徐關』，作『齊』非也。」沈欽韓云：「《一統志》：『徐關在濟南府淄川縣西。』」

見保者，❶**曰：**【疏證】保者，杜無注。《淮南子·説山訓》云：「保者不敢畜噬狗。」注：「保，城郭居也。保饒人也。」「饒」疑「境」之誤。

「勉之！齊師敗矣。」

辟女子，【疏證】杜注：「使辟君也。齊侯單還，故婦人不辟之。」《御覽》二百二引注「不辟之」作「不知之也」，疑杜用舊注。惠棟云：「下云乃奔，則辟當讀爲䟆，與五年『伯宗辟重』同。《周禮·大司寇》云『使其屬䟆』，

---

❶「見」上，《春秋左傳正義》卷二十五有「齊侯」二字。

康成曰：『故書趩作避。杜子春云：「避當作辟。」玄謂趩，止行也。』古趩字有作辟，杜注訓爲避，非也。」洪亮吉云：「按：辟讀作闢，《孟子》『行辟人』，趙岐注：『辟除人，使卑辟尊也。』」沈欽韓云：按：文不必讀爲蹕，《鄉士》云『爲之前趨而辟』，《朝士》『以鞭呼趨且辟』，是辟有辟止行人義也。《釋文》『音避』，非。」文淇案：《釋文》「一音扶赤反」，是有闢音。

女子曰：「君免乎？」曰：「免矣。」

曰：「鋭司徒免乎？」曰：「免矣。」【疏證】杜注：「鋭司徒，主鋭兵者。」杜意以鋭爲選降之兵。沈欽韓云：「《尚書·顧命》正義：『鄭云：「鋭，矛屬。」』」孫星衍《書疏》云：「鋭，當從《説文》作鈗，云：『侍臣所執兵也。《周書》曰：「一人冕，執鈗。」讀若允。』」

曰：「苟君與吾父免矣，可若何？」【疏證】通行本「何」作「乎」，從宋本。杜注：「言餘人不可復如何。」

乃奔。

齊侯以爲有禮。

既而問之，辟司徒之妻也。【疏證】杜注：「辟司徒，主壘壁也。」沈欽韓云：「如漢大將軍下有軍司空官。《淮南·兵略》：『處軍輯，井竈通，❶司空之官也。』」

與之石窌。【疏證】《郡國志》「濟北國盧」注：「成二年，封鋭司徒女石窌。」杜注：「石窌，邑名，濟北盧縣

---

❶ 「通」，原脱，今據《春秋左氏傳補注》卷六補。

東有地名石窌。」與劉昭説同。沈欽韓云：「《元和志》：『石窌故城在齊州長清縣南四十里。』」❶案：長清縣今屬濟南府。

晉師從齊師，

入自丘輿，【疏證】《御覽》七百五十七引作「丘轝」。杜注并下「馬陵」皆以爲齊邑。❷顧炎武《日知録》云：「成公二年『晉師入自丘輿』，注云『齊邑』；三年鄭師禦晉，『敗諸丘輿』，注云『鄭地』；哀十四年『阬氏葬諸丘輿』，又是魯地。是三丘輿爲三國地也。」顧棟高云：「丘輿當在今山東青州府治益都縣界。」❸沈欽韓云：「《一統志》：『在沂州府費縣西。』按：與司馬牛葬丘輿者同地。」案：顧説是也。丘輿、馬陘并在益都之西，詳下疏證。費縣西之丘輿是魯地，去益都二百餘里。沈説非。

擊馬陘。【注】賈云：「馬陘，齊地也。」《齊世家》集解。**【疏證】**《齊世家》：「於是晉軍追齊至馬陵。」集解：「徐廣曰：『一作陘。』」下引賈注，則賈本作「陘」。梁履繩云：「高士奇以地有二名。愚謂陘、陵聲近而譌，馬陵自是衛地，見七年。」案：賈以馬陘爲齊地，則上丘輿當亦云齊地，杜用賈義也。洪亮吉云：「于欽《齊乘》：『馬陵一作馬陘。』虞喜《志林》：『馬陵在濮州鄄城縣東北六十里。』考華泉、徐關並在齊州，❹與馬陵爲近，當是此

---

❶「南四」，《春秋左氏傳地名補注》卷六作「東三」。

❷「陵」，下文作「陘」。

❸原稿眉批：歷城。青州。

❹「並在齊州與馬陵」，原重文，今據《春秋左傳詁》卷十一刪。

矣。」洪氏謂馬陘在齊州，以駁《志林》濮州之説，濮乃衛地也。沈欽韓云：「《水經注》：『淄水逕萊蕪谷，又北逕馬陵。』俗名長峪道。《一統志》：『長峪在青州府城西南，亦名馬陘，亦名弇中峪，亦名萊蕪谷。』」顧棟高云：「馬陘在益都縣西南。」

齊侯使賓媚人賂以紀甗、玉磬與地。【疏證】杜注：「媚人，國佐也。」疏云：「經書『齊侯使國佐如師』，故知賓媚人即國佐也。杜《譜》云：『國佐，賓媚人，武子，三事互見於經傳，不知賓媚人是何等名號也。』」按：國佐，齊卿。據《環人》「訟敵國」注引「國佐如師」，則賓媚人必齊國使命之官，國佐以卿攝行也。杜又云：「甗，玉甑，皆滅紀所得。」疏云：「下云『子得其國寶』，知甗亦以玉爲之。傳文『玉』在『甗』、『磬』之間，明二者皆是玉也。」洪亮吉云：「《説文》：『甗，甑也。一曰穿也。』鄭衆注《考工記》云：『甗，無底甑。』按：杜注：『甗，玉甑。』非是。正義申杜更非。且《竹書紀年》明言『紀公之甗』，則非玉可知。」《齊世家》：「齊侯請以寶器謝。」

「不可，則聽客之所爲。」【疏證】此齊侯命使之詞。

賓媚人致賂，

晉人不可，

曰：「必以蕭同叔子爲質，【注】賈云：「蕭，附庸，子姓。」《齊世家》集解。干寶説：「蕭同叔子，惠公之妾，頃公之母。」《搜神記》。**【疏證】**《齊世家》：「必得笑克者，蕭桐叔子。」《晉世家》：「郤克曰：『必得蕭桐姪子爲質。』」字並作「桐」，或《左氏》異文。《晉世家》作「姪子」，據二傳。杜不釋「蕭」。馬宗璉云：「賈注：『蕭，附庸，子姓。』當謂蕭，宋之附庸，與宋同姓。蕭叔大心即蕭之先。附庸蓋以叔爲稱，蕭叔朝公是也。」按：馬説是也。《帝王世紀》：「周封子姓之别爲附庸也。」亦與賈説合。洪亮吉云：「按：今徐州蕭縣，古蕭叔之國。」干寶説據傳「寡君之母」文。杜注：「同叔，蕭君之字，齊侯外祖父。子，女也。難斥言其母，故遠言之。」

「而使齊之封内盡東其畝。」【注】服云：「欲令齊隴畝東行。」《齊世家》集解。**【疏證】**杜注：「使壟畝東西行。」用服義。服無「西」字。朱鶴齡云：「西字，衍文。」《校勘記》云：「注謂由西達東之路耳。」文淇案：《韓子·外儲説》：「晉文公伐衛，東其畝。」《吕覽·簡選》篇：「晉文公造五兩之士五乘，鋭卒千人，先以接敵。諸侯莫之能難，反鄭之埤，東衛之畝。」高注：「反，覆。覆鄭城埤而取之，使衛耕者皆東畝，以遂晉兵也。」與此正相似。壽曾謂：據高誘義，則服注無「西」字。杜不達服義，增之。陳奂《信南山》詩疏引《韓非》、《吕覽》説，釋之云：「齊、衛皆在晉東，故晉使東畝。」與服義合。《齊世家》「令齊東畝」，索隱云：「隴畝東行，則晉車馬東向齊行易也。」亦據服義。

對曰：「蕭同叔子非他，寡君之母也。

「若以匹敵，則亦晉君之母也。【疏證】《齊世家》：「對曰：『叔子，齊君母。齊君母亦猶晉君母，子安置之？』」杜不注「匹敵」。《廣雅·釋詁》：「黨、敵、讎，匹也。」王念孫云：「《方言》：『臺、敵，匹也。』敵，耦也。《爾雅》：『讎、敵，❶匹也。』郭璞注云：『讎，猶儔也。』成二年《左傳》云：『若以匹敵。』」

「吾子布大命於諸侯，

---

❶「讎」，原作「儲」，今據《廣雅疏證》卷一上改。

「而曰：『必質其母以爲信。』其若王命何？

「且是以不孝令也。

「《詩》曰：『孝子不匱，永錫爾類。』【疏證】《大雅・既醉》文。傳初引於隱元年，已釋於彼年疏證。杜注：「言孝心不乏者，又能以孝道長賜其志類。」即用鄭箋「長以予女之族類」義。

「若以不孝令於諸侯，其無乃非德類也乎？【疏證】《讀本》：「非德類者，不能以孝道錫同類也。」

「先王疆理天下，【疏證】《大司徒》「制其畿疆而溝封之」，注：「疆猶界也。《春秋》曰：『吾子疆理天下。』」疏：「彼傳云『先王疆理天下』，又云『吾子疆理諸侯』，不同者，鄭以意言之，非正文也。」洪亮吉云：「鄭注蓋涉下文而誤。」壽曾謂：據鄭君義，疆理猶界理。《後漢書・史弼傳》：「先王疆理天下，畫界分境。」注引《左傳》「先王疆理天下」，蓋舊説疆理，謂畫界分境也。杜注：「疆，界也。理，正也。」

「物土之宜，而布其利，【疏證】杜注：「物土之宜，播殖之物各從土宜。」顧炎武引陸粲説曰：「如昭三十二年傳『物土方』之物，謂相土之所宜。」惠棟云：「物讀如《既夕禮》『冢人物土』之物，鄭注：『物，猶相也。』《大司徒職》云：『以土宜之法，辨十有二土之名物。』《周書・大聚》曰：『因其土宜，以爲民資。』」

「故《詩》曰：『我疆我理，南東其畝。』【疏證】《小雅・信南山》文。傳釋「南東其畝」云：「或南或東。」杜注：「或南或東，從其土宜。」用毛義。疏不説「南東」。陳奐《詩疏》云：「或南或東者，或之爲有也。或南者，有南其畝也。或東者，有東其畝也。程瑶田《通藝録・阡陌考》云：『阡陌，田間之道也。訓故家釋阡陌者，皆言南北曰阡，東西曰陌。惟應劭《風俗通》具二義曰：「南北曰阡，東西曰陌。河東以東西爲阡，南北爲陌。」諒哉！應氏之説得古人物土宜之義矣。天下之川皆東流，故川横則澮縱，洫又横，溝又縱，遂又横，遂横者其畛必縱，而畝陳於東，是故東畝者，天下之大勢也。遂上有徑，當百畝之間，故謂之陌。其徑東西行，故曰東西曰陌也。遂上之徑東西行，則溝上之畛必南北行，畛當千畝之間，故謂之阡，而曰南北曰阡也。然則南北曰阡，東西曰陌，此阡陌之通義，以其義出於東畝。然有東畝者，亦有南畝者，天下之川，大勢雖皆東流，而河東之川獨南流，河爲川之大者，而或南流，則其畝必南陳而爲南畝矣。南畝畛横則遂縱，徑亦縱而爲南北行，豈不南北爲陌乎？溝横，畛亦横而爲東西行，豈不東西爲阡乎？由是洫又縱，澮又横，而川則縱而南流矣。河東之川，天下之大川也，而獨南流，故特舉之，以爲東西爲阡、南北爲陌，必具二義。而不知者乃是此非彼，蓋亦勿思矣。河至大坯又北流，則畫畝之法與河東川之南流者同爲南畝。而晉人乃欲齊之境内盡東其畝，此賓媚人所以有無顧土宜之斥也。』奂案：《詩》言畝有南東，則阡陌亦必南東，程説足以證三代定畝之至意。天下之川，東西流者畝必東，南北流者畝必南，其大較也。河東之川南流，豳、岐、豐、鎬在大河之西，其川與河東之川同是南流，其畝必南陳，故《七月》、《甫田》、《大田》、《載芟》、《良耜》等篇皆云『南畝』。此篇言疆理天下，故云南東畝，是立文之義矣。」按：如程、陳説，則齊在大河之東，其田並是南畝，蓋以東西爲阡、南北爲陌矣。傳引《信南山》，亦明齊畝必南陳義。

「今吾子疆理諸侯，而曰『盡東其畝』而已，

「唯吾子戎車是利，【疏證】杜注：「晉之伐齊，循壟東行易。」

「無顧土宜，【疏證】土宜即物土之宜，謂川澮洫溝遂畛之宜也。

「其無乃非先王之命也乎？

「反先王則不義，何以爲盟主？

「其晉實有闕，【疏證】《齊語》注：「闕，失也。」杜用韋義。

「四王之王也。【疏證】杜注：「禹、湯、文、武。」據下「五伯」注，則此亦服義。按：四王兼舉文、武，與古説不同。《白虎通·號》篇：「三王者，何謂也？夏、殷、周也。《詩》云：『命此文王，于周于京。』此改號爲周，易邑爲京也。」《風俗通·皇霸》篇：「《禮號謚記》説：『夏禹、殷湯、周武王，是三王也。』《尚書》説：『文王作罰，刑兹無赦。』《詩》説：『有命自天，命此文王。文王受命，有此武功。儀刑文王，萬邦作孚。』《春秋》説：『王者孰謂？謂文王也。』按：《易》稱『湯武革命』，《尚書》：『武王戎車三百兩，虎賁八百人，擒紂于牧之野。惟十有三祀，王訪于箕子。』《詩》云：『亮彼武王，襲伐大商。勝殷遏劉，耆定爾功。』由是言之，武王審矣。《論語》：『文王率殷之叛國，以服事殷。』時尚臣屬，何緣便得列三王哉？經美文王三分天下有其二，王業始兆于此耳。」則舊説三王，或列文王，或列武王，應氏則據《禮緯》以爲當列武王。其四王兼列文武之義無考。

「樹德而濟同欲焉。【疏證】《淮南子·本經訓》注：❶「樹，立也。」杜用韋義，又云：「濟，成也。」❷

「五伯之霸也，【注】服虔云：「五伯謂夏伯昆吾，商伯大彭、豕韋，周伯齊桓、晉文也。」《詩譜》疏。

【疏證】杜用服義。案：服知五伯爲昆吾、大彭、豕韋、齊桓、晉文者，據《鄭語》「昆吾爲夏伯矣，大彭、豕韋爲商伯

---

❶ 「本經訓」，原缺，今據《淮南鴻烈解》卷八補。

❷ 原稿眉批：濟，詁。

矣」爲説。彼注云：「昆吾，祝融之孫，陸終第一子，名樊，爲己姓，封于昆吾。昆吾，衛是也。其後夏衰，昆吾爲夏伯，遷于舊許。昭十二年《左傳》云『楚之皇祖伯父昆吾，舊許是宅』是也。陸終第三子籛，爲彭姓，封于大彭，謂之彭祖，彭城是也。豕韋，彭姓之別，封于豕韋者。殷衰，二侯相繼爲伯。」《外傳》明伯始于夏商，爲春秋以前之三伯。其以齊桓、晉文通爲五伯，亦不始于服氏。知者，《白虎通·號》篇：「五霸者，何謂也？昆吾氏、大彭氏、豕韋氏、齊桓公、晉文公是也。昔三王之道衰，五霸存其政，帥諸侯朝天子，正天下之化，興復中國，攘除夷狄，故謂之霸也。昔昆吾氏，霸於夏者也。大彭、豕韋，霸于殷者也。齊桓、晉文，霸于周者也。」《白虎通》多采《公羊》家言，言五伯，數昆吾、大彭、豕韋，與《外傳》合，則《左氏》與《公羊》誼同。然又云：「或曰：五霸謂齊桓公、晉文公、秦穆公、楚莊王、吴王闔廬也。或曰：五霸謂齊桓公、晉文公、秦穆公、宋襄公、楚莊王也。」《風俗通·皇霸》篇：「《春秋》説齊桓、晉文、秦繆、宋襄、楚莊是五霸也。」與《白虎通》末一説同。其云《春秋》，以《外傳》證之，必非《左氏》義。《孟子》「五伯，三王之罪人也」，趙岐注亦據《白虎通》末一説。顧炎武《日知録》云：「五伯之稱有二：有三代之五伯，有春秋之五霸。據國佐對晉人言，其時楚莊之卒甫二年，不當遂列爲五，亦不當繼此無伯而定於五也，其通指三代無疑。《國語》『昆吾爲夏伯，大彭、豕韋爲商伯』，《莊子》『彭祖得之，上及有虞，下及五伯』，是知國佐以前另有五伯之名久矣。若《孟子》所稱五伯而以桓公爲盛，則止就東周以後言之，如嚴安所謂『周之衰，三百餘年，而五伯更起』者也。」詳顧氏説，則五伯之稱與時回易也。《風俗通》雖引《春秋》説，以齊桓、晉文、秦繆、宋襄、楚莊爲五霸，而駁之云：「謹案：《春秋左氏傳》，夏后太康娱於耽樂，不循民事，諸侯僭差，於是昆吾氏乃爲盟主，誅不從命，以尊王室。及殷之衰也，大彭氏、豕韋氏復續其緒，所謂王道廢而霸業興者也。齊桓九合一匡，率成王室，責彊楚之罪，復青茅之貢。晉文爲踐土之會，修朝聘之禮，納襄冠帶，翼戴天子。孔子稱『民到于今受其賜』，又曰：『齊桓正而不譎，晉文譎而不正。』至于三國，既無歎譽一言，而穆公受鄭甘言，置戍而去，違黄髮之計，而遇殽之敗，殺賢臣百里奚，以子車氏爲殉，《詩·黄鳥》之所爲作也，故謚曰繆。襄公不度德量力，慕名而不綜實，六鷁五石，先著其異，覆軍殘身，終爲僇笑。莊王僭號，自下摩上，觀兵京師，問鼎輕重，恃彊肆忿，幾亡宋國，易子析骸，厥禍亦巨。皆無興微繼絶，尊事王室之功。❶世之紀事，不詳察其本末，至書於竹帛，同之伯功，或誤後生，豈不暗乎！」應劭説五伯與服注同。以劭攷《春秋》説，故備列其辭，以明所攷非《左氏》義。應説甚辨，然不若顧氏三代、春秋各有五伯之説爲確。《吕覽·先己》篇「五霸先事而後兵」，注同服説，此三代之五伯也。其《當務》篇「六王五霸」注則云：「齊桓、晉文、秦穆、宋襄、楚莊也。」以承六王爲文，故舉春秋之五霸説之。言各有當，不嫌歧出。其《白虎通》中一説退宋襄而進闔廬，《荀子·王霸篇》又退秦穆而進句踐，知春秋、戰國五霸又自異説，無關傳義，乃不備疏。

「勤而撫之，以役王命。【疏證】《吕覽·貴生》注：❷「役，事也。」

「今吾子求合諸侯，以逞無疆之欲。【疏證】杜注：「疆，竟也。」

「《詩》曰：『布政優優，百禄是遒。』【疏證】《商頌·長發》文。《校勘記》云：「《詩》作『敷政』。」鄭玄《儀禮》注云：『今文「布」作「敷」。』」然則今文作「敷」，古文作「布」。傳：「優優，和也。遒，聚也。」陳奂《詩疏》云：

❶「興」上，原衍「與」字，今據《風俗通義》卷一删。

❷「貴生」，原缺，今據《吕氏春秋》卷二補。

「『優優，和』，《爾雅・釋訓》文。遒讀爲揫，❶《説文》引《詩》作揫，云『束也』。《爾雅》：『揫，聚也。』揫即揫。《破斧》箋：『遒，斂也。』斂亦聚也。」杜注用毛義。本疏：「《詩・商頌》，成湯布政優優然而寬，故百種福禄於是聚歸之。」

「子實不優，而棄百禄，諸侯何害焉？【疏證】質其母、東其畝，皆非優和之政。杜注：「言不能爲諸侯害。」

「不然，

「寡君之命使臣則有辭矣，

「曰：『子以君師辱於敝邑，不腆敝賦，以犒從者。【疏證】杜注：「戰而曰犒，爲孫辭。」按：僖二十六年，「公使展喜犒師」，服注：「以師枯槁，故饋之飲食。」本疏：「士卒之勞於外，師衆枯槁，以酒食勞之。」則此傳「犒從者」，舊説亦謂因枯槁而饋食，故疏云然也。

「『畏君之震，師徒橈敗。【疏證】杜注：「震，動。橈，曲也。」洪亮吉云：「《漢書・高帝紀》：『與酈食其謀橈楚權。』服虔云：『橈，弱也。』服虔注此傳當亦同。杜訓曲，似回遠。」文淇案：《長發》「有震且業」，箋云：「震猶威也。❷《春秋傳》曰：『畏君之震，師徒橈敗。』」《釋文》：「橈，女教反。一音女卯反。❸亂也。」此當是《左氏》

❶「揫」，原作「拳」，今據《詩毛氏傳疏》卷三十改。

❷「威」，原作「盛」，今據《毛詩正義》卷二十改。

❸「卯」，原作「即」，今據《經典釋文》卷七改。

舊説。杜訓「震」爲動，訓「橈」爲曲，非。

「『吾子惠徼齊國之福，不泯其社稷，使繼舊好，

「『唯是先君之敝器、土地不敢愛，

「『子又不許。

「『請收合餘燼，【疏證】杜注：「燼，火餘木。」洪亮吉云：「《説文》：『㶳，火餘也。一曰薪也。從火聿聲。』杜注增一『木』字，即與訓詁之義乖。《玉篇》燼同㶳。」文淇案：《吴語》「安受其燼」，注：「燼，餘也。」蓋燼爲火餘，省言之，即訓「燼」爲「餘」。

「『背城借一。【疏證】杜注：「欲於城下，復借一戰。」案：禦敵兵於城下，故曰背城。《北周書·武帝紀》：「建始五年詔曰：❶『收合餘燼，背城抗敵。』」

「『敝邑之幸，亦云從也。況其不幸，敢不唯命是聽？』」【疏證】杜注：「言完全之時，尚不敢違晉，今若不幸，則從命。」疏云：「劉炫以爲齊人請戰，言敝邑脱或有幸戰勝，亦云從也。」沈欽韓云：「按：方舉戰事，不得遠言平昔完全。」顧炎武云：「言即幸而勝，亦從晉命，況於不幸。」邵瑛云：「言即幸而勝，亦從晉命，都是虚稱未然之事。」文淇案：炫説是也。昭十六年傳：❷「子産對晉邊吏曰：『幸而不亡，猶可説也。不幸而亡，君雖憂

---

❶「始」，《周書·武帝紀下》作「德」。

❷「六」，當作「八」。

之，亦無及也。』」語意相類。

魯、衛諫曰：【疏證】杜注：「諫郤克也。」

「齊疾我矣。其死亡者，皆親暱也。

「子若不許，讎我必甚。唯子則又何求？

「子得其國寶，

「我亦得地，【疏證】杜注：「齊歸所侵。」按：齊取魯龍，侵曹丘，云「得地」，當指此。惟衛未失地，蓋統言之。

「而紓於難，【疏證】❶

「其榮多矣。

「齊、晉亦唯天所授，豈必晉？」晉人許之，

對曰：「群臣帥賦輿，【疏證】杜注：「賦輿，猶兵車。」

「以爲魯、衛請，

「若苟有以藉口而復於寡君，【注】服云：「今河南俗語，治生求利，少有所得，皆言可用藉手矣。」本疏。【疏證】杜注：「藉，薦。」不用服説。洪亮吉云：「杜訓『薦』，反回遠。」沈欽韓云：「藉，借也。杜解

❶ 原稿眉批：紓，詁。

『藉，薦』，迂遠。」沈訓「藉」爲「借」，用服義。洪亦據服駁杜。本疏：「言無物則空口以爲報，少有所得，則於口爲藉。」釋服義也。疏兼存服義，故無駁。李貽德云：「服引俗語『藉手』，以明藉口之義。」《禮記·曲禮》注：❶「復，白也。」

「君之惠也。敢不唯命是聽？」【疏證】此上皆國佐之詞也。《少儀》「會同主詡」，注：「詡謂敏而有勇，若齊國佐。」疏云：「詡謂敏大言語。會同之時，貴在敏捷勇武自光大。成二年傳，齊、晉戰于鞌，齊國佐陳辭以拒晉師，是敏而有勇也。」國佐敏而有勇，鄭君當據古《左氏》説。

禽鄭自師逆公。【疏證】杜注：「禽鄭，魯大夫。歸逆公會晉師。」

秋，七月，晉師及齊國佐盟于袁婁，

使齊人歸我汶陽之田。【疏證】《齊世家》：「令反魯、衛之侵地。」衛地，傳失書。龍、曹丘當亦歸魯，傳不具。

公會晉師於上鄍，【疏證】杜注：「上鄍，地闕。公會晉師不書，史闕。」高士奇云：「此齊、衛境上邑。或曰在陽穀縣。」按：陽穀屬山東兖州府。

賜三帥先路三命之服，【疏證】杜注：「三帥，郤克、士燮、欒書。已嘗受王先路之賜，今改而易新，并此車所建、所服之物。」疏云：「案《釋例》『先路者，革路，若木路。或云先，或云次，蓋以就數爲差。其受之于王則稱

❶「曲禮」，原缺，今據《禮記正義》卷二補。

大』者，❶鄭子蟜、叔孫穆子受之於王皆稱大，是也。革、木是卿大夫車之尊者，故云大路。金路是諸侯車之尊者，亦稱大。則定四年大路、大旂是也。玉路，天子車之尊者，亦稱大，故《顧命》云『大路在賓階面』是也。」此光伯《述議》引《釋例》文，《釋例》謂「受之于王則稱大」，明不稱大者皆非王賜。疏又云：「劉炫以爲既言『先路』，則是晉君之賜，杜云『受王先路之賜』，❷非其義也。今知不然者，杜以穆叔、子蟜嘗受王路，故杜據而言之。《釋例》應云：『受王大路之賜。』言『先路』者，順傳『先路』之文故也。劉炫以爲嘗受晉君賜而規杜氏，非也。」「劉炫以爲」「劉」字乃唐人所增。《釋例》未言受王先路之賜，疏駁劉説内「釋例」二字乃「杜注」之誤，《左傳舊疏考證》備論之。光伯《述義》即據《釋例》「受之於王稱大」駁此注「受王先路之賜」也。沈欽韓云：「《尚書·顧命》、《郊特牲》俱有先路、次路之文。鄭注：『先路，象路。次路是象路之貳。』《禮記》疏：『先路亦殷路也，❸對次故稱先也。』然此先路亦卿之正車，謂夏篆、夏縵之等。杜預云：『嘗受王先輅之賜，改而易新。』是不曉先路之義而妄爲説。按：諸侯之卿車服不必皆受於王，非有大功若士會、子蟜者，王亦不輕賜，故傳特著於彼以爲異數。今此三卿何能同時受王賜，且計校於新舊乎？」沈謂先路，卿之正車，非賜於王，最諦。惟止言象路，義未備。襄十九年疏云：「革路、木路，路之卑者，亦得稱大路者，以受王殊賜，皆舉其總名。若受之於君，或稱先，或稱次。」是受之

❶「者」上，《春秋左傳正義》卷二十五有「杜言革路若木路者或用革或用木也知受之於王則稱大」二十三字。

❷「賜」，原作「服」，今據《春秋左傳正義》卷二十五改。

❸下「路」，原作「輅」，今據《左傳杜解集正》卷五改。

于王乃稱大，受之於君則稱先、稱次也，此革路、木路亦可稱大路之證。朱駿聲云：「三帥賜先路，正與襄二十六年鄭賜子展同。」本疏云：「《周禮·典命》：『公之孤四命，其卿三命，其大夫再命，其士一命。侯伯之卿、大夫、士亦如之。』此三帥皆卿也，本國三命，故魯賜以三命之服。」又云：「言『所建、所服之物』者，《周禮·巾車》：『革路，建大白以即戎。』《司服》云：『凡兵事，韋弁服。』《巾車》又云：『木路，建大麾以田。』《司服》又云：『凡田，冠弁服。』然則此車所建或是大白、大麾，所服或是韋弁、冠弁。」

司馬、司空、輿帥、候正、亞旅，皆受一命之服。【疏證】杜注：「晉司馬、司空皆大夫，輿帥主兵車，候正主斥堠，亞旅亦大夫也。」《淮南子·兵略訓》：「夫論除謹，動静時，吏卒辨，兵甲治，正行伍，連什伯，明鼓旗，此尉之官也。前後知險易，見敵知難易，發斥不忘遺，此候之官也。隧路亟，行輜治，賦丈均，處軍輯，井竈通，此司空之官也。收藏於後，遷舍不離，無淫輿，無遺輜，此輿之官也。」高注：「軍尉，所以尉鎮衆也。發，有所見。斥，斥度，候視也。軍候，候望者也。軍司空，補空修繕者。輿，衆也。候領輿衆，在軍之後者。」高氏注較杜爲詳，惟未釋輿帥。❶《吕覽》不及司馬、亞旅，據高注以司空爲軍司空，則司馬亦軍司馬也。《周禮》大司馬之屬有軍司馬，下大夫四人，職闕。《牧誓》「亞旅師氏」，某氏傳：「亞，次。旅，衆也。衆大夫其位次卿。」疏：「此及《左傳》皆卿下言亞旅，知是大夫。其位次卿而數衆，故以亞旅名官。」案：杜知司馬以下皆大夫者，以傳稱「一命之服」。襄十九年傳：「公享晉六卿于蒲圃，賜之三命之服，軍尉、司馬、司空、輿尉、候奄，皆受一命之服。」與此傳言命數同。本疏云：「司馬、司空、輿帥、候正、亞旅皆大夫，本國一命，故皆受一命之服。於卿言賜，於大夫言受，互相足也。」

---

❶「帥」，原脱，今據上文補。

《周禮》大夫再命，此司馬、司空等一命者，春秋之時，其事已異於《周禮》，故大夫一命。」

八月，宋文公卒。始厚葬，【疏證】《宋世家》：「文公卒，子共公瑕立，始厚葬。」

用蜃炭，【疏證】《釋文》「蜃」作「蜄」。《月令》注：「大蛤曰蜃。」杜注：「燒蛤爲炭，以瘞壙。」疏云：「劉炫以爲用蜃炭者，用蜃復用炭。知不然者，杜以傳用蜃炭共文，故知燒蛤爲炭。劉君以爲用蜃復用炭而規杜氏，非也。」按：《掌蜃》：「掌斂互物蜃物，以共闉壙之蜃。」注：「闉猶塞也。將井椁，先塞下以蜃，禦濕也。」鄭君不云燒蜃爲炭，惟《赤犮氏》「以蜃炭攻之」，注：「蜃，大蛤也。擣其炭以坋之。」鄭君彼注以治牆屋搏而堊之，亦不謂燒。《呂覽・節葬》篇：❶「題湊之室，棺槨數襲，積石積炭，以環其外。」注：「石以其堅，炭以禦濕。」則古人葬禮自用炭，非燒蜃爲炭也。蜃炭、車馬，相對爲文，炫説是也。《掌蜃》注又云：「鄭司農説《春秋傳》『始用蜃炭』，言僭天子也。」疏：「引《春秋》者，是成公二年，『宋文公卒，始厚葬，用蜃炭』。雖二王之後，不得純如天子亦用蜃，故被譏。引之者，證天子之宜也。」鄭衆謂「用蜃炭」爲天子禮，其説《左氏》亦當然。疏謂二王之後用蜃，亦是古《左氏》説。

益車馬，【疏證】杜注：「多埋車馬。」本疏：「《禮・檀弓記》曰：『塗車芻靈，自古有之。』鄭玄云：『芻靈，束茅爲人馬。謂之靈者，神之類也。』不解塗車，當是用泥爲車也。傳言『益車馬』者，謂用此塗車茅馬益多於常。」

始用殉，【疏證】閻若璩《尚書古文疏證》：「古未有以人從死者，有之自秦始，乃戎法也。《秦本紀》曰：『二

---

❶「葬」，當作「喪」。

十年，武公卒，初以人從死。』降及穆公，以三良爲殉。波及晉國，魏武子欲以嬖妾爲殉。至成公二年八月，❶宋文公卒，書曰『始用殉』，蓋傷中國而亦然也。」

重器備，【疏證】杜注：「重猶多也。」本疏：「多爲明器也。《士喪禮》下篇陳明器云：『用器：弓矢、耒耜、敦杅、槃匜；役器：甲胄、干笮；燕器：杖、笠、翣。』其器有共用之器，有備禦之器，故言器備。」

椁有四阿，【疏證】杜注：「四阿，四注椁也。」疏云：「《周禮・匠人》云：『殷人四阿重屋。』鄭玄云：『阿，棟也。四角設棟也。是爲四注椁也。』」疏蓋以屋制例椁之四阿，推今本鄭君注作「四阿若今四注屋」，与疏所引異。金鶚《禮説》云：「阿不可訓棟，棟在屋正中，不在四角，亦非可設棟也。」金氏止據疏引鄭注，未核原文，其謂阿非棟，是也。疏引鄭注有舛誤。疏又云：「《士喪禮》下篇陳明器云『抗木横三縮二』，謂於椁之上設此木，從二横三，以負土。則士之椁上平也。今此椁上四注而下，則其上方而尖也。禮，天子椁題凑，諸侯不題凑，不題凑則無四阿。」疏謂天子椁題凑，據《喪大記》「君殯用輴，欑至于上，畢塗屋」文。沈欽韓云：「《檀弓》：『天子柏椁以端，長六尺。』❷注：『以端，題凑也。』《喪大記》注：『天子之殯，居棺以龍輴。欑木題凑象椁，上四注如屋以覆之，盡塗之。諸侯欑不題凑象椁。』疏云：『題，頭。凑，鄉也。謂以木頭相凑鄉内也。諸侯雖不向椁，❸亦中央高似屋形，

❶「二」，原作「三」，今據《尚書古文疏證》卷四改。
❷「長」，原作「四」，今據《春秋左氏傳補注》卷六改。
❸「向」，《春秋左氏傳補注》作「象」。

但不爲四注。』按：彼論殯事，其實天子葬時用椁，亦如屋簷四垂，諸侯亦三面也。孔晁《逸周書》：❶『廟四下曰阿。』按：《喪大記》疏：『成二年《左傳》云「宋文公卒，椁有四阿」，是僭天子禮。』則椁有四阿，天子之制，疏以禮無明文，故舉殯禮之題湊例之，其舉《士喪》之抗木爲證，則非，抗木無阿之名也。」沈氏説四阿以屋簷四垂爲喻，與鄭君「四注屋」説合，則四阿謂椁之蓋四垂也。金鶚《禮説》云：「天子之屋，四隅高起，謂之四阿，椁象之。」非。

棺有翰檜。【疏證】杜注：「翰，旁飾。檜，上飾。」疏云：「《釋詁》云：『楨、翰，榦也。』舍人曰：『翰，所以當牆兩邊，障土者也。』翰在牆之旁，則知此翰亦在旁也。」按：《廣雅·釋親》「幹謂之脇」，❷王念孫云：「幹亦兩旁之名也。《史記·魯世家》集解引馬融《粊誓》注云：『楨在前，幹在兩旁。』成二年《左傳》『棺有翰檜』，杜注云：『翰，旁飾。』義並與脅、幹同。」疏又云：「《詩》云『會弁如星』，鄭玄云『會謂弁之縫中』，言其際會之處也。會在弁之上，知此檜亦在上。」詳疏説，則傳文舊作「翰會」。杜釋「翰檜」，厘言「旁飾」、「上飾」，❸其飾用何物，今無以考。

君子謂：「華元、樂舉，於是乎不臣。【疏證】洪亮吉云：「王符《潛夫論》：『華元、樂昌厚葬文公，《春秋》以爲不臣。』昌當作吕，以字近而誤。《魏志·文帝紀》又作樂莒。宣二年傳，樂吕爲鄭所獲，不應尚存。或其時宋贖華元，樂吕亦同歸也。據此則宣二年囚華元，獲樂吕，囚、獲義皆互通。杜注似分囚爲生獲，獲爲死得，誤矣。」按：《吕覽·安死》篇亦作「樂吕」。《宋世家》：「君子譏華元不臣矣。」不及樂舉，文略。

---

❶ 「晁」下，疑當有「注」字。

❷ 「脇」，《廣雅疏證》卷六下作「肋」。

❸ 「上」，原作「下」，今據上文改。

「臣，治煩去惑者也，是以伏死而爭。

「今二子者，君生則縱其惑，【疏證】杜注：「謂文十八年，殺母弟須。」

「死又益其侈，

「是棄君於惡也。【疏證】《魏志》：「黄初三年，❶詔曰：『宋公厚葬，君子以爲棄君於惡。』」用傳説。杜無注。《吕覽·安死》篇：「夫有所愛所重，而令姦邪盜賊寇亂之人卒必辱之，此孝子忠臣親父交友之大事。」當是《左氏》「棄君於惡」古義。又云：「故宋未亡而東冢扣，齊未亡而莊公冢扣。」注：「東冢，文公厚葬，故冢被發也。冢在城東，因謂之東冢。」則盜發宋文公冢，容在《左氏》之前，故論其事以爲至戒。

「何臣之爲？」【疏證】杜注：「若言何用爲臣。」疏云：「劉君以爲不成臣，與杜義無別。」邵瑛云：「劉君以爲不成臣，即上文所云『君子謂華元、樂舉於是乎不臣』者也。大致同而異。」

九月，衛穆公卒。

晉三子自役弔焉，

哭於大門之外。【疏證】杜注：「師還過衛，故因弔之。未復命，故不敢成禮。」疏云：「『哭於大門之外』，謂大門外之西東面。」又引沈氏云：「《雜記》：『弔者即位於門西，東面。主孤西面。相者受命曰：「孤某使請事。」客曰：「寡君使某，如何不淑。」相者入告，出曰：「孤某須矣。」弔者入，主人升堂西面。弔者升自西階，東面

❶「三」，原作「二」，今據《三國志·魏書·文帝紀》改。

致命。』此臣奉君命行弔之禮，今三子師行經衛竟，不敢成禮，故於大門之外。」疏謂門西東面，即據《雜記》說。然此平常鄰國臣奉君命來弔之禮，不得爲此傳之證。沈文阿舊疏雖據《雜記》，然不謂三子即行此禮，可知舊注不援《雜記》門西東面爲説。沈欽韓云：「此蓋臨葬前載柩南向時也。《既夕禮》：『乃祖，婦人降，即位于階間。』疏云：『以柩還鄉外，階閒空，故婦人從堂上降在階。』又云：『賓入者拜之，賓出，主人送於門外。』是賓來弔哭，猶入門東，東階下，其他國來者，入門西，西階下也。據《士喪禮》無事時，賓位繼外兄弟，在門外，北上。其朝夕哭位，『主人堂下直東序，西面。兄弟皆即位，❶如外位。卿大夫在主人之南，諸公門東，少進。他國之異爵者門西，少進。』注云：『賓皆即此位，乃哭盡哀，止。主人乃右還拜之，上言賓，此言卿大夫，明其亦賓爾。少進，前於列。』今異國來哭，不就門西少進之位，其非禮可知。」按：沈據下「遂常以葬」文，謂在祖奠之時，最諦。其時賓尚有門內弔位，則不當哭於大門之外矣。

衛人逆之，【疏證】杜注：「逆，於門外設喪位。」疏云：「謂大門外之東西面，各從賓主之位。」按：門外喪位，《禮經》無之，傳明變禮，疏稱門東西面，以平時賓初至之位而言。其實傳無明文，其位之所向無考。如沈欽韓說，則衛人因柩已祖奠，故就大門外行禮也。《曾子問》：❷「曾子弔於負夏，主人既祖填池，推柩而反之，降婦人而後行禮。從者曰：『禮與？』曾子曰：『夫祖者且也。且，胡爲其不可以反宿也？』」據鄭君注，負夏即衛地。蓋衛人於既祖載受賓弔，久行門外設位之禮，主人疑其不安，故反柩以受弔。又載子游說，明反柩之非禮者，子

---

❶「即」，原作「及」，今據《春秋左氏傳補注》卷六改。

❷「曾子問」，當作「檀弓」。

游以既祖門內自有弔位。

婦人哭於門內，【疏證】杜注：「喪位，婦人哭於堂，賓在門外，故移在門內。」疏云：「謂門內之西東面，以堂上在西東面故也。」又云：「《喪大記》云：『君之喪，夫人坐於西方，內命婦姑姊妹子姓立于西方，外命婦率外宗哭於堂上北面。』又曰：『婦人迎客送客不下堂。』是『喪位，婦人哭於堂』。」案：據《既夕禮》婦人即位於階間，與平時哭於堂不同。衛人變禮，婦人立於庭，故云門內。

送亦如之。【疏證】此謂賓退時婦人亦哭於門內也。疏謂送時位亦如之，非。

遂常以葬。【疏證】杜注：「至葬行此禮。」疏云：「自此有鄰國弔者，常行此禮，以至於葬。」顧炎武云：「以喪禮有進無退。」皆謂自後平日受賓弔行此禮。沈欽韓云：「知此常爲祖載時，非始死及既殯後事者，以諸侯五月而葬，五月以內來弔哭者非一，不可盡在大門內行禮，惟祖廟正柩爲時無多，故得援晉人之例，亦因中庭陳器較陿故也。❶鄭注《既夕》云：『其上士二廟，則既夕哭先葬前三日。』疏云：『以其一廟則一日朝，二廟則二日朝，故葬前三日，中間容二日。若然，大夫三廟者葬前四日，諸侯五廟者葬前六日，天子七廟葬前八日，差次可知。』按：還柩外向爲行始，當在祖廟最後一日者也。」❷按：沈說是也。傳謂「遂常以葬」，明此爲既夕弔禮，故不云遂常以弔也。

楚之討陳夏氏也，【疏證】宣十一年經：「楚人殺夏徵舒。」

---

❶「器」下，《春秋左氏傳補注》卷六有「車」字。
❷「一日」，原脱，今據《春秋左氏傳補注》卷六補。

莊王欲納夏姬，【疏證】宣十一年，楚子入陳之役，楚蓋以夏姬歸。傳文不具。

申公巫臣曰：

「不可。君召諸侯，以討罪也。

「今納夏姬，貪其色也。

「貪色爲淫，淫爲大罰。

「《周書》曰：『明德慎罰。』【疏證】杜注：「《周書·康誥》。」今本「明」上有「克」。《尚書大傳》引子夏說，謂「三王錯刑遂罰」，非此傳引《書》之旨。疑傳不據《康誥》文也。《周語》：「先王之令有之曰：『天道賞善而罰淫。』」

「文王所以造周也。【疏證】❶

「明德，務崇之之謂也。慎罰，務去之之謂也。【疏證】去之謂遠於罰。

「若興諸侯，以取大罰，非慎之也。

「君其圖之！」王乃止。

子反欲取之，

巫臣曰：「是不祥人也。

❶ 原稿眉批：造，詁。

「是夭子蠻，【疏證】杜注：「子蠻，鄭靈公，夏姬之兄，殺死無後。」沈欽韓云：「杜預謂夏姬之兄鄭靈公。按：兄弟何與其事？子蠻當是先許嫁在御叔前者。《列女傳》無此句。」

「殺御叔，【疏證】《楚語》：「昔陳公子夏爲御叔取於鄭穆公女，生子南。」注：「御叔，陳公子夏之子，靈公之從祖父，嬀姓也。爲御叔娶鄭穆公少妃姚子之女夏姬也。」

「弑靈侯，【疏證】陳靈公爲徵舒所弑，而云夏姬弑之者，徵舒弑君，夏姬外淫激成之。

「戮夏南，【疏證】夏南，夏徵舒也。《株林》箋：「徵舒，字子南。」《楚語》注以氏配字，謂之夏南。王引之《周秦名字解詁》：「徵、懲，古字通。《詩·魯頌》『荆舒是懲』，懲舒，蓋以時事名之也。如定公八年傳，苫越名子曰『陽州』之類。」案：舒在陳之南，王謂徵舒字南以此。

「出孔、儀，【疏證】孔寧、儀行奔楚，故云出。

「喪陳國，【疏證】據宣十一年傳楚已縣陳，而復封之，故云喪陳國。

「何不祥如是？人生實難，其有不獲死乎！

「天下多美婦人，何必是？」

子反乃止。

王以予連尹襄老。

襄老死於邲，不獲其尸。【疏證】宣十二年傳：「知季射連尹襄老，獲之，遂載其尸」。

其子黑要烝焉。【疏證】杜注：「黑要，襄老子。」

巫臣使道焉，

曰：「歸，吾聘汝。」【疏證】使道，謂使人語導之也。杜注：「道夏姬使歸鄭。」疏：「《禮記・內則》云：『聘則爲妻，奔則爲妾。』道之云：『女歸鄭國，吾依禮聘女以爲妻也。』」

又使自鄭召之，曰：【疏證】使從鄭來。

「尸可得也，必來逆之。」

姬以告王，

王問諸屈巫。【疏證】杜注：「屈巫，巫臣。」是巫臣屈氏也。

對曰：「其信！

「知罃之父，成公之嬖也，而中行伯之季弟也。【疏證】杜注：「知罃父，荀首也。中行伯，荀林父也。」宣十二年傳「楚熊負羈囚知罃」，❶知罃囚而逃歸，詳彼年疏證。

「新佐中軍，【疏證】代士燮。

「而善鄭皇戌，甚愛此子。【疏證】杜注：「愛知罃也。」

「其必因鄭而歸王子與襄老之尸以求之。【疏證】杜注：「王子，楚公子穀臣也。」宣十二年傳：「知季射公子穀臣，囚之。」

---

❶「羈」，原脱，今據上文補。

「鄭人懼於邲之役，【疏證】宣十二年，楚子圍鄭。邲之戰因晉救鄭，故云懼邲之役。

「而欲求媚於晉，其必許之。」

王遣夏姬歸。

將行，謂送者曰：「不得尸，吾不反矣。」【疏證】沈欽韓云：「《御覽》六百四十：『董仲舒決獄曰：「甲夫死未葬，法無許嫁，以私爲人妻者，當棄市。」』按：漢律，夫喪未葬而嫁爲不道，夏姬將適巫臣，故詭求襄老之尸。」

巫臣聘諸鄭，鄭伯許之。

及共王即位，將爲陽橋之役，【疏證】探下楚侵魯至陽橋事也。彼傳杜注：「魯地。」沈欽韓云：「《方輿紀要》：『陽橋在泰安州西北。陸澄曰：「博縣有陽橋，蓋地名無橋也。」』」❶

使屈巫聘于齊，且告師期，

巫臣盡室以行。

申叔跪從其父，將適郢，遇之，【疏證】杜注：「叔跪，申叔時之子。」

曰：「異哉！夫子有三軍之懼，

「而又有《桑中》之喜，【疏證】《衛風·桑中》：「期我乎桑中，要我乎上宫。」傳云：「桑中、上宫，所期之

---

❶ 原稿眉批：查陸澄。

地。」《樂記》「桑間濮上之音」，❶注：「桑間在濮陽南。」《郡國志》「東郡濮陽」，❷劉昭注引《博物記》：「桑中在其中。」高士奇云：「地在今河南衛輝府淇縣。」

「宜將竊妻以逃者也。」

及鄭，使介反幣，【疏證】杜注：「介，副也。」按：《聘禮》：「使者歸，及郊，請反命。乃入，陳幣于朝，西上。上賓之公幣私幣皆陳，上介公幣陳，他介皆否。束帛各加其庭實，皮左。公南鄉。」使者反命，是反幣使者之事，介不得爲之。巫臣既聘齊，及鄭而留，使介歸楚，攝反幣之禮。

而以夏姬行。

將奔齊，齊師新敗，【疏證】謂鞌之戰。

曰：「吾不處不勝之國。」

遂奔晉，而因郤至，【疏證】《周語》注：「郤至，犨之弟子溫昭季子也。」本疏引《世本》：「郤豹生冀芮，芮生缺，缺生克。」又云：「豹生義，義生步揚，步揚生蒲城鵲居，居生至。」杜注：「至，郤克族子。」用《世本》説。疏云：❸成十一年疏引《世本》「步揚生州」，梁履繩云：「州即犨也。」則蒲城鵲居爲州之弟，❹如《世本》克是豹之曾

---

❶「樂記」，原缺，今據《禮記正義》卷三十七補。

❷「志」，原脱；「東」，原缺，今據《後漢書·郡國志》補。

❸「疏云」，疑衍。

❹「城」，原作「孫」，今據上文改。

孫，至是豹之玄孫，於克爲二從兄弟子。

以臣於晉。【疏證】《年表》：「楚共王二年秋，申公巫臣竊徵舒母奔晉。」《晉世家》：「楚申公巫臣盜夏姬以奔晉。」《吳世家》：「楚之亡大夫申公巫臣怨楚將子反而奔晉。」此巫臣告晉之飾說，吳史據以書之，史遷未刊改者。

晉以爲邢大夫。❶【注】賈云：「邢，晉邑。」《晉世家》集解。【疏證】杜用賈說。此邢即宣六年之邢丘也。李貽德云：「邢即故邢國，衛滅之，後入晉爲邑。哀四年，『齊國夏伐晉、取邢』即此。」

子反請以重幣錮之，【疏證】《説文》：「錮，鑄塞也。」杜注：「禁錮勿令仕。」謂塞其仕進也。《後漢書・章帝紀》：「元和元年詔曰：『往者妖言大獄，所及廣遠，一人犯罪，禁至三屬，莫得垂纓仕宦王朝。如有賢才而没齒無用，朕甚憐之。諸以前妖惡禁錮者，皆蠲除。」注引此傳及杜注。

王曰：「止！【疏證】《吕覽・知士》注：❷「止，禁止也。」

「其自爲謀也，則過矣。

「其爲吾先君謀也，則忠。

「忠，社稷之固也，

---

❶ 「以」，《春秋左傳正義》卷二十五作「人使」。

❷ 「知士」，原缺，今據《吕氏春秋》卷八補。

「所蓋多矣。【疏證】《小爾雅》：「蓋，覆也。」

「且彼若能利國家，雖重幣，晉將可乎？

「若無益於晉，晉將棄之，何勞錮焉？」

晉師歸，范文子後入。

武子曰：「無爲吾望爾也乎？」【疏證】杜注：「武子，士會，文子之父。」《晉語》注：「文子時佐上軍，兵凶事，文子後入，故武子憂望也。」

對曰：「師有功，國人喜以逆之。

「先入，必屬耳目焉，【疏證】《晉語》：「則國之人屬耳目焉。」注：「屬，猶注也。」

「是代帥受名也，【疏證】帥謂郤克。

「故不敢。」

武子曰：「吾知免矣！」【疏證】《釋文》云：「一本無知字。」《晉語》注：「知免於咎。」杜注：「知其不益己禍。」義迂曲，不若韋注之明顯。

郤伯見，【疏證】杜注：「郤伯，郤克。」

公曰：「子之力也夫！」【疏證】《晉語》注：「力，功也。」

對曰：「君之訓也，二三子之力也，臣何力之有焉？」

范叔見，【疏證】范叔，士燮。

勞之如郤伯，

對曰：「庚所命也，克之制也，燮何力之有焉？」【疏證】杜注：「荀庚將上軍，時不出，范文子上軍佐，代行，故稱帥以讓。」按：上軍亞於中軍，故云「克之制」。

欒伯見，【疏證】《周語》注：「欒伯，欒書也。」

公亦如之，

對曰：「燮之詔也，❶士用命也，書何力之有焉？」【疏證】杜注：「欒書，下軍帥，故推功上軍。」

宣公使求好于楚。【疏證】宣十八年傳：「夏，公使如楚乞師，將欲以伐齊。」魯因乞師而求好。

莊王卒，宣公薨，不克作好。

公即位，受盟于晉。【疏證】元年經：「夏，臧孫許及晉侯盟于赤棘。」

會晉伐齊。衛人不行使于楚，

而亦受盟于晉，從於伐齊。【疏證】衛與赤棘之盟，傳文不具。

故楚令尹子重爲陽橋之役以救齊。

將起師，

子重曰：「君弱，【疏證】杜注：「傳曰：『寡人生十年而喪先君。』共王即位，至是三年，蓋十二三矣。」

❶ 原稿眉批：詔，詁。

「群臣不如先大夫，【疏證】時子重爲令尹，言不如越椒、蔿艾獵諸人也。《晉書・慕容廆傳》：「與太尉陶侃箋曰：『區區楚國子重之徒，猶耻君弱，群臣不及先大夫，厲己戒衆，以服陳、鄭。』」

「師衆而後可。

「《詩》曰：『濟濟多士，文王以寧。』【疏證】《文王》文，傳：「濟濟，多威儀也。」陳奂《詩疏》：「《爾雅》：『濟濟，止也。』止，容止也。多威儀即容止之義。」杜注：「言文王以衆士安。」

「夫文王猶用衆，況吾儕乎？【疏證】陳奂《詩疏》：「成二年《左傳》云『夫文王猶用衆』，是釋經『多士』之義。」杜注：「儕，等。」❶

「且先君莊王屬之曰：『無德以及遠方，莫如惠恤其民而善用之。』」【疏證】通行本「用」上有「其」，據宋本。

乃大户，【疏證】杜注：「閲民户口。」❷

已責，❸【疏證】杜注：「棄逋責。」

逮鰥，❹

---

❶ 原稿眉批：儕，詁。

❷ 原稿眉批：大，訓。閲，查。

❸ 原稿眉批：已，詁。

❹ 原稿眉批：逮，詁。

救乏，

赦罪。

悉師，

王卒盡行。

彭名御戎，【疏證】杜注：「王卒盡行，故王戎車亦行。」疏：「諸言『御戎』，皆御君之戎車。此云『彭名御戎』，知王戎車亦行也。若君在車，❶則君當車中，御者在左，勇力之士在右，故御戎、戎右，常連言之。此王車雖行，王身不在，故不立戎右，使御者在中。」按：兵車通制，將居中央鼓下，御者在左，君在戎車亦然。詳前「中御而從齊侯」疏證。

蔡景公爲左，許靈公爲右。【疏證】杜注：「雖無楚王，令二君當左右之位。」疏云：「若夾衛王然。」沈欽韓云：「《曲禮》『乘君之乘車，不敢曠左』，故以蔡景公當其處。」按：沈意以御者宜居左，而中御，故嫌曠左。其戈盾在右，則兵車、戎車所同，蓋以許靈公當戎盾之位矣。❷

二君弱，皆强冠之。

---

❶「在車」，《春秋左傳正義》卷二十五作「親在軍」。

❷「戎」，疑當作「戈」。

冬，❶楚師侵衛，遂侵我，師于蜀。

使臧孫往，【疏證】杜注：「臧孫，宣叔也。」

辭曰：「楚遠而久，固將退矣。

「無功而受名，臣不敢。」

楚侵及陽橋，

孟孫請往賂之。【疏證】杜注：「孟孫，獻子也。」

以執斲、執鍼、織紝，皆百人，【注】服云：「織紝，織繒帛者。」❷《采蘋》疏。【疏證】《釋文》「紝」作「衽」。❸《校勘記》云：「按：《説文》云：紝，或從任作絍。」杜注：「執斲，匠人。執鍼，女工。織紝，織帛者。」❹用服義。《匠人職》所掌城郭、道涂、宮室、溝洫之事，與執斲不合。《曲禮》「木工」注：「輪、輿、弓、廬、匠、車、梓也。」此七者皆任斧斤之事，故以執斲該之，❺非官名也。《内則》：「婦事舅姑，如事父母，右佩箴、管、線、纊。」《説文》：「箴，綴衣箴也。」箴即古鍼字，女工以鍼成衣裳，故云執鍼。《内則》：「織紝組紃。」《采蘋》疏：「織紝組訓

---

❶ 「冬」，原作「秋」，今據《春秋左傳正義》卷二十五改。

❷ 「織」，《毛詩正義》卷一作「治」。

❸ 「衽」，《經典釋文》卷十七作「絍」。

❹ 「帛」，《春秋左傳正義》作「繒布」。

❺ 「斲」，原作「斵」，今據上文改。

者，紝也，組也，紃也，三者皆織之。服虔注《左傳》曰：『織紝，織繒帛者。』則紝謂繒帛也。」❶

公衡爲質，【疏證】杜注：「公衡，成公子。」沈欽韓云：「成公縱有子，尚幼少，不任爲質，當是成公弟。」

以請盟。楚人許平。

十一月，公及楚公子嬰齊、蔡侯、許男、秦右大夫説、宋華元、陳公孫寧、衛孫良夫、鄭公子去疾及齊國之大夫盟于蜀。【疏證】李富孫云：「去疾，《古今人表》作『棄疾』。」沈淑《經玩》云：「右大夫，秦官名。襄十一年有右大夫詹。」杜注：「齊大夫不書其名，非卿也。」

卿不書，匱盟也。【疏證】❷卿指秦、宋、陳、衛、鄭之卿，不書謂統書人也。杜注：「匱，乏也。」俞樾云：「匱固訓乏，然與畏晉竊盟之義不合。《廣雅·釋訓》：『讃，欺也。』疑即『匱盟』之匱。畏晉而竊與楚盟，故爲欺也。《晉語》曰『其言匱』，義與此同。」朱駿聲云：「按：《左氏》襍采各國之書以成傳，此匱盟二字，非《左氏》自言，故下文釋之。匱讀爲讃，譎詭權詐之意，不訓乏。」按：俞、朱説是也。沈欽韓訓「匱」爲「空」，謂空爲是盟，亦非。

於是乎畏晉而竊與楚盟，故曰「匱盟」。【疏證】疏云：「私竊爲盟，盟終不固。」「不固」解杜注「匱，乏」，傳無此義。又云：「楚之彊盛，恒與晉敵，非是畏晉，卿亦貶者，楚既彊盛，應顯然作盟，今私竊受盟，不敢宣露，亦

---

❶ 原稿眉批：查釋繒，添。

❷「疏證」，原作「注」，今據本書體例改。

是畏晉之義。且成晉爲霸，事須貶楚。」按：畏晉而竊與楚盟，❶皆據魯言之，楚豈畏晉者？貶楚之義，亦不繫匱盟。詳經文疏證。

蔡侯、許男不書，乘楚車也，謂之失位。【疏證】杜注：「卿不書，則稱人。諸侯不書，皆不見經。」疏云：「舊説諸侯之貶，亦書爲『人』，杜意謂諸侯之貶不至於『人』，故因此而又明之。」按：不書與稱人例異，詳□□□年疏證。

君子曰：「位其不可不慎也乎！

「蔡、許之君，一失其位，不得列於諸侯，況其下乎？

「《詩》曰：『不解于位，民之攸塈。』【疏證】《假樂》文，傳：「塈，息也。」箋：「不解於其職位，民之所以休息由此也。」杜注：「攸，所也。」用鄭義。按：此引以儆失位，與《詩》本義不相比附。

「其是之謂矣。」

楚師及宋，

公衡逃歸。

臧宣叔曰：「衡父不忍數年之不宴，【疏證】《説文》：「宴，安也。」

「以棄魯國，國將若之何？

---

❶「與」上，原衍「而」字，今删。

「誰居？」【疏證】杜注：「居，辭也。」惠棟云：「《檀弓》『何居』注云：『居讀爲姬姓之姬，齊、魯之間語助也。』《列子・黄帝篇》云：『關尹謂列子曰：「姬，魚語女。」』張湛云：『姬音居，魚當作吾。』是居、姬互訓，蓋古音同也。」

「後之人必有任是夫！❶國棄矣。」

是行也，晉辟楚，畏其衆也。

君子曰：「衆之不可以已也。

大夫爲政，猶以衆克，【疏證】大夫謂子重。

况明君而善用其衆乎？

《大誓》所謂『商兆民離，周十人同』者，衆也。」❷【疏證】此隱栝《太誓》文。知者，昭二十四年傳，萇弘引《太誓》曰：「受有億兆夷人，離心離德；予有亂臣十人，同心同德。」東晉僞古文取彼傳也。兆民、十人，皆詳彼傳疏證。❸

晉侯使鞏朔獻齊捷于周，

---

❶ 原稿眉批：任，詁。

❷ 「衆」，原脱，今據《春秋左傳正義》卷二十五補。

❸ 原稿眉批：服注或由彼疏移此，酌。此時不能定。

王弗見，使單襄公辭焉，

曰：「蠻夷戎狄，不式王命，【疏證】《釋言》：❶「式，用也。」

「淫湎毁常，王命伐之，

「則有獻捷，

「王親受而勞之，所以懲不敬，勸有功也。

「兄弟甥舅，侵敗王略，【疏證】杜注：「兄弟，同姓國；甥舅，異姓國。略，經略法度也。」惠棟云：「案：略，封也。昭七年傳曰『天子經略』，天子謂之略，諸侯謂之封。」洪亮吉云：「《説文》：『略，經略土地也。』昭七年傳云『天子經略』，定四年『吾子欲復文、武之略』並同。杜注云『法度』，失之。」

「王命伐之，告事而已，不獻其功，【疏證】杜注：「告伐事而不獻俘囚。」

「所以敬親暱，禁淫慝也。

「今叔父克遂，有功于齊，【疏證】叔父謂晉侯。《釋言》：❷「克，能也。」

「而不使命卿鎮撫王室，

「所使來撫余一人，而鞏伯實來，【疏證】沈欽韓云：「而，汝也。實當爲寔，是也。」

---

❶ 「言」，原缺，今據《爾雅》卷上補。

❷ 「言」，原缺，今據《爾雅》卷上補。

「未有職司於王室，【疏證】杜注：「鞏朔，上軍大夫，非命卿。」

「又奸先王之禮。【疏證】奸，干也。❶

「余雖欲於鞏伯，

「其敢廢舊典以忝叔父？

「夫齊，甥舅之國也，【疏證】杜注：「齊世與周昏，故曰甥舅。」

「而大師之後也，【疏證】《齊世家》：「大公望爲文、武師。」

「寧不亦淫從其欲以怒叔父，【疏證】《釋文》：「從亦作縱。」《玉篇》：「縱，恣也，放也。」

「抑豈不可諫誨？」【疏證】謂齊即得罪於晉，亦可諫誨，不當即構兵。

士莊伯不能對，【疏證】杜注：「莊伯，鞏朔。」

王使委於三吏，【疏證】杜注：「委，屬也。」《曲禮》：「其擯于天子也，曰天子之吏。」注：「《春秋傳》曰『王命委之三吏』，三吏謂三公也。」此必《左氏》舊説。「命」、「之」，皆異文。于時王不見鞏朔，委付三公接對之，故云委之三吏。杜注：「三吏，三公也。」蓋用舊説。《釋文》：「三吏，三公也。三公者，天子之吏也。」舊説當如此。

禮之如侯伯克敵使大夫告慶之禮，【疏證】告慶禮亡。

降於卿禮一等。【疏證】據傳義，則告慶之禮以卿行，或以大夫行。

---

❶ 原稿眉批：「奸，干」，查。

王以鞏伯宴，而私賄之，【疏證】宴有贈賄，告慶之禮無賄，故云私賄。**使相告之曰：「非禮也，**【疏證】《讀本》：「相，相禮者。」**「勿籍。」**【疏證】《説文》：「籍，簿書也。」讀書籍策也。❶古者禮成則書於策。

【經】**三年，春，王正月，公會晉侯、宋公、衛侯、曹伯伐鄭。**【注】賈、服云：「宋公、衛侯先君未葬而稱爵。譏其不稱子。」《曲禮》疏。【疏證】《年表》：「成公三年，會晉、宋、衛、曹伐鄭。晉景公十二年，率諸侯伐鄭。曹宣公七年，伐鄭。」杜注：「宋、衛未葬，而稱爵以接鄰國，非禮也。」用賈、服義。僖九年傳例：「凡在喪，公侯曰子。」此賈、服所據也。《穀梁》注：「宋、衛未葬而自同於正君，故書公侯以譏之。」❷此經《左氏》、《穀梁》説同。二年經：「八月，壬午，宋公鮑卒。庚寅，衛侯速卒。」至是僅六月，諸侯五月而葬。疏云：「知非踰年得成君者，文八年八月，天王崩，九年春，毛伯來求金，傳曰：『不書王命，未葬也。』彼王既踰年矣，猶不得稱王命臣，知諸侯雖則踰年，但是未葬，不得稱爵以接鄰國。」按：疏申賈、服義。其古《左氏》説，則未踰年以王事出，得稱爵，與賈、服異。詳四年「鄭伯伐許」疏證。

辛亥，葬衛穆公。無傳。【疏證】《公羊》「穆」曰「繆」。

---

❶「讀」，疑當作「謂」。

❷「書」，原脱，今據《春秋穀梁傳注疏》卷十三補。

二月，公至自伐鄭。無傳。【注】賈云：「還至不月，此書二月者，爲下甲子書也。」□□□□。【疏證】杜無注。《公羊》疏：「書二月者，爲下甲子出也。」蓋采賈説。

甲子，新宫災，三日哭。無傳。【疏證】此經《左氏》舊説無考。《公羊》：「新宫者何？宣公之宫也。」《穀梁》：「禰宫也。」杜注：「宣公神主新入廟，故謂之新宫。」疏謂杜依用二傳，又云：「宣公以其十八年冬十月薨，至二年十月而大祥，祥而禘祭，神主新始入廟，故謂之新宫。」宣十六年傳例曰：「人火曰火，天火曰災。」《檀弓》：「有焚其先人之室，則三日哭。故曰新宫火，亦三日哭。」注：「火，人火也。」新宫火在魯成三年，鄭引傳例，以火爲人火，則經文疑作「新宫火」。然火、災之稱惟《左氏》例别，《檀弓》亦隨便言之。鄭君執傳例以説，非也。本疏云：「三家經傳有五字，皆爲災。鄭玄以爲人火，雖非其義，要天火、人火，其哭皆當三日，是其善得禮也。」亦疑鄭君引傳例爲非其義。鄭説「先人之室」云：「謂人燒其宗廟，哭者，哀精神之有虧傷。」則「新宫災，三日哭」，義亦當然。

乙亥，葬宋文公。無傳。

夏，公如晉。

鄭公子去疾帥師伐許。【疏證】《公羊》「帥」曰「率」。

公至自晉。無傳。

秋，叔孫僑如帥師圍棘。【疏證】《公羊》「帥」曰「率」。杜傳注：「僑如，叔孫得臣子。」《郡國志》「濟北國蛇丘」注：「《左傳》有棘地，成公三年叔孫僑如所圍。」江永云：「蛇丘今在泰安府肥城縣南。《水經注》：『汶水又西，溝水注之，溝水西南流逕棘亭南。』引此年『圍棘』，云：『棘亭南去汶水八十里。』」❶按：江説是也。《方輿紀要》：「棘故城在兖州府寧陽縣北。」按：寧陽在肥城之北，中隔汶水，與《水經注》「南去汶水六十里」之説不合。

大雩。無傳。

晉郤克、衛孫良夫伐廧咎如。【疏證】廧咎如，《公羊》曰「將咎如」，《穀梁》曰「牆咎如」。臧壽恭云：「『將』爲『牆』之假借字，『廧』即『牆』之隸變。凡隸書爿皆作广。」杜注：「赤狄别種。」據傳「討赤狄之餘」説之，詳僖廿三年及本年傳疏證。

冬，十有一月，晉侯使荀庚來聘。【疏證】《讀本》：「荀庚，林父之子。」

衛侯使孫良夫來聘。

丙午，及荀庚盟。

丁未，及孫良夫盟。【疏證】本疏：「上言來聘，盟又不地，盟于國都。」與晉、衛盟之人，傳所不説，今無以考。疏謂公親與盟，傳無其義。

鄭伐許。無傳。**【注】**賈云：「鄭小國，與大國争諸侯，仍伐許。不稱將帥，夷狄之，刺無知也。」本疏。**【疏證】**杜注：「不書將帥，告辭略。」疏引賈説駁之，云：「此年夏，鄭公子去疾帥師伐許。明年冬，鄭伯伐許。先後並無貶責，何獨此伐偏刺之？」按：夏，鄭公子去疾帥師伐許，傳云：「許恃楚而不事鄭，鄭子良伐許。」

❶「八」，原作「六」，今據《皇清經解》卷二百五十三《春秋地理考實》改。

此役爲再伐。賈謂鄭與大國争諸侯，大國即斥楚也。是賈氏據傳義。前役書將帥者，時鄭與楚争許之事未顯白，故傳但云許不事鄭耳。至是再伐，乃變文貶責之。疏駁皆非。賈謂「夷狄之」者，謂例之夷狄相伐。此經二傳皆無傳。《廣雅·釋言》：「仍，再也。」《公羊解詁》云：「謂之鄭者，惡鄭襄公與楚同心，數侵伐諸夏。自此之後，中國會盟無已，兵革數起，夷狄比周爲黨，故夷狄之。」《穀梁集解》云：「鄭從楚而伐衛之喪，又叛諸侯之盟，故狄之。」賈君蓋用二傳舊説。

【傳】三年，春，諸侯伐鄭，

次于伯牛，【疏證】杜注：「伯牛，鄭地。」今地闕，據下「遂東侵鄭」，則伯牛在鄭西。

討邲之役也。【疏證】宣十二年，邲之戰，楚敗晉師。《年表》：「鄭襄公十七年，晉率諸侯伐我。」則此伐鄭之役，晉主之，故云討邲之役。

遂東侵鄭。

鄭公子偃帥師禦之，【疏證】杜注：「偃，穆公子。」

使東鄙覆諸鄤，【疏證】東鄙，鄭東鄙也。杜注：「覆，伏兵也。鄤，鄭地。」江永云：「諸侯東侵鄭，鄭公子偃使東鄙覆諸鄤，則鄤在鄭之東。《水經注》成皋有鄤水。成皋在鄭之西北，宜非此鄤地。」按：鄤，今地闕。

敗諸丘輿。【疏證】杜并上「鄤」釋爲「鄭地」。今地闕。

皇戌如楚獻捷。

夏，公如晉，拜汶陽之田。【疏證】二年經：「秋，取汶陽田。」

許恃楚而不事鄭，鄭子良伐許。

晉人歸楚公子穀臣與連尹襄老之尸于楚，以求知罃。

於是荀首佐中軍矣。【疏證】杜注：「荀首，知罃父。」

故楚人許之。

王送知罃，曰：「子其怨我乎？」

對曰：「二國治戎，臣不才，不勝其任，

以爲俘馘。【疏證】《説文》：「俘，軍所獲也。聝，軍戰斷耳也。」俘、聝二文下並引《春秋傳》曰「以爲俘聝」，「從耳或聲，馘或從首」，是馘爲聝之或體。賈君本作聝也。《皇矣》傳：「馘，獲也。不服者殺而獻其左耳曰馘。」《泮水》「在泮獻馘」，箋：「馘，所格之左耳。」與許君説同。俘乃生得之稱，與馘之殺格而取耳者異。《詩》兼言馘者，避不成辭。

執事不以釁鼓，【疏證】杜注：「以血塗鼓爲釁鼓。」按：《漢書·高祖紀》：「秦二世元年，高祖乃立爲沛公，祠黄帝，祀蚩尤於沛庭而釁鼓。」注：「應劭曰：『釁，祭也。殺牲以血塗鼓釁呼爲釁。』臣瓚曰：『《禮記》及《大戴禮》有釁廟之禮，皆無祭事。』師古曰：『許慎云：「釁，血祭也。」然即凡殺牲以血祭者皆爲釁，❶安在其無祭事乎？又古人新成鐘鼎，亦必釁之，豈取釁呼爲義？應氏之説亦未允也。』」據顔説，則釁是祭名。然應氏「釁呼」

❶「皆爲釁」，原脱，今據《漢書·高帝紀》補。

之義，瓚及顏氏皆未説。《孟子·梁惠王》篇「將以釁鐘」，趙注：「新鑄鐘，殺牲以血塗其釁郄，因以祭之，曰釁。《周禮·大祝》曰：『墮釁，逆牲，逆尸，令鐘鼓。』《天府》：『上春，釁寶鐘，及寶器。』」是趙氏以釁爲郄也。焦循《孟子正義》謂應劭「釁呼」説：「呼同罅，釁罅猶言釁隙。今人以瓦器有裂迹者爲璺，讀若悶，即釁也。以木之有裂縫者爲罅，讀若呵。呵、乎音之轉也。《太祝》鄭氏注云：『謂薦血也，凡血祭曰釁。』疏引賈氏云：『釁，釁宗廟。』馬氏云：『血以塗鐘鼓。』鄭不從。然則血祭之釁與釁器之釁自是兩事，趙氏合爲一事，與應劭同。」詳焦氏説，則釁器與血祭不同，許君訓釁爲血祭，謂釁廟也。定四年傳：「君以軍行，祓社釁鼓。」祓是祖道之祭，因祓而釁鼓，則釁鼓、釁鐘之類皆非祭名。

「使歸即戮，君之惠也。

「臣實不才，又誰敢怨？」

王曰：**「然則德我乎？」**【疏證】本疏：「荷恩爲德，《論語》『以德報德』，傳稱『王德狄人』，皆是也。」

對曰：**「二國圖其社稷，**

「而求紓其民，【疏證】《采菽》傳：❶「紓，緩也。」

「各懲其忿，以相宥也。【疏證】《□語》注：「宥，赦也。」

---

❶ 「采菽」，原缺，今據《毛詩正義》卷十五補。

「兩釋纍囚，以成其好。【疏證】沈欽韓云：「晉釋穀臣，楚釋知罃，所謂兩釋。」《儒行》注：❶「纍猶繫也。」杜用鄭義。《後漢書・公孫瓚傳》：「瓚表袁紹罪曰：『紹爲勃海，當討董卓，而默選戎馬，不告父兄，至使太傅一門纍然同斃。』」注：「《左傳》『兩釋纍囚』，杜預曰：『纍，繫也。』《前書音義》曰：『諸不以罪死曰纍。』」按：傳稱「纍囚」，謂罪不至死也，猶下言「纍臣」，當從《漢書音義》。

「二國有好，臣不與及，其誰敢德？」

王曰：「子歸，何以報我？」

對曰：「臣不任受怨，君亦不任受德，

「無怨無德，不知所報。」

王曰：「雖然，必告不穀。」

對曰：「以君之靈，纍臣得歸骨於晉，

「寡君之以爲戮，死且不朽。【疏證】即上歸以即戮意。

「若從君之惠而免之，❷

---

❶「儒行」，原缺，今據《禮記正義》卷五十九補。

❷原稿眉批：從，詁。

「以賜君之外臣首，【疏證】杜注：「稱於異國君曰外臣。」《北魏書・劉昶傳》：「高祖詔昶與劉彧書，❶爲兄弟之戒。或不答，責昶以母爲其國妾，宜如《春秋》荀罃對楚稱外臣之禮。」按：知罃執於楚，猶是晉臣，與昶之已仕魏者異。宋明帝以昶宜自處於異國之臣比例爲説。

「首其請於寡君，而以戮於宗，亦死且不朽。

「若不獲命，而使嗣宗職，【疏證】杜注：「嗣其祖宗之位職。」洪亮吉云：「宗職，父職也。荀首之父未爲卿，故罃止言嗣宗職。杜注疑誤。」沈欽韓云：「宗職言宗子之事。下『次及於事』，乃是以次序而當晉之事。杜預言『嗣祖宗之位職』，非也。」按：此時荀首方佐中軍，未請老，不得言嗣父職。沈説是也。

「次及於事，而帥偏師，以修封疆，

「雖遇執事，其弗敢違，【疏證】杜注：「違，辟也。」❷

「其竭力致死，無有二心，

「以盡臣禮，所以報也。」

王曰：「晉未可與爭。」重爲之禮而歸之。【疏證】《晉世家》：「智罃自楚歸。」

秋，叔孫僑如圍棘，取汶陽之田。棘不服，故圍之。【疏證】二年秋，取汶陽田，傳明圍棘之故。《讀

---

❶「高」，《魏書・劉昶傳》作「顯」。

❷ 原稿眉批：違，詁。

本》：「棘，汶陽田之邑。」

晉郤克、衛孫良夫伐廧咎如，討赤狄之餘也。【疏證】杜注：「宣十五年，晉滅赤狄潞氏，其餘民散入廧咎如，故討之。」疏：「來就咎如之内，討彼赤狄餘黨，然廧咎如容赤狄餘民，則咎如亦赤狄矣。劉炫以爲廧咎如之國，即是赤狄之餘。今知不然者，以赤狄之國種類極多，潞氏、甲氏、鐸辰皐落氏等，皆是其類，並爲建國。假令潞氏、甲氏、鐸辰皐落雖滅，自外猶存，則是不滅者多，止應言討赤狄之類，不得稱『餘』。」疏謂咎如即赤狄，未誤。潞氏之滅，見宣十三年。❶甲氏、鐸辰之滅，見宣十六年，其役并滅留吁，疏失數之。惟伐皐落氏見閔公二年傳，❷未言其滅，自後經傳不見，或已滅而失書。疏言假令潞氏等滅，爲疑辭，非也。赤狄種類，已自有廧咎如外，止此數國。疏云「自外猶存」，未知何據言之。惠棟云：「僖二十三年傳，『狄人伐廧咎如』，賈逵云：『赤狄之別種，隗姓。』」杜注亦同。赤狄種類已盡，惟廧咎如猶在，故復討其餘。劉炫以爲廧咎如之國即是赤狄之餘，杜以爲餘民散入其國，豈其然乎？成十三年杜注云：『季隗，廧咎如赤狄之女也。』是杜自相矛盾。」邵瑛亦同惠説。

廧咎如潰，上失民也。【疏證】杜注：「此傳釋經之文。而經無『廧咎如潰』，蓋經闕此四字。」按：潰例在文三年。疏引《釋例》：「復發傳者，嫌夷狄異於中國」。

冬，十一月，晉侯使荀庚來聘，且尋盟。【疏證】元年經：「夏，臧孫許及晉侯盟于赤棘。」

衛侯使孫良夫來聘，且尋盟。【疏證】宣七年經：「春，衛侯使孫良夫來盟。」

---

❶「三」，當作「五」。

❷「閔公二年」，原作「僖□□□」，今據《春秋左傳正義》卷十一改補。

公問諸臧宣叔曰：

「中行伯之於晉也，【疏證】中行伯謂荀庚。《晉語》：「趙文子冠，見中行宣子。」❶注：「宣子，晉大夫中行桓子之子荀庚也。」

「其位在三；【疏證】杜注：「下卿。」沈欽韓云：「荀庚，上軍帥，於六卿位在三也。」按：沈説是也。傳不謂荀庚爲下卿，杜據下文「小國之上卿當大國之下卿」爲説。彼自説通制。

「孫子之於衛也，位爲上卿，

「將誰先？」

對曰：「次國之上卿當大國之中，中當其下，下當其上大夫。小國之上卿當大國之下卿，中當其上大夫，下當其下大夫。【疏證】杜注於「次國」下云「降一等」，於「小國」下云「降大國二等」，❷此據傳上、中、次國推之，未言其禮施於何事。《王制》采此文，於兩「當大國」上加「位」字。彼注云：「此諸侯使卿大夫頫、聘並會之序也。其位爵同，小國在下；爵異，固在上耳。」鄭君謂頫、聘、會者，即據此傳文晉衛之卿並來聘爲説。彼疏云：「經文既稱大國、小國，大小並在，則非是特來，故知使卿大夫頫、聘並會也。位爵同，小國在下。」此班次定制，鄭君必言之者，爲爵異在上而發，蓋補《王制》之義。彼疏云：「必知『爵異，小國在上』者，以其卿執羔，大夫執

---

❶「行」，原脱，今據《國語正義》卷十二補。

❷「二」，原作「一」，今據《春秋左傳正義》卷二十六改。

雁，又卿絺冕，大夫玄冕，故知小國之卿不得在大國大夫之下也。」又案：《周語》：「其貴國之賓至，則以班加一等，益虔。」注：「貴國，大國也。班，次也。」是大國之賓，中卿得視上卿，下當視中卿，上大夫得視下卿，中視其下，下視其中，則次國之上卿可當大國之下卿，小國之上卿可當大國之上大夫矣。中、下並以此推。

「上下如是，古之制也。」【疏證】杜注：「古制，公爲大國，侯、伯爲次國，子、男爲小國。」

「衛在晉，不得爲次國。」【疏證】《後漢書·王符傳》：「《潛夫論》曰：『是故亂殷有三人，❶小衛多君子。』」注：「《左傳》：『衛于晉，不得爲次國。』」在、于異文。據王氏説，則衛爲小國。杜注：「春秋時以彊弱爲大小，故衛雖侯爵，猶爲小國。」當用舊説。疏：「春秋之世，彊淩弱，大吞小，爵雖不能自改，地則以力升降。諸侯聚會，宋公在齊侯之下，許男在曹伯之上，不復計爵之尊卑。衛地狹小，比于晉不過當五六分之一耳，故不得爲次國。其爲次國者，當齊、秦乎？」

「晉爲盟主，其將先之。」

丙午，盟晉；丁未，盟衛，禮也。

十二月，甲戌，晉作六軍。【注】賈云：「初作六軍，僭王也。」《晉世家》集解。【疏證】《年表》：「晉景公十二年，始置六卿。」《晉世家》「始作六卿」，集解引賈注亦作「六卿」。❷李貽德云：「古者軍將皆命卿。天子六

---

❶「人」，《後漢書·王符傳》作「仁」。

❷「卿」，《史記·晉世家》作「軍」。

軍，則六卿領之；諸侯大國三軍，則三卿領之。此傳「六軍」，《晉世家》作「六卿」，《齊世家》亦云「晉初置六卿」，疑賈注《左傳》本作「六軍」，集解依《史記》之文改作「六卿」耳。」按：僖二十七年，文公蒐于被廬，作三軍。郤縠將中軍，郤溱佐之；狐毛將上軍，狐偃而佐之；欒枝將下軍，先軫佐之。此晉有中軍之始，三軍各有佐。僖二十八年，「晉侯作三行以禦狄，荀林父將中行，屠擊將右行，先蔑將左行」。此已備六軍之制，惟有將無佐耳。至三十一年，「蒐于清原，作五軍以禦狄」，謂罷三行爲上新軍、下新軍也。新軍將佐乃備。文公六年，「蒐于夷，舍二軍」，謂舍上、下新軍，仍用三軍也。晉軍制將皆卿爲之，其佐非卿。知者，僖二十七年傳，「命趙衰爲卿，讓於欒枝」，下云「欒枝將下軍」。三十一年傳，「晉作五軍以禦狄，趙衰爲卿」，謂趙衰爲新上軍將也。當作三行之時，軍將皆以卿爲之，則晉有六卿，不始於此年。《年表》、《齊》《晉世家》以六軍爲六卿，涉傳下文新軍卿六人而誤。賈注作「卿」亦係誤字，今正之。杜注：「爲六軍，僭王也。」用賈說。

韓厥、趙括、鞏朔、韓穿、荀騅、趙旃皆爲卿，賞鞌之功也。【疏證】《齊世家》：「賞鞌之功。」惠棟云：「《世本》：『騅謚文子。』」杜注：「韓厥爲新中軍，趙括佐之。鞏朔爲新上軍，韓穿佐之。荀騅爲新下軍，趙旃佐之。晉舊自有三軍，今增此，故爲六軍。」疏云「下六年傳云『韓厥爲新中軍』」，[1]故杜依名配其將佐。

齊侯朝于晉，將授玉。【疏證】《年表》：「齊頃公十一年，頃公如晉，欲王晉，晉不敢受。」《晉世家》：「景公十二年冬，齊頃公如晉，欲上尊晉景公爲王，景公讓不敢。」《齊世家》：「齊頃公朝晉，欲尊王晉景公，晉景公不

[1]「爲」，《春秋左傳正義》卷二十六作「將」。

敢受。」索隱：「王劭按：張衡曰：『禮，諸侯朝天子執玉，既授而反之。若諸侯自相朝，則不授玉。』齊頃公戰敗朝晉而授玉，是欲尊晉侯爲王，太史公探其旨而言。今按：此文不云『授玉』，王氏之説復何所依，聊記異耳。」索隱蓋不取張衡説。劭、衡云「授玉」，據傳而言。惠士奇云：「司馬子長謂齊欲尊晉爲王，蓋晉作六軍擬於王矣，故齊欲尊之，猶戰國東帝、西帝之例也。古文不可見，存之以備異説。」惠棟云：「棟案：古玉字皆作王，《左氏傳》多古字古言，故玉從王。西漢劉子駿治《左氏》始改王爲玉。《史記》以授玉爲尊晉爲王。」又云：「諸侯相朝授玉，此僭禮也。」二惠氏皆立史遷説。其微別者，小惠氏仍謂字當作「玉」，其授玉即尊王之禮。杜注但云「行朝禮」，不用史遷説。疏引《齊》《晉世家》駁之，云：「此時天子雖弱，諸侯並盛，晉文不敢請隧，楚莊不敢問鼎。又齊弱於晉，所較不多，豈謂一戰而勝，便即以王相許？準時度勢，理必不然。竊原馬遷之意，所以有此説者，當讀此傳『將授玉』爲『將授王』，遂飾成爲此謬辭耳。」疏駁甚辨，然未説朝禮之應授玉與否。洪亮吉云：「今按春秋時諸侯相朝皆授玉。成六年，『鄭伯如晉，授玉於東楹之東』，定十五年，『邾隱公來朝，執玉高，公受玉卑』，皆諸侯相朝授玉之證。太史公尊王之語，本不足憑，正義駁之是矣。」沈欽韓云：「按《史記》齊欲尊晉爲王，其傳謬如正義所説。❶若王劭所稱，兩君相朝不授玉，亦無稽之談也。朝禮如聘禮修玉帛之好，無不執玉也。《典瑞》云：『公、侯、伯、子、男執玉璧以朝王，❷諸侯相見亦如之。』鄭司農云：『亦執玉帛以相見。』❸是明證也。玉字，《説文》作

❶「説」，《春秋左氏傳補注》卷六作「駁」。
❷「玉」，《春秋左氏傳補注》卷六作「圭」。
❸「玉帛」，《春秋左氏傳補注》卷六作「圭璧」。

王，三畫匀。王字，中畫近上。」按：洪、沈説是也。惠棟雖主史遷尊王説，而别引六年傳「鄭伯授玉」，以駁張衡「諸侯相朝不授玉」之説，蓋亦知史遷説爲未安。家學所授，不敢顯立異同也。《晉語》「郤獻子伐齊，齊侯來」，注：「齊侯來以靡笄之役，故服而朝晉侯也。」❶《外傳》舊説亦但云朝晉，不云尊晉爲王。杜注「行朝禮」用韋説。

郤克趨進曰：【疏證】沈欽韓云：「郤克爲上擯相君也，必趨進者，《晏子·雜篇》曰：『兩楹之間，君臣有位焉。君行其一，臣行其二。君之來遬，是以登階歷、堂上趨以及位也。』遬，古速字。《燕禮》疏：『歷階謂從下至上皆越等，無連步。』」

「此行也，君爲御人之笑辱也，【疏證】各本「御」誤「婦」，從石經。嚴可均校文云：「按：《左氏》以蕭同叔子爲齊君母，今既朝晉，自不宜面斥，故遜其詞曰『御人』，猶稱國君爲執事耳。上傳『婦人笑於房』，是記事，此『御人』是面語，不當涉彼改此也。」

「寡君未之敢任。」

晉侯享齊侯。

齊侯視韓厥，

韓厥曰：「君知厥也乎？」

齊侯曰：「服改矣。」【疏證】杜注：「戎、朝異服也。」疏：「《周禮·司服》：『凡兵事，韋弁服。』《玉藻·記》

---

❶「侯」，原作「便」，今據《國語正義》卷十一改。

云：『諸侯皮弁以聽朔，朝服以日視朝。』《聘禮》：『賓皮弁聘，公皮弁迎賓。』迎聘客尚皮弁，迎朝賓必皮弁矣。在朝君臣同服，公當皮弁，則韓厥于時亦皮弁也。皮弁之服，十五升白布，衣素，積以爲裳。」

韓厥登，舉爵曰：【疏證】登謂登席。❶

「臣之不敢愛死，爲兩君之在此堂也。」【疏證】《讀本》：「韓厥言願二國和好，救郤克之狂。」

荀罃之在楚也，

鄭賈人有將寘諸褚中以出。【疏證】杜注及正義皆不言褚爲何物。王引之云：「《玉篇》：『褚，裝衣也。』字或作衿。《一切經音義》引《通俗文》曰：『裝衣曰衿。』《説文繫傳》曰：『褚，衣之橐也。』❷《集韻》曰：『褚，囊也。』褚可以裝衣，亦可以裝衆物。《説文》：『䘩，幡也。所以盛米。』《繫傳》曰：『䘩，囊也。』《莊子·至樂》篇曰：『褚小者不可以懷大，綆短者不可以汲深。』《賈子·春秋》篇曰：『囊漏貯中。』褚、衿、貯、䘩，並字異而義同。褚可以裝物，亦可以裝人，故鄭賈人欲置荀罃於褚中以出。哀六年《公羊傳》陳乞以巨囊載公子陽生事與此相類也。」按：《漢書·南越傳》注：「褚，衣囊也。」與《通俗文》「裝衣」訓合。服氏傳注或亦謂褚以裝衣矣。《南史·隱逸傳》：「張孝秀仕州從事，遇州刺史陳伯之叛，孝秀與州中士大夫謀襲之，事覺，逃于盆水側，❸有商人寘諸褚

❶ 原稿眉批：查補饗禮。

❷ 「橐」，原作「囊」，今據《經義述聞》卷十八改。

❸ 「盆」，原缺，今據《南史·張孝秀傳》補。

中，展轉入東林。」❶

既謀之，未行，而楚人歸之。

賈人如晉，荀罃善視之，如實出己。

賈人曰：「吾無其功，敢有其實乎？「吾小人，不可以厚誣君子。」遂適齊。

【經】四年，春，宋公使華元來聘。

三月，壬申，鄭伯堅卒。【疏證】堅，二傳今本皆同。《公羊》釋文：「臤，本或作堅。」彼疏云：「《左氏》作堅字，《穀梁》作賢字，今定本亦作堅字。」惠棟《公羊古義》云：「棟案：《公羊》作臤，《穀梁》作賢，本一字也。《説文》云：『臤，古文以爲賢字。』漢《潘乾校官碑》云：『親臤寶智。』❷《國三老袁良碑》云：『優臤之寵。』今文《大誓》云：『優賢揚歷。』是優臤即優賢也。臤亦爲古堅字，堅又與賢通。《東觀漢記》云『陰城公主名賢得』，《續漢書·天文志》作『堅得』。疑古堅字、賢字皆省作臤。《公羊》從古文作臤，《穀梁》以爲賢，《左氏》以爲堅，師讀各異故

---

❶ 原稿眉批：焦説不采。

❷ 「臤」，原作「賢」，今據《九經古義》卷十四改。

也。」按：惠説是也。❶《年表》：「鄭襄公十八年薨。」《鄭世家》：「公子堅，靈公庶弟。」是爲襄公十八年，襄公卒，子悼公濆立。杜注：「壬申，二月二十八日。」貴曾曰：

杞伯來朝。

夏，四月，甲寅，臧孫許卒。無傳。

公如晉。

葬鄭襄公。

秋，公至自晉。

冬，城鄆。無傳。【注】京相璠曰：「《公羊》作運字。今東郡廩丘縣東八十里有故鄆城，❷即此城也。」《水經・瓠子河》注。【疏證】《公羊》「鄆」曰「運」。鄆，杜無注。顧棟高云：「魯西鄆，成四年城之，昭二十六年齊取之，以居公者。」臧壽恭云：「按：此爲西鄆，昭二十五年齊侯圍鄆；二十六年齊取鄆，公至自齊，居於鄆；二十七年鄆潰；定三年齊取鄆，以爲陽虎邑；六年季孫、仲孫圍鄆；十年齊人歸鄆田，皆是也。」按：顧氏、臧氏言西鄆者，别於文十二年「城諸及鄆」之東鄆。十六年傳，「公還，待於鄆」，亦是西鄆，臧氏漏數。彼傳杜注：「魯西邑。東郡廩丘縣東有鄆城。」即取京相璠說。諸家輯述古注，繫京相說於十六年，今移此。此年經杜無注

❶ 原稿眉批：《玉篇》「絚」□衍，不引。查《玉篇》看引傳與否。

❷ 「鄆」，《水經注箋》卷二十四作「運」。

者，杜蓋以此鄆爲西鄆。知然者，傳云「公欲求成於楚而叛晉」，故杜以城鄆備晉爲説，晉在魯之西，不得東備沂水也。江永云：「廩丘，隋省入鄆城，今改屬曹州府之濮州。」按：曹州爲西境，故得西鄆之稱。備晉於西，道里亦合。沈欽韓云：「《方輿紀要》：『鄆城舊縣在兖州府鄆城縣東十六里。』」

鄭伯伐許。【注】《左氏》説：「諸侯未踰年，在國内稱子，以王事出則稱爵，詘於王事，不敢伸其私恩，鄭伯伐許是也。」《春秋》不得以家事辭王事，諸侯蕃衛之臣，雖未踰年，以王事稱爵是也。《通典》九十三引《五經異義》。【疏證】此經杜無注，疏亦無説。《通典》引《五經異義》：「《公羊》説：『諸侯未踰年，不出境，在國中稱子；以王事出，亦稱子；非王事而出會同，安父位，不稱子。鄭伯伐許，未踰年，以本爵，譏不子也。』」下引《左氏》説。「春秋」以下皆許君語也，奪「謹案」二字。又引鄭玄駁云：「昔武王卒父業，既除喪出，至孟津之上，猶稱太子者，是爲孝也。今未除喪而出稱爵，是與武王義反矣。《春秋》僖九年，『春，三月丁丑，宋公御説卒。夏，公會宰周公、齊侯、宋子、衛侯、鄭伯、許男、曹伯于葵丘』。宋子即未踰年君也，出與天子、大夫會，是非王事而稱子耶？」按：此經《公羊》無傳，何休《解詁》云：「未踰年君稱伯者，時樂成君位，❶親自伐許，故如其意以著其惡。」則鄭君所據何氏義也。《曲禮》：「其在凶服，曰『適子孤』。」疏：「《公羊》凡以王事出會，未踰年，皆稱子。《左氏》之義：『凡在喪，王曰小童，公侯曰子。』宋襄公、陳共公稱子是也。其王事出會，則稱爵，鄭伯伐許是也。」又云：「《公羊》以成四年『鄭伯伐許』非王事，未踰年而稱爵，譏之也。《左氏》則以『鄭伯伐許』爲王事，雖

❶「位」，原脱，今據《春秋公羊傳注疏》卷十七補。

未踰年，得稱爵。」此約《異義》所稱二傳説。又云：「鄭《駁異義》從《公羊》義，以鄭伯伐許爲非禮，及《公羊》未踰年爲王事，皆稱子，即宋襄公稱子、陳共公稱子是也。《左氏》未踰年爲王事，皆稱爵。鄭《駁異義》引宋襄公稱子，從《公羊》説，以爲稱子，禮也。」此約引鄭君《駁異義》。據彼疏，則宋襄公、陳共公稱子，二傳所同，其異者，《公羊》在國、出會皆稱子，《左氏》則在國稱子，出會當稱爵。彼疏於宋襄、陳共外，又引定四年召陵之會，陳懷公稱子。陳壽祺《異義疏證》云：「僖九年葵丘之會，時宋桓公未葬；二十八年踐土之會，時陳穆公未葬；定四年召陵之會，時陳惠公未葬；成四年鄭伯伐許，時鄭襄公已葬。」如陳説，則未葬，以王事出，稱子；已葬，以王事出，當稱爵也。彼疏又云：「案：桓十三年經書衛惠公稱侯，成三年經書宋公衛侯，時宋文公、衛穆公未葬。此並先君未葬而稱爵者。賈、服注譏其不稱子。僖二十五年會衛子、莒慶於洮，時先君已葬，衛成公猶稱子。服虔云：『明不失子道。』」此陳氏説所本。然以此從《左氏》説證之，則桓十三年敗燕，成三年伐鄭之役，宋、衛稱爵，合于王事之義。洮之會，衛不稱爵，非矣。賈、服諸君説蓋又與古《左氏》説異。《雜記》：「君薨，太子號稱子，待猶君也。」注：「未踰年也。雖稱子，與諸侯朝會，待如君矣。《春秋》魯僖公九年夏，葵丘之會，宋襄公稱子而與諸侯序。」彼疏云：「鄭用《左氏》之義，未葬以前則稱子，既葬以後踰年則稱公。」鄭君此注，義同賈、服，其云「未踰年待如君」，則駁《異義》，説猶未定。

【傳】四年，春，宋華元來聘，通嗣君也。【疏證】杜注：「宋共公即位。」文元年經：「公孫敖如齊。」傳：「始聘焉，禮也。」通嗣君，即始聘之義。

「杞伯來朝」，歸叔姬故也。【疏證】杜注：「將出叔姬，先修禮朝魯，言其故。」

夏，公如晉。

晉侯見公，不敬。【疏證】《年表》：「公如晉，晉不敬。晉景公十三年，❶魯成公來，不敬。」《晉世家》：❷「成公如晉，晉景公不敬。」

季文子曰：「晉侯必不免。【疏證】杜注：「言將不能壽終也。」

《詩》曰：『敬之敬之！天惟顯思，命不易哉！』【疏證】《周頌·敬之》文。僖二十二年傳已見。彼傳曰：「先王之明德，猶無不難也，無不懼也。」無不難即不易之義。杜注：「言天道顯明，受其命甚難，不可不敬以奉之。」亦取彼傳爲說。鄭箋：「其命吉凶不變易也。」非傳引《詩》義。

夫晉侯之命在諸侯矣，可不敬乎？」

秋，公至自晉，欲求成於楚而叛晉。【疏證】《晉世家》：「魯欲背晉合于楚。」

季文子曰：「不可。晉雖無道，未可叛也。

國大臣睦，而邇於我，【疏證】杜注：「邇，近也。」

諸侯聽焉，未可以貳。【疏證】杜注：「聽，服也。」

《史佚之志》有之，曰：

『非我族類，其心必異。』楚雖大，非吾族也。【疏證】杜注：「與魯異姓。」顧炎武云：「謂蠻夷也。」文

---

❶「三」，原作「二」，今據《史記·十二諸侯年表》改。

❷「晉」，當作「魯」。下二「晉世家」同。

淇案：顧説是也。族猶類也，不必指同姓。《大司徒》：「二曰族墳墓。」注：「族猶類也。」疏：「按《左氏傳》云：『非我族類，其心必異。』族類是一，故云族猶類也。」彼疏蓋用《古左氏》説。

「其肯字我乎？」【疏證】《生民》傳：❶「字，愛也。」

公乃止。【疏證】《晉世家》：「或諫，乃不。」

冬，十一月，鄭公孫申帥師疆許田，【疏證】三年春，鄭公子去疾伐許；冬，鄭伐許，蓋得其邊邑。

許人敗諸展陂。【疏證】杜注：「展陂，亦許地。」高士奇云：「展陂，今在河南許州西北。」

鄭伯伐許，取鉏任、泠敦之田。【疏證】高士奇云：「鉏任及泠敦，亦在許州境。」

晉欒書將中軍，【疏證】杜注：「代郤克。」

荀首佐之，【疏證】三年傳：「於是荀首佐中軍矣。」

士燮佐上軍，【疏證】荀庚將上軍未行，故止書「佐」。

以救許伐鄭，

取氾、祭。【疏證】杜注：「氾、祭，鄭地。成皋有氾水。」疏：「知非中牟、襄城之氾，而以成皋有氾水者，以傳爲晉伐鄭，取氾、祭，既爲晉人所取，當是鄭之西北界，即今之氾水也。《字書》水旁㔾爲氾，水旁巳爲汜，字相

---

❶ 「生民」，原缺，今據《毛詩正義》卷十七補。

亂也。」顧棟高云：「此爲二邑，氾即成臯之氾，祭即中牟之祭亭，今俱屬開封府。」江永云：「氾本音凡，❶今氾水縣音祀矣。此祭疑是管城之祭。」按：江説是也。氾非東氾，則祭亦不在中牟矣。沈欽韓云：「《括地志》：『故祭城在鄭州管城縣東北十五里。』」《年表》：「鄭襄公十八年，晉欒書取我氾。」《晉世家》：「晉伐鄭，取氾。」不言祭，文略。

楚子反救鄭，【疏證】《年表》：「楚共王四年，子反救鄭。」

鄭伯與許男訟焉。

皇戌攝鄭伯之辭，【疏證】《讀本》：「攝，代也。」

子反不能決也。

曰：「君若辱在寡君，寡君與其二三臣共聽兩君之所欲，成其可知也。

「不然，側不足以知二國之成。」【疏證】杜注：「側，子反名。」

晉趙嬰通於趙莊姬。【注】莊姬，賈、服先儒皆以爲成公之女。八年疏。【疏證】《晉語》稱莊姬爲孟姬，注：「孟姬，趙盾之子趙朔之妻，晉景公姊也。」杜注：「趙嬰，趙盾弟。莊姬，趙朔妻。朔，盾之子。」用韋説。韋、杜皆不明姬之所出。八年傳「武從姬氏畜於公宮」，杜注：「莊姬，晉成公女。」彼疏云：「《史記・趙世家》云：『趙朔娶晉成公姊以爲夫人。』案傳，趙衰適妻是文公之女，若朔妻成公之姊，則亦文公之女。父之從母，不可以

---

❶「本」，原重文，今據《皇清經解》卷二百五十三《春秋地理考實》删。

爲妻，且文公之卒，距此四十六年，莊姬此時尚少，不得爲成公姊也。賈、服先儒皆以爲成公之女，故杜從之。」案：莊姬初見於傳，賈、服注當在此年。熊朋來《經説》云：❶「晉有二趙姬，亦曰姬氏也。其一趙衰妻，文公之女，成公之姊。其一趙莊姬者，趙盾長子朔之妻，趙武之母，成公之女也。❷《史記》誤以朔妻爲成公姊。」梁履繩云：「朔謚莊子，故妻稱莊姬。」

【經】五年，春，王正月，杞叔姬來歸。無傳。**【疏證】**莊廿七年傳：「出曰來歸。」本疏：「杞既出之，猶稱杞者，《雜記》曰：『諸侯出夫人，夫人比至于其國，以夫人之禮行；至，以夫人入。』鄭玄云：『行道以夫人之禮者，棄妻致命其家，乃義絶不用，此爲始。』」

仲孫蔑如宋。

夏，叔孫僑如會晉荀首于穀。【疏證】《公羊》「首」曰「秀」。臧壽恭云：「首、秀同音相假。」杜注：「穀，齊地。」❸已見莊七年疏證。

梁山崩。【注】劉歆以爲梁山者，晉望也。崩，弛崩也。古者三代命祀，祭不越望，吉凶禍福，不是過也。國主山川，山崩川竭，亡之徵也。美惡周必復。是歲歲在鶉火，至十七年復在鶉火，欒書、

❶ 「朋來」，原爲空格，今據《左通補釋》卷十三及卷三補。

❷ 「女」，原作「姊」，今據《左通補釋》卷十三改。

❸ 原稿眉批：今東阿。

中行偃殺厲公而納悼公。《五行志》。【疏證】「梁山，晉望」，《釋山》文，《晉語》注同。《韓奕》「奕奕梁山」傳：「禹治梁山，除水災。」《地理志》：「左馮翊夏陽，故少梁，《禹貢》梁山在西北。」❶杜注：「梁山在馮翊夏陽縣西北。」用《漢志》説也。胡渭《禹貢錐指》云：「夏陽，故少梁，秦地也。《左傳》文十年，晉人伐秦取少梁，梁山由是入晉。下逮戰國，少梁猶屬魏。故梁山雖在雍域，而實爲晉望。雍州有二梁山，一在韓城縣西北，《詩》所云『奕奕梁山』者，《禹貢》之梁山也。一在乾州西北，西南接岐山縣界，屬鳳翔府，即《孟子》所云『太王居邠，踰梁山』者，非《禹貢》之梁山也。」胡氏説梁山，謂在今韓城，用杜説。其兼言鳳翔之梁山者，明雍有二梁山耳。顧棟高云：「梁山，在今陝西同州府韓城縣西北九十里。」與胡氏説同。則《禹貢》之梁、《韓奕》之梁山，即此經之梁山也。然《韓奕》毛傳不謂梁山在韓境，惟箋云：「梁山於韓國之山最高大，爲國之鎮，所望祀焉。」與毛義異。僖二十四年「邘、晉、應、韓」，杜無注。十年「敝于韓」，❷杜注：「韓，晉地。」十五年「戰於韓原」，杜注：「古韓國。」江永云：「《史記》正義引《括地志》云：『同州韓城縣南十八里爲古韓國。』説《詩·韓奕》者亦以爲韓國在此。王肅則謂今涿郡方城縣有韓侯城。王符《潛夫論》曰：『昔周宣王時有韓侯，其國近燕，故《詩》云「溥彼韓城，燕師所完。」』考《水經注》云：『聖水逕方城縣故城北，又東南逕韓侯城東，《詩》「溥彼韓城，燕師所完」。』又《魏書·地形志》亦云：『范陽郡方城縣有韓侯城。』方城，今順天府之固安縣，在府西南百二十里，與《詩》之『王錫韓侯，其追其貊，奄

---

❶「西」，原作「其」，今據《漢書·地理志》改。

❷「十」下，原衍「五」字，今據《春秋左傳正義》卷十三删。

受百國』者正相符。❶ 使韓國在關中，豈役燕師爲之築城？ 又何能受追、貊百國乎？ 或又以梁山在韓城爲可據，然而燕地亦自有梁山。《水經注·鮑丘水》：『過潞縣西，高梁水注之，水首受濕水於戾陵堰，堰水枝分，東逕梁山南。』按：潞縣，今之通州，其西有梁山，正當固安縣之東北也。禹治冀州水，『恒衛既從』，則燕地之山固其所奠定者。近韓城有梁山，名偶同耳。」按：江説是也。北燕於時尚存望祭之山，蓋在界上矣。《禹貢》「壺口治梁及岐」之梁則當在夏陽，如《漢志》之説。江氏説《韓奕》之「梁山」在燕，乃併《禹貢》之梁亦移於燕，非也。❷《説文》：「崩，山壞也。」《曲禮》注：「自上顛壞曰崩。」「弛」亦顛壞義。《五行志》注：「師古曰：『言漸解散也。』」「三代命祀，祭不越望」，爲諸侯言之，《王制》「諸侯祭名山大川之在其地者」，殺於天子之祭天下名山大川也。「吉凶禍福，不是過也」者，以人事言。《魏書·崔光傳》：「光表曰：『臣聞災異之見，皆所以示吉凶。明君覩之而懼，乃能招福；闇主視之彌慢，所用致禍。《詩》、《書》、《春秋》、秦、漢之事多矣。』」即用歆説。「國主山川，山崩川竭，亡之徵也」者，據傳及《外傳》爲説，以起下「美惡周必復」義。周謂歲星一周天也。復兼美惡言，謂災祥徵應。故云：「是歲歲在鶉火，至十七年復在鶉火。」五年至十七年，得十二年周天之數也。臧壽恭云：「案：置元年定次三，次餘八十一，各加四，得積次七，次餘八十五。置積次，命如法，得歲在鶉火。」欒書、中行偃殺厲納悼事，見十七年傳，歆謂其應在彼也。杜注：「記異也。」用《公羊》義。

秋，大水。 無傳。

❶「百」，《皇清經解》卷二百五十三《春秋地理考實》作「北」。下一「百」字同。

❷ 原稿眉批：夏陽，韓城，乾。

冬，十有一月，己酉，天王崩。【疏證】《年表》：「定王二十一年崩。」《周本紀》：「定王崩，子簡王夷立。」

十有二月，己丑，公會晉侯、齊侯、宋公、衛侯、鄭伯、曹伯、邾子、杞伯，同盟于蟲牢。【疏證】《春秋繁露》「蟲」作「蠱」，或是《公羊》異文。《郡國志》：「陳留郡封丘有桐牢亭，或曰古蟲牢。」沈欽韓云：「《寰宇記》：『桐牢亭在開封封丘縣北二里。』《一統志》：『今俗謂之桐渦。』」

【傳】五年，春，原、屏放諸齊。【疏證】杜注：「放趙嬰也。原同、屏季，嬰之兄。」沈欽韓云：「《列女・貞順傳》：『卿大夫外淫，放。』」

嬰曰：「我在，故欒氏不作。我亡，吾二昆其憂哉！【疏證】欒書將中軍，中軍最貴，執國兵柄。二昆謂原同、屏季。

「且人各有能有不能，【疏證】杜注：「言己雖淫，而能令莊姬護趙氏。」

「舍我何害？」弗聽。

嬰夢天使謂己：「祭余，余福女！」【疏證】《讀本》：「天使，文三年傳有之。蓋夢神言，而莫名其神，故謂之天使。」

使問諸士貞伯，貞伯曰：「不識也。」

既而告其人，【疏證】沈欽韓云：「按：其人，嬰齊所使之人，自以私意告之。亦如衛出公問於子貢，而子貢乃私于使者。古人使問之禮如此。杜預謂『自告貞伯從人』，謬。」

曰：「神福仁而禍淫。淫而無罰，福也。祭，其得亡乎？」【疏證】杜注：「以得放遣爲福。」

祭之之明日而亡。

孟獻子如宋，報華元也。【疏證】四年經：「春，華元來聘。」

夏，晉荀首如齊逆女，

故宣伯餫諸穀。【疏證】《説文》：「野饋曰餫。」賈君説亦當然。杜用許義，又云：「運糧饋之。」《釋詁》云：「饁，饋也。」本疏引孫炎曰：「『饁，野之饋也。』彼言野饋，饋田農在野之人，此言野饋，饋在野行路之人。」

梁山崩，

晉侯以傳召伯宗。【疏證】《穀梁》「宗」曰「尊」。《晉語》：「梁山崩，以傳召伯宗。」注：「傳，驛也。伯宗，晉大夫孫伯糾之子。」

伯宗辟重，曰：「辟傳！」【疏證】《釋文》：「辟，本又作僻。」杜注：「重載之車。」止釋「重」義。《晉語》：「遇大車當道而覆，立而辟之，❶曰：『辟傳。』」注：「大車，牛車也。辟，使下道避傳車。」《讀本》：「辟重者，謂開闢傳前重車。曰辟傳者，使辟傳車也。」與韋義合。

重人曰：【疏證】《讀本》：「重人，御重車者。」

「待我，不如捷之速也。」【疏證】待我，謂待其推車下道。《晉語》：「不如捷而行。」注：「旁出爲捷。」杜注：「邪出。」亦用韋義。

---

❶「辟之」，原作「譬」，今據《國語正義》卷十一改。

問其所，曰：「絳人也。」【疏證】《晉語》：「問其居，絳人也。」注：「絳，晉國都。」

問絳事焉，

曰：「梁山崩，將召伯宗謀之。」

問：「將若之何？」

曰：「山有朽壤而崩，可若何？【疏證】杜氏無注。《晉語》：「山有朽壤而自崩。」注：「朽，腐也。不言政失所爲而稱朽壤，言遜也。」

「國主山川，【疏證】《晉語》注：「主，爲山川主也。孔子曰：『夫顓臾爲東蒙主。』」杜注：「主，謂所主祭。」用韋義，而未明韋不謂主祭也。《周語》「夫國必依山川」，注：「依其精氣利澤也。」

「故山崩川竭，【疏證】《晉語》作「川涸山崩」，注：「涸，竭也。」《周語》：「山崩川竭，亡之徵也。川竭則山崩。」注：「水泉不潤，枯朽而崩。」據《周語》義，則此傳亦謂山崩由於川竭，與《外傳》文有倒順耳。

「君爲之不舉，【疏證】《膳夫》注：❶「殺牲盛饌曰舉。」杜注「不舉」謂「去盛饌」，用鄭義。《晉語》注：「不舉，不舉樂也。」文淇案：《國語》無徹樂之文，故韋以不舉爲不舉樂。

「降服，【疏證】《晉語》注：「降服，縞素也。」杜注：「損盛服。」不用韋義。沈欽韓云：「《司服職》『大烖素服』注云：『君臣素服縞冠，若晉伯宗哭梁山之崩。』按：韋說與《周禮》合，杜注非也。」沈說是也。鄭君既引此哭

❶「膳夫」，原缺，今據《周禮注疏》卷四補。

梁山爲文，則《左氏》舊説亦以降服爲素服縞冠。僖三十三年傳，秦伯以師敗于殽，「素服郊次」。

「乘縵，」【疏證】《説文》：「縵，繒無文也。」《晉語》注：「縵，車無文也。」杜用韋義。洪亮吉云：「《周禮·巾車》『卿乘夏縵』，此車蓋以繒爲車帷，取其無文。鄭玄注：『夏縵，亦五采畫，無瑑耳。』疑非。杜注蓋取《説文》，然改『繒』爲『車』，亦失本訓。」按：韋、杜變許君訓，誠如洪氏所譏，然不云乘縵即卿之夏縵，猶云施縵之車耳。疏知夏縵五采畫，不得謂無文，故云：「乘縵，車無文，蓋乘大夫墨車也。《覲禮》：『侯氏乘墨車乃朝。』彼爲適王，尚乘墨車，明此山崩降服，亦乘墨車也。」侯氏墨車朝王，不得例於遇災貶乘，義殊迂曲。沈欽韓云：「縵非無文之謂，以君而降從卿之乘車，則自貶禮也。」沈以疏縵當墨車未安，故徑謂用卿車，然與許君義亦未合。《廣雅·釋詁》：「曼、莫，無也。」王念孫云：「任氏幼植《釋繒》云：『《説文》：「縵，繒無文也。」《管子·霸形》篇：「君何不發虎豹之皮文錦以使諸侯，令諸侯以縵帛鹿皮報？」《左氏》成五年傳「乘縵」注：「車無文。」是凡物無文者謂之縵。』義與曼同也。」王氏釋「縵」，不引《巾車》「夏縵」，最諦。

「徹樂，」【疏證】《晉語》注：「《周禮》：『四鎮五嶽崩，命去樂。』」韋據《大司樂》文。杜用韋義。

「出次，」【疏證】《晉語》注：「出次，次于郊也。」杜用韋義。

「祝幣，史辭以禮焉。【疏證】祝以幣，史以辭，禮山川也。杜分爲三事，非。《晉語》記重人之言，有降服、出次、乘縵，不舉四事。其多於《内傳》者，「策於上帝，國三日哭」也。

「其如此而已。

「雖伯宗若之何？」

伯宗請見之，不可。【疏證】《晉語》：「請以見，不許。」注：「以見於君。」

遂以告，而從之。【疏證】《晉語》：「伯宗及絳，以告，而從之。」注：「以車者之言告，❶君從之。」《年表》：「伯宗隱其人而用其言。」用《穀梁》「攘善」義，非《左氏》説。

許靈公愬鄭伯于楚。【疏證】《鄭世家》「許」作「鄦」。李富孫云：「《説文》『鄦，讀若許。許，聽也。』今通假讀若字。」三年鄭再伐許。四年鄭伐許。

六月，鄭悼公如楚訟，不勝。【疏證】《年表》：「鄭悼公費元年，公如楚訟。楚共王五年，伐鄭，倍我故也。鄭悼公來訟。」案：本年楚無伐鄭之役，史公據他書。《鄭世家》：「鄦公惡鄭於楚，悼公使弟睔於楚自訟。訟不直。」《世家》不謂悼公自如楚，與傳異。

楚人執皇戌及子國。【疏證】上年，鄭與許訟于楚，皇戌攝鄭伯之辭。至是，皇戌又從鄭伯至楚也。杜注：「子國，鄭穆公子。」《鄭世家》：「楚囚睔。」亦與傳異。

故鄭伯歸，使公子偃請成于晉。

秋，八月，鄭伯及晉趙同盟于垂棘。【疏證】《鄭世家》：「於是鄭悼公來與晉平，遂親。」《晉語》注：「趙同，盾弟晉大夫原同也。」杜注：「垂棘，晉地。」沈欽韓云：「《一統志》：『三垂山在潞安府潞城縣西南二十里，又有臺壁在縣北。』蓋即垂棘之訛。」

---

❶「告」下，《國語正義》卷十一有「君」字。

宋公子圍龜爲質于楚而歸，【**疏證**】杜注：「圍龜，文公子。蓋宣十五年宋楚平後，華元使圍龜代己爲質。」按：圍龜質楚事，傳文不具，杜據下「習攻華氏」説之。

華元享之。

請鼓噪以出，鼓噪以復入。【**疏證**】《讀本》：「擊鼓而噪，軍聲也。」

曰：「習攻華氏。」

宋公殺之。

冬，「同盟于蟲牢」，鄭服也。

諸侯謀復會，

宋公使向爲人辭以子靈之難。【**疏證**】《釋文》：「一本無『之難』二字。」李富孫云：「案文義當有此二字。」十五年杜注以向爲人爲桓族。彼疏引《世本》「桓公生向父肸」，則向出於桓，據《世本》也。杜注：「子靈，圍龜也。宋公不欲會，以新誅子靈爲辭。」

十一月，己酉，定王崩。【**疏證**】杜注：「經在蟲牢盟上，傳在下，月倒錯。衆家傳悉無此八字，或衍文。」按：《公》、《穀》此經無傳，不得爲此傳比。杜稱衆家傳，謂諸家傳注本也。

【**經**】**六年，春，王正月，公至自會。**無傳。

二月，辛巳，立武宮。【**注**】服云：「鞌之戰，禱武公以求勝，故立其宮。」本疏。【**疏證**】杜注：「魯人自鞌之戰，至今無患，故築武軍，又作先君武公宮，以告成事。」杜謂「作先君武公宮」，用服説。其云「築武軍」，非服義，又不取服「禱武宮」之説，而以「告成事」爲言，皆異於服。案：傳不言築武軍，杜於傳注云：「宣十二年，潘黨勸楚子立武軍，楚子答以武有七德，非己所堪。其爲先君宮，告成事而已。今魯倚晉之功，又非霸主，而立武宮，故譏之。」玩杜傳注義，又止引楚立先君宮爲此立武宮之比，不謂魯築武軍，杜經、傳二注自相歧錯。本疏云：「劉炫以爲直立武公之宮，不築武軍。今知不然者，以下傳云：『不可以立武。立武由己，非由人也。』是丘明譏魯立武以章武功，明非徒築宮而已。」傳云「立武」，不云築武軍，立武泛言立威武，并非斥武宮之武，豈涉於築武軍乎？朱駿聲云：「魯無築武軍事。」邵瑛云：「武公謚武，想在宣王南征北伐，佐王師有功。至成公時，與齊戰鞌，於廟受命出師。❶如季孫行父等，必有私禱而祈請者，功成則爲之立宮，亦理之所必有也。至武軍，其事固不見於經傳，惟於宣十二年楚潘黨有其言而不行。而杜以武軍、武宮其事相類，竟似魯立武宮必築武軍者，其説誕矣。」邵氏申炫義甚確。其謂季孫私禱，即據服説。服氏禱武公説，杜所不取，故傳疏駁之，云：「案定元年傳：『昭公出故，季平子禱于煬公，立煬宮。』此若爲禱而立，何以不言禱也？無驗之説，故不可從。」李貽德云：「按：十六年傳：『伯州犁曰：「戰禱也。」』是將戰而禱，行軍之常，傳何必贅言乎？若季平子逐君而懼，私自禱祠，故傳特顯言之，以發其伏。事有異同，故文有詳略也。杜氏于此注云『作先君武公宮，以告成事』，則泥於楚子『作先君宮，告成事』之言。楚子所謂『作先君宮』者，蓋師行則載主以從，因於野次張幕爲宮，設主其中，以告戰勝。今距鞌戰已四易歲，何于四易歲後始告成事乎？師還告廟，飲至策勳，今四易歲而始告成事，則飲至諸

❶「命」，原脱，今據《劉炫規杜持平》卷三補。

典盡曠不行乎？且告成事，告廟而已，何以遠立已毀之廟乎？凡此皆其説之不通者也。哀二年傳曰：❶『鐵之戰，衛大夫蒯聵禱曰：「曾孫蒯聵，敢昭告於皇祖文王、烈祖康叔、文祖襄公。」』是軍中有禱事也。蒯聵得禱於文王、康叔，故魯亦得禱於武公。」按：李説是也。服據《明堂位》「武公之廟，武世室也」，故以武宮爲武公廟。彼注云：「武公，伯禽之玄孫也，名敖。」彼疏引《世本》云「伯禽生煬公熙，熙生弗，弗生獻公具，具生公敖」，是伯禽玄孫名敖，與《魯世家》世次合。諸侯立五廟，成公上距武公已十世，武公又非始封之君，其廟久在毀祧之列，故《穀梁集解》據《明堂位》駁之，云：「言世室，則不毀也。義與此違。」《公羊》疏云：「《明堂位》之作在此文之後，記人見武公之廟已立，欲成魯之善，故言此，非實然。」據《公羊傳》以立武宮爲臧孫許事，雖與《左氏》異，然三傳皆不言武宮即武世室，則世室之稱在後也。沈欽韓云：「以《明堂位》證之，武宮或是武公之廟，玩下傳『立武』之語，或作宮於他所，美其名曰武宮，未必廟也。」沈氏不從服説。按：《韓子·内儲》：「宋王與齊仇也，築武宮。謳癸倡，行者止觀，築者不倦。王聞，召而賜之。」則宋之武宮非廟，可證沈説。然傳稱武宮與煬宮一例，不得援宋事爲證。❷

取鄟。【疏證】洪亮吉云：「按：《玉篇》、《字書》並云：『鄟，邾婁邑。』杜云『魯附庸』，恐誤。」按：《公羊傳》鄟者係邾婁之邑也，《玉篇》等書據《公羊》説。《穀梁》則云「國也」，杜云「附庸」，或是《左氏》舊説，惟不言鄟所在。顧棟高云：「鄟在沂州府郯城縣東北。」畢沅《晉書地理志補正》云：「昭二十六年，盟于鄟陵，鄟陵即鄟國。」凌氏曰：「鄟在兖州府境。」江永《考實》亦疑鄟陵即鄟，謂「在魯之東鄙，近鄆」，則凌氏兖州之説近之。

❶ 「二」下，原衍「十」字，今據《春秋左氏傳賈服註輯述》卷十删。
❷ 原稿眉批：查宮添證。

衛孫良夫帥師侵宋。【疏證】《公羊》「帥」曰「率」。

夏，六月，邾子來朝。無傳。【疏證】《公羊》「邾」曰「邾婁」。

公孫嬰齊如晉。【疏證】杜注：「嬰齊，叔肸子。」

壬申，鄭伯費卒。【疏證】《年表》：「鄭悼公二年薨。」《鄭世家》：「悼公濆卒，立其弟睔，是爲成公。」濆、費異文。

秋，仲孫蔑、叔孫僑如帥師侵宋。【疏證】《公羊》「帥」曰「率」。❶

楚公子嬰齊帥師伐鄭。【疏證】《公羊》「帥」曰「率」。《年表》：「鄭悼公二年，楚伐我。」《鄭世家》：「悼公二年，楚伐鄭。」

冬，季孫行父如晉。

晉欒書帥師救鄭。【疏證】《公羊》「救」曰「侵」。《校勘記》云：「侵字誤。嚴杰云：『上文「鄭伯費卒」，注云：「楚伐鄭喪，諸侯不能救，晉又侵之。」然則《公羊》作侵鄭，與《左》、《穀》異也。』」《年表》：「晉景公十五年，使欒書救鄭。鄭悼公二年，晉使欒書來救。」《鄭世家》：「晉兵來救。」

【傳】六年，春，鄭伯如晉拜成，

子游相，【疏證】杜注：「子游，公子偃。」

---

❶ 原稿眉批：帥、率當查，始見説之，餘文删。

授玉于東楹之東。【疏證】杜注：「禮：授玉兩楹之間。鄭伯行疾，故東過。」沈欽韓云：「《聘禮》：『賓升，西楹西，東面。賓致命，公當楣再拜，側襲受玉於中堂與東楹之間。』注：『中堂，南北之中也。東楹之間亦以君行一、臣行二。』疏云：『兩楹之間，爲賓主處中，今乃于東楹之間，反侵東半間，故云君行一、臣行二也。』按：鄭伯以兩君相見而降同大夫聘禮，其志在過恭。士貞伯譏其行速，謂失其常度耳。其實鄭伯降心于晉者深也。」

士貞伯曰：「鄭伯其死乎！自棄也已。

「視流而行速，【疏證】杜注：「視流，不端諦。」

「不安其位，宜不能久。」

二月，季文子以鞌之功立武宫，非禮也。

聽於人以救其難，不可以立武。【疏證】人謂晉。武，威武也。

立武由己，非由人也。

「取鄟」，言易也。

三月，晉伯宗、夏陽説、衛孫良夫、甯相、鄭人、伊雒之戎、陸渾、蠻氏侵宋，【疏證】杜注：「夏陽説，晉大夫。」萬光泰《氏族略》云：❶「夏陽説，以邑爲氏，晉滅虢下陽，二小傳作夏陽，蓋説食采於此。」《郡國志》：

❶「光泰」，原缺，今據《左通補釋》卷十三及卷四補。

「河南郡新城有鄤聚，古鄤氏，今名蠻中。」又「新城」下注引文十七年傳，「周敗戎于邥垂」，則蠻氏即邥垂之戎也。江永云：「今按：汝州西南有蠻中聚，即戎蠻子國。」顧棟高謂蠻氏一名矛戎，❶非。詳元年疏證。

以其辭會也。【疏證】謂五年冬蟲牢之盟。

師于鍼，【疏證】❷鍼，杜無注。高士奇云：「衛成公時，鍼莊子食邑於此。」

衛人不保。【疏證】杜注：「不守備。」

説欲襲衛，

曰：「雖不可入，多俘而歸，有罪不及死。」

伯宗曰：「不可。【疏證】❸馬宗璉云：「『鍼』疑作『鹹』。《郡國志》：『東郡濮陽有鹹城，或曰古鹹國。』以下言『師在其郊』，則惟鹹地近濮陽也。」

「衛唯信晉，故師在其郊而不設備。【疏證】郊謂衛之郊。

「若襲之，是棄信也。

「雖多衛俘，而晉無信，何以求諸侯？」乃止。

---

❶「矛」，《春秋大事表》卷三十九作「茅」。

❷「疏證」，原脱，今據本書體例補。

❸「疏證」，原脱，今據本書體例補。

師還，衛人登陴。【疏證】《晉語》注：「埤，城上女垣。」杜注：「聞説謀故。」❶

晉人謀去故絳。【疏證】杜注：「晉復命新田爲絳，故謂此爲故絳。」按：莊二十六年「士蔿城絳，以深其宮」，即此傳「故絳」也。絳爲今絳州之北境，平陽府太平縣之南境，杜彼注謂「在平陽絳邑」，非。詳彼年疏證。何焯《讀書記》：❷「晉因梁山崩而懼，故遷都以厭之。」

諸大夫皆曰：「必居郇、瑕氏之地，❸【疏證】洪亮吉云：「《説文》：『郇，周武王子所封國，在晉地。』按：即郇瑕氏之地。杜注：『郇瑕，古國名。』不知郇瑕即郇國也。僖二十四年『咎犯與秦、晉大夫盟于郇』，文十二年『秦侵晉及瑕』，郇、瑕二地相接，亦可作一地。司馬彪《郡國志》：『解縣有瑕城。』杜注：『解縣西北有郇城。』《水經注》引京相璠曰『故瑕城在解縣西南』，是其證也。二地通稱，❹春秋時多有，如解梁、郫邵等，皆取便俗耳。《水經注》：『古水又西徑荀城東北，古荀國也。』《汲郡古文》：『晉武公滅郇，以賜大夫原氏。』」按：僖二十四年傳「師退軍于郇」，洪氏引誤。洪氏於彼傳據《水經》及《蒲州圖經》謂郇在猗氏西南，當漢解縣之東，以正夫杜注「解縣西北」之誤，極諦。此仍沿杜誤，非也。其文十二年之瑕，洪氏以爲在陝州，此傳謂在解縣西南，是僖三十年「許君焦、瑕」，亦即此瑕。詳僖二十四年、三十年、文十二年疏證。郇、瑕二邑皆在今蒲州臨晉縣境。

---

❶ 原稿眉批：查「守陴者皆哭」。

❷ 「焯」，原缺，今據《左通補釋》卷十三及卷一補。

❸ 原稿眉批：郇，僖廿四，服注已見彼。

❹ 「通」，《春秋左傳詁》卷十一作「連」。

「沃饒而近盬。【注】服云：「土田而有溉曰沃。❶盬，鹽池也。」《水經·涑水》注。**【疏證】**《說文》：「沃，❷灌溉也。」《周語》注：「有溉曰沃。」即用服義。杜注：「盬，鹽也。猗氏縣鹽池是。」按：《鹽人》「祭祀，供其苦鹽、散鹽」，注：「杜子春以爲苦讀如盬，謂出鹽直用，不湅也。」故杜以「鹽」訓「盬」。然據服氏義，盬即地名。知者，《穆天子傳》「至于盬」，《說文》：「盬，河東鹽池。袤五十一里，廣七里，周百十六里。從鹽省，古聲。」又《水經·涑水》注引呂忱曰「河東鹽池謂之盬」，❸皆以盬爲地名。服訓盬爲「鹽池」，義亦如此。杜用服義而失之。《水經注》引傳作「近鹽」，誤。《貨殖傳》「猗頓用盬鹽起」，史公亦以盬爲地名。集解：「以興富於猗氏故曰猗頓。」正義：「按：猗氏，蒲州縣也。」按：蒲州府在臨晉之東，又據《地理志》「河東郡安邑，鹽池在西南」，《方輿紀要》「鹽池在解州東三里」，即安邑鹽池也。安邑亦在臨晉之東，則近郇、瑕之鹽池非一。

「國利君樂，不可失也。」

韓獻子將新中軍，

且爲僕大夫，【疏證】杜注：「兼大僕。」

公揖而入，【疏證】杜無注。沈欽韓云：「僕大夫，如王之太僕，掌王內朝之事。公揖，則《司士職》之特揖、旅揖、三揖也。入者，入內朝。」

---

❶「田」，《水經注箋》卷六作「平」。

❷「沃灌溉」，《說文解字》卷十一上作「𣵀溉灌」。

❸「涑」，原缺，今據《水經注箋》卷六補。

獻子從。公立於寢庭，【疏證】杜注：「路寢之庭。」疏：「《禮・玉藻》：『君日出而視朝，退適路寢聽政。』沈氏云：《大僕職》云：『王視燕朝，則正位，掌擯相。』鄭注云：『燕朝，朝於路寢之庭。』韓獻子既爲僕大夫，故知寢庭，路寢之庭也。」此沈文阿舊疏説。顧炎武《日知録》云：「僕大夫者，君之親臣，故獨令之從公而入寢庭也。」沈欽韓云：「公入内朝，諸大夫皆退矣，❶太僕從，入路寢，正君位，乃却立于庭，以待群臣之復逆。」顧、沈皆據《大僕職》説獻子得入路寢。惟内朝之稱，沈即以當路寢，未核，知然者，疏又引沈舊疏云：「凡人君内朝二，外朝一。内朝二者，路門内外之朝也。外朝一者，庫門外之朝也。若諸侯三門臯、應、路，外朝則在應門外；魯之三門庫、雉、路，則外朝在雉門外。」據沈舊疏，則内朝有二，不得僅目路寢爲燕朝。閻若璩《四書釋地・三續》云：「汪武曹云：『以魯制言之，庫門之内爲外朝，雉門之内爲治朝，路門之内爲燕朝。治朝與燕朝皆可謂之内朝。《文王世子》「公族朝於内朝」，謂燕朝也。《玉藻》「朝服以日視朝於内朝」，謂治朝也。然以治朝對燕朝言之，則亦曰外朝。《文王世子》「外朝以官」是也。路寢即燕朝，《周禮》「王眡燕朝」，注：「王圖宗人之嘉事，則燕朝。」疏云：「君燕群臣則在寢，燕亦有朝，但因燕而朝。燕禮已有成文，故鄭必以王圖宗人嘉事爲燕朝。」以此合之公族朝於内朝之文，益知異姓之臣不得常在燕朝也。』余案：成六年，『韓獻子將新中軍，且爲僕大夫，公揖而入，獻子從，公立於寢廷』，足見韓厥卿也，得從景公入至燕朝，以兼大僕故。」按：汪氏言諸侯三朝之别最核，故閻氏據以説此傳「寢廷」之爲燕朝。其謂外朝在庫門内，與沈舊疏説異。外朝之外，無涉傳義，今不説。金鶚《禮説》云：「庭者，堂下之地。凡言庭者，皆廟寢堂下也。若治朝、外朝，皆無堂，則亦無庭，而名之曰廷，所謂朝廷也。庭與廷字有

---

❶「諸」下，《春秋左氏傳補注》卷六有「侯」字。

別。《説文》:『庭,宫中也。廷,朝中也。』庭有堂,故其文從广;廷無堂而但爲平地,故其文從廴。」

謂獻子曰:「何如?」【疏證】晋景公於治朝議遷都事,韓獻亦與其列,退入燕朝而私問之。

對曰:「不可。

「郇瑕氏土薄水淺,【疏證】《讀本》:「郇瑕當大河之濱。」

其惡易覯。【疏證】杜注:「惡,疾疢。覯,成也。」顧炎武引陸粲曰:「言垢穢易見。」不從杜説。武億云:「惡非訓爲疾疢。據傳文『沈溺腫膇之疾』下乃言之,則惡當與『有汾、澮以流其惡』爲對。惡屬垢穢,仍屬地氣使然,於義爲近。又《爾雅》訓覯爲『見』,杜易作『成』,故違古訓,亦不可從。」按:武説即用陸氏義。惠棟於「有汾、澮以流其惡」下引《周書》曰:「地有五行,不通曰惡。」按:見《武順解》。此惡亦即《周書》之惡,地脈不通,故垢穢易積也。俞樾同武説。《四月》「我日構禍」,傳:「構,成也。」杜以構當覯,訓爲成,非。《草蟲》傳:❶「覯,遇也。」遇亦見義。

「易覯則民愁,

民愁則墊隘,【疏證】洪亮吉云:「《説文》:『墊,下也。《春秋傳》曰墊隘。』隘,陋也。又《説文》:『𩅰,寒也。或曰早霜,讀若《春秋傳》曰『墊阨』。阨、隘古字通。按杜注:『墊隘,羸困也。』亍訓詁爲不通。鄭玄《尚書》注:『墊,陷也。』陷與下義並同。」按:洪説是也。據許君引傳「墊阨」,則賈氏本作「阨」,亦當訓「墊」爲「下」。墊

❶「草蟲傳」,原缺,今據《毛詩正義》卷一補。

隘謂民之志慮卑狹，不以地言。杜氏既誤以惡爲疾疢，故於墊隘亦强説爲疾也。《方言》：「墊，下也。」與許君義同。疏亦引《方言》而云：「地之下濕狹隘，猶人之羸瘦困苦。」義更迂曲。

「**於是乎有沈溺重膇之疾。【疏證】**《埤蒼》引《左傳》作「瘇」，云：「與膇同。」李富孫云：「案：《玉篇》膇或作瘇，當爲俗字。」杜注：「沈溺，濕疾。重膇，足腫。」杜意以有此二種疾。汪瑜云：「《内經·太陰陽明論》云：『清溼襲虚，則病起於下。』《平人氣象論》云：『足脛腫曰水。』言沈溺溼氣侵人而爲重膇之病。」是因沈溺而重膇，一疾也。洪亮吉云：「《衆經音義》引《釋名》『下重曰瘇』，今《釋名》無此語，玄應不知何本。」按：此或《左氏》舊説，杜云「足腫」據「下重」義。重，古腫字。

「**不如新田，【疏證】**杜注：「今平陽絳邑縣是。」江永云：「按：晉既遷新田，又命新田爲絳。《水經注》謂之絳陽，『在絳、澮之陽，南對絳山，面背二水』。《括地志》：『新田在絳州曲沃縣南二里。』❶今之曲沃縣南也。近世閻若璩考之曰：『余親往其地，土人呼王官城，距故晉城五十里。杜氏長於地志之學，乃於莊二十六年城絳及此年新田皆注云平陽絳邑縣。豈竟爲一地乎？果爲一地，不應將遷新田之時名獻公所居曰故絳。』此説是。今考晉之絳縣，其故城在今曲沃縣南。昭八年杜注『虒祁宫在絳西四十里，臨汾水』，今虒祁在曲沃縣西，則新田在晉時之絳邑。此年注本不誤，誤在莊二十六年之注未確耳。又按：閻氏謂土人呼王官城，此王官與文三年、成十三年之王官不同。」❷按：江説是也。沈欽韓云：「《一統志》：『絳邑故城在平陽府曲沃縣西南，晉新田地。』」

---

❶ 「南」，原脱，今據《皇清經解》卷二百五十三《春秋地理考實》補。

❷ 上「三」，原作「二」，今據《皇清經解》卷二百五十三《春秋地理考實》改。

「土厚水深，居之不疾，

「有汾、澮以流其惡。【疏證】《水經》「汾水出太原汾陽縣北」，又云「南過臨汾縣東，又屈從縣南西流」，注云：「汾水又經絳縣故城北，《竹書紀年》：『梁武王二十五年，絳中地坼，西絶於汾。』汾水西逕虒祁宮北，橫水有故梁，截汾水中，又西徑正橋，澮水入焉。」《水經》又云：「澮水出河東絳縣東澮交東高山，西過其縣南，又西南過虒祁宮南，又西至王橋，注於汾水。」注云：「宮在新田絳縣故城西四十里，背汾面澮，西則兩川之交會也。《竹書紀年》曰『晉出公五年，澮絶於梁』，即是水也。」《水經》及注説汾、澮之在新田者，極明澮發源於故絳，酈氏恐讀者誤仞虒祁宮亦在故絳，故曰「宮在新田絳縣」，可證江氏之説。以今地考之，汾自太原陽曲縣來，南入平陽境，由臨汾折而西流，徑曲沃，出絳縣之北。澮自平陽翼城西流，經曲沃而出絳縣之南。虒祁宮在絳縣西，據「背汾面澮」之文，則汾、澮所會之王橋亦在虒祁宮之西矣。《一統志》：「汾河在平陽府曲沃縣西三十五里。」《方輿紀要》：「絳水在絳縣西北二十里。」絳即謂汾。

「且民從教，【疏證】杜注「從教」謂「無災患」。顧炎武云：「言馴習於上之教令。」

「十世之利也。【疏證】本疏：「十者，數之小成。」

「夫山澤林鹽，國之寶也。

「國饒，則民驕佚；【疏證】《魯語》：「敬姜曰：『沃土之民不材，逸也。』」同此傳義。疏謂「激發之辭」，非。

「近寶，公室乃貧，【疏證】杜注：「近寶，則民不務本。」疏云：「棄本逐末，廢農爲商，貧富兼并，貧多富少。貧者無財以共官，富者不可以倍稅，賦稅少，則公室貧也。」

「不可謂樂。」

公説，從之。

夏，四月，丁丑，晉遷於新田。

六月，鄭悼公卒。

子叔聲伯如晉，

命伐宋。【疏證】三月，晉侵宋，宋未服，故杜注：「晉人命聲伯。」

秋，孟獻子、叔孫宣伯侵宋，晉命也。

楚子重伐鄭，鄭從晉故也。【疏證】三月，晉侵宋，鄭人會師。杜注：「前年從晉盟。」非。

冬，季文子如晉，賀遷也。

晉欒書救鄭，與楚師遇於繞角。【疏證】《年表》：「晉景公十五年，使欒書救鄭。」杜注：「繞角，鄭地。」沈欽韓云：「《方輿紀要》：『繞角城在汝州魯山縣東。』」江永云：「當是蔡地，非鄭地。」

楚師還。

晉師遂侵蔡。【疏證】《年表》：「晉景公十五年，侵蔡。蔡景侯七年，晉侵我。」

楚公子申、公子成以申、息之師救蔡，❶

---

❶ 「楚公子申」，原脱，今據《春秋左傳正義》卷二十六補。

禦諸桑隧。【疏證】杜注：「汝南朗陵縣東有桑里，在上蔡西南。」沈欽韓云：「《一統志》：『桑里亭在汝寧府確山縣東。』」

趙同、趙括欲戰，請於武子，武子將許之。【疏證】杜注：「武子，欒書。」

知莊子、范文子、韓獻子諫曰：【疏證】杜注：「荀首，中軍佐。士燮，上軍佐。韓厥，新中軍將。」

「不可。吾來救鄭，楚師去我，吾遂至於此，【疏證】《讀本》：「因楚師還而遂至蔡地。」

「是遷戮也。戮而不已，又怒楚師，戰必不克。

「雖克，不令。❶ 成師以出，而敗楚之二縣，【疏證】杜注：「六軍悉出，故曰成師。」按：二縣謂申、息。

「何榮之有焉？

「若不能敗，爲辱已甚，不如還也。」乃遂還。

於是軍帥之欲戰者衆。

或謂欒武子曰：

「聖人與衆同欲，是以濟事，子盍從衆？【疏證】《檀弓》注：❷「盍，何不也。」

「子爲大政，將酌於民者也。

---

❶ 原稿眉批：令，詁。

❷ 「檀弓」，原缺，今據《禮記正義》卷六及卷九補。

「子之佐十一人，【注】服云：「是時欒書將中軍，荀首佐之；荀庚將上軍，士燮佐之；郤錡將下軍，趙同佐之；韓厥將新中軍，趙括佐之；鞏朔將新上軍，韓穿佐之；荀騅將新下軍，趙旃佐之。」本疏。【疏證】晉六軍各有將佐，此稱佐十一人者，晉中軍之將總兵事，自外皆其佐也。李貽德云：「案：四年傳：『欒書將中軍，荀首佐之，士燮佐上軍，以救許。』三年傳云：『晉侯使荀庚來聘，公問諸臧宣叔曰：「中行伯之于晉也，其位在三。」』正義曰『於時荀庚將上軍』，故知欒書、荀首爲中軍將佐，荀庚、士燮爲上軍將佐矣。郤錡承克後，宜爲軍將，中、上既有人，則錡當爲下軍將。趙同在佐之中而請戰，則佐下軍矣。至韓厥以下六人爲新軍將佐次第，知者，以三年傳『晉作六軍，韓厥、趙括、鞏朔、韓穿、荀騅、趙旃皆爲卿』，此年傳云『韓獻子將新中軍』，韓厥居新軍之首，故三年傳先列其名，則以下五人所將、所佐可循序知也。」按：李氏據三年、四年傳證服氏所説中、上軍、新軍將佐皆確，惟郤錡將下軍，趙同佐之，傳所不具，服氏或别據他書。

「其不欲戰者，三人而已。

「欲戰者可謂衆矣。

「《商書》曰：『三人占，從二人。』【疏證】《尚書·洪範》文，今在《周書》。作三人占則從二人之言，此約引傳稱《商書》，已説於文五年疏證。《士喪禮》疏、《宋世家》集解引鄭君注：「卜筮各三人，太卜掌三兆、三易。」據《士喪禮》「命筮者反之，東面旅占」，鄭彼注云：「旅，衆也。反與其屬共占之，謂掌《連山》、《歸藏》、《周易》者。」又卜葬日「占者三人」，鄭彼注云：「占者三人，掌玉兆、瓦兆、原兆。」王鳴盛、孫星衍皆謂：「鄭君説卜筮各三人，謂卜則掌三兆者各一人，筮則掌三易者各一人也。三兆、三易鄭君皆據《大卜》文爲説。杜子春以玉、瓦、原三兆爲帝顓頊、堯、周之兆。又云『《連山》宓羲，《歸藏》黃帝』，鄭君用子春説。而《易贊》則曰『夏曰《連山》，殷曰《歸藏》』，與《周禮》注違異。」今以傳假卜筮之理論兵，非涉卜筮，不具疏解。

「衆故也。」【疏證】《洪範》鄭君注又云：「從二人，從其多者。蓍龜之道，幽微難明，慎之深。」即據此傳爲説。《韓子·内儲説》：「晏嬰子聘魯，哀公問曰：『語云：「莫三人而迷。」今寡人與一國慮之，魯不免於亂，何也？』晏子曰：『古之所謂「莫三人而迷」者，一人失之，二人足以爲衆矣，❶故曰莫三人而迷。今魯國之群臣以千百數，一言于季氏之私，數非不衆，所言者一人也，安得三哉？』」嬰子謂二人足以爲衆，❷與傳義同。

武子曰：「善鈞，從衆。【疏證】《淮南□□》注：「鈞，等也。」

「夫善，衆之主也。【疏證】《讀本》：「若有偏不善，則當從善，不以衆寡論。」

「三卿爲主，可謂衆矣。【疏證】杜注：「三卿，皆晉之賢人。」

「從之，不亦可乎？」

【經】七年，春，王正月，鼷鼠食郊牛角，改卜牛。鼷鼠又食其角，乃免牛。無傳。**【疏證】**《釋獸》「鼷鼠」，郭注：「有螫毒者。」本疏引李巡曰：「『鼱鼩鼠，一名鼷鼠。』孫炎曰：『有螫毒者。』蓋如今鼠狼。」邵晉涵

❶「人」下，《韓非子》卷九有「得之三人」四字。

❷「嬰」，疑當作「晏」。

云：「《說文》：『鼷，小鼠也。』郭止云『有螫毒者』，以鼷至微，與鼠狼不相似也。《玉篇》云：『鼷鼠，小鼠也。螫毒，食人及鳥獸皆不痛，今之甘鼠也。』《釋文》引《博物志》云：『鼠之最小者，或謂之耳鼠。』按：今俗傳鼷鼠能入人耳，甘而不知痛，其爲螫毒，不特牛有其害矣。」邵氏所稱鼷鼠入人耳，或是浙東俗諺，江淮間無之。《全唐文》八百二十一程晏《齊司寇對》云：❶「君不聞鼷鼠之牙乎？食人與百類，雖齧盡而不痛，俗謂之甘口氣也。❷魯國之牛聞食其角矣，請以是諷焉。牛之寢齕，有蚊蚋撓其膚毛，必知鼓耳摇尾以揮，及鼷鼠食之，即不知痛也。鼠之一牙豈不甚於蚊蚋千嚼乎？以其口甘，雖貫心徹骨而不知也。」程晏謂鼷鼠口甘，可證《玉篇》甘鼠之説。疑《釋文》所引《博物志》「耳鼠」，亦「甘鼠」之譌。甘、耳字形近也。僖三十一年傳「牛卜日曰牲」，杜注「稱牛，未卜日」據彼傳説，又云：「免，放也。」

吳伐郯。❸

夏，五月，曹伯來朝。

不郊，猶三望。無傳。**【疏證】**與宣三帝義同。❹

秋，楚公子嬰齊帥師伐鄭。**【疏證】**《公羊》「帥」曰「率」。《年表》：「楚共王七年，伐鄭。鄭成公元年，楚

❶「寇」，原作「冠」，今據《全唐文》卷八百二十一改。

❷「氣」，《全唐文》卷八百二十一作「鼠」。

❸原稿眉批：郯見宣三年。

❹「帝」，疑當作「年」。

伐我。」

公會晉侯、齊侯、宋公、衛侯、曹伯、莒子、邾子、杞伯救鄭。

八月，戊辰，同盟于馬陵。【**疏證**】《公羊》「邾」曰「邾婁」。《魏世家》：「太子與齊戰，敗于馬陵。」集解：「徐廣曰：『在元城。』」《隋書·地理志》：「元城，開皇六年置馬陵縣。大業初，廢入焉。」顧棟高云：「馬陵，今直隸大名府元城縣東南十五里。」

公至自會。

吴入州來。【**疏證**】杜注：「楚邑。」馬宗璉云：「《爾雅·釋丘》：『淮南有州黎丘。』郭注：『今在壽春縣。』古來、黎同音，州黎即州來也。」邵晉涵説同。《地理志》：「沛郡下蔡，故州來國，爲楚所滅，後吴取之，至夫差遷昭侯於此。後四世侯齊竟爲楚所滅。」按：哀二年，蔡昭侯自新蔡遷於州來，《漢志》據彼傳爲説。沈欽韓云：「《方輿紀要》：『下蔡城在壽州北三十里，古州來也。』」李兆洛《鳳臺縣志》：「州來即今下蔡鎮。」顧棟高云：「州來，阻淮爲固。吴畏楚上流，出兵多從淮右北道，壽州是其要害。」

冬，大雩。

衛孫林父出奔晉。

【**傳**】**七年，春，吴伐郯。郯成。**

季文子曰：「中國不振旅，【**疏證**】李奇《上林賦》注：「振，整也。」

「蠻夷入伐，而莫之或恤。

「無弔者也夫！

「《詩》曰：『不弔昊天，亂靡有定。』【疏證】《節南山》文，箋：「弔，至也，至猶善也。定，止。不善乎昊天，天下之亂無有止之者。」杜注：「刺在上者不能弔愍下民，故號天告亂。」杜以「弔」爲弔愍，非箋意。傳引《詩》亦以弔爲善也。

「其此之謂乎？【疏證】此，斥今之世。

「有上不弔，其誰不受亂？【疏證】杜注：「上謂霸主。」王引之《經義述聞》通説云：「此言蠻夷入伐，而莫之或恤，皆由中國之無善君也。善君謂霸主也。昭十六年傳曰：『齊君之無道也，興師而伐遠方，會之有成而還，莫之亢也，無伯也夫。』語意與此相似。上文『有上不弔，其誰不受亂』，亦謂中國無善君，則諸侯皆受其亂也。」

「吾亡無日矣！」

君子曰：「知懼如是，斯不亡矣。」【疏證】丘明嘉季文子之能懼。

鄭子良相成公以如晉，見，且拜師。【疏證】六年，晉欒書帥師救鄭。

夏，曹宣公來朝。

秋，楚子重伐鄭，師于氾。

諸侯救鄭。

鄭共仲、侯羽軍楚師，【疏證】杜注：「二子，鄭大夫。」按：軍楚師謂以兵入楚師也。

囚鄖公鍾儀，獻諸晉。【疏證】《釋文》：「鄖本又作員，邑名。」李富孫云：「定四年傳『鄖公辛』，《古今人表》作員。師古注：『員讀曰鄖。』是員從省通。」

八月，同盟于馬陵，尋蟲牢之盟，且莒服故也。❶【疏證】五年蟲牢之盟無莒，杜注：「莒本屬齊，齊服，故莒從之。」按：蟲牢之盟有齊侯，自五年至此，晉與齊無釁。杜言「齊服」，非傳義。

晉人以鍾儀歸，囚諸軍府。【疏證】杜注：「軍藏府也。」《讀本》：「藏軍實及俘獲。」❷

楚圍宋之役，【疏證】宣十四年經：「夏，楚子伐宋。」傳：「秋，楚圍宋。」

師還，子重請取於申、呂以爲賞田，【疏證】杜注：「分申、呂之田以自賞。」王應麟《地理通釋》云：「《國語》史伯曰：『當成周者，南有申、呂。』《漢·地理志》『南陽宛縣，申伯國。』《詩》《書》及《左氏》解不言呂國所在。《史記》正義引《括地志》云：『故呂城在鄧州南陽縣西。』徐廣云：『呂在宛縣。』《水經注》亦謂『宛西呂城，四嶽受封』。然則申、呂，漢之宛縣也。」顧炎武、江永皆取王説。江永云：「按：宛縣即今南陽府。」❸高士奇云：「今河南南陽府城西三十里有呂城，俗名董呂村。」亦用王説。沈欽韓云：「按：《續志》『汝南新蔡有大呂亭』，注引《地道記》曰『故呂侯國』。《水經注》：『新蔡東，青陂之東，對大呂亭，西南有小呂亭。』《方輿紀要》：『在汝寧府新蔡縣北。』」沈氏謂呂在今新蔡，與顧、江等説異。江氏於隱元年傳「鄭武公取於申」下引此傳，「此申、呂所以邑」，云

---

❶「故」，原脱，今據《春秋左傳正義》卷二十六補。

❷ 原稿眉批：軍府，再查證。

❸「府」下，疑當有「南陽縣」三字。

「吕亦在南陽，故合言之」。又云：「汝寧府信陽州，漢之平氏縣，後周及唐皆以爲申州。豈申之始封在此歟？」江氏謂申始封在今汝寧，則新蔡之吕亦申始封時之吕，非春秋時之申、吕也，沈説非。

王許之。

申公巫臣曰：「不可。

「此申、吕所以邑也，【疏證】《釋文》：「一本作『所邑也』。」李富孫云：「杜注『言申、吕賴此田成邑耳』，無『以』字亦通。」

「是以爲賦，【疏證】《讀本》：「申、吕皆楚方城外邑，赴中國要道。」

「以御北方。【疏證】謂晉、鄭也。《讀本》：「有其田，則可出賦備北方。」

「若取之，是無申、吕也，

「晉、鄭必至于漢。」【疏證】南陽，在楚都江陵之北。❶

王乃止。

子重是以怨巫臣。

子反欲取夏姬，巫臣止之，遂取以行，【疏證】見二年傳。

子反亦怨之。

---

❶ 原稿眉批：查「漢水以爲池」，核。

及共王即位，【疏證】《吕覽・權勳》篇「共」作「龔」。杜注：「楚共王以魯成公元年即位。」按：此下所説皆巫臣奔晉時事。巫臣奔晉在二年傳，明事在共王即位後，不謂在共王元年也。

子重、子反殺巫臣之族子閻、子蕩及清尹弗忌【疏證】杜注：「皆巫臣之族。」《晉世家》：「楚將子反怨巫臣，滅其族。」

及襄老之子黑要，【疏證】黑要烝於夏姬故。

而分其室。

子重取子閻之室，

使沈尹與王子罷分子蕩之室，❶

子反取黑要與清尹之室。

巫臣自晉遺二子書，【疏證】杜注：「子重、子反。」《晉世家》：「巫臣怨，遺子反書。」與傳異。

曰：「爾以讒慝貪惏事君，【疏證】惠士奇云：「《方言》云：『貪，殺也。楚謂之貪。惏，殘也。』又云：『殺人而取其財曰惏。』二子殺巫臣之族而分其室，故曰貪惏。」惠引《方言》「殺人而取其財曰惏」，據僖二十四年傳《釋文》及疏，今《方言》云：「𢱢，殺也。晉魏河内之北謂𢱢爲殘，楚謂貪。」戴震《疏證》云：「𢱢、惏古通用。《説文》『河内之北謂貪曰惏』，與此小異。」案：𢱢、惏之通，當如戴説。《方言》又别出「惏」字，云「殘也」，殘、殺義通。

---

❶ 原稿眉批：沈尹，查。

「而多殺不辜，

「余必使爾疲於奔命以死。」【疏證】杜無注。《後漢書·光武紀》注：「聞命奔赴，故謂之奔命。」《吴世家》：❶「必令子疲於奔命。」

巫臣請使於吴，【疏證】《晉世家》：「乃請使吴。」《吴世家》：「王壽夢二年，楚申公巫臣自晉使吴。」

晉侯許之。

吴子壽夢説之。【疏證】杜注：「壽夢，季札父。」《年表》：「吴壽夢元年當魯成公之六年。」《吴世家》：「王壽夢二十五年卒。」索隱：「襄十二年經曰：『秋，九月，吴子乘卒。』《左傳》曰『壽夢』，計從成六年至此，正二十五年。」《年表》與《世家》合。

乃通吴於晉，

以兩之一卒適吴，舍偏兩之一焉。【疏證】杜注：「《司馬法》：『百人爲卒，二十五人爲兩。車九乘爲小偏，十五乘爲大偏。』蓋留九乘車及一兩二十五人，令吴習之。」按：杜引《司馬法》，與宣十二年傳「廣有一卒，卒偏之兩」注文同，惟添引「車九乘爲小偏」句。疏云：「『以兩之一』，謂將二十五人也。又言『卒』，謂更將百人也。又言『之』者，婉句耳，凡將一百二十五人適吴也。『舍偏』，謂舍一偏之車九乘也。❷『兩之一焉』，又舍二十五人

❶「吴」，當作「晉」。

❷「舍」下，原衍「偏」字，今據《春秋左傳正義》卷二十六删。

也，凡舍九乘車二十五人與吳矣。發首言『兩之一』者，爲舍此『兩之一』，故先言之。又言『卒』者，見巫臣所將非唯有一兩也。」❶據疏説，則杜讀「兩之一」句，「卒」句，「適吳」句，「舍偏」句，「兩之一焉」句。詳《司馬法》「二十五人爲兩」，若如杜讀，則傳稱「以兩適吳」，意已明晰，何必言「兩之一」？司馬穰苴在春秋後，所云大偏十五乘，小偏九乘，自是爾時兵制。傳不言小偏，杜何以知爲車九乘，偏改爲九乘矣。又別兩於偏之外，謂留二十五人，則九乘之車用二十五人，如何分隸，説皆難通。顧炎武引傳遜云：「古人一車謂之一兩，《詩》『百兩御之』，《孟子》『革車三百兩』，非『二十五人爲兩』之兩也。蓋楚廣之制，本用一卒，故云『用兩之一卒』，❷其云『舍偏兩之一』者，車之半邊爲偏，❸五十人，今留二十五人也。」據宣十二年傳「卒偏之兩」，則兩非是一車之稱，傳説非也。❹沈欽韓云：「桓五年『先偏後伍』，偏亦卒伍之數，當留步卒五十人、甲士二十五人，偏、兩各一也。」沈氏知偏非車乘之數，而云留七十五人，亦與宣十二年「卒偏之兩」以兩繫偏義不合，❺沈説亦非也。今按：宣十二年「廣有一卒，卒偏之兩」，服注：「百人爲卒，五十人爲偏，二十五人爲兩。」不取《司馬法》大偏、小偏之説，其注此傳亦當然。「以兩之一卒適吳」句，「舍偏兩之一焉」句，兩、偏是法，而非數。彼疏釋「卒偏之兩」，亦以「之」爲婉辭足句，并引

---

❶ 原稿眉批：卒百人，偏五十人，兩二十五人。
❷ 「用」，《皇清經解》卷二《左傳杜解補正》作「以」。
❸ 「邊」，原作「偏」，今據《皇清經解》卷二《左傳杜解補正》改。
❹ 原稿眉批：二千五百人。
❺ 「二」，原作「五」，今據《春秋左傳正義》卷二十三及下文改。

此傳「以兩之一卒」駁服説，云「豈又是兩家之卒」。沈彤云：「兩之一卒，謂充兩法之卒也。」其説最諦。今即其説申之，則舍偏兩之一，謂舍充偏法之兩也。巫臣以卒百人至，而留其一兩，則留者止二十五人也。疏又云：「傳唯言留一偏，不見元將車數，不知去時幾乘車也。丘明爲傳，辭皆易解，此獨蹇澀，或誤本文。蘇氏云『舍九乘車，以六乘車還』，則去時十五乘車。」疏無疑傳之例，此是劉炫《述義》語，因杜説而集矢傳文，可謂謬矣。據宣十二年傳「廣有一卒」，則卒百人當車一乘之數，安得又留九乘之車也？疏又引沈氏云：「聘使未有將兵車者，今此特將兵車，爲方欲教吳戰陳，故與常不同。」此舊疏釋巫臣以卒適吳義。

與其射御，

教吳乘車，

教之戰陳，【疏證】射御皆車戰之事。《晉世家》：「教吳乘車用兵。」

教之叛楚。【疏證】《年表》：「晉景公十六年，以巫臣始通於吳而謀楚。吳壽夢二年，巫臣來謀伐楚。」

寘其子狐庸焉，❶【疏證】寘狐庸於吳。

使爲行人於吳。【注】服云：「行人掌國賓客之禮籍，以待四方之使，賓大客，受小客之幣辭。」《吳世家》集解。【疏證】《吳世家》：「巫臣令其子爲行人。」服據《小行人職》説行人之所掌，約取其文，非涉同異。「賓」是「擯」之訛。鄭君彼注云：「禮籍，名位尊卑之書。使者，諸侯之臣使來者也。擯而見之王，使得親言也。」

---

❶ 「寘」，《春秋左傳正義》卷二十六作「寘」。

受其幣者，受之以入告其所來之事。」李貽德云：「《周禮》有大行人、小行人，服以侯國行人不能以當大行人，故舉《小行人》説之。」

吳始伐楚、伐巢、伐徐，【疏證】《晉世家》：「吳、晉始通，約伐楚。」杜注：「巢、徐，楚屬國。」❶

子重奔命。

馬陵之會，吳入州來，

子重自鄭奔命。【疏證】杜注：「因伐鄭而行。」

子重、子反於是乎一歲七奔命。【疏證】傳總言此年之事，楚、巢、徐、州來奔命凡四，下言吳取楚屬之蠻夷，蓋楚又有援救之兵，故云七也。

蠻夷屬於楚者，吳盡取之，

是以始大，通吳於上國。【疏證】杜注：「上國，諸夏。」《吳世家》：「吳於是始通於中國。」

衛定公惡孫林父。【疏證】杜注：「林父，孫良夫之子。」

冬，孫林父出奔晉。❷

衛侯如晉，晉反戚焉。【疏證】杜注：「戚，林父邑。」《讀本》：「晉人因衛侯之來而反之。」

---

❶「楚」，原作「吳」，今據《春秋左傳正義》卷二十六改。

❷ 原稿眉批：查林父。

【經】八年，春，晉侯使韓穿來言汶陽之田，歸之於齊。【疏證】二年經：「八月取汶陽田。」

晉欒書帥師侵蔡。【疏證】《年表》：「晉景公十七年，侵蔡。蔡景侯九年，晉伐我。」❶

公孫嬰齊如莒。

宋公使華元來聘。

夏，宋公使公孫壽來納幣。【注】服云：「不稱主人，母命不通，故稱使，婦人無外事。」《士昏禮》疏。【疏證】杜注：「公孫壽，蕩意諸之父。」據傳聘共姬也。嚴蔚云：「稱使謂稱宋公使也。」服氏此注總釋上文。按：《士昏禮》：「宗子無父，母命之。親皆没，己躬命之。」注：「親命之，則『宋公使公孫壽來納幣』是也。」彼疏引服注以證鄭君說，然鄭君據《禮》「父母歿則親命」，與服氏「母雖在，命不通」義異。彼疏又引宋均注云：「禮，婦人無外事，但得命諸父兄師友以行耳。母命不得達，故不得稱母通使文，所以遠別也。」考《隋書·經籍志》、《唐書·藝文志》及《釋文·序録》，無宋均說《左氏》之書。《後漢書·均傳》載均說武陵蠻事云：「夫忠臣出竟，有可以安國家，專之可也。」則均治《公羊》家言者。《公羊》隱三年，❷「紀履緰來逆女」，傳：「宋公使公孫壽納幣，則其稱主人者何？辭窮也。辭窮者何？無母也。然則紀有母乎？曰有。有則何以不稱母？母不通也。」何休

❶「晉」，原作「楚」，今據《史記·十二諸侯年表》改。
❷「三」，當作「二」。

《解詁》與《禮》疏所引宋均注同，則何氏用宋義也。宋公無母，爲《公羊》義。宋、何説雖與服同，然彼自據紀伯有母，不謂宋公有母，則服謂宋公有母，《左氏》義也。李貽德云：「《昏禮・記》是士禮，故母得命之，若國君之母，不得以命達境外。」是也。

晉殺其大夫趙同、趙括。【疏證】杜注：「傳曰：『原、屏，咎之徒也。』明本不以德義自居，❶宜其見討，故從告辭而稱名。』」顧棟高云：「同、括爲莊姬所譖而死，無以爲之辭，乃根究邲戰事，所謂欲加之罪，何患無辭也。」

秋，七月，天子使召伯來賜公命。【注】賈云：「諸夏稱天王，畿内稱王，夷狄曰天子。王使榮叔歸含且賵，以恩深加禮妾母，恩同畿内，故稱王。成公八年，乃得賜命，與夷狄同，故曰天子。」本疏。服云：「夷狄曰天子。」《曲禮》疏。【疏證】賜公命，《公羊》、《穀梁》曰「錫公命」。賈説天王、王，天子之異稱，已説於隱元年「天王使宰咺來歸惠公仲子之賵」下。❷《五經異義》許、鄭説違，亦詳彼傳疏證。據《曲禮》疏引服説，則賈、服説同也。杜注：「天子、天王，王者之通稱。」不用賈、服説。疏引賈説駁之云：「《左氏》無此義，故杜不從之。」按：《穀梁》傳：「曰天子何也？曰見一稱也。」集解：「天王、天子，王者之通稱。」杜用《穀梁》義。其《公羊》傳亦云：「其稱天子何？元年春王正月，正也，其餘皆通矣。」《公羊》義與《穀梁》同。解詁謂「進勉幼君」，則賈、服所稱爲《左氏》説，與二傳不同。《獨斷》□□□：「王，畿内之所稱，王有天下，故稱王。天王，諸夏之所

---

❶ 「不以」，原倒，今據《春秋左傳正義》卷二十六改。

❷ 「子」，原重文，今據《春秋左傳正義》卷一删。

稱，天下之所歸往，故稱天王。天子，夷狄之所稱，父天母地，故謂天子。」蔡說與賈、服同，蓋同一師說。疏謂「《左氏》無此義」，非也。「王使榮叔歸含且賵」，見文五年經，賈說不係當條下者，以此說名稱總證之。妾母，謂僖公之母成風也。隱元年服注：「賵，覆也。天王所以覆被臣子。」即賈氏「恩深加禮」義。李貽德云：「《周禮·職喪》：『掌諸侯之喪。凡國有司以王命有事焉，則詔贊主人。』疏：『言諸侯者，謂畿內王子母弟得稱諸侯者。』又注：『有事，謂含襚贈賵之屬。詔贊者，以告主人，佐其受之。』是畿內諸侯有喪，得有含襚贈賵之屬。今成風以外侯妾母亦歸含且賵，是於禮有加恩，❶故稱王以見其近也。」按：李說是也。❷十二公，惟桓、文、成三公書賜命。桓公在既薨後，文公在元年。賈氏彼經注云：「諸侯逾年即位，賜以命珪，合瑞爲信也。」則賈氏謂賜命當在踰年即位後。成公八年乃得賜命，則周不以諸夏禮待魯，同於夷狄也。據莊元年經「王使榮叔來錫桓公」，以是返命，與賵成風恩深加禮同，故從畿内例。文元年經「天王使毛伯來賜公命」，從諸夏例。三書賜命，惟文公得正。

冬，十月，癸卯，杞叔姬卒。

晉侯使士燮來聘。

叔孫僑如會晉士燮、齊人、邾人伐郯。【疏證】邾，《公羊》曰「邾婁」。

衛人來媵。【疏證】杜注：「魯將嫁伯姬於宋，故衛來媵之。」《穀梁》疏：「《公羊》賢伯姬也。《左氏》雖無

---

❶「恩」下，《春秋左氏傳賈服註輯述》卷十有「比畿内」三字。

❷原稿眉批：李説不得已而采，仍求證。

其說，蓋以來至於魯，然後與嫡行，故書之。」此杜注所未及，疑是舊說。

【傳】八年，春，晉侯使韓穿來言汶陽之田，歸之於齊。【疏證】惠棟云：「《聘禮》云：『若有言，則以束帛，如享禮。』注引此傳爲證，又云『無庭實』。」文淇案：《曲禮》「使者自稱曰某」，疏：「《玉藻》又云：『大夫私事使，私人擯則稱名。』注：『私事使謂以君命私行，非聘也。若晉韓穿來言汶陽之田。』彼以私事使，稱名。」《禮》疏蓋說此經不書聘之義也。

季文子餞之，【疏證】杜注：「餞，送行飲酒。」洪亮吉云：「《說文》：『餞，送去食也。』按：餞字本訓當依《說文》。《文選》注《韓詩薛君章句》：『送行飲酒曰餞。』《毛詩》箋：『祖而舍軷，飲酒於其側曰餞。』杜注蓋本薛、鄭義。薛《章句》恐因《詩》『飲餞於禰』『飲』字，隨文爲義，《毛詩》箋是因『顯父餞之，清酒百壺』隨文爲義，皆非『餞』字本訓也。」❶

私焉，【疏證】杜注：「私與之言。」

曰：「大國制義，以爲盟主，【疏證】本疏：「義者，宜也，事得其宜之爲義。」

「是以諸侯懷德畏討，無有貳心。

「謂汶陽之田，敝邑之舊也，

「而用師於齊，使歸諸敝邑。【疏證】鞌之戰，在二年。

❶ 原稿眉批：查餞，已見否。

「今有二命，曰『歸諸齊』。

「信以行義，義以成命，小國所望而懷也。【疏證】本疏：「懷，歸也。」❶

「信不可知，義無所立，

「四方諸侯，其誰不解體？【疏證】杜注：「言不復肅敬於晉。」本疏：「謂事晉之心皆疏慢也。」《後漢書·楊彪傳》：「操奏收下獄。孔融往見操，曰：『《周書》父子兄弟罪不相及，今横殺無辜，則海内觀聽，誰不解體？』」詳融引傳，則「解體」爲「涣散」義，杜説非。

「《詩》曰：『女也不爽，士貳其行。士也罔極，二三其德。』【疏證】《衛風·氓》文，傳：「爽，差也。極，中也。」陳奂《詩疏》：「《詩述聞》云：『貳當爲貣之譌，貣音他得切，即忒字之借字也。《爾雅》：「爽，差也。爽，忒也。」鄭注《豫卦·彖傳》曰：「忒，差也。」是爽與忒同訓爲差。「女也不爽，❷士貣其行」，言女也不差，士則差其行耳。《爾雅》説此詩曰：「晏晏、旦旦，悔爽忒也。」郭注曰：「傷見絶棄，恨士失也。」❸然則悔爽忒者，正謂恨士之爽忒其行。據《爾雅》所釋，《詩》之作「貣」明矣。箋解女字爲汝，貳字爲二，皆失之。』奂按：成八年《左傳》引《詩》作貳，蓋依箋改也。罔，無也。無中即是二三之謂。」按：杜釋「爽」、「極」據毛義，又云「《衛風》婦人怨丈夫不一其行」，則用箋説。晉時本已改「貣」爲「貳」矣。

---

❶ 原稿眉批：懷，詁。

❷ 「女」，原脱，今據《詩毛氏傳疏》卷五補。

❸ 「失」，原作「夫」，今據《詩毛氏傳疏》卷五改。

「七年之中，一與一奪，【疏證】二年秋，取汶陽田於晉，至是七年。

「二三孰甚焉？

「士之二三，猶喪妃耦，【疏證】釋《詩》「二三其德」義。

「而況霸主？霸主將德是以，【疏證】杜注：「以，用也。」

「而二三之，將何以長有諸侯乎？❶

「《詩》曰：『猶之未遠，是用大簡。』【疏證】《大雅·板》文，傳：「猶，圖也。」陳奂《詩疏》云：「《爾雅》：『猷，圖也。』猷與猶同。《常棣》傳：『圖，謀也。』襄二十八年傳：『榮成伯曰：「遠圖者忠也。」』」簡，《詩》作諫。杜注：「簡，諫也。」洪亮吉云：「簡、諫古義通。《周禮》鄭司農注亦同。」

「行父懼晉之不遠猶而失諸侯也，是以敢私言之。」【疏證】本疏：「私布其言，即是大諫也。」

晉欒書侵蔡，

遂侵楚，獲申驪。【疏證】杜注：「申驪，楚大夫。」

楚師之還也，【疏證】杜注：「謂六年遇於繞角時。」

晉侵沈，獲沈子揖，【疏證】獲沈之君，沈不以告，故不書。

初從知、范、韓也。【疏證】杜注：「繞角之役，欒書從知莊子、范文子、韓獻子之言，不與楚戰。自是常從

---

❶「將」，《春秋左傳正義》卷二十六作「其」。

其謀。」

君子曰：「從善如流，宜哉！【疏證】《説文》：「㳅，水行也。从沝㐬。㐬，突忽也。」杜注：「如流，喻速。」用許義。

「《詩》曰：『愷悌君子，遐不作人？』【疏證】《大雅·旱麓》文。陳奐《詩疏》云：「《棫樸》傳：『遐，遠也。遠作人也。』不，爲語助。成八年《左傳》引《詩》曰『愷悌君子，遐不作人』。杜注：『遐，遠也。作，用也。言文王能遠用善人。不，語助。』杜注正本毛傳。今《棫樸》傳於『遠』下誤加『不』字矣。」按：陳説是也。《旱麓》箋：「遐，遠也。言大王、王季之德近於變化，使如新作人。」與毛傳同。

「求善也夫！作人，斯有功績矣。」【疏證】《讀本》：「言愷樂悌易之人必能用人。」

是行也，鄭伯將會晉師，

門於許東門，大獲焉。【疏證】鄭襲許也。許不以告，故不書。

聲伯如莒，逆也。【疏證】杜注：「自爲逆婦而書者，因聘而逆。」

宋華元來聘，聘共姬也。【疏證】杜注：「穆姜之女，成公姊妹，爲宋共公夫人。」

夏，宋公使公孫壽來納幣，禮也。【疏證】杜注：「納幣應使卿。」

晉趙莊姬爲趙嬰之亡故，譖之于晉侯，【疏證】五年，原屏放趙嬰於齊。

曰：「原、屏將爲亂。」欒、郤爲徵。【疏證】杜注：「欒氏、郤氏亦徵其爲亂。」案：如杜説，「徵」當訓「證」，謂證成原、屏之將爲亂也。

六月，晉討趙同、趙括。【疏證】《晉世家》：「景公十七年，誅趙同、趙括，族滅之。」

武從姬氏畜於公宮。【疏證】杜注：「趙武，莊姬之子。」沈欽韓云：「按：宣二年趙盾以括爲公族而主趙宗，今括誅，其田邑宗祀廢矣，故韓厥有無後之言。前之姬氏依于括家，宗子收族之誼固然。括已滅，無歸，故從姬氏，畜公宮也。」按：沈説是也。《晉世家》説趙武事與傳異。

以其田與祁奚。【疏證】洪亮吉云：「《史記·晉世家》作祁傒，❶《大戴禮》作祁徯，《吕覽》作祈奚。」《晉語》注：「祁奚，晉大夫，高梁伯之子也。」《吕覽·開春》篇注：「祈奚，高梁伯之子祈黄羊也。」又《去私》篇注：「黄羊，晉大夫祈奚之字。」韋注本高説。奚始食邑於祁也，祈與祁通。奚字黄羊，僅見於此。梁履繩云：「高梁亦其食邑。」詳僖十年傳疏證。❷

韓厥言於晉侯曰：

「成季之勳，宣孟之忠，【疏證】《晉語》注：「成季，趙衰。宣孟，趙盾。」杜用韋義。《趙世家》：「晉襄公之六年，而趙衰卒，謚爲成季。晉景公時而趙盾卒，謚爲宣孟。」則成、宣皆謚也。

「而無後。【疏證】《晉語》「以定晉國而無後」，注：「無後，謂無子孫在顯位者。」韋據朔有子武，故以「無後」爲無顯位。《晉世家》：「韓厥曰：『趙衰、趙盾之功，豈可忘乎？奈何絶祀。』」

---

❶「傒」，原作「徯」，今據《春秋左傳詁》卷十一改。

❷「十」，疑當作「九」。

「爲善者其懼矣。

「三代之令王，皆數百年保天之禄。夫豈無辟王？賴前哲以免也。【疏證】《釋文》「哲」作「喆」。杜注：「言三代亦有邪辟之君。」本疏：「此趙同、趙括，嗣天禄之祖父，❶若桀、紂之輩雖邪辟，子孫賴禹、湯之功而食天禄。」據疏義，舊注當以辟王爲桀、紂。

「《周書》曰：『不敢侮鰥寡，【疏證】《康誥》文。《説文》：「侮，傷也。❷傷，輕也。」立趙氏後，繼絶之義，故獻子以不輕鰥寡爲比。

「『所以明德也。』」【疏證】杜注：「言文王不侮鰥寡而德益明。欲使晉侯之法文王。」

乃立武，而反其田焉。【注】舊注：「終説之耳，非此年也。」《晉世家》集解。❸**【疏證】**《年表》：「晉景公十七年，復趙武田邑。」《晉世家》：「乃復令趙庶子武爲趙後，復與之邑。」亦係於晉景公十七年，與《年表》合。《趙世家》：「晉景公疾，卜之，復與趙武田邑如故。」集解：「徐廣曰：『推次，晉復與趙武田邑，是景公之十七年也，而乃是《春秋》成公八年經書「晉殺大夫趙同、趙括」，《左傳》於此説立趙武事者，注云：「終説之耳，非此年也。」』」據徐廣説，則史公《晉》《趙世家》説互異，《趙世家》謂復與趙武田邑在景公十九年疾將薨之際，集解「九」誤「七」，其引《左傳》注與史公同。

---

❶「祖父」，《春秋左傳正義》卷二十六作「父祖」。

❷「傷」，《説文解字》卷八上作「傷」。

❸「晉」，當作「趙」。

秋，❶召桓公來賜公命。

晉侯使申公巫臣如吴，

假道于莒。

與渠丘公立於池上，【疏證】杜注：「渠丘公，莒子朱也。池，城池也。渠丘，邑名，莒縣有蘧丘里。」本疏：「十四年莒子朱卒，知渠丘公即是朱也。渠丘，莒之邑名。夷不當有謚，或作别號，此朱以邑名爲號，不知其故何也。」案：《韓奕》「汾王之孫」，箋云：「汾王，厲王也。厲王流于彘，彘在汾水之上，故時人因以號之，猶言莒郊公、黎比公也。」彼疏云：「莒在東夷，不爲君謚，每世皆以地號公。此外猶有兹丕公、著丘公之等。以二者足以明義，不復遍引之也。」彼疏以郊公、兹丕公、著丘公皆以地爲號，❷則渠丘公義當亦然。文十八年傳「莒紀公生大子僕」，杜彼注謂「紀」爲别號，非也。《郡國志》：「北海安丘有渠丘亭。」注引《地道記》「有渠丘城」，與杜注言渠丘在莒縣者異。《山東通志》：「渠丘亭在青州府安丘縣南。」據《續志》説。江永云：「此莒之渠丘，與齊渠丘異地。九年楚子重伐莒，圍渠丘，即此渠丘也，非安丘之渠丘。」高士奇云：「安丘莒縣，地自相隣。」沈欽韓云：「按：莒縣不在北海，巫臣自晉之吴，亦道出琅琊，不由北海，《續志》誤也。《一統志》：『渠丘里在沂州府莒州北。』」

❶「秋」至「公命」凡八字，原脱，今據《春秋左傳正義》卷二十六補。

❷「郊」上，疑當有「莒」字。

曰：「城已惡。」【疏證】《釋文》：「已猶大也。本或作城已惡矣。」

莒子曰：「辟陋在夷，其孰以我爲虞？」【疏證】杜注：「虞，度也。」

對曰：「夫狡焉，【疏證】杜以「狡焉」絶句，謂「狡猾之人」。陸粲云：「狡焉當屬下爲句。」案：《北魏書・古弼傳》：「弼曰：『今北狄孔熾，南虜未滅，狡焉之志，闚伺邊境，是吾憂也。』」與杜讀同。《呂覽・尊師》注：❶「狡，猾也。」

「思啓封疆以利社稷者，【疏證】《校勘記》云：「李善潘岳《關中詩》注引傳『封』上有『其』字。」

「何國蔑有？

「唯然，故多大國矣。【疏證】《釋文》：「唯，本或作雖。後人改也。」本疏：「俗本唯作雖，定本作唯。」案：「唯然」猶今人云「信如此」。

「唯或思或縱也。【疏證】杜注：「世有思開封疆者，有縱其暴掠者，莒人當唯此爲命。」陸粲云：「有思開封疆者，有縱弛而不設備者，故多兼併以成大國。」案：陸説是也。或思或縱猶言彼思此縱。

「勇夫重閉，況國乎？」【疏證】洪亮吉云：「《釋文》：『閉，一音户旦反。』今考『閉』字無此音，當是本又作『閈』，故有此反，傳寫脱誤耳。」洪謂《釋文》脱「本又作閈」也。重閉，杜無注，疏亦無説。《月令》：「仲冬之月，令奄尹謹房室，必重閉。」注：「重閉，内外閉也。」《呂覽・節喪》篇：「以生人之心爲死者慮也，莫如無動，莫如無發。

---

❶ 「尊師」，原缺，今據《呂氏春秋》卷四補。

無發無動，莫如無有可利，則此之謂重閉。」注：「無有可利，若楊王孫倮葬，人不發掘，不見動摇，謂之重閉也。」重閉謂宫室墳墓之閉固，此是本義。《淮南·泰族訓》：「聖人見禍福於重閉之内。」則謂閉固而能見，喻義也。重閉蓋周秦閒語，言巫臣之意謂雖一夫之勇，猶當持重閉固以禦侵犯我者，況在國家？《隋書·樊子蓋傳》：「帝謂子蓋曰：『朕遣越王留守東都，示以皇枝盤石；社稷大事，終以委公。特宜持重，戈甲五百人而後出，此亦勇夫重閉之義也。無賴不軌者，便誅鋤之。凡可施行，無勞形迹。』《衛玄傳》：「楊玄感圍逼東都，與宇文述等合擊破之，還鎮京師。帝謂之曰：『關右之任，一委于公。公安，社稷乃安；公危，社稷亦危。出入須有兵衛，坐卧恒宜自牢。勇夫重閉，此其義也。今特給千兵，以充侍從。』」皆以「重閉」爲持重義，蓋舊説如此。

冬，杞叔姬卒。來歸自杞，故書。【疏證】五年經：「杞叔姬來歸。」九年傳「杞叔姬卒，爲杞故也」，申説此説「來歸自杞」義。

晉士燮來聘，言伐郯也，以其事吴故。公賂之，請緩師。文子不可，【疏證】杜注：「文子，士燮。」**曰：「君命無貳，失信不立。禮無加貨，事無二成。君後諸侯，是寡君不得事君也。**【疏證】後謂緩師。**燮將復之。」季孫懼，使宣伯帥師會伐郯。**

衛人來媵共姬，❶禮也。❷

凡諸侯嫁女，同姓媵之，異姓則否。【注】《膏肓》以媵不必同姓，所以博異氣。十年，「齊人來媵」，鄭康成《箴》云：「禮稱納女於天子云『備百姓』，於國君直此字據《穀梁》疏。云『備酒漿』，不得云『百姓』，是不博異氣也。何得有異姓在内？此七字據《穀梁》疏。齊是大國，今來媵我，得之爲榮，不得貶也。」本疏。【疏證】此媵女例也。疏引《膏肓》以爲「媵不必同姓，所以博異氣。今《左傳》『異姓則否』，十年『齊人來媵』，何以無貶刺之文？《左氏》爲短」。下引鄭《箴》，疏繫於此年下，則《膏肓》即據此傳例爲說也。鄭君引《禮・曲禮》文，彼注云：「姓之言生也。天子皇后以下百二十人，廣子姓也。」據《昏義》「古者天子后立六宮、三夫人、九嬪、二十七世婦、八十一御妻」，計自后外一百廿六人。鄭君言百廿人，舉成數。或其中有攝職，如三公分主六卿矣。「於國君曰備酒漿」，今《曲禮》文同。《穀梁》引鄭《箴》「國君」作「諸侯」，誤。《白虎通・嫁娶》：「《春秋公羊傳》曰：『諸侯娶一國，則二國往媵之，以姪娣從，不娶兩娣，博異氣也。娶三國女何？廣異類也。恐一國血脈相似，俱無子也。』」是《公羊》舊說止謂博異氣、廣異類，異氣以姪娣言，異類以二國來媵言。不云同姓不得媵也。疑《公羊》、《左氏》義同，何氏强生分別耳。傳例言禮之常，故鄭君不以齊人來媵爲例。杜注：「必以同姓者，參骨肉至親，所以息陰訟。」用鄭說。

---

❶ 「媵」，原重文，今據《春秋左傳正義》卷二十六刪。

❷ 「禮」，原脱，今據《春秋左傳正義》卷二十六補。

【經】九年，春，王正月，杞伯來逆叔姬之喪以歸。

公會晉侯、齊侯、宋公、衛侯、鄭伯、曹伯、莒子、杞伯，同盟于蒲。

公至自會。無傳。

二月，伯姬歸于宋。【疏證】杜注：「宋不使卿逆，非禮。」按：宋之聘共姬，且以華元來，逆女之以卿可知，經文不具耳。《穀梁》集解云「逆者非卿」，非《左氏》義。

夏，季孫行父如宋致女。【注】鄭康成云：「致之使孝。」服云：「謂成昏。」《曾子問》疏。**【疏證】**伯姬以二月歸宋，及夏而致女使行，距歸宋已三月。《曾子問》「三月而廟見」，疏：「熊氏云：『如鄭義，則從天子以下至於士，皆當夕成昏。』舅姑没者，三月廟見，故成九年季文子如宋致女，鄭云『致之使孝』，非是始致於夫婦也。又隱八年鄭公子忽先配而後祖，鄭以祖爲祖道之祭，應先爲祖道，然後配合。乃先爲配合，❶而後乃爲祖道之祭。如鄭此言，是皆當夕成昏也。若賈、服之義，大夫以上，無論舅姑在否，皆三月見祖廟之後，乃始成昏，故譏鄭公子忽先爲配匹，乃見祖廟。故服虔注云：『季文子如宋致女，謂成昏。』是三月始成昏，與鄭義異也。」據《禮》疏引鄭、服説，皆蒙「季文子如宋致女」爲文，則鄭、服説皆釋此年經也。鄭君以致女謂「致之使孝」，致孝據「致女」爲義。其注《曲禮》「納女」則云：「納女猶致女也。壻不親迎，則女之家遣人致之，此其辭也。」彼疏云：「知壻不親迎，嫁女之家使人致女者，以成九年二月『伯姬歸于宋』，時宋公不親迎，故季孫行父如宋致女也。」則鄭君又

❶「乃」上，《禮記正義》卷十八有「今」字。

以致女爲納女。據鄭「不親迎而致女」義，則致女之使不待三月後矣。疏知鄭據此年經者，《坊記》：「昏禮，壻親迎，見於舅姑，舅姑承子以授壻，恐事之違也。以此坊民婦，猶有不至者。」注：「不至，不親夫以孝舅姑也。《春秋》：『成公九年，春，二月，伯姬歸于宋。夏，五月，季孫行父如宋致女。』是時宋共公不親迎，恐其有違而致之也。」疏謂宋公不親迎，蓋據鄭此注。按：隱二年經「紀裂繻來逆女」，傳曰：「卿爲君逆也。」是《左氏》無譏不親迎文。本年《穀梁》傳引徐邈云：❶「宋公不親迎，故伯姬未順爲夫婦，故父母使卿致伯姬，使成夫婦之禮。」則因不親迎而致女，乃《穀梁》家舊説，鄭君據之也。據徐説，致女爲成昏，與服氏同，惟謂「不親迎乃致女」爲異。《列女・貞順傳》：「恭公不親迎，伯姬迫于父母之命而行。既入宋，三月廟見，當行夫婦之道，伯姬以宋公不親迎，故不肯聽命。魯使大夫季文子如宋致命。」此徐説所本，劉向傳《穀梁》也。范《集解》以致女爲致敕戒之言，不用徐説。此自彼傳師説之異。何氏《公羊解詁》則云：「古者婦人三月而後廟見稱婦，擇日而祭於禰，成婦之義也。父母使大夫操禮而致之，必三月者，取一時足以別貞信，貞信著，然後成婦禮，所以彰其潔。」彼疏云：「重得父母之命乃行婦道，故曰彰其潔。」則何氏亦以致女爲成昏，與服説同。則三傳舊説皆以致女爲成昏也。鄭君不與服同者，《葛屨》疏引鄭《駁五經異義》云：「昏禮之暮，枕席相連。」是其當夕成昏也。鄭君不用賈、服三月廟見成昏之説，故説此經不與服同。然《坊記》注訓「不至」以「不親夫孝舅姑」爲言，又云恐違而致之，則亦謂成昏。其説此經乃未定之論。杜注：「女嫁三月，又使大夫隨加聘問，謂之致女，所以致成婦禮，篤昏姻之好。」其云「致成婦禮」，即用服説。沈欽韓云：「服説非也。《士昏禮》『主人入，親説婦之纓，燭出』，是當夕成昏矣。鄭云『致之使

❶「傳」下，疑當有「疏」字。

孝』，范甯本之訓《穀梁》，似亦未允。女臨嫁時，施衿結縭，父母申戒之矣。豈待成婦三月，更施父教于夫黨哉？以禮推之，昏姻之好，壻家有反馬之禮，女家亦當有聘問之使，謂之致女。《玉篇》：『餪，餽女也。』《集韻》：『女嫁後三日餉食，爲餪女。』此俗間所行，則邦國可知。」沈氏不用賈、服「三月廟見成昏」義，又駁鄭君説，兩無所主，乃以餪女俗禮當之，非經義矣。《春秋》致女之文，惟此經一見。又桓三年經：❶「九月，夫人至自齊。冬，齊侯使其弟年來聘。」傳：「齊仲年來聘，致夫人也。」致夫人即致女。彼經不書致女者，内外辭之别，故傳特釋爲致夫人。此年經傳無説者，以已發於桓三年也。本年《穀梁傳》疏云：「《左氏》無説，蓋以使卿則書，餘不書者，或不致，或不使卿也。」

晉人來媵。【疏證】杜注：「媵伯姬也。」按：晉媵後至，其義未聞。

秋，七月，丙子，齊侯無野卒。無傳。【疏證】《年表》：「齊頃公十七年薨。」《齊世家》：「頃公卒，子靈公環立。」杜注：「丙子，六月一日。書七月，從赴。」沈欽韓云：「杜預既以丙子爲六月朔，豈有赴從七月，而追書死日於其下。史官記事，必不若此不近情理。齊與魯接壤，亦不至歷一月有餘而赴。蓋《長曆》誤推也。」貴曾曰。

晉人執鄭伯。【疏證】《年表》：「晉景公十八年，執鄭成公。鄭成公三年，公如晉，執公。」十五年傳例曰：「凡君不道於其民，諸侯討而執之，則曰『某人執某侯』，不然則否。」❷

晉欒書帥師伐鄭。【疏證】《年表》：「晉景公十八年，伐鄭。鄭成公三年，晉伐我。」

---

❶ 「經」上，原衍「傳」字，今删。

❷ 原稿眉批：查執初見。

冬，十有一月，葬齊頃公。無傳。

楚公子嬰齊帥師伐莒。

庚申，莒潰。❶

楚人入鄆。【疏證】《公羊》「鄆」曰「運」。杜注：「鄆，莒别邑。」本年《穀梁》傳疏：「蓋從《左氏》爲莒邑，大都以名通，故不繫莒。」杜謂「莒别邑」，用《左氏》舊説。舊説繫莒，别於魯之鄆也，今地闕。

秦人、白狄伐晉。【疏證】《年表》：「秦桓公二十二年，伐晉。晉景公十八年，秦伐我。」

鄭人圍許。

城中城。【疏證】杜注：「魯邑，在東海廩丘縣西南。」顧棟高云：「《晉書》東海郡無廩丘縣。考《後漢書·志》當作『厚丘』，注云：『《左傳》城中城，杜預曰：「縣西南有中鄉城。」』廩丘是齊邑，與魯無預。」據顧説，則杜注「南」下脱「有中鄉城」四字也。《校勘記》同顧説，又云：「《水經·沭水》注云：『又南徑東海厚丘縣』，則『廩』當是『厚』字之誤。」沈欽韓云：「《一統志》：『中城在海州沐陽縣西。』」❷按：厚丘城在沐陽縣北四十六里。」

【傳】九年，春，杞桓公來逆叔姬之喪，請之也。【疏證】謂歸喪由魯請。叔姬之爲杞出，❸蓋無大惡，

❶ 原稿眉批：潰例在文六年。

❷ 「沐」，《春秋左氏傳地名補注》卷六作「沭」。下一「沐」字同。

❸ 「叔」，原作「伯」，今據上下文改。

故魯請而杞逆其喪以歸。杜注：「叔姬已絶於杞，❶魯復强請杞，使還取葬。」杜用《公羊》「脅而歸之」及《穀梁》「夫無逆出妻之喪」義，非《左氏》義也。

杞叔姬卒，爲杞故也。【疏證】八年傳：「來歸自杞，故書。」此更申其義。

逆叔姬，爲我也。【疏證】《釋文》：「本或無爲字。」杜注：「既棄而復逆其喪，明爲魯故。」

爲歸汶陽之田故，【疏證】七年春，❷晉使韓穿來言歸汶陽田於齊，蓋其年魯已以田歸齊。

諸侯貳於晉。

晉人懼，會於蒲，以尋馬陵之盟。【疏證】七年八月，晉與諸侯盟于馬陵。

季文子謂范文子曰：「德則不競，【疏證】《□□》傳：「競，彊也。」

「尋盟何爲？」

范文子曰：「勤以撫之，寬以待之，堅彊以御之，明神以要之，

「柔服而伐貳，德之次也。」【疏證】言不能專行德，亦德之亞。

是行也，將始會吳，

吳人不至。

---

❶「叔」，原作「伯」，今據《春秋左傳正義》卷二十六改。

❷「七」，當作「八」。

二月，伯姬歸于宋。

楚人以重賂求鄭，

鄭伯會公子成于鄧。【疏證】《年表》：「鄭成公三年，與楚盟。」《鄭世家》：「成公三年，楚共王曰：『鄭成公孤有德焉。』使人來與盟。成公私與盟。」

夏，季文子如宋致女，復命。

公享之。【疏證】馬宗璉云：「《儀禮・燕禮》鄭注云：『諸侯無事，若卿大夫有勤勞之功，與群臣燕飲以樂之禮也。』文子有如宋致女之勤勞，故用燕禮享之。」

賦《韓奕》之五章。【疏證】《韓奕》，《大雅》，其五章云：「蹶父孔武，靡國不到。爲韓姞相攸，莫如韓樂。」又云：「慶既令居，韓姞燕譽。」文子賦《詩》，當取此數句。傳：「姞，蹶父姓也。」箋：「相，視。攸，所也。慶，善也。蹶父既善韓之國土，使韓姞嫁焉而居之。韓姞則安之，盡其婦道有顯譽。」杜注：「文子喻魯侯有蹶父之德，宋公如韓侯，宋土如韓樂。」用傳、箋義。陳奂《詩疏》引此傳，釋云：「此大夫致女反馬，復命而賦《詩》者，即取慶居、燕譽之義也。」案：陳説是也。善居而有顯譽，謂已成昏而安其室家。杜但取「相攸」、「韓樂」義，非。

穆姜出于房，【疏證】杜注：「穆姜，伯姬母。」案：《燕禮》：「宰具官，饌于寢東。」彼疏云：「寢，路寢。」張惠言《儀禮圖》云：「鄭氏言『人君左右房，大夫、士東房西室。』案《禮》『房俎』鄭氏注云：『上下兩間，有似房堂。』蓋凡房之制，皆爲兩間，而無北壁，有北壁則謂之室。《尚書大傳》云：『天子諸侯東房、西房、北堂。』蓋人君東房西房皆有北堂。唯有北堂，故夫人得由北階而入房中。」張氏通説天子諸侯宫室。其云「夫人由北階入房」者，據

《特牲》、《少牢》諸篇而言。廟寢制同也。穆姜當由北階而出于房，據《燕禮》在路寢東，則所出爲東房矣。

再拜，曰：「大夫勤辱，

「不忘先君以及嗣君，【疏證】先君謂宣公。沈欽韓云：「納采問名，稱先君之遺體，故穆姜猶稱先君。」

「施及未亡人，

「先君猶有望也。【疏證】杜注：「言先君亦望文子之若此。」

「敢拜大夫之重勤。」

又賦《緑衣》之卒章而入。【疏證】《釋文》：「緑，本又作禒。」《校勘記》云：「陸氏『又作』之説從鄭箋也。」杜注：「《緑衣》，《詩·邶風》也。取『我思古人，實獲我心』，喻文子言得己意。」按：《詩》傳云：「古之君子，實得我之心也。」杜據傳斷章爲説。然謂文子得己意，識殊淺短，非古人賦《詩》喻意之例。《魯語》：「公父文伯之母欲室文伯，饗其室老，❶而爲賦《緑衣》之三章。」注：「《緑衣》，《詩·邶風》也。❷其三章曰『我思古人，實獲我心』，以言古之賢人正其室家之道，我心所喜也。」韋氏説敬姜之賦《緑衣》，蓋本舊説，與杜説穆姜之賦《緑衣》義異。敬姜饗室老，在文伯請期之先，已用正室家之道爲言。文子如宋致女，既賦《韓奕》，言伯姬善居顯譽，明已成昏禮。穆姜之答賦，宜及成昏。有不可顯言者，故賦《緑衣》，取正其室家之道我心所喜爲義，與敬姜之賦《緑

❶「室」，《國語正義》卷五作「宗」。

❷「邶」，原作「幽」，今據《國語正義》卷五改。

衣》同而異也。此傳舊説亦當如此，杜説非。

晉人來媵，禮也。

秋，鄭伯如晉。

晉人討其貳於楚也，

執諸銅鞮。❶**【疏證】**《鄭世家》：「秋，公朝晉，晉曰：『鄭私平於楚。』執之。」《郡國志》「上黨郡銅鞮」，劉昭注引《上黨記》曰：「晉别宫墟闕猶有北城，❷去晉宫二十里，羊舌所邑。」案：襄三十一年，子産曰：「銅鞮之宫數里。」昭二十八年，滅羊舌氏，「樂霄爲銅鞮大夫」。《上黨記》據《左傳》也。杜注：「晉别縣。」據羊舌食采後而言。此年銅鞮當是别宫，或俘鄭伯而執之。沈欽韓云：「《一統志》：『銅鞮故城在沁州南。』」

欒書伐鄭，

鄭人使伯蠲行成，❸**【疏證】**伯蠲，杜無注，當是鄭大夫。

晉人殺之，非禮也。

兵交，使在其間可也。【疏證】《後漢書·來歙傳》：「王遵曰：『古者列國兵交，使在其間，所以重兵貴和

---

❶ 原稿眉批：桐提異文，當在昭二十八年。

❷ 「闕猶」，《後漢書·郡國志》作「闕猶存」。

❸ 「人」，原作「伯」，今據《春秋左傳正義》卷二十六改。

而不任戰也。』」

楚子重侵陳以救鄭。【疏證】《年表》：「楚共王九年，救鄭。」

晉侯觀於軍府，

見鍾儀，問之曰：「南冠而縶者，誰也？」【注】服云：❶「南冠，楚冠。」《御覽》六百八十五。❷【疏證】杜用服説。《淮南·主術訓》：「楚文王好服獬冠，楚國效之。」高誘注：「獬廌之冠，如今御史冠。」《後漢書·輿服志》注：❸「法冠，一曰柱後，高五寸，以纚爲展筩，鐵柱卷，執法者服之，侍御史、廷尉正監平也。或謂之獬豸冠。❹獬豸，神羊，能別曲直。楚王常獲之，故以爲冠。胡廣説曰：『《春秋左氏傳》有南冠而縶者，則楚冠也。秦滅楚，以其君服賜執法近臣御史服之。』」案：胡廣説亦見《獨斷》，疏引應劭《漢官儀》亦同。應、蔡並據胡廣説。□□□引司馬彪《莊子》注「縶，拘也」，據胡廣説。

有司對曰：「鄭人所獻楚囚也。」【疏證】七年傳：「晉人以鍾儀歸，囚諸軍府。」

使税之，【疏證】杜注：「税，解也。」

召而弔之。再拜稽首。

---

❶「服」，《太平御覽》卷六百八十五作「賈」。

❷原稿眉批：又作「四十二」，查。

❸「注」，疑衍。

❹「冠獬豸」，原脱，今據《後漢書·輿服志》補。

問其族，【疏證】《吕覽・異寶》篇：「五員至江上，丈人度之，絶江，問其名族，則不肯告。」注：「族，姓。」

對曰：「泠人也。」【疏證】《釋文》：「泠，依字作伶。」《校勘記》云：「《五經文字》云：『泠，樂官，或作伶，訛。』」《簡兮》序：「衛之賢者，仕於伶官。」箋云：「伶官，樂官也。泠氏世掌樂官而善焉，故後世多號樂官爲伶官。」杜注：「泠人，樂官。」用鄭説。疏引《簡兮》序、箋，「伶」字皆作「泠」。鄭謂泠氏世掌樂官者，《吕覽・古樂》篇：「昔黄帝令伶倫作爲律。」《古今人表》作「泠淪」，《律曆志》作「泠綸」，則泠氏命族始於黄帝時矣。昭三十一年，❶景王鑄無射，泠州鳩藏之，亦在春秋以前。晉侯問鍾儀之姓，而以泠人對，泠人猶言泠氏也。若泠人徑是樂官之稱，則下文不煩以能樂問矣。泠人與泠官義别，杜説非。

公曰：「能樂乎？」

對曰：「先父之職官也，【疏證】《魯語》注：「歿曰先。」

「敢有二事？」

使與之琴，操南音。【疏證】杜注：「南音，楚聲。」《文選・吴都賦》「操南音」，劉淵林注：「《晏子春秋》曰：『桀作東歌，南音。』徵引也，南國之音也。《左氏傳》曰鍾儀在晉，『使與之琴，操南音』。商、角、徵、羽各有引。鍾儀，楚人，思在楚，故操南音。《吕氏春秋》：『禹行水，見塗山氏之女，❷乃令其妾往候禹于塗山之陽。女乃作

---

❶「三」，當作「二」。

❷「女」下，《文選》卷五有「未之遇而南省南土塗山之女」十二字。

歌，曰：「候人猗。」實始作爲南音。周公、召公取風焉。』」劉氏亦以南音爲楚聲，杜注或本舊說。其引《晏子》，見□□篇，引《吕覽》見《音初》篇，云「商、角、徵、羽皆有引」者，釋《晏子》以南音爲徵引也。《晏子》、《吕覽》皆謂南音始於夏。《晉書・張寔傳》：「寔叔父肅曰：『狐死首丘，心不忘本；鍾儀在晉，楚弁南音。』」

公曰：「君王何如？」

對曰：「非小人之所得知也。」

固問之，

對曰：「其爲太子也，師、保奉之，以朝于嬰齊而夕于側也。【疏證】杜注：「嬰齊，令尹子重。側，司馬子反。」

「不知其他。」

公語范文子。

文子曰：「楚囚，君子也。

「言稱先職，不背本也；

「樂操土風，不忘舊也；

「稱太子，抑無私也；【疏證】杜注：「舍其近事而遠稱少小，以示性所自然。」《讀本》：「無私，非私頌揚。」

「名其二卿，尊君也。【疏證】杜注：「尊晉君也。」

「不背本，仁也；不忘舊，信也；無私，忠也；尊君，敏也。【疏證】《晉語》注：❶「敏，達也。」

「仁以接事，信以守之，忠以成之，敏以行之，

「事雖大，必濟。

「君盍歸之，使合晉、楚之成？」【疏證】八年，晉侵蔡、侵楚、侵沈，蔡、沈皆楚屬。至是始議求成。

公從之，重爲之禮，使歸求成。

冬，十一月，楚子重自陳伐莒，

圍渠丘。渠丘城惡，❷衆潰，奔莒。

戊申，楚入渠丘。

莒人囚楚公子平。

楚人曰：「勿殺，吾歸而俘。」

莒人殺之。

楚師圍莒，莒城亦惡。

庚申，莒潰。【疏證】杜注：「月十八日。」貴曾曰。

❶ 「晉」，原爲空格，今據《國語正義》卷八、卷十及卷十三補。

❷ 「城」上，《春秋左傳正義》卷二十六有「渠丘」二字。

楚遂入鄆，

莒無備故也。

君子曰：「恃陋而不備，罪之大者也；

「備豫不虞，善之大者也。【疏證】隱公五年傳：❶「不備不虞，不可以師。」

「莒恃其陋，而不修城郭，

「浹辰之間，而楚克其三都，【疏證】杜注：「浹辰，十二日也。」疏云：「從子至亥，爲十二辰。」按：戊申，❷楚入渠丘。庚申，莒潰，楚遂入鄆。是入鄆即庚申日之事。戊申至庚申，凡十三日，故云「浹辰」也。

「無備也夫！

「《詩》曰：『雖有絲麻，無棄菅蒯。【疏證】李富孫云：「菅蒯，《玉篇》草部引作菅蔽，蒯同。按：《説文》云：『蔽，艸也。』無蒯字，則蒯爲俗體。」按：《校勘記》引《玉篇》作「無棄蔽蒯」，❸非，「菅」無異文。古者木棉之利未具，麻與絲皆衣裳所用，故以絲麻對文。菅蒯者，《釋草》：「白華，野菅。」《小雅》「白華菅兮」，傳：「白華，野菅也。」用《釋草》文。「東門之池，可以漚菅」疏引陸璣云：「菅，似茅而滑澤無毛，根下五寸中有白粉者，柔韌宜以爲

❶「隱公五」，原缺，今據《春秋左傳正義》卷三補。

❷「申」，原作「寅」，今據上下文改。

❸「蔽」，《春秋左傳正義》卷二十六《挍勘記》作「菅」。

索，漚乃尤善矣。」據陸説，則菅中爲索。程瑶田《通藝録》：❶「菅有二種，小者五月秀，歙人謂之荻芒，江北人謂之巴芒，未秀時拔之，亦可爲繩作屨。大者八月始秀，歙人謂之蘆芒，江北人謂之家芒，未秀皆可取爲繩作屨也。」據程説，菅未秀時中爲索屨，可補陸説。本疏云：「蒯與菅連，亦菅之類。《喪服》『疏屨』者，傳曰『藨、蒯之菲也』，可以爲屨，明蒯如菅。」惠棟云：「李登《聲類》曰：『蒯，❷中爲索。』」則蒯亦中爲索爲屨，其與菅形狀之別未聞。《淮南・説林》「有羅紈者必有麻蒯」，用傳引《詩》義。以麻蒯並稱者，漢時已尚羅紈，以麻爲疏惡也。

「『雖有姬姜，無棄蕉萃。【疏證】《校勘記》云：「《漢書・文帝紀》注亦作『蕉萃』。按《詩・東門之池》正義引作『憔悴』。《後漢書・應劭傳》注云：『蕉萃、憔悴古通用。』」李富孫云：「《史記・吕后紀》索隱引作『顦悴』。案《説文》云：『顦，顦顇也。』心部無憔字，是蕉萃爲借字。錢氏曰：『《説文》「醮顇」即「蕉萃」之異文。』」杜注：「姬、姜，大國之女。蕉萃，陋賤之人。」據杜説，姬姜、蕉萃，以貴賤言。《淮南・説林》「有榮華者必有憔悴」，亦用傳引《詩》義。榮華猶言姬姜也，知者，《東門之池》「彼美淑姬」疏云：「美女而謂之姬者，以黄帝姓姬，炎帝姓姜，二姓之後，子孫昌盛，其家之女美者尤多，遂以姬、姜爲婦人之美稱。成九年《左傳》引逸《詩》云：『雖有姬姜，無棄憔悴。』是以姬姜爲婦人美稱也。」《詩》疏所稱，當是《左氏》舊説。《衡門》「豈其取妻，必齊之姜」，《桑中》「彼美孟姜」，❸與《東門之池》稱「彼美淑姬」同義。舊説姬姜、憔悴，以女色之盛衰言，與《淮南》合。《吴語》「而日以憔

---

❶「通」，原重文，今據《詩毛氏傳疏》卷十二删。

❷「蒯」下，《皇清經解》卷三百五十五《春秋左傳補註》有「草」字。

❸「桑中彼美孟姜」，疑當作「有女同車彼美孟姜」，或「桑中美孟姜矣」。

悴」，注：「憔悴，瘦病也。」杜説非。

「『凡百君子，莫不代匱。』【疏證】杜注：「逸《詩》也。」未説「代匱」義。沈欽韓云：「言衆材當乏人之時，無不可器使。」按：沈説是也。《後漢書·應劭傳》：「劭删定律令，奏之曰：『《左氏》實云雖有姬姜絲麻，不棄憔悴菅蒯，蓋所以代匱也。是用敢露頑才，厠于明哲之末。』」應氏奏疏以代匱爲承乏，是舊説本如此。

「言備之不可以已也。」

秦人、白狄伐晉，❶**諸侯貳故也。**

鄭人圍許，示晉不急君也。

是則公孫申謀之，

曰：「我出師以圍許，

「爲將改立君者，【疏證】《釋文》：「爲將，本或作『僞將』。」段玉裁云：「《左傳》『爲』讀『僞』者不一，❷蓋事涉於作爲則曰僞。」

「而紓晉使。【疏證】杜注：「紓，緩也。勿亟遣使詣晉。」

「晉必歸君。」

---

❶ 「伐」，原作「代」，今據《春秋左傳正義》卷二十六改。

❷ 「僞」，原作「爲」，今據《春秋左傳異文釋》卷五改。

「城中城」，書時也。【疏證】顧棟高云：「案：先儒云魯城中城，因楚伐莒，❶莒潰，以無備故，故懼而城之。」按：顧引先儒説，未知何人之説，傳無其義。

十二月，楚子使公子辰如晉，報鍾儀之使，請修好結成。【疏證】晉歸鍾儀，即以將求成之命，故云「報鍾儀之使」。《年表》：「楚共王九年冬，與晉成。」

【經】十年，春，衛侯之弟黑背帥師侵鄭。【疏證】《公羊》「帥」曰「率」。襄二十六年疏：「成十年傳衛子叔黑背侵鄭。是黑背字子叔，即以子叔爲族。」

夏，四月，五卜郊，不從，乃不郊。無傳。【疏證】《曲禮》疏引古《左氏》説：「魯郊常祀，不須卜可郊與否，但卜牲與日。」又説襄七年「五卜郊」義云：❷「今既耕而卜郊，宜其不從也。是用周之三月，不可至四月也。」襄七年之「五卜郊」與此經同，則此經古説亦當然也。杜注：「卜常祀，不郊，皆非禮。」云不卜常祀，用古説。古説惟據郊在三月，卜牲日麆可再卜，則四月卜郊、卜郊至五，皆非禮矣，杜説未賅備。已疏於僖三十一年。本疏：「《曲禮》：『旬之外曰遠某日，旬之内曰近某日。』則卜者每旬一卜。此云五卜者，當是三月三卜，四月二卜。」

---

❶「伐」，原作「代」，今據《春秋大事表》卷四十八改。

❷「五」，疑當作「三」。

五月，公會晉侯、齊侯、宋公、衛侯、曹伯伐鄭。【注】《左氏》之義：時厲公父景公患未薨，而厲公出會稱爵，譏其生代父位，不子也。《曲禮》疏。【疏證】《年表》：「鄭成公四年，晉率諸侯伐我。」杜注：「晉侯，太子州蒲也。稱爵，見其生代父居位，失人子之禮。」用舊説。舊説知伐鄭役爲厲公非景公者，傳：「夏，四月，晉侯有疾。五月，晉立太子州蒲以爲君，而會諸侯伐鄭。」則景公未薨，厲公已立也。據四年「鄭伯伐許」，未踰年出會稱爵，《左氏》舊説以爲禮。其賈、服説三年「宋、衛伐鄭」，則以未葬而來會，猶不當稱爵。厲公生代父位，而出會師，於典禮無稱，故云不子。傳例：「凡在喪，公侯曰子。」厲公出會，即稱子，已死其父，况稱爵乎？本疏謂杜注「州蒲」爲「州滿」之誤，詳傳「立太子州蒲」疏證。

齊人來媵。無傳。【疏證】杜注：「媵伯姬也。」案：伯姬歸宋，在九年二月，齊媵當是待命父母國，至此乃行。

丙午，晉侯獳卒。【疏證】《晉世家》：「景公十九年，夏，景公病，立其太子壽曼爲君，是爲厲公。後月餘，景公卒。」杜注：「據傳，丙午，六月七日。有日無月。」貴曾曰：

秋，七月，公如晉。

冬，十月。【疏證】《公羊》無此三字。洪亮吉云：「《禮記·中庸》疏：『成十年不書「冬十月」。』此有者，當是後人增入。」洪氏知《中庸》疏所稱即《左氏》經者，據賈、服義。臧壽恭云：「《中庸》正義云：『成十年不書「冬十月」，賈、服以爲不視朔登臺。』是《左氏》經本無『冬十月』三字。今本有者，衍。」《公羊》何氏注：「如晉者，冬也。」《釋文》不言與《左》、《穀》異。按：賈、服義見隱六年經疏證。

【傳】十年，春，晉侯使羅茷如楚，報大宰子商之使也。【疏證】《集韻》引傳「羅」作「糴」。《說文》：「羅，❶《春秋傳》曰『晉羅茷』。」則賈君作「羅」也。杜注：「羅茷，晉大夫。子商，楚公子辰。」

衛子叔黑背侵鄭，晉命也。

鄭公子班聞叔申之謀。【疏證】九年傳：「公孫申謀之，曰：『我出師以圍許，爲將改立君者。』」則叔申謀出緩晉，非實欲改立。杜注：「改立君之謀。」非。

三月，子如立公子繻。【疏證】《鄭世家》：「成公四年春，鄭患晉圍，公子如乃立成公庶兄繻爲君。」據《世家》，則自九年春晉欒書伐鄭，未還師也。索隱引鄒氏曰：「繻，一作繻。」

夏，四月，鄭人殺繻，立髡頑。【疏證】髡頑，《公》、《穀》曰「髡原」。洪亮吉云：「《鄭世家》作惲，索隱云《左》作髡原」，或因《公》、《穀》本而誤也。」李富孫云：「頑、原，音相近。頑、惲，亦聲之轉。」杜注：「髡頑，鄭成公太子。」按：《鄭世家》：「成公卒，子惲立。」不及殺繻後立髡頑之事。

欒武子曰：「鄭人立君，我執一人焉，何益？

不如伐鄭而歸其君，以求成焉。」【疏證】《鄭世家》：「其四月，晉聞鄭立君，乃歸成公。鄭人聞成公歸，亦殺君繻，迎成公。晉兵去。」史公謂鄭人殺繻，在晉許歸成公後，蓋采他書，與傳違異。

晉侯有疾。

---

❶ 「羅」，《說文解字》卷一下作「茷」。

五月，晉立太子州蒲以爲君。【疏證】《釋文》：「州蒲，本或作州滿。」經「伐鄭」疏引應劭《舊名諱議》云：「『昔者周穆王名滿，晉厲公名州滿，又有王孫滿，是同名不諱。』則此爲州滿，或爲州蒲，誤耳。今定本作蒲。」惠棟云：「劉子玄曰：『州滿，今《左氏》本皆作州蒲，誤也，當爲州滿。事見王劭《續書志》。』❶王氏當據仲遠説。」武億云：「蒲宜作滿，字形之訛也。《史記・晉世家》：『立其太子壽曼爲君。』壽、州，曼、滿，聲相近。應劭《議》可據。定本作蒲，誤。」洪亮吉云：「壽曼、州滿，聲之轉。」皆用應劭説。❷

而會諸侯伐鄭。

鄭子罕賂以襄鐘，【疏證】杜注：「子罕，穆公子。襄鐘，鄭襄公之廟鐘。」

子然盟于修澤，【疏證】杜注：「滎陽卷縣東有修武亭。」沈欽韓云：「《水經注》：『北濟自滎澤東逕卷縣之武修亭南，《春秋左傳》「成公十五年鄭子然盟于修澤」者也。』❸按：《水經注》引杜預此注，亦作『武脩』。《一統志》：『武修亭在懷慶府原武縣東，亦名脩魚。』」按：沈説是也。酈注引傳作十五年，❹誤。

子駟爲質。【疏證】杜注：「子然、子駟，皆穆公子。」

辛巳，鄭伯歸。

---

❶「王邵續書志」，原缺，今據《史通》卷十九補。

❷原稿眉批：查廣州經解。

❸「五」，疑衍。

❹「酈」上，原衍「江」，今删。

晉侯夢大厲，【注】服虔又以爲公明之鬼。本疏。【疏證】《祭法》「王爲群姓立七祀」，有泰厲；「諸侯爲國立五祀」，有公厲；「大夫立三祀」，有族厲。注：「《春秋傳》曰：『鬼有所歸，乃不爲厲。』」泰厲謂古帝王無後者也。❶公厲，古諸侯無後者也。族，衆也。大夫衆多，其鬼無後者衆，故言族厲。惠棟引李頤《莊氏解》云：❷「死而無後曰厲。」用《祭法》義也。杜注：「厲，鬼也。趙氏之先祖也。」杜以厲爲趙氏之先祖，與服説亦同，而疏駁之，云：「凡爲疫厲之鬼，皆妖邪之氣，未必真是彼人，故杜不復指斥。」然詳疏引服説，於「以爲」上加「又」字，則服注當亦云趙氏先祖，❸其斥爲公明之鬼，乃廣異説也。洪亮吉：「索隱引《世本》云：『公明生共孟及趙夙，夙生成季衰。』而宣二年《左傳》正義引《世本》又云『夙爲衰祖』，至《晉語》則云『趙衰，趙夙之弟』。一人而世次不同，且分作三代，《世本》傳寫有誤。今詳傳文及服氏所言，則公明當屬括之祖，與《晉語》合。」案：洪氏所云「索隱引《世本》」，見《趙世家》。《世家》云「趙夙生公孟，共孟生趙衰」，與《世本》又乖異。然本疏引《世本》止云「公明生趙夙」，不云更生公孟。李貽德云：「共孟，當即公明，字異聲相近。《書》『被孟豬』，《夏本紀》作『明都』，是其證。《世本》以公明、共孟爲父子，❹非也。夙、衰同時，衰不得爲夙孫。《晉語》衰爲夙弟，當得其實。共孟當從《世本》爲夙父，史遷反以爲夙子，世系牴牾也。趙氏先祖，其人非一，而服以爲『公明之鬼』者，以趙夙始受封邑，雖

---

❶「泰」上，疑當有「疏」字。

❷「氏」，《皇清經解》卷三百五十五《春秋左傳補註》作「子」。

❸「則」，原重文，今刪。

❹「共」，原作「公」，今據《春秋左氏傳賈服註輯述》卷十改。

不逮事景公，有故臣之義，不得仇君。公明在武、獻前，所事之君當是昭、哀，與景公無君臣之分，故得爲厲，此服以意斷之也。」

被髮及地，【**疏證**】《後漢書·靈帝宋皇后紀》：「許永曰：『昔者晉侯失刑，亦夢大厲，被髮屬地』。」則「及」猶「屬」也。

搏膺而踊曰：【**疏證**】《讀本》：「搏膺，自槌胸。」❶

「殺余孫，不義。【**疏證**】杜注：「八年，晉侯殺趙同、趙括。」據服注以「大厲」爲公明，則當釋「孫」爲同、括，杜用服義也。

「余得請於帝矣。」

壞大門及寢門而入。【**疏證**】《釋文》：「一本無『及』字。」

公懼，入于室。又壞户。

公覺，召桑田巫。

巫言如夢。【**疏證**】沈欽韓云：「《趙世家》：『晉景公疾，卜之，大業之後不遂者爲祟。』即此事。」

公曰：「何如？」

曰：「不食新矣。」【**疏證**】杜注：「言公不得及食新麥。」《讀本》：「食新者，此五月，夏正三月，計後新穀

---

❶ 原稿眉批：膺，詁。

麥也。」

公疾病，

求醫於秦，

秦伯使醫緩爲之。【疏證】杜注：「緩，醫名。爲猶治也。」

未至，

公夢疾爲二豎子，【疏證】《讀本》：「疾化二豎子，氣衰神亂之徵。」

曰：「彼良醫也，【疏證】邵晉涵《爾雅疏》云：「良醫，猶《周禮》所云上醫也。」

「懼傷我，焉逃之？」【疏證】《釋文》：「『懼傷我』絶句。焉，徐于虔反，一讀如字，屬上，『逃之』絶句。」洪亮吉云：「按：焉字屬下句爲允，《釋文》一讀非。」

其一曰：「居肓之上，膏之下，若我何？」【注】賈云：「肓，鬲也。心下爲膏。」本疏。【疏證】杜用賈説。洪亮吉云：「《説文》：『肓，心上鬲下也。』《春秋傳》曰：『病在肓之下。』」尋按賈義及《説文》，應云『居肓之下，膏之上』，今本『上』、『下』字疑有脱亂。《釋文》引《説文》作『心下鬲上』，誤。」俞正燮《癸巳類稿・持素脈篇》：「《靈樞經脈》云：❶『心主手厥陰心包絡之脈，起於胸中，出屬心包絡，下隔，歷絡三焦。』案：心主所謂肓，《説文》『肓』云：『心上鬲下也。《左傳》云：「病在肓之下。」』《道藏》隱字《千金方》、《白帖》疾部、《容齋三筆》皆引《左傳》

❶「樞」，原作「脈」，今據《癸巳類稿》卷四改。

『膏之上，肓之下』，❶《東醫寶鑑》引《醫法入門》亦作『膏之上，肓之下』，蓋依《説文》所引。肓下即心，心下乃膏，先言膏者，如卦畫自下而上。正義云：『古今傳文皆以爲膏之下，賈、服、何休諸儒皆以爲然。』其意以爲二童子，一居心上肓上，一居心下膏下，遂與《説文》本異。《説文》《春秋左傳》用賈逵，不應賈逵本有異。又醫緩言：『攻之不可，達之不及，藥不至焉。』明二豎同居心中，知今本《左傳》誤也。《素問·刺禁》言：『鬲肓之上，中有父母。』謂血氣二脈，鬲間始爲心包與心。此云『屬心包』，又云『下膈，歷絡三焦』，下膈乃統中、下二焦言之。心在肓下，則肓爲心主，仍居上焦，心主肓，亦謂之膻中。知者，《素問·靈蘭秘典論》云：『膻中者，臣使之官，喜樂出焉。』《靈樞經脈》云：『心包絡脈動甚，則喜笑不休。』是膻中即心包絡也。《史記·扁鵲列傳》云：『胃膻緣，中經維絡，別下於三焦膀胱。』即此心主脈，下絡三焦，衆文皆合。」按：洪、俞説是也。俞氏通醫經，説膏上肓下爲心包絡，尤諦。汪渝云：「此是痰證，病在心包絡，故不治也。」與俞説合。《説文》以肓爲「心上鬲下」，又引傳文證之，則「心上鬲下」必是賈氏説。賈注當云：「肓，鬲也，心上爲肓。」上、下，肓、膏，字易淆亂。又傳文上、下字誤倒，後人用傳之誤本而改賈注。段氏玉裁《説文》注轉用《左傳》釋文改許君説爲「心下鬲上」，非也。《魏書·藝術傳》：❷「許智藏，高陽人也。高祖使詣揚州，會秦孝王俊有疾，上馳告之。❸俊夜夢其亡妃崔氏泣曰：❹『本來相迎，如

---

❶「道」，原重文，今據《癸巳類稿》卷四刪。

❷「魏」，當作「隋」。

❸「告」，《隋書·許智藏傳》作「召」。

❹「泣」，原爲空格，今據《隋書·許智藏傳》補。

聞許智藏將至，其人若到，當必相苦，爲之奈何？』明夜，俊又夢崔氏曰：『妾得計矣，當入靈府中以避之。』及智藏至，爲俊診脈，曰：『病已入心，即當發癇，不可救也。』果如言，俊數日薨。」秦孝王得疾怪異，與晉景公同，疾入心而發癇，可證俞氏「病在心包絡」之説。惟本疏謂「古今傳本皆以爲『膏之下』」，❶賈、服、何休諸儒皆以爲「膏」者，蓋駁劉炫規杜，改傳「膏」爲「鬲」，故又云：「雖凝者爲脂，釋者爲膏，其實凝者亦曰膏。故《内則》云『小切狼臅膏』，則此膏謂連心脂膏也。」亦是駁炫「連心之脂不得稱膏」之説。俞氏誤以疏文「亦皆以爲膏」句「膏」作「然」，遂指爲賈、服釋「肓上膏下」之意，則其疏也。嚴蔚采「雖凝者爲膏」以下四句爲賈、服説，❷尤誤。

醫至，曰：「疾不可爲也。【疏證】《廣雅·釋詁》：「爲、已，愈也。」❸王念孫云：「爲、已者，成十年《左傳》云：『疾不可爲也。』《列子·周穆王》篇：『疾可已也。』是爲、已皆愈也。」文淇案：杜氏無注。《淮南·□□》注：「爲，治也。」當從高氏訓「治」。《晉語》：「秦伯使醫和視之，曰：『疾不可爲也。』」韋注：「爲，治也。」與高氏同。

「在肓之上，膏之下，【疏證】當作「在肓之下，膏之上」。

攻之不可，達之不及，【疏證】《瘍醫》：「凡療瘍，以五毒攻之。」注：「攻，治也。」杜注：「達，針。」按：緩

❶ 下「本」，《春秋左傳正義》卷二十六作「文」。
❷ 「膏」，《春秋内傳古注輯存》卷中作「脂」。
❸ 「愈」，《廣雅疏證》卷一下作「瘉」。

言病已深入，非外治所能療。❶

「藥不至焉，不可爲也。」

公曰：「良醫也。」厚爲之禮而歸之。

六月，丙午，晉侯欲麥，【疏證】杜注：「周六月，今四月，麥始熟。」

使甸人獻麥，【疏證】杜注：「甸人，主爲公田者。」沈欽韓云：「《周禮·甸師職》『主耕耨籍田』，按：《祭義》：『諸侯籍田百畝。』」

饋人爲之。【疏證】《春秋分記》：「饋人，掌飲食之人。如王朝庖人之類。」《讀本》：「謂以麥爲熟食。」❷

召桑田巫，示而殺之。

將食，張，如廁，陷而卒。【疏證】杜注：「張，腹滿也。」洪亮吉云：「《玉篇》稱《左氏》云：『將食，脹，如廁。』云：『脹，痛也。』或係舊注。案：『脹』即『張』之俗。」文淇案：《吕覽·盡數》篇：「鬱處頭則爲腫、爲風，處耳則爲挶、爲聾，處目則爲䁾、爲盲，處鼻則爲鼽、爲窒，處腹則爲張、爲疛。」則張爲腹滿，古義如此。壽曾謂：《廣雅·釋詁》：「疰、痮，病也。」❸王念孫云：「痮者，成十年《左傳》『將食，張』，《靈樞經·脹論》云：『夫脹者，皆在

---

❶ 原稿眉批：查《素問》攻、鍼義。

❷ 原稿眉批：查，酌换。

❸ 「病」，原作「疡」，今據《廣雅疏證》卷一上改。

于藏府之外，排藏府而郭胸肋，❶張皮膚，故命曰脹。』」王氏亦以「張」爲「滿」。《讀本》：「入廁後，陷泄而氣絶也。」

小臣有晨夢負公以登天，

及日中，負晉侯出諸廁，遂以爲殉。【疏證】杜注：「小臣以言夢自禍。」

鄭伯討立君者，

戊申，殺叔申、叔禽。【疏證】杜注：「叔禽，叔申弟。」

君子曰：「忠爲令德，非其人猶不可，況不令乎？」【疏證】杜注：「言叔申爲忠，不得其人，還害身。」陸粲云：「非其人，謂叔申本非賢者，雖欲效忠，不見信於君，適以自害耳。」沈欽韓云：「叔申與鄭國之政，君既囚執，不謹修事大之禮以紓其君，更造異謀，遂有公子繻之事。此其不令也。非其人者，言迹嫌疑，須伊尹、周公之聖爲之也。」沈氏蓋取陸説，以謀改立君爲異謀，視陸説加甚。惠棟云：「陸氏此言是教人慎勿爲善，非君子之言也。《吕覽》曰：『賢主之所悦，不肖之所誅。』❷高誘引此傳以爲證，杜氏之説未可非也。」文淇案：惠説是也。其引《吕覽》，詞未賅備。《吕覽·至忠》篇：「至忠逆于耳，倒于心，非賢主其孰能聽之？故賢主之所説，不肖主之所誅也。」高注：「賢主説忠言也，不肖主反之。《春秋傳》曰：『忠爲令德，非其人則不可，況不令之尤者乎？』故

---

❶「肋」，《廣雅疏證》卷一上作「脇」。

❷「之」，原重文，今據《皇清經解》卷三百五十五《春秋左傳補註》删。

被不肖之所誅也。」此必《左氏》舊説，杜注蓋用其義。陸、沈説非。壽曾謂：《後漢書・竇融傳》：「融與隗囂書曰：『融聞爲忠甚易，得宜甚難，憂人太過，以德取怨。』」注引此傳，融亦自謂效忠非其人，與高誘注義合。又《隋書・張衡傳・贊》：「夫忠爲令德，施非其人，尚或不可，況託足邪徑，而又不得其人者歟？故語曰：『無爲權首，將受其咎。』又曰『無始禍，無召亂』。張衡既召亂源，實爲權首，動不以順，其能不及于此乎？」張衡大逆，不可以叔申之事相例。《隋書》必引此傳者，正明衡之託足邪徑，非叔申之爲忠而不得其人之比也。

秋，公如晉。

晉人止公，使送葬。

於是糴茷未反。【疏證】杜注：「晉謂魯貳於楚，須糴茷還，驗其虚實。」按：杜探十一年傳言之。

冬，葬晉景公。

公送葬，諸侯莫在。

魯人辱之，故不書，諱之也。【疏證】謂不書晉葬景公。《年表》：「十年，公如晉，送葬，諱之。」《魯世家》：「成公如晉。晉景公卒，因留成公送葬，魯諱之。」

【經】十有一年，春，王三月，公至自晉。【疏證】臧壽恭云：「賈氏之例，還至不月。此月者，當別有義例。或爲下己丑月，今不可考。」

晉侯使郤犨來聘，己丑，及郤犨盟。【注】服虔云：「郤犨，郤克從祖昆弟。」本疏。【疏證】犨，《公羊》曰「州」。臧壽恭云：「犨、州，同音相假。」李富孫云：「《潛夫論·志氏姓》作讐，讐又犨之譌。」本疏：「《世本》：『郤豹生冀芮，芮生缺，缺生克也。』又云：『豹生義，義生步揚，揚生州，州即犨也。』如彼文，則犨與克俱是豹之曾孫，當爲從祖昆弟。服虔以爲從祖昆弟，杜云從父昆弟，或『父』當是『祖』字誤耳。」洪亮吉云：「據《世本》，則犨與克共曾祖，故服云『從祖昆弟』，杜改云『從父』，誤矣。」

夏，季孫行父如晉。

秋，叔孫僑如如齊。

冬，十月。

【傳】十一年，春，王三月，公至自晉。

晉人以公爲貳於楚，故止公。

公請受盟，而後歸。❶

郤犨來聘，且涖盟。【疏證】公請受盟，❷故使大夫來臨之。

聲伯之母不聘，【疏證】《釋文》：「聘，本或作娉。」杜注：「聲伯之母，叔肸之妻。不聘，無媒禮。」案：《曲

---

❶「後」下，《春秋左傳正義》卷二十七有「使」字。

❷「公」上，疑當有「杜注」二字。

禮》：❶「聘則爲妻，奔則爲妾。」據下「吾不以妾爲姒」，則聲伯之母本是妾。

穆姜曰：「吾不以妾爲姒。」【注】賈、鄭云：「兄弟之妻相謂爲姒。」本疏。**【疏證】**杜用賈説，又云：「穆姜，宣公夫人。宣公、叔肸同母昆弟。」則聲伯之母，宣公之弟妻也。本疏：「世人多疑娣姒之名，皆以兄妻呼弟妻爲娣，弟妻呼兄妻爲姒，因即惑於傳文，不知何以爲説。今謂母婦之號，隨夫尊卑；娣姒之名，從身長幼，以其俱來夫族，其夫班秩既同，尊卑無以相加，遂從身之少長。《釋親》云：『長婦謂稚婦爲娣婦，娣婦謂長婦爲姒婦。』止言婦之長稚，不言夫之大小。今穆姜謂聲伯之母爲姒，昭二十八年叔向之嫂謂叔向之妻爲姒，二者皆呼夫弟之妻爲姒，豈計夫之長幼乎？《釋親》又云：『女子同出，謂先生爲姒，後生爲娣。』孫炎云：『同出謂俱事一夫也。事一夫者，以己生先後爲娣姒。』則知娣姒以己之年，非夫之年也。故賈逵、鄭玄及此注皆云『兄弟之妻相謂爲姒』，言兩人相謂，謂長者爲姒。知娣姒之名，不計夫之長幼也。」疏以娣姒從身長幼爲説。邵晉涵《爾雅正義》云：「《儀禮》孔氏之説非也。婦人『三從』之義，既嫁從夫，若娣姒之名從身之少長，不計夫之長幼，則從夫之義謂何矣？『女子同出，謂先生爲姒，後生爲娣』，此謂俱事一夫者也，所謂媵也。此云『長婦謂稚婦爲娣婦，娣婦謂長婦爲姒婦』，此謂各事一夫者也。夫年有長稚，故婦從夫而有長婦、稚婦。孔氏以女子之俱事一夫者牽合於昆弟之妻，則不達於雅訓矣。孔氏所據者，《左傳》之稱弟妻爲姒耳。殊不知古之稱娣姒者，猶今人稱妯娌也，兄妻稱弟妻曰妯娌，弟妻亦稱兄妻曰妯娌。蓋晰言之，則兄妻爲姒，弟妻爲娣；合言之，則昆弟之妻統稱爲娣姒；約言之，則但稱爲姒。娣姒、妯娌，先後俱可連稱。知娣姒之可連稱，則《左傳》之稱姒者，不過稱謂之間偶從

❶「曲禮」，當作「内則」。

其省，不得因此而致疑于兄妻爲姒、弟妻爲娣。」以上皆邵氏説姒娣稱謂之義也。《廣雅・釋親》：「妯娌、娣姒，先後也。」王念孫引邵説申之云云：「按：二雲説是也。《郊特牲》云：『婦人無爵，從夫之爵，坐以夫之齒。』明婦人不以己之齒爲坐次也。何獨至于稱謂之間，但計己之長幼，不計夫之長幼乎？兄長而弟幼也，故婦從其夫而亦有長幼之稱。女子同出，以長者爲姒，幼者爲娣，故婦從其夫之長幼而亦有『娣姒』之稱。男子先生爲兄，後生爲弟，故婦從其夫之長幼而亦有『先後』之稱也。先後即長幼也。」沈氏用「坐以夫之齒」義説姒娣從夫之年，尤爲明諦。《喪服》「小功」章「娣姒報」，傳曰：「弟長也。」鄭注：「娣姒婦者，兄弟之妻相名也。長婦謂稚婦爲娣婦，娣婦謂長婦爲姒婦。」鄭君本《釋親》爲説。彼疏云：「假令弟妻年大，稱之曰姒；兄妻年小，稱之娣。」引此傳穆姜之言爲證。《檀弓》「婦人倡踊」，疏引《儀禮》及鄭君注説之，謂「據婦年之長幼，則不據夫年之大小」，亦引此傳穆姜之言爲證。似鄭君説與賈異，故本疏亦引《喪服》「小功」章，謂弟長即娣姒。然長婦、稚婦，據婦年之長幼，并是疏家之言，鄭君初無其説。《爾雅》舊疏引鄭君説，與賈氏説同，即説此傳之義。其《禮》注「娣姒婦」爲「兄弟之妻相名」，猶言兄弟之妻相謂爲姒也。沈欽韓云：「兄弟之妻，本非親串，同自外來，則互相敬爲姒。」李貽德云：「兄弟之妻相謂爲姒者，時俗之稱也。蓋其各由母族共事夫家，居娣道以鳴謙，相推曰姒。傳亦就當時稱謂書之于册耳。」沈、李説同，皆與邵説合。

生聲伯而出之，

嫁于齊管于奚，【疏證】《讀本》：「管仲之後。」

生二子而寡，

以歸聲伯。**【疏證】**謂由齊大歸於魯。

聲伯以其外弟爲大夫，【疏證】杜注：「外弟，管于奚之子，爲魯大夫。」

而嫁其外妹於施孝叔。【疏證】杜注：「孝叔，魯惠公五世孫。」朱鶴齡云：「此外弟、外妹是謂出母之子女，與舅之子曰外兄弟不同。」

郤犨來聘，求婦於聲伯，

聲伯奪施氏婦以與之。

婦人曰：「鳥獸猶不失儷，【疏證】《□□》注：「儷，耦也。」

「子將若何？」

曰：「吾不能死亡。」【疏證】杜注：「言不與郤犨婦，懼能忿致禍。」

婦人遂行。生二子於郤氏。

郤氏亡，晉人歸之施氏。

施氏逆諸河，沈其二子。

婦人怒曰：「己不能庇其伉儷而亡之，【疏證】《□□》注：「伉，敵也。」

「又不能字人之孤而殺之，【疏證】《生民》傳：❶「字，愛也。」

---

❶「生民」，原缺，今據《毛詩正義》卷十七補。

「將何以終？」遂誓施氏。【疏證】杜注：「誓約不復爲之婦也。」

夏，季文子如晉報聘，且涖盟也。【疏證】杜注：「郤犨、文子交盟魯、晉之君，其意一也。故但書來盟，舉重略輕。」疏云：「遣使爲輕，君親爲重，故郤犨書『聘』，又書『盟』，文子直書『如晉』，略言其聘而已。衛冀隆難以爲，他卿來敵魯君，《春秋》所諱；魯卿出敵他國，顯書名氏。則應郤犨來盟爲輕，行父盟晉爲重。今書郤犨之盟，則是舉輕略重，何得云舉重略輕？」據疏引衛氏難杜，則服氏義謂經書及郤犨盟，不云公親盟，諱之，略重。季文子出聘，則顯書名氏，不侔舉輕也。杜注與服義正相反。

周公楚惡惠、襄之逼也，【疏證】顧棟高云：「楚，周公閱曾孫。」杜注：「惠王、襄王之族。」

且與伯與争政，【疏證】《釋文》：「與，❶本亦作輿。」杜注：「伯與，周卿士。」

不勝，怒而出。及陽樊，

王使劉子復之，

盟于鄄而入。【疏證】杜注：「鄄，周邑。」今地闕。

三日，復出奔晉。

秋，宣伯聘于齊，以修前好。【疏證】杜注：「窜以前之好。」

晉郤至與周争鄇田，【疏證】馬宗璉云：「《説文》：『鄇，晉之温地。』周賜晉文温田，後爲郤氏私邑。王符

❶「與」，原作「輿」，今據《經典釋文》卷十七改。

曰：『郤至食采于温，號曰温季。』周温地未盡賜晉，故云與郤至争鄇田。杜預以鄇爲温之别邑，不若叔重解字之精。」案：馬説是也，許君説當是賈義。沈欽韓云：「《一統志》：『鄇人亭在懷慶府武陟縣西南十五里。』」

王命劉康公、單襄公訟諸晉。

郤至曰：「温，吾故也，故不敢失。」【疏證】杜注：「言温，郤氏舊邑。」未得傳義。郤至争鄇田，而非争温。本疏：「郤氏既已得温，則從温而分出者，亦宜從温而屬郤氏。」據疏説，則郤氏見食温。「温，吾故」者，猶言「温，吾所故有」，非謂舊邑，下「而後及子」可證。

劉子、單子曰：「昔周克商，

「使諸侯撫封，【疏證】《文王世子》：「西方有九國焉，君王其終撫諸。」注：「撫，猶有也。」《廣雅·釋詁》云：「撫、方，有也。」王念孫云：「撫爲『奄有』之有，撫、方一聲之轉，方之言荒，撫之言幠也。」❶

「蘇忿生以温爲司寇，與檀伯達封于河。【疏證】杜注：「蘇忿生，周武王司寇蘇公也，與檀伯達俱封于河内。」杜知蘇忿生爲周武王司寇者，據《立政》「司寇蘇公」文。顧棟高云：「檀，伯爵。蓋在今河南懷慶府濟源縣境。」

「蘇氏即狄，又不能於狄而奔衛。【疏證】僖十年經：「狄滅温，温子奔衛。」傳：「狄滅温，蘇氏無信也。蘇氏叛王即狄，又不能於狄，狄人伐之。王不救，故滅。蘇子奔衛。」

---

❶ 「言」，原脱，今據《廣雅疏證》卷一上補。

「襄王勞文公而賜之温，【疏證】襄王獎晉文公勤王功，與之陽樊、温、原、欑茅之田。見僖二十五年傳。

「狐氏、陽氏先處之，【疏證】杜注：「狐溱、陽處父先食温地。」

「而後及子。

「若治其故，則王官之邑也，子安得之？」

晉侯使郤至勿敢爭。

宋華元善於令尹子重，

又善於欒武子，【疏證】《吕覽・貴公》注：「善，猶和也。」

聞楚人既許晉糴茷成，而使歸復命矣。

冬，華元如楚，遂如晉，合晉、楚之成。【疏證】《宋世家》：「華元善楚將子重，又善晉將欒書，兩盟晉、楚。」

秦、晉爲成，

將會于令狐。晉侯先至焉。

秦伯不肯涉河，次于王城，

使史顆盟晉侯于河東。【疏證】杜注：「史顆，秦大夫。」

晉郤犨盟秦伯于河西。【疏證】杜注：「就盟王城。」《年表》：「秦桓公二十四年，與晉侯夾河盟。」《秦本紀》：「晉厲公初立，與秦桓公夾河而盟。」《晉世家》：「厲公元年，初立，欲和諸侯，與秦桓公夾河而盟。歸而秦倍盟。」

范文子曰：「是盟也何益？

「齊盟，所以質信也。【疏證】《□□》傳：「質，成也。」

「會所，信之始也。始之不從，其可質乎？」

秦伯歸而背晉成。【疏證】《年表》：「秦桓公歸，倍盟。」《晉世家》：「歸而秦倍盟。」

【經】十有二年，春，周公出奔晉。

夏，公會晉侯、衛侯于瑣澤。【疏證】《釋文》「瑣」作「璅」，云：「依字宜作瑣。」按：今依石經。杜注：「地闕。」江永云：「《公羊》作沙澤。定七年『盟于沙』，傳作瑣，《公羊》亦作沙澤，與此年同。則瑣澤即沙也。」臧壽恭云：「案：瑣、沙聲轉相通。《公羊》釋文云：『二傳作瑣澤，定七年同。』案：今本《左氏》經定七年作『沙』，與陸氏所見本異。」據臧說，則《左氏》定七年亦作「瑣澤」也。定七年杜注謂沙在元城。元城今屬直隸大名府，是晉地。沈欽韓云：「《方輿紀要》：『瑣侯亭在開封府新鄭縣苑陵城西，亦曰瑣澤。』」與江、臧說異。蓋據《路史》說，謂即襄十一年鄭之瑣也。傳謂鄭伯如晉聽成，則瑣澤非鄭地甚明。

秋，晉人敗狄于交剛。【疏證】杜注：「地闕。」顧棟高云：「成九年，秦與白狄伐晉，故此年晉敗狄而旋即伐秦也。是時赤狄之種盡絶，故中國直名白狄爲狄。」江永云：「此年之狄，白狄也。交剛當在河東之地，與河西延安府相近。」

冬，十月。

【傳】十二年，春，王使以周公之難來告。

書曰「周公出奔晉」，

凡自周無出，周公自出故也。【注】鄭康成云：「凡自周無出者，周無放臣之法，罪大者刑之，小則宥之。」本疏引《答孫皓》。**【疏證】**此奔例也。杜注：「天子無外，故奔者不言『出』，周公爲王所復而自絶於周，故書『出』以非之。」杜謂奔者不言出，據傳「周公自出」爲説，亦用鄭君「周無放臣之法」義。本疏不達其義，引鄭説申之，云「以爲實無出法」，又駁之云：「案《書》『流宥五刑』，則宥者流之，非不出也。舜放四罪，投之四裔，安得不出畿乎？若如《周禮》無流放之文，即云『周無放臣之法』，禮，三諫不從，待放于郊。然則周臣三諫不從，終是不蒙王放，欲令諫者何所措身？《左傳》發凡，自是書策之例，因即以爲周制，謂其實無出者，執文害義，爲蔽何甚！」案：《堯典》「流宥五刑」，馬融説：「流，放。宥，寬也。一曰幼少，二曰老耄，三曰惷愚，其輕者或流放之，四罪是也。」據馬説，則流宥者，五刑減輕之罸。周律無放之條，三諫不從待放者，待放猶待罪之意。鄭所據者，《周禮》無流放之文，不得據傳疑經也。即如本疏所舉昭二十六年「尹氏、召伯、毛伯以王子朝奔楚」，止書奔，不書出，仍是此傳周公自出義，例可互明。其僖二十四年「天王出居於鄭」，君父臣子書例不同，此傳例亦不爲彼經而發。

宋華元克合晉、楚之成，

夏，五月，晉士燮會楚公子罷、許偃。【疏證】杜注：「二子，楚大夫。」

癸亥，盟于宋西門之外，

曰：「凡晉、楚無相加戎，好惡同之，

「同恤菑危，備救凶患。

「若有害楚，則晉伐之；

「在晉，楚亦如之。

「交贄往來，【疏證】杜注：「贄，幣也。」疏：「《聘禮》賓執圭以通命，執幣以致享，故知贄是幣。」

「道路無雍，【疏證】「雍」從石經、宋本，各本「壅」。❶ 惠棟云：「棟案：古『壅』字皆作『雍』，無從土者。《說文》作『雝』。」

「謀其不協，而討不庭。【疏證】杜注：「討背叛不來在王庭者。」洪亮吉云：「《爾雅》：『庭，直也。』」

「有渝此盟，明神殛之。【疏證】《釋文》：「殛，本又作極。」《釋言》：❷「殛，誅也。」

「俾隊其師，【疏證】《釋文》作「卑隊」，云：「本亦作俾。」《□□》箋：「俾，使也。」《□語》注：「隊，失也。」杜用韋義。

「無克胙國。」

---

❶ 「本」下，疑當有「作」字。

❷ 「言」，原缺，今據《爾雅》卷上補。

鄭伯如晉聽成，【疏證】《□語》注：「聽，受也。」杜注：「晉、楚既成，鄭往受命。」

會于瑣澤，成故也。

狄人間宋之盟以侵晉，而不設備。

秋，晉人敗狄于交剛。

晉郤至如楚聘，且涖盟。

楚子享之，子反相，

爲地室而縣焉。【疏證】杜注：「縣鐘鼓也。」按：地室縣樂，非古制所有，據下「郤至將登」，又云「驚而走出」，則地室即在堂下矣。

郤至將登，【疏證】杜注：「登堂。」案：《燕禮》：「賓入及庭，公降一等揖之，公升就席，賓升自西階，主人亦升自西階。」享禮亦當然。

金奏作於下，【疏證】《鐘師》「掌金奏」，注：「金奏，擊金以爲奏樂之節。金謂鍾及鎛也。」杜注：「擊鐘而奏樂也。」用鄭義。杜未釋「作於下」，沈欽韓云：「下，堂下也。凡升歌在堂上，鐘磬之等並在堂下，故《皐陶謨》『下管鼗鼓，合止柷敔，笙鏞以間』，《郊特牲》『歌者在上，匏竹在下』是也。《燕禮・記》『若以樂納賓，則賓及庭，奏《肆夏》』，注云：『《肆夏》，樂章，以鍾鎛播之，鼓磬應之，所謂金奏也。』此郤至登時，其金奏即是《肆夏》。郤至之驚，蓋如晉享穆叔，金奏《肆夏》之三，不拜，曰『三夏，天子所以享元侯也。使臣不敢與聞』之義。孔疏不解鐘、磬本在堂下，因謂作於地室，故驚郤至，非。」按：本疏亦引《燕禮・記》「賓及庭，奏《肆夏》」，謂「朝賓入門而奏樂，聘客則至庭乃奏樂」，其説朝、聘賓用樂之地極爲分明，郤至聘賓，則及庭奏樂，與《聘禮・記》合。而又云：「燕享聘客，皆當入門奏《肆夏》，若燕己之群臣，則有王事之勞者，乃得以樂納賓。」疏知燕己群臣奏《肆夏》者，據《聘禮・記》鄭注：「卿大夫有王事之勞者，則用此樂。」詳鄭君義，以《肆夏》納賓，乃燕聘客之禮。其燕己群臣，亦得用《肆夏》，乃推言之。疏誤會「及庭，奏《肆夏》」止屬燕己群臣，遂謂聘客亦入門奏《肆夏》，前後矛盾。其《郊特牲》「賓入大門而奏《肆夏》」，主朝賓言，鄭君謂賓朝聘者，兼聘賓言，與《燕禮・記》不合。沈氏以金奏爲《肆夏》，據下「兩君相見，何以代此」爲説，極諦。惟下指地室，疏據傳，未可駁，地室既非禮所有，則樂縣亦不必依古制。

驚而走出。【疏證】《肆夏》用以納賓，疑與兩君相見樂音節有異，故驚。

子反曰：「日云莫矣，寡君須矣，【疏證】《釋文》：「莫，本亦作暮。」《讀本》：「須，待也。」

「吾子其入也！」

賓曰：「君不忘先君之好，施及下臣，

「貺之以大禮，【疏證】洪亮吉云：「韋昭《國語》注：『況，賜也。』『貺』當作『況』。」案：禮謂享禮，《大宗伯》「以饗燕之禮，親四方之賓客」，彼疏云：「饗，亨太牢以飲賓，獻以命數，在廟行之。」

「重之以備樂。【疏證】謂奏《肆夏》。疏云：「卒聞地下鍾聲，因即飾辭辭樂，匿其驚走之意。」非。

「如天之福，兩君相見，何以代此？下臣不敢。」【疏證】據穆叔説，三夏，天子以享元侯。此謂兩君相見，當謂金奏《肆夏》，無《繁》、《遏》、《渠》也。其納賓奏《肆夏》，或不以鐘鎛節之。杜注：「此言兩君相見之禮。」亦以享禮無考，約言之。疏引《仲尼燕居》「入門而縣興」，謂「是賓入門作樂，爲兩君相見之禮」，傳明言郤至將登，乃聞金奏，則非入門而作樂。

子反曰：「如天之福，兩君相見，

「無亦唯是一矢以相加遺焉，」【疏證】本疏：「其相見之時，唯當用是一矢以相加陵、相遺與耳。」按：《邶風·北門》篇：「政事一埤遺我。」傳：「遺，加也。」

「焉用樂？

「寡君須矣，吾子其入也！」

賓曰：【疏證】賓即郤至。杜注：「傳，諸交讓得賓主辭者，多曰賓主以明之。」疏：「文十二年傳稱西乞術爲賓，并稱『主人曰』之類是也。」

「若讓之以一矢，禍之大者，其何福之爲？

「世之治也，

「諸侯間於天子之事，則相朝也，【疏證】杜注：「王事間缺，則脩私好。」案：文十五年傳：「諸侯五年再相朝，以修王命，古之制也。」杜據以爲說。詳彼傳疏證。❶

「於是乎有享、宴之禮。

「享以訓共儉，【疏證】《釋文》：「享，本亦作饗。」《儀禮·燕禮》疏引「享」作「饗」，《詩·卷耳》正義同。

---

❶ 原稿眉批：沈説不采。

《校勘記》云：「依《左傳》字例作享。《周禮》、《儀禮》字例作饗，二《禮》疏引傳宜作享，而申明之曰『享與饗同』，輒改《左傳》之字爲饗，未善也。」杜注：「享有體薦，設几而不倚，爵盈而不飲，肴乾而不食，所以訓共儉。」杜據宣十六年傳、昭五年傳、《聘義》爲説。疏云：「聘禮即是享聘賓之禮。」

「宴以示慈惠。【疏證】杜注：「宴則折俎，相與共食。」案：折俎，杜據宣十六年傳。

「共儉以行禮，

「而慈惠以布政。

「政以禮成，民是以息。

「百官承事，朝而不夕。【疏證】杜注：「不夕言無事。」本疏：「旦見君，謂之朝；莫見君，謂之夕。」按：《士冠禮》「玄端，玄裳，黄裳、雜裳可也」，注：「此暮夕于朝之服。」疏：「朝禮備，夕禮簡，故以夕言之也。若卿大夫暮夕於君，當亦朝服矣。按：《春秋左氏傳》成十二年晉郤至謂子反曰『百官承事，朝而不夕』，此云莫夕者，無事則無夕法，若夕有事，須見君，則夕。故昭十二年子革云夕，哀十四年子我亦云夕者，皆是有事見君，非常朝夕之事也。」詳鄭君説，則周有常朝夕禮，春秋時或廢夕不行，有事乃夕。《禮》疏援此傳謂「無事則無夕法」，以説周制，非。梁履繩云：「《鄉飲酒義》云：『朝不廢朝，暮不廢夕。』乃是常禮。」是也。

「此公侯之所以扞城其民也。【疏證】引《詩》在後，説義在前。下引《詩》作「公侯干城」，此改字説義。《詩》傳：「干，扞也。」箋云：「此兔罝之人，有武力，公侯可任以國守，扞城其民。」亦訓「干」爲「扞」。陳奂《詩疏》云：「毛傳『干』訓『扞』，義本《爾雅》。其實本《左傳》爲訓，言武夫之能爲公侯扞城其民也。」按：陳説是也。箋亦據《左傳》「扞城」義。杜注：「扞，蔽也。言享宴結好鄰國，所以蔽扞其民。」洪亮吉云：「《漢書》集注：『扞蔽，猶言藩屏也。』」

「故《詩》曰：『赳赳武夫，公侯干城。』【疏證】《釋文》：「干，本亦作扞。」似從上「扞城」改，失傳意。《詩·兔罝》首章文，傳：「赳赳，武貌。」據《釋訓》義。《説文》：「赳，輕勁有才力也。」杜注：「言公侯之與武夫，止於扞難而已。」本疏：「不侵伐他國也。」

「及其亂也，諸侯貪冒，侵欲不忌，爭尋常以盡其民，【疏證】杜注：「八尺曰尋，倍尋曰常。言爭尺丈之地以相攻伐。」疏云：「《周禮·考工記》云：『人長八尺，殳長尋有四尺，崇於人四尺。車戟常崇於殳四尺。』是八尺曰尋，倍尋曰常。」按：疏引《考工記》「人長八尺」，乃鄭君注文，誤引爲經。鄭君云：「人長八尺，與尋齊」，是尋止八尺也。疏既誤引鄭君語，又云「崇於人四尺」，則尋長十二尺矣。疏所引《考工記》惟「殳長尋有四尺」是經文。其云「車戟常崇於殳四尺」，當作「車戟常，酋矛常有四尺」。文字淆亂，今爲正之。洪亮吉云：「《小爾雅》：『四尺謂之仞，倍仞謂之尋，倍尋謂之常。』」洪意以杜注用《小爾雅》。按：《考工記》鄭君注正云「八尺曰尋，倍尋曰常」，杜用鄭義。《小爾雅》僞書，即取鄭義也。

「略其武夫以爲己腹心、股肱、爪牙。【疏證】《方言》：「略，强取也。」《廣雅·釋詁》：❶「略，取也。」杜

---

❶「詁」，原缺，今據《廣雅》卷一補。

注：「言世亂，則公侯制禦武夫，以從己志，使侵害鄰國，爲搏噬之用無已。」據杜意，則郤至謂亂世公侯以武夫爲腹心，不與《詩》義合。傳所云「亂則反之」是也。❶

「故《詩》曰：『赳赳武夫，公侯腹心。』」【疏證】《兔罝》三章文，《詩》傳：「可以制斷公侯之腹心。」杜注：「舉《詩》之正以駁亂義。《詩》言治世則武夫能合德公侯，外爲干城，內制其腹心。」杜探下「制其腹心」爲説，用毛義。疏云：「美公侯能以武夫制己腹心。」是也。

「天下有道，則公侯能爲民干城，而制其腹心。」【疏證】此總申上兩引《詩》義。陳奂《詩疏》云：「《左傳》言制，毛傳本之，以益其義。云制斷者，謂制斷其貪冒侵欲也。公侯腹心，謂武夫能爲公侯制斷其腹心，則公侯干城，亦謂武夫能爲公侯扞城其民矣。皆就賢者一邊説。」

「亂則反之。」【疏證】杜注：「略其武夫，以爲己腹心爪牙。」杜據上傳爲説，「爪牙」上脱「股肱」。疏云「乃以武夫從己腹心」，亦據毛傳「制斷腹心」義反言之。陳奂《詩疏》云：「桓寬《鹽鐵論·備胡》篇：『賢良曰：「匈奴如中國之麋鹿耳。好事之臣求其義，責之禮，使中國干戈至今未息，萬里設備，此《兔罝》之所刺，故小人非公侯腹心干城也。」』此言小人用事，上不能制君腹心，下不能爲民干城，適見刺于《兔罝》耳。桓釋《詩》正與毛訓合。」

「今吾子之言，亂之道也，不可以爲法。

「然吾子主也，至敢不從？」

❶ 原稿眉批：股肱、爪牙，查補，詰。

遂入，卒事。

歸以語范文子。

文子曰：「無禮，必食言，吾死無日矣夫。」【疏證】《釋文》：「夫，本亦無此字。」杜注：「言晉、楚不能久和。」本疏：「以一矢爲辭，是無禮也。食言，是其將背盟也。」

冬，楚公子罷如晉聘，且涖盟。【疏證】杜注：「報郤至。」

十二月，晉侯及楚公子罷盟于赤棘。❶

【經】十有三年，春，晉侯使郤錡來乞師。

三月，公如京師。【疏證】《周語》：「簡王八年，魯成公來朝。」注：「成公將與周、晉伐秦而朝。」杜注：「伐秦道過京師，因朝王。」杜用韋義。其但書「如京師」，不書「朝王」，杜無説。疏云：「公本爲伐秦，道過京師，因往朝王。不稱『朝』而言『公如京師』者，以明公朝于王所，王不在京師，故指言王所，據王言之，不得不稱朝。此則王在京師，京師是國之總號，不斥王身，不可稱朝，故依尋常朝聘隣國之文，稱『如』而已。」文淇案：此舊疏原文。舊疏謂公朝王所，以王不在京師，與此書公如京師，王在者異。知爲舊疏者，疏又引劉炫云：「魯朝聘皆言『如』，不果彼國，必成其禮，或在道而還。如者，書其始發，言往而已。言公朝王所者，發國不爲朝王，至彼遇王朝之，

---

❶ 原稿眉批：赤棘已見元年。

朝訖乃書，故稱朝也。此過京師，亦宜稱朝，言如者，發雖主爲伐秦，即有朝王之意，書其初發，故言如也。」此光伯《述義》語，與舊疏異。壽曾謂：據韋、杜義，此發國不爲朝王，故但書「如京師」，不稱朝。舊疏謂「公本爲伐秦，道過京師，因往朝王」，是也。《述義》謂「發有朝王之意」，非。

夏，五月，公至自京師，遂會晉侯、齊侯、宋公、衛侯、鄭伯、曹伯、邾人、滕人伐秦。【注】賈氏以晉直秦曲，無辭不得敵有辭，故不書戰。《釋例》。【疏證】各本脱「至」，從石經。石經《穀梁》亦有「至」，《公羊》無。據傳例，稱「至自」，則公反行告廟，乃會晉伐秦。傳云「公及諸侯朝王，遂從劉康公、成肅公會晉侯伐秦」，則中間無反行告廟事，「至」字或是唐人所加矣。《公羊》「邾」曰「邾婁」。賈謂「晉直秦曲，無辭不敵有辭」者，據呂相絶秦而言。《公》、《穀》皆不以伐見例，則「不書戰」爲《左氏》舊説。《年表》：「魯成公十三年，會晉伐秦。秦桓公二十六年，晉率諸侯伐我。」

曹伯廬卒于師。【疏證】《釋文》：「廬，本亦作盧。」❶按：二傳皆作盧。《公羊》釋文云：「本亦作廬。」《管蔡世家》：「曹宣公彊十七年卒，弟成公負芻立。」史公以廬爲彊，與三傳異，以負芻爲成公弟，用《公羊》説，又與《左氏》異。

秋，七月，公至自伐秦。無傳。

冬，葬曹宣公。

---

❶ 「作」，原脱，今據《經典釋文》卷十七補。

【傳】十三年，春，晉侯使郤錡來乞師，

將事不敬。【疏證】杜注：「將事，致君命。」

孟獻子曰：「郤氏其亡乎？

「禮，身之幹也；敬，身之基也。【疏證】杜無注。本疏：「幹，以樹木爲喻；基，以牆屋爲喻。人身以禮、敬爲本。」《五行志》注：「師古曰：『無禮則身不立，不敬則身不安也。』」當是舊說。

「郤氏無基。❶【疏證】無基謂不敬。

「且先君之嗣卿也，【疏證】杜注：「郤錡，郤克子，故曰嗣卿。」

「受命以求師，

「將社稷是衛，

「而惰，棄君命也。

「不亡何爲？」

三月，公如京師。

宣伯欲賜，請先使。【疏證】《周語》「魯成公使叔孫僑如先聘且告」，注：「先修聘禮，且告周以成公將朝

❶ 「氏」，《春秋左傳正義》卷二十七作「子」。

也。」杜注：「欲王賜也。」❶

王以行人之禮禮焉。【疏證】《周語》：「王使私問諸魯。魯人云：『請之也。』王遂不賜，禮如行人。」注：「如使人之禮，無加賜。」本疏引孔晁云：「行人，使人也。以使人之禮，禮之不從聘者之賜禮也。」韋用孔說。杜注：「不加厚。」未解行人、聘者之別。

孟獻子從。王以爲介，而重賄之。【疏證】《周語》：「魯侯至，仲孫蔑爲介，王厚賄之。」注：「在賓爲介，介，上介，所以佐相禮儀。」杜注：「介，輔相威儀者。」用韋說。沈欽韓云：「《聘禮》：『賓舍於郊，公使卿贈，如覿幣。下大夫贈上介，亦如之。』是介有贈賄之禮也。」

公及諸侯朝王，

遂從劉康公、成肅公會晉侯伐秦。【疏證】杜注：「劉康公，王季子。」《五行志》注：「師古曰：『劉康公、成肅公，皆周大夫也。』」

成子受脤于社，不敬。【注】《左氏》說：「脤，社祭之肉，盛之以蜃。宗廟之肉名曰膰。」《大宗伯》引《五經異義》。服云：「脤，祭社之肉也。盛以蜃器，故謂之脤。」《五行志》注。【疏證】《大宗伯》：「以脤膰之禮，親兄弟之國。」注：「脤、膰，社稷、宗廟之肉。」疏：「鄭總云『宗廟、社稷之肉』，是以成十三年『公及諸侯朝王，遂從劉康公、成肅公會晉侯伐秦。成子受脤于社，不敬』，注云：『脤，宜社之肉也，盛以蜃器，故曰脤。』劉子曰

❶ 「也」，《春秋左傳正義》卷二十七作「已」。

『國之大事，❶在祀與戎。祀有執膰，戎有受脤』，注：『膰，祭肉。』又案：《異義》：『《左氏》說：脤，社祭之肉，盛之以蜃。宗廟之肉名曰膰。』以此言之，則宗廟之肉曰膰，社稷之肉曰脤之驗也。而《公羊》、《穀梁》皆云『生居俎上曰脤，熟居俎上曰膰』，非鄭義耳。對文脤爲社稷肉，膰爲宗廟肉。其實宗廟、社稷器皆飾用蜃蛤，故《掌蜃》云『祭祀共蜃器之蜃』，注云『飾祭器』，是其祭器皆飾以蜃也。」據《異義》，許君從《左氏》說，鄭君《禮》注與許同，無駁。彼疏引本年傳注，未顯何人之注，其文與杜注同。杜用服義，惟「祭社」作「宜社」，又解宜名云：「宜，出兵祭社之名。」案：服注當作「宜社」，傳寫失之。知者，《五行志》注先引服注，又引師古說云：「脤讀與蜃同。以出師而祭社謂之宜。脤者，即宜社之肉也。蜃，大蛤也。」師古謂祭社有宜，脤即宜社之肉，乃申服義。杜云「宜，出兵祭社之名」，亦是服說可知。本疏云：「《釋天》：『起大事，動大衆，必先有事於社而後出，謂之宜。』孫炎云：『有事，祭也。宜，求見祐也。』」陳壽祺《異義疏證》云：「《說文·示部》：『祳，社肉，盛以蜃，故謂之祳。天子所以親遺同姓。《春秋傳》曰：「石尚來歸祳。」』此用《左氏》說而字作『祳』，蓋古文也。」據陳說，則賈君說此傳與服同，字則作「祳」。「石尚來歸祳」，定十四年經文，今本作「蜃」。本疏引彼年經、鄭衆說「蜃可以白器，令色白」，則此經鄭、賈、服並以「脤」爲「蜃」。

劉子曰：「吾聞之，民受天地之中以生，所謂命也。【疏證】杜無注。本疏：「天地之中，謂中和之氣也。民者，人也。言人受此天地中和之氣以得生育，所謂命也。命者，教命之意，若有所稟受之辭。」又引劉炫云：「命者，冥也。言其生育之性得之於冥兆也。」按：《律曆志》注：「師古曰：『中，謂中和之氣。』」《五行志》注

❶「事」，原作「祀」，今據《周禮注疏》卷十八改。

同，與疏説合。顔氏蓋據舊説。炫以命爲冥，當是《述義》語，與舊説異。舊説以命爲教命，舊疏據之。知者，下「以定命也」，劉歆説：「事舉其中，以作事厚生。」正謂教命，非天地之道。惠棟云：「以五行言，則五六爲天地之中；以爻位言，則二五爲天地之中；以四時言，則春秋爲天地之中。天地之中，命也，民受之以生，即所謂性也。性爲中，情爲和。《中庸》之中和，即天地之中也，故曰『天命之謂性』。《易》曰：『各正性命，保合太和。』在《易》又謂之利貞，故曰『利貞者，情性也』。」按：惠説是也。其以春秋爲天地之中，亦用劉子駿説，與舊疏「教命」義合。《廣雅·釋詁》：「休、祥、衷、佳，善也。」王念孫云：「成十三年《左傳》『民受天地之中以生』，中與衷通。」詳王説，則中即《書·湯誥》「降衷有恒性」之衷，❶某氏傳：「衷，善也。」

「是以有動作禮義威儀之則，以定命也。【注】劉歆説：「故列十二公二百四十二年之事，以陰陽之中制其禮。故春爲陽中，萬物以生；秋爲陰中，萬物以成。是以事舉其中，禮取其和，曆數以閏正天地之中，以作事厚生，皆所以定命也。」《律曆志》。【疏證】《律曆志》、《五行志》引傳，「禮義」皆在「動作」上。《律曆志》「義」作「誼」。杜無注。知《志》所稱爲歆説者，《志》注云：「師古曰：『此以下皆班氏所述劉歆之説也。』」《志》引傳至「不能者敗以取禍」，尋按歆説，「以陰陽之中制其禮」，則其意專説傳文「動作禮義威儀以定命」義，❷不涉下「養」、「敗」，故次此。歆意以禮生於天地之中。隱元年傳初顯傳例，❸即云「謂之禮經」。以

❶ 「湯誥」，原缺，今據《尚書正義》卷八補。
❷ 上「義」，原作「儀」，今據上文改。
❸ 「元」，當作「七」。

陰陽之中制其禮，猶言法陰陽之中以成《春秋》也。隱元年疏引賈逵序云：「取法陰陽之中，春爲陽中，萬物以生；秋爲陰中，萬物以成。欲使人君動作不失中也。周禮盡在魯矣，史法最備，故《史記》與周禮同名。」賈氏即用歆説。詳賈序疏證。「事舉其中」者，謂舉春秋以賅冬夏；「禮取其和」者，謂《春秋》制名，取於和陰陽、順四時；「曆數以正天地之中」者，文元年傳云：❶「月所以紀分至也，❷分至者，中也。先王之正時也，舉正於中。」又云：「舉正於中，民則不惑。」謂舉中氣以正月，亦法天地之中也。《春秋》之義，閏月雖無事必書，以作事厚生者，謂授時以勸民事。右皆教命之事，人君用陰陽之中，布教命於民，故總曰「皆所以定命也」。賈云「人君動作不失中」，即傳「定命」義。動作包禮儀、威儀言之。

「能者養之以福，不能者敗以取禍。【疏證】《校勘記》云：「《漢書·五行》《律曆志》、《漢酸棗令劉熊碑》均作『養以之福』，與下『敗以取禍』文正相對。按顔氏注《漢志》云：『之，往也，往就福也。』段玉裁云：『作養以之福，謂將身向福也。』亦與《漢志》合。」壽曾謂：杜注：「養威儀以致福。」致即躬致之之意，杜本尚未誤。阮氏引顔注見《律曆志》，其《五行志》注亦云：「之，往也。能養生者，則定禮義威儀，自致於福；不能者，則喪之以取禍亂。」本疏云：「故人有能者，養其威儀禮法，以往適於福。」又云：「之，往也。『養之以福』，謂將身向福也；『敗以取禍』，謂禍及身也。」段氏即據疏意正疏之字。《後漢書·荀爽傳》：「爽對策曰：『昔者聖人建天地之中而謂

❶「文元」，原缺，今據《春秋左傳正義》卷十八補。
❷「月所以」至「中也」，見《漢書·律曆志》。

之禮，所以興福祥之本，❶而止禍亂之源也。人能枉欲從禮，則福歸之；順情廢醴，則禍歸之。推禍福之所應，知興廢所由來也。』」荀氏所稱「枉欲從禮」、「順情廢禮」，當是此傳古義。顏氏以「養」爲養生，非。

「是故君子勤禮，小人盡力。

「勤禮莫如致敬，盡力莫如敦篤。【疏證】《五行志》「敦」作「惇」。

「敬在養神，

「篤在守業。【疏證】皆謂納身於禮。養神，即上文「養之以福」也；守業，謂安業而不遷。疏云：「朝廷百官事神必敬；草野四民，勿使失業。」下文「在祀與戎」，乃明事神之節，疏説非。

「國之大事，在祀與戎。【疏證】《周語》：「民之所急，在於大事。」注：「大事，戎事也。」

「祀有執膰，【疏證】《五行志》注：張晏曰：❷『膰，祭肉也。』」詳僖□□□年疏證。

「戎有受脤，

「神之大節也。【疏證】《五行志》注：「師古曰：『交神之節。』」

「今成子惰，棄其命矣，

「其不反乎！」【疏證】《五行志》「乎」作「虖」。

---

❶「所」上，《後漢書・荀爽傳》有「禮者」二字。

❷「張晏」，《漢書・五行志》作「應劭」。

夏，四月，戊午，晉侯使吕相絶秦。【注】賈云：「吕相，晉大夫。」《晉世家》集解。【疏證】杜注：「吕相，魏錡子。」《晉世家》：「厲公三年，使吕相讓秦。」

曰：「昔逮我獻公及穆公，【疏證】杜注：「晉獻公、秦穆公。」

相好，勠力同心，【疏證】各本作「戮力」，誤，從石經、宋本。杜無注。《説文》：「勠，并力也。」《吴語》：「今伯父曰『戮力同德』。」注：「戮，共也。」《後漢書·劉虞傳》：「虞曰：『諸君各據州郡，宜共勠力。』」注：「《左傳》：『勠力同心。』」據許、韋説，勠力即并力、共力義。劉虞用傳語，失其義。惠棟曰：「《戰國策》曰『勠力同憂』，高誘曰：『勠力，勉力也。』《詛楚文》又作『繆力』，蓋古字假借。」

「申之以盟誓，❶【疏證】秦穆、晉獻盟事，經不書，蓋不告也。

「重之以昏姻。【疏證】杜注：「穆公夫人，獻公之女。」《魯語》：「重之以婚姻，申之以盟誓。」注：「申，重也。」

「天禍晉國，

「文公如齊，

「惠公如秦。【疏證】僖五年，重耳奔翟。六年傳，夷吾奔梁。杜注：「不言狄、梁，舉所恃大國。」按：文公如齊之年，傳無明文，僖廿三年傳，「處狄十二年而行，過衛，及齊」，則以僖十七年如齊也，後于獻公即世凡八年。

---

❶ 原稿眉批：查晉、秦盟事。

又據傳惠公由梁賂秦以求入，并未如秦，傳皆約言之。

「無禄，【疏證】《晉語》「又重之以寡君之不禄」，注：「士死曰不禄。禮，君死，赴于他國，曰『寡君之不禄』也。」則「無禄」即不禄義，赴詞通稱。

「獻公即世。【疏證】《越語》：「先人就世，不穀即位。」注：「就世，終世也。」此即世猶言就世。僖九年經：「九月，甲子，晉侯佹諸卒。」

「穆公不忘舊德，

「俾我惠公用能奉祀于晉。【疏證】僖九年傳：「冬，齊隰朋帥師會秦師納晉惠公。」杜注：「僖十年，秦納惠公。」非。

「又不能成大勳，而爲韓之師。【疏證】僖十五年經：「冬，十有一月，壬戌，晉侯及秦伯戰于韓，獲晉侯。」

「亦悔于厥心，用集我文公，【疏證】《小爾雅》：「集，成也。」僖二十三年傳：晉公子重耳及楚，楚送諸秦。二十四年，秦伯納之。

「是穆之成也。

「文公躬擐甲冑，

「跋履山川，【疏證】《載馳》傳：❶「草行曰跋。」

---

❶ 「載馳」，原缺，今據《毛詩正義》卷三補。

「踰越險阻，

「征東之諸侯，虞、夏、商、周之胤而朝諸秦，【疏證】此事傳未見，諸家紀載亦未及。

「則亦既報舊德矣。

「鄭人怒君之疆埸，【疏證】各本作「彊場」，誤，從石經、宋本。

「我文公帥諸侯及秦圍鄭。【疏證】僖三十年經：「秋，晉人、秦人圍鄭。」傳：「九月甲午，晉侯、秦伯圍鄭，以其無禮于晉，且貳於楚也。」杜注：「晉自以鄭貳於楚，故圍之，非侵秦也，❶晉以此誣秦。」按：杜據彼傳爲說，明晉師非爲鄭侵秦而往。

「秦大夫不詢于我寡君，擅及鄭盟。【疏證】《釋詁》：❷「詢，謀也。」僖三十年傳：「秦伯與鄭人盟，乃還。子犯請擊之，公曰：『不可。』」是與鄭盟非晉志也。杜注：「盟者秦伯，謙言大夫。」

「諸侯疾之，將致命于秦。【疏證】杜注：「致死命而討秦。時無諸侯，蓋諸侯遥致此意。」疏云：「劉炫以爲誣秦。」邵瑛云：「秦圍鄭事，時並無諸侯疾秦。❸光伯以爲誣秦，洵屬誣也。杜過信吕相之言矣。」

「文公恐懼，綏静諸侯，

---

❶「非」上，《春秋左傳正義》卷二十七有「鄭」字。

❷「詁」，原缺，今據《爾雅》卷上補。

❸「並」上，原衍「并」字，今據《劉炫規杜持平》卷三删。

「秦師克還無害，則是我有大造于西也。【疏證】鄭《易》注：「造，成也。」

「無祿，文公即世，【疏證】僖三十二年經：「冬，十有二月，己卯，晉侯重耳卒。」

「穆爲不弔，【疏證】杜注：「不見弔傷。」本疏：「《曲禮》云：『知生者弔，知死者傷。』注：『弔、傷，皆謂致命辭也。』」

「蔑死我君，【疏證】《釋文》：「本或以『我』在『死』上。」馬宗璉云：❶「案下文『寡我襄公』，此別本『我』在『死』上爲是。古人比事屬辭，其義如是。」惠棟云：「僖三十三年傳：『欒枝曰：「其爲死君乎？」』尋文義，當爲『蔑我死君』。鄭康成《易》注：『蔑，輕慢也。』」杜無注。本疏：「輕蔑文公，以爲死無知矣。」

「寡我襄公，【疏證】《呂覽·離謂》注：❷「寡，少也。」杜注：「寡，弱也。」少、少義同。❸本疏：「謂襄公寡弱而陵忽之。」

「迭我殽地，【疏證】杜無注。《文選》顏延年《陽給事誄》：❹「『迭我殽地』，迭與軼，古字通。」當是舊説。《校勘記》云：「按：迭者軼之假借，凡侵突而過者曰軼。」朱駿聲云：「按：迭讀爲軼，突也。」沈彤云：「迭與隱九

---

❶「馬宗璉」，疑當作「武億」。
❷「離謂」，原缺，今據《呂氏春秋》卷十八補。
❸「少少」，疑一「少」當作「弱」字。
❹「誄」下，疑當有「注」字。

年『侵軼』之軼同，❶故《釋文》並云『直結反，又音逸』也。杜云：『軼，突也。』《玉篇》云：『車相過也。』」按：沈引杜注，見隱元年。❷僖三十二年：「杞子自鄭使告於秦曰：『若潛師以來，國可得也。』秦師遂東。」據《秦本紀》，秦伐鄭，不假道於晉，故云「迭我殽地」也。

「奸絶我好，

「伐我保城，【疏證】杜注：「伐保城，誣之。」本疏：「於時輕行襲鄭，不得在道用兵，故知是誣之也。」高士奇云：「保城，非地名，猶言『焚我郊保』耳。」

「殄滅我費滑，【疏證】杜注：「滑國都於費，今緱氏縣。」《水經・洛水》注：❸「休水逕延壽縣南，緱氏縣治，故滑費也。」用杜説。本疏：「春秋之時，更無費國。秦惟滅滑，不滅費，知費即滑也，國邑並舉以圓文耳。」滑，見莊三年疏證。

「散離我兄弟，【疏證】杜注：「滑，晉同姓。」按：僖二十年經：「鄭人入滑。」賈注：「滑，姬姓之國。」杜用彼經賈説。

「撓亂我同盟，【疏證】《廣雅・釋詁》：「撓、慁，亂也。」王念孫云：「撓，擾也。成十三年《左傳》云『撓亂我同盟』，《莊子・天道篇》云『萬物無足以鐃心者』，鐃與撓通。」案：同盟謂鄭。

---

❶「九」，原作「元」，今據《左通補釋》卷十四改。

❷「元」，當作「九」。

❸「洛」，原缺，今據《水經注箋》卷十五補。

「傾覆我國家。

「我襄公未忘君之舊勳，【疏證】杜注：「納文公之勳。」

「而懼社稷之隕，❶**是以有殽之師。**【疏證】僖三十三年經：「夏，四月，辛巳，晉人及姜戎敗秦師於殽。」

「猶願赦罪於穆公。

「穆公弗聽，而即楚謀我。【疏證】文十四年傳：「初，鬬克囚于秦。秦有殽之敗，而使歸求成。」所述非當年事，蓋即在秦敗於殽之後也。

「天牖其衷，成王隕命，【疏證】《吕覽·順民》篇：「越王曰：『願一與吴徼天下之衷。』」高注：「徼，求。衷，善。」畢沅云：「『下』字疑衍。」則「牖衷」即「徼衷」義。《吴語》：「天舍其衷，楚師敗績。」注：「衷，善也。言天舍善于吴。」亦訓「衷」爲「善」。文元年經：「冬，十月，楚世子商臣弑其君頵。」

「穆公是以不克逞志于我。【疏證】杜注：「逞，快也。」

「穆、襄即世，康、靈即位。【疏證】文六年經：「八月，晉侯驩卒。」秦穆之卒，經不書。據傳，亦在六年夏。穆卒，子康公罃立；襄卒，子靈公夷皋立。故總言之。

「康公，我之自出，【疏證】杜注：「晉外甥。」《讀本》：「秦康爲晉伯姬所生。」❷

---

❶「而懼社稷之隕」，原脱，今據《春秋左傳正義》卷二十七補。

❷ 原稿眉批：出，詁，已見。男子謂姊妹之子爲出。

「又欲闕翦我公室，【疏證】本疏：「闕謂缺損，翦謂滅削。」《釋文》：「闕，其月反。徐如字。」梁履繩云：「案：孔氏如字解，若從其月反，則與掘同義。」

「傾覆我社稷，

「帥我蝥賊，【疏證】《釋蟲》：「食根，蝥；食節，賊。」杜注：「謂秦納公子雍。」按：文六年傳：「八月，晉襄公卒。使先蔑、士會如秦，逆公子雍。」七年傳：「秦康公送公子雍于晉。宣子與諸大夫乃背先蔑而立靈公，以禦秦師。」吕相以公子雍未立，故斥爲蝥賊。疏云：「彼晉自召雍，非秦罪也。」

「以來蕩搖我邊疆，

「我是以有令狐之役。【疏證】文七年經：「夏，四月，戊子，晉人及秦人戰於令狐。」

「康猶不悛，【疏證】《方言》：「悛、懌，改也。自山而東或曰悛，或曰懌。」《廣雅·釋詁》：「悛、懌，更也。」

「入我河曲，【疏證】河曲，見文十二年。據彼傳，秦入河曲在取羈馬後。

「伐我涑川，【疏證】《郡國志》：「河東郡聞喜邑有涑水。」沈欽韓云：「《元和志》：『涑川在陝州夏縣北四十里，川東西三十里，南北七里。』夏縣今屬聞喜。《一統志》：『涑水源出絳州絳縣陳邨峪，伏流至柳莊復出，西入聞喜界。』」顧棟高云：「今蒲州府城東北二十六里有涑水城，即秦所伐之涑川也。《水經注》：『涑水出聞喜縣東山，至周陽與洮水合。』」江永云：「蒲州今爲府，附郭置永濟縣。」

「俘我王官，【注】舊注：「王官，今在澄城。」《御覽》一百六十四。**【疏證】**杜無注。文三年傳：「取王官及郊。」《元和志》、《括地志》皆謂王官在猗氏，兼云在澄城。江永、沈欽韓謂秦師已渡河，必非澄城之王官。

詳彼傳疏證。此舊注是唐、宋地志所據也。王官之役，止見文三年。其十三年河曲之戰，❶無伐涑川、俘王官事。

「翦我羈馬，【注】舊注：「羈馬，今在郃陽。」《御覽》一百六十四。**【疏證】**杜無注。文十二年傳：「冬，秦伐晉，取羈馬。」《元和志》謂在郃陽，蓋取舊注。江永據此傳「入我河曲」，謂羈馬不得在河西，此別一羈馬。詳彼傳疏證。

「我是以有河曲之戰。【疏證】文十三年經：❷「冬，十有二月，戊午，晉人、秦人戰于河曲。」

「東道之不通，則是康公絕我好也。

「及君之嗣也，【疏證】杜注：「君，秦桓公。」案：秦康公以文十二年卒，子共公立。宣四年，秦共公卒，子桓公立。

「我君景公引領西望曰：【疏證】《楚語》：「緬然引領望之。」注：「領，頸也。」按：晉靈公以宣二年被弒，子成公立。宣十年，晉成公卒，子景公立。秦共公、晉成公之世，兩國無兵事，故略不具。

「『庶撫我乎！』

「君亦不惠稱盟，【疏證】杜注：「不肯稱晉望而共盟。」未釋「惠」義。《讀本》：「秦不順顧，俯稱晉望。」沈

❶「三」，當作「二」。
❷「三」，當作「二」。

欽韓云：「《詩》傳：『惠，順也。』」

「利吾有狄難，【疏證】宣十五年經：「夏，六月，癸卯，晉師滅赤狄潞氏，以潞子嬰兒歸。」

「入我河縣，【疏證】河縣，疑河曲之變文。

「焚我箕、郜，【疏證】江永云：「箕，說見僖三十二年。郜，杜無注。《姓氏書》郜分南北，南後入晉，當是此郜，地當近河。」按：《方輿紀要》：「郜城在太原府祁縣西七里，《左傳》『焚我箕、郜』，謂此郜城。」與江說「近河」異。高士奇云：「今太原府祁縣有郜城，或謂之鵠城，其地名高城村，蓋音譌。攷是役，秦次于輔氏。襄十一年，秦伐晉『濟自輔氏』。其爲濱河之邑無疑。本傳未嘗言深入，或者但見箕在太谷，遂謂郜在祁縣，與蒲津相去數百里，秦師何由至此乎？」按：高說是也。江氏說僖三十三年箕城，在今隰州蒲縣。箕非太谷，則郜亦不在祁縣矣。沈欽韓云：「按：魏收《地形志》『平陽郡禽昌縣有郭城』，『郭』蓋『郜』之譌也。郭城在平陽府浮山縣西南十里。」

「芟夷我農功，【疏證】隱六年傳「芟夷蘊崇之」，❶此謂毀傷其禾稼。《釋文》：「夷，本亦作痍。」李富孫云：「《說文》：『痍，傷也。』古省作夷，音義同。」按：《小爾雅》：「夷，傷也。」

「虔劉我邊垂，【疏證】《釋詁》：「劉，殺也。」❷杜注：「虔、劉，皆殺也。」按：《司刑》注：「《書傳》曰：『降

---

❶「隱六」，原缺，今據《春秋左氏傳注疏》卷四補。

❷「也」上，《爾雅》卷上有「克」字。

畔、寇賊、劫略、奪攘、撟虔者，死。』」疏：「《呂刑》：『奪攘、撟虔』注云：『有因而盜曰攘，撟虔謂撓擾，《春秋傳》「虔劉我邊垂」，謂刧奪人物以相撓擾也。』」彼疏所引是鄭君《書》注，鄭以傳「虔劉」之虔，當書撟虔，訓爲撓擾，不訓殺，則杜説非古義。《方言》：「虔，殺也。秦晉之北鄙、燕之北郊、翟縣之郊謂賊爲虔。」杜或取彼爲説。垂，各本作陲，從石經、宋本。《校勘記》云：「《説文》：『垂，遠邊也。陲，危也。』其義各別。」

「我是以有輔氏之聚。【疏證】《晉語》注：❶「聚，衆也。」❷杜用韋義。疏：「謂聚衆以拒秦也。」宣十五年傳：「秋，七月，壬午，晉侯治兵于稷，以略狄土，及雒，魏顆敗秦師于輔氏，獲杜回。」

「君亦悔禍之延，【疏證】《釋詁》：❸「延，長也。」

「而欲徼福于先君獻、穆，

「使伯車來命我景公，【疏證】杜注：「伯車，秦桓公子。」

「曰：『吾與女同好棄惡，

「『復修舊德，以追念前勳。』

「言誓未就，景公即世，【疏證】十年經：「夏，五月，丙午，晉侯獳卒。」

---

❶「晉」，原缺，今據《國語正義》卷七、卷十補。

❷「衆」上，《國語正義》卷七、卷十有「財」字。

❸「詁」，原缺，今據《爾雅》卷上補。

「我寡君是以有令狐之會。【疏證】杜注：「申厲公之命，宜言寡人，稱君，誤也。」疏云：「劉炫以爲，呂相雖奉君命，兼有己語，稱寡君，正是其理。杜何知宜爲寡人，稱君爲誤？今删定知劉説非者，以呂相奉厲公之命而往絶秦，則皆是厲公之言，不得兼有己語。」如疏説，則「秦大夫不詢於我寡君」句，「蔑死我君」句，「寡君不敢顧昏姻」句，於厲公之口辭皆礙。陸粲云：「上文『我是以有令狐之役』，『我是以有河曲之戰』，『我是以有輔氏之聚』，此準上例，疑『寡君』爲衍字。」顧炎武云：「一篇之中，稱『寡君』者三，『我君』者一，『寡人』者五，當是屬文之時未曾參訂。然古人之文亦往往不拘，如文十七年傳，鄭子家與趙宣子書，前稱『寡君』，後云『夷與孤之二三臣』，亦其類也。」按：顧説是也。馬宗璉云：「案：自『昔逮我先公』至『寡君不敢顧昏姻』，皆呂相使臣之辭。自『君有二心于狄』至『實圖利之』，乃呂相代晉厲公詰秦之辭，故稱『寡人』。」亦可備一説。十一年傳：「秦、晉爲成，將會於令狐。晉侯先至焉。秦伯不肯涉河，次于王城，使史顆盟晉侯于河東。晉郤犨盟秦伯于河西。」是此役兩君未相見，不得言會。言令狐之會者，據擬盟之地言之。

「君又不祥，背棄盟誓。【疏證】杜注：「祥，善也。」十一年傳：「秦伯歸，而背晉成。」

「白狄及君同州，【疏證】杜注：「及，與也。」疏云：「《周禮·職方氏》『正西曰雍州』，皆秦地。白狄蓋狄之西偏，屬雍州也。」舊説當以州爲雍州，故疏述其義。已釋於僖三十二年「郤缺獲白狄子」下。❶

「君之仇讎，而我昏姻也。【疏證】各本「我」下有「之」，從石經、宋本。杜注：「季隗，廧咎如赤狄之女

---

❶ 「二」，當作「三」。

也。白狄伐而獲之，納諸文公。」按：白狄之獲季隗，傳無其説，杜於成十三年傳「季隗」下，亦止云「廧咎如赤狄之女也」。此欲明晉與白狄昏姻，不得其證，强爲之説。本疏云：「此辭欲親狄以曲秦，故引狄爲昏姻耳。晉人自數伐狄，寧復顧昏姻也？杜以傳有季隗之事，引之以證昏姻，未必晉於白狄處無昏姻。」疏亦不信杜説。

「君來賜命曰：『吾與汝伐狄。』

「寡君不敢顧昏姻，

「畏君之威，而受命於吏。【疏證】吏，謂將命行人。

「君有二心於狄，

「曰：『晉將伐女。』

「狄應且憎，是用告我。【疏證】《周語》：「其叔父實應且憎，以非余一人。」注：「應，猶受。憎，惡也。言晉文雖當私賞，猶非我一人。」《晉語》：「若以軍官從子之私，懼子之應且憎也。」注：「外應受我，内憎其非。」外傳二文與此傳同。杜注：「言狄雖應答秦，而心實憎秦無信。」即用韋義。

「楚人惡君之二三其德也，

「亦來告我，曰：『秦背令狐之盟，而來求盟于我，

「『昭告昊天上帝、【疏證】杜無注。本疏：「禮，諸侯不得祭天，其盟不主天神。鄭玄《覲禮》注云：『王巡守之盟，其神主日；諸侯之盟，其神主山川。』襄十一年亳城北之盟，其載書云『司慎、司盟，名山、名川』，注云：『二司，天神。』唯告天之别神，不告昊天上帝。此秦、楚爲盟，告天帝者，春秋之時，不能如禮，且此辭多誣，未必是實。」按：疏引襄十一年「司慎、司盟」注「二司，天神」，即杜注。然鄭君《覲禮》注又云：「王官之伯會諸侯而盟，其神主月。」秦楚之盟，或用王官之伯禮，不主山川。又彼疏謂覲禮即盟之禮。「覲禮加方明於其上」，鄭君云：「方明者，上下四方之神也。」則古盟禮亦告昊天上帝。

「『秦三公、楚三王，【疏證】杜注：「三公，穆、康、共。三王，成、穆、莊。」按：此年當秦桓公二十六年，楚共王之十三年，故據秦、楚禰廟以上言之。

「『曰：「余雖與晉出入，余唯利是視。」【疏證】杜注：「出入，猶往來。」

「『不穀惡其無成德，是用宣之，以懲不壹。』

「諸侯備聞此言，

「斯是用痛心疾首，❶暱就寡人。【疏證】《釋文》「暱」作「昵」。何休《公羊》注：「疾，痛也。」《釋詁》：❷「暱，親也。」❸

「寡人率以聽命，❹唯好是求。

「君若惠顧諸侯，矜哀寡人，

---

❶ 原稿眉批：疾，詁。

❷ 「詁」，原缺，今據《爾雅》卷上補。

❸ 「親」，《爾雅》卷上作「近」。

❹ 「率」，《春秋左傳正義》卷二十七作「帥」。

「而賜之盟，則寡人之願也，

「其承寧諸侯以退，豈敢徼亂？【疏證】杜注：「徼，要也。」

「君若不施大惠，

「寡人不佞，【注】服云：「佞，才也。不才者，自謙之辭也。」本疏、《論語・公冶長》疏。【疏證】杜無注。疏引服説補之，又云：「《論語》：『焉用佞？禦人以口給，屢憎於人。』則佞非善事。而以不佞爲謙者，佞是口才捷利之名，本非善惡之稱，但爲佞有善有惡耳。爲善敏捷是善佞，爲惡敏捷是惡佞。」疏以服注與《論語》「禦人口給」義異，故别佞有善惡。《論語》孔注：「佞人口辭捷給，數爲人所憎惡。」皇疏亦云「佞，口才」，皆即「禦人口給」一邊言，故與服異。邢疏知佞之稱非一，故襲用此傳疏義，亦引服注爲佞有善惡之證，非駁孔、皇説。沈欽韓云：「《論語・雍也》『仁而不佞』，皇侃等並誤解。」非也。服以「才」訓「佞」，所包非一，不止口辭，然經傳相承，單言佞者，屬口辭爲多。《説文》：「佞，巧讇高材也。」《曲禮》釋文：「口才曰佞。」並以佞爲口辭，兼善惡爲説，與本疏合。李貽德云：「十六年傳『諸臣不佞』，昭二十年傳『臣不佞』，《魯語》『寡君不佞』，《晉語》『夷吾不佞』，並以不佞爲謙，則佞爲才矣。此古訓也。《論語》『遠佞人』，《晉語》『佞之見佞』，此《鹽鐵論・刺議》所謂『以邪導人謂之佞』，是猶苦爲快、亂爲治、香爲臭，佞之變義也。」

「其不能以諸侯退矣。

「敢盡布之執事，俾執事實圖利之。」

秦桓公既與晉厲公爲令狐之盟，而又召狄與楚，欲道以伐晉，諸侯是以睦於晉。【疏證】《秦本紀》：「桓公二十四年，與翟合謀擊晉。」據秦桓之二十四年當魯成之十一年，❶傳溯書其事。杜注：「晉辭多誣秦，故傳據此三事以正秦罪。」

晉欒書將中軍，荀庚佐之；【疏證】杜注：「庚代荀首。」

士燮將上軍，郤錡佐之；【疏證】杜注：「代荀庚、士燮。」

韓厥將下軍，荀罃佐之；【疏證】杜注：「代郤錡、趙同。」

趙旃將新軍，郤至佐之。【疏證】杜注：「代韓厥、趙括。」

郤毅御戎，欒鍼爲右。【疏證】杜注：「郤毅，郤至弟。欒鍼，欒書子。」

孟獻子曰：「晉帥乘和，【疏證】杜注：「帥，軍帥。乘，車士。」按：軍佐亦在帥列，乘謂戎右也。

「師必有大功。」

五月，丁亥，晉師以諸侯之師及秦師戰于麻隧。【疏證】《晉世家》：「晉因與諸侯伐秦。」《秦本紀》：「桓公二十六年，晉率諸侯伐秦。」杜注：「麻隧，秦地。」不詳所在。沈欽韓云：「《一統志》：『麻隧在西安府涇陽縣北。』」

秦師敗績，獲秦成差及不更女父。【疏證】《年表》：「晉厲公三年，伐秦至涇，敗之，獲其將成差。」《晉世家》：「晉至涇，敗秦於麻隧，虜其將成差。」杜注：「不更，秦爵。」疏云：「《漢書》稱商君爲法於秦，其四不更，十

---

❶「四」下，原衍「十」字，今據上文删。

左庶長，十一右庶長。商君，秦孝公之相。案：此傳有不更女父，襄十一年有庶長鮑、庶長武，春秋之世，已有此名，非是商君盡新作也。其名之義，難以知耳。」按：疏引《漢書》，見《百官公卿表》，彼注引師古曰：「不更，言不豫更卒之事也。」又《續漢書・百官志》劉昭補注引劉劭曰：「《爵制》：『秦自一爵以上至不更四等，皆士也。』」又曰：「不更爲車右，不復與凡更卒同也。」則不更在春秋時爲秦車右之名。庶長，見襄十一年疏證。杜注又云：「戰績不書，❶蓋經文闕漏，傳文獨存。」❷

曹宣公卒於師。【疏證】《檀弓》「曹桓公卒於會」，注：「魯成公十三年，『曹伯廬卒于師』是也。廬謚宣，言桓，聲之誤也。」

師遂濟涇，【疏證】《秦本紀》：「秦軍敗走，追至涇而還。」《地理志》：「安定郡涇陽，幵頭山在西，《禹貢》涇水所出，東南至陽陵入渭。」杜注：「涇水出安定，東南經扶風、京兆高陸縣入渭。」用《漢志》說。顧棟高云：「涇水出今平涼府平涼縣幵頭山，東至西安府高陵縣西南入渭水。高陸即高陵也。《寰宇記》涇陽有睢城渡，即諸侯濟涇，秦人毒涇上流處，舊爲漢、唐之通津。」沈欽韓云：「按《元和志》，魏文帝改高陵爲高陸。」據顧、沈說，則秦師濟涇處在今西安府高陵縣界。《方輿紀要》：「渭水在高陵縣西南二十里，涇水亦在縣西南二十里，自涇陽縣東南流，合於渭水。」

及侯麗而還。【疏證】杜注：「侯麗，秦地。」未詳所在。顧棟高云：「侯麗在今涇陽縣境。」案：涇陽今屬

---

❶「戰」下，《春秋左傳正義》卷二十七有「敗」字。

❷原稿眉批：《世族譜》，查，前曾引爲證否。

西安府。

迓晉侯于新楚，【疏證】《釋文》：「迓，本又作訝。」李富孫云：「《釋詁》：『迓，迎也。』《周禮》有訝士。」杜注：「新楚，秦地。」未詳所在。《彙纂》：「當在西安府同州朝邑縣境。」江永云：「今按：朝邑今屬同州府。」

成肅公卒于瑕。【疏證】杜注：「瑕，晉地。」江永云：「今按：《水經注》『河東解縣西南有故瑕城』，解縣，今解州。」馬宗璉云：「瑕即解縣瑕城。」詳僖三十年傳疏證。

六月，丁卯，夜，鄭公子班自訾求入于大宮，【疏證】杜注：「訾，鄭地。大宮，鄭祖廟。十年班出奔許，今欲還爲亂。」馬宗璉云：「訾，疑即鞏縣東訾聚。雖爲周地，近鄭。」高士奇云：「此即周之訾也。」馬、高皆以訾爲周地。江永云：「今案：鄭公子班奔許，而自訾求入，則訾當在鄭南，別一地，非文元年緜訾之訾。」

不能，殺子印、子羽，【疏證】杜注：「子印、子羽，皆穆公子。」案：《世族譜》：「公子睔悼子子印，穆公子。子羽翬，穆公之子。」梁履繩云：「鈔本《世族譜》『睔』作『倫』，鄭成公名睔，疑作『倫』是。」襄二十六年正義曰：「非行人子羽公孫揮也。《世族譜》以公孫揮爲雜人。」

反軍于市。

己巳，子駟率國人盟于大宮，❶【疏證】杜注：「子駟，穆公子。」

遂從而盡焚之，

---

❶「率」，《春秋左傳正義》卷二十七作「帥」。

殺子如、子駹、孫叔、孫知。【疏證】杜注：「子如，公子班。子駹，班弟。孫叔，子如子。孫知，子駹子。」疏云：「子如即是子班，據傳可知。以外無文，見其同時被殺，必是近親，相傳爲此説耳。」據疏説，則此傳舊無注，杜以意言之。

曹人使公子負芻守，

使公子欣時逆曹伯之喪。【注】賈、服曰：「廬之庶子。」《公羊》昭二十三年疏。❶【疏證】欣時，《公羊》曰「喜時」，《新序·節士》同。《釋文》：「欣時，徐云或作『欿』。」《古今人表》作「曹剎時」，師古曰：「即曹欣時也。」李富孫云：「欣、喜，音近義同。剎，別體字。疑『欿』乃『剎』之譌。」洪亮吉云：「按：《詩》毛傳：『時，善也。』欣時字子臧，即此義。」杜注：「二子皆曹宣公庶子。」負芻爲宣庶子，疑杜亦用賈、服説。李貽德云：「《公羊傳》何休注：『喜時，曹伯廬弟。』與賈、服違。疏以爲所見本異。」

秋，負芻殺其太子而自立也。

諸侯乃請討之。

晉人以其役之勞，請俟他年。

冬，葬曹宣公。

既葬，子臧將亡，【注】服云：「子臧，負芻庶兄。」《吳世家》集解。【疏證】杜注：「子臧，公子欣時。」用

---

❶「三」，當衍。

服説。負芻爲宣公子，《左氏》異於《公羊》，服故明子臧爲負芻庶兄。

國人皆將從之。

成公乃懼，

告罪，且請焉。【疏證】杜注：「請留子臧。」

乃反，而致其邑。【疏證】杜注：「還邑於成公。」

【經】十有四年，春，王正月，莒子朱卒。無傳。【疏證】即渠丘公也。赴告始見於經。

夏，衛孫林父自晉歸于衛。

秋，叔孫僑如如齊逆女。【疏證】經不書納幣，杜注云：「文闕絶。」

鄭公子喜帥師伐許。

九月，僑如以夫人婦姜氏至自齊。

冬，十月，庚寅，衛侯臧卒。【疏證】《年表》：「衛定公十二年薨。」《衛世家》：「定公臧十二年卒，子獻公衎立。」

秦伯卒。無傳。【疏證】《年表》闕。《秦本紀》：「桓公立二十七年卒，子景公立。」《集解》：「徐廣曰：《世本》：『景公名后伯車也。』」

【傳】十四年，春，衛侯如晉。

晉侯强見孫林父焉。【疏證】釋文「强」作「彊」。七年經：「衛孫林父出奔晉。」杜注：「强見，欲歸之。」

定公不可。

夏，衛侯既歸，

晉侯使郤犨送孫林父而見之。

衛侯欲辭，

定姜曰：「不可。【疏證】杜注：「定姜，定公夫人。」

「是先君宗卿之嗣也，【疏證】杜注：「同姓之卿。」惠棟云：「國之宗臣，故曰宗卿。書曰記宗功是也。宗臣兼同異姓，故漢之蕭、曹亦爲宗臣。」按：疏云：「《世本》：『孫氏出於衛武公，至林父八世。』是同姓也。」據疏説，則杜據《世本》以林父爲衛同姓，惠説非。

「大國又以爲請。不許，將亡。雖惡之，不猶愈於亡乎？君其忍之！

「安民而宥宗卿，不亦可乎？」

衛侯見而復之。【疏證】杜注：「復林父位。」案七年傳：「衛侯如晉，晉反戚焉。」戚爲林父邑，復兼爵、邑言。據下「孫文子不敢舍其重器於衛，盡竇諸戚」，則此時已以戚賜之。

衛侯饗苦成叔，【疏證】《校勘記》云：「《漢書·五行志》引『饗』作『享』字。按《左傳》多作享，此作饗，❶爲

❶「饗」，原作「享」，今據《春秋左傳正義》卷二十七《挍勘記》改。

僅見。」杜注：「成叔，郤犨。」不釋「苦」。惠棟云：「王符曰：『郤犨食采於苦，號苦成叔。』又曰：『苦城，城名也，在鹽池東北。』」惠引王符説見《潛夫論·志氏姓》。沈欽韓云：「羅泌《國名紀》：『解州有苦城。』按：『苦』與『鹽』同聲。」按：沈説是也。據《潛夫論》，則傳文或作「苦城叔」。

甯惠子相。【疏證】杜注：「惠子，甯殖。」

苦成叔傲，【疏證】釋文：「傲，本又作敖。」與《五行志》合。洪亮吉云：「師古曰：『敖，讀曰傲。』則此字古當作『敖』。」

甯子曰：「苦成家其亡乎？【疏證】石經「成」下旁增「叔」。嚴可均云：「《藝文類聚》卷卅九、《初學記》卷十四引有『叔』，今各本脱。」《校勘記》云：「石經與《初學記》所引合，然非唐刻，不敢從也。」

「古之爲享食也，以觀威儀、省禍福也，【疏證】《采菽》「言觀其旂」，箋：「諸侯來朝，王使人迎之，因觀其衣服車乘之威儀，所以爲敬，且省禍福也。」疏：「成十四年《左傳》曰：『古之爲享食也，以觀威儀、省禍福也。』彼雖云享，理可相通，故箋據而言之。」按：據鄭君説，「威儀」爲衣服車乘。

「故《詩》曰：『兕觵其觩，旨酒思柔。』【疏證】并下皆《桑扈》文。今《詩》「觵」作「觥」。洪亮吉云：「《説文》：『觵，兕牛角可以飲者也，從角黄聲。其狀觵觵，故謂之觵。觵，俗觥。』按此則石經字亦未從俗，間有勝釋文處也。」據洪説，則傳作「觵」爲正字。《周禮·小胥》「觵其不敬」者，字亦作「觵」。《詩·卷耳》《七月》《絲衣》《泮水》作「觥」，并俗字也。本疏引《異義》：「《韓詩》説：觵五升，所以罰不敬也。觵，廓也，著明之貌。君子有過，廓然明著。《詩》毛傳説『觵大七升』，許慎云：『觵罰有過，一飲七升爲過多，當爲五升。』故不從《毛詩》『七升』之說。」兩疏皆未引鄭駁。據《桑扈》箋：「兕觥，罰爵也。古之王者與群臣燕飲，上下無失禮者，其罰爵徒觩然陳設而已。其飲美酒，思得柔順中和，與共其樂。」鄭君以兕觥爲罰爵，亦用《韓詩》説，與許君同，故《異義》無駁詞。《五行志》引此傳注：「張晏曰：『兕觥，罰爵也。飲酒和樂，無失禮可罰，罰爵徒觩然而已。』」當是舊説，舊説用箋義。杜注：「言君子好禮，飲酒皆思柔德。」亦用箋義。又云：「雖設兕觵，觩然不用。觩，陳設之貌。」杜以「觩」爲陳設貌，與箋不同。洪亮吉云：「按《詩·良耜》『有捄其角』，則觩是角貌，故范甯《穀梁》成七年傳『展觓角而知傷』亦云：『觓，觩觩然，角貌。』杜注云『陳設之貌』，失之。觓、觩古字通。」洪氏謂觩與觓通，據《穀梁》注，其實《桑扈》釋文已云「觩」或作「觓」。陳奐《毛詩疏》云：「觩爲觓之誤。《説文》：『觓，角貌。』引《詩》『有觓其角』。今《良耜》作『捄』，爲六書假借字。而《絲衣》、《泮水》之『觩』，釋文皆作『觓』字，當不誤也。『思柔』與『其觓』對文，則『其』與『思』皆爲語詞。」案：陳説是也。據《穀梁》注「觓，觩觩然，角貌」，則《桑扈》箋「觩然」乃解「觓」，非經字作「觩」。《校勘記》亦據《説文》「有觓其角」，惟徑云引《詩》「觩」作「觓」，則似《説文》有「兕觥其觓」之文，今附正之。傳明享禮，而稱《詩》兕觥罰爵者，《卷耳》「我姑酌彼兕觥」，箋：「饗燕所以有之者，禮，自立司正之後，旅酬必有醉而失禮者，罰之，亦所以爲樂。」疏：「知饗有觥者，《七月》：『朋酒斯饗，稱彼兕觥。』成十四年《左傳》『衛侯饗苦成叔』，甯惠子引《詩》云：『兕觥其觩，旨酒思柔。』故知饗有觥也。饗以訓共儉，不應醉而用觥者。饗禮之初示敬，故酒清而不敢飲，肉乾而不敢食，其末亦如燕法。鄉飲酒，大夫之饗禮，亦有旅酬，無算爵，則饗末亦有旅酬，恐其失禮，故用觥也。知燕亦有觥者，昭元年《左傳》鄭人燕趙孟、穆叔子皮及曹大夫『興拜，舉兕爵』，是燕有兕觥也。」據彼疏説，則鄭君《卷耳》箋明饗禮有觥，即據此傳，與《桑扈》箋惟據燕禮者異。

「『彼交匪傲，萬福來求。』」**【疏證】**今《詩》「傲」作「敖」，箋：「彼，彼賢者也。賢者居處恭，執事敬，與人交必以禮，則萬福之祿就而求之，謂登用爵命，加以慶賜。」杜注：「彼之交於事而不惰傲，乃萬福之所求。」用箋說。按：《五行志》引詩作「匪儌匪傲」，注：「應劭曰：『言在位者不儌訐不倨傲也。』師古曰：『儌謂儌倖也，萬福言其多也，謂飲酒者不儌倖不傲慢，則福祿就而求之也。』」《漢志》引傳與杜本異，應、顏説《詩》義又與鄭箋、杜注異。臧琳《經義襍記》：「《左傳》襄二十七年公孫段賦《桑扈》，趙孟曰：『「匪交匪傲」，福將焉往？』『匪』與『彼』音相近，故轉『匪』爲『彼』。《論語》『惡徼以爲知者』，釋文云：『鄭本作絞。』是儌、絞古通。《毛詩》作『交』，蓋『絞』之省借，故《漢書》作『儌』。鄭箋依字訓爲交接，恐非。《漢志》所載《左傳》爲古文，今本出之杜氏，未足深信。況趙孟引《詩》作『匪』不作『彼』，與《漢書》正同，尤爲明證乎？《漢志》「匪儌」，當從應仲援説爲『不儌訐』，師古改爲『儌倖』，非是。」胡承珙《毛詩後箋》云：「臧説是也。匪、彼二字古雖通用，此詩義當作匪。《絲衣》『兕觵其觩，旨酒思柔。不吴不傲，胡考之休』，與此詩四句文義相同。此『匪交匪傲』當與彼『不吴不傲』一例耳。」

「今夫子傲，取禍之道也。」【疏證】傲則禮亡，禮亡則禍至。《桑扈》序：「君臣上下，動於禮文焉。」❶陳奂《毛詩疏》：「案：不交敖爲求福之道，《左》兩釋《詩》同意，與《毛詩》序傳合。」

秋，宣伯如齊逆女。稱族，尊君命也。

八月，鄭子罕伐許，敗焉。

戊戌，鄭伯復伐許。

---

❶「於」，《毛詩正義》卷十四作「無」。

庚子，入其郛。

許人平以叔申之封。【疏證】四年傳：「冬，十一月，鄭公孫申帥師疆許田，許人敗諸展陂。鄭伯伐許，取鉏任、泠敦之田。」則鄭雖敗於許，已取許田。杜云：「四年，不得定其封疆。今許以所封田求和於鄭。」❶據杜説，則鄭雖取許田，不如叔申所疆之廣，今乃依其疆界歸之。

「九月，僑如以夫人婦姜氏至自齊」，舍族，尊夫人也。【注】《膏肓》以「襄二十七年『豹及諸侯之大夫盟』，何所尊而舍族」難《左氏》，鄭《箴》云：「《左氏》以豹違命故貶之而去族，今僑如無罪而亦去族，故以爲尊夫人也。《春秋》有事異文同，則此類也。」本疏。【疏證】杜注：「舍族，謂不稱叔孫。」疏云：「宣元年已發尊君命、尊夫人之例，今復發者，彼以喪娶，嫌非正禮，且公子非族，故重明之。何休《膏肓》難左氏叔孫僑如舍族爲尊夫人。案：襄二十七年，豹及諸侯之大夫盟，復何所尊而舍族？《春秋》之例，一事再見者，亦以省文耳，《左氏》爲短。」下引鄭《箴》。案：襄二十七年經：「叔孫豹會晉趙武、楚屈建、蔡公孫歸生、衛石惡、陳孔奂、鄭良霄、許人、曹人于宋。」傳云：「季武子使謂叔孫以公命曰：『視邾、滕。』既而齊人請邾，宋人請滕，皆不與盟。叔孫曰：『邾、滕，人之私也。我，列國也。何故視之？宋、衛，吾匹也。』乃盟。故不書其族，言違命也。」鄭君謂「《左氏》以豹違命貶而去族」，據彼傳爲説。

故君子曰：「《春秋》之稱，

---

❶「許」上，原衍「以」字，今據《春秋左傳正義》卷二十七删。

「**微而顯**，

「**志而晦**，**【疏證】**杜注：「志，記也。晦亦微也。」洪亮吉云：「《衆經音義》引《字詁》：『識，記也。』識、志字同。杜本此。《詩》毛傳：『晦，昧也。』杜注非義訓。」

「**婉而成章**，**【疏證】**洪亮吉云：「《詩》毛傳：『婉，順也。』杜注：『婉，曲也。』非義訓。」

「**盡而不汙**，

「**懲惡而勸善**，**【疏證】**杜注：「善名必稱，惡名不滅，所以爲懲勸。」下云「修史策成此五者」，則以此句亦屬稱列。《讀本》：「持此四者，書善惡、示勸懲是也。」

「**非聖人誰能修之？**」**【疏證】**《讀本》：「此經爲微而顯。」

衛侯有疾，使孔成子、寧惠子立敬姒之子衎以爲大子。【疏證】杜注：「成子，孔達之孫。敬姒，定公妾。衎，獻公。」

冬，十月，衛定公卒。

夫人姜氏既哭而息，

見大子之不哀也，不内酌飲，

歎曰：「是夫也，將不惟衛國之敗，其必始於未亡人。

「烏乎，天禍衛國也夫！吾不獲鱄也使主社稷。」【疏證】杜注：「鱄，衎之母弟。」

大夫聞之，無不聳懼。

孫文子自是不敢舍其重器於衛，【疏證】杜注：「寶器。」

盡寘諸戚，【疏證】《卷耳》傳：「寘，置也。」

而甚善晉大夫。【疏證】杜注：「備亂起，欲以爲援。」

【經】十有五年，春，王二月，葬衛定公。無傳。

三月，乙巳，仲嬰齊卒。無傳。【疏證】杜注：「襄仲子，公孫歸父弟。宣十八年，逐東門氏，既而又使嬰齊紹其後，曰仲氏。」本疏云：「杜之此注，其言不明，當以爲襄仲、歸父本以東門爲氏，及命嬰齊紹歸父之後，改之曰仲氏也。」此應疏說。劉炫云：「仲遂受賜爲仲氏，故其子孫稱仲氏耳。」此炫《述義》駁舊疏，謂襄仲已受賜爲仲氏，不待嬰齊乃稱仲也。沈欽韓云：「仲遂生時已稱仲，則是仲存日已得此氏也。若待嬰齊爲後而曰仲氏，則何能以子之氏逆加其父乎？」朱駿聲云：「按魯有兩公孫嬰齊，一東門氏襄仲之子，襄仲，莊公子也。一子叔氏叔肸之子，叔肸，文公子也。皆見如經。此仲氏即紹襄仲之子，以父氏爲氏者，較子叔聲伯爲疏遠，故書仲，不書公孫。」沈、朱并從炫說。

癸丑，公會晉侯、衛侯、鄭伯、曹伯、宋世子成、齊國佐、邾人同盟于戚。【疏證】《公羊》「成」曰「成」，「邾」曰「邾婁」。

晉侯執曹伯歸于京師。【疏證】《公羊》「歸」下有「之」，彼傳僖二十八年以「歸之于」、「歸于」見例，《左氏》不以爲例。本年傳例曰：「凡君不道於其民，諸侯討而執之，則曰『某人執某侯』，不然則否。」杜謂：「不稱人以執者，曹伯罪不及民。」據傳例爲說。疏云：「曹伯稱侯以執，從『不然』之例。」《年表》：「曹成公二年，晉執我公以歸。」《管蔡世家》坿曹事：「成公三年，晉厲公伐曹，虜成公以歸。」不言「歸于京師」，與傳異。

公至自會。無傳。

夏，六月，宋公固卒。【疏證】《年表》闕。《宋世家》：「共公瑕，十三年卒。」

楚子伐鄭。

秋，八月，庚辰，葬宋共公。

宋華元出奔晉。

宋華元自晉歸于宋。【疏證】杜注：「華元欲挾晉以自重，故以外納告。」本疏云：「魚石自止華元于河上，元始至河，本未至晉。既書『奔晉』，又書『自晉歸』者，華元與欒書相善，怖懼桓族，故挾晉以自重，以晉納告于諸侯，《春秋》從而書之，以示元之本情故也。」惠棟引蔣杲說云：「魚石以華元有平晉、楚之功，懼以晉討，爲復之，故書法亦曰『自晉』，著其所自復耳。」《年表》：「宋共公十三年，宋華元奔晉，復還。」

宋殺其大夫山。

宋魚石出奔楚。【疏證】杜注：「公子目夷之曾孫。」梁履繩云：「按目夷字子魚，故以字爲氏。」

冬，十有一月，叔孫僑如會晉士燮、齊高無咎、宋華元、衛孫林父、鄭公子鰌、邾人會吴于鍾離。

【注】服云：「鍾離，州來西邑也。」《吴世家》集解。【疏證】《公羊》「邾」曰「邾婁」。❶《年表》：「魯成公十五

❶「公羊邾曰邾婁」，原在經文「許遷于葉」疏證下，今移于此。

年，始與吳通，會鍾離。吳壽夢十年，與魯會鍾離。」《地理志》「九江郡鍾離」，注：「應劭曰：『鍾離子國。』」杜注：「楚邑，淮南縣。」用服説。《吳世家》引服注於王僚九年下，即昭廿四年滅鍾離之役也，今移係於此。顧棟高云：「今鳳陽府鳳陽縣東四里有鍾離城。」沈欽韓云：「《一統志》：『鍾離故城舊有東西二城，濠水流于其中。』」按：服云「州來西邑」，州來，今鳳臺下蔡鎮，在鳳陽之東。

許遷于葉。【疏證】《年表》：「楚共王十五年，許畏鄭，請徙葉。」杜注：「葉，今南陽葉縣。」沈欽韓云：「《一統志》：『故城在南陽府葉縣南三十里舊縣鎮。』」❶

【傳】十五年，春，會于戚，討曹成公也。【疏證】十三年傳：「負芻殺太子而自立，諸侯請討之。」至是乃會師討其罪。

執而歸諸京師。❷

凡君不道於其民，

諸侯討而執之，則曰「某人執某侯」，不然則否。【疏證】此執例也。杜注：「稱人，示衆所欲執。」又云：「謂身犯不義者。」杜意君不義止於己身，則不從衆執之文，以釋不然例。

諸侯將見子臧於王而立之。

---

❶ 原稿眉批：葉，查，或已見。

❷ 「師」下，《春秋左傳正義》卷二十七有「書曰晉侯執曹伯不及其民也」十二字。

子臧辭曰：

「前《志》有之曰：【疏證】《讀本》：「前《志》，古書。」

「『聖達節，次守節，下失節。』【疏證】本疏：「舜、禹受終，湯、武革命，是言達節者也。得而不取，與而不受，子臧、季札、衛公子郢、楚公子閭，如此之類，皆守節者也。取非其理，干犯亂常，州吁、無知之等，皆失節者也。」疑舊説類舉其人爲證，故疏具釋之。洪亮吉云：「『下失節』，劉向《新序》引作『下不失節』，誤。」

「爲君非吾節也。

「雖不能聖，敢失守乎？」

遂逃奔宋。

夏，六月，宋共公卒。【疏證】《五行志》引傳「共」作「恭」。

楚將北師，【疏證】杜注：「侵鄭、衛。」

子囊曰：「新與晉盟而背之，無乃不可乎？」【疏證】《楚語》注：「子囊，恭王弟。」杜注：「子囊，莊王子公子貞。」用韋説。十二年傳：「夏，五月，晉士燮會楚公子罷、許偃，盟于宋西門之外。」

子反曰：「敵利則進，何盟之有？」

申叔時老矣，在申，【疏證】杜注：「老歸本邑。」

聞之，曰：「子反必不免。

「信以守禮，禮以庇身。

「信、禮之亡，欲免得乎？」

楚子侵鄭，及暴隧。【疏證】杜無注，已説於文八年盟于暴。高士奇據《路史·國名紀》謂：「暴，新公采邑，一名暴隧。」恐未然，今地闕。

遂侵衛，及首止。

鄭子罕侵楚，取新石。【疏證】杜注：「新石，楚邑。」《彙纂》：「當在南陽府裕州葉縣境。」

欒武子欲報楚。

韓獻子曰：「無庸，【疏證】□□傳：「庸，用也。」

「使重其罪，民將叛之。無民，孰戰？」

秋，八月，葬宋共公。

於是華元爲右師，

魚石爲左師，【疏證】《宋世家》：「共公卒，華元爲右師，魚石爲左師。」

蕩澤爲司馬，【疏證】《世本》：「公孫壽生大司馬虺，虺生司馬澤也。」杜注：「蕩澤，公孫壽之孫。」

華喜爲司徒，【疏證】《世本》：「督生世子家，家生季老，老生司徒鄭，鄭生司徒喜也。」杜注：「華父，❶督之玄孫。」

---

❶「父督」，原作「督父」，今據《春秋左傳正義》卷二十七改。

公孫師爲司城，【疏證】《世本》：「莊公生右師戊，戊生司城師也。」杜注：「莊公孫。」

向爲人爲大司寇，

鱗朱爲少司寇，【疏證】《世本》：「桓公生公子鱗，鱗生東鄉矔，矔生司徒文，文生大司寇奏，奏生小司寇朱也。」杜注：「鱗矔孫。」

向帶爲大宰，【疏證】《釋文》作「帶」，云：「本又作帶。」《校勘記》云：「按：《説文》無帶字。今從宋本。」

魚府爲少宰。

蕩澤弱公室，殺公子肥。【疏證】杜注：「肥，文公子。」《宋世家》：「司馬唐山攻殺太子肥，欲殺華元。」唐山即蕩澤也。洪亮吉云：「唐、蕩音同。」李富孫云：「唐、蕩一聲之轉。」《宋書・徐羨之傳》：「文帝討羨之詔曰：『昔子家從弑，鄭人致討；宋肥無辜，蕩澤爲戮。』」按：傳云公子肥，史公改曰太子肥，又叙立少子平公於殺肥後，則肥爲共公嗣嫡，未成君而被弑，與杜説異。宋詔以子家弑君爲比。二傳無蕩澤殺肥文，與史公合，當是《左氏》舊説。

華元曰：「我爲右師，君臣之訓，師所司也。今公室卑，而不能正，吾罪大矣。不能治官，敢賴寵乎？」乃出奔晉。【疏證】《晉書・梁孝王肜傳》：❶「永康二年薨。蔡克議謚曰：

❶「肜」，《晉書・梁王肜傳》作「彤」。

『愍懷之廢，不聞一言之諫；淮南之難，不能因勢輔義；趙王倫簒逆，不能引身去朝。宋有蕩之亂，華元自以不能居官，曰：「君臣之訓，我所司也。公室卑而不正，吾罪大矣！」夫以區區之宋，猶有不素餐之臣，而況帝王之朝，有苟容之相，此而不貶，法將何施？宜謚曰「靈」。』肜親黨稱枉，克重議曰：『趙盾入諫不從，出亡不遠，猶不免於責，況肜不能去位，北面事僞主乎？』」按：蔡克謂華元不素餐當是《左氏》舊説，其重議以趙盾比司馬肜，則華元出奔爲合於義。

二華，戴族也。【疏證】杜注：「華元、華喜。」梁履繩云：「戴公，《史記》名不著，《唐書·宰相世系表》『宋戴公白』。」

司城，莊族也。

六官者，皆桓族也。【疏證】杜注：「魚石、蕩澤、向爲人、鱗朱、向帶、魚府皆出桓公。」

魚石將止華元。

魚府曰：「右師反，必討，是無桓氏也。」【疏證】蕩澤，桓族，故懼華元盡討桓氏。桓族四，蕩、魚、向、鱗也，戴、莊二族不在討列。杜注謂「討蕩并及六族」，誤甚。

魚石曰：「右師苟獲反，雖許之討，必不敢。【疏證】杜注：「言畏桓族强。」

「且多大功，國人與之，【疏證】杜注：「華元克合晉、楚之成，劫子反以免宋圍。」

「不反，懼桓氏之無祀於宋也。【疏證】謂華元得國人心，不反則國人怨，桓族或將有禍。

「右師討，猶有戌在，❶**【疏證】**杜注：「向戌，桓公曾孫。言其賢，華元必不討。」

「桓氏雖亡，必偏。」【疏證】杜注：「偏，不盡。」❷

魚石自止華元於河上。【疏證】《宋世家》：「華元犇晉，魚石止之，至河乃還。」

請討，許之，乃反。

使華喜、公孫師帥國人攻蕩氏，殺子山。【疏證】杜注：「喜、師非桓族，故使攻之。」洪亮吉云：「子山，即蕩澤。」

書曰「宋殺其大夫山」，言背其族也。【疏證】傳明舍族之義。《宋世家》：「誅唐山，乃立共公少子成，是爲平公。」

魚石、向爲人、鱗朱、向帶、魚府出舍於睢上，【疏證】杜注：「睢，水名。」未指所在。《水經·睢水》：「出梁郡鄢縣，又東過睢陽縣南。」注云：「睢水出陳留縣西蒗蕩渠，❸經言出鄢，非矣。又東逕横城北，又逕新城北，又東逕高鄉亭北，又東逕亳城北，南亳也。又東逕睢陽故城南，周武王封微子啓于宋以嗣殷後，爲宋都也。」馬宗璉云：「《御覽》引《九州要記》『睢陽水在宋城西』。」按：馬引《九州要記》説與《水經注》合，五人由宋都出舍，

❶「有」，原作「在」，今據《春秋左傳正義》卷二十七改。

❷原稿眉批：偏，詁。

❸「蒗」，原漫漶不清，今據《水經注箋》卷二十四補。

則睢上即睢陽水也。江永云：「今按在歸德府。」《一統志》：「睢水，自河南開封府杞縣流入，經睢州北，又東逕寧陵縣南，又東逕歸德府城南，又東經夏邑縣北，又東南經永城縣北。」

華元使止之，不可。

冬，十月，華元自止之，不可，乃反。

魚府曰：「今不從，不得入矣。

「右師視速而言疾，有異志焉。

「若不我納，今將馳矣！」

登丘而望之則馳，【疏證】釋文：「『登丘而望之則馳』，絶句。」

騁而從之，則決睢澨，閉門登陴矣。【疏證】《吕覽·□□》注：❶「決，溢也。」胡渭《禹貢錐指》云：「《説文》：『澨，埤增水邊土，人所止也。』《詩·汝墳》傳：『墳，大防也。』『淮濆』傳：『濆，涯也。』《水經·淯水》注以『澨』爲『水側之濆』，是知濆與墳字别而義同。《左傳》『華元決睢澨』，睢則睢水，澨則其防也，故曰決。」

左師、二司寇、二宰遂出奔楚。【注】服云：「魚石，卿，故書。」本疏。【疏證】疏引服説，又云：「以四人非卿，故不書。」申服意也。洪亮吉以爲服注誤。杜注：「四大夫不書，獨魚石告。」不用服説。疏駁服云：「向爲人爲大司寇，亦是卿也。若五人皆告，爲卿則書，向爲人亦當書之，何以獨書魚石？」李貽德云：「宋自殤公

❶ 「吕覽□□」，疑當作「淮南天文訓」。

以前，執政皆大司馬，華督以太宰相，變例也。僖九年傳：『以公子目夷爲仁，使爲左師聽政。』魚石爲子魚曾孫，而爲左師，當與華元共聽宋政。元復石奔，經書之者，以其執政故也，向爲人非執政卿。」

華元使向戌爲左師，

老佐爲司馬，【疏證】杜注：「老佐，戴公五世孫。」

樂裔爲司寇，

以靖國人。❶

晉三郤害伯宗，譖而殺之，及欒弗忌。【注】賈云：「三郤，郤錡、郤犨、郤至。」《晉世家》集解。【疏證】《晉世家》：「厲公五年，三郤讒伯宗，殺之。」三郤之稱，初見於傳，杜無注，略。《晉語》：「及欒弗忌之難，諸大夫害伯宗，將謀而殺之。」以殺欒弗忌在殺伯宗之前，與《内傳》異。彼注云：「欒弗忌，晉大夫，伯宗之黨也。」杜注：「欒弗忌，晉賢大夫。」用韋義。

伯州犂奔楚。【疏證】《論衡·逢遇》作「白州犂」。❷《晉語》：「畢陽實送州犂于荆。」注：「州犂，伯宗子。」杜用韋義。

韓獻子曰：「郤氏其不免乎？

---

❶ 原稿眉批：靖，詁。

❷ 「白州犂」，《論衡·逢遇篇》無此三字。

「善人，天地之紀也，【疏證】《後漢書・蔡邕傳》：「王允收邕付廷尉，馬日磾告人曰：『王公其不長世乎？善人，國之紀也。』」謂善人能紀綱國家，與傳言「天地之紀」同義。襄三十傳：「善人，國之務也。」❶

「而驟絶之，不亡何待？」【疏證】❷

初，伯宗每朝，其妻必戒之曰：

「『盜憎主人，民惡其上』，子好直言，必及於難。」【疏證】惠士奇云：「『盜憎主人，民怨其上』，周廟金人銘也，其詞曰：『古之慎言人也，無多言，多言多敗。』故云『子好直言，必及於難』。」洪亮吉云：「《家語》載金人銘有此二語，《説苑》作『盜怨主人，民害其貴』。」文淇案：《後漢書・馬援傳》：「援上書曰：『實欲導之于善，非敢譎以非義。而囂自挾姦心，盜憎主人，怨毒之情遂歸于臣。』」注引此傳。《晉語》：「伯宗飲諸大夫酒，其妻曰：『諸大夫莫子若也，然而民不能戴其上久矣。』」注：「戴，奉也。上，賢也，才在人上也。」此傳與《國語》同意，謂民惡才之在己上也。《年表》：「三郤讒伯宗，殺之，伯宗好直諫。」《晉世家》：「伯宗以好直諫得此禍，國人以是不附厲公。」皆明傳著伯宗妻言之義。

十一月，會吴于鍾離，始通吴也。【疏證】《魯世家》：「始與吴王壽夢會鍾離。」

許靈公畏偪于鄭，

---

❶ 「務」，《春秋左傳正義》卷四十作「主」。

❷ 原稿眉批：驟，詁。

請遷于楚。

辛丑，楚公子申遷許于葉。

【經】十有六年，春，王正月，雨木冰。【注】劉歆以爲上陽施不下通，下陰施不上達，故雨，而木爲之冰，雰氣寒，木不曲直也。《五行志》。**【疏證】**《五行志》用歆説，列於木不曲直，劉向則以爲「常雨之罰」，與歆異。《公羊》、《穀梁》並云「雨而木冰也」，歆亦云「故雨，而木爲之冰」，則三傳説並謂雨著木而成冰。杜注：「記寒過節，冰封著樹。」不云冰之由雨，非。據歆説，則上陽下通、下陰上達爲天地之正，上施而不下通、下施而不上達，陰陽之氣鬱遏，乃雨而木冰也。《信南山》「雨雪雰雰」傳：「雰雰，雪貌。」《素問·六元正紀大論》「寒雰結爲霜雪」注：「寒雰曰氣也。」❶《廣雅·釋訓》：「雰雰，雨也。」則雰是凍雨結爲霜雪，故歆以雰氣當木冰也。沈欽韓云：「《舊唐書·讓皇帝憲傳》：『開元二十九年冬，京城寒甚，凝霜封樹，時學者以爲《春秋》「雨木冰」即此，是亦名樹介，言其象介胄也。憲見而歎曰：「此俗謂樹稼者也。諺曰：『樹稼，達官怕。』必有大官當之。」』」❷

夏，四月，辛未，滕子卒。【疏證】滕文公也，名佚。

鄭公子喜帥師侵宋。【疏證】杜注：「喜，穆公子子罕也。」

---

❶ 「曰」，《黄帝内經·素問》卷二十一作「白」。

❷ 原稿眉批：「『樹稼』條，查《古謡諺》。」

六月，丙寅，朔，日有食之。無傳。**【注】**劉歆以爲四月二日魯、衛分。《五行志》。**【疏證】**臧壽恭云：「案：是年入甲申統一千六十八年，積月一萬三千二百九，閏餘九，積日三十九萬七十三，小餘十五，大餘十三。正月丁酉朔小，小餘五十八。二月丙寅朔大，小餘二十。三月丙申朔小，小餘六十三。四月乙丑朔，二日丙寅。又置上積日加積日八十八，以統法乘之，以十九乘小餘六十三，并之滿周天除去之，餘十一萬五千八百十六。滿統法而一，得積度七十五度餘三百九十一。命如法，得四月乙丑朔，合辰在奎四度，二日丙寅日在奎五度。」

晉侯使欒黶來乞師。【疏證】杜注：「將伐鄭。黶，欒書子。」本疏：「十八年悼公之入，黶尚爲公族大夫，此時欒書尚在，黶未爲卿，蓋以攝卿行。」

甲午，晦，晉侯及楚子、鄭伯戰於鄢陵。楚子、鄭師敗績。【注】服云：「鄢陵，鄭之東南地也。」《晉世家》集解。**【疏證】**李富孫云：「鄢陵，漢《五行志》作⿰阝焉陵。《淮南·人間》引作鄔陵，《氾論》又作陰陵，注同。《水經·渠水》注引作傿陵。案：《説文》無⿰阝焉字，❶此亦別體。⿰阝焉、陰、傿，皆以字形相近而亂。」案：鄔由「鄔、劉」之鄔而誤，趙匡謂鄢即鄔，不足據，已説於隱元年。《地理志》：「潁川郡鄢陵縣。」❷《郡國志》：「潁川郡⿰阝焉陵，

---

❶ 「⿰阝焉」，原作「鄢」，今據《春秋三傳異文釋》卷五改。

❷ 「鄢」，《漢書·地理志》作「傿」。

春秋時曰隝。」❶劉昭注：「春秋鄭共叔所保，故曰『克段于鄢』。又成十六年晉敗楚于隝陵。」❷《晉語》：「遂與荆人戰于鄢陵，❸大勝之。」注：「鄢陵，鄭地。」杜注：「鄢陵，鄭地，今屬潁川郡。」用《漢志》及韋注義。洪亮吉云：「按：晉、楚戰之鄢陵，與克段之鄢本兩地，杜注失于彼而得于此。若劉昭注司馬彪《志》，合兩地爲一，非也。」《地理志》陳留郡别有傿，即隱元年克段之傿，與此别。案：洪説是也。服云鄭謂鄭都，鄭都在今河南開封府新鄭縣。李貽德云：「服以爲鄭東南地者，伐鄭禦楚，則越鄭而東，而東南與楚遇，當在鄭東南地矣。」沈欽韓云：「《方輿紀要》：『鄢陵舊城在開封府鄢陵縣西北四十里。』」❹今鄢陵在新鄭之西，與服注不合。據傳例「大崩曰敗績」，杜以楚師未大崩，謂「楚子傷目而退，故曰『楚子敗績』」，疏引泓之戰，證「師敗君傷唯書師敗」之事，乃劉炫《述義》語，詳《左傳舊疏考證》。壽曾謂：據《述義》，則舊説亦以經書楚子見義，然敗不稱師，王痍也，乃《公羊》義。《年表》：「晉厲公六年，敗楚鄢陵。」《晉世家》：「楚兵敗於鄢陵。」

楚殺其大夫公子側。【疏證】杜注：「側，子反。」

秋，公會晉侯、齊侯、衛侯、宋華元、邾人于沙隨，不見公。【疏證】《公羊》「邾」曰「邾婁」。洪亮吉

---

❶「隝」，《後漢書·郡國志》作「鄢」。
❷「隝」，《後漢書·郡國志》作「鄢」。
❸「與」，原作「於」，今據《國語正義》卷十二改。
❹「北」，《方輿紀要》卷四十七作「南」。

云：「《水經・汳水》注：❶『汳水又東逕寧陵縣之沙陽亭，故沙隨國矣。』」沈欽韓云：「《方輿紀要》：『沙隨城在歸德府寧縣北六里。』」

公至自會。

公會尹子、晉侯、齊國佐、邾人伐鄭。【疏證】《公羊》「邾」曰「邾婁」。杜注：「尹子，王卿士。子，爵。」沈欽韓云：「按：畿内固有封爵如蘇子者，若公、卿、大夫，但有八命、六命、四命之差，而無公、侯、伯、子、男之次。且尹子爲卿士，若其出封當加一等爲侯伯，不當爲子男也。蓋京師之王官，尊之則曰公，通稱則曰子，若單、劉者，亦曰子亦曰公，不獨尹氏。」《年表》：「鄭成公十年，倍晉盟楚，晉伐我，楚來救。」

曹伯歸自京師。【疏證】十五年經：「晉侯執曹伯歸于京師。」

九月，晉人執季孫行父，舍之于苕丘。【注】賈氏以爲書執行父，舍于苕丘，言失其所。不書至者，刺晉聽讒執之，示己無罪也。《釋例》本疏。【疏證】《公羊》「苕」曰「招」。臧壽恭云：「苕、招同音相假。」杜注：「苕丘，晉地。」今地闕。杜又云：「舍之苕丘，明不以歸。不稱行人，非使人。」杜但明不稱行人義。本疏：「昭十三年，晉人執季孫意如，意如得釋而歸，書『意如至自晉』。此行父得釋，❷不書『至』者，《釋例》曰『賈氏以爲』云云。按：傳因之苕丘，以别晉都，無義例也。公待于鄆，與行父俱歸，厭于公尊，故不書行父至耳。若欲示

---

❶「汳」，原缺，今據《水經注箋》卷二十三補。

❷「得」上，原衍「不」字，今據《春秋左傳正義》卷二十八删。

無罪，則宜於執見義，今既直書其執處，絶不書至，乃所以示終於見執，非示無罪也。』《穀梁》以行父至不致者，爲公在故，與杜義合也。」據疏説，則杜用《穀梁》「公在」義以駁賈説，賈知行父以無罪執者，李貽德云：「昭十四年，『季孫意如至自晉』，❶傳曰：『尊晉罪己也。』二十四年，『叔孫婼至自晉』，❷傳曰：『尊晉也。』此歸而不書『至』，可證行父以非理見執，無可罪。」按：李説深得賈義。《年表》：「宣伯告晉，欲殺季文子，文子得以義脱。」《魯世家》：「宣伯告晉，欲誅季文子。文子有義，晉人弗許。」史公褒行父有義，當是古《左氏》説，賈所據也。《漢書·朱博傳》：「諫大夫龔勝等十四人以爲：『《春秋》之義，姦以事君，常刑不赦。叔孫僑如欲顓公室，譖其族兄行父於晉，晉執囚行父以亂魯國，❸《春秋》重而書之。』」龔勝等亦以此經書「執」爲重行父，與賈義合。

冬，十月，乙亥，叔孫僑如出奔齊。【疏證】《五行志》「僑」作「喬」。

十有二月，乙丑，季孫行父及晉郤犫盟于扈。【疏證】《公羊》「犫」曰「州」。

公至自會。無傳。

乙酉，刺公子偃。【疏證】釋文：「刺，本又作刾。」杜注：「魯殺大夫皆言刺，義取《周禮》三刺之法。」按：《司刺》注：「刺，殺也。三訊罪定則殺之。」杜用鄭義。

【傳】十有六年，春，楚子自武城使公子成以汝陰之田求成于鄭。【疏證】杜注：「汝水之南，近鄭

---

❶「自」，原脱，今據《春秋左氏傳賈服註輯述》卷十補。

❷「叔」，原作「公公」，今據《春秋左傳正義》卷五十改。

❸「以亂」，原脱，今據《漢書·朱博傳》補。

地。」顧棟高云：「楚文王封畛於汝，楚地止於汝水之南。田蓋在河南汝州郟縣及裕州葉縣間。」梁履繩云：「按：縣屬南陽府。」

鄭叛晉，子駟從楚子盟于武城。【疏證】《年表》：「鄭成公十年，背晉盟楚。」《晉世家》：「厲公六年春，鄭倍晉與楚盟。」《鄭世家》：「背晉盟，盟于楚。」

夏，四月，滕文公卒。

鄭子罕伐宋，【疏證】杜注：「滕，宋之與國。鄭因滕有喪而伐宋，故傳舉滕侯卒。侵、伐，經傳異文，經從告，傳言實。」沈欽韓云：「大國有喪，或可乘間以侵小國。滕小宋大，有喪何妨宋事，而因滕喪伐宋乎？杜以傳文不虚出，而强傳其事，殊不思道理也。」

宋將鉏、樂懼敗諸汋陂。【疏證】杜注：「樂懼，戴公六世孫。將鉏，樂氏。汋陂，宋地。」疏云：「樂懼是戴公六世孫，《世本》有文也。將鉏爲樂氏之族，不知所出。杜《譜》於樂氏之下樂鉏、將鉏爲一人。傳無樂鉏之文，不知其故何也。」據疏説，則《世本》有樂懼，無將鉏。馬宗璉云：「《水經·泄水》：『出博安縣，北過芍陂。』酈元曰『芍陂在壽春縣南八十里』，《御覽》引《壽春圖經》曰『芍陂在安豐縣』，《豫州記》曰『陳縣地有芍陂湖』。」周宣武《附論》：❶「汋陂即芍陂也，今在安徽鳳陽府壽州境。」

退舍於夫渠，不儆。【疏證】杜注：「夫渠，宋地。宋師不儆備。」梁履繩云：「大渠，疑即渠水也。《水經

---

❶「宣武」，原缺，今據《左通補釋》卷十二、卷十四補。

注》二十二云：『渠水右合五池溝，溝上承澤水，下流注渠，謂之五池口。魏嘉平三年，司馬懿帥中軍討太尉王淩，自彼而還。』」

鄭人覆之，敗諸汋陵，【疏證】杜注：「汋陵，宋地。」沈欽韓云：「《元和志》：『汋陵在宋州寧陵縣南二十五里。』宋州，今歸德府。」《春秋輿圖》：「汋陵在河南歸德府寧陵縣南二十五里。」

獲將鉏、樂懼，宋恃勝也。

衛侯伐鄭，至於鳴雁。❶【疏證】《郡國志》：「陳留郡陳留有鳴雁亭。」杜注：「鳴雁，在陳留雍丘縣西北。」用《漢志》說。焦循云：「《續漢志》『陳留』注：『杜預云：在縣西北。』又雍丘本杞國，杞遷於緣陵，雍丘遂爲宋地。宋地既至雍丘，則鳴雁爲鄭地，自在雍丘之西。雍丘，今之杞縣，在陳留東南。鳴雁在雍丘之西北，而實屬於陳留。劉昭引杜預以鳴雁在陳留縣西北，誤以陳留國爲陳留縣耳。」按：焦説是也。《水經注》：「汳水逕小黄縣故城南，又東逕鳴雁亭，《春秋》衛侯伐鄭，至于鳴雁是也。今俗人尚謂之白雁亭。」顧棟高云：「今開封府杞縣北四十里有白雁亭。」

晉侯將伐鄭。

范文子曰：「若逞吾願，諸侯皆叛，晉可以逞。❷【疏證】《晉語》：「范文子曰：『若以吾意，諸侯皆畔，

---

❶ 「雁」下，《春秋左傳正義》卷二十八有「爲晉故也」四字。

❷ 原稿眉批：逞似久見，不注。

則晉可爲也。』又『唯厚德者能受多福，稱晉之德，諸侯皆叛，國可以少安』。」注：「宜諸侯皆畔，不復征伐，還自整修，則國可以少安。」杜注：「晉厲公無道，三郤驕。故欲使諸侯叛，冀其懼而思德。」用韋義。

「若唯鄭叛，晉國之憂，可立俟也。」

欒武子曰：「不可以當吾世而失諸侯，必伐鄭。」乃興師。【疏證】《年表》：「鄭成公十年，晉伐我。」《晉世家》：「晉怒，乃發兵。」

欒書將中軍，士燮佐之；【疏證】杜注：「代荀庚。」本疏：「《晉語》云：『鄢陵之役，晉伐鄭，荆救之。欒武子將上軍，范文子將下軍。』與此異者。彼孔晁注：『上下，中軍之上下也。傳曰：「欒書將中軍，士燮佐之。」又曰：「欒、范以其族夾公行。」』引此爲證。是彼謂分中軍爲二，將將上而佐將下。」

郤錡將上軍，荀偃佐之；【疏證】杜注：「代士燮、郤錡。偃，荀庚子。」

韓厥將下軍；郤至佐新軍。荀罃居守。【疏證】杜注：「荀罃，下軍佐。於是郤犨代趙旃將新軍，新上下軍罷矣。」正義：「十三年傳云『韓厥將下軍，荀罃佐之』，又此年末傳云『知武子佐下軍，❶郤犨將新軍』，是其文也。三年作六軍，其新三軍將佐六人，死亡不復補，至此唯有韓厥在耳。郤至佐新軍，不言中下，是新軍唯一。」

郤犨如衛，遂如齊，皆乞師焉。

---

❶ 「末」上，原衍「傳」字，今據《春秋左傳正義》卷二十八删。「佐」，《春秋左傳正義》卷二十八作「將」。

欒黶來乞師，【疏證】《晉語》：「且使苦成叔及欒黶興齊、魯之師。」《外傳》不言乞衛師，略。

孟獻子曰：「有勝矣。」【疏證】石經「曰」下旁增「晉」，各本無。杜注：「卑讓有禮，故知其將勝楚。」

戊寅，晉師起。【疏證】《晉世家》：「厲公自將。」《鄭世家》：「晉厲公怒，發兵伐鄭。」

鄭人聞有晉師，使告于楚，姚句耳與往。【疏證】杜注：「句耳，鄭大夫。與往，非使也。」

楚子救鄭。【疏證】《年表》：「鄭成公十年，楚來救。」《楚世家》：「共王十六年，晉伐鄭，鄭告急，共王救鄭。」《鄭世家》：「共王救鄭。」

司馬將中軍，

令尹將左，

右尹子辛將右。❶**【疏證】**杜注：「子反、子重、公子壬夫。」

子反入見申叔時，

曰：「師其何如？」

對曰：「德、刑、詳、義、禮、信，戰之器也。【疏證】正義：「詳者，祥也，古字同。《釋詁》：『祥，善也。』」杜注：「器，猶用也。」疏言：「有此六事，乃可以戰。」

「德以施惠，

---

❶「右」下，《春秋左傳正義》卷二十八有「過申」二字。

「刑以正邪，

「詳以事神，

「義以建利，

「禮以順時，

「信以守物。【疏證】正義：「自『德以施惠』至『信以守物』，辨六事施用之處也。」

「民生厚而德正，

「用利而事節，

「時順而物成，

「上下和睦，周旋不逆，

「求無不具，

「各知其極。

「故《詩》曰：『立我烝民，莫匪爾極。』【疏證】《思文》傳：「極，中也。」杜注：「《詩·頌》言先王立其衆民，無不得中正。」用毛義。《周語》：「芮良夫曰：『夫王人者，將導利而布之上下者也，使神人百物無不得其極。』」亦引此《詩》，與申叔時引《詩》意同。

「是以神降之福，時無災害，

「民生敦厖，和同以聽，【疏證】《北門》傳：❶「敦，厚也。」《釋詁》：「憮、厖，有也。」疏：「成十六年《左傳》云『民生敦厖』，言人生聚豐厚大有也。」當是舊説。杜注：「厖，大也。」亦據《釋詁》文。本疏：「其人生厚大，則心和而聽上命。」

「莫不盡力以從上命，

「致死以補其闕，【疏證】杜注：「闕，戰死者。」陸粲云：「軍國之事有所缺乏，杜注非也。」

「此戰之所由克也。【疏證】本疏：「自『民生厚』至『所由克』，言能用六事得戰勝之意也。」又謂：「『民生厚而德正』，覆上『德以施惠』；『用利而事節』，覆上『義以建利』；『時順而物成』，覆上『禮以順時』。自『上下和睦』以下至『莫匪爾極』，即包上『刑以正邪』、『信以守物』。『是以神降之福』二句，覆上『詳以事神』。」❷疏言「覆上」，或言「包上」，謂申説六事也。服於下文分疏六事，則疏所稱或亦舊説。

「今楚内棄其民，而外絶其好，瀆齊民，❸而食話言；奸時以動，而疲民以逞。【注】服以「外絶其好」爲刑不正邪，「食話言」爲義不建利，「疲民以逞」爲信不守物。本疏。**【疏證】**洪亮吉云：「崔憬《易》注曰：『瀆，古黷字。』傳皆以瀆爲黷。案：虞翻《易》注：『瀆，亂。』」如洪説，則傳古文亦作「瀆」也。杜以「内

❶「北門」，原缺，今據《毛詩正義》卷二補。
❷「詳」，原作「祥」，今據《春秋左傳正義》卷二十八改。
❸「民」，《春秋左傳正義》卷二十八作「盟」。

棄其民」爲「不施惠」，「外絶其好」爲「義不建利」，「瀆齊民」爲「不詳事神」，「食話言」爲「信不守物」，「奸時以動」爲「禮不順時。周四月，今二月，妨農業」，「疲民以逞」爲「刑不正邪，而苟快意」。疏云：「自『今楚内棄其民』至『疲民以逞』，言楚不行六事也。」又云：「此六句言楚無此六事，隨便而言，故與上不次。服虔以『外絶其好』爲刑不正邪也，『食話言』爲義不建利也，『疲民以逞』爲信不守物也。杜以『食話言』是言之不信也，快意征伐是刑之失所也，故不從舊説。」文淇按：疏所言唯舉杜之異於服者，其餘三句，杜皆用服説矣。疏謂「此六句隨便而言，與上不次」，亦足明服虔解此六句依上六事之次矣。

「民不知信，進退罪也。【疏證】本疏：「『民不知信』以下言楚必敗之意也。」

「人恤所厎，其誰致死？【疏證】《□□》傳：「厎，至也。」

「子其勉之！吾不復見子矣。」【疏證】釋文：「一本無『復』字。」

姚句耳先歸，

子駟問焉。【疏證】問楚師之彊弱。

對曰：「其行速，過險而不整。

「速則失志，不整喪列。

「志失列喪，將何以戰？

「楚懼不可用也。」

五月，晉師濟河。聞楚師將至，【疏證】《晉世家》：「五月度河，聞楚兵來救。」

范文子欲反，

曰：「我僞逃楚，可以紓憂。【疏證】俞樾云：「范文子欲反則真逃楚矣，何僞之有？『僞』當作『爲』，爲猶如也。」

「夫合諸侯，非吾所能也，以遺能者。

「我若群臣輯睦以事君，多矣。」【疏證】石經「若」下旁增「退」，「矣」下旁增「又何求」，各本無。❶《釋文》：「輯，又作集。」《晉世家》：「范文子請公欲還。」

武子曰：「不可。」【疏證】《晉世家》：「郤至曰：『發兵誅逆，見彊辟之，無以令諸侯。』」

六月，晉、楚遇於鄢陵。【疏證】《鄭世家》：「晉、楚戰鄢陵。」

范文子不欲戰。

郤至曰：「韓之戰，惠公不振旅；【疏證】僖十五年經：「冬，十有一月，壬戌，晉侯及秦伯戰于韓，獲晉侯。」是其事也。《晉語》：「昔韓之役，惠公不復舍。」

「箕之役，先軫不反命；【疏證】僖三十三年經：「秋，晉人敗狄于箕。」傳：「先軫免胄入狄師，死焉。」是其事也。

---

❶ 原稿眉批：旁增初見條下須辨明朱梁所加。

「邲之役，❶荀伯不復從，【疏證】宣十二年經：「夏，六月，晉荀林父帥師及楚子戰于邲，晉師敗績。」是其事也。《晉語》：「箕之役，先軫不復命。」注：「晉人敗狄于箕，先軫死之，故不反命於君。」杜用韋説，杜注：「荀林父奔走，不復故道。」顧炎武云：「非也，謂不復從事于楚。」沈欽韓云：「按：『不復從』，謂晉之餘師不能軍，或説荀罃爲楚師所獲，不復從軍而歸。」❷文淇案：《晉語》作「邲之役，三軍不振旅」，與此小異。壽曾謂：《晉語》注：「師敗衆散，故不能振旅而入。」杜於韓之役注云「衆散敗也」，誤用此邲役。韋説「復從」義難解，俞樾云：「王念孫曰：『從，蓋徒字之誤。邲之敗，徒衆不反者多，故云不復徒。』❸然『不復徒』之語亦爲不辭。從，疑役之誤，復者，反也。襄三年傳曰：『反役，與之禮食。』定十年傳曰：『反役，晉人討衛之叛。』此云『復役』，義亦同耳。」按：如俞説，則荀伯當斥荀罃。

「皆晉之耻也。

「子亦見先君之事矣。

「今我辟楚，又益耻也。」【疏證】以上《晉語》以爲欒武子語。

文子曰：「吾先君之亟戰也，有故。

「秦、狄、齊、楚皆彊，

---

❶「役」，《春秋左傳正義》卷二十八作「師」。

❷「軍」上，原衍「楚」字，今據《春秋左氏傳補注》卷六删。

❸「徒」，原作「從」，今據《群經平議》卷二十六改。

「不盡力，子孫將弱。

「今三彊服矣，【疏證】杜注：「齊、秦、狄。」

「敵楚而已。

「惟聖人能外内無患。自非聖人，外寧必有内憂，盍釋楚以爲外懼乎？」【疏證】《晉語》：「范文子曰：『且惟聖人能無外患，又無内憂，距非聖人，必偏而後可。盍姑釋荆與鄭以爲外患乎？』注：「釋，置也。」

甲午晦，楚晨壓晉軍而陳，【疏證】《晉語》：「鄢陵之役，荆厭晉軍。」注：「厭，謂厭其不備也。」引傳亦作「厭」。杜注：「壓，笮其未備。」用韋義。

軍吏患之。

范匄趨進，【疏證】釋文：「匄，本又作丐。」李富孫云：「《吕覽・開春》注、《晉世家》音義並同。《説文》：『匄，乞也。』丐，俗字。」《晉語》注：「匄，范文子之子宣子也。爲公族大夫。」杜注：「匄，士燮子。」用韋説。

曰：「塞井夷竈，陳於軍中，【注】賈云：「夷，毁也。」《一切經音義》引《國語》注。**【疏證】**《晉語》：「夷竈堙井，非退而何？」注：「夷，平也。使晉軍平塞井竈，示必死，不復飲食。」杜無注，下「將塞井夷竈而爲行也」，注：「夷，平也。」用韋義。案：《外傳》不云「陳軍中」，故韋止謂「示不飲食」。《讀本》：「楚壓晉軍，戰道已隘，取井竈之地以陳師。」與傳義合。

「而疏行首。【疏證】杜注：「疏行首者，當陳前決開營壘爲戰道。」按：上云「陳於軍中」，則戰道已包上文，此謂軍之行列也。惠棟云：「《司馬法》曰：『凡陳，行惟疏。』《淮南子》曰：『疏隊而擊之。』❶高誘曰：『疏，分也。』」沈欽韓云：「行首，即領隊者也。《吴語》：『陳士卒，百人以爲徹行，百行。行頭皆官師，擁鐸拱稽。』此在壘中整頓之事也。行頭即行首。」

「晉、楚惟天所授，何患焉？」

文子執戈逐之，曰：

「國之存亡，天也，童子何知焉？」

欒書曰：「楚師輕窕，【疏證】杜無注。《廣雅·釋詁》：「獧佻，疾也。」王念孫云：「《方言》：佻，音糶。《韓子·詭使》篇云：『躁佻反覆謂之智。』成十六年《左傳》：『楚師輕窕。』窕與佻通。《史記·荆燕世家》：『遂跳驅至長安。』跳驅謂疾驅也，義亦與佻同。」沈欽韓云：「《漢書·周亞夫傳》：『楚兵輕剽，難與争鋒。』」

「固壘而待之，三日必退。

「退而擊之，必獲勝焉。」

郤至曰：「楚有六間，不可失也。【疏證】《晉語》注：「間，隙也。」

「其二卿相惡，【疏證】杜注：「子重、子反。」

「王卒以舊，【疏證】杜注：「罷老不代。」《晉語》無此二間。

---

❶「擊」，原作「分」，今據《淮南鴻烈解》卷十二改。

「鄭陳而不整，【疏證】《晉語》：「夫楚與鄭陳而不與整，三間也。」注：「雖陳，不整齊。」杜注：「不整列。」用韋義。《外傳》「陳」兼楚言，與傳異。

「蠻軍而不陳，【疏證】《晉語》：「夫南夷與楚來而弗與陳，二間也。」注：「不與陳，不欲戰也。」杜注：「蠻夷從楚者不結陳。」用韋義。此楚所屬蠻也。《後漢書·南蠻傳》：「今長沙武陵蠻是也。平王東遷，蠻遂侵暴上國。晉文侯輔政，乃率蔡共侯擊敗之。至楚武王時，蠻與羅子共敗楚師，殺其將屈瑕。莊王初立，民飢兵弱，復爲所寇。楚師既振，然後乃服，自是遂屬於楚。鄢陵之役，蠻與楚恭王合兵擊晉。」注引此傳。

「陳不違晦，【疏證】《晉語》：「夫陳不違忌，一間也。」注：「違，避也。晦，陰氣盡，兵亦陰，故忌之。」杜注：「晦，月終，陰之盡。故兵家以爲忌。」用韋義。

「在陳而囂，合而加囂。【疏證】□□注：「嚮，譁也。」《晉語》：「且其士卒在陳而譁，四間也。夫衆聞譁則必懼，五間也。」《外傳》析「合而加囂」爲間之一。注：「譁，囂也。」囂、譁互相訓。杜注：「囂，喧嘩也。」用韋說。

「各顧其後，莫有鬭心，【疏證】蒙上「鄭陳」、「蠻軍」二句言。《晉語》：「鄭將顧楚，楚將顧夷，莫有鬭心，不可失也。」

「舊必不良，【疏證】蒙上「王卒以舊」言。杜無注。《淮南·氾論訓》：「苟利于民，不必法古；苟周于事，不必循舊。」高注：「舊，常也。傳曰：『舊不必良。』」高氏取此傳古說。

「以犯天忌，【疏證】蒙上「陳不違晦」。

「我必克之。」

楚子登巢車，以望晉軍。【疏證】《九經字樣》「登」作「𤼷」。《釋文》：「巢，《説文》作轈。」洪亮吉云：「《説文》：『轈，兵車，高如巢，以望敵也。《春秋傳》曰：「楚子登轈車。」』《廣雅》：『巢，高也。』按：今本作巢。杜注：『巢車，車上爲櫓。』今考《説文》：『櫓，澤中守草樓也。』杜合轈、櫓爲一，恐非。」按：洪説是也。許書作「轈」，則賈、杜本異，惟《廣雅・釋詁》：「嶚巢，高也。」洪引誤。王念孫云：「《小爾雅》：『巢，高也。』《爾雅》：『大笙謂之巢。』孫炎云：『巢，高大也。』」據王説，則「巢」之訓高，由《釋樂》之「巢」生訓，傳宜作「轈車」，作「巢」，亦後出字。沈欽韓云：「《通典》：『以八輪車，上樹高竿，竿上安轆轤，以繩挽板屋，止竿首，以窺城中。板屋方四尺，高五尺，有十二孔，四面别布。車可進退，圜城而行，於營中遠視，亦謂之巢車。如鳥之巢，即今之板屋也。』」

子重使太宰伯州犂侍于王後。【疏證】杜注：「州犂，伯宗子。」十五年傳：「曾三郤害伯宗，州犂奔楚。」

王曰：「騁而左右，何也？」曰：「召軍吏也。」【疏證】洪亮吉云：「王逸《楚辭章句》：『騁，馳也。』杜注：『走也。』義亦同。」

「皆聚於中軍矣。」曰：「合謀也。」

「張幕矣。」曰：「虔卜於先君也。」【疏證】《廣雅・釋詁》：❶「虔，敬也。」朱鶴齡云：「可證古者出師，必載遷廟之主以行。」

「徹幕矣。」曰：「將發命也。」

---

❶ 「詁」，原缺，今據《廣雅》卷一補。

「甚囂，且塵上矣。」曰：「將塞井夷竈而爲行也。」

「皆乘矣，左右執兵而下矣。」曰：「聽誓也。」【疏證】杜注：「左，將帥。右，車右。」此將帥指一車之將，非元帥也。釋於元年傳「中御而從齊侯」。❶

「戰乎？」曰：「未可知也。」

「乘而左右皆下矣。」曰：「戰禱也。」【疏證】此「左右」亦指車之將及車右。杜注：「禱，請於鬼神。」❷

伯州犁以公卒告王。

苗賁皇在晉侯之側，亦以王卒告。【疏證】杜注：「賁皇，楚鬭椒子。宣四年奔晉。」按：苗賁皇，❸宣十七年傳始見，其以宣四年奔晉，它無所記。杜據宣四年楚殺鬭椒而言。

皆曰：「國士在，且厚，不可當也。」【注】服云：「賁皇、州犁皆言曰，晉、楚之士皆在君側，且陳厚不可當。」本疏。【疏證】杜注：「晉侯左右皆以伯州犁在楚，知晉之情。且謂楚衆多，故憚合戰。與苗賁皇意異。」不用服說。疏云：「以爲州犁言晉彊，賁皇言楚彊，故云『皆曰』也。」此疏申服意。洪亮吉引爲服說，非。疏又云：「若如服言，賁皇既言楚不可當，何故復請分良以擊其左右？故杜不用其說。晉侯左右皆爲此言，以憚

❶「元」，當作「二」。
❷原稿眉批：查吉日。
❸「苗」，原重文，今刪。

伯州犁耳。」李貽德云：「上文『伯州犁以公卒告王，苗賁皇在晉侯之側，亦以王卒告』，此『皆曰』者指告之言，賁皇惟以國士在楚軍中，故先『請分良擊其左右』，則以中軍不可敵，挫其左右以動之也，與上文不相礙。服止言君側之士不可當，非謂楚概不可當，若從杜意，則傳當曰『晉楚之左右皆曰』，以別上文，不得僅云『皆曰』矣。陳即陣，《御覽·兵部》引諸葛亮軍令曰：『連衡陳者狹而厚。』當猶敵也。」按：李說是也。惠棟云：「『皆曰』，皆晉楚之人也。晉以楚有州犁，楚以晉有苗賁皇，故云『國士在』。」惠解「國士」爲敵國之士，與服、杜皆異，可備一說。

苗賁皇言於晉侯曰：「楚之良，在其中軍王族而已。【疏證】杜無注。《楚語》：「在中軍王族而已。」韋氏以「族」爲「部屬」，詳下「欒、范以其族夾公行」疏證。

「請分良以擊其左右，

「而三軍萃于王卒，必大敗之。」【疏證】杜氏訓「萃」爲「集」，而不解「三萃」。襄二十六年傳：「吾乃四萃於其王族，必大敗之。」彼疏云：「《楚語》：『三萃以攻其王族，必大敗之。』韋昭云：『萃，集也。時晉有四軍，言三集者，中軍先入，而上下及新軍乃三集以攻之。』韋昭見彼爲『三』字，故說之使通耳。蓋二文不同，必有一誤。」王引之云：「『三軍萃於王卒』，『三萃以攻其王族』，三當爲三。《說文》：『三，籀文四。』鄭注《覲禮》：『古書作三四，或皆積畫，字相似，由此誤也。』晉之四軍，合而攻楚之中軍，故曰『四軍萃於王卒』，又曰『四萃於其王族』，不得言三也。學者多見三，少見三，故三字誤書作三，幸有襄二十六年『四萃』之文足以證之耳。」

公筮之。史曰：「吉。其卦遇復，【注】服云：「復，反也。陰盛於上，陽動於下，以諭小人作亂於上，聖人興道於下，萬物復萌，制度復理，故曰復也。」本疏。**【疏證】**杜注：「震下坤上，復，無變。」服説占筮例，明内外卦，此亦杜襲服語無變之卦義，主彖卦辭。《復》彖曰：「剛反動而以順行。」虞注云：「剛從艮入坤，從反震，故曰『反動』。坤順震行，故『而以順行』。陽不從上來反初。」張惠言云：「謙艮也，艮有反震象。」是虞氏以復爲艮反震，故云「陽不從上反初也」。服注：「復，反也。」此虞義所出。又卦辭云：「反復其道，七日來復，利有攸往。」虞注云：「剛來反初，陽息臨成乾，小人道消，君子道長。」即用服注「小人作亂於上，聖人興道於下」義。「萬物萌，制度理」謂利攸往也。《大象》虞注云：「復爲陽始，遘則陰始，天地之始，陰陽之首。」

「曰：『南國蹙，【疏證】杜注：「復，陽長之卦。陽氣起子，南行推陰，故曰南國蹙也。」《復》彖：「七日來復，天行也。」張惠言云：「陽生於子，消於午，天之大數七也。」則「南國蹙」謂陽氣消午，杜説未備。杜不解「蹙」字義，據下服注「陽氣射出」，則服以「南國」爲陽氣，杜用服説。顧炎武云：「《易》以外卦爲南，《明夷》之九三曰『明夷於南狩』是也。復，一陽浸長而至于乾，有南國蹙之象。」《□□》傳：「蹙，促也。」《廣雅・釋詁》：「蹙、緌，縮也。」王念孫云：「《説文》：『縮，蹴也。』❶《小雅・節南山》篇：『蹙蹙靡所騁。』成十六年《左傳》：『南國蹙。』《哀公問》云：『孔子蹴然辟席而對。』《論語・鄉黨》篇：『踧踖如也。』並字異而義同。」據王説，則蹙謂土地削小。

「『射其元王，中厥目。』【注】服虔以爲陽氣觸地射出，爲射之象。本疏。**【疏證】**杜注：「南國勢蹙，

❶「蹴」，原作「蹙」，今據《廣雅疏證》卷三下改。

則離受其咎。離爲諸侯，又爲目。陽氣激南，飛矢之象。」疏引服説又云：「二者無所依馮，各以意説，得失終於無驗，是非無以分明。」惠士奇云：「此與僖十五年『千乘三去，三去之餘，獲其雄狐』，皆夏商之《易》也。或據《周易》以解之，皆不得其義。蓋夏商占七八，《周易》占九六，其辭義各有異同，不可强解。」按：惠説是也。復無離象，杜云「離受其咎」，又云「離爲諸侯爲目」者，《復》卦辭：「出入无疾，朋來无咎。」虞注：「出震成乾，入巽成坤。」惠言云：「震、巽、兑、艮皆可見離象。」杜謂復有離象，據虞義。服云「陽氣觸地」，地謂坤，其云「陽氣」或亦指離。杜與服同説，疏强以爲異。焦循謂：「復、姤旁通，姤上之復三成明夷。三上爲戰伐之象，三即南國之王。」詳服、杜説，皆不以爻占，若審占三爻，則傳當云復之明夷，焦説非也。

「國蹙、王傷，不敗何待？」

公從之。【疏證】杜注：「從其言而戰。」

有淖於前，【疏證】洪亮吉云：「《説文》：『淖，泥也。』《一切經音義》引《倉頡》：『淖，深泥也。』」

乃皆左右相違於淖。【疏證】《□語》注：「違，❶辟也。」杜用韋義。

步毅御晉厲公，欒鍼爲右。【疏證】杜注：「步毅即郤毅。」

彭名御楚共王，潘黨爲右。

石首御鄭成公，唐苟爲右。

❶ 「違辟也」，《國語正義》無此三字。

欒、范以其族夾公行，【疏證】杜注：「二族强，故在公左右。」疏云：「劉炫云：『族者，屬也。屬謂中軍，以中軍夾公耳，非謂宗族之兵。』今知非者，杜云『二族』者，順傳之文，無妄言宗族之事，❶劉誣杜以爲宗族，妄規其過，非也。」文淇案：杜雖未明言宗族，然云「二族强，故在公左右」，語意似以爲宗族，劉炫規之是也。且以族爲宗族，杜蓋本唐固説。《楚語》：「在中軍王族而已。」注：「唐云：『族，親族，同姓也。』昭謂：族，部屬也。傳曰：『欒、范以其族夾公行。』時二子將中軍，中軍非二子之親也。」韋義與唐異，杜若以族爲部屬，則注當明言之矣。

陷於淖。

欒書將載晉侯，

鍼曰：「書退。【疏證】杜注：「在君前，故子名其父。」《曲禮》：「君前臣名。」注：「對至尊，無大小皆稱名。」杜用鄭義。彼疏引此傳文，又云：「鍼是書之子，對晉侯而稱書，是于君前臣名其父也。」

「國有大任，焉得專之？【疏證】杜注：「大任，謂元帥之職。」按：大任猶言大事，欒書將中軍已是元帥，杜説非。

「且侵官，冒也；【疏證】杜注：「載公爲侵官。」按：謂侵御戎之事。《晉書·庾旉傳》：「武帝以博士不答

❶「妄」，《春秋左傳正義》卷二十八作「明」。

所問，答所不問，大怒，下有司。尚書朱整、褚䂮等奏：❶『旉侵官離局，迷罔朝廷。』」

「失官，慢也；【疏證】杜注：「去將而御。」

「離局，姦也。【注】舊注：「局，部也。」《後漢書·袁紹傳》注。**【疏證】**《後漢書·袁紹傳》：「《討曹操檄》曰：『時冀州方有北鄙之警，未遑離局。』」注引《左傳》曰：「『局，部也。』杜預注曰：『遠其部曲爲離局。』」按：所引杜注與今本同，則「局，部也」當是舊説，引者脱「注」字耳，今定爲舊注。

「有三罪焉，不可犯也。」

乃掀公以出於淖。【疏證】杜注：「掀，舉也。」釋文：「徐言反，云捧轂舉之，則公掀起也。一曰掀，引也，胡根反。」文淇案：《説文》：「掀，舉出也。《春秋傳》曰：『掀公出于淖。』」此必《左氏》舊説，杜注本此。

癸巳，潘尫之黨【疏證】杜注：「黨，潘尫之子。」釋文：「之黨，一本作潘尫之子黨。按注『黨，潘尫之子』也，則傳文不得有『子』字，古本此及襄二十三年『申鮮虞之傳摯』，皆無『子』字。」李富孫云：「按正義云：『潘尫之子，其名爲黨，申鮮虞之傳摯，辭與此同，古人爲文略言耳。』是舊本無『子』字，後人從而增益之。」

與養由基蹲甲而射之，【注】京相璠曰：「在襄城郟縣西南。養，水名也。」《水經·汝水》注。**【疏證】**《淮南·説山訓》：「楚王有白蝯，使養由基射之。」注：「由基，楚王之臣，養姓。」馬宗璉云：「由基，蓋以地爲氏，高誘以養爲姓，疑非。」洪亮吉云：「按：養，蓋所食采地。《郡國志》：『潁川郡襄有養陰里。』《水經注》稱京相

❶「奏」，原脱，今據《晉書·庾旉傳》補。

瑤曰：『在襄城郟縣西南。養，水名也。』」按：襄城，在今河南府襄城縣治。杜注：「蹲，聚也。」惠棟云：「蹲，古文作踆，蹲猶立也。《群經音辨》云：『蹲，才丸反。鄭康成讀。』」據惠説，則傳謂立甲而射之，不用杜説。案：《廣雅·釋詁》：「蓴、欒，聚也。」王念孫云：「《説文》：『蓴，叢萃也。❶僔，聚也。噂，聚語也。』成十六年《左傳》『蹲甲而射之』，蹲與蓴亦聲近義同。」則杜意蹲與蓴、僔通，不必改訓爲立。釋文：「蹲，在尊、在損、才官三反。」「才官」即據鄭音。

徹七札焉。【疏證】杜注：「一發達七札。」未詳「七札」義。惠棟云：「七札，一甲之度也。揚雄《太玄》曰：『比札爲甲。』《周禮》疏云：『一葉爲一札。』《吕覽·愛士》篇云：『韓原之戰，晉惠公之右路石奮投而擊繆公之甲，❷中之者已六札矣。』言六札者，惟一札未陷耳。知甲以七札爲數也，徹七札者猶言貫甲也。」惠引《周禮》疏見《考工記·函人》注「革堅者札長」下。洪亮吉云：「《廣雅》：『札，甲也。』按：『徹七札』言徹七重甲，能陷堅也。」與惠説同。《隋書·虞世基傳》：「嘗於莫府山校獵，令世基作《講武賦》，曰：『中小枝于戟刃，徹蹲札于甲裳。』」亦以札爲甲葉。

以示王，曰：「君有二臣如此，何憂於戰？」

王怒曰：「大辱國！詰朝爾射，死藝。」【疏證】杜注：「詰朝，猶明朝，是戰日。」

---

❶「萃」，《廣雅疏證》卷三下作「草」。

❷「奮」，原作「奪」，今據《皇清經解》卷三百五十五《春秋左傳補註》改。

呂錡夢射月，中之，退入於泥。【疏證】《晉語》注：❶「呂錡，廚武子也。」杜注：「呂錡，魏錡也。」按：呂是錡采邑。

占之，曰：「姬姓，日也；異姓，月也，必楚王也。【疏證】杜注：「周世姬姓尊，異姓卑。」

「射而中之，退入於泥，亦必死矣。」

及戰，射共王，中目。【疏證】《晉世家》：「癸巳，射中楚共王目。」《楚世家》：「晉敗楚，射中共王目。」

王召養由基，與之兩矢，

使射呂錡。中項，伏弢。【疏證】《說文》：「弢，弓衣。」《晉語》：❷「弢無弓。」注同。

以一矢復命。

郤至三遇楚子之卒，

見楚子，必下，免冑而趨風。【疏證】《晉語》注：「免，脱也。脱之爲障耳。」杜注：「疾如風。」焦循云：「按：風亦如『馬牛其風』之風，謂免冑而趨走也。」

楚子使工尹襄問之以弓，【疏證】《晉語》注：「工尹，楚官，襄其名。問，遺也。」杜注：「問，遺也。」用韋義。《穀梁》隱元年傳：「聘弓鍭矢不出竟。」疏：「麋信云：『聘，問也。古者以弓矢相聘問。』故《左傳》云楚子問

---

❶「晉」，原缺，今據《國語正義》卷十三補。

❷「晉」，當作「齊」。

郤至以弓。」賡氏蓋取《左氏》舊説，聘用弓矢者，軍中禮也。《曲禮》：「以弓劍、苞苴、簞笥問人者。」注：「問猶遺也。」疏：「問謂因問有物遺之也。問者，或自有事奉人，或聞彼有事而問之，問之悉有物表其義。」本疏：「遺人以物，謂之問。」與《禮》疏義同。

曰：「**方事之殷也，**【疏證】《晉語》注：「事，戎事也。殷，盛也。」杜用韋義。鄭玄《儀禮》注亦云：「殷，盛也。」

「**有韎韋之跗注，君子也。**【注】鄭本作「不注」，説云：「不，讀如跗。跗，幅也。注，屬也。幅有屬也，以淺赤韋爲弁，又裁韋如布帛之幅，而連屬以爲衣，而素裳白舄也。」《六月》疏引《雜問志》。先儒云：「韎，絳色，今時伍伯衣。」《宋書·禮志》。鄭後司農説以爲：「韎，茅蒐染也，韎聲也。」《晉語》注。賈云：「一染曰韎。」本疏、《晉語》注。賈、服云：「跗，謂足跗。注，屬也。袴而屬于跗。」《司服》疏。

【疏證】《瞻彼洛矣》「韎韐有奭」，傳：「韎韐者，茅蒐染草也。一入曰韎韐，所以代韠也。」箋：「韎韐者，茅蒐染也。茅蒐，韎韐聲也。」《校勘記》及陳壽祺、陳奐皆以毛傳「韎」下「韐」爲衍文。王引之《經義述聞》云：「毛傳原文本作『韎，染韋也』，今本『韎』下有『者茅蒐』三字，此涉鄭箋『韎者，茅蒐染』而誤衍也。蓋毛以染韋一入之色爲韎，故曰『韎，染韋也』。《晉語》『韎韋之跗注』，韋注曰：『三君云：一染曰韎。鄭後司農説以爲「韎，茅蒐染也」。』云鄭以爲茅蒐染，則毛不以爲茅蒐染明矣。三君皆從毛義，故但言『一染曰韎』，而不言『茅蒐』也。《説文》：『韎，茅蒐染韋也。一入曰韎。』『茅蒐』二字，亦後人依誤本毛傳加之也。賈景伯注成十六年《左傳》及《晉語》並云『一染曰韎』，賈、許皆治《毛詩》，故以一入爲韎，至康成始以茅蒐爲韎。茅蒐爲韎與一入爲韎，二者各爲一義，不可强同也。」按：王説是也。賈君注内外《傳》并用毛傳，《内傳》注易染爲入者，染、入義通。本疏：「《釋器》云『一染謂之縓』，謂一入赤爲淺赤色也。」陳奂《詩疏》云：「《玉藻》注：『緼，赤黄之間色。』所謂韎也。《士冠禮》注：『凡染絳，一入謂之縓。』緼與縓古聲同，韎即縓也。《説文》『韎』從末聲，不從未聲。」陳説即賈君義也。鄭不説韎，異於賈、服，《外傳》注引其説止言「韎」，《詩》箋兼言「韎韐」，又自不同，當以《外傳》注爲是。知者，《詩》箋「韎韐」，「韐」衍文，本疏引鄭玄《詩》注云：「韎，茅蒐染也。韎聲也。」無「韐」可證。陳奂《詩疏》謂「韎韋」即「韎韐」，非。《瞻彼洛矣》疏引《駁異義》云：「韎，草名，齊魯之間言韎韐聲如茅蒐，字當作韎，陳留人謂之蒨。」亦無「韐」字。《異義》文佚，以鄭駁推之，則許君當以韎爲染韋矣。《晉語》注既引三君、後鄭説，又云：「昭謂：『茅蒐，今絳草也。急疾呼，茅蒐成韎也。凡染，一入爲縓。』」韋氏兼用鄭、賈説。陳壽祺《異義疏證》云：「許君《説文》謂韎即縓，以色言之。《異義》亦當云爾。鄭謂韎即茅蒐，以聲言之。」其剖析許、賈、鄭之異尤核。韋氏合賈、鄭爲一義，非。其説「跗注」云：「兵服，自要以下注於跗。」與《司服》所引賈、服説合。杜注亦云：「戎服，若袴而屬於跗，與袴連。」韋、杜並用賈、服説。李貽德云：「《説文》：『絝，脛衣也。』賈、服云：『袴而屬於跗。』非以脛衣當之，謂若袴之連于跗，舉袴以擬其狀。杜云『若袴而屬於跗』，蓋即用賈、服舊注。《周禮》疏引賈、服注，脱『若』字耳。」按：李説是也。《司服》：「凡兵事，韋弁服。」注：「韋弁，以韎韋爲弁，又以爲衣裳。《春秋傳》曰『晉郤至衣韎韋之跗注』是也。」疏：「《左傳》成十六年：『楚子曰：「韎韋之跗注，君子也。」使工尹襄問郤至以弓。』」下引賈、服等説。又云：「若據鄭《雜問志》，則以跗爲幅，注亦以爲屬，以韎韋幅如布帛之幅，而連屬以爲衣，而素裳。既與諸家不同，又與此注裳亦用韎韋有同者有異者，鄭君兩解，此注與賈、服同，裳亦用韎韋也。至彼《雜問志》裳用素者，從白舄之義。」按：鄭君《禮》注説韎兼衣裳言，賈、服等説稱袴而屬於跗，則韎韋是下服，非衣非裳。《禮》疏謂「鄭注與賈、服同，裳亦用韎韋」，則似賈、服謂韎韋爲裳，又似賈、服說韎韋兼衣裳言，分析殊未審。其《鄭志》之異於賈、服者，賈、服以跗爲足，鄭以跗爲幅，賈、服以韎韋爲下服，鄭以韎韋爲上服。鄭既以韎爲上服，裳色無所據，故稱「素裳白舄」。據《聘禮》「君使卿韋弁，歸饔餼」注：「其服蓋韎布以爲衣而素裳。」則鄭君以聘服當軍服矣。《聘禮》疏又別引《鄭志》文，約與《六月》疏同，又云：「謂制韋如布帛之幅，而連屬爲衣及裳。」無「素裳白舄」之文，又與《周禮》注「韎韋以爲衣裳」合。則鄭君於此傳「韎韋」無定論，其弟子各隨所聞記之，止據《禮》疏所引《鄭志》，則鄭君異於賈、服者，惟跗幅之訓及韎韋近衣色言二事耳。沈欽韓云：「杜注乃賈、服說。案彼所指乃漢魏以下戎服，所謂袴褶也，《隋書·禮儀志》：『袴褶，近代服以從戎。今纂嚴，則文武百官咸服之。車駕親戎，則縛絝，不舒散也。中紫褶，❶外官絳褶，腰皮帶，以代鞶革。』」《方言》：「大袴謂之倒頓。」郭云：「今雹袴也。」隋唐武官皆著大口袴褶，蓋本趙武靈王胡服所始，周時無此制也。當依《鄭志》。沈氏謂賈、服等以韎爲袴褶，明與《鄭志》不同。然鄭君《禮》注同於賈、服，《禮》疏所說甚明，則鄭君亦以韎爲袴褶，不必依《鄭志》未定之論，沈說非。《宋書·禮志》：「《周禮》：『革路以即戎。』又曰：『兵事韋弁服。』以韎韋爲弁，又以爲衣裳。《春秋左傳》：『戎服將事。』又云：『晉郤至衣韎韋之跗注。』先儒云：『韎，絳色，今時伍伯衣。』說者云五霸兵戰，猶有綬紱、冠纓、漫胡，則戎服非袴褶之制，未詳孰是。」《宋志》引《周禮》說，即鄭君《禮》注義，其引《左傳》先儒說與《司服》鄭注略同。伍伯爲漢隸人稱，則亦是漢人《左氏》舊說。稱「衣」不與「裳」對文，據其駁語，則此先儒說亦以袴褶當之，與

❶「紫」上，《隋書·禮儀志》有「官」字。

賈、服説及鄭君《禮》注同。鄭君《禮》注引傳字作「跗注」，與賈、服本同，而《鄭志》作「不跗」者，❶惠棟云：「『不』與『跗』古字通，見《詩》箋。以『跗注』爲『不注』者，鄭所授《春秋》異讀也。」臧玉琳云：「不，假借字，《左氏》正文必作不，故賈、服讀爲跗。」按：臧氏誤以鄭讀爲賈、服讀。本疏云：「鄭以跗當爲幅，謂裁韋若布帛之幅相屬。」即約《鄭志》語，則鄭氏所據又作「跗」之本矣。❷

「識見不穀而趨，無乃傷乎？」【疏證】惠棟云：「識，當爲適。《外傳》作屬，訓爲適。」按：《外傳》注又云：「傷，恐其傷也。」杜用韋説。

郤至見客，免胄承命，曰：

「君之外臣至，從寡君之戎事，

「以君之靈，間蒙甲胄，【疏證】杜注：「間，近也。」《釋文》：「近，一本作與，音預。」王念孫云：「訓間爲近，於義無取。一本作『與』是也。言以君之靈，得與蒙甲胄也。」洪亮吉云：「莊九年、昭二十六年杜注並云：『間，與也。』則此傳亦宜訓『與』爲是，謂與與甲胄之事耳。❸又高誘《淮南》注：『間，遠也。』則『間』無近義可知。」據洪説，則「間」訓與，不煩改字。《晉語》注：「蒙，被也。」

「不敢拜命。【疏證】杜注：「介者不拜。」用《曲禮》説。

---

❶ 「跗」，疑當作「注」。

❷ 「作」，原重文，今删。

❸ 下「與」，《春秋左傳詁》卷十一作「于」。

「敢告不寧，君命之辱。」【疏證】杜注：「以君辱賜命，故不敢自安。」疏：「劉炫以爲：『楚王云「無乃傷乎」，恐其傷也。答云「敢告不寧」，告其身不傷耳。魏犨云「不有寧也」，以傷爲寧，此與魏犨相似。』」又駁炫説云：「彼云『不有寧』，謂不有損傷，此直云『不寧』，既無『有』字，又先無被傷之狀，與魏犨不同也。按檢杜注，『敢告不寧君命之辱』宜連讀之。」按：炫義謂此不寧，即僖二十八年傳之「不有寧」，「有」爲助辭，不關同異，疏説太迂。邵瑛云：「此云『敢告不寧』，直告其身無不寧耳。若如杜注『不敢自安』，與『無乃傷乎』之問不相應。」沈欽韓云：「《漢書・高帝紀》注：『李斐曰：「寧，休謁之名，吉曰告，凶曰寧。」』又《哀帝紀》注：『寧謂處家持喪服。』是寧有死喪之義。❶古治亂、愛憎之字皆互訓，劉説是也。」朱駿聲云：「按：寧之爲傷，蓋讀爲慭。《方言》：『慭，傷也。』按：猶齾也，缺也，此對上『毋乃傷乎』而言，劉説通。」

「爲事之故，敢肅使者。」【疏證】杜注：「言君辱命來問，以有軍事不得答，故肅使者。」王念孫云：「杜以事爲軍事，非也。事謂楚子使人來問之事。《晉語》曰：『爲使者故，敢三肅之。』是其明證矣。」按：《外傳》注云：「禮，軍事肅拜。肅拜，下手至地也。」《大祝》：「九曰肅拜。」注：「鄭司農云：『肅拜，但俯下手，今時撎是也。介者不拜，故曰「爲事之故，敢肅使者」。』」疏：「成十六年，『郤至見客，免冑承命』，又云『不敢拜命』。注云：『介者不拜。』軍中有此肅拜。」據先鄭引傳證禮之肅拜，則注此傳，亦謂肅爲俯下手，杜注亦云：「肅，手至地，若今撎。」韋、杜並用先鄭説。《禮》疏引上文「拜命」者，明肅異於拜。本疏：「《説文》：『撎，舉手下手也。』其勢如今撎之小

---

❶ 「喪」，《春秋左氏傳補注》卷六作「傷」。

別。《晉宋儀注》：『貴人待賤人，賤人拜，貴人撎。』」

三肅使者而退。【疏證】《晉語》：「爲使者故，敢三肅之。君子曰：『勇以知禮。』」

晉韓厥從鄭伯，【疏證】《還》傳：❶「從，逐也。」

其御杜溷羅曰：

「速從之！其御屢顧，不在馬，可及也。」

韓厥曰：「不可以再辱國君。」乃止。【疏證】二年傳：「韓厥中御而從齊侯，公騶絓於木而止。」

郤至從鄭伯，

其右茀翰胡曰：【疏證】《校勘記》曰：「茀，韋昭《周語》注引作弗，宋庠云『古字通』。」

「諜輅之，【疏證】杜注：「欲遣輕兵單進以距鄭伯。」按：諜，軍中細作人，桓十二年已見。❷《釋文》：「輅，五稼反。」是舊讀「輅」爲「迓」，故杜以「進」訓「輅」也。疏云：「此欲令諜迎鄭伯，遶鄭伯之前。」又云：「輕兵獨出其間，亦諜之類，故翰胡得以諜言之。」疏明杜謂輕兵以追敵非諜之事。焦循云：「循按：《廣雅》諜與置、郵同訓驛。置郵疾速，謂從間道迎之，取其輕疾，故以輕兵解諜字。細作出入於敵中，亦以其輕疾，故名諜也。」可申杜義。

---

❶「還」，原缺，今據《毛詩正義》卷五補。

❷「桓十二」，原缺，今據《春秋左傳正義》卷七補。

「余從之乘，而俘以下。」【**疏證**】此「從」亦訓「逐」，謂逐鄭侯車也。杜注：「自後登其車以執之。」

郤至曰：「傷國君有刑。」亦止。

石首曰：「衛懿公唯不去其旗，是以敗於熒。」【**疏證**】閔二年傳：「衛懿公及狄人戰於熒澤，敗績。衛侯不去其旗，是以甚敗。」

乃内旌於弢中。【**疏證**】杜無注。沈欽韓云：「《鄉射・記》注：『旌，總名也。』《釋天》：『注旄首曰旌。』」本疏：「是空建鳥羽者也。但九旗竿首，皆有析羽，故旌謂之總名，故此傳鄭伯與子重所建皆以旌言之。」用鄭君義。又云：「鄭伯所建當是交龍之旗，弢是盛旌之囊也。」

唐苟謂石首曰：

「子在君側，敗者益大。❶我不如子，子以君免，我請止。」【**疏證**】杜注：「敗者益大，謂軍大崩也。言石首亦君之親臣而執御，❷與車右不同。故首當御君以退，己當死戰。」顧炎武云：「敗者壹大，恐君之不免也。我不如子，子之才能以君免也。杜解非。」

乃死。

楚師薄於險，【**疏證**】《小爾雅》：「薄，迫也。」

---

❶「益」，《春秋左傳正義》卷二十八作「壹」，下一「益」字同。

❷「執」，《春秋左傳正義》卷二十八作「就」。

叔山冉謂養由基曰：【疏證】《古今人表》作「叔山舟」。洪亮吉云：「傳寫誤。」《莊子・德充符》：「魯有叔山無趾。」則叔山其氏也。

「雖君有命，爲國故，子必射。」

乃射，再發，盡殪。

叔山冉搏人以投，中車，折軾。晉師乃止。

囚楚公子茷。【疏證】《晉語》：「既戰，獲王子發鉤。」注：「發鉤，楚公子茷也。」本疏云：「蓋一名一字也。」

欒鍼見子重之旌，

請曰：「楚人謂夫旌，子重之麾也，彼其子重也。【疏證】本疏：「子重所建，當是熊虎之旗。」沈欽韓云：「楚之俘囚告其旌爲子重大將之麾，子重必在是麾之下。」

「日臣之使於楚也，【疏證】沈欽韓云：「《列子・湯問》『日與偕來』，注：『日謂别日。』《後漢書・竇融傳》注：『日者，往日也。』」

「子重問晉國之勇，

「臣對曰：『好以衆整。』

「曰：『又何如？』【疏證】杜注：「又問其餘。」

「臣對曰：『好以暇。』【疏證】惠棟云：「唐石經初刻無『以』字。」杜注：「暇，閒暇。」

「今兩國治戎，行人不使，不可謂整；

「臨事而食言，不可謂暇。

「請攝飲焉。」【疏證】《周禮・□□》注：❶「攝，持也。」杜用鄭義，又云：「持飲往飲子重焉。」按：攝飲當是軍禮所有。

公許之。

使行人執榼承飲，【疏證】沈欽韓云：「《說文》：『榼，酒器也。椑，❷圓榼也。』《孔叢・儒服》篇：『子路嗑嗑，尚飲十榼。』」案：《鹿鳴》箋：❸「承，奉也。」

造於子重，曰：「寡君乏使，使鍼御持矛，【疏證】《廣雅・釋言》：❹「御，侍也。」

「是以不得犒從者，使某攝飲。」

子重曰：「夫子嘗與吾言於楚，必是故也。不亦識乎？」【疏證】邵寶云：「識，記也。能記往日好整好暇之言。」

---

❶「周禮□□」，疑當作「士喪禮」。

❷「椑」，原作「裨」，今據《春秋左氏傳補注》卷六改。

❸「鹿鳴」，原缺，今據《毛詩正義》卷九補。

❹「言」，原缺，今據《廣雅》卷五補。

受而飲之，免使者而復鼓。【疏證】《晉語》注：❶「免，脱也。」杜用韋義。

旦而戰，見星未已。【疏證】周宣武云：❷「言曉星在天，其光未盡也。義如《詩》『白露未已』。」

子反命軍吏察夷傷，【注】服云：「金創爲夷。」本疏。【疏證】杜注：「夷亦傷也。」疏駁服云：「杜以戰用五兵，惟殳無刃，所言傷者，皆刃傷也，何須於此獨辨金木？故知夷亦傷也。」李貽德云：「《説文》：『办，傷也。從刃從一。創，办或從倉。』❸今字作創，又創之變。金傷爲創，則夷是金創矣。《月令》『命理瞻傷察創』注：『創之淺者曰傷。』」據李説，則夷、傷有别。沈欽韓云：「《漢書·揚雄傳》：『《長楊賦》：金鏃淫夷。』」沈亦從服説。《衆經音義》引《通俗文》：「體創曰痍。」朱駿聲云：「夷，痍之借字。」

補卒乘，

繕甲兵，【疏證】《衆經音義》引《三蒼》：「繕，治也。」

展車馬，【注】賈云：「展之言整也。」《司市》疏引賈《周禮》注。【疏證】杜注：「展，陳也。」與賈説小異。《司市》鄭注：「展，整也。」同賈説。

雞鳴而食，唯命是聽。

---

❶「晉」，原缺，今據《國語正義》卷十二補。

❷「宣武」，原缺，今據《左通補釋》卷十二、卷十四補。

❸「办」，原作「刃」，今據《春秋左傳賈服註輯述》卷十改。

晉人患之。【疏證】《晉世家》：「子反收餘兵，拊循欲復戰，晉患之。」

苗賁皇徇曰：

「蒐乘補卒，❶【疏證】《釋詁》：❷「蒐，聚也。」

「秣馬利兵，

「修陳固列，【疏證】《天保》傳：❸「固，堅也。」

「蓐食申禱，【疏證】《釋詁》：❹「申，重也。」

「明日復戰。」乃逸楚囚。❺【疏證】

王聞之，召子反謀。

穀陽豎獻飲於子反，【疏證】李富孫云：「《吕覽·權勳》、《淮南·人間》、《説苑·敬慎》並作『豎陽穀』。」❻《楚語》：「穀陽豎愛子反之勞也，而獻飲焉。」注：「穀陽豎，子反之内豎也。」杜用韋義。《楚世家》：「共

---

❶ 原稿眉批：蒐似已見。

❷「詁」，原缺，今據《爾雅》卷上補。

❸「天保」，原缺，今據《毛詩正義》卷九補。

❹「詁」，原缺，今據《爾雅》卷上補。

❺ 原稿眉批：逸，詁。

❻ 原稿眉批：查《吕覽》、《淮南》、《説苑》，酌添事證。

王召將軍子反，子反嗜酒，從者豎陽穀進酒。」《晉世家》：「共王召子反，其侍者豎陽穀進酒。」字亦皆作「陽穀」，與内外《傳》異。

子反醉而不能見。【疏證】《年表》：「楚共王十六年，子反醉，軍敗。」《晉世家》：「子反醉，不能見。」

王曰：「天敗楚也夫，余不可以待。」乃宵遁。【疏證】《年表》：「楚共王十六年，救鄭，不利。」《楚世家》：「遂罷兵歸。」《晉世家》：「楚共王遂引兵歸。」

晉入楚軍，三日穀。【疏證】釋文：「三日穀，本或作『三日館穀』。」《晉語》注：「食其穀也。傳曰：『晉師三日館穀。』」杜用韋義。《校勘記》謂：「韋據釋文所謂或作之本。」

范文子立戎馬之前，❶【疏證】《晉語》注：「公戎車馬前也。」

曰：❷**「君幼，**【疏證】釋文：「君幼，本或作『君幼弱』。」

「諸臣不佞，【疏證】《晉語》注：「佞，才也。」

「何以及此？君其戒之。【疏證】《晉語》注：「戒，備也。」杜注：「戒，勿驕。」

「《周書》曰：『惟命不于常。』有德之謂。」【疏證】引《書·康誥》文。「有德之謂」，文子釋《書》詞也。襄二十三年傳：「君子謂：『慶氏不義，不可肆也。』」下亦引此《書》。德，猶義也。杜注：「言勝無常命，惟德是與。」

---

❶「立」下，《春秋左傳正義》有「於」字。

❷「曰」，原脱，今據《春秋左傳正義》卷二十八補。

誤仞二句皆《書》詞，非。《晉世家》：「晉由是威諸侯，欲以令天下求霸。」蓋未能用文子之言。

楚師還，及瑕，【注】京相璠云：「瑕，楚地。」《水經·陰溝水》注。**【疏證】**杜用京相說。《水經·陰溝水》注：「肥水逕山桑縣故城南，又東積而爲陂，謂之瑕陂。又東南逕瑕城南，《春秋》『楚師還，及瑕』，即此城也。」馬宗璉云：「案：酈注瑕地在下邳淮陵縣境。」顧棟高云：「山桑，漢縣，在今江南潁州府蒙城縣北。」江永云：「今按：楚師自鄢陵還荆州，不當回遠由今之蒙城，《水經注》誤也。桓六年，『楚武王侵隨，使薳章求成，軍于瑕以待之』，當是此瑕邑，蓋在今德安府隨州。」按：江説是也。

王使謂子反曰：「先大夫之覆師徒也，❶君不在。【疏證】先大夫，❷子玉也。杜注：「謂子玉敗城濮時，王不在軍。」

「子無以爲過，不穀之罪也。」

子反再拜稽首曰：「君賜臣死，死且不朽。

「臣之卒實奔，臣之罪也。」

子重謂子反曰：❸「初隕師徒者，而亦聞之矣。盍圖之？」【疏證】而，汝也。杜注：「聞子玉自殺。

---

❶「也」，《春秋左傳正義》卷二十八作「者」。

❷「夫」，原作「父」，今據上文改。

❸「重」下，《春秋左傳正義》卷二十八有「復」字。

終二卿相惡。」

對曰：「雖微先大父有之，❶【疏證】本疏：「微，無也。」

「大夫命側，側敢不義？【疏證】杜注：「言以義命己。」

「側亡君師，敢忘其死？」

王使止之，弗及而卒。【疏證】《年表》：「楚共王十六年，殺子反歸。」《楚世家》：「共王怒，射殺子反。」《呂覽·權勳》：「共王斬司馬子反以爲戮。」皆謂楚王殺子反，與傳異。《晉世家》：「楚共王怒，讓子反，子反死。」蓋采傳文。

戰之日，齊國佐、高無咎至于師，【疏證】杜注：「無咎，高固子。」

衛侯出於衛，

公出于壞隤。【疏證】杜注：「壞隤，魯邑。」顧棟高云：「據傳云，公待於壞隤，申宮儆備，設守而後行，意其地當去公宮不遠。又昭公之喪，送者自壞隤而反，當在曲阜縣境内。」

宣伯通于穆姜，【注】服云：「宣伯，叔孫僑如。」《魯世家》集解。【疏證】杜注：「穆姜，成公母。」

欲去季、孟而取其室。【疏證】杜注：「季文子、孟獻子。」

將行，【疏證】據經「六月，丙寅，朔，晉使來乞師」，不必即在丙寅。甲午戰日，距丙寅凡二十九日，甲午公

❶「父」，《春秋左傳正義》卷二十八作「夫」。

已至壞隤，則公之行當在甲午前三日。

穆姜送公，而使逐二子。

公以晉難告，

曰：「請反而聽命。」

姜怒，公子偃、公子鉏趨過，【疏證】杜注：「二子，公庶弟。」疏引沈氏云：「以刺公子偃，不云弟故也。」按：沈明經不書弟之義，傳例：「凡稱弟皆母弟也。」

指之曰：「女不可，是皆君也。」【疏證】杜注：「言欲廢公，更立君。」

公待於壞隤，

申宮儆備，【疏證】《校勘記》云：「《文選》李注《豪士賦》引『儆』作『警』，《説文》引傳『儆官』，❶文異。」李富孫云：「警、儆字通。」按：《説文》：「儆，戒也。」據杜注「申敕宮備」，則杜本作「宮」。《説文》作「官」，或用賈本。

設守而後行，是以後。【疏證】杜注：「後晉、楚戰期。」

使孟獻子守于公宮。

秋，會于沙隨，謀伐鄭也。

宣伯使告郤犨曰：「魯侯待於壞隤，以待勝者。」

---

❶「官」，《春秋左傳正義》卷二十八《挍勘記》作「宮」。

郤犨將新軍，且爲公族大夫，以主東諸侯。【疏證】杜注：「主齊、魯之屬。」《讀本》注：「齊、魯、邾、莒諸國。」

取貨于宣伯，而訴公于晉侯。【疏證】洪亮吉云：「馬融《論語》注：『愬，譖也。』訴、愬同。」

晉侯不見公。

曹人請于晉曰：「自我先君宣公即世，【疏證】十三年經：「曹伯廬卒于師。」杜注：「在三十年。」傳寫之誤。

「國人曰：『若之何？憂猶未弭。』【疏證】洪亮吉云：「《詩》毛傳：『弭，止也。』按：杜注：『息也。』義亦同。」《周語》：「自我先王厲、宣、幽、平而貪天禍，至于今未弭。」注：「弭，止也。」與此傳「未弭」同。杜又云：「既葬，國人皆將從子臧，所謂憂未息。」顧炎武云：「謂君薨，太子殺。」按：顧說是也。

「而又討我寡君，【疏證】十五年經：「晉侯執曹伯歸于京師。」

「以亡曹國社稷之鎮公子，【疏證】十五年傳：「諸侯將見子臧而立之，子臧逃奔宋。」

「是大泯曹也。【疏證】《詩·漸漸之石》疏引李巡《爾雅》注：❶「泯，没之盡也。」

「先君無乃有罪乎？

「若有罪，則君列諸會矣。【疏證】杜注：「諸侯雖有簒弒之罪，侯伯已與之會，則不復討。前年會于戚，

❶「漸漸之石」，原缺，今據《毛詩正義》卷十五補。

曹伯在列，盟畢乃執之，故曹人以爲無罪。」按：篡弒之人與會則不討，傳無其説。十五年，晉侯爲戚之會，有曹成公者，乃誘於會而執之，故彼傳云「會于戚，討曹成公也」，以討曹見義，不以盟戚見義。曹人此言，明既有罪而列于會，乃强辭相詰，杜執爲討例，非也，疏引「宣元年會于平州，以定公位」爲證。按：齊以妨晉討魯爲會，示有魯有聲援，彼傳亦不謂列會不復討也。

「君唯不遺德刑，【疏證】杜注：「遺，失也。」

「以伯諸侯，豈獨遺諸敝邑？敢私布之。」【疏證】杜注：「爲曹伯歸不以名告傳。」按：傳明經書曹伯得歸之由例，經以歸見例，見成十八年，傳無以名告、不以名告之别，杜説非。疏亦云：「諸侯被執，及歸，或名或否，雖從告辭，傳不爲例。」則已知杜説之誤。而又云：「但諸侯尊貴，不斥其名。彼告者亦量其事之善惡。」又引《釋例》云：「蔡侯般弒父自立，楚子欲顯刑誅，以章伯業，誘而殺之。蔡人深怨，故稱名以告，《春秋》從而書之。」按：昭十一年經：「楚子虔誘蔡侯般殺之于申。」於歸國告以名絶不相涉，疏引説此傳尤謬。

七月，公會尹武公及諸侯伐鄭。

將行，姜又命公如初，【疏證】杜注：「復欲使公逐季、孟。」

公又申守而行。

諸侯之師次于鄭西，

我師次於督揚，不敢過鄭。【疏證】杜注：「督揚，鄭東地。」《御覽》八百四十七引注作「鄭地」。沈欽韓云：「即襄十九年盟于督揚之地，杜臆説也。」按：襄十九年「督揚」，杜謂「即祝阿」，詳彼傳疏證。

子叔聲伯使叔孫豹請逆于晉師，【注】服虔以爲叔孫豹先在齊矣，此時從國佐在師，聲伯令人就齊師使豹，豹不忘宗國，聞白國佐，爲魯請逆。本疏。【疏證】《魯語》注：「子叔聲伯，魯大夫。宣公弟叔肹之子公孫嬰齊也。」杜注：「豹，叔孫僑如弟也。僑如於是遂作亂，豹因奔齊。」不用服「豹先在齊」之説。疏云：「此時七月也，至十月而僑如奔齊。」又引服説駁之云：「杜不然者，若豹以前在齊，則非復魯臣，聲伯正可因之以請，不得云聲伯使豹，聲伯安得專使背叛之臣也？又聲伯豈無魯人可使，而崎嶇艱險，遠使他國之人乎？今傳言聲伯使豹，明在魯軍，得爲聲伯使耳。下云聲伯『食使者而後食』，不言食豹，而言食使者，明豹因請逆，遂即不還，還者豹之介耳。於時魯師在鄭，從鄭向齊，塗出於魯，豹必過魯乃去，故得宿於庚宗。彼傳因言宿於庚宗，遂説娶於國氏，生二子耳。二子之生，必在僑如奔後。豹之還魯，雖無歸年，而襄二年始見於經，豎牛已能奉雉，故杜以爲此年去，彼年歸，故下注云『傳因言其終』。」疏執杜説甚堅。惠士奇云：「玩下『召豹於齊』及昭四年傳，則服説爲長。」洪亮吉云：「按：豹奔齊後生二子，魯乃召之，則服義爲長。」惠、洪皆從服説，然未暢其義。李貽德云：「案：知豹先在齊者，以此年傳云『僑如奔齊』、『召叔孫豹于齊而立之』，又昭四年傳：『穆子去叔孫氏，及庚宗，遇婦人，適齊，娶于國氏，生二子。』繼之曰：『及宣伯奔齊，饋之。宣伯曰：「魯以先子之故，必召女。召女，何如？」曰：「願之久矣。」』是生二子在宣伯奔齊之前，敍次甚明，且曰『願之久矣』，則望歸本國已非一日，則宣伯奔前，豹已在齊取妻生子，故服知先在齊也。如杜云『僑如作亂，豹因奔齊』，孔氏謂『二子之生必在僑如奔後』，是顯與昭四年傳牴牾矣。豹之去，當以知穆姜、僑如之事，適齊避禍與背國出奔者有别，故聲伯使之請逆，仍以魯臣待之。孔氏加以背叛之目，尤與傳意相違矣。豹始見於襄二年經，亦因事見名，其實歸即在僑如奔後也。下文十月『僑如奔齊』，十二月『季孫及郤犨盟于扈，歸，刺公子偃，召叔孫豹于齊而立之』，可知是一時事。杜云『傳于此言其終』，違傳文以就己説，孔反執杜難服，習非而逐迷者也。」

爲食於鄭郊。師逆以至。【疏證】謂爲食以待所逆晉師也。杜謂：「聲伯戒叔孫須逆師至乃食。」非。

聲伯四日不食以待之，食使者而後食。【疏證】釋文：「而後食，一本作『聲伯而後食』。」此使者謂聲伯之使於豹者。杜注：「使者，豹之介。」非。

諸侯遷於制田。【疏證】杜注：「滎陽縣東有制澤。」❶梁履繩云：「按：鄭之制地最廣，在汜水縣西者爲制，即虎牢。在鄭州北者爲北制。此名制田者，《水經注·渠水》注云：『宛陵縣有二城，二城以東悉多陂澤，即古制澤也。』蓋引水開田，因得斯稱耳。」梁説與杜注合。顧棟高云：「制田在今開封府新鄭縣東北。」❷

知武子佐下軍，【疏證】杜注：「武子，荀罃。」

以諸侯之師侵陳，

至于鳴鹿。【疏證】杜注：「陳國武平縣西南有鹿邑。」洪亮吉云：「《寰宇記》：『亳州鹿邑縣有鳴鹿臺，❸在城内。』」沈欽韓云：「《明統志》：『鹿邑故城在今歸德府鹿邑縣西六十里。』」顧棟高云：「今河南歸德府鹿邑縣西十三里有古鹿邑城。」

---

❶「縣」上，《春秋左傳正義》有「宛陵」二字。

❷「開封」，《春秋大事表·春秋輿圖》作「許州」。

❸「亳」，原缺，今據《太平寰宇記》卷十二補。

遂侵蔡。未反，**【疏證】**侵陳、蔡不書，公不與。

諸侯還於潁上。【疏證】杜無注。江永云：「潁水之上也。今江南潁川府有潁上縣，隋置。」

戊午，鄭子罕宵軍之，

宋、齊、衛皆失軍。【注】服虔以失軍爲失其軍糧。本疏。**【疏證】**杜注：「將主與軍相失。」不用服説。疏駁服云：「傳稱『諸侯還於潁上，子罕宵軍之』，則軍諸侯之營，不軍其輜重，安得爲失軍糧也？故杜以爲『將主與軍相失』，謂夜裏迸散相失耳。」李貽德云：「按：據服説，疑服本『軍』作『餫』。《説文》『餫』下云『野饋曰餫』。段注：『《黍苗》箋云：「營謝轉餫之役，有負任者，有輓輦者，有將車者，有牽傍牛者。」可證「餫」爲運糧。』愚按：餫從食軍聲，❶故服云『軍糧』，若本作『軍』字，則糧爲贅文矣。」按：李説是也。杜又云：「宋、衛不書，後也。」

曹人復請于晉。

晉侯謂子臧：「反，吾歸而君。」【疏證】《管蔡世家》索隱引《左傳》：「曹人請于晉，晉人謂子臧：『反國，吾歸而君。』」視傳文小異。杜注：「以曹人重子臧故。」

子臧反，曹伯歸。【疏證】杜注：「子臧自宋還。」《管蔡世家》坿曹事：「晉厲公虜成公以歸，已復釋之。」索隱引《左傳》：「子臧反，晉於是歸負芻。」亦與傳文異。

子臧盡致其邑與卿而不出。

---

❶ 「軍」，原作「車」，今據《春秋左氏傳賈服註輯述》卷十改。

宣伯使告郤犨曰：

「魯之有季、孟，猶晉之有欒、范也，政令於是乎成。

「今其謀曰：『晉政多門，不可從也。【疏證】《讀本》：「多門謂專政者多，不由君出也。」

「『寧事齊、楚，有亡而已，蔑從晉矣。』【疏證】杜注：「蔑，無也。」

「若欲得志於魯，請止行父而殺之，【疏證】杜注：「行父，季文子也。」

「我斃蔑也，【疏證】杜注：「蔑，孟獻子，時留守公宮。」

「而事晉，蔑有貳矣。

「魯不貳，小國必睦。不然，歸必叛矣。」【疏證】《校勘記》：「《漢書·朱博傳》注引作『畔矣』。」

九月，晉人執季文子于苕丘。

公還，待于鄆，❶

使子叔聲伯請季孫于晉。【疏證】《魯語》：「子叔聲伯如晉，謝季文子。」注：「郤犨之妻，聲伯之外妹也。故使聲伯如晉謝之，且請之。」

郤犨曰：「苟去仲孫蔑而止季孫行父，吾與子國，親於公室。」【疏證】杜注：「親魯甚於晉公室。」沈欽韓云：「言親聲伯甚於魯也。若如杜言，郤犨顯露其背慢之迹，於敵國之使不辭甚矣。」

---

❶ 原稿眉批：鄆已見四年。

對曰：「僑如之情，子必聞之矣。

「若棄蔑與行父，❶是大棄魯國，而罪寡君也。

「若猶不棄，而惠徼周公之福，使寡君得事晉君，

「則夫二人者，魯國社稷之臣也。

「若朝亡之，魯必夕亡。**【疏證】**本疏：「『魯必夕亡』，謂亡屬他國也。」

「以魯之密邇仇讎，亡而爲讎，治之何及？」**【疏證】**杜注：「仇讎謂齊、楚。言魯屬齊、楚，則還爲晉讎。」

郤犫曰：「吾爲子請邑。」**【疏證】**《魯語》「郤犫欲與之邑」，注：「以妻故親聲伯，故欲爲請邑以予之。」

對曰：「嬰齊，魯之常隸也，**【疏證】**杜注：「隸，賤官。」

「敢介大國以求厚焉！❷**【疏證】**

「承寡君之命以請，❸**【疏證】**

「若得所請，吾子之賜多矣，又何求？」

---

❶「棄」，《春秋左傳正義》卷二十八作「去」。

❷原稿眉批：介，詁。

❸原稿眉批：承，詁。

范文子謂欒武子曰：「季孫於魯，相二君矣。【疏證】杜注：「二君，宣、成。」

「妾不衣帛，馬不食粟，可不謂忠乎？

「信讒慝而棄忠良，若諸侯何？

「子叔嬰齊奉君命無私，【疏證】杜注：「不受郤犨請邑。」沈欽韓云：「按：『無私』通言聲伯之爲人耳。郤犨之私于聲伯者，何至即時宣布。」

「謀國家不貳，【疏證】杜注：「謂四日不食，以堅事晉。」

「圖其身不忘其君。【疏證】聲伯危身奉上，不可謂「圖其身」，「圖」疑誤。杜注：「辭邑、不食，皆先君而後身。」可證杜本不作「圖」。

「若虚其請，是棄善人也。

「子其圖之！」乃許魯平，赦季孫。

冬，十月，出叔孫僑如而盟之，僑如奔齊。【疏證】杜注：「諸大夫共盟，以僑如爲戒。」洪亮吉云：「此蓋言諸大夫皆盟，獨出叔孫僑如，使不在盟之列也。」莊述祖云：「襄二十三年傳：『盟叔孫氏也，曰：「無或如叔孫僑如，欲廢國常，蕩覆公室。」』即其事，故云『出叔孫僑如而盟之』。」

十二月，季孫及郤犨盟于扈。

歸，刺公子偃，【疏證】杜注：「偃與鉏俱爲姜所指，而獨殺偃，偃與謀。」此經《公羊》無傳，《穀梁傳》：「先刺後名，殺無罪也。」杜稱「偃與謀」，當是《左氏》舊説。

召叔孫豹于齊而立之。【疏證】杜注：「近此七月，聲伯使豹請逆於晉，聞魯人將討僑如，豹乃辟其難，先奔齊，生二子，而魯乃召之。故襄二年豹始見經，傳於此因言其終。」按：據服虔説，傳記本年之事，非言其終。杜注與前後經傳違，已説於「請逆」下。

齊聲孟子通僑如，【疏證】杜注：「聲孟子，齊靈公母，宋女。」

使立于高、國之閒。❶**【疏證】**杜注：「位比二卿。」

僑如曰：「不可以再罪。」

奔衛，亦閒於卿。【疏證】惠棟云：「唐石經曰『遂奔衛』，今本皆脱『遂』字。」《校勘記》：「石經旁增，不可據。」

晉侯使郤至獻楚捷於周，

與單襄公語，驟稱其伐。【疏證】《周語》：「晉使郤至告慶於周。郤至見召桓公，與之語。召公以告單襄公。」與《内傳》異。本疏謂：「先賢或以爲《國語》非丘明所作，爲其或與傳不同。」按：《周語》：「召公曰：『今夫子見我，以晉國之克也，爲己實謀之，曰：「微我，晉不戰矣。楚有五敗，晉不知乘，我則强之。背宋之盟，一也。

❶「閒」，原作「問」，今據《春秋左傳正義》卷二十八改。

薄德而以地賂諸侯，二也。棄壯之良而用弱，❶三也。建立卿士而不用其言，四也。夷、陳從之，❷三陳而不整，五也。皋不由晉，晉得其民，四軍之帥，旅力方剛，卒伍治整，諸侯與之。是有五勝也：有辭，一也。得民，二也。軍帥彊禦，三也。行列治整，四也。諸侯輯睦，五也。有一勝猶足用也，有五勝以伐五敗，而避之，非人也。不可以不戰。欒、范不欲，我彊之，戰而勝，是吾力也。且夫戰也微謀，吾有三伐：勇而有禮，反之以仁。吾三逐楚軍之卒，勇也。見其君必下而趨，禮也。能獲鄭伯而赦之，仁也。若是而知晉國之政，楚、越必朝。』」此上皆郤至稱伐之詞也。注：「伐，功也。」杜用韋義。

單子語其大夫曰：❸「温季其亡乎！❹【疏證】《周語》「柯陵之會，郤至見」，注：「郤至，温季昭子也。」杜注：「温季，郤至。」用韋義。又《周語》：「襄公曰：『人有言曰：「兵在其頸。」其郤至之謂乎！』」又曰：「以吾觀之，兵在其頸，不可久也。」

「位于七人之下，【疏證】杜注：「佐新軍，位在八。」本疏：「此時欒書將中軍，士燮佐之；郤錡將上軍，荀偃佐之；韓厥將下軍，荀罃佐之；郤犨將新軍，郤至佐之。是位在七人之下也。」

「而求掩其上，【疏證】蒙上「稱伐」言，故杜云：「稱己之伐，掩上功。」《周語》：「召公以告單襄公曰：『王

---

❶「弱」上，《國語正義》卷二有「幼」字。
❷「陳」，《國語正義》卷二作「鄭」。
❸「其」，《春秋左傳正義》卷二十八作「諸」。
❹原稿眉批：温季查前已見不。

叔子譽温季，以爲必相晉國。』」又述答郤至之言曰：「子則賢矣。抑晉國之舉也不失其次，吾懼政之未及子也。謂我曰：『夫何次之有？昔先大夫荀伯自下軍之佐以政，趙宣子未有軍行而以政，今欒伯自下軍往。是三子也，吾又過於四之無不及。若佐新軍而升爲政，不亦可乎？將必求之。』」傳稱「求掩其上」，兼郤至求政言也。

「怨之所聚，亂之本也。

「多怨而階亂，何以在位？

「《夏書》曰：『怨豈在明？不見是圖。』【疏證】《書》僞古文《五子之歌》取此文，僞孔傳無訓。杜以爲逸《書》，又云：「不見細微也。」案：《晉語》：「《夏書》有之曰：『一人三失，怨豈在明？不見是圖。』」注：「明，著也。不見，未形也。」韋義勝杜。

「將慎其細也。【疏證】謂慎於怨未形之時。

「今而明之，其可乎？」

【經】十有七年，春，衛北宫括帥師侵鄭。【疏證】括，《公羊》曰「結」。帥，《公羊》曰「率」。臧壽恭云：「括、結，聲轉相通。」李富孫云：「《説文》：『括，絜也。』《挈壺氏》疏：『絜即結也。』《廣韻》：『括，結也。』二字音近義同。」杜注：「括，成公曾孫。」

夏，公會尹子、單子、晉侯、齊侯、宋公、衛侯、曹伯、邾人伐鄭。【疏證】邾，《公羊》曰「邾婁」。

六月，乙酉，同盟于柯陵。【疏證】洪亮吉云：「《淮南子·人間訓》作『嘉陵』。柯、嘉音同。」《周語》「柯陵之會」注：「柯陵，鄭西地名。經書『公會尹子、單子、晉侯、齊國佐、邾人于柯陵以伐鄭』，在魯成十七年。」據韋説，則柯陵之會即上伐鄭之人，其引經與今本微異。《本義》引唐陸希聲《春秋通例》：「不重言諸侯，見尹子、單子與盟。」《公》、《穀》無其義，當是《左氏》舊説，視韋義又異。杜注：「柯陵，鄭西地。」用韋説。應劭《風俗通·山澤》引《國語》：「周單子會晉厲公于加陵。」加陵，晉地也。今《國語》無其文。應氏或以盟由於晉指爲晉地，不足據，韋説是也。沈欽韓云：「《方輿紀要》：『柯城在大名府内黄縣東北。』」

秋，公至自會。無傳。

齊高無咎出奔莒。

九月，辛丑，用郊。【注】賈逵以二傳爲説，諸書用者，不宜用也。本疏。劉、賈以爲諸言用，皆不宜用，反于禮者也。《釋例》。【疏證】杜注：「書用郊，從史文。」不用劉、賈等説。按《公羊傳》：「用者何？用，不宜用也。九月，非所用郊也。」《穀梁傳》：「夏之始可以承春。以秋之末承春之始，蓋不可矣。九月用郊，用者，不宜用也。」故疏謂「賈以二傳爲説」。疏駁劉、賈云：「施之於郊，❶似若有義，至於用幣、用鄫子，諸若此，皆須書用，以別所用者也。若不言用，則事敍不明。所謂辭窮，非聖人故造此用以示義也。且諸過祀三望之類，奚獨皆不書用邪？按《左氏傳》，用幣於社，傳曰：『得禮。』冉有用矛於齊師，孔子以爲義，無不宜用之例也。」按：經書「用郊」，惟此年一見。李貽德云：「諸書『用』者，如莊二十四年『大夫、宗婦覿，用幣』，傳曰：『非禮也。』二十

---

❶「於」，《春秋左傳正義》卷二十八作「用」。

五年『鼓，❶用牲于社于門』，皆曰『非常也』。僖十九年『邾人執鄫子，用之』，傳：『子魚曰：「小事不用大牲，而況敢用人乎？」』是經書『用』者皆不宜用也。」李氏所舉皆劉、賈取證用郊爲不宜用者，非關書用以別所用。過則書，是傳文，經但據其月書之，不以用見例。不郊猶三望，經以猶見例，亦不以用見例。文十五年經：「六月，辛丑，朔，日有食之。鼓，用牲于社。」傳曰：「非禮也。日有食之，天子不舉，伐鼓于社；諸侯用幣於社，伐鼓于朝，古之道也。」疏稱用幣爲得禮，蓋據彼傳。然彼經書用牲爲不宜用，故傳明諸侯惟有用幣、伐鼓禮，無用牲禮，疏未達傳義。其「冉有用矛入齊師」，傳文，非經文，不爲用郊之證，疏駁皆非。洪亮吉云：「按：賈義本二傳，較杜注爲長。」

晉侯使荀罃來乞師。無傳。

冬，公會單子、晉侯、宋公、衛侯、曹伯、齊人、邾人伐鄭。

十有一月，公至自伐鄭。無傳。

壬申，公孫嬰齊卒於貍脤。【注】左氏舊説：「壬申，十月十五日。貍脤，魯地也。」《釋例》。【疏證】貍脤，《公羊》曰「貍軫」，《穀梁》曰「貍蜃」。李富孫云：「案：脤、軫、蜃、辰皆一聲之轉。」杜注：「十一月無壬申，日誤也。貍脤，闕。」疏云：「杜《長曆》推十一月丁亥朔，六日壬辰，❷十六日壬寅，二十六日壬子，十日丙申，

---

❶「年」下，《春秋左氏傳賈服註輯述》卷十有「鼓用牲于社秋大水」八字。

❷「日」，原作「月」，今據《春秋左傳正義》卷二十八改。

二十二日戊申，不知壬申二字何者爲誤。《長曆》云：《公羊》《穀梁傳》及諸儒皆以爲十月十五日也。十月庚午圍鄭，十三日也，推至壬申，誠在十五日。然據傳曰十一月諸侯還自鄭，壬申，至貍脤而卒，此非十一月，❶分明誤在日也。以下有十二月丁巳朔，逆而推之，故諸舊説皆以壬申爲十月十五日也。」此疏據杜《長曆》以駁舊説也。疏知十一月無壬申，十月有壬申，而未達諸儒舊説必云十月之義。臧壽恭云：「案：《公羊傳》云：『非此月日也，曷爲以此日月卒之？❷待君命然後卒大夫。』何休注云：『據下丁巳朔，知壬申在十月。』《穀梁傳》云：『十一月無壬申，壬申，乃十月也。致公而後録，臣子之義也。』范甯注云：『嬰齊實以十月壬申卒，而公以十一月還，先致公而後録其卒，故壬申在十一月下也。嬰齊從公伐鄭，致公然後伐鄭之事畢，須公事畢，然後書臣卒，先君後臣之義也。』《公羊》以爲待君命然後卒，❸《穀梁》以爲致公而後録臣子，二傳説各不同，先儒蓋兼取二傳。然二傳但言壬申在十月，不定爲十五日，定爲十五日，《左氏》説也。」又云：「案：下十有二月丁巳朔，劉歆以爲九月朔，則此壬申劉歆以爲七月十五日也。是年入甲申統一千六十九年，積月一萬三千二百二十一，閏餘十六，閏在六月前。積日三十九萬四百二十七，小餘四十五，大餘七。正月辛卯朔大，小餘七。二月辛酉朔小，小餘五十。三月庚寅朔大，小餘十二。四月庚申朔小，小餘五十五。五月己丑朔大，小餘十七。閏月己未朔小，小餘六十。六月戊子朔大，小餘二十二。七月戊午朔，十五日壬申，是月小，小餘六十五。八月丁亥朔大，小餘二十七。九月

---

❶「十一月」，《春秋左傳正義》卷二十八作「十月」。

❷「日月」，《春秋左氏古義》卷四作「月日」。

❸「卒」下，《春秋左氏古義》卷四有「大夫」二字。

丁巳朔。説《左氏》者以壬申爲十月十五，據魯曆言之也。」按：臧説是也。貍脤，今地闕。❶

十有二月，丁巳，朔，日有食之。【注】劉歆以爲九月，周楚分。《五行志》。【疏證】臧壽恭云：「案：置是年積日三十九萬四百二十七，加積日二百六十六，以統法乘之，以十九乘小餘二十七，并滿周天除去之，餘三十七萬七百六十。滿統法而一，得積度二百四十度餘一千四百。命如法，合辰在翼十二度，距張十一度。張爲周之分星，翼爲楚之分星，故曰周楚分。」❷

邾子貜且卒。無傳。【疏證】《穀梁》疏：「《世本》邾定公也。」邾，《公羊》曰「邾婁」。杜注：「五同盟。」疏舉宣十七年斷道、成二年蜀、五年蟲牢、七年馬陵、九年蒲、十五年戚，并此年柯陵，凡七同盟。又「沈以杜數同盟之例，但有君盟者，不數大夫之盟，此二年盟蜀，十七年盟柯陵，皆邾之大夫，故不數之。劉炫并數二盟，以規其過，非也」。文淇案：此唐人引沈文阿説以難光伯也，光伯語經删削無以審知。壽曾謂：據沈説，則光伯謂七同盟，數蜀、柯陵也。邵瑛云：「于戚稱邾人，❸傳亦不見邾君。于蒲，經與傳並不見邾人，杜氏誤也。」

晉殺其大夫郤錡、郤犨、郤至。【疏證】犨，《公羊》曰「州」。

楚人滅舒庸。

---

❶ 原稿眉批：沈説未采。

❷ 原稿眉批：沈説未采。

❸ 「戚」下，《劉炫規杜持平》卷三有「經」字。

【傳】十七年，春，王正月，鄭子駟侵晉虛、滑。【疏證】杜注：「虛、滑，晉二邑。滑，故滑國。」不言虛所在。顧棟高云：「河南府偃師縣東南有虛城。」按：僖三十三年「秦人入滑」，本疏謂：「經書『入』，是滅而不有，此時屬晉耳。」滑見彼傳疏證。

衛北宫括救晉，侵鄭，至于高氏。【疏證】《郡國志》：「潁川郡陽翟有高氏亭。」沈欽韓云：「《一統志》：『高氏亭在許州府禹州西南。』」

夏，五月，鄭大子髡頑、侯獳爲質於楚。【疏證】杜注：「侯獳，鄭大夫。」

楚公子成、公子寅戍鄭。

公會尹武公、單襄公及諸侯伐鄭，自戲童至于曲洧。【疏證】戲童，杜無注。顧棟高云：「《水經注》『汜水出浮戲之山』，在今開封府汜水縣南四十九里，❶襄九年諸侯盟于戲即此。」杜注：「今新汲縣治曲洧城，臨洧水。」洪亮吉云：「《水經》：『洧水出河南密縣西南馬領山下，入于潁。』杜注本此。酈道元注：『洧水又東逕新汲縣故城北，縣置于許之汲鄉曲洧城。』按：即春秋時曲洧。」按：《地理志》「潁川郡」注：「宣帝神爵二年置新汲，❷以河内有汲，故加新也。」新汲之名由漢至元未改，金始改洧川。沈欽韓云：「《方輿紀要》：『新汲城在開封府洧川縣南，春秋時曲洧也。』」

---

❶「四十九」，《春秋大事表》卷七作「四十」。

❷「二」，《漢書・地理志》作「三」。

晉范文子反自鄢陵，使其祝宗祈死，【注】舊注：「祈，請也。」《御覽》四百九十。【疏證】《晉語》：「反自鄢，范文子謂宗祀曰：❶『凡吾宗、祝，爲我祈死。』」注：「宗，宗人。祝，史也。❷祈，求也。」杜注：「祝宗，主祭祀祈禱者。」與韋説小異。顧棟高云：「昭二十五年叔孫昭子使祝宗祈死，即《周禮》所云家宗人也。」梁履繩云：「家亦有祝，見襄二十七年。」據顧、梁説，則祝宗謂宗人而爲祝史者。

曰：「君驕侈而克敵，【疏證】《校勘記》云：「李善注干寶《晉紀總論》引作『君無禮而克敵』，非。」

「是天益其疾也。難將作矣！

「愛我者唯祝我速死，❸無及於難，范氏之福也。」

六月，戊辰，士燮卒。【疏證】杜注：「傳言厲公無道，故賢臣憂懼，因禱自裁。」焦循云：「劉光伯以爲士燮、昭子之卒適與死會，非自殺，是也。觀其云『愛我者，惟祝我，使我速死，無及於難』，則是因有疾，而家禱之，而文子轉使禱者祈死耳。若自殺，則自殺而已，何必先祈死？」朱駿聲云：「古人極信鬼神之事，《左氏》已言『祈死』而得死，劉炫云『適與死會』，是。」按：焦、朱説是也。炫説見本疏引，疏：「又云『祝我使我速死』，是其欲死之意。叔孫昭子心懷憂懼，亦與此同，身皆並卒，故知自裁。《春秋》之内唯有兩人願死，何得身死者皆與相當？

---

❶「祀」，《國語正義》卷十二作「祝」。

❷「史」上，《國語正義》卷十二有「祝」字。

❸「速」上，《春秋左傳正義》卷二十八有「使我」二字。

故杜斟酌傳文，以爲自殺。何休《膏肓》以爲人生有三命：有壽命以保度，有隨命以督行，❶有遭命以摘暴。未聞死可祈也。」疏駁炫説，蓋據《膏肓》，其所引《膏肓》亦非完文。《公羊》襄二十九年疏「未聞死可祈也」下云：「昔周公之隆，天不出妖，地不出孼，陰陽和調，災害不生。武王有疾，周公植璧秉珪，❷願以身代，武王疾愈，周公不夭。由此言之，死不可請，偶自天禄欲盡矣，非果死。今《左氏》以爲果死，因著其事以爲信然，於義《左氏》爲短。」何休不信《左氏》祈死之説，故舉人有定命，周公祈死不死以駁《左氏》。然《公羊》亦不謂士燮自殺，❸疏引《膏肓》以證杜説，非杜之義也。鄭《箴》今佚，其義無以審知。

乙酉，同盟于柯陵，尋戚之盟也。【疏證】十五年戚之盟，有晉、衛、曹、宋、齊、邾。

楚子重救鄭，師于首止。諸侯還。

齊慶克通于聲孟子，【疏證】杜注：「慶克，慶封父。」

與婦人蒙衣乘輦而入于閎。❹【疏證】杜注：「蒙衣，亦爲婦人服，與婦人相冒。」《讀本》：「人挽車曰輦。」《釋宫》：「宫中衖謂之壼，衖門謂之閎。」本疏引孫炎云「衖，舍間道也」，李巡曰「閎，衖頭門也」。據孫、李説，則閎是夾道之門也。《説文》：「閎，巷門也。」

❶「有」，原作「以」，今據《春秋左傳正義》卷二十八改。
❷「璧」，原作「壁」，今據《春秋公羊傳注疏》卷二十一改。
❸「變」，當作「燮」。
❹原稿眉批：輦，查添。

鮑牽見之，以告國武子，【疏證】杜注：「鮑牽，鮑叔牙曾孫。」

武子召慶克而謂之。

慶克久不出，【疏證】杜注：「慙臥於家，夫人所以怪之。」

而告夫人曰：「國子讁我。」【疏證】使人告夫人也。《齊語》注：「讁，譴責也。」杜用韋義。

夫人怒。

國子相靈公以會，【疏證】杜注：「會伐鄭。」

高、鮑處守。【疏證】杜注：「高無咎、鮑牽。」

及還，將至，

閉門而索客。❶【疏證】杜注：「蒐索，備姦人。」

孟子訴之曰：「高、鮑將不納君，而立公子角。【疏證】杜注：「角，頃公子。」

「國子知之。」

秋，七月，❷刖鮑牽而逐高無咎。

無咎奔莒，

❶ 原稿眉批：索，詰。

❷ 「月」下，《春秋左傳正義》卷二十八有「壬寅」二字。

高弱以盧叛。【疏證】杜注：「弱，無咎子。盧，高氏邑。」未云何地。《地理志》：「泰山郡盧。」《郡邑志》：❶「濟北郡盧。」❷沈欽韓云：「盧，戰國時謂之博陽，以在博關南也。項羽封田安爲濟北王，都博陽，即此。」《方輿紀要》：「盧城在濟南府長清縣西南二十五里。」

齊人來召鮑國而立之。【疏證】《魯語》注：「鮑國，鮑叔牙之玄孫鮑文子也。」杜用韋義。

初，鮑國去鮑氏而爲施孝叔臣。❸【疏證】孝叔，魯公族，見十一年傳。

施氏卜宰，【疏證】杜注：「卜立家宰。」各本作「家宰」，誤。顧炎武云：「施氏之家臣也，如《論語》仲弓爲季氏宰之『宰』，解『家宰』，非。」《校勘記》云：「炎武未見舊本故也。」

匡句須吉。【疏證】惠棟云：「應劭《風俗通》曰：『匡，魯邑，句須爲之宰，其後氏焉。』」❹

施氏之宰有百室之邑，【疏證】謂家宰應有采邑。

與匡句須邑，使爲宰，【疏證】據應説，則施氏使句須爲匡宰。

以讓鮑國而致邑焉。【疏證】讓國爲家宰，又致邑。

---

❶「邑」，當作「國」。

❷「郡」，《後漢書·郡國志》作「國」。

❸「而」下，《春秋左傳正義》卷二十七有「來」字。

❹原稿眉批：匡似已見，查。

施孝叔曰：「子實吉。」

對曰：「能與忠良，吉孰大焉？」

鮑國相施氏忠，故齊人取以爲鮑氏後。

仲尼曰：「鮑莊子之知不如葵，葵猶能衛其足。」【疏證】杜注：「葵傾葉向日，以蔽其根。」焦循云：「《淮南子·説林訓》云：『聖人之於道，猶葵之與日也。雖不能終始哉，其鄉之誠也。』高誘注：『鄉，仰也。』葵之向日，始見於此。曹植《求通親親表》云：『若葵藿之傾葉太陽，雖不爲回光，終向之者，誠也。』陸機作《園葵詩》乃云：『朝榮西北傾，夕陨西南晞。』竟似隨日而指者，然與衛足之説不相涉。至杜此注，則以衛足由於向日，而向日由其傾葉矣。《齊民要術》言：『葵有紫莖、白莖二種，種别復有大小之殊，又有鴨脚葵，蓋大者謂蜀葵，小者謂錦葵，鴨脚謂黄葵。其種法，春必畦種，水澆，三掐，更種之。六月一日種白莖秋葵。秋葵堪食，仍留五月種者取子，於此時，附地翦却春葵，令根上枿生者，❶柔輭至好，仍共常食，美於秋菜。掐秋菜，必留五六葉。凡掐，必待露解。』此所言甚詳。蓋冬葵，蜀葵也。秋葵，夏種秋華，至冬即枯。蜀葵，八月後種，經冬至春而華，於四五月春夏亦可種。古以此爲蔬，不令其老，故掐之，令生嫩枿，其根存，則明年仍生，故古詩云：『採葵莫傷根，❷傷根葵不生。』觀《要術》稱『三掐』，又云『令根上枿生』，肥嫩供食尤美，是葵能自衛其根。孔子謂『葵猶能衛其足』，此

❶「枿」上，原衍「生」字，今據《春秋左傳補疏》卷四删。

❷「採」，原作「探」，今據《春秋左傳補疏》卷四改。

也。然此葵無所謂向日。曹植與藿並言，藿即菽，今驗塍中豆華必當正午時盛開，因推之秋葵之華，日出則舒，日没則合，其未舒苞直向上，舒則傾側，故一名側金琖。曹云『傾葉』，葉指華之瓣，傾即其舒而言也。然則所謂向日者，就華之榮萎言。此專指秋葵言之也。向日與衛足，自是兩事，杜合爲一，失之。」

冬，諸侯伐鄭。

十月，庚午，圍鄭。

楚公子申救鄭，師于汝上。【疏證】杜無注。《釋例》謂：「汝出南陽，東北入淮。」未説此「汝上」當何地。高士奇云：「汝水出河南汝州魯山縣，東北經伊陽至汝州南，又東南經寶豐、郟縣，南入南陽之裕州。歷開封之襄城、郾城，南入汝寧西平境，又東南至潁州南而至于淮。十六年楚以汝陰之田求成于鄭，蓋鄭、楚之界也。」按：楚師當在今郟、號，直寶豐對岸也。

十一月，諸侯還。

初，聲伯夢涉洹，【疏證】《水經·洹水》：「洹水出上黨泫氏縣，至内黄縣北，東入于白溝。」注：「謂之洹口也。」許慎《説文》、吕忱《字林》並云洹水出晉、魯之間。」據酈氏説，洹出泫氏，❶泫氏，今山西澤州高平，❷則是晉境。杜注：「洹水出汲郡林慮縣，東北至魏郡長樂縣入清水。」洪亮吉謂：「與郭璞《山海經》注同。」惠棟云：「《御

❶「出」，原重文，今删。

❷「今」，原重文，今删。

覽》：《隋圖經》：『洹水出隆慮縣西北，俗謂安陽河，即聲伯夢涉之所，源出林慮山東平地。』」按：杜、郭及《隋圖經》説洹源與酈氏異者，林慮即隆慮，在今河南彰德府境，與澤州接壤，許君、吕忱所謂晉、魯之間是也。沈欽韓云：「《方輿紀要》：『安陽河在彰德府北四里，本名洹水，出林縣西北林慮山中，東流經府境，又經臨漳縣西南達直隸成安縣界，至内黄縣界永和鎮入衛水。』」江永云：「今按：後周分臨漳界置洹水縣，後省入大名成安，今大名府魏縣，古洹水也。」

或與己瓊瑰，食之。【疏證】《説文》：「瓊，赤玉也。瑰，玫瑰，一曰珠圜好。」杜注：「瓊，玉。瑰，珠也。」用許説，又云：「食珠玉，含象。」據服氏義，知者，服説下「懼不敢占」謂「惡瓊瑰贈死之物也」。疏：「含者用玉，或用珠，故夢食珠玉爲含象也。《詩》毛傳：『瓊瑰，石而次玉。』《禮緯》：『天子含用珠，諸侯用玉，大夫用碧。』此聲伯得有瓊瑰者。按：天子含用玉，則《禮緯》之文未可全依，或可珠玉兼有。」疏明聲伯大夫，含亦得用珠，故疑《禮緯》未可依也。按：《檀弓》「飯用貝」疏：「其含天子用璧，卿大夫無文。案成十七年公孫嬰齊夢贈瓊瑰，注云：『食珠玉，含象。』則卿大夫蓋用珠也。何休注《公羊》云：『天子以珠，諸侯以玉，大夫以壁，❶士以貝。』又《禮緯稽命徵》：『天子飯以珠，含以玉。諸侯飯以珠，含以璧。卿大夫飯以珠，含以貝。』此等或是異代禮，非周禮也。」右《禮》疏據《士喪》含止用貝，故疑聲伯大夫不當用玉。杜言珠玉，此以瓊瑰爲珠，與杜異，當是舊説。其引《稽命徵》與本疏引《禮緯》亦異，不據爲周禮者，以於《禮經》別無所徵也。又《雜記》「天子飯九貝」疏：「案《禮》戴説，天子飯以珠，含以玉。諸侯飯以珠，含以璧。大夫、士飯以珠，含以貝。此等皆非周禮，並夏、殷之法。《左傳》成十

❶「壁」，疑當作「璧」，《禮記正義》卷九作「碧」。

七年子叔聲伯夢食瓊瑰，哀十一年齊陳子行，❶『命其徒具含玉』，此等皆是大夫而以珠玉爲含者，以珠玉是所含之物，故言之，非謂當時實含用珠玉也。」此引《禮》戴説與《檀弓》疏引《稽命徵》略同，故亦不據爲周禮。其謂此傳瓊瑰及哀十一年齊陳子含玉，皆以所含之物言，非是珠玉。杜注此，知珠玉之未諦，而未達傳文顯言瓊瑰，不得虚以含物説之也。《禮緯》、《禮》説雖不足據，然并疑此傳「瓊瑰」非含物則未可，不若《檀弓》疏説之確也。知《檀弓》疏「卿大夫含用珠」爲舊説者，李貽德云：「按：古者含惟用玉石，天子用玉，見《典瑞》。士用貝，見《士喪禮》。何休謂『天子以珠』，珠亦當以玉爲之。《詩》傳：『瓊瑰，石而次玉。』《説文》玫瑰連文乃爲珠，此瓊瑰連文則必當爲似石之玉。洪亮吉《釋珠》云：『玫珠字從玉，皆以玉爲之。《周禮·玉府》「掌供王之服玉、佩玉、珠玉，若合諸侯則用珠槃、玉敦」是也。❷《續漢書·輿服志》：「永平二年，初詔有司采《周官》、《禮記》、《尚書·皐陶》篇，乘輿服從歐陽氏説，公侯以下從大小夏侯氏説。❸冕皆廣七寸，長尺二寸，前垂四寸，後垂三寸，係白玉珠爲十二旒。三公、諸侯七旒，青玉爲珠。卿大夫五旒，黑玉爲珠。」所謂白玉珠、青玉珠、黑玉珠，皆以玉石之白、青、黑爲之。歐陽、夏侯皆承周秦以來先儒舊説，明三代之制冕旒所垂之珠皆琢玉爲之，非是蚌珠。』由此推之，則天子所含，《周禮》言玉舉其質，《禮緯》言珠舉其形，其必以玉爲珠，所以别于諸侯所含之璧形而小耳。杜氏分瓊瑰爲珠玉，不明于古之珠即以玉爲之也。」案：李説是也。瓊瑰非美玉，故琢珠以爲含，舉瓊瑰即是含珠，此《左氏》稱

❶「一」，原脱，今據《禮記正義》卷四十三補。下一「一」字同。

❷「用」，《春秋左氏傳賈服註輯述》卷十作「供」。

❸「侯」，《春秋左氏傳賈服註輯述》卷十作「卿」。

「瓊瑰」之義。

泣而爲瓊瑰，盈其懷。【疏證】淚下似珠，故謂泣而化珠。杜謂「淚下化爲珠玉」，非。王逸《楚辭章句》：「在袖曰懷。」

從而歌之曰：【疏證】《廣雅・釋詁》：❶「從，就也。」

「濟洹之水，贈我以瓊瑰。歸乎，歸乎！瓊瑰盈吾懷乎！」

懼不敢占也。【注】服云：「聲伯惡瓊瑰贈死之物，故畏而不言也。」《渭陽》疏。【疏證】杜無注。李貽德云：「聲伯夢食瓊瑰，合其所含之等，故惡之也。占謂占夢，《周官》有占夢是也。但占必言夢而始占之，聲伯不敢占，故服以爲不敢言也。」

還自鄭。

壬申，至于貍脤而占之。

曰：「余恐死，故不敢占也。

「今衆繁而從余三年矣，無傷也。」【疏證】《正月》傳：❷「繁，多也。」

言之，之莫而卒。【疏證】《校勘記》云：「《詩・渭陽》正義引作『言之至莫而卒』。」

---

❶「詁」，原缺，今據《廣雅》卷三補。

❷「正月」，原缺，今據《毛詩正義》卷十二補。

齊侯使崔杼爲大夫，使慶克佐之，帥師圍盧。【疏證】杜注：「討高弱。」

國佐從諸侯圍鄭，以難請而歸。

遂如盧師，殺慶克，以穀叛。❶

齊侯與之盟于徐關而復之。

十二月，盧降。使國勝告難于晉，【疏證】杜注：「勝，國佐子。齊侯欲討國佐，故留其子於外。」

待命於清。【疏證】本疏：「欲遣國勝告難，故令待進止之命在于清地，非是使還待命。」此傳舊説當謂國勝待進止之命，舊疏申其説也。杜注：「清，陽平樂縣。」江永云：「清爲齊之東境邑。」沈欽韓云：「按《漢志》清屬東郡，《續漢志》：『樂平，故清，章帝更名。』《晉志》屬陽平郡。」杜預注，諸本皆脱一「平」字。《一統志》：「清縣故城在東昌堂邑縣東南。」

晉厲公侈，多外嬖。【疏證】杜注：「外嬖，愛幸大夫。」《晉世家》：「厲公多外嬖姬。」則史公説外嬖謂厲公淫於外，傳稱外嬖皆佞倖之徒，史公蓋采異説。

反自鄢陵，【疏證】《釋文》作「反自鄢」，云：「一本作『自鄢陵』。」李富孫云：「按唐石經初刻似無『陵』字，後人增入。」

欲盡去群大夫而立其左右。【疏證】《晉世家》：「厲公歸，欲盡去群大夫而立諸姬兄弟。」

❶ 原稿眉批：穀已见。

胥童以胥克之廢也，怨郤氏，❶**【疏證】**胥童，《韓非·内儲》作胥僮，《晉語》作胥之昧，注：「胥之昧，胥童也。」洪亮吉云：「《晉語》『童昏不可使謀』，是童有昧義，故胥童字之昧也。」宣八年傳：「晉胥克有蠱疾，郤缺爲政，❷廢胥克。」《晉世家》：「厲公寵姬兄曰胥童，嘗與郤至有怨。」杜注：「童，胥克之子。」

而嬖於厲公。

郤錡奪夷陽五田，五亦嬖於厲公。【疏證】夷陽五，宋本作「羊五」，與下文作「夷羊五」合。《晉語》作「夷羊午」，《古今人表》作「羊魚」。萬光泰云：❸「疑夷陽以邑爲氏。《周語》：『商之亡也，夷羊在牧。』命氏之由，豈取諸此乎？」《晉語》注：「胥童、夷陽五，皆厲公嬖臣。」

郤犨與長魚矯争田，【疏證】矯，《晉語》作蟜。

執而梏之，【疏證】杜注：「梏，械也。」❹

與其父母妻子同一轅。【疏證】杜注：「繫之車轅。」

既，矯亦嬖於厲公。

欒書怨郤至，以其不從己而敗楚師也，欲廢之。【疏證】《晉語》：「欒書昦以怨郤至。」注：「怨其反

❶「氏」，原作「克」，今據《春秋左傳正義》卷二十八改。

❷「缺」，原作「克」，今據《春秋左傳正義》卷二十二改。

❸「光泰」，原缺，今據《左通補釋》卷十四及卷四補。

❹原稿眉批：梏，詁。

己，專其美也。」《晉世家》：「欒書又怨郤至不用其計而遂敗楚。」集解：「《左傳》曰：『欒書欲待楚師退而擊之，郤至云：「楚有六間，不可失也。」』」

使楚公子茷告公曰：「此戰也，郤至實召寡君，【疏證】十六年傳：「晉、楚遇於鄢陵，囚公子茷。」《晉世家》：「乃使人間謝楚。楚來詐厲公曰：『鄢陵之戰，實至召楚。』」史公不謂使茷告厲公，采異説。

「以東師之未至也，【疏證】杜注：「齊、魯、衛之師。」《晉語》「及齊、魯之未至也」，注：「晉乞師於齊、魯，時尚未至。」《外傳》不數衛師，故杜不用韋説。

「與軍帥之不具也，【疏證】杜注：「荀罃佐下軍居守，郤犨將新軍乞師，故言不具。」按：杜謂荀罃以下軍佐居守是矣，其云新軍將郤犨以乞師不至軍，傳無明文。十六年傳止云「郤至佐新軍」，此云「不具」，謂下軍佐未行，新三軍將佐亦不具也，詳彼傳疏證。

「曰：『此必敗，【疏證】《晉語》注：「言晉可敗也。」此假郤至之辭。

「『吾因奉孫周以事君。』」【疏證】《晉語》「晉孫談之子周事單襄公」，❶注：「談，晉襄公之孫惠伯談也。周者，談之子，晉悼公之名。晉自獻公用驪姬之讒，詛不畜群公子，故孫周適周事單襄公。」《晉世家》：「悼公周者，其先祖父捷，晉襄公少子也，不得立，號爲桓叔，桓叔最愛。桓叔生惠伯談，談生悼公周。」與《外傳》合。杜注：「晉襄公曾孫悼公。君，楚王也。」杜據《外傳》、《晉世家》以周爲襄公曾孫。案《年表》厲公上距襄公已四世，

---

❶「晉語」，當作「周語」。

悼爲厲之從孫，故稱孫周，猶《外傳》之稱孫談也。《晉世家》又云：「至欲作亂，内子周立之。」於例不當稱子，史公駁文。《晉語》又云：「戰敗，將納孫周。」與《内傳》同。《外傳》述周復國之辭云：❶「大父、父皆不得立，而辟難於周，客死焉。今大夫不忘文、襄之意而惠立桓叔之後。」則桓、孫談皆適周，及悼公三世矣。

公告欒書，書曰：「其有焉。不然，豈其死之不恤，而受敵使乎？【疏證】《晉世家》：「厲公告欒書，欒書曰：『其殆有矣。』」十六年傳：「郤至見楚子，必下。楚子使工尹襄問之以弓，至免胄承命。」故曰「受敵使」。

「君盍嘗使諸周而察之？」【疏證】《晉語》：「且君若使之於周。」《晉世家》：「願公試使人之周微考之。」集解：「虞翻曰：『周，京師。』」據虞説，則孫周在京師也。

郤至聘于周，欒書使孫周見之。公使覘之，信。【疏證】《説文》：「覘，窺也。《春秋傳》曰：『公使覘之，信。』」許君引傳與唐本合。《繫傳》引作「公使窺視之」，非。《晉語》注：「覘，微視之。」杜注：「覘，伺也。」用韋義。《晉世家》：「果使郤至於周。欒書又使公子周見郤至，郤至不知見賣也。厲公驗之，信然。」

遂怨郤至。【疏證】《晉世家》：「厲公遂怨郤至，欲殺之。」

厲公田，與婦人先殺而飲酒，後使大夫殺。【疏證】《晉語》注：「婦人，愛妾也。」杜注：「傳言厲公無道，先婦人而後卿佐。」沈欽韓云：「《王制》：『天子殺則下大綏，諸侯殺則下小綏，大夫殺則止佐車，佐車止則百

---

❶「外傳」，當作「晉世家」。

姓田獵。』先殺者君之禮也，不爲無道。以婦人而與田獵，則非禮度耳。」《晉世家》：「厲公獵，與姬飲。」

郤至奉豕，寺人孟張奪之，【疏證】杜注：「寺人，奄士。」《晉世家》：「郤至殺豕奉進，宦者奪之。」❶

郤至射而殺之。公曰：「季子欺余！」【疏證】杜注：「季子，郤至。公反以爲郤至奪孟張豕。」《晉世家》：「郤至射殺宦者，公怒，曰：『季子欺余！』」

厲公將作難，

胥童曰：「必光三郤，族大多怨。去大族不逼，【疏證】《吕覽・驕恣》篇：「胥童謂厲公曰：『必先殺三郤。族大多怨，去大族不逼。』」注：「三郤，錡、犨、至也。不逼迫公室。」杜注：「不逼公室。」用高注義。

「敵多怨有庸。」❷

公曰：「然。」

郤氏聞之，郤錡欲攻公，曰：「雖死，君必危。」【疏證】《晉世家》：「郤錡欲攻公，曰：『我雖死，君亦病矣。』」

郤至曰：「人所以立，信、知、勇也。

「信不叛君，知不害民，勇不作亂，失此三者，其誰與我？死而多怨，將安用之？【疏證】至言

---

❶ 原稿眉批：查寺人披。

❷ 原稿眉批：庸，詁。

失信、知、勇，則人以弒君怨我。杜注：「言俱死，無用多其怨咎。」非。《晉世家》：「郤至曰：『信不反君，智不害民，勇不作亂。失此三者，誰與我？我死耳！』」

「君實有臣而殺之，其謂君何！

「我之有罪，吾死後矣。

「若殺不辜，將失其民，欲安得乎？

「待命而已。【疏證】命，君命也。

「受君之禄，是以聚黨。【疏證】《晉語》「夫利君之富，富以聚黨」，注：「利君寵禄以得富，得富故有徒黨。」

「有黨而争命，罪孰大焉？」【疏證】此命亦謂君命，争命猶拒命也。杜以「命」爲「死命」，非。

壬午，胥童、夷羊五帥甲八百將攻郤氏。【疏證】杜注：「八百人也。」《晉語》：「是故使胥之昧與夷羊五刺郤至、苦成叔及郤錡。」注：「胥之昧，胥童也。」《晉世家》：「十二月壬午，公令胥童以兵八百人襲攻殺三郤。」

長魚矯請無用衆，【疏證】矯意不用甲。

公使清沸魋助之，【疏證】杜注：「沸魋，亦嬖人。」

抽戈結衽，【疏證】《説文》：「衽，衣裣也。」《禮·□□》注：「衽，裳際也。」杜用鄭義。洪亮吉云：「傳云『結衽』，則訓當以《説文》爲是。《倉頡解詁》亦云：『衽，裳際。或云衣襟也。』」

而僞訟者。【疏證】杜注：「僞與清沸魋訟。」

三郤將謀於榭，【疏證】杜注：「榭，講武堂。」用宣十六年「榭」舊説，詳彼經疏證。本疏：「傳言『將謀於榭』，似仍未至榭，猶在塗也。下云『殺駒伯、苦成叔於其位』，位，所坐處，則已至榭矣。」又云：「三郤慮公殺己，謀欲自安，未及謀而已死，故云『將』耳，非謂未至榭也。」又云：「或可『將謀於榭』是未至榭，故杜云：『位，所坐處也。』謂當時隨便所坐之處，故長魚矯得僞訟而殺之，若已至榭，不應就榭僞訟。」案：疏文不承接，杜以下文「位」爲所坐處，非榭位，則以僞訟及殺二郤皆在塗事，與疏前二説不合，疏蓋引舊説駁之。舊説一以僞訟爲在塗，殺二郤爲在榭，一説謂僞訟、殺三郤皆在榭，以下文長魚矯追郤至車證之，則僞訟時三郤已至榭也。

矯以戈殺駒伯、苦成叔於其位。【疏證】杜注：「駒伯，郤錡。苦成叔，郤犨。」案：位，榭之坐處。

温季曰：「逃威也。」遂趨。【疏證】杜注：「郤至本意欲稟君命而死，今矯等不以君命而來，故欲逃凶賊爲害，故曰威，言可畏也。或曰『威』當爲『藏』。」沈欽韓云：「『威』當爲『畏』。《檀弓》『死而不弔者三：畏、厭、溺』，注：『人或時以非罪攻己，不能有以説之死之者。』《吕覽·勸學》篇注：『畏猶死也。』《通典·喪禮》引盧植注：❶『畏，兵刃所傷。』又王肅云：『犯法獄死謂之畏。』《白虎通·喪服》：『畏者，兵死也。』此作『威』者，畏、威文義相通。《考工記》注：『故書畏作威。』《皋陶謨》『天明畏』，釋文：『馬本作威。』《吕刑》『德威惟畏』，《墨子·尚賢下》『德威惟威』，是畏、威古通也。」

矯及諸其車，以戈殺之。

---

❶「禮」，當作「制」。

皆尸諸朝。【疏證】《晉語》「殺三郤而尸諸朝」，注：「尸，陳也。」杜用韋義。《檀弓》「則將肆諸市朝而妻妾執」，注：「肆，陳尸也。大夫以上於朝，士以下於市。」鄭君説朝、市有别。三郤皆大夫，故傳稱「尸諸朝」。襄二十三年傳：❶「楚王殺子南於朝。」子南亦大夫。惠棟云：「康成《論語》注曰：『大夫於朝，士於市。』昭十四年『尸雍子與叔魚於市』，正義曰：『晉殺三郤皆尸於朝，此尸於市者，以其賤故也。』棟案：《論語》『尸諸市朝』，《孟子》『若撻於市朝』，索隱謂『市之行列有如朝位，故曰市朝』，《王制》謂『刑人於市』，則此『尸諸朝』疑即市朝，或云朝，或云市，隨文言之，非有二所。」梁履繩云：「於朝于市亦以分罪之大小，如崔杼上卿也，而尸於市。子皙上大夫也，而尸於衢。皆不於朝者，蓋貶同士庶。」

胥童以甲劫欒書、中行偃於朝。矯曰：「不殺二子，憂必及君。」【疏證】《晉語》注：「言二子懼誅，必將圖君。」《韓非·説儲》：「胥童、長魚矯又諫曰：『夫同罪之人偏誅而不盡，知懷怨而借之間也。』」以爲童、矯二人之言。《晉世家》：「胥童因以劫欒書、中行偃于朝，曰：『不殺二子，患必及公。』」以爲胥童一人之言。皆與傳異。

公曰：「一朝而尸三卿，余不忍益也。」【疏證】惠棟云：「《韓非子》載厲公語曰：『吾一朝而夷三卿，予不忍盡也。』《周禮·凌人》『大喪共夷槃冰』，鄭氏云：『夷之言尸也，尸之槃曰夷槃。』古夷字作𡰥，與尸相近，故或從尸或從𡰥也。」按：《韓非》「益」作「盡」亦異文。《晉語》：「一旦而尸三卿，不可益也。」《晉世家》：「公曰：『一旦

❶ 「三」，當作「二」。

殺三卿，寡人不忍益也。』」并與傳同。

對曰：「人將忍君。【疏證】杜注：「人謂書與偃。」

「臣聞亂在外爲姦，在内爲軌。御姦以德，御軌以刑。【疏證】《釋文》：「軌，本又作宄。」《校勘記》云：「軌，《書·盤庚》正義引作『宄』，宄正字，軌假借字。」《司刑》注：「《書傳》曰：『降畔、寇賊、刧略、奪攘、撟虔者，其刑死。』」疏：「《舜典》云『寇賊姦軌』，鄭注云：『强聚爲寇，殺人爲賊，由内爲姦，起外爲軌。』案成十七年，長魚矯曰：『臣聞亂在外爲姦，在内爲軌，御姦以德，御軌以刑。』鄭與傳不同。鄭欲見在外亦得爲軌，在内亦得爲姦，故反覆見之。或後人轉寫誤，當以傳爲正。」彼疏不用鄭君説，鄭君説外、内與傳違，不知何據。《廣雅·釋詁》：「姦、宄、竊，盗也。」王念孫云：「《説文》：『姦，私也。宄，姦也。外爲盗，内爲軌。盗自中出曰竊。』文十八年，『竊賄爲盗，盗器爲姦』。《魯語》云：『竊寶者爲軌，用軌之財者爲姦。』成十七年《左傳》及《晉語》并云：『亂在外爲姦，在内爲軌。』軌與宄通。姦、宄、竊、盗，訓雖不同，理實相貫，學者不以詞害意可也。」據王説，則姦、軌統詞，外内隨便言之。《晉語》説姦、軌與傳同，下云「禦軌以德，禦姦以刑」，與矯勸殺二卿意不合。

「不施而殺，不可謂德；臣偪而不討，不可謂刑。

「德、刑不立，姦、軌並至。臣請行。」遂出奔狄。【疏證】杜注：「行，去也。」

公使辭於二子曰：【疏證】杜注：「辭謝書與偃也。」

「寡人有討於郤氏，郤氏既伏其辜矣，大夫無辱，其復職位。」【疏證】杜注：「胥童刧而執之，故云辱也。」《晉世家》：「公弗聽，謝欒書等以誅郤氏罪：『大夫復位。』」

皆再拜稽首曰：「君討有罪，而免臣於死，君之惠也。二臣雖死，敢忘君德？」乃皆歸。

公使胥童爲卿。

公游於匠麗氏，【注】賈云：「匠麗氏，❶晉外嬖大夫在翼者。」《晉世家》集解。**【疏證】**盧文弨云：「《大戴禮・保傅》篇作『匠黎』，《史記》作『匠驪』，則麗當讀平聲。」洪亮吉云：「麗，讀如『酈食其』之酈。」按：《周語》注引作「匠酈」，亦讀作平聲。杜注：「匠麗，嬖大夫家。」馬宗璉云：「杜未全本賈說，與下葬翼東門外不貫。」案：《晉語》：「國人勿躅，遂殺諸翼。」又曰：「欒成子、中行獻子圍公于匠麗氏。」賈知在翼者，采《外傳》說。《呂覽・禁塞》篇：「晉厲知必死于匠麗氏，陳靈知必死於夏徵舒，宋康知必死於温，吾未知其爲不善之至於此也。」注：「匠麗氏，晉大夫家也。」《呂覽》以夏徵舒、温並言，此古説，温未詳。其舉死於夏徵舒爲例，蓋厲公外淫，如夏姬之事也。《晉世家》：「閏月乙卯晦，❷厲公游匠麗氏。」❸史公以傳殺胥童之日爲公游匠麗氏之日，傳中隔舒庸人伐楚，非同日事，未知史公所據。

欒書、中行偃遂執公焉。【疏證】《晉世家》：「欒書、中行偃以其黨襲捕厲公，執之。」

召士匄，士匄辭。

召韓厥，韓厥辭曰：「昔吾畜於趙氏，【疏證】《晉語》注：「畜，養也。韓獻子見成養於趙盾。」杜用

---

❶ 「麗」，《史記・晉世家》作「驪」。

❷ 「晦」，《史記・晉世家》無此字。

❸ 「麗」，《史記・晉世家》作「驪」。

韋說。

「孟姬之讒，吾能違兵。」【疏證】孟姬即莊姬也。《□□》傳：「違，去也。」四年傳「晉趙嬰通於趙莊姬」，五年「原、屏放諸齊」，八年傳「晉趙莊姬爲趙嬰之亡故，譖之于晉侯。六月，晉討趙同、趙括」，故云「孟姬之讒」也。《晉語》注：「時獻子能違兵難，卒存趙氏，未可脅與殺君也。」杜注：「晉將討趙氏，而厥去其兵，示不與黨。」

「古人有言曰：『殺老牛，莫之敢尸。』」【疏證】《釋詁》：❶「尸，主也。」《晉語》注同，杜用韋義。莫敢主謂畏刑律，知者，《淮南子·說山訓》曰：「殺罷牛可以贖良馬之死，莫之爲也。殺牛必亡之數，以必亡贖不必死，未能行之者矣。」注：「牛者所以植穀，民之命，是以王法禁殺牛。民犯禁殺之者誅，故曰『必亡之數』。」據《淮南》說，則漢法殺牛如殺人抵罪，承舊律文。《隋書·盧愷傳》：❷「周武帝在雲陽宮，敕諸屯簡老牛，欲以享士。愷進諫曰：『昔田子方贖老馬，君子以爲美談。向奉明敕，欲以老牛享士，有虧仁政。』」

「而況君乎？二三子不能事君，焉用厥也？」

舒庸人以楚師之敗也，【疏證】杜注：「舒庸，東夷國人。」江永云：「今按：此亦群舒也，蓋在今廬州府。」詳文十二年「群舒」疏證。

道吴人圍巢，伐駕，圍釐、虺，【疏證】杜注：「巢、駕、釐、虺，楚四邑。」江永云：「今俱在廬州府境。」顧棟

---

❶「詁」，原缺，今據《爾雅》卷上補。

❷「盧」，原作「虞」，今據《隋書·盧愷傳》改。

高云：「巢即薳啓彊城之以備吴者，今爲江南廬州府巢縣。襄三年吴伐楚取駕，駕，良邑也。駕、釐皆在無爲州境，虺在廬江縣境，俱屬廬州府。」

遂恃吴而不設備。楚公子橐師襲舒庸，滅之。【疏證】李富孫云：「石經『橐』下旁注『帥』字，此後人妄加。」

閏月，乙卯，晦，欒書、中行偃殺胥童。

民不與郤氏，胥童道君爲亂，故皆書曰「晉殺其大夫」。【疏證】杜注謂：「從國討文。」疏引劉炫云：「杜正謂不書盜，書盜即無罪也。」此《述義》申解杜説。

【經】十有八年，春，王正月，晉殺其大夫胥童。【疏證】杜注：「傳在前年，經在今春，從告。」

庚申，晉弑其君州蒲。❶**【疏證】**《校勘記》云：「按：『蒲』字當作『滿』。」《年表》：「晉公八年，欒書、中行偃殺厲公，立襄公孫爲悼公。」

齊殺其大夫國佐。【疏證】杜注：「國武子也。」

公如晉。

夏，楚子、鄭伯伐宋。宋魚石復入于彭城。【疏證】本年傳例：「以惡曰『復入』。」杜注：「彭城，宋邑。」

---

❶ 原稿眉批：州蒲已見。

《地理志》：「楚國彭城。」顧棟高云：「彭城，徐州府銅山縣，爲春秋時吴、楚往來之通道。」

公至自晉。

晉侯使士匄來聘。

秋，杞伯來朝。

八月，邾子來朝。【疏證】《公羊》「邾」曰「邾婁」。

築鹿囿。【疏證】杜注：「築牆爲鹿苑。」

己丑，公薨于路寢。【疏證】《年表》：「十八年，成公薨。」

冬，楚人、鄭人侵宋。【疏證】《年表》：「楚共王十八年，爲魚石伐宋彭城。鄭成公十二年，與楚伐宋。宋平公三年，楚伐彭城。」

晉侯使士魴來乞師。【疏證】士魴，《公羊》曰「士彭」。洪亮吉云：「按：《毛詩》『祝祭于祊』，《説文》作『彭』，知祊、彭古字通也。《説文》又云：❶『彭或從方。』」臧壽恭云：「魴、彭同聲相假。」

十有二月，仲孫蔑會晉侯、宋公、衛侯、邾子、齊崔杼同盟于虚朾。【疏證】《公羊》「邾」曰「邾婁」。杜注：「虚朾，地闕。」《晉語》「使合諸侯于虚朾以救宋」，❷注：「虚朾，宋地。」沈欽韓云：「兖州泗水縣，漢卞縣之

---

❶「又」，原作「大」，今據《春秋左傳詁》卷三改。

❷「使」，《國語正義》卷十三作「始」。

地，即春秋之虚朾也。《一統志》：『虚朾邑，今泗水縣治。』」

丁未，葬我君成公。

【傳】十八年，春，王正月，庚申，晉欒書、中行偃使程滑弑厲公，【疏證】《校勘記》云：「李善注劉孝標《辨命論》引『弑』作『殺』。」杜注：「程滑，晉大夫。」洪亮吉云：「《吕覽・驕恣》篇：『厲公游于匠麗氏，欒書、中行偃刼而幽之，三月而殺之。』按：自十二月至正月，内有閏月，故云三月也。《淮南・人間訓》同。《晉語》亦稱厲公三月殺。」壽曾謂：《晉語》「三月厲公殺」注：「魯成十七年十二月，長魚矯奔翟。閏月，欒、中行殺胥童。十八年正月，厲公殺。」洪説蓋據韋注。《晉世家》：「悼公元年正月庚申，欒書、中行偃弑厲公，厲公因六日死。」則謂自執至弑僅六日，此史公駁文，與傳不合。《周本紀》：「簡王十三年，晉殺其君厲公。」洪亮吉云：「賈誼《書・禮容篇》：『厲公弑于東門。』按：即翼東門也。」

葬之于翼東門之外，以車一乘。【疏證】《晉語》注：「翼，晉别都也。『葬之於翼東門之外』，不得同於先君也。禮，諸侯七命，遣車七乘。以車一乘，不成喪。」杜注：「不以君禮葬，諸侯葬車七乘。」用韋義。本疏：「《周禮・大行人》：『上公貳車九乘，侯伯七乘，子男五乘。』謂生時副貳之車也，其送葬亦當如之。今唯一乘，是不以君禮葬也。以晉是侯爵，故指言侯禮七乘耳。襄二十五年傳齊人葬莊公，『下車七乘』，杜彼注云：『齊舊依上公禮，九乘。』以齊嘗爲侯伯，❶因而用九，九非侯之正法，故此以正言之。」

---

❶「嘗」，原作「當」，今據《春秋左傳正義》卷二十八改。

使荀罃、士魴逆周子于京師而立之，【疏證】杜注：「悼公周也。」《晉語》：「欒武子使知武子、彘恭子如周迎悼公。」❶注：「知武子，荀罃也。彘恭子，士魴也，食邑於彘。」

生十四年矣。【疏證】《晉世家》：「周之立，年十四矣。」

大夫逆于清原。【疏證】《晉語》注：「清原，晉地。」已説於僖三十一年。《晉世家》：「厲公死十日曰庚午，❷智罃迎公子周來，至絳。」據下云「庚午，盟而入」，如史公説，則逆于清原、盟大夫皆一日事。

周子曰：「孤始願不及此，雖及此，豈非天乎？【疏證】《晉語》：「孤之始願不及此，孤之及此，天也。」注：「及，至也。引天以自重。」

「抑人之求君，使出命也，立而不從，將安用君？二三子用我今日，否亦今日，共而從君，神之所福也。」【疏證】《晉語》注：「悼公承篡殺之後，嫌臣下不從，故以此約厲焉。」杜注：「傳言其少有才，所以能自固。」

對曰：「群臣之願也，敢不唯命是聽。」

庚午，盟而入。

---

❶ 「彘恭子」，原脱「子」字，今據《國語正義》卷十三補。

❷ 「曰」，《史記·晉世家》無此字。

館于伯子同氏。❶【疏證】杜注：「晉大夫家。」《晉世家》：「刑雞與大夫盟而立之。」

辛巳，朝于武宮，❷【注】服虔本「辛巳」作「辛未」。本疏。【疏證】本疏：「《晉語》亦作『辛巳』，孔晁：『云以辛未盟入國，辛巳朝祖廟，取其新也。』按：《晉語》稱『庚午，大夫逆于清原』，傳云：『庚午，盟而入。』逆日即盟，非辛未也。傳與《晉語》皆云『辛巳，朝于武宮』。服本自誤耳，孔晁强欲合之，非也。」臧琳云：「庚午既盟而入，故明日辛未即朝于始祖廟，服本是也。若作辛巳，則與盟而入之日相去十有二日，久而不朝，何也？故知《周語》作『巳』字誤，而杜本《左傳》同之，何耶？據孔注《國語》，知孔氏所見《左傳》與服本同作『辛未』，特孔氏不知《國語》『巳』字爲誤，而强欲通之爲非耳。正義謂『逆日即盟』，是也，至以服本爲誤，則偏袒之失。」李貽德云：「僖二十四年叙文公之入云：『丙午，入于曲沃。丁未，朝于武宮。』是入國而後，翌日朝廟，具有成例。」案：臧、李説是也。《晉世家》：「辛巳，朝武宮。二月乙酉，即位。」史公作「辛巳」，亦沿《外傳》之誤。

逐不臣者七人。【疏證】杜注：「夷羊五之屬也。」

周子有兄而無慧，【疏證】《文選·辨命論》注引作「無惠」。惠棟云：「按《大戴禮》曰『慧種生聖，癡種生狂』。故昌邑王『清狂不惠』。惠與慧古字通。」杜注：「不慧，蓋世所謂白癡。」杜據當時俗諺。

不能辨菽麥，故不可立。【疏證】《采菽》箋：❸「菽，大豆也。」杜注：「豆、麥殊形易別，故以爲癡者

---

❶ 原稿眉批：「館」服注已見隱十一年。

❷ 原稿眉批：武宮已見僖廿四年。

❸ 「采菽」，原缺，今據《毛詩正義》卷十五補。

之候。」

齊爲慶氏之難故，【疏證】杜注：「前年國佐殺慶克。」注在「難」下。《校勘記》云：「宋本、岳本皆以『難』字爲句，非。按：注當入『故』字之下。」

甲申，晦，齊侯使士華免以戈殺國佐于内宫之朝。【疏證】杜注：「華免，齊大夫。」疏：「士者爲士官也。士官掌刑，故使殺國佐也。於夫人之宫，有朝群妾之處，故云『内宫之朝』。蓋召入與語而殺之也。」❶

師逃於夫人之宫。【疏證】杜注：「伏兵内宫，恐不勝。」《讀本》云：「師逃者衆散而出。」

書曰「齊殺其大夫國佐」，棄命、專殺、以穀叛故也。【疏證】杜注：「傳明言其三罪。」按：棄命謂棄圍鄭之命。

使清人殺國勝。【疏證】十七年傳：「國佐使國勝告難于晉，待命于清。」

國弱來奔。【疏證】杜注：「弱，勝之弟。」

王湫奔萊。【疏證】杜注：「湫，國佐黨。」

慶封爲大夫，慶佐爲司寇。【疏證】杜注：「封、佐皆慶克子。」

既，齊侯反國弱，使嗣國氏，禮也。

二月，乙酉朔，晉悼公即位于朝。【疏證】杜注：「朝廟五日而即位也。」疏云：「辛巳距乙酉五日，先定

---

❶ 原稿眉批：「内宫之朝」加證。

所修之政，待朔旦而後施之，故五日也。《晉語》云：『正月乙酉，公即位。』孔晁云：『二月即位，言正月者，記者誤也。』」壽曾謂：據服本，辛未朝于武宫，辛未至乙酉凡十五日，則朝廟五日而即位，非舊説，杜據誤本説之。杜又云：「厲公殺絶，故悼公不以嗣子居喪。」疏云：「《釋例》曰：『厲公見殺，悼公自外紹立，本非君臣，無喪制也。』若然，《禮·喪服小記》云：『與諸侯爲兄弟者服斬。』鄭玄云：『謂卿大夫以下也，與尊者爲親，不敢以輕服服之。』言諸侯者，明雖在異國，猶來爲三年也。』計厲是文公之曾孫，悼是文公之玄孫，有緦麻之親，法當服斬。而云『無喪制』者，悼之父祖去晉適周，與本親隔絶，無往來恩義，厲既見殺，悼又被迎，迎之以爲晉君，即與厲公體敵。且葬厲公以一乘，國内尚不以爲君，不可責悼公以服斬也。縱使當爲之斬，絶而别立，亦非嗣矣。」疏據《喪服小記》鄭君説謂悼當爲厲服斬，是也。國君被弑，繼統者自外入，不用嗣君喪先君禮，《禮經》無其文，傳亦未言悼不喪厲。杜預主短喪，此則謂嗣統者不居喪，謬甚。疏知悼當服斬，而仍袒杜不居喪之説，非也。

始命百官，【疏證】《晉語》：「定百事，立百官。」注：「議定百事，而立其官使主之，謂改其舊時之非者。」杜注：「始爲政。」用《外傳》「定百事」義。其實傳但云「命官」，韋謂「立官主其事」，是也。

施舍，已責，【疏證】《晉語》「棄責」、「施舍」注：「棄責，除宿責也。施，施德也。舍，舍罪也。」杜注：「施恩惠，止逋責。」與韋義同，唯以「舍」爲「舍勞役」，與韋異。

逮鰥寡，【疏證】《晉語》注：「逮，及也，惠及之也。」杜注：「惠及微。」用韋義。

振廢滯，【疏證】《晉語》注：「振，起也。謂本賢人，以小罪久見廢，起用之。」杜注：「起舊德。」用韋義。

匡乏困，【疏證】杜注：「匡亦救也。」

救災患，

禁淫慝，

薄賦斂，

宥罪戾，【疏證】《昊天有成命》傳：❶「宥，寬也。」

節器用，【疏證】杜注：「節，省也。」洪亮吉云：「《賈子·道術》篇：『費弗過嗇謂之節。』」

時用民，

欲無犯時。【疏證】此蒙上文謂不奪民時也。杜注：「不縱私欲。」非。《晉世家》：「修舊功，施德惠，收文公入時功臣後。」檃括「命百官」以下傳意。

使魏相、士魴、魏頡、趙武爲卿。【疏證】杜注：「相，魏錡子。魴，士會子。頡，魏顆子。武，趙朔子。此四人其父祖皆有勞於晉國。」《晉語》：「使呂宣子佐下軍，使彘共子將新軍，使令狐文子佐之。以趙文子能恤大事，使佐新軍。」本疏云：「彼言呂宣子，魏相也。彘共子，士魴也。令狐文子，魏頡也。」洪亮吉云：「彘共子，蓋以采地爲氏。」

荀家、荀會、欒黶、韓無忌爲公族大夫，❷【疏證】《晉語》：「欒伯請公族大夫，公曰：『荀家惇惠，荀禬

❶ 「昊天有成命」，原缺，今據《毛詩正義》卷十九補。

❷ 原稿眉批：「公族大夫」已見長編，此下有「汾沮如」，疏當查補於前。

文敏，驫也果敢，無忌鎮静。』」注：「荀家，晉大夫。荀會，荀家之族。無忌，韓厥之子公族穆子也。」杜注：「無忌，韓厥子。」用韋説。《晉語》又云：「韓獻子老，使公族穆子受于朝，❶辭曰：『厲公之亂，無忌備公族，弗能死。』」本疏引孔晁云：「備公族大夫，則韓無忌先爲公族大夫，❷今言使爲之者，悼公始命百官，更改新授之。」

使訓卿之子弟共儉孝弟。【疏證】《釋文》：「弟，本亦作悌。」

使士渥濁爲太傅，使修范武子之法；【疏證】《晉語》：「君知士貞子之帥志博聞而宣惠于教也，使爲太傅。」注：「貞子，晉卿士穆子之子。」杜注：「渥濁，士貞子。武子爲景公太傅。」

右行辛爲司空，使修士蔿之法；【疏證】《晉語》：「知右行辛之能以數宣物定功也，使爲司空。」注：「右行辛，晉大夫賈辛也。司空掌邦事，謂建都邑，起宫室，經封洫之類。」杜注：「辛將右行，因以爲氏。士蔿，獻公司空也。」本疏：「僖二十八年晉作三行，三十一年即罷之以爲五軍，❸彼云『屠擊將右行』，未知此人即屠擊之子孫也，爲是其祖，代屠擊也。正以荀林父將中行，遂以中行爲氏，故謂此人之先將右行，因以爲氏耳。」梁履繩云：「僖十年有右行賈華，即六年伐夷吾於屈者。僖十年已有左行右行，其二十八年作三行者，特增置中行。疏謂二十八年作之，非。」疏又云：「范武子爲太傅，孤也。士蔿爲司空，卿也。皆前世能者，其法可遵，故使二大夫居其官而修其法也。二人皆是大夫，非孤、卿也。」據疏説，是士渥濁、右行辛以大夫守孤、卿之官。

---

❶「受」下，《國語正義》卷十三有「事」字。
❷「無」，原重文，今據《春秋左傳正義》卷二十八删。
❸「一」，原作「二」；「爲」，原重文，今據《春秋左傳正義》卷二十八改删。

弁糾御戎，❶**校正屬焉，【疏證】**《釋文》：「弁，本又作卞。」李富孫云：「弁，即籀文或體㝊之變。卞，又隸變俗字。」《晉語》：「知欒糾之能御以和於政也，使爲戎御。」注：「弁糾，❷晉大夫，御公戎車也。」杜注：「弁糾，欒糾也。校正，主馬官。」本疏：「校正當《周禮》校人，校人掌王馬之政。襄九年傳曰『命校正出馬』，是知主馬之官也。《周禮》校人不屬大御，此蓋諸侯兼官，或是悼公新法。」胡匡衷《侯國職官表》云：「校正，蓋校人之長。」

使訓諸御知義。【疏證】杜注：「戎士尚節義也。」本疏：「此『訓諸御』，謂諸是御車之人。設令國有千乘，乘有一御，皆令此官教之。《周禮》校人主養馬耳，不知御事。此言『校正屬焉』，乃云訓御，蓋令校正助御戎訓御。」

荀賓爲右，司士屬焉，【注】服虔以爲司士主右之官，謂司右也。本疏。**【疏證】**《晉語》：「知荀賓之有力而不暴也，使爲戎右。」注：「荀賓，晉大夫。右，❸公戎車之右。」杜注：「司士，車右之官。」杜雖用服説，而但云車右官，未達服義。本疏：「《周禮》『司士掌群臣之版，以詔王治』，其職非車右之類，《周禮》有司右，上士也，掌群右之政，凡國之勇力之士能用五兵者屬焉。其下更有戎右，中大夫；齊右，下大夫；道右，上士。此三右或官尊於司右，而司右掌其政令。春秋之世，車右爲尊，此司士蓋《周禮》司右之類，故爲車右屬官。」按：疏所稱當爲舊疏解服注説，知者，服已説司士爲主右官，更云謂司右者，以傳之司右與《周官》職掌不合，故疏引《司士職》證

---

❶ 原稿眉批：御戎早见。
❷ 「弁」，《國語正義》卷十三作「欒」。
❸ 「右」上，《國語正義》卷十三有「戎」字。

之。司士於傳初見，或悼公始立此名，蒙《周官》舊稱以士爲軍士。

使訓勇力之士時使。【疏證】杜注：「勇力，皆車右也。勇力多不順命，故訓之以共時之使。」本疏：「設令國有千乘，乘有一右，摠使此官訓之。」

卿無共御，立軍尉以攝之。【疏證】杜注：「省卿戎御，令軍尉攝御而已。」本疏：「卿，謂軍之諸將也，若『梁餘子養御罕夷』、『解張御郤克』之類，往前恒有定員，掌共卿御，今始省其常員，唯立軍尉之官，臨有軍事，使兼攝之，令軍尉兼卿御也。」又云：「此一句爲下祁奚爲中軍尉胤緒也。」

祁奚爲中軍尉，羊舌職佐之；❶【疏證】《晉語》：「公知祁奚之果而不淫也，使爲元尉；知羊舌職之聰敏肅給也，使佐之。」

魏絳爲司馬；【疏證】《樂記》疏引《世本》「絳」作「降」。《晉語》：「知魏絳之勇而不亂也，使爲元司馬。」注：「魏絳，魏犨之子莊子也，爲中軍司馬。」杜用韋說。

張老爲候奄。【疏證】《晉語》：「知張老之知而不詐也，使爲元候。」注：「張老，晉大夫張孟也。元候，中軍候奄也。」馬宗璉云：「王符曰：『河東解縣有張城。』張老或以邑爲氏耶？」梁履繩云：「成二年，晉有候正。候奄之名，蓋即悼公所定。」本疏：「《晉語》言元尉、元司馬、元候者，此皆中軍之官。元，大也，中軍尊，故稱

---

❶ 原稿眉批：奚奚見成八年，羊舌職已見宣十五年。

大也。」❶

鐸遏寇爲上軍尉，【疏證】《晉語》：「知鐸遏寇之恭敬而信彊也，使爲輿尉。」注：「遏寇，晉大夫。輿尉，上軍尉也。」

籍偃爲之司馬，【疏證】《晉語》：「知籍偃之惇率舊職而共給也，使爲輿司馬。」注：「偃，晉大夫，藉季之子藉游也。輿司馬，上軍司馬也。」杜注：「偃，籍談父。」案：昭十五年疏引《世本》：「襄生司功大伯，伯生候季子，子生籍游，游生談。」洪亮吉云：「韋注、杜注蓋皆取《世本》。知偃即籍游者，孔子弟子言偃字子游是也。」本疏：「《晉語》『輿尉』、『輿司馬』者，皆上軍官也。輿，衆也，官與諸軍同，故稱衆也。」又云：「此惟有中軍、上軍，無下軍之官者，蓋時下軍無闕，不別立其官故也。」

使訓卒乘，親以聽命。【疏證】本疏：「從車者爲卒，在車者爲乘。」杜注：「相親以聽上命。」

程鄭爲乘馬御，❷【疏證】《晉語》：「知程鄭端而不淫，且好諫而不隱也，使爲贊僕。」注：「程鄭，晉大夫，荀驩之曾孫。贊僕，乘馬胥也。」杜注：「程鄭，荀氏別族。」用韋義。本疏：「『荀氏別族』，《世本》有文。」《世本》即韋所引矣。韋據《内傳》，「胥」當爲「御」之譌。此乘馬御，悼公新設官。杜云：「乘馬御，乘車之僕也。」疏云：「《周禮》：『齊僕，下大夫，掌馭金路以賓，朝、覲、宗、遇、饗食皆乘金路。』杜言『乘馬御，乘車之僕』，則當彼齊僕

---

❶ 原稿眉批：查《潛夫論》。

❷ 「御」下，原有「六騶屬焉」四字，與下文重，今據《春秋左傳正義》卷二十八刪。

也。《晉語》謂之『贊僕』，當時之官名耳。」胡匡衷《侯國官制考》云：❶「案：《周禮》御有大馭、戎僕、齊僕、道僕、田僕、馭夫，右有戎右、齊右、道右，春秋諸國之官可考見者惟有戎車之御，謂之御戎，其右謂之戎右而已。乘車則惟有晉有乘馬御，餘無徵也。《周禮》戎右，中大夫，戎僕亦中大夫。諸侯御戎、戎右，當下大夫爲之。」按：胡氏以御戎、戎右爲下大夫，意以乘車之僕亦當然，蓋申疏説。其實金路駕齊馬，故稱齊僕，此乘馬御則統六騶。邦國六閑四種兼齊馬、道馬、駑馬，晉特設此官，其秩或高於齊僕。

六騶屬焉，【疏證】杜注：「六騶，六閑之騶。《周禮》：諸侯有六閑馬。」本疏云：「《周禮》掌馬之官，無名騶者。襄二十三年傳稱豐點爲孟氏之御騶，則騶亦御之類。《月令》『命僕夫七騶咸駕』，鄭玄云：『七騶謂趣馬，主爲諸官駕説者也。』《周禮》：趣馬，下士，掌駕説之頒。是騶爲主駕之官，駕車以共御者。程鄭爲乘馬御，御之貴者，故令掌駕之官亦屬之。《校人職》云：『良馬三乘爲皁，❷皁一趣馬，趣馬下士。三皁爲繫，繫一馭夫，馭夫中士。六繫爲廄，廄一僕夫，僕夫下士。❸天子十有二閑，邦國六閑。』鄭玄云：『每廄爲一閑，閑有二百一十六匹。』如彼計之，每廄有趣馬十八人，六閑之騶有一百八人，皆屬程鄭，而使總領之也。」又云：「天子良馬五種，各有四百三十二匹，合二千一百六十匹，駑馬三之，合三千四百五十六匹。邦國六閑，則千二百九十六匹。」

使訓群騶知禮。【疏證】杜注：「乘車尚禮容。」本疏：「令教馬進退，使合禮法也。」

❶「官」，原重文，今删。
❷「三」，原作「二」，今據《春秋左傳正義》卷二十八改。
❸「下」，《春秋左傳正義》卷二十八作「上」。

凡六官之長，皆民譽也。【疏證】杜注：「大國三卿，晉時置六卿爲軍帥。故總舉六官，則知群官無非其人。」本疏云：「當時晉置六卿，爲三軍之將佐。於是晉又更置新軍，凡有四軍八卿，但新軍或置或廢，故傳不更數之耳。『六官之長』，非獨卿身，凡爲人之長者皆有民之美譽。」按：疏以六官兼將佐言，此時新命者止四卿。據《晉語》，魏相下軍佐，士魴新軍將，魏頡、趙武新軍佐。顧棟高《晉中軍表》列欒書爲中軍將，又云：「是年冬，士魴來乞師，臧武仲曰：『今彘季亦佐下軍。』蓋相於是年卒，魴代相佐下軍也。又按《晉語》：『呂宣子卒，使趙文子佐新軍。』是魏相卒後，士魴升佐下軍，頡代魴將新軍，趙武佐之也。」顧氏説此年將佐甚核，則傳非不數新軍。傳稱「六官之長」，猶言將佐，不必泥「六官」文謂無新軍，疏説非。杜謂「群官無非其人」者，指御戎、司士之屬。疏謂「凡爲人之長者」，亦未得杜意。

舉不失職，【疏證】本疏：「所舉用者皆堪其官。」

官不易方，【疏證】杜注：「官守其業，無相踰易。」襄九年傳「官不易方」，杜注：「方，猶宜也。」王引之云：「方，常也。《恒》象傳曰：『雷風恒，君子以立不易方。』謂不易常也。《周語》：『官不易方。』韋注：『方，道也。』『道』與『常』義相近。《晉語》：『官方定物。』注：『方，常也。物，事也。立其常官，以定百事。』」

爵不踰德，【疏證】惠棟云：「荀卿子曰：『爵賞不踰德，是以爲善者勸。』」

師不陵正，旅不逼師，【疏證】王引之云：「經傳言『師旅』者有二義：一爲士卒之名，一爲群有司之名。其大小之差，則旅卑於師，師又卑於正，故八職師、旅在正之下。成十八年傳『師不陵正，旅不逼師』，言小不加大也。襄二十五年傳『百官之正長師旅』，先正長而後師旅也。《楚語》『天子之貴也，唯其以公侯爲官正，以伯子男爲師旅』，言公侯之統伯子男，猶官正之統師旅也。乃杜注『師不陵正，旅不逼師』，曰：『師，二千五百人之帥也。旅，五百人之帥也。』注『官之師旅』，曰：『師旅之長。』注『百官之正長師旅』，曰：『師旅，小將帥也。』韋注『伯子男爲師旅』，曰：『帥師旅也。』皆不知師旅爲群有司之名，而誤以爲帥師旅者。夫帥師旅者，豈得遂謂之師旅乎？至韋注『周室之師旅』曰『周室之師衆』，則又誤以爲人衆之名矣。又案《宰夫》之『一曰正』，《左傳》之『師不陵正』、『百官之正長』，《楚語》之『官正』，亦謂群有司也。」❶

民無謗言，所以復霸也。【注】《膏肓》以霸不過五，不許悼公爲霸。鄭《箴》云：「天子衰，諸侯興，故曰霸。夏有昆吾，商有豕韋、大彭，周有齊桓、晉文，此最彊者也，故書傳通謂彼五人爲五霸耳。但霸是彊國爲之，天子既衰，諸侯無主，若有彊者，即營霸業，其數無定限也。何休以鄉曲之學，足以忿人。」本疏。【疏證】杜無注。《晉語》：「於是乎始復霸。」❷注：「繼文公後，故曰復霸。」本疏引鄭玄説，核以下引何休，知是《箴膏肓》，今移之。鄭君説五霸與服氏同，詳十四年疏證。本疏又云：「傳稱文、襄之霸，襄承文後，紹繼其業，以後漸弱，至悼乃彊，故云復霸。」此疏説傳稱「復霸」之義。

公如晉，朝嗣君也。

夏，六月，鄭伯侵宋，及曹門外。【疏證】杜注：「曹門，宋城門也。」顧棟高云：「侯國各以所向之地爲

❶ 原稿眉批：官之師旅，查。

❷ 「始」，原作「强」，今據《國語正義》卷十三改。

名，此蓋走曹之道，曹在宋西北，則亦西北門矣。」

遂會楚子伐宋，取朝郟。【疏證】「朝郟」及下「城郜」、「幽丘」，杜皆以爲宋邑。高士奇云：「朝郟當在今河南夏邑縣。」梁履繩云：「案：縣屬歸德府。」

楚子辛、鄭皇辰侵城郜，❶**取幽丘，**【疏證】顧棟高云：「城郜、幽丘，在江南徐州府蕭縣界。」

同伐彭城，【疏證】《年表》：「宋平公三年，楚伐彭城，封魚石。」《宋世家》：「平公三年，楚共王拔宋之彭城，以封宋左師魚石。」

納宋魚石、向爲人、鱗朱、向帶、魚府焉，【疏證】十五年傳：「左師、二司寇、二宰遂出奔楚。」杜注：「獨書魚石，爲帥告。」按：十五年經止書「魚石出奔楚」，服氏謂：「魚石，卿，故書。」此經之獨書魚石，義亦當然。

以三百乘戍之而還。

書曰「復入」。【疏證】下傳例：「以惡曰『復入』。」杜注：「惡其依阻大國，以兵威還。」用傳例意。

凡去其國，【疏證】本疏引《釋例》云：「凡去其國，通謂君臣及公子母弟也。」

國逆而立之，曰「入」；【疏證】此入例也。杜注：「謂本無位，紹繼而立。」

復其位，曰「復歸」；【疏證】此復歸例也，杜注：「亦國逆。」本疏引《釋例》「國逆而立之，本無位，則稱入；本有位，則稱復歸。齊小白入于齊，無位也；衛侯鄭復歸于衛，復其位也。侯獳愛君以請，故曹伯有國逆之辭，許

❶「楚子辛鄭皇辰」六字，原無，今據《春秋左傳正義》卷二十六補。

始復國，故許叔有國逆之文，此皆時史因周典以起時事之情也。」杜稱曹共、許穆以證有位而出。疏又引沈氏云：「國逆而立之曰入，唯謂國君。知不兼臣者，以臣而無位，本賤不書，故知臣無國逆之例也。」文淇案：沈謂臣無國逆之例，而本疏引《釋例》謂「公子友忠於社稷，國人所思，華元實國逆」，其意謂公子友、華元本當書「入」，一似臣有國逆之例者，與此注「國逆」唯謂無位之言不合。沈氏蓋申明杜注，而不從《釋例》也。壽曾謂：此疏但駁賈氏說「歸」、「自」，餘三條，疑杜用賈義，故無駁，《釋例》之言又別爲説耳。

諸侯納之，曰「歸」；【注】賈氏以爲諸歸國稱所自之國，所至之國有力也。❶又以爲稱「納」者，内難之辭。《釋例》。【疏證】此歸例也。杜注：「謂諸侯以言語告請而納之，有位無位皆曰歸。」本疏引《釋例》云：「諸侯納之，有位無位皆曰歸，衛孫林父、蔡季是也。」又云：「韓、魏有耦國之彊，陳、蔡有復國之端，故晉趙鞅、楚公子比皆稱歸，從諸侯納之例，言非晉、楚所能制也。」此正用賈注「所至之國有力」義。而又引賈注駁之云：「案：楚公子比去晉而不送，是無援於外，而經書自晉。陳侯吴、蔡侯廬皆平王所封，可謂有力，而不言自楚，此既明證。」案：楚公子比既自晉歸，則資晉力，不得以去晉不送爲無援於外，杜説自相矛盾。又云：「賈氏又依放《穀梁》，云稱納者，内難之辭。因附會諸納爲義，至於納北燕伯于陽，傳稱因其衆窮不能通，乃云時陽守距難，故稱納，此又無證。經書『楚人圍陳，納頓子于頓』，則頓之所欲也。北燕伯，傳有因衆之文，不可言内難也。又書『納公孫寧、儀行父于陳』，陳縣而見復，上下交驩，二人雖有淫縱之闕，今道楚匡陳，賊討君葬，威權方盛，傳稱

❶「至」，《春秋左傳正義》卷二十八作「自」。

有禮，理無有難，此皆先説之不安也。」據杜駁，則書「納」不關内難。惟此傳明歸例，非明納例，玩賈説，疑不繫於此年，或見「納北燕伯于陽」下，「納北燕伯于陽」、「納頓子于頓」，文正一例，故賈云「陽守距難」。至陳靈君弑國亂，安得謂非内難？傳稱有禮，指楚子救患討罪而言，不關書「納」義，疏、杜駁皆非。

以惡曰「復入」。❶【注】賈氏雖夫人姜氏之入，皆以爲例。《釋例》。【疏證】《釋文》：「本或作『以惡入曰復入』。」此復入例也。杜注：「謂身爲戎首，稱兵入伐，害國殄民也。」本疏引《釋例》云：「身爲戎首，則曰復入，晉欒盈是也。」又引沈氏云：「其復入唯謂臣，知者，以君雖不君，臣不可不臣，君若入國，臣無違拒之法。且杜云身爲戎首，稱兵入伐，是戎首指臣爲文，故知不得兼君也。」據沈説，則上三條兼君臣爲文，此條專指臣爲文。疏又引《釋例》云：「諸在例外稱入，直是自外入内，記事者常辭，義無所取。而賈氏雖夫人姜氏之入，皆以爲例，如此甚多。」按：夫人之入非國逆，玩杜説，則「戎首稱兵」亦是賈義。賈釋上四例既竟，復及例外之書入，舉夫人姜氏之入爲例也。❷

宋人患之。

西鉏吾曰：「何也？【疏證】杜注：「西鉏吾，宋大夫。」

「若楚人與吾同惡，以德於我，吾固事之也，不敢貳矣。

---

❶ 原稿眉批：查已見否。

❷ 「爲」，原重文，今删。

「大國無厭，鄙我猶憾。【疏證】《釋文》：「猒，於鹽反。」《校勘記》云：「古書『猒』字淺人多改爲『厭』，不知其義不同也。如此條正當作『猒』。」杜注：「言已事之，則以我爲鄙邑，猶恨不足。」

「不然，而收吾憎，使贊其政，❶【疏證】顧炎武云：「林氏曰：『吾憎謂吾所憎之人。』」按：憎猶惡也，皆謂魚石。

「以間吾釁，亦吾患也。

「今將崇諸侯之姦而披其地，【疏證】杜注：「崇，長也。披，猶分也。」洪亮吉云：「《廣雅》：『崇，聚也。』杜注似回曲。《説文》：『披，散也。』分、散義略同。」

「以塞夷庚。【疏證】杜注：「夷庚，吴、晉往來之要道。」本疏：「夷，平也。《詩序》『由庚，萬物得由其道』，是以庚爲道也。吴、晉往來，路由彭城，杜《土地名》不得指其所在。」惠棟云：「繁欽《辨惑》曰：『吴人以船檝爲輿馬，以巨海爲夷庚。』臧榮緒《晉書》曰：『司徒王謐議曰：「夷庚未入，乘輿旋館。」』陸機《辨亡論》曰：『旋皇輿於夷庚。』《小爾雅》：『庚，通也。』然則夷庚者，通謂車馬往來之大道，以其在彭城，故屬之吴、晉也。」洪亮吉云：「古字『庚』與『迒』通。薛綜《西京賦》注：『迒，道也。』《廣雅》亦同。夷庚通謂車馬往來之平道，杜注乃云吴、晉往來之要道，則似實有其地，非也。」按：惠、洪説皆據本疏義。魚石封彭城，據以説夷庚在彭城，亦自可通，洪謂無其地，非。惠所引繁欽、王謐説見《文選·辨亡論》李善注轉引，李善以「夷庚」爲「藏車之所」。沈欽韓云：「按疏引

❶ 原稿眉批：贊，詁。

《詩序》『由庚』，則夷庚，王道蕩平之義耳。李善以爲藏車之所，非也。然此夷庚恐是宋通道，又非由庚之義。」沈意以夷庚爲宋新開之道，與惠、洪説異。

「逞姦而携服，【疏證】杜注：「携，離也。」

「毒諸侯而懼吴、晉，【疏證】杜注：「隔吴、晉之道，故懼。」

「吾庸多矣，非吾憂也。

「且事晉何爲？晉必恤之。」

公至自晉。晉范宣子來聘，且拜朝也。

君子謂晉於是乎有禮。

秋，杞桓公來朝，勞公，且問晉故。

公以晉君語之，【疏證】杜注：「語其德政。」

杞伯於是驟朝于晉，【疏證】本疏：「《詩》云『載驟駸駸』，驟是疾行之名，從魯即疾朝于晉也。」

而請爲昏。【疏證】《讀本》：「晉悼夫人，杞女。」

七月，宋老佐、華喜圍彭城，老佐卒焉。【疏證】杜注：「言所以不克彭城。」

八月，邾宣公來朝，即位而來見也。【疏證】《聘禮》疏：「君薨踰年，嗣子即位，鄰國朝聘，以吉禮受之於廟，故成十七年經書『邾子貜且卒』，十八年『邾宣公來朝』，傳云『即位而來見』，踰年可以朝他國，他國來朝亦得以吉禮受之於廟矣。雖踰年而未葬，則不得朝人。人來朝己，亦使人受之廟。」

「築鹿囿」，書不時也。

「己丑，公薨于路寢」，言道也。**【疏證】**杜注：「在路寢，得君薨之道。」

冬，十一月，楚子重救彭城，伐宋。

宋華元如晉告急。

韓獻子爲政，**【疏證】**杜注：「於是欒書卒，韓厥代將中軍。」

曰：「欲求得人，必先勤之。

「成霸安彊，自宋始矣。」

晉侯師于台谷以救宋。**【疏證】**杜注：「台谷，地闕。」高士奇云：「或曰在今山西澤州府境。」

遇楚師於靡角之谷，楚師還。**【疏證】**杜注：「靡角，宋地。」顧棟高云：「案：彭城之役，晉、楚遇於靡角之國，❶晉將遁矣。用雍子謀，楚師宵潰，晉降彭城而歸諸宋，則靡角之谷當爲近彭城地。」顧説蓋據襄二十六年傳。

晉士魴來乞師。

季文子問師數於臧武仲，**【疏證】**杜注：「武仲，宣叔之子。」

對曰：「伐鄭之役，知伯實來，下軍之佐也。**【疏證】**杜注：「知伯，荀罃。」

---

❶「國」，《春秋大事表》卷七作「谷」。

「今彘季亦佐下軍，

「如伐鄭可也。【疏證】十七年經：「晉荀罃來乞師。」魯會師之數，傳文不具。

「事大國，無失班爵而加敬焉，禮也。」從之。

十二月，孟獻子會于虛朾，謀救宋也。

宋人辭諸侯而請師以圍彭城。

孟獻子請于諸侯，而先歸會葬。

「丁未，葬我君成公」，書順也。【疏證】杜注：「五月而葬。」本疏：「薨葬獨發傳者，得道順禮，惟成公耳。」

春秋左氏傳舊注疏證

襄公❶

【疏證】《魯世家》：襄公名午，成公之子，定姒所生。《謚法》：「因事有功曰襄，辟土有德曰襄。」

【經】元年，春，王正月，公即位。無傳。【疏證】杜注：「於是公年四歲。」本疏：「九年傳曰：『會于沙隨之歲，寡君以生。』晉侯曰：『十二年矣。』知於是公年四歲。」

仲孫蔑會晉欒黶、宋華元、衛甯殖、曹人、莒人、邾人、滕人、薛人圍宋彭城。【疏證】《公羊》「邾」曰「邾婁」。《年表》：「魯襄公元年、晉悼公元年、衛獻公五年，圍宋彭城。」

夏，晉韓厥帥師伐鄭。【疏證】《公羊》「厥」曰「屈」。

仲孫蔑會齊崔杼、曹人、邾人、杞人次于鄫。【疏證】《公羊》「邾」曰「邾婁」，「鄫」曰「合」。趙坦云：「鄫，古或省作曾，『曾』與『合』篆文相近。」臧壽恭云：「正義引賈逵云『齊、魯、曹、邾、杞次于鄫』，則賈注本《左氏》經作『鄫』，與今本同。」杜注：「鄫，鄭地。」江永云：「今歸德府睢州，故鄫城在州南。」沈欽韓云：「《一統志》：『鄫城在歸德府柘城縣北。』《方輿紀要》：『在睢州東南。』皆本杜預注。按：傳所言疑是鄫國也。」

❶ 以下襄公元年至五年，底本缺，此據原稿補。

秋，楚公子壬夫帥師侵宋。【疏證】《匡謬正俗》：「楚公子王夫，字子辛。今之學者以其字子辛，遂改爲『壬夫』。」《校勘記》云：「顔説非也。石經以下皆作『壬』，《漢書・古今人表》亦作『公子壬夫』，《穀梁音義》：『壬，音而林反。』」《年表》：「楚共王十九年，侵宋，救鄭。」

九月，辛酉，天王崩。無傳。【疏證】杜注：「辛酉，九月十五日。」貴曾曰：《年表》：「簡王十四年崩。」《周本紀》：「簡王崩，子靈王泄心立。」

邾子來朝。【疏證】《公羊》「邾」曰「邾婁」。杜注：「邾宣公。」

冬，衛侯使公孫剽來聘。【疏證】杜注：「剽，子叔黑背子。」

晉侯使荀罃來聘。

【傳】元年，春，己亥，**圍宋彭城。**【疏證】杜注：「下有二月，則此己亥爲正月。正月無己亥，日誤。」貴曾曰：

非宋地，追書也。【疏證】成十八年傳：「楚伐彭城，納魚石焉，以三百乘戍之而還。」杜注據彼文云：「成十八年，楚取彭城以封魚石，故曰『非宋地』。夫子治《春秋》，追書繫之宋。」本疏：「成十八年傳：『西鉏吾曰：「崇諸侯之姦而披其地。」』不言取爲楚邑，而云披地長姦，是《左氏》之意亦爲楚以彭城封魚石爲國。既列爲國，非復宋地。傳言追書，是仲尼新意，其地已非宋有，追來使屬宋耳。非謂在後追前。」按：傳明追書之義據成十八年以後彭城非宋地而言，正謂在後追前，疏説非。

於是爲宋討魚石，故稱宋，【疏證】杜注：「不與其專邑叛君，故使彭城還繫宋。」杜探下文「不登叛人」義爲説。本疏又引《釋例》云：「楚人棄君助臣，削正興僞，故追書繫宋，不與楚之所得。」是杜謂不與魚石，又不與楚也。不與楚，杜用《公羊》「不與諸侯專封」義，傳無其說。

且不登叛人也，【疏證】《釋詁》：「登，成也。」叛人斥魚石。《後漢書・袁紹傳》：「紹檄曹操曰：『操躬破于徐方，地奪于呂布，彷徨東裔，蹈據無所。幕府惟强幹弱枝之義，且不登叛人之黨，故復援旍擐甲，席卷赴征，金鼓響振，布衆破沮。』」紹檄用傳義，亦訓「登」爲「成」。

謂之宋志。【疏證】杜注：「稱宋，亦以成宋志。」按：隱元年傳謂之「鄭志」。服注：「公本欲養成其惡而加誅。」杜注用服義云：「鄭伯志在於殺。」則此傳古義當謂宋公志在於討魚石，兵力不逮，諸侯爲成其志。杜用古義而詞不明晰，本疏：「宋人志在攻取彭城。」是也。

彭城降晉，【疏證】《年表》：「宋平公四年，晉誅魚石，歸我彭城。」《宋世家》：「平公四年，諸侯共誅魚石，而歸彭城於宋。」誅魚石，史公采異說。

晉人以宋五大夫在彭城者歸，寘諸瓠丘。【疏證】成十八年傳：「鄭、楚同伐彭城，納魚石、向爲人、鱗朱、向帶、魚府焉。」故傳稱「宋五大夫」。杜注：「瓠丘，晉地，河東東垣縣東南有壺丘。」按：《水經・河水》篇云：「清水又東南逕陽壺城東，即垣縣之壺丘亭，晉遷宋五大夫所居也。」陽壺即壺丘，高士奇云：「即崤谷之北岸也。」沈欽韓云：「《一統志》：『陽壺城在絳州垣曲縣南一里。』注云『東垣縣』。按《漢》《晉志》，河東之垣縣皆無『東』字。《續志》：『河東郡垣縣有壺丘亭。』東垣乃是真定也。」按：沈説是也。惠棟云：「壺與瓠通，見毛公傳。」

齊人不會彭城，晉人以爲討。

二月，齊太子光爲質於晉。【疏證】杜注：「光，齊靈公太子。」《年表》：「齊靈公十年，我不救鄭，晉伐我，使太子光質於晉。」《齊世家》：是年爲靈公十年，「齊令公子光質晉。十九年，立子光爲太子」。此傳言太子者，據後言之。《年表》以質子繫於伐鄭之役，與傳異。

夏，五月，晉韓厥、荀偃帥諸侯之師伐鄭，入其郛。【注】賈云：「韓厥、荀偃帥諸侯之師，謂帥宋、衛、滕、薛伐鄭。齊、魯、曹、邾、杞次于鄫，故諸侯之師不序也。入郛不書者，晉人先以鄭罪令于諸侯，故書『伐鄭入郛』。既敗鄭，不復告，故不書。」本疏。【疏證】杜注：「荀偃不書，非元帥。」本疏：「傳唯言諸侯之師，不見諸侯之國，未知諸侯之師是何國師也。『於是東諸侯之師次于鄫，以待晉師』，則次鄫之師，皆不與伐鄭。此諸侯之師必無齊、魯、曹、邾、杞也。」此以上疑舊疏釋賈注之詞。疏又云：「按：上圍彭城，除此五國以外，猶有宋、衛、莒、滕、薛。下云『晉侯、衛侯次于戚，以爲之援』，則衛師從伐明矣。明年戚之會，知武子云：『滕、薛、小邾之不至，皆齊故。』於戚之會，始怪滕、薛不來，明此時伐鄭，滕、薛在矣。東諸侯皆次于鄫，莒在齊之東，若其在此，當與東人同次。前圍彭城，亦無小邾。此時或無莒與小邾耳。諸侯之師，當是宋、衛、滕、薛也。」此以上是唐人釋舊疏詞。案：圍彭城之役有莒，賈君不數莒，或是相承文脱。小邾亦與彭城之役，經文甚明，疏謂前圍彭城無小邾，非也。李貽德云：「傳例：『聲罪致討曰伐。』鄭從楚同伐彭城，晉士魴來乞師，孟獻子會虛朾，雖爲救宋，實先以伐鄭之故令之諸侯矣。及入郛敗鄭，略而不告，故不書於經。」

敗其徒兵於洧上。❶【注】服云：「洧，水名。」《鄭世家》集解。【疏證】《地理志》：「潁川郡陽城。」自

---

❶ 原稿眉批：徒兵，見僖廿八年。

注：「陽城山，洧水所出，東南至長平入潁。」《水經・洧水》篇：「洧水出河南密縣西南馬領山，又東南過其縣南，又東過鄭縣南。」❶注云：「洧水又東逕新鄭故城中，《左傳》襄公元年，晉韓厥、荀偃帥諸侯伐鄭，入其郛，敗鄭徒兵於洧上是也。」《鄭世家》正義引《括地志》云：「洧水在鄭州新鄭縣北。」顧棟高云：「昭十九年，龍鬬於時門之外洧淵。蓋古鄭城在今新鄭縣治西北，溱水在北，洧水在南，亦鄭環衛國都之水也。」按：新鄭，今屬開封府。《年表》：「鄭成公十三年，晉伐敗我，兵於洧上。」《鄭世家》：「成公十三年，晉悼公伐鄭，兵於洧上。鄭城守，晉亦去。」史公言鄭城守者，據傳「入郛」文。

於是東諸侯之師次于鄫，以待晉師。【疏證】杜注：「齊、魯、曹、邾、杞。」用服說也。

晉師自鄭以鄫之師侵楚焦、夷及陳。【疏證】杜注：「於是孟獻子自鄫先歸，不與侵陳、楚，故不書。」本疏：「若獻子從師，則書不待告。然不知獻子何以先歸，傳既不言，未測其故也。今贊云則『先歸』者，以前年虛朾會，獻子先歸會葬。今公雖即位，年又幼小，君既新立，故獻子先歸。」文淇案：「今贊」即義贊，此贊字之未刪者，舊疏謂獻子先歸，不知其故，唐人以爲君既新立，故獻子先歸。壽曾謂：據舊疏義，則舊注謂獻子先歸，杜用舊注。

晉侯、衛侯次于戚，以爲之援。【疏證】援入郛之師也。

秋，楚子辛救鄭，侵宋呂、留。【注】鄭君《發墨守》云：「留在陳、宋之東。」《大司徒》疏。【疏證】

❶ 「又」，原重文，今據《水經注箋》卷二十二刪。

《年表》：「楚來救。」《地理志》：「楚國呂、留。」《郡國志》：「彭城國呂、留。」《水經・泗水》篇：「過彭城縣東北，又東南過呂縣南。」注云：「呂，宋邑也。《春秋》襄公元年，晉師伐鄭及陳，『楚子辛救鄭，侵宋呂、留』是也。」又《濟水》篇：「過沛縣東北，又東南過留縣北。」注云：「留縣故城，翼佩泗、濟，宋邑也。《春秋左傳》所謂侵宋呂、留也。」酈氏以留爲宋邑，與鄭君説合。鄭君義別詳□□□年。沈欽韓云：「《方輿紀要》：『呂城在徐州東五十里，留城在沛縣東南五十里。』」

鄭子然侵宋，取犬丘。【疏證】《年表》：「宋平公四年，楚侵我，取犬丘。」杜注：「譙國酇縣東北有犬丘城，迂迴，疑。」據杜説，則犬丘在今亳州境。洪亮吉云：「按：『犬丘』當作『太丘』，傳寫誤移點在上。《爾雅》『宋有太丘』，《漢書・郊祀志》『周顯王四十一年，宋太丘社亡』，是也。」高士奇云：「犬丘地不近鄭，故杜以爲疑。然是時楚方侵宋之呂、留，鄭蓋爲楚取也。漢爲敬丘縣，後漢曰太丘，今有太丘集，在河南歸德府永城縣西北三十里，與夏邑接界。」按：洪説是也，高氏徑以太丘當犬丘，非。

九月，邾子來朝，禮也。

冬，衛子叔、晉知武子來聘，禮也。

凡諸侯即位，小國朝之，大國聘焉，【疏證】《校勘記》云：「《大行人》注引作『大國朝焉，小國聘焉』，賈疏同。《王制》正義引《周禮》鄭氏注同。孔自引《左傳》仍作『小國朝之』，《儀禮・聘禮》賈疏凡兩見，俱作『小國朝焉』。」據阮説，則鄭君本大小朝聘與杜本互異，鄭君引傳乃傳寫誤文，故疏家仍以小國朝、大國聘爲説。知者，《王制》「五年一朝」疏：「鄭知久無事而相聘者，案：昭九年《左傳》稱『孟僖子如齊，殷聘禮也』。知『凡君即位，大國朝焉，小國聘焉』者，以襄元年『邾子來朝』，『衛子叔、晉知武子來聘』，《左傳》云：『凡諸侯即位，小國朝之，大國聘焉。』邾是小國，故稱朝。衛、晉是大國，故稱聘。若俱是敵國，亦得來聘朝，故《司儀》云『諸侯相爲賓』是也。若己初即位，亦朝聘大國，故文公元年『公孫敖如齊』，《左傳》云：『凡君即位，卿出並聘。』若己是小國，則往朝大國，故文十一年『曹伯來朝』，《左傳》云：『即位而來見也。』」詳彼疏説，則《左氏》舊説正以邾子來朝爲小國朝即位禮，衛、晉來聘爲大國聘即位禮，傳以小國朝、大國聘發例，不得謂大國朝、小國聘也。杜注：「小事大，大字小。」

以繼好、結信、謀事、補闕，禮之大者也。【疏證】此君即位，他國來朝聘例也。《周語》注：❶「闕，缺也。」杜注：「闕，猶過也。」

【經】二年，春，王正月，葬簡王。無傳。

鄭師伐宋。

夏，五月，庚寅，夫人姜氏薨。【疏證】宣公夫人。

六月，庚辰，鄭伯睔卒。【疏證】《穀梁》「庚辰」曰「庚寅」。李富孫云：「上五月有庚寅，不得六月又有庚

❶ 「周」，原缺，今據《國語正義》卷三補。

寅。」杜注：「庚辰，七月九日，書六月，經誤。」貴曾曰：《年表》：「鄭成公十四年薨。」《鄭世家》：「十四年，成公卒。子惲立，是爲釐公。」按：傳作「髡頑」，史公采異說。

晉師、宋師、衛甯殖侵鄭。【疏證】《年表》：「晉悼公二年，率諸侯伐鄭。鄭成公十四年，晉率諸侯伐我。」

秋，七月，仲孫蔑會晉荀罃、宋華元、衛孫林父、曹人、邾人于戚。【疏證】《公羊》「邾」曰「邾婁」。

己丑，葬我小君齊姜。【疏證】杜注：「齊，謚也。」本疏：「夫人齊女，嫌齊非謚，故此須明之。」案：《謚法》：「執心克莊曰齊。」

叔孫豹如宋。

冬，仲孫蔑會晉荀罃、齊崔杼、宋華元、衛孫林父、曹人、邾人、滕人、薛人、小邾人于戚，遂城虎牢。【注】説《左氏》者以爲虎牢已屬晉，故不繫鄭。《穀梁》疏。【疏證】《公羊》「邾」皆曰「邾婁」。二傳皆以虎牢爲鄭邑。《穀梁》疏引《左氏》説明其異也。本疏：「虎牢是鄭舊邑，此時屬晉。而不繫晉者，莊三十二年注：『大都以名通者，則不繫國。』此以名通，故不繫晉也。十年，戍鄭虎牢，繫於鄭者，傳曰：『非鄭地也，言將歸焉。』彼爲將歸鄭而繫之鄭也。或當虎牢雖已屬晉，晉人新得，不爲已有，故不繫晉也。」此疏釋舊説虎牢屬晉義。其謂大都以名通，乃杜氏城小穀不繫齊義，彼經服氏謂「不繫齊者，世其禄」，與杜異。此虎牢屬晉而不繫晉，魯襄公二年會晉城虎牢，其義無考。疏謂大都名通，義或當然。其謂晉新得，不爲已有，非。《年表》：「晉悼公二年，城虎牢。」

楚殺其大夫公子申。

【傳】二年，春，鄭師侵宋，楚令也。【疏證】通行本「師」誤作「伯」，從石經。杜注：「以彭城故。」❶

齊侯伐萊。❷

萊人使正輿子賂夙沙衛以索馬牛，皆百匹。【疏證】《釋文》：「輿，本亦作與。」惠士奇云：「《荀子》：『萊不用子馬而齊并。』楊倞云：『或曰正輿氏字子馬。』」梁履繩云：「《説苑·正諫》篇作『子猛』，蓋聲轉耳。」杜注：「夙沙衛，齊寺人。索，簡擇好者。」洪亮吉云：「『索』無柬擇之義，惟《説文》云：『擇，揀選也。』索、擇同音，容古字通。」壽曾謂：《王制》「大夫以索牛」，❸注：「索，求得而用之。」求得有擇義，杜用鄭説。

齊師乃還。

君子是以知齊靈公之爲「靈」也。【疏證】《謚法》：「亂而不損曰靈。」此丘明追論之詞。

夏，齊姜薨。

初，穆姜使擇美檟，【疏證】《釋木》：「槄，山榎。」注：「今之山楸。」又云：「槐，小葉曰檟。」注：「槐當爲

❶ 原稿眉批：《漢志》查彼條核。

❷ 原稿眉批：萊已見宣公。

❸ 「王制」，當作「曲禮」。

楸。《左傳》曰：『使擇美榎。』」❶與傳作「檟」異。李富孫云：「《釋文》：『榎，舍人本作檟。』古通用。」《説文》：「檟，❷楸也。」郭以山檟爲山楸，用許君説。杜注：「檟，梓之屬。」與許君異。《考工記・梓人》注：「梓，榎屬。」《釋木》：「椅，梓。」注：「即楸。」故杜以檟爲梓屬。《釋木》：「大而皵，楸。小而皵，榎。」本疏引舍人云：❸「大，老也。皵，楷皮也。小，少也。」是楸、檟之別在樹大小也。

以自爲櫬【疏證】《説文》：「櫬，棺也。」杜用許義。《終南》「有條有梅」，傳：「條，槄也。」彼疏引陸璣《詩疏》：「槄，皮葉白，色亦白，材理好。宜爲車板，能濕，又可爲棺木。」陸據傳檟爲櫬而言也。四年傳：「使樹六檟於蒲圃。」亦以爲棺。本疏：「《禮記・檀弓》曰：『天子之棺四重，水兕革棺一，杝棺一，梓棺二。』鄭玄云：『杝，椵也，所謂椑棺也。梓棺二，所謂屬與大棺也。』《檀弓》又云：『君即位而爲椑。』鄭玄云：『椑謂杝棺，親尸者。』《喪大記》云：『君大棺八寸，屬六寸，椑四寸。』如彼《記》文，諸侯之棺三重，親身之棺名之爲椑，椑即櫬是也。《記》唯言即位爲椑，不言椑所用木。鄭玄據天子之棺其椑用杝，即云『椑爲杝棺也』。天子之椑自用杝，諸侯不必然。據此傳文，諸侯之椑必用梓也。」

與頌琴。【疏證】杜注：「頌琴，琴名，猶言雅琴也。」本疏：「琴瑟必以歌《詩》。《詩》有《雅》、《頌》，故以『頌』爲琴名。」沈欽韓云：「《藝文志》：『《樂》家有《雅琴趙氏》七篇，《雅琴師氏》八篇，《雅琴龍氏》九十九

---

❶ 「擇」，原作「釋」，今據《爾雅》卷下改。

❷ 「檟」，原作「榎」，今據《説文解字》卷六上改。

❸ 「舍人」，《春秋左傳正義》卷二十九作「樊光」。

篇。』即無頌琴，故杜以雅琴爲比。然二琴形製不同，《三禮圖》云：『雅瑟長八尺，廣一尺八寸，二十三弦。頌瑟長七尺二寸，廣尺八寸，二十五弦。』其他雅塤、頌塤、雅篪、頌篪、雅簫、頌簫，並雅侈于頌。則雅琴長於頌琴矣。《文獻通考》頌琴在俗樂部，『十三弦柱如箏』。此後來改作非古之頌琴也。」據沈説，則頌琴長廣、弦數今無以考。顧湄《咫聞録》：「頌琴，明器之屬，即《既夕》『燕樂器』、《周官》『廞樂器』、《檀弓》『琴瑟張而不平』是也。」

季文子取以葬。

君子曰：「非禮也。

「禮無所逆，婦養姑者也。【疏證】沈欽韓云：「《檀弓》：『主婦入于室，反諸其所養也。』注：『親所饋食之處。』」

「虧姑以成婦，逆莫大焉。【疏證】杜注：「穆姜，成公母。齊姜，成公婦也。」

《詩》曰：『其惟哲人，告之話言，順德之行。』【疏證】《大雅・抑》文，傳：「話言，古之善言也。」箋：「語賢知之人以善言，則順行之。」陳奐《詩疏》云：「『話』當爲『詁』字之誤也。《釋文》引《説文》作『告之詁言』，云：『詁，故言也。』是陸所見《説文》據《詩》作『詁言』，可據以訂正。毛以古之善言釋『詁』，許以故言釋『詁』，古、故、詁三字同義也。《烝民》『古訓是式』傳：『古，故也。』古訓即故訓，猶詁言也。襄二年《左傳》引《詩》『告之話言』，❶字

---

❶ 「左傳」，原重文，今據《詩毛氏傳疏》卷二十五删。

亦誤。」按：陳説是也。杜注：「哲，知也。話，善也。」「哲，知」，《釋言》文。「話」訓「善」，他無所徵，疑舊説作「詁，善言也」，杜承之，今本奪誤。

「季孫於是爲不哲矣。【疏證】釋文：「一本作『不爲哲矣』。」傳引《詩》斥季孫不知。杜注：「言逆德。」非。虧姑成婦爲逆，義已賅上。

「且姜氏，君之妣也。【疏證】杜注：「襄公適母，故曰君之妣。」本疏：「《曲禮》曰：『生曰父曰母，死曰考曰妣。』襄公是成公之妾定姒所生，齊姜是其適母，故曰君之妣也。」

「詩曰：『爲酒爲醴，烝畀祖妣。以洽百禮，降福孔皆。』」【疏證】《周頌・豐年》文，傳：「皆，徧也。」箋：「烝，進也。畀，予也。」《載芟》箋：「洽，合也。」《釋言》：「孔，甚也。」《説文》：「皆，俱詞也。」《詩》疏云：「既黍稻之多，故以之爲酒，以之爲醴，而進與先祖先妣，以會其百衆之禮，謂牲玉幣帛之屬，合用以祭，故神又下與之福，甚周徧矣。」杜注用傳、箋説，又云：「敬事祖妣，則鬼神降福。」按：傳稱《詩》斷章，義主先妣降福，本疏云：「今事妣失禮。」是也。

齊侯使諸姜、宗婦來送葬。【疏證】杜注：「宗婦，同姓大夫之婦。」本疏：「諸姜，同姓之女也。宗婦，同姓之婦也。夫人齊姜，是齊國之女，故使其宗親之婦女來會葬也。齊爲姜姓，歷世多矣，不可姜姓之女、姜姓之婦，令其皆來魯國。莊二十四年，『大夫、宗婦覿用幣』者，宗婦是同姓大夫之婦。知此宗婦，亦是同姓大夫之婦。然則諸姜是齊同姓之女，嫁與齊大夫之爲妻者也。」按：據疏説，則舊注謂「諸姜，同姓女。宗婦，同姓婦」，「齊爲姜姓」以下蓋疏駁舊注之詞。又奪注家姓氏，知者，《常棣》疏：「《春秋》莊二十四年，『夫人姜氏入。大夫、宗婦覿，用幣』。謂之宗婦，明是宗族之婦也，故賈、杜皆云：『宗婦，同姓大夫之婦。』襄二年傳曰：『葬齊姜。齊侯使諸姜、宗婦來會葬。』諸姜，謂齊同姓之女。宗婦，謂齊同姓之婦。是同姓之婦名爲宗婦。」❶彼疏謂「諸姜，同姓女。宗婦，同姓婦」，與本疏所引駁者合，明是舊注也。杜不用舊説，故疏駁之。審如杜説，則傳宜止稱「宗婦」，「諸姜」二字爲贅矣。杜又云：「婦人越疆送葬，非禮。」

召萊子，萊子不會，【疏證】本疏：「《世族譜》不知萊國之姓。齊侯召萊子者，不爲其姓姜也。以其比鄰小國，意陵蔑之，故召之，欲使從送諸姜、宗婦來向魯耳。萊子以其輕侮，故不肯會。」按：齊召萊子使送諸姜、宗婦來魯，傳無其意，疏説不知何據。此疑因伐萊之役，萊以賂請成，齊更召之，使來朝耳，不蒙上文。

故晏弱城東陽以偪之。【疏證】《郡國志》：「泰山南城有東陽城。」顧棟高云：「齊東陽，今山東青州府臨朐縣東有東陽城。」《讀本》：「萊在今黄縣東南二十里，于東陽爲近，故城以偪之。」

鄭成公疾，

子駟請息肩於晉。【疏證】《淮南・氾論訓》注：❷「肩負擔之勤也。」杜注：「欲辟楚役，以負擔喻。」

公曰：「楚君以鄭故，

「親集矢於其目，【疏證】成十六年傳：「楚子求成於鄭。鄭叛晉，晉伐鄭，楚子救鄭。晉、楚遇於鄢陵，吕

---

❶「姓」下，《毛詩正義》卷九有「大夫」二字。

❷「注」，當衍。

錡射共王中目。」本疏：「《説文》云：『鳥之短尾者，總名爲隹。隹在木上爲集。』集是鳥止之名。❶矢有羽似鳥，故亦稱集也。」

「非異人任，寡人也。【疏證】釋文：「『非異人任』，絶句。一讀至『人』字絶句。」

「若背之，是棄力與言，其誰暱我？【注】服本作「棄功」。《釋文》。**【疏證】**本疏：「棄其助鄭之力，與盟誓之言，他人其肯親我乎？」是唐本作「棄力」。臧琳云：「當從服本作『功』，言楚有功於鄭也。」

「免寡人，唯二三子。」

秋，七月，庚辰，鄭伯睔卒。

於是子罕當國，【疏證】杜注：「攝君事。」本疏：「蓋成公顧命之際使之當國。」又引沈氏云：「魯襄四歲，國家無虞。今僖公年雖長大，爲逼於晉、楚，故令子罕當國也。」疏稱「成公顧命」，用舊疏説。

子駟爲政，【疏證】杜注：「爲正卿。」

子國爲司馬。

晉師侵鄭，

諸大夫欲從晉。

子駟曰：「官命未改。」【疏證】杜注：「成公未葬，嗣君未免喪，故言未改。不欲違先君意。」陸粲云：「官

❶「止」，原作「上」，今據《春秋左傳正義》卷二十九改。

命猶言公命。」與杜説合。本疏：「十六年，晉侯改服修官。先君未葬，皆因舊事不得建官命臣，故云『官命未改』。」以官命爲官職之命，非。

會于戚，謀鄭故也。

孟獻子曰：「請城虎牢以偪鄭。」【疏證】杜注：「虎牢，舊鄭邑，今屬晉。」用古《左氏》説虎牢已屬晉義。

知武子曰：「善。鄫之會，吾子聞崔氏之言，❶今不來矣。【疏證】杜注：「元年，孟獻子與齊崔杼次于鄫。崔杼有不服晉之言，獻子以告知武子。」本疏：「元年，伐鄭，次于鄫，唯有韓厥、荀偃。於時武子未必在軍，當是此會始告之耳。」按：會鄫，雖無知罃，崔杼之言當是韓、荀告之。此謂孟獻子與聞其言耳，杜注、疏説皆非。

「滕、薛、小邾之不至，皆齊故也。【疏證】三國，齊之屬。

「寡君之憂不唯鄭。

「罃將復於寡君，而請於齊。【疏證】杜注：「以城事白晉君，而請齊會之。」

「得請而告吾子之功也。

「若不得請，事將在齊。【疏證】杜注：「將伐齊。」

「吾子之請，諸侯之福也，

「豈惟寡君賴之。」

---

❶「氏」，《春秋左傳正義》卷二十九作「子」。

穆叔聘于宋，通嗣君也。

冬，復會于戚，齊崔武子及滕、薛、小邾之大夫皆會，知武子之言故也。

遂城虎牢，鄭人乃成。【疏證】《水經·河水》注：「魯襄公二年七月，晉悼公與諸侯會于戚，遂城虎牢以偪鄭求平也。」鄭求平當是舊說。

楚公子申爲右司馬，

多受小國之賂，以偪子重、子辛。【疏證】杜注：「偪，奪其權勢。」

楚人殺之。

故書曰：「楚殺其大夫公子申。」【疏證】杜注：「言所以致國討之文。」

【經】三年，春，楚公子嬰齊帥師伐吴。【疏證】《年表》：「楚共王二十一年，使子重伐吴。吴壽夢十六年，楚伐我。」

公如晉。

夏，四月，壬戌，公及晉侯盟於長樗。【疏證】杜注：「晉侯出其國都，與公盟於外。」本疏：「近城之地。」按：今地闕。

公至自晉。

六月，公會單子、晉侯、宋公、衛侯、鄭伯、莒子、邾子、齊公子光。❶ 己未，同盟於雞澤。【疏證】《公羊》「邾」曰「邾婁」。《晉語》：「諸侯會於雞丘」，注：「雞丘，雞澤。」《郡國志》：「魏郡曲梁侯國，故屬廣平，有雞澤。」《元和志》：「雞澤在洺州永年縣西南十里，其澤魚、鼈、菱、芡，州境所資。」顧棟高云：「今曲梁故城在直隸廣平府治永年縣東北，即《國語》所謂雞丘。若今雞澤縣，乃隋析廣平縣所置，非春秋雞澤也。」按：顧氏用《元和志》說，與《漢志》合。江永謂在今廣平府雞澤縣，非。杜注：「周靈王新即位，使王官伯出與諸侯盟。」

陳侯使袁僑如會。【疏證】杜注：「本非召會而自來。」

戊寅，叔孫豹及諸侯之大夫及陳袁僑盟。【疏證】杜注：「諸侯既盟，袁僑乃至，故使大夫別與之盟。據傳，盟在秋。《長曆》推戊寅七月十三日，經誤。」貴曾曰。

秋，公至自會。無傳。

冬，晉荀罃帥師伐許。

【傳】三年，春，**楚子重伐吴，**

爲簡之師。【疏證】杜注：「簡，選練。」

克鳩茲，至于衡山。【疏證】杜注：「鳩茲，吴邑，在丹陽蕪湖縣東，今皋夷也。衡山，在吴興烏程縣南。」《郡國志》：「吴郡烏程。」劉昭注引杜説，又云：「或云丹陽縣之橫山，去鳩茲不遠，子重所至也。」顧炎武云：「疑

❶「公子」，《春秋左傳正義》卷二十九作「世子」。

即丹陽縣之衡山，今名横山，去鳩茲不遠。」用劉昭説。顧棟高云：「鳩茲城在今江南太平府蕪湖縣東三十里，烏程爲今浙江湖州府坿郭。時吴都尚在無錫，從無錫至湖州尚三四百里，楚兵不應反過吴都也。當塗縣東北六十里有横山，横與衡古通，俱在太平府。」沈欽韓云：「按《一統圖》，烏程在吴都西南，子重不能越吴而至彼。祝穆《方輿勝覽》：『太平州横望山在當塗縣東北六十里。』《建康志》：『横山在江寧縣東南百二十里，接太平州界。周八十里，高二百丈，其山四面望之皆衡，故又名衡望山。』《一統志》：『在溧水縣西三十里，❶周百里，跨上元縣及太平府當塗縣界。』按：《方輿紀要》廣德州又有横山，在州西五里。或當日楚兵取道由蕪湖南至廣德，而抵湖州。元兵滅宋，道亦由此。」按：沈氏後一説謂衡山在廣德近之，楚在吴之上游，由蕪湖、廣德進兵伐吴，視取道當塗、溧水爲捷也。《年表》：「楚共王二十一年，伐吴，至衡山。」

使鄧廖帥組甲三百，被練三千，【注】賈逵云：「組甲以組綴甲，車士服之。被練，帛也，以帛綴甲，步卒服之。凡甲所以固者，以盈竅也。帛盈竅而任力者半，卑者所服；組盈竅而盡任力，尊者所服。」本疏。服云：「以組綴甲。」《初學記》二十七。馬融曰：「組甲，以組爲甲裏，公族所服。被練，以練爲甲裏，卑者所服。」本疏，《文選·吴都賦》《魏都賦》、謝玄暉《登孫權故城》詩注。❷【疏證】杜注：「組甲，漆甲成組文。被練，練袍。」不用賈、服諸説。惠棟云：「謹案《禮》説，稱賈氏義爲長，《少儀》曰：『國家靡敝，

---

❶「溧」，原作「漂」，今據《左傳杜解集正》卷五改。

❷「魏都賦」，疑當作「赭白馬賦」。

則甲不組縢。』《逸周書》曰：『年不登，甲不纓縢。』孔晁曰：『纓繩甲不以組。』蓋組甲之工，靡于被練，故凶歲不組縢，所以節財也。《考工·函人》云：『凡察革之道，眡其鑽空，欲其窓也。』空窓則堅，竅滿則固，帛粗故任者半，組細故任盡力。❶《呂覽·有始》篇曰：『邾之故法，爲甲裳以帛。公息忌謂邾君曰：「不若以組甲。凡甲之所以爲固，以滿竅也。今竅滿矣，而任力者半耳。且組則不然，竅滿則盡任力矣。」邾君以爲然。』高誘曰：『以帛綴甲。』即被練是也。組甲，以組連甲，賈氏之説蓋本于此。」文淇案：惠申賈説也。《呂覽·去尤》篇又云：❷「邾君曰：『將何以得組也？』公息忌對曰：『上用之則民爲之矣。』邾君曰：『善。』下令官爲甲必以組。公息忌知説之行也，因令其家皆爲組。人有傷之者曰：『公息忌之所以欲用組者，其家多爲組也。』邾君不悦，于是復下令，令官爲甲無以組。」此亦組甲工費貴於被練之證。壽曾謂：惠氏據《呂覽》以證服注「盈竅」義最諦，且得組練貴賤之別。惟引《函人》「眡其鑽空，欲其窓也」，鄭司農彼注云：「窓，小孔貌。」彼疏云：「革惡則孔大，革善則孔小。」先鄭訓窓爲孔，孔固可以訓竅，然《函人職》察革，此孔謂革之毛孔，孔小材堅，孔大材窳，與服注稱「盈竅」爲已成之甲義異。馬宗璉引許慶宗説曰：「《管子·四時》篇房注『組甲』謂：『以組貫甲也。』《韓非子·過秦》：『得韓之都，而驅其鍊甲。』鍊甲即被練也。《孟子》『有布縷之征』，趙岐注：『縷，紩鎧甲之縷也。』《典枲》賈疏：『縷用麻之物。』是凡甲皆以麻貫之，此組以帛貫之，尤爲精貴矣。」許氏知分組甲、練甲爲二，而云「組以帛貫」，殊未分明。其以組爲貫甲之物，得之。惠氏引《周書》孔注亦謂「組以貫甲」，其引《少儀》「甲不組縢」，未申其義。沈欽韓補之曰：

---

❶「任盡」，《皇清經解》卷三百五十五《春秋左傳補註》作「盡任」。

❷「去」，原作「吾」，今據《呂氏春秋》卷十三改。

「《少儀》『甲不組縢』，注：『組縢，以組飾之及紟帶也。』疏云：『謂以組連甲及爲甲帶。言紟帶，解經「縢」字。縢是縛約之名。』《釋文》云：『紟，結也。』如鄭義，亦以組連甲因以爲飾。」據沈説，則服注與鄭君合。其甲帶以連甲之上旅，下旅别是一物。惟賈注「盈竅」，竅在甲之何處，惠、沈諸君皆未釋。李貽德云：「《函人》：『犀甲七屬，兕甲六屬，合甲五屬。』注：『屬謂上旅下旅札續之數也。』疏云：『一葉爲一札，上旅之中，續札七節、六節、五節，❶下旅之中亦有此節。』《函人》又云：『權其上旅與其下旅，而重若一。』疏云：『謂札葉爲旅者，以札衆多，故言旅，旅即衆也。』然則凡甲，聚衆札爲之。鄭讀『屬』如灌注之『注』，謂其相連注也。賈、服皆云以組綴甲，《説文》：『綴，合著也。從叕、系。』《内則》『織紝、組、紃』，疏曰：『組、紃俱爲絛也。薄闊爲組，似繩者爲紃。』若然，組綴甲謂以薄闊如絛者施諸縫中耳。『被』當從《説文》作『紴』，《説文》：『紴，絲屬，❷讀若被。』又云：『練，湅繒也。』湅繒即《考工記》之『湅帛』是已。❸湅之帛謂之練，此蓋以練爲被，而以綴甲。」李氏説甲制甚晰，則賈所謂「盈竅」，竅謂札相比空隙之處也。「帛盈竅而任力半，組盈竅則盡任力」者，札是散材，力謂札相比處牽貫之力，惠氏謂「帛粗任力半，組細盡任力」，深得賈義。李氏訓「力」爲「功」，以功之精粗言，非也。組練用以連甲，札皆在甲裹。馬氏謂組爲甲裹、練爲甲裹，與賈氏説同。惟賈謂車士組甲，步卒被練，馬謂組甲公族，被練卑者，爲異。《楚語》：「在中軍王族而已。」則公族亦得與軍事。據賈、馬説，則組甲貴，故數少，被練賤，故數多。《晉書·王敦

❶ 「札」，原作「甲」，今據《春秋左氏傳賈服註輯述》卷十一改。

❷ 「絲」，《春秋左傳賈服註輯述》卷十一作「條」。

❸ 上「湅」，原作「練」，今據《春秋左氏傳賈服註輯述》卷十一改。

傳》：「明帝下詔討錢鳳曰：『朕親御六軍，被練三千，組甲三萬，總統諸軍，討鳳之罪。』」則以被練爲貴，組甲爲賤，與賈、馬説違。本疏引賈、馬説駁之，其駁賈云：「然則甲貴牢固，組、練俱用絲也。練若不固，宜皆用組。何當造不牢之甲，而令步卒服之？豈欲其被傷，故使甲不牢也？若練以綴甲，何以謂之被也？」其駁馬云：「又組是絛繩，不可以爲衣服，安得以爲甲裹？」又申杜説云：「杜言『組甲，漆甲成組文』，今時漆甲有爲文者。被練文不言甲，必非甲名。被是被覆衣著之名，故以爲練袍，被於身上。雖並無明證，而杜要愜人情。」沈欽韓云：「漆如何成絛文？袍是有著之稱，非戰所用。被練若非甲，則被練三千，免者三百，既非甲士，是何物也？以練袍爲戰服，安矣。且賈云『盈竅』，杜既不明，孔亦不疏，好爲肊説，撥棄先儒，不好學如是乎？」嚴蔚説與沈略同。李貽德云：「孔氏以文不言甲，必非甲名，則文不言袍，杜何由知此是練袍乎？《韓非子》：『驅其練甲。』此不稱甲，以已舉組甲，則此可不煩明指。」右皆駁正疏説。洪亮吉、朱駿聲亦皆以杜説爲非。按：疏雖引馬融説，而不知馬説同於賈氏。馬明云組、練爲甲裏，疏乃云「絛繩不可以爲衣服」，則於馬説亦未審核。

以侵吳。

吳人要而擊之，獲鄧廖。其能免者，組甲八十，被練三百而已。

子重歸，既飲至，三日，【疏證】桓二年傳：❶「凡公行，告於廟。反行，飲至、舍爵、策勳焉。」據《詩·六月》「來歸自鎬」，則勞還帥亦有飲至之禮。

---

❶「桓二」，原缺，今據《春秋左傳正義》卷五補。

吴人伐楚，取駕。❶

駕，良邑也。

鄧廖，亦楚之良也。

君子謂：「子重於是役也，所獲不如所亡。」【疏證】杜注：「當時君子。」本疏：「傳諸言君子論議往事，多是丘明自言，託之君子。此傳君子謂子重亡多於獲，楚人以君子之言咎責子重，不得爲後世君子，故云當時君子。」按：傳稱君子，皆是丘明之辭，楚人咎子重，即在失帥與邑，不必因君子之言。丘明之論，若在「心疾而卒」下，於文非便，故置於此，杜説太泥。

楚人以是咎子重，

子重病之，遂遇心疾而卒。【疏證】汪瑜云：「《靈樞經·藏府病形》篇云：『愁憂恐懼則傷心。』」

公如晉，始朝也。

盟于長樗。❷

孟獻子相。【疏證】杜注：「相，儀也。」

公稽首。【疏證】稽首，已説於僖二十三年。按：哀十七年，「公會齊侯，盟于蒙，孟武伯相。齊侯稽首，公

---

❶ 原稿眉批：駕見成十七年。

❷ 「盟」上，《春秋左傳正義》卷二十九有「夏」字。

則拜。齊侯怒，武伯曰：『非天子，寡君無所稽首。』」可證此傳「公稽首」用諸侯于天子禮。

知武子曰：「天子在，而君辱稽首，寡君懼矣。」

孟獻子曰：「以敝邑介在東表，密邇仇讎，【疏證】《讀本》：「介，攝也。」杜注：「仇讎，謂齊、楚與晉爭。」

「寡君將君是望，敢不稽首？」

晉爲鄭服故，且欲修吳好，【疏證】二年傳：「冬，復會于戚，鄭人乃成。」

將合諸侯。

使士匄告于齊曰：「寡君使匄，以歲之不易，不虞之不戒，【疏證】杜注：「不易，多難也。」《文王》傳：「虞，度也。」《說文》：「戒，警也。」《曾子問》注：「戒猶備也。」

「寡君願與一二兄弟相見，【疏證】杜注：「列國之君相爲兄弟。」

「以謀不協。請君臨之，使匄乞盟。」

齊侯欲勿許，而難爲不協，

乃盟于耏外。【疏證】杜注：「耏，水名。」本疏：「齊侯與盟，其盟不離城之左右。」江永云：「《水經注》：『時水出齊城西南二十五里，平地出泉，即如水也。澠水出營城東，❶北逕博昌南界，入時水，自下通謂之澠。又

---

❶「營」，原作「管」，今據《皇清經解》卷二百五十四《春秋地理考實》改。

東北至廣饒故城北，入淄水。《齊乘》又名邿水，又京相璠曰：今臨淄唯有澅水，西北入泲。即《地理志》如水。邿、如聲相似，然則澅水即邿水。蓋以澅與時合，得通稱矣。』」江氏引《水經注》見《水經·瓠子水》篇，❶又云：「時，即邿水也，音而。《春秋》襄公三年，齊、晉盟于邿者也。」下引京相説。惠棟亦用江説。馬宗璉云：「《左傳》『猷如忘』服注：『如，而也。』星隕而雨，即星隕如雨也。京相璠以『邿、而聲相似』是也。《孟子》：『宿於畫。』❷《史記》注引劉熙注：『畫，齊西南近邑。』」按：馬氏以畫邑即澅水也。《讀本》：「時水出青州府臨淄縣西南二十五里，伏淄所發，經博興縣南，與小清河會。至樂安縣，從馬車瀆入海。」蓋用《水經》釋以今地。據疏説，則邿水即在今臨淄縣境。餘見莊九年傳「乾時」下。

祁奚請老，【疏證】杜注：「老，致仕。」《晉語》注：「祁奚既老，❸平公元年，復爲公族大夫。」韋據《外傳》爲説。晉平元年，當魯襄之十六年，祁奚仍再出仕，蓋甚老壽也。范宣子與龢大夫争田，宣子欲攻之，問於祁奚。祁奚曰：「公族之不恭，公室之有回，内事之邪，大夫之貪，是吾罪也。」

晉侯問嗣焉。【疏證】杜注：「嗣，續其職位者。」

稱解狐，其讎也，【疏證】本疏：「讎者，相負挾怨之名。」馬宗璉云：「《韓非子·外儲説》篇：『解狐薦其讎於簡子以爲相。』」按：此解狐别是一人，馬説非。

---

❶ 下「水」，當作「河」。

❷ 「於」，原重文，今據《皇清經解》卷一千二百七十八《春秋左傳補注》删。

❸ 「祁奚」，原倒，今據《國語正義》卷十四改。

將立之而卒。【疏證】杜注：「解狐已卒。」

又問焉，對曰：「午也可。」【疏證】杜注：「午，祁奚子。」

於是羊舌職死矣。

晉侯曰：「孰可以代之？」對曰：「赤也可。」【疏證】《晉語》注：「羊舌赤，職之子銅鞮伯華也。」杜注：「赤，職之子伯華。」用韋説。《大戴禮・將軍文子》篇：❶「祁奚曰：『其爲人之淵泉也，多聞而誕也。大內辭，❷足以没世，國家有道，其言足以生，國家無道，其默足以容，蓋銅鞮伯華之行也。』」

於是使祁午爲中軍尉，羊舌赤佐之。

君子謂：「祁奚於是能舉善矣。

「稱其讎，不爲諂；【疏證】《説文》：「諂，諛也。」《鬼谷子・權篇》：「諂，先意承欲者也。」杜注：「諂，媚也。」本疏：「設令他人稱其讎，則諂以求媚也。」

「立其子，不爲比；

「舉其偏，不爲黨。【疏證】杜注：「偏，屬也。」本疏：「軍師屬己，分之别行，謂之偏師。」

「《商書》曰：『無偏無黨，王道蕩蕩。』【疏證】《洪範》文。鄭注：「黨，朋黨。」《吕覽・貴公》亦引此二

---

❶「將」上，當有「衛」字。

❷「大」，《大戴禮記》卷六作「不」。

句，注：「蕩蕩，平易也。《詩》：『魯道有蕩。』」杜注：「蕩蕩，平直無私。」

「其祁奚之謂矣。【疏證】《晉世家》：「悼公問群臣何用者，❶祁傒舉解狐。解狐，傒之仇。復問，舉其子祁午。君子曰：『祁傒可謂不黨矣。外舉不避仇，内舉不隱子。』」史公約丘明論祁奚意也，不言伯華，文略。

「解狐得舉，祁午得位，伯華得官，【疏證】杜注：「未得位，故曰得舉。」本疏：「官、位一也，變文相辟耳。」

「建一官而三物成，【注】服云：「所舉三賢，各能成其職事。」本疏。【疏證】杜注：「一官，軍尉。物，事也。」不用服説。本疏：「尉、佐同掌一事，故爲『建一官』也。三事成者，成其得舉、得位、得官也。」下引服説，駁之云：「按：解狐得舉而死，身未居職，何成事之有？」按《烝民》傳：❷「物，事也。」故服、杜并訓爲「事」。解狐雖未居職，然舉當其才，有成事之望，故傳與午、赤並論之，疏駁非。

「能舉善也夫。【疏證】《釋文》：「夫，絶句。一讀以『夫』爲下句首。」

「唯善，故能舉其類。

「《詩》云：『惟其有之，是以似之。』【疏證】《裳裳者華》文，傳：「似，嗣也。」陳奂《詩疏》云：「傳讀『似』爲『嗣』者，言古君子有是美德，是以嗣爲世官也。」下引此傳爲證。又云：「按：此上文言問嗣，其下即引此《詩》，

---

❶「何」，《史記·晉世家》作「可」。

❷「烝民」，原缺，今據《毛詩正義》卷十八補。

則《詩》之『似』正訓作『嗣』，以美祁奚能舉善嗣其官，即是不廢世禄之類。毛傳實本《左傳》以立訓也。」按：陳說是也。杜注：「言唯有德之人，能舉似己者。」以「似」爲肖，似非古訓。

「祁奚有焉。」

六月，公會單頃公及諸侯。【疏證】杜注：「單頃公，王卿士。」

己未，同盟于雞澤。

晉侯使荀會逆吴子于淮上，【疏證】高士奇云：「此淮上，當在臨淮泗州之境。」

吴子不至。

楚子辛爲令尹，侵欲於小國。

陳成公使袁僑如會求成。【疏證】杜注：「袁僑，濤塗四世孫。」《世族譜》：「轅僑，桓子。」

晉侯使和組父告于諸侯。【疏證】高士奇云：「和組父，雍子。」梁履繩云：「雍子，故楚人，見襄二十六年。高氏以爲一人，未知所據。」

秋，叔孫豹及諸侯之大夫及陳袁僑盟，陳請服也。

晉侯之弟揚干亂行於曲梁，【注】賈云：「行，陳也。」《晉世家》集解。【疏證】杜注：「行，軍次。」❶用賈說。《晉語》注亦云：「行，行列也。」李貽德云：「《夏官・序官》『行司馬』注：『行，謂軍行列。』陳，亦列也。」案：

---

❶ 「軍」，《春秋左傳正義》卷二十九作「陳」。

《士師》「大師率其屬而禁逆軍旅者與犯師禁者而戮之」，注：「犯師禁，干行陳也。」疏：「干犯軍之行陳。案：昭元年，晉荀吳敗狄于太原，將戰，❶魏舒曰：『請皆卒，自我始。』荀吳之嬖人不肯即卒，斬以徇。襄三年，雞澤之盟，晉侯之弟揚干亂行于曲梁，魏絳戮其僕，魏絳曰：『軍事有死無犯爲敬。』此二者是反將命於行陳之事也。」反將命謂不用將帥命，當是《左氏》古義。《晉語》：「趙宣子言韓獻子于靈公以爲司馬。河曲之役，趙孟使人以其乘車干行，韓獻子執而戮之。」與此事相類。《晉世家》：「悼公弟揚干亂行。」杜不釋「曲梁」，《晉語》注：「曲梁，晉地。」江永云：「按：即雞澤地。」

魏絳戮其僕。【注】賈云：「僕，御也。」《晉世家》集解。【疏證】杜用賈義。本疏：「以車亂行，是御者之罪，故戮其僕也。《周禮》司寇之屬有掌戮之官，鄭玄云：『戮，猶辱也。既斬殺又辱之。』則此言戮者，乃殺之以徇於軍。成二年，韓獻子既斬人，『郤子使速以徇』。此戮即彼徇之謂也。文十年，楚申舟抶宋公之僕以徇，或曰：『國君不可戮也。』彼抶以徇，亦稱爲戮。下云『至于用鉞』，當是殺之，乃以徇也。」按：《年表》：「晉悼公三年，魏絳辱揚干。」史公據魏絳行法之意書之，下亦云「揚干爲戮」。

晉侯怒，謂羊舌赤曰：「合諸侯，以爲榮也。揚干爲戮，何辱如之？必殺魏絳，無失也。」【疏證】羊舌赤爲中軍佐，蓋掌軍之政令，故悼公命其殺魏絳。《魏世家》：「悼公怒曰：『合諸侯以爲榮，今辱吾弟。』將誅魏絳。」

---

❶「戰」，原作「戮」，今據《周禮注疏》卷三十五改。

對曰：「絳無貳志，事君不辟難，有罪不逃刑，【注】服云：「謂敢斬揚干之僕，是不辟獲死之難。」本疏。**【疏證】**杜無注。本疏：「此言絳之宿心舊行耳，非獨爲此事言也。」下引服説，駁之云：「然則斬僕，依軍法也，豈是絳之罪，而得謂之有罪不討刑乎？」❶壽曾謂：服意亦以「不辟難不逃刑」爲絳之宿心舊行，故止以「斬僕」釋「不辟難」，舉本事以證平日也，❷故「不逃刑」則無説，疏駁太泥。《表記》：「事君，軍旅不辟難。」與傳義同。《後漢書・李膺傳》：「收捕鉤黨，鄉人謂膺曰：『可去矣。』膺曰：『事不辟難，罪不逃刑，臣之節也。』」注：「《左傳》絳『事君不辟難，有罪不逃刑』。」是舊説以「不辟難不逃刑」爲人臣之大節。

其將來辭，何辱命焉？」【疏證】杜無注。《晉語》注：❸「辭，陳其辭狀也。」按：謂將以辭來，即下云「授僕人書」也。

言終，魏絳至，

授僕人書，【疏證】《晉語》注：「僕人，掌傳命。」杜注：「僕人，晉侯御僕。」用韋説。《御僕》「掌群吏之逆及庶民之復」，注：「鄭司農云：『逆謂受下奏，復謂奏事。』」韋云「傳命」，用先鄭義也。絳授僕人書是「受下奏」。

將伏劍。士魴、張老止之。【疏證】《晉語》注：「聞公怒，欲自殺。」本疏：「謂仰劍刃，身伏其上，而取

---

❶「討」，《春秋左傳正義》卷二十九作「逃」。
❷「以」，原重文，今刪。
❸「語」，原脱，今據《國語正義》卷十三補。

死也。」

公讀其書曰：「日君乏使，使臣斯司馬。【疏證】《晉語》注：「日，前日也。」杜注：「斯，此也。」黄生《義府》注：「斯，當讀爲『廝役』之廝，謙言爲役于司馬耳。」俞樾云：「『使臣此司馬』甚爲不辭，『斯』疑『廁』字之誤。《晉語》『使臣狃中軍之司馬』，狃亦廁也。《廣雅·釋詁》曰：『粗，廁也。』粗、狃義通。」

「臣聞師衆以順爲武，【疏證】《晉語》注：「順，順令也。」杜注：「順，莫敢違。」用韋義。

「軍事有死無犯爲敬。【疏證】杜注：「守官行法，雖死不敢有違。」惠棟云：「韋昭云：『有死其事，無犯其令，是爲敬命。』案：『韓獻子爲司馬，❶趙孟使人以其乘車干行，獻子執而戮之，宣子召而禮之，曰：「大軍事無犯，犯而不隱，義也。」』韋説頗勝於杜。」

「君合諸侯，臣敢不敬？【疏證】《晉語》注：「敢不盡奉其職。」❷

「君師不武，執事不敬，罪莫大焉。

「臣懼其死，以及揚干，無所逃罪，

「不能致訓，至于用鉞。【疏證】洪亮吉云：「《説文》：『戉，斧也。從戈𠄌聲。鉞，車鑾聲也，從金戉聲。《詩》曰：「鑾聲鉞鉞。」』按：以鉞爲『斧戉』之戉，經典承訛已久，難以改正。」杜注：「用鉞斬揚干之僕。」

---

❶「韓」上，《皇清經解》卷三百五十五《春秋左傳補註》有「晉語」二字。

❷「盡」，《國語正義》卷十三作「敬」。

「臣之罪重，敢有不從以怒君心？」【疏證】杜注「從」謂從揚干罪名，「言不敢不從戮」。非。

「請歸死於司寇。」【疏證】歸死，請歸命也。杜注：「致尸於司寇，使戮之。」非。

公跣而出，曰：【疏證】《晉語》注：「跣，徒跣也。」《讀本》：「不屨而行曰跣。古者脱屨於户外，出則履之。晉侯急見魏絳，故未及屨而出也。」

「寡人之言，親愛也。吾子之討，軍禮也。

「寡人有弟，弗能教訓，【疏證】《曲禮》「教訓正俗」，疏：「熊氏云：『教，謂教人師法。訓，謂訓説義理。』」

「使干大命，寡人之過也。

「子無重寡人之過，敢以爲請。」【疏證】杜注：「請使無死。」

晉侯以魏絳爲能以刑佐民矣，

反役，與之禮食，【疏證】《晉語》注：「反役，自役反也。禮食，公食大夫之禮。」杜注：「群臣旅會，今欲顯絳，故特爲設禮食。」群臣旅會，猶言饗食，即公食大夫禮也。杜以「禮食」爲旅會，與韋説同。《御覽》八百四十一引注：❶「群臣旅會，禮食也。」「今欲顯絳，❷故特爲設此。」疑是舊注，杜用之而删移其文已。本疏：「『與之禮食』者，若公食大夫禮以大夫爲賓，公親爲之特設禮食。」則與韋義合。馬宗璉云：「《禮記》正義云：『凡正饗，食

---

❶「一」，當作「七」。

❷「今欲顯絳故特爲設此」，見《太平御覽》卷二百九十六，「今」作「令」，「此」作「禮食」。

在廟。』晉悼公以公食大夫禮而饗莊子於廟，因以爵祿告諸先君，而策命之，使佐新軍。」

使佐新軍。【注】服虔云：「於是魏頡卒矣，使趙武將新軍代魏頡，升魏絳佐新軍代趙武也。」本疏。【疏證】杜無注，故疏引服注無駁，又云：「《世族譜》魏顆、魏絳，俱是魏犨之子。❶顆長，生頡，則絳是頡之叔父。《魏世家》武子生悼子，悼子生絳。則絳是犨孫。計其年世，孫應是也。先儒悉皆不然，未知何故。」據疏疏，❷則賈、服諸儒皆以絳爲犨子，杜依用之。李貽德云：「案：《晉語》言悼公即位，『使呂宣子佐下軍，彘恭子將新軍，使令狐文子佐之』。注云：『文子，魏顆之子魏頡也。』又云：『呂宣子卒，公以趙文子爲文也，而能恤大事，使佐新軍。』據《國語》所云，魏絳直代魏頡，而魏頡未嘗離新軍佐也。今以服意推之，知《國語》文不具也。魏頡始爲新軍佐，及呂宣子卒，彘恭子以新軍將升佐下軍，頡以佐升將，故趙文子得佐新軍也。❸及魏頡卒，則趙武升爲將，而魏絳代趙武爲佐矣。九年傳云『魏絳多功，以趙武爲賢，而爲之佐』是也。」❹按：李說是也。《晉語》：「公乃以魏絳爲不犯，使佐新軍。」

張老爲中軍司馬，【疏證】《晉語》：「使張老爲司馬。」注：「代魏絳也。」

士富爲候奄。【疏證】《晉語》：「使范獻子爲候奄。」注：「代張老。候奄，元候也。獻子，范文子之族昆弟

---

❶ 「犨」，《春秋左傳正義》卷二十九作「犫」，下一「犨」字同。

❷ 下「疏」，疑當作「說」。

❸ 「文」，原作「武」，今據《春秋左氏傳賈服註輯述》卷十一改。

❹ 「是」，《春秋左氏傳賈服註輯述》卷十一作「者」。

士富也。」杜注：「士會別族。」用韋義。惠棟云：「是范氏有兩獻子矣。」

楚司馬公子何忌侵陳，陳叛故也。【疏證】《年表》：「陳成公二十九年，倍楚盟，楚侵我。楚共王二十一年，使何忌侵陳。」《陳世家》：「成公二十八年，楚莊王卒。二十九年，陳倍楚盟。三十年，楚共王伐陳。」

許靈公事楚，不會于雞澤。

冬，晉知武子帥師伐許。

【經】四年，春，王三月，己酉，陳侯午卒。【疏證】杜注：「三月無己酉，日誤。」貴曾：《年表》：「陳成公三十年，薨。」《陳世家》：「成公三十年，卒。子哀公弱立。」

夏，叔孫豹如晉。

秋，七月，戊子夫人姒氏薨。【疏證】《公羊》「姒」曰「弋」。臧壽恭云：「案：《説文》無『姒』字，當作『以』，以與弋同音相通。」杜注：「成公妾，襄公母。姒，杞姓。」按：《解詁》：「莒女。」此《公羊》家異説。《穀梁》集解與杜同。本疏：「據傳匠慶之言，知是襄公母。以子既爲君，故得稱夫人而言薨也。於時諸國，杞、鄫之徒，皆姒姓。據大者言之，故云『姒，杞姓』，疑是杞女，而未審也。」詳疏説，則定姒容非杞女，趙佑云：「《公羊》於『鄫世子巫如晉』傳有『舅出』之文，則定姒蓋鄫女，杞、鄫皆姒姓。」此不用《解詁》「莒女」説，義或然也。

葬陳成公。無傳。

八月，辛亥，葬我小君定姒。無傳。【疏證】《公羊》「姒」曰「弋」。《謚法》：「純行不爽曰定。」杜注：「赴同、祔姑、反哭成喪，❶皆以正夫人禮，母以子貴。」按：母以子貴，《左氏》、《公羊》家說並同，已說於□□□年。❷本疏：「舊說：妾子爲君，其母不得成爲夫人，故杜詳言之。」詳疏引舊說，當亦是《左氏》說，師說不同。疏又云：「季孫初議，欲不成定姒之喪。君子謂之『多行無禮』，則季孫初議是無禮也。既季孫議爲無禮，明知於禮得成，是知妾母成尊，是爲正法。但尊無二上，適母若在，君尚不得盡禮於其母，臣民豈得以夫人之禮事之哉？適母既薨，則君得盡禮。君既盡夫人之禮事其母，臣民豈得以妾意遇之哉？故嫡母薨，則妾母尊也。哀姜既薨，成風乃正。出姜既出，敬嬴乃正。齊姜既薨，定姒乃正。襄公一世無夫人，故齊歸得正也。❸鄭玄以爲正夫人有以罪廢，妾母得成爲夫人也。哀姜雖被齊殺，僖公請而葬之。按：經薨葬備文，安得以罪黜也。又齊姜非以罪黜，定姒薨葬成尊，成風、定姒，并無譏文，故知法得成也。」詳疏意，與《左氏》說「母以子貴」義合。鄭君說「正夫人罪廢，妾母得成夫人」者，止據哀姜、成風而言，已詳彼經疏證。❹

冬，公如晉。【疏證】《年表》：「公如晉。」

陳人圍頓。

【傳】四年，春，楚師爲陳叛故，

---

❶「反」，原作「及」，今據《春秋左傳正義》卷二十九改。

❷「□□□」，當作「文公四」。

❸「歸」，《春秋左傳正義》卷二十九作「婦」。

❹原稿眉批：鄭君說在彼條，升爲注。查「成風」條，或移併。

猶在繁陽。【疏證】杜注：「繁陽，楚地。」《郡國志》：「汝南郡宋公國，周名郪丘，漢改爲新郪。有繁陽亭。」《一統志》：「繁陽亭在河南汝寧府新蔡縣北。」

韓獻子患之，言於朝曰：

「文王帥殷之叛國以事紂，唯知時也。【疏證】惠棟曰：「《周書·程典》曰：『維三月既生魄，文王合六州之侯，奉勤于商。』孔晁曰：『三分天下有其二以服事殷也。』」文淇案：《後漢書·西羌傳》：「及文王爲西伯，西有昆夷之患，北有獫狁之難，遂攘戎狄而戍之，莫不賓服。乃率西戎，征殷之叛國以事紂。」注引此傳。據率西戎之文，則叛國在西方。壽曾謂：《詩譜》以六州爲雍、梁、荆、豫、徐、揚，彼疏云：「其餘冀、青、兖屬紂。」此稱叛國，當在六州中，如雍、梁皆西方也。

「今我易之，難哉！」【疏證】杜注：「晉力未能服楚，受陳爲非時。」按：易之謂受陳速也。

三月，陳成公卒。

楚人將伐陳，聞喪乃止。【疏證】十九年傳：「晉士匄侵齊，至穀，聞齊侯卒，乃還。」傳曰：「聞喪而還，禮也。」

陳人不聽命。【疏證】杜注：「不聽楚命。」按：杜説未晰，蓋楚班師而召盟，陳不聽命也。

臧武仲聞之曰：「陳不服於楚，必亡。

「大國行禮焉，而不服，在大猶有咎，而況小乎？」

夏，楚彭名侵陳，陳無禮故也。【疏證】《年表》：「楚共王二十二年，伐陳。陳成公三十年，楚伐我。」

穆叔如晉，報知武子之聘也。【疏證】元年經：「晉侯使荀罃來聘。」

晉侯享之，【疏證】《魯語》：「晉悼公饗之。」注：「以饗禮見之也。」

金奏《肆夏》之三，不拜。【疏證】《魯語》注：「金奏，以鐘奏樂也。《肆夏》一名《繁》，《韶夏》一名《遏》，《納夏》一名《渠》，此《三夏》曲也。禮有《九夏》，《周禮・鐘師》：『掌以鐘鼓奏《九夏》。』鄭後司農云：『《九夏》皆篇名，《頌》之類也，載在樂章，樂崩亦從而亡，是以《頌》不能具。』」韋引鄭君說，見《鐘師》注。《鐘師》：「凡樂事，以鐘鼓奏《九夏》：《王夏》、《肆夏》、《昭夏》、《納夏》、《章夏》、《齊夏》、《族夏》、《祴夏》、《驁夏》。」《昭夏》即韋所稱《韶夏》也。彼注：「杜子春云：『《肆夏》，詩也。』」下引此傳，又云：「《肆夏》與《文王》、《鹿鳴》俱稱三，謂其三章也。以此知《肆夏》詩也。《國語》『《肆夏・繁》、《遏》、《渠》』，所謂《三夏》矣。呂叔玉云：『《肆夏》、《繁遏》、《渠》，皆《周頌》也。《肆夏》，《時邁》也。《繁遏》，《執傹》也。《渠》，《思文》也。』玄謂以《文王》、《鹿鳴》言之，則《九夏》皆《詩》篇名，《頌》之族類也，載在樂章，樂崩亦從而亡，是以《頌》不能具。」詳鄭君以《文王》、《鹿鳴》爲例，定爲《詩》篇名，即據此傳。又廣杜子春說，以爲《頌》之逸篇。其呂叔玉說，鄭所不用。知鄭用杜子春說者，《鐘師》疏：「呂叔玉說是子春引之者，子春之意與叔玉同。」據彼疏，則子春亦以《三夏》爲《時邁》諸詩。然尋玩注文，子春不析分《肆夏・繁》、《遏》、《渠》，非用呂說。鄭君異子春者，止在以九《夏》爲逸《頌》，其以爲逸《詩》則同。杜注：「《肆夏》，樂曲名。《周禮》以鐘鼓奏《九夏》，其二曰《肆夏》，一名《繁》。三曰《韶夏》，一名《遏》。四曰《納夏》，一名《渠》。」杜蓋用韋注。然韋引鄭君說以證《三夏》，鄭君據本傳以《九夏》爲逸《詩》，而不以《繁》、《遏》、《渠》分隸《肆夏》以下，其分隸者，韋氏一人之說。知者，杜子春止引《國語》「《肆夏・繁》、《遏》、《渠》」，呂叔玉乃分《肆夏》爲一、《樊遏》爲一、《渠》爲一，與韋、杜皆不同也。沈欽韓云：「呂叔玉說，鄭所不取，杜預復分《樊遏》爲二，徒形其陋。」按：沈說是也。本疏：「下云：『《三夏》，天子所以享元侯。』三者皆名爲《夏》，知是其次二《夏》并

《肆夏》爲三也。《周禮》謂之《肆》、《韶》、《納》，《魯語》謂之《繁》、《遏》、《渠》。故杜以爲每《夏》有二名。」此疏申杜説也。疏又備引《鐘師》杜、吕、鄭説而總之云：「數家之説，各以意言，經典散亡，無以取正。」此當是舊疏之詞。舊疏舉杜注及吕、鄭諸説而謂「各以義言，無所取正」，雖不顯言杜失，亦不謂杜説必不可從，其下則云：「劉炫云：『杜爲此解頗允《三夏》之名，而分字配篇，不甚愜當。何則？《文王》之三即《文王》是其一，《大明》、《緜》是其二。《鹿鳴》之三，則《鹿鳴》是其一，《四牡》、《皇皇者華》是其二。然則《肆夏》之三，亦當《肆夏》是其一，《樊遏》、《渠》是其二。安得復以「樊」爲《肆夏》之别名也？若「樊」即是《肆夏》，何須重舉二名？雖耻習前蹤，亦未踰先哲。』今删定知不然者，以此文云『《肆夏》之三』，是自《肆夏》以下有三，故爲《韶夏》、《納夏》。若《國語》直云『金奏《繁》、《遏》、《渠》』，則《三夏》之名没而不顯，故於『繁』字之上特以『肆夏』冠之。《國語》舉其難明，以會左氏《三夏》之義。劉不曉杜之深意，遂欲妄從先儒。先儒二説，何所馮準？先儒以『繁』、『遏』二字，共爲《執競》，以『渠』之一字，獨爲《思文》。分字既無定限，文句多少任意，則杜以『繁』共『肆夏』爲句，何爲不可？」此自「劉炫」以下皆光伯《述議》語，「今删定」以下乃唐人駁炫之語。據炫説，謂「《肆夏》是其一，《樊遏》、《渠》是其二」，又云「雖耻習前蹤，亦未踰先哲」，則炫所稱確爲《左氏》古義。杜子春注《國語》「《肆夏》、《樊遏》、《渠》，所謂《三夏》矣」，與古《左氏》説合。竊疑《鐘師》「《九夏》」如《詩》稱某之什，《九夏》皆什之首篇，舉《肆夏》之三，則《樊遏》、《渠》可賅。析「《肆夏》《樊遏》《渠》」爲三，此吕氏之誤。韋注以「肆夏繁」連文，則尤誤矣。炫説與杜子春同，與鄭康成小異而大同，與吕叔玉、韋昭不同。❶本疏不察炫説與先儒説從違，惟據吕氏分字之例以祖杜注，則惑之

❶「與」上，原衍「同」字，今删。

甚者也。《繁遏》、《渠》爲二詩，作何分析，師説軼亡，今無以考。杜以《肆夏》爲樂曲名，與杜子春、鄭君稱爲《詩》者異，蓋用先鄭説。《大司樂》「行以《肆夏》，趨以《采薺》」注：「鄭司農云：『《肆夏》、《采薺》皆樂名，或曰皆逸《詩》。』」彼疏云：「案：襄四年，『金奏《肆夏》』，杜亦云：『《肆夏》，樂曲名。』案《鐘師》注：『《九夏》，皆詩之大者，載在樂章。』以此言之，《肆夏》亦《詩》篇名。先鄭云『或曰皆逸《詩》』，得通一義也。」又云：❶「杜子春之意，《九夏》皆不言詩，是以解者不同，故杜注《春秋》云『《肆夏》爲樂曲名』。今云《肆夏》詩，則《九夏》皆詩，後鄭從之。」據彼疏，則先鄭説《肆夏》兼樂曲、逸《詩》而言，其推杜子春意《九夏》皆不言詩，詩是樂謌，杜子春説顯云：❷「《肆夏》，詩也。」《肆夏》以詩入樂，兼二義乃備。宋本疏云：「肆，遂也。夏，大也。言遂於大位，謂王位也。」此是「肆夏」舊説。

工歌《文王》之三，又不拜。【疏證】《魯語》注：「《文王》、《大明》、《緜》，《大雅》之首，《文王》之三也。」杜注：「工，樂人也。」餘用韋説。

歌《鹿鳴》之三，三拜。【疏證】《魯語》：「樂及《鹿鳴》之三，而後拜樂三。」注：「悼公先爲穆子作《肆夏》、《文王》各三篇而不拜，至作《鹿鳴》三篇，而後拜樂三也。」杜注：「《小雅》之首：《鹿鳴》、《四牡》、《皇皇者華》。」《詩譜》：「天子饗元侯，歌《肆夏》，合《文王》。諸侯歌《文王》，合《鹿鳴》。」疏云：「傳言『金奏《肆夏》』，此云歌者，凡樂之初作，皆擊金奏之。《論語》：『始作，翕如也。』鄭云：『始作，謂金奏。』又《左傳》云：『歌鐘二肆。』是歌必

❶ 以下爲《鍾師》疏。
❷ 「子」，原重文，今刪。

以金奏之。其實《文王》、《鹿鳴》亦金奏，《肆夏》亦工歌，互言之也。」

韓獻子使行人子員問之，【疏證】本疏：「此言『韓獻子使行人問』，《魯語》云『晉侯使行人問』者，彼孔晁注云：『韓獻子曰晉侯使行人問也。』」❶

曰：「子以君命辱於敝邑，

「先君之禮，藉之以樂，【疏證】《士虞禮》「藉用葦席」注：❷「藉猶薦。」杜用鄭説。

「以辱吾子。吾子舍其大，而重拜其細，【疏證】《魯語》「吾子舍其大而加禮于其細」，注：「大，謂《肆夏》、《文王》。細，謂《鹿鳴》也。」

「敢問何禮也？」

對曰：「《三夏》，天子所以享元侯也。使臣弗敢與聞。【疏證】《魯語》注：「元侯，牧伯也。」杜用韋説。據韋説，則傳稱「元侯」，異於群諸侯。本疏：「《周禮・大宗伯》云：『八命作牧，九命作伯。』鄭玄云：『牧謂侯伯有功德者，加命得專征伐於諸侯也。伯謂上公有功德者，加命爲二伯，得征五侯九伯者。』鄭司農云：『牧，一州之牧也。伯，長諸侯爲方伯也。』然則牧是州長，伯是二伯。」

「《文王》，兩君相見之樂也，臣不敢及。【疏證】《魯語》注：「此三篇皆美文王、武王有盛德，天所輔

---

❶ 原稿眉批：行人似已見。韋注未采。

❷ 「士虞禮藉用葦席」，原缺，今據《儀禮注疏》卷四十二補。

胙，其徵應符驗著見於天，乃天命，非人力也。周公欲昭先王之德於天下，故兩君相見得以爲樂也。」杜注：「及，與也。《文王》之三，皆稱文王之德，受命作周，故諸侯會同以相樂。」用韋説。本疏：「《詩序》：『《文王》，言文王受命作周。《大明》，言文王有明德，故天復命武王。《緜》，言文王之興本由太王。』是《文王》之三，皆稱文王之德，能受天命，造立周國，故諸侯會同，歌此以相燕樂耳。朝而設享，是亦二君聚會，故以會同言之。」

「《鹿鳴》，君所以嘉寡君也，敢不拜嘉？【疏證】《魯語》：「夫《鹿鳴》，君所以嘉先君之好也，敢不拜嘉！」注：「嘉，善也。《鹿鳴》曰：『我有嘉賓，德音孔昭。』是爲嘉善先君之好也。」杜注：「晉以叔孫爲嘉賓，故歌《鹿鳴》之詩，取其『我有嘉賓』也。」用韋説，又云：「叔孫奉君命而來，嘉叔孫，乃所以嘉寡君。」❶與韋説「嘉善先君之好」義異。按：傳云「嘉寡君」則是嘉魯襄，與《外傳》稱「嘉先君之好」者不同。《鹿鳴》二章「我有嘉賓，德音孔昭」，箋云：「德音，先君道德之教也。嘉賓，語先王德教甚明。」韋稱「爲嘉善先君」者，據鄭君説。然鄭君《燕禮》注則云：「德音，嘉賓之明德。」與箋《詩》又自異。《鹿鳴·序》：「燕群臣嘉賓也。」杜以叔孫爲嘉賓，用《序》説。按：《鹿鳴》爲燕禮通用之樂，杜謂以叔孫嘉賓歌《鹿鳴》，非。

「《四牡》，君所以勞使臣也，敢不重拜？【疏證】《詩序》：「《四牡》，勞使臣之來也。」《魯語》：「《四牡》，君之所以章使臣之勤也，敢不拜章！」注：「言臣奉命勞勤於外，敘述其情以歌樂之，所以著其勤勞也。」杜

❶「寡」，《春秋左傳正義》卷二十九作「魯」。

注：「《詩》言使臣乘四牡，騑騑然行不止。勤，勞也。」用韋説，又云：「晉以叔孫來聘，故以此勞之。」此與説《鹿鳴》誤同，備疏於後。

「《皇皇者華》，君教使臣曰：【疏證】《詩序》：「《皇皇者華》，君遣使臣也。」首章傳：「皇皇，猶煌煌也。忠臣奉使，能光君命。」韋、杜並用毛説。按：傳下述詩義非引詩句，故云「君教使臣」，文例自別。本疏：「此《詩》本意，文王教出使之臣。今晉君歌此以寵穆叔，穆叔執謙以爲晉侯所教。」

「『必諮於周。』【疏證】《魯語》：「『每懷靡及』，諏、謀、度、詢，必咨於周。」注：「訪問於善爲咨，忠信爲周，言諏、謀、度、詢必當咨之於忠信之人。」《外傳》以忠信爲周，當六德之一，故韋據之。杜注：「言必於忠信之人，諮此四事。」用韋説。《皇華》：「周爰咨諏，周爰咨謀，周爰咨度，周爰咨詢。」毛傳引《外傳》「忠信爲周」釋「周」字義。陳奐《詩疏》云：「諮，俗字。」

「臣聞之，訪問於善爲咨，【疏證】《説文》：「謀事曰咨。」杜注：「問善道也。」

「咨親爲詢，【疏證】《釋詁》：❶「詢，謀也。」《皇華》傳：「親戚之謀爲詢。」《魯語》注用毛義，杜注同。

「咨禮爲度，【疏證】《釋詁》：❷「度，謀也。」《魯語》：「咨義爲度。」《皇華》傳：「咨禮義所宜爲度。」兼《外傳》爲訓。韋注亦云：「咨禮義爲度。」杜注：「問禮宜。」

---

❶ 「詁」，原缺，今據《爾雅》卷上補。

❷ 「詁」，原缺，今據《爾雅》卷上補。

「咨事爲諏，」【疏證】《釋詁》：❶「諏，謀也。」《説文》：「諏，聚謀也。」《魯語》：「咨才爲諏。」注：「才，當爲事。」《皇華》傳引傳同。陳奂《詩疏》：「案：『才』即『事』之假借字。韋注依《内傳》改《外傳》，非也。」杜注：「問政事。」

「咨難爲謀。」【疏證】《魯語》：「咨事爲謀。」注：「事，當爲難。」亦依《内傳》改。《皇華》傳：「咨事之難易爲謀。」杜注：「問患難。」不用毛義。《皇華》疏：「唯『難』一事，杜爲『患難』，不同。然患難之事，亦須訪其難易，理亦不異。」陳奂《詩疏》云：「傳『易』字當衍。《左傳》：『咨難爲謀。』《説文》：『慮難曰謀。』桓六年《左傳》：『會於成，紀來諮謀齊難也。』諮謀即咨謀，皆無『易』字可證。」據陳説，則《毛傳》亦作「患難」解。

「臣獲五善，敢不重拜？」【疏證】《皇華》傳：「兼此五者，雖有中和，當自謂無所及，成於六德。」箋：「五者，咨也、諏也、謀也、度也、詢也。雖得比于忠信之賢人，猶當云己將無所及于事，則成六德。言慎其事。」杜注：「五善，謂諮、詢、度、諏、謀。」本疏：「教之咨人，即得一善，故并咨爲五。」疏以「教之咨人」爲一善，其實「臣聞之」以下，顯釋五善，咨在五善之列，不關教之咨人，疏未得杜義也。杜數五善，用傳、箋義。傳、箋云「六德」者，《魯語》：「君况使臣以大禮，重之以六德，敢不重拜！」注：「六德，謂諏也、謀也、度也、詢也、咨也、周也。」韋以「周」當六德之一。　陳啓源《毛詩稽古編》云：「《春秋》内外傳説此詩有五善六德，咨、諏、謀、度、詢爲五善，《内傳》本文自明。《外傳》六德，韋昭注於五善之外，取周以備數，與毛傳不合。《外傳》云：『懷和爲每懷，咨才爲諏，咨事爲謀，咨義爲度，咨親爲詢，忠信爲周。』據此文義，則所謂六德即上六語矣。『忠信爲周』，言咨於忠信之人，即《内

---

❶「詁」，原缺，今據《爾雅》卷上補。

傳》之『訪問於善爲咨』。周、咨一義，韋分兩德，誤也。『懷和爲每懷』，在五善之外，雖有中和，自謂無及，以備六德之一，與《外傳》正相符。」按：陳說是也。周、咨一義，毛傳正如此。知者，《皇華》「周爰咨諏」傳：「忠信爲周，訪問於善爲咨，咨事爲諏。」亦采《外傳》。陳奂《詩疏》云：「內外《傳》互明。《內傳》之所謂善，即《外傳》所謂忠信也，『訪問於善』，此即『必咨於周』之義。《內傳》以咨列五善，數咨即數周也，故《外傳》六德不數咨。內外《傳》皆出《左氏》，非有異也，此毛氏兼用內外《傳》說。周、咨並舉，其實諏、謀、度、詢皆連咨言，皆是訪問於善。咨字一義，領下四事意，亦數周不數咨也。斯爲善承《左氏》之學矣。」此亦用《稽古編》說，又云：「傳列周、咨、諏、謀、度、詢凡六事，而云『兼此五者』，則合周、咨爲一矣。周、咨合一，諏、謀、度、詢各一，爲五善，從《內傳》說。以五善而加懷和，則謂之六德，從《外傳》說。」按：本疏引《外傳》孔晁說云：「既有五善，又自謂無及，成爲六德。」是《外傳》舊說，以懷和爲一德，韋氏以周爲六德之一，與孔說違。二陳氏皆從孔說也。杜注謂歌《鹿鳴》爲叔孫奉召命而來，歌《四牡》爲晉勞叔孫，歌《皇皇者華》，據《詩序》爲遣使臣，詳傳。又案：稱「晉侯享之」，是晉於穆叔用享禮。享禮今亡，其用樂僅見於此傳。《燕禮》「工歌《四牡》、《皇皇者華》」，與穆叔所拜合，然彼自爲燕禮之樂。沈欽韓云：「《詩譜》：『其用於樂，國君以《小雅》，天子以《大雅》，然而享賓或上取，燕或下就。何者，天子享元侯，歌《肆夏》，合《文王》。諸侯歌《文王》，合《鹿鳴》。諸侯於鄰國之君，與天子於諸侯同。天子、諸侯燕群臣，及聘問之賓，皆歌《鹿鳴》，合鄉樂。』彼疏云：『鄉飲酒、燕禮合樂皆降于升歌，歌《鹿鳴》合鄉樂，則知歌《文王》者當合《鹿鳴》，歌《肆夏》者當合《文王》也。』其於諸侯升歌《大雅》，合樂《小雅》。歌在堂上，合樂在堂下，由在堂下輕，❶故降升

❶「堂」，原作「樂」，今據《毛詩正義》卷九改。

歌一等，此上取也。諸侯以《小雅》燕群臣及賓，而合鄉樂。天子以《大雅》燕群臣及賓，歌《小雅》，而合鄉樂，是皆爲下就也。此用樂之差，謂升歌合樂爲例。其舞，則《燕禮》云：『若舞，則《酌》。』是諸侯於臣得用《頌》，與此異也。《郊特牲》、《大射》、《燕禮》皆云大夫賓奏《肆夏》，及杜子春《周禮》注『賓來奏《納夏》』，皆謂賓始入及庭未行禮之時，與升歌、合樂别也。按：賓入奏《肆夏》，蓋用其節，而不取其聲詩。杜預解《鹿鳴》以下更說新義，不知燕、饗之禮爲常用之樂，是《燕禮》等篇生平未之見也。」按：沈説是也。《鄉飲酒》「乃合樂《周南·關雎》」，注：「鄉樂者，風也。《小雅》爲諸侯之樂，《大雅》、《頌》爲天子之樂，鄉飲酒升歌《小雅》，禮盛者可以進取也。燕合鄉樂，禮輕者可以逮下也。《春秋傳》曰：『《肆夏》、《繁遏》、《渠》，天子所以享元侯也。《文王》、《大明》、《緜》，兩君相見之樂也。』然則諸侯相與燕，升歌《大雅》，合《小雅》。天子與次國、小國之君燕亦如之，與大國之君，升歌《頌》，合《大雅》。其笙間之篇未聞。」此鄭君説燕禮用樂，與《詩譜》義燕禮用此同。其云「禮盛進取」即《詩譜》「上取」，云「禮輕逮下」即《詩譜》「下就」。《郊特牲》「賓入大門而奏《肆夏》」，疏：「皇氏云：襄四年《左傳》云：『《三夏》，天子所以享元侯。《文王》、《大明》、《緜》，兩君相見之樂也。』燕禮歌《鹿鳴》，合鄉樂。凡合樂，降於升歌一等。王享燕元臣，升歌《三夏》，即《頌》，合樂降一等，即合《大雅》也。元侯自相享，亦歌《頌》，合《大雅》。故《仲尼燕居》兩君相見，歌《清廟》是也。侯伯子男亦歌《文王》，合《鹿鳴》也。準約元侯，則天子享燕侯伯子男，亦歌《文王》，合《鹿鳴》也。諸侯燕臣子，歌《鹿鳴》，合鄉樂，燕禮是也。其天子燕在朝臣子，工歌《鹿鳴》，合鄉樂，故鄭作《詩譜》云：『天子諸侯燕群臣及聘問之賓，皆歌《鹿鳴》，合鄉樂。』是也。」此皇氏申鄭君説也。惟鄭君所據皆燕禮，此傳則稱享禮。《鐘師》注亦引此傳及《外傳》爲説，彼疏亦全據《詩譜》、《鄉飲酒》注義爲説，又云：「天子享臣子，歌《小雅》，合鄉樂。諸侯享臣子，亦與天子享臣子同。燕之用樂與享同，故燕禮燕臣子升歌《鹿鳴》等三篇。襄四年傳，晉侯享穆叔，爲之歌《鹿鳴》，云『君所以嘉寡君』，是享、燕同樂也。」《詩譜》疏又云：「天子、諸侯于國君皆云饗，于臣皆云燕，其實國君與臣饗、燕皆有。《左傳》曰：『穆叔如晉，晉侯饗之。』《聘禮》曰：『公於賓，再饗，一燕。』是諸侯於聘問之賓，饗、燕俱有也。《左傳》曰：『季文子如宋致女，復命，公饗之。』《燕禮》，❶是諸侯自於群臣，饗、燕俱有也。其用樂，由尊卑爲差，不由饗、燕爲異。」此亦享禮燕禮同樂之證，享與饗通。

秋，定姒薨，

不殯于廟，無櫬，不虞。【疏證】杜注：「季孫以定姒本賤，既無器備，欲殯不過廟，又不反哭。」本疏：「議其喪制，欲如此耳。《檀弓》：『君即位而爲椑。』夫人尊與君同，亦當生已有櫬。《檀弓》又曰：『喪之朝也，順死者之孝心也。殷朝而殯於祖，周朝而遂葬。』《士喪禮》『朝而遂葬』，與《記》正同。知周法不殯於廟。而此及僖八年傳皆云『不殯于廟』，以爲非禮。知其將葬之時，不以殯過廟耳，非是殯尸於廟中也。葬訖，日中反虞於正寢，謂之反哭。」❷

匠慶謂季文子曰：【疏證】杜注：「匠慶，魯大匠。」李富孫云：「《莊子·達生》作『梓慶』。《攷工》有梓人、匠人，《孟子》梓匠並稱，故亦曰梓。」

「子爲正卿，而小君之喪不成，不終君也。【疏證】杜注：「慢其母，是不終事君之道。」按：不終君，謂

---

❶「禮」下，《毛詩正義》卷九有「燕己之臣子」五字。

❷原稿眉批：查僖八年。

不能終事先君之道。

「君長，誰受其咎？」

初，季孫爲己樹六櫝於蒲圃東門之外，【疏證】曹堅云：「『樹六櫝』者，合六木爲棺也。今俗謂之六段。」杜注：「蒲圃，場圃名。」江永云：「定八年，『陽虎將享季氏于蒲圃』即此。」❶沈欽韓云：「《一統志》：『蒲圃在曲阜境。』」

匠慶請木，

季孫曰：「略。」【疏證】《廣雅·釋詁》：「庱、略，求也。」王念孫云：「《方言》：『掕、略，求也。秦、晉之間曰掕，就室曰掕，於道曰略。略，强取也。』」沈欽韓云：「《漢律》所云『略人財物』、『略賣人』是也。《唐律·盜賊》注：『不和爲略。』」按：不和即强取也。杜注：「不以道取曰略。」亦謂强取也。惠棟云：「匠慶請用蒲圃之木，故季孫曰略。正義言令匠慶略他木，失之。」按：匠慶請木，自當請官府所儲之木，季孫不從，乃用季孫所自樹者。竊疑季孫雖無禮，然以君母之喪，而教匠作强取他人之木，亦非人情。馬宗璉云：「孔安國《論語》集解曰：『簡，略也。』是略乃簡略之謂，故君子謂之『多行無禮』，杜解太迂。」如馬説，則季孫言略者，謂喪禮可簡略，不須美木也，似勝杜説。

匠慶用蒲圃之櫝，

---

❶「享」，原脱，今據《皇清經解》卷二百五十四《春秋地理考實》補。

季孫不御。【疏證】《淮南子·時則》注：❶「御，止也。」杜用高説。按：不止，謂不敢止也。杜又云：「遂得成禮，故經無異文。」本疏：「不反哭則不得書葬。今定姒薨葬備文，則因匠慶之言，遂得每事成禮。」

君子曰：「《志》所謂『多行無禮，必自及也』。其是之謂乎？」【疏證】無禮必有殃咎，故云「自及」。疏云：「被匠慶略木，是自及也。」非傳義。

冬，公如晉聽政。【疏證】杜注：「受貢賦多少之政。」

晉侯享公，

公請屬鄫。❷

【疏證】《地理志》：「東海郡繒，故國。」杜用《漢志》。《旄丘·序》：「衛不能修方伯連率之職。」疏云：「『連率』者，即『十國以爲連，連有帥』是也。不言屬、卒者，舉其中也。《王制》雖殷法，周諸侯之數與殷同，明亦十國爲連。此詩周事，有連率之文。《左傳》曰：『晉侯享公，公請屬鄫。』是周亦有連、屬。」詳彼疏，則魯請鄫用十國爲連之制，此舊誼也。杜注：「欲得使屬魯，如須句、顓臾之比，使助魯出貢賦。公時年七歲，蓋相者爲之言。」本疏：「春秋之世，小國不能自通，多附於大國。二十七年，齊人請邾，宋人請滕。邾、滕猶尚附人，況鄫又小也。」據疏説，則鄫屬魯出鄫子意。

---

❶ 「時則」，原缺，今據《淮南鴻烈解》卷五補。

❷ 原稿眉批：鄫似已見。

晉侯不許。

孟獻子曰：「以寡君之密邇於仇讎，而願固事君，無失官命。【疏證】杜注：「晉官徵發之命。」本疏：「二年，鄭子駟以君初喪，云『官命未改』。此魯以國小賦重，恐失官命。二者官命雖同，而主意有異。故杜彼以未葬解之，此以徵發解之。觀文爲説。」案：此「官命」猶言公命也，謂無敢失晉君意，與二年「官命」義同，下乃言貢賦，杜説非。

「鄫無賦於司馬，【疏證】杜注：「晉司馬又掌諸侯之賦。」

「爲執事朝夕之命敝邑，

「敝邑褊小，闕而爲罪，❶【疏證】杜注：「闕，不共也。」

「寡君是以願借助焉。」晉侯許之。

楚人使頓間陳而侵伐之，故陳人圍頓。❷【疏證】杜注：「間，伺間缺。」

無終子嘉父使孟樂如晉，【疏證】《地理志》：「右北平郡無終，故無終子國。」《晉語》注：「無終，山戎之國，今爲縣，在北平。子，爵也。」杜注：「山戎國名。」用韋説。顧炎武《日知録》云：「玉田，漢無終縣。《史記》：

---

❶ 原稿眉批：闕，詁。

❷ 原稿眉批：頓似已見。

『項羽封韓廣爲遼東王，都無終。』《水經注》：『藍水出北山，東屈而南流，逕無終縣東。❶故城，無終子國也。《魏土地記》曰：右北平城西北百三十里有無終城。』無終之爲今玉田，無可疑者。然《左傳》襄公四年，『無終子使孟樂如晉，請和諸戎』；昭公元年，『晉中行穆子敗無終及群狄于太原』，《漢書・樊噲傳》：『擊陳豨，破，得綦毋卬、尹潘軍於無終、廣昌。』則去玉田千有餘里，豈無終之國先在雲中、代郡之境，而後遷于右北平歟？」江永云：「按：顧氏此説是也。廣昌，即今之廣昌縣，漢屬代郡，唐爲蔚州飛狐縣，明復改廣昌，屬大同府蔚州，今改屬直隸保定府易州，去玉田之無終遠，而史合言之，蓋舊無終之地近廣昌也。晉自中行吴敗狄之後，漸擴代北之地，其後趙氏盡得代地，而無終之國乃在右北平。猶之昭十二年，晉滅肥，爲漢之真定肥累縣，而遼西復有肥如縣。應劭云：『晉滅肥，肥子奔燕，燕封于此。』無終亦此類耳。」按：顧、江説是也。順昌，❷今直隸易州屬縣。梁履繩云：「案：玉田縣屬直隸遵化州，《史記・匈奴列傳》正義引《括地志》云：『幽州漁陽縣，本北戎無終子國。』漁陽縣，今爲順天府密雲縣，蓋戎地遼闊，兼入密雲境也。」沈欽韓云：「《一統志》：『無終故城，今順天府薊州治。』」右皆説右北平之無終也。《晉語》注：「嘉父，名。孟樂，嘉父之臣。」杜注：「孟樂，其使臣。」

因魏莊子納虎豹之皮，以請和諸戎。【疏證】《晉語》注：「莊子，魏絳也。和諸戎，諸戎欲服從於晉也。」按：納皮謂修聘禮。

晉侯曰：「戎狄無親而貪，不如伐之。」【疏證】《晉語》：「戎狄無親而好得。」注：「無親，無恩親。」

---

❶ 「縣」下，《日知録》卷三十一有「故城」二字。

❷ 「順」，疑當作「廣」。

魏絳曰：「諸侯新服，陳新來和，【疏證】三年，陳叛楚。

「將觀於我。我德則睦，否則攜貳。

「勞師於戎，而楚伐陳，必弗能救，是棄陳也，諸華必叛。【疏證】《晉語》：「勞師于戎，而失諸華。」注：「諸華，華夏也。」杜注：「諸華，中國。」用韋義。《書》某氏傳：「冕服采章曰華。」彼疏云：「冕服采章對被髮左衽，則爲有光華。」又《苕之華》疏：「諸夏本亦名諸華。夏，大也。以其中國有禮義之華可嘉大也。」此「華夏」古説。

「戎，禽獸也。獲戎失華，無乃不可乎？

「《夏訓》有之，曰：『有窮后羿。』」【疏證】惠棟云：「《玉篇》引作『竆』，《説文》曰：『竆，夏后時諸侯夷羿國也。從邑，窮省聲。』」杜注：「夏訓，《夏書》。有窮，國名。」夏訓非即《夏書》，東晉《僞古文・五子之歌》取此傳，衍爲太康尸位，有窮后羿距河事。《水經・河水》篇：「大河故瀆逕平原鬲縣故城西。」注：「鬲，津也，故窮后國也。」閻氏若璩《尚書古文疏證》取以補蔡傳，謂「今德州安德縣也」。是閻氏以漢鬲縣即有窮氏地，其《四書釋地》引《地記》云：「河南有窮谷，蓋本有窮氏所遷。」與《古文疏證》異，閻意謂有窮國于鉏也。又續攷酈元説云：「酈注此不可從，《左傳》襄四年傳：『靡奔有鬲氏。』則此地當后相八歲寒浞殺羿，靡來奔時，正爲皋陶之孫有鬲氏國，豈得羿舊國于此？」則閻謂有窮在安德，乃未定之論。《路史・國名紀》：「今壽之安豐有窮谷窮水，即窮石。」按：據本傳，有窮、窮石斷非一地，《水經・淮水》注：❶「窮水出于安豐。」昭二十七年，「楚與吳遇於窮」，此羅氏

---

❶ 「淮」，原缺，今據《水經注箋》卷三十補。

所據。江永云：「此窮水、窮地偶與有窮同名耳，非后羿之國也。」下亦引《晉地記》則謂有窮在河南，與闞氏同。高士奇云：「安豐在今英山縣境。」英山屬六安州，遠，疑此亦疑有窮不得在安豐也。本疏：「羿居窮石之地，故以窮爲國名。」與傳稱由鉏遷窮石不合。鉏、窮石見下疏證。《淮南·原道》注：「羿，古諸侯有窮之君也。」杜注：「后，君也。羿，有窮君之號。」用高說。杜不以羿爲名字，用賈注「射官」說，亦詳下疏證。

公曰：「后羿何如？」【疏證】杜注：「怪其言不次，故問之。」東晉《僞古文》「有窮后羿」下續「因民弗忍，距于河」二句，閻若璩《尚書古文疏證》云：「纔引《夏訓》，隔以他語，『有窮后羿』下，其語不可得知。」

對曰：「昔有夏之方衰也，【疏證】閻若璩《尚書古文疏證》：「魏絳不便復引《夏訓》，止據其事以對。」《夏本紀》：「禹生啓，啓生太康。」《書序》：「太康失邦。」

「后羿自鉏遷于窮石，【疏證】杜注：「鉏，羿本國名。」未言所在。《郡國志》：「東郡濮陽有鉏城。」閻若璩《四書釋地》：「金仁山《前編》：晉魏絳曰：『昔有夏方衰，后羿自鉏遷于窮石。』注云：『鉏在今澶州衛南縣，即《元和郡縣志》故鉏城，在滑州衛南縣東十五里，《左氏》后羿本國是也。』又云：『窮石不知所在。』闕疑最是。蓋時夏都安邑，鉏去夏都僅千里，計窮石又近於安邑，方能因夏民以代夏政。若如朱子注《騷經》『夕歸次于窮石兮』云：『窮石，山名，在張掖，即后羿之國。』則去夏都三千里，遠在西北天一隅，縱恃其射，豈能及夏？當別有窮石爲國名者，但不可考。」按：閻說是也。《夏本紀》正義引《帝王世紀》亦謂帝嚳封羿於鉏。《一統志》：「鉏城在衛輝府滑縣東。」《方輿紀要》云：「鉏城在滑縣東十五里。」沈欽韓云：「窮石，故《記》皆謂刪丹，蓋以《淮南子》弱水出窮石山，在張掖刪丹，似太遼隔。按：《紀年》：『太康元年，羿入居斟尋。』則斟尋即窮石也。《方輿紀要》：『平度州濰縣西南五十里有斟城，故斟尋國。』」沈以窮石即斟尋，可備一說。

因夏民以代夏政。【疏證】《夏本紀》：「太康崩，弟仲康立。仲康崩，子相立。」不言羿、浞事。杜注：「太康失國，夏人立其弟仲康。仲康亦微弱。仲康卒，子相立，羿遂代相，號曰『有窮』。」東晉《僞古文・胤征》：「惟仲康肇位四海。」某氏傳：「羿廢太康，立其弟仲康爲天子。」與杜注稱夏人立仲康異，此亦《古文》晚出之證。本疏：「哀元年，傳稱『有過澆殺斟灌以滅后相』。相依斟灌，故澆滅之，是相立爲天子，乃出依斟灌。則相之立也，蓋亦羿立之矣。此傳言羿代夏政，云『不修民事』；寒浞殺羿，言取其國家，則羿必自立爲天子也。當是逐出后相，羿乃自立。相依斟灌、斟尋，夏祚猶尚未滅，蓋與羿並稱王也。及寒浞殺羿，因羿室而生澆。澆已長大，自能用師，始滅后相。相死之後，始生少康，少康生杼，杼又年長，已堪誘豷，方始滅浞而立少康。計太康失邦及少康紹國，向有百載，❶乃滅有窮。據此傳文，夏亂甚矣。」疏述夏太康以後事，多據傳文，其云相亦羿所立，明仲康即羿所立，蓋誤信《僞古文》說。王鳴盛《尚書後案》云：「金履祥、鄒季友輩謂仲康非羿所立。蓋夏都安邑，在河北。太康爲羿所距，遂居河南陽夏。然則仲康之立亦在河南，非羿奉之于安邑故都也。」

恃其射也，【注】賈云：「羿之先祖，世爲先王射官，故帝嚳賜羿弓矢，使司射。」本疏。**【疏證】**杜注：「羿善射。」不用賈說。然上文「有窮后羿」注云：「羿，有窮君之號。」則亦用賈「先世射官」說。《說文》：「𢏚，帝嚳射官，夏少康滅之。羿，亦諸侯也。」許君用師說。字別作𢏚、羿者，段玉裁云：❷「𢏚與羿，古蓋同字。」《海內

---

❶ 「向」，原缺，今據《春秋左傳正義》卷二十九補。

❷ 「云」，原重文，今刪。

經》：「帝俊賜羿彤弓素矰，以扶下國。」郭注：「有窮后羿慕羿射，故號此名也。」據《初學記》引《帝王世紀》：「帝嚳生而自言其名曰夋。」則夋即帝嚳也。賈注蓋本《海内經》。李富孫云：「作羿，是從羿省。」《夏本紀》正義：「《帝王紀》云：『帝羿有窮氏未聞其姓何，先帝嚳以上世掌射正。至嚳，賜以彤弓素矢，封之于鉏，爲帝司射，歷虞、夏。羿學射於吉甫，其臂長，故以善射聞。』」此是皇甫謐引《左氏》古説，視賈君尤詳。知爲《左氏》説者，先言封鉏、司射，後言夏羿善射，與傳文次弟合。疏據賈説無駁難，惟引《淮南子》堯時羿射日等事謂：「嚳時有羿，堯時亦有羿，羿是善射之號，非復人之名字。」則疏亦以賈説爲然。《淮南・氾論訓》「羿除天之害而死爲宗布」，❶注：「羿，古之諸侯。此堯時羿，非有窮后羿。」又《原道訓》「重之羿、逢蒙子之巧」，注：「羿，古諸侯，非有窮之君也。」❷高氏兩注矛盾，其辨有窮非堯時之羿最覈，既遷窮石乃得有窮之號也。《五帝本紀》堯爲帝嚳子，其嚳賜弓矢之羿與堯時之羿爲一人爲二人，書傳無説。洪亮吉云：「羿非定名，善射者皆謂之羿。」與賈注「世官司射」義不合。

「不修民事，而淫于原獸。」【疏證】《風俗通》引「修」作「循」。杜注：「淫放原野。」

「棄武羅、伯困、熊髡、龙圉，」【疏證】《古今人表》作「柏因」，《夏本紀》正義引《世紀》作「柏姻」，❸《古今人

---

❶「天」下，《淮南鴻烈解》卷十三有「下」字。

❷「非」，《淮南鴻烈解》卷一無此字。

❸「柏」，《史記・夏本紀》作「伯」。

表》作「龐圉」，《潛夫論・五德》作「龍圉」，《文選・桓温薦譙秀》注引傳亦作「龍圉」。❶杜注：「四子，羿之賢臣。」沈欽韓云：「《世本》：『夏時有武羅國。』《中山經》：『青要之山，神武羅司之。』」

「而用寒浞。寒浞，伯明氏之讒子弟也，【疏證】《古今人表》作「韓浞」，《水經・巨洋水》注同。《潛夫論》作「柏明氏」。《世本》：「寒，邳姓。」《郡國志》：「北海國平壽有寒亭，古寒國，浞封此。」顧棟高云：「今山東萊州府濰縣東北三十里有寒亭。」杜注：「伯明，其君名。」

「伯明后寒棄之，【疏證】《潛夫論》引作「柏明氏惡而棄之」。本疏：「后，君也。伯明君此寒國之時，而棄不收采也。」按：謂伯明既爲君，浞去之也。疏説微誤。

「夷羿收之，【疏證】杜注：「夷氏。」本疏：「此傳再稱夷羿，故以夷爲氏也。」

「信而使之，以爲己相。

「浞行媚於内，

「而施賂於外，【疏證】杜注：「内宫人。」按：内謂婦寺之屬，外謂家臣也。

「愚弄其民，❷**【疏證】**杜注：「欺罔之。」按：謂浞竊羿威權以收人心。

「而虞羿于田，【疏證】杜注：「樂之以游田。」洪亮吉云：「按：李善《羽獵賦》注：『虞與娛，古字通。』」

---

❶ 「秀」下，當有「表」字。

❷ 原稿眉批：愚弄，詁。

「樹之詐慝，以取其國家，【疏證】杜注：「樹，立也。」❶

「外內咸服。

「羿猶不悛，【疏證】《方言》：「悛，改也。」

「將歸自田，家衆殺而亨之，【疏證】「家衆」，杜無注。本疏：「家衆，謂羿之家衆人。」馬宗璉云：❷「此家衆，蓋亦其親兵，如宣十七年，『郤子至，請伐齊，晉侯弗許，請以其私屬』，注：『私屬，家衆也。』疏不引此，而因文解之，非也。」按：馬説是也。本疏又引《孟子》「逢蒙殺羿」，謂「家衆」即逢蒙。《釋名》：「煮之於鑊曰亨，若亨禽獸之肉也。」沈欽韓云：「《紀年》：『帝相八年，寒浞殺羿。』《淮南・詮言》：『羿死於桃棓。』《天問》：『何獻蒸肉之膏，而后帝不若？』王逸《章句》：『言羿射獵封豨，以其肉膏祭天帝，猶不順羿之所爲也。』按：即此傳殺羿烹食事，沿説之誤也。」

「以食其子。其子不忍食諸，死于窮門。【疏證】杜注：「殺之於國門。」

「靡奔有鬲氏。【疏證】《水經注》引作「逃於有鬲氏」。❸杜注：「靡，夏遺臣事羿者。有鬲，國名。」顧炎武云：「今按此文亦未見靡之事羿，蓋夏后相之將亡，而靡乃出奔耳。古人之文或以二事連屬言之。」惠棟云：「《汲

---

❶ 原稿眉批：樹，詁，似已見，查。

❷ 「馬宗璉」，疑當作「武億」。

❸ 「有鬲」，《水經注箋》卷二十一作「隔」。

郡古文》曰：『帝相二十八年，寒浞使其子澆殺帝，伯靡出奔鬲。』杜氏以爲『夏遺臣事羿者』。按：羿死於帝相八年，言夏遺臣是也，言事羿非也。」洪亮吉云：「惠氏以爲靡未嘗事羿，是也。」按：傳明羿死時，靡已先奔鬲，爲靡之滅浞張本。顧説尤核。《郡國志》：「平原郡鬲侯國，夏時有鬲君，滅浞立少康。」注：「應劭云：『鬲，偃姓，咎繇後。』」全祖望云：「有鬲是夏之同姓，應氏以爲偃姓，恐非。」沈欽韓云：「《一統志》：『鬲縣故城在德州北。』《紀要》：『在德平縣東十里。』」

「浞因羿室，【疏證】杜注：「就其妃妾。」沈欽韓云：「《天問》：『浞娶純狐，眩妻爰謀。』王逸《章句》：『言浞娶于純狐氏，眩惑愛之，遂與浞謀殺羿也。』按傳，本羿妻也。」壽曾謂：王逸非用傳説。

「生澆及豷，【疏證】惠棟云：「澆，《説文》引作『敖』，《論語》作『奡』，《尚書》云『無若丹朱傲』，劉向作『敖』，《管子》云『若敖之在堯』，《説文》引《書》作『奡』，云『讀若敖』。《論語》『奡盪舟』。是敖與奡通，今傳作『澆』者，敖、澆音相近，師讀各異故也。」按：《尚書》「丹朱傲」之「傲」與傳之「澆」非一人，以異文作「奡」，致諸儒説《論語》者多以澆、奡之時代爲疑。按：《説文》「豷」下云：「《春秋傳》曰：『生敖及豷。』」此賈君本作「敖」之證，與惠氏所引《管子》、劉向、《尚書》義無涉。《説文》「奡」下云「嫚也」，下引《書》「丹朱奡」，云「讀若傲」，明奡即慢，非以《書》之奡爲浞子。下引「奡盪舟」，乃明《論語》異文，《集解》孔注「寒浞因羿室而生奡」，乃據此傳爲説。惠氏説異字未分明，謹爲正之。李富孫云：「《潛夫論》豷作⿰犭壹，俗體。」《宋書・高祖紀》：「衆推高祖爲盟主，移檄京邑，曰：『夏后之罹浞、豷，有漢之遭莽、卓，方之於玄，未足爲喻。』」

「恃其讒慝詐僞，而不德于民。

「使澆用師，滅斟灌及斟鄩氏。【注】賈云：「斟灌、斟鄩，夏同姓也。」❶《吴世家》正義。【疏證】《夏本紀》「灌」作「戈」，「鄩」作「尋」，《古今人表》亦作「尋」。李富孫云：「戈、灌，音相近。」哀元年傳：「昔有過澆殺斟灌以伐斟尋。」《吴世家》正義蓋引彼傳，賈注文以二斟注，當先發彼傳爲再見也，節引於此。杜注：「二國，夏同姓諸侯，仲康之子后相所依。」用賈説。據哀元年傳，后相以是役被弑。《地理志》：「北海郡斟，故國，禹後。」「壽光」注：「應劭曰：『古㪷灌，禹後，今灌亭是。』」「平壽」注：「應劭曰：❷『古㪷尋，禹後，今㪷城是也。』」臣瓚曰：「㪷尋在河南，不在此也。《汲郡古文》云：『太康居㪷尋，羿亦居之，桀亦居之。』《尚書序》云：『太康失邦，昆弟五人，須于洛汭。』此即太康所居爲近此也。❸ 又吴起對魏武侯曰：『昔夏桀之居，左河洛，❹右太華，伊闕在其南，羊腸在其北。』河南城爲值之。又《周書·度邑解》曰：『武王問太公曰：「吾將因有夏之居，南望過于三塗，北瞻望于有河。」』有氣之居，❺即河南是也。」師古曰：「應氏止云斟尋本是禹後耳，何豫夏國之都乎？瓚説非也。㪷音斟。」按：杜用應氏説，誤。平壽分斟立縣，《紀年》謂「太康居㪷尋」，與《書》傳乖異，顔説是也。㪷乃斟别體，錢大昕云：「草書甚作[illegible]，與土相似，故斟或作㪷，師古不能辨。」沈欽韓云：「《紀年》：『帝相二十六年，寒浞使其子澆

---

❶ 原稿眉批：洪引賈乃哀元年文，今不全依。

❷ 「曰」，原作「古」，今據《漢書·地理志》改。

❸ 「此」，《漢書·地理志》作「洛」。

❹ 「洛」，《漢書·地理志》作「濟」。

❺ 「氣」，《漢書·地理志》作「夏」。

帥師滅斟灌。二十七年，澆□斟尋大戰于濰，❶覆其舟，滅之。』《齊乘》：『斟灌城在益都府壽光縣東四十里，今爲斟灌店。』又曹州府觀城縣，本古觀國。《紀要》云：『或謂之斟觀。』」《讀本》：「斟尋城，❷在濰縣西南五十里。」按：濰，今萊州府。❸

「處澆于過，【疏證】《郡國志》：「東萊郡有過鄉。」沈欽韓云：「《山東通志》：『過亭在萊州府掖縣北境。』」

「處豷于戈。【疏證】杜注：「戈在宋、鄭之間。」本疏：「哀十二年傳：『宋、鄭之間有隙地焉，曰嵒、戈、錫。』是也。」

「靡自有鬲氏，收二國之燼，【疏證】二國謂斟灌、斟鄩也。《小爾雅》：「燼，餘也。」杜注：「燼，遺民也。」本疏謂：「澆所殺死亡之餘，遺脱之民也，思報父兄之讎，故靡得收而用之。」按：此下叙靡佐少康中興之事。

「以滅浞而立少康。【疏證】《夏本紀》：「相崩，子少康立。」據哀元年傳，相崩後，夏統中絶，史公約言之。

「少康滅澆于過，后杼滅豷于戈，【疏證】杜注：「后杼，少康子。」

「有窮由是遂亡，失人故也。【疏證】顧炎武云：「解云『浞因羿室不改有窮之號』，非也。哀元年稱『有

---

❶ 「□」，疑當作「伐」或「與」。

❷ 「城」，《春秋左傳讀本》卷十四作「國」。

❸ 原稿眉批：查《大事表》。

過澆』矣，此特承上死於窮門而言，以結所引《夏訓》之文爾。」本疏：「謂浞亡也。武羅、伯因、熊髡、尨圉本羿棄之，浞亦不用。失人是國之大患，故言之以規悼公也。」

「昔周辛甲之爲大史也，【疏證】杜注：「辛甲，周武王太史也。」本疏：「《晉語》稱文王訪于辛、尹，賈逵以爲辛甲、尹佚。周辛甲，文王之臣，而下及武王。但文王之時，天命未改，不得命百官官箴王闕，故以爲武王時太史也。」據疏引《外傳》，賈注以辛甲爲文王臣，其注《内傳》亦當然。《外傳》韋注：「辛甲，周太史。」韋以辛甲爲太史，亦用賈《内傳》注義。按：《藝文志》道家有「《辛甲》二十九篇」，云：「紂臣，七十五諫而去，周封之。」《周本紀》集解引劉向《别録》云：「辛甲，故殷之臣，事紂。蓋七十五諫而不聽，去至周，召公與語，賢之，告文王，文王親自迎之，以爲公卿，封長子。」此即《藝文志》所據，皆以辛甲爲文王臣也。

命百官，官箴王闕。【疏證】杜注：「闕，過也。使百官各爲箴辭戒王過。」本疏：「若箴之療疾，故名箴焉。」沈欽韓云：「夏商皆有箴，見《逸周書》、《吕覽・謹聽》篇引周箴曰：『夫自念斯學，德未暮。』蓋亦辛甲之餘言也。」案：《晉書・潘尼傳》：「乘輿箴曰：『自虞人箴以至于百官，非唯規其所司，誠欲人主斟酌其得失焉。《春秋傳》曰「命百官，官箴王闕」，則亦天子之事也。』」按：尼稱百官規其所司，如揚雄十二《牧箴》之類，傳稱「官箴王闕」，則意主舉職掌以諷諫也。

於《虞人之箴》【疏證】《山虞》：「大田獵，則萊山田之野。」《澤虞》：「大田獵，則萊澤野。」

曰：『芒芒禹跡，畫爲九州，【疏證】杜注：「芒芒，遠貌。畫，分也。」按：《玄鳥》「宅殷土芒芒」，毛傳：「芒芒，大貌。」疏：「襄四年《左傳》『芒芒禹跡，畫爲九州』，是芒芒爲大貌也。」《淮南子》注：「芒芒，廣大廣之貌。」❶與毛傳同義。「芒芒」不訓遠。本疏：「畫分，言畫地分之以爲竟也。《禹貢》惟冀州帝都不言竟界，八州各言竟界。」

「『經啓九道。【注】舊注：「九道，九州之道也。啓，開也。」《御覽》五百八十八。【疏證】杜注：「啓開九州之道。」用舊注。❷

「『民有寢廟，獸有茂草，

「『各有攸處，德用不擾。【疏證】釋文：「攸處，本或作攸家。」杜注：「人神各有所歸，故德不亂。」朱駿聲云：「按：神者，獸之誤。」

「『在帝夷羿，冒于原獸，【疏證】杜注：「冒，貪也。」

「『忘其國恤，而思其麀牡。【疏證】釋文：「麀，鹿牡也。」

「『武不可重，【注】服云：「重猶大也，言武事不可大任。」本疏。【疏證】杜注：「重，猶數也。」本疏：「杜讀重爲『重累』之重，故爲數也。」下引服注。杜意止謂武不可黷，疏以義未備，故兼引服注補之。李貽德云：「案：《呂覽·貴生》篇：『天下，重物也。』高注以『大』訓『重』。大任言大用也。」

「『用不恢于夏家。【疏證】《廣雅·釋詁》：「奯、厥，大也。」王念孫云：「厥者，《説文》云：『恢，大也。』褱

---

❶ 下「廣」，當衍。

❷ 原稿眉批：啟，詁。

四年《左傳》云：『用不恢于夏家。』恢與狹通。」杜注：「雖有夏家，而不能恢大也。」用許義。

「『獸臣司原，敢告僕夫。』【疏證】沈欽韓云：「《賈子·禮》篇：『虞者，囿之司獸者也。』」杜注：「獸臣，虞人。告僕夫者，不敢斥尊。」

「《虞箴》如是，可不懲乎？」

於是晉侯好田，故魏絳及之。【疏證】杜注：「及后羿事。」本疏：「魏絳本意主勸和戎，忽云有窮后羿，以開公問，遂説羿事以及《虞箴》，與初言不相應會，故傳爲此二句以解魏絳之意。」按：魏絳所稱《夏訓》「有窮后羿」之下當是和戎之事，晉侯以其稱后羿不倫，亟問后羿。魏絳意移於諫田獵，因問而改其辭，傳特筆明之。「及之」者，謂非説和戎本意也。

公曰：「然則莫如和戎乎？」【疏證】此蒙「獲戎失華，無乃不可乎」爲答。

對曰：「和戎有五利焉：

「戎狄荐居，貴貨易土，土可賈焉，一也。【注】服云：「荐，草也。言狄人逐水草而居，徙無常處。」本疏。【疏證】《晉語》「戎狄荐處」注：「荐，聚也。」杜用韋義。本疏：「劉炫案：『《莊子》云「麋鹿食荐」，即荐是草也。』服言是。」文淇案：此光伯以服義規杜也，孔漏駁耳。今本《莊子》作「食薦」，釋文：「薦，司馬云『美草也』，崔云『甘草也』，郭璞云：『《三蒼》云：「六畜所食曰薦。」』」此光伯所據。《漢書·景帝紀》：「元年詔曰：『戎地饒廣，荐草莽，水泉利，而不得徙。』」注：「如淳曰：『莊周云麋鹿食曰薦。一曰草稠曰薦，深曰莽。』」《終軍傳》：「隨畜薦居。」蘇林曰：「薦，草也。」師古曰：「薦讀曰荐。荐，屢也。言隨畜牧屢易故居，不安住也。《左傳》

『戎狄荐居』者也。」《晉語》「戎翟荐處」之上云「雖有功，猶得獸而失人也」，是以獸喻之。韋、顔説俱非。沈欽韓云：「《漢書》所謂匈奴逐水草而居是也。杜預以爲『荐，聚』，則同於城郭土著，何易土之有？」壽曾謂：《説文》：「薦，獸之所食草。」《管子・八觀》篇：「荐草多衍，則六畜易繁也。」注：「荐，茂草也。」《問》篇：「其就山藪林澤食荐幾何？」注：「薦，草之美者。」《韓非子・説儲》：「文子曰：『如臣者，猶獸鹿也，唯薦草而就。』」注：「獸鹿就薦草，人臣歸厚賞。」皆以荐爲美草。荐、薦義同。《晉語》注：「貴，重也。易，輕也。」杜亦用韋義。「土可賈焉」，杜無注。顧炎武云：「《國語》曰：『與之貨而獲其土。』」顧意謂戎貪利而市其土地也。

「邊鄙不聳，民狎其野，穡人成功，二也。【疏證】杜注：「聳，懼。狎，習也。」案：《晉語》：「邊鄙耕農不儆。」謂可即戎田以屯田。

「戎狄事晉，四鄰振動，諸侯威懷，三也。【疏證】《晉語》：「四鄰莫不震動。」注：「震，懼也。」

「以德綏戎，師徒不勤，甲兵不頓，四也。【疏證】《淮南子・脩務》注：❶「頓，罷也。」杜注：「頓，壞。」用高義。本疏：「今俗語委頓是也。」

「鑒于后羿，而用德度，遠至邇安，五也。

「君其圖之！」公説，

使魏絳盟諸戎，修民事，田以時。【疏證】《年表》：「晉悼公四年，魏絳説和戎、狄，狄朝晉。」

---

❶「脩務」，原缺，今據《淮南鴻烈解》卷十九補。

冬，十月，邾人、莒人伐鄫。

臧紇救鄫，侵邾，敗于狐駘。【疏證】杜注：「臧紇，武仲也。鄫屬魯，故救之。狐駘，邾地，魯國番縣東南有目台亭。」惠棟云：「狐駘，《禮記》作臺駘。《淮南子·墬形》曰：『沂出臺、駘、術。』篆文臺、壺字相似，壺又與狐通，故傳作『狐駘』。杜氏以爲即番縣之目台山，案：目台即《淮南子》目駘山，淄水所出，杜説非也。」惠引杜注作「目台山」，據《郡國志》劉昭補《志》。❶ 馬宗璉云：「《淮南·墬形訓》曰：『時、泗、沂出臺、台、術。』高誘注：『臺、台、術皆山名。』《水經·泗水》：『出魯卞縣北山。』璉案：酈元注邾姑蔑城在卞縣南，是魯卞縣爲邾、魯接境之地。臧孫與邾戰敗于狐駘，爲目台山，即魯卞縣北山也。惠定宇援《淮南》『淄出目駘』，證狐駘爲淄水所出之山。案：《水經·淄水》：『出泰山萊蕪縣原山，東北過臨淄縣東。』非邾、魯接境，惠説不如杜注之確。」按：馬説是也。顧棟高云：「哀二十七年，越子使古庸來聘，言邾田，封于駘上，即此。今狐駘山在山東兖州府滕縣東南二十里。」顧氏釋今地括杜注。卞縣在今山東兖州府泗水縣東五十里，酈氏謂狐駘在卞南，已入今滕境矣。

國人逆喪者皆髽，【注】鄭衆以爲枲麻，與髪相半結之。馬融以爲屈布爲巾，高四寸，著於顙上。鄭玄以爲去纚而紒。本疏。【疏證】杜注：「髽，麻髪合結也。遭喪者多，故不能備凶服，髽而已。」本疏引先鄭、諸儒説，而駁馬、後鄭説，云：「按：《檀弓·記》稱：『南宫縚之妻，孔子之兄女也。縚母喪，孔子誨之髽曰：

---

❶ 下「志」，疑當作「注」。

「爾毋從從爾，爾毋扈扈爾。」」鄭玄云：『從從謂大高，扈扈謂大廣。』若布高四寸，則有定制，何至慮其從從、扈扈而誨之哉！如鄭玄去纚而空露其紒，則髮上本無服矣。《喪服》：『女子在室，爲父髽衰三年。』空露紒髮，安得與衰共文，而謂之髽衰也？魯人逆喪皆髽，豈直露紒迎喪哉？凶服以麻表。髽字從髟，是髮之服也。杜以鄭衆爲長，故用其說。言麻髮合結，亦當麻髮半也。」沈欽韓云：「言不爲始死之服，即用小斂時之髽者，著禮變也。《問喪》：『親始死，雞斯徒跣。』《士喪禮》：『主人髻髮袒，婦人髽于室。』注：『始死，婦人將斬衰者，去笄而纚。將齊衰者，骨笄而纚。今言髽者，亦去笄纚而紒也。』❶髽之異于髻髮者，既去纚而以髮爲大紒。如今露紒，其象也。《喪服》：『女子子在室爲父髽衰。』注：『髽，露紒也，亦用麻。蓋以麻自項而前，交于額上，却繞紒，如著幓頭焉。』按《小記》：『男子冠而婦人笄，男子免而婦人髽。』以髽當免，此對《士喪禮》衆主人之免者也。孔于彼疏云：『男之免乃有兩時，而惟一種。婦人之髽則有三别，以麻髽對男括髮時，以布髽對男子爲母免時，以露紒髽當《喪服》之女子在室髽衰三年。』又云：『《喪服》所明皆是成服後，既不論男子之括免，則不論女子未成服之麻布髽也。既言髽衰三年，益知恒髽是露紒也。』孔氏于《小記》既明三種之髽，復主鄭氏露紒之義爲三年恒服，是不違正經，于義得矣。杜預本不喜爲父母執喪三年，故于此注云：『遭喪者多，不能備凶服，髽而已。』魯雖衰替，不應至此盡廢凶服，若然，傳當云『魯于是始不成服』。古禮本有髽，安得僅云『始髽』乎？孔穎達亦不喜禮文，故于此快然攻鄭露紒之説，而不復尋鄭《喪服》注用麻之義。」文淇案：沈説甚核，然《禮》疏以皇侃爲本，《左傳》疏以劉炫爲本，皆非孔氏之筆，故二疏往往歧異，非獨此爲然也。壽曾謂：《禮書》百四十九「皇氏以麻髽、布髽、露紒爲三

❶「亦」，原重文，今據《春秋左氏傳補注》卷六刪。

髽」，陳氏時皇疏未佚，此尤《小記》疏出於皇氏之證，惟陳氏謂麻髽、布髽皆露紒，則誤會禮制，詳《小記》疏無三髽皆露紒義。《説文》：「髽，喪結。女子髽衰，弔則不髽。魯臧武仲與齊戰于狐駘，魯人迎喪者，皆髽。」許君以「邾」爲「齊」，駁文。其云「髽衰」，則是以髽爲桓髻、露紒，賈君説當與後鄭同。

魯于是乎始髽。【疏證】本疏：「言『魯於是始髽』者，自此以後遂以髽爲弔服。雖有吉者，亦髽以弔人。」沈欽韓云：「《檀弓》：『魯婦人之髽而弔也，自敗于臺駘始也。』注：『禮，婦人弔服，大夫之妻錫衰，士之妻則疑衰與？皆吉笄無首，素摠。』《喪服·記》注云：『笄有首，若今時刻鏤擿頭矣。』按：弔服用吉笄而無首，同于女子子爲父母卒哭後歸夫家而著吉笄折其首也。魯習見。狐駘之役去笄纚以髽，此失之過重，而杜預以爲凡爲喪者皆惟髽而無服也。

國人誦之曰：【疏證】沈欽韓云：「《樂師職》鄭司農注云：❶『奏爾悲誦。』此國人之誦，所謂悲誦也。」

「臧之狐裘，敗我於狐駘。❷【疏證】杜注：「臧紇時服狐裘。」按：《召南·羔羊》疏：「若兵事既用韎韋衣，則用黄衣狐裘及貍裘，象衣色故也。」下引此傳爲證，則狐裘，戎服也。

「我君小子，朱儒是使。朱儒朱儒，使我敗於邾。」【疏證】釋文：「朱，本或作邾。」杜注：「襄公幼弱，故曰『小子』。臧紇短小，故曰『朱儒』。」沈欽韓云：「《抑》之詩『實虹小子』、『於乎小子』皆稱厲王也。箋云：『天

---

❶ 「師」，原作「司」，今據《春秋左氏傳補注》卷六改。

❷ 「於」，原無，今據《春秋左傳正義》卷二十九補。

子未除喪稱小子。』按：晉有小子侯。襄公在定姒之喪，匠慶謂定姒小君也。」按：沈説是也。《王制》注：「侏儒，短人也。」彼疏云：「侏儒謂容貌短小。」杜用鄭説。《廣雅·釋詁》：「侏儒，短也。」王念孫云：「《晉語》『侏儒不可使援』，韋昭注云：『侏儒，短人也。』襄四年《左傳》云『朱儒是使』，朱與侏通。」梁履繩云：「案：侏儒本短柱，鄭氏《明堂位》注謂即棁也，故以況短人。」壽曾謂：朱儒不止短小之稱，《管子·立政》：「國適有患，則優倡侏儒起而議國事矣。」《韓非子·八姦》：「優笑侏儒，左右近習。」注：「優笑者，謂俳優能啁笑者。侏儒，短人也。」則侏儒兼俳優言之。

【經】五年，春，公至自晉。

夏，鄭伯使公子發來聘。【疏證】杜注：「發，子產父。」

叔孫豹、鄫世子巫如晉。【疏證】《穀梁》「鄫」曰「繒」。

仲孫蔑、衛孫林父會吴于善道。【疏證】「善道」，《公羊》、《穀梁》曰「善稻」。臧壽恭云：「《説文》：『稾，禾也。』道即稾之省，與稻同音相通。」杜注：「善道，地闕。」洪亮吉云：「《御覽》引《南兖州記》：『盱眙，本春秋時善道也。』」沈欽韓云：「范甯注：『吴地。』《一統志》：『盱眙故城在今泗州盱眙縣東北，❶春秋時吴善道邑。』」

秋，大雩。

---

❶ 上「眙」，原作「盱」，今據《春秋左氏傳地名補注》卷六改。

楚殺其大夫公子壬夫。

公會晉侯、宋公、陳侯、衛侯、鄭伯、曹伯、莒子、邾子、滕子、薛伯、齊世子光、吴人、鄫人于戚。

【疏證】「邾」，《公羊》曰「邾婁」。「鄫」，《穀梁》曰「繒」。

公至自會。無傳。

冬，戍陳。

楚公子貞帥師伐陳。【疏證】《年表》：「楚共王二十三年，伐陳。」

公會晉侯、宋公、衛侯、鄭伯、曹伯、齊世子光救陳。【疏證】《公羊》「曹伯」下有「莒子、邾婁子、滕子、薛伯」，《穀梁》同，「邾婁」作「邾」。臧壽恭云：「案：《左氏傳》云：『九月丙午，盟于戚，會吴，且命戍陳也。冬，諸侯戍陳，子囊伐陳。十一月甲午，會于城棣以救之。』據傳，戍陳之諸侯即會吴于戚之諸侯，惟鄫屬于魯，不與戍陳。救陳之諸侯，即戍陳之諸侯。疑《左氏經》當與《公》、《穀》同作『公會晉侯、宋公、衛侯、鄭伯、曹伯、莒子、邾子、滕子、薛伯、齊世子光救陳』。今本《左氏經》無『莒子、邾子、滕子、薛伯』八字，蓋傳寫譌奪，故三傳《釋文》皆不標異同。」

十有二月，公至自救陳。無傳。【注】賈云：「月爲下卒起其義也。」《公羊》襄五年疏。【疏證】此經二傳不説月，則賈注爲《左氏》義，明公至不以月見例。

辛未，季孫行父卒。【疏證】《年表》：「魯襄公五年，季文子卒。」

【傳】五年，春，公至自晉。

王使王叔陳生愬戎於晉，【疏證】杜注：「王叔，周卿士也。」

晉人執之。

士魴如京師，言王叔之貳於戎也。

夏，鄭子國來聘，通嗣君也。【疏證】杜注：「鄭僖公初即位。」

穆叔覿鄫大子于晉，以成屬鄫。【疏證】《釋詁》：「覿，見也。」

書曰「叔孫豹、鄫太子巫如晉」，言比諸魯大夫也。【疏證】杜注：「豹與巫俱受命於魯。」《穀梁傳》：「爲我事往也。」彼疏：「徐邈注此，取《左氏》爲説，云：『爲我事往者，謂請鄫于晉，以助己出賦也。』」則助魯出賦爲古《左氏》説。

吴子使壽越如晉，【疏證】杜注：「壽越，吴大夫。」

辭不會于雞澤之故，【疏證】三年傳：「六月，公會單頃公及諸侯。己未，同盟于雞澤。吴子不至。」杜注：「今來謝之。」

且請聽諸侯之好。

晉人將爲之合諸侯，使魯、衛先會吴，

且告會期。

故孟獻子、孫文子會吴于善道。

秋，大雩，旱也。【疏證】杜注：「雩而獲雨，故書雩而不書旱。」用《穀梁》義。

楚人討陳叛故，【疏證】杜注：「討，治也。」按：楚以諸侯戍陳。

曰：「由令尹子辛實侵欲焉。」【疏證】此謂子辛索賂於陳，傳不具。

乃殺之。

書曰「楚殺其大夫公子壬夫」，貪也。

君子謂：「楚共王於是不刑，【疏證】以下引《詩》證之。《左氏》以四年楚伐陳聞喪而止，復失信伐陳，今諉罪子辛而殺之，故曰「不刑」。陳叛楚在三年。杜云：「陳叛之日，擁其罪人，興兵致討。」是指四年楚人使頓間陳而侵伐之之事，傳無此意。

《詩》曰：『周道挺挺，我心扃扃。講事不令，集人來定。』」【疏證】杜注：「逸《詩》也。」《廣雅·釋詁》：「侹、繩，直也。」王念孫云：「《爾雅》：『頲，直也。』襄五年《左傳》『周道挺挺』，《曲禮》『鮮魚曰脡祭』，鄭注：『脡，直也。』並字異而義同。」又《釋訓》：「炯炯，光也。」王念孫云：「《説文》：『炯，光也。』重言之則曰『炯炯』。襄五年《左傳》『我心扃扃』，杜注：『扃扃，明察也。』《楚辭·哀時命》云：『夜炯炯而不寐兮。』《九思》云：『神光頲頲。』並字異而義同。」按：《釋訓》：「斤斤，察也。」邵晉涵云：「斤斤，又通作扃扃。」洪亮吉云：「斤與扃義亦同，杜注略本《爾雅》。」皆與王説同。杜注又云：「講，謀也。言謀事不善，當聚致賢人以定之。」俞樾云：「杜以扃扃爲明察，與下文『講事不令，集人來定』義不相蒙。扃扃猶耿耿也。《詩·柏舟》篇『耿耿不寐』傳：『耿耿猶儆儆也。』《廣雅·釋訓》：『耿耿、警警，不安也。』此《詩》之旨，言我心耿耿然不敢自安，故思聚賢人以定之也。作扃者，假字耳。《説文》耳部：『耿，從耳，炯省聲。』故耿與炯古通用。」按：《詩》意道平直，心明察，猶必謀於賢人而後定，虛懷集益之意。俞説非。

「己則無信，而殺人以逞，不亦難乎？【疏證】杜注：「殺子反、公子申及壬夫。」不釋引《詩》之意。顧炎武云：「共王不謀於衆，背晉之盟，以亡師於鄢，遂失諸侯，不知自反。八年之中，戮殺三卿，是失刑也。」

「《夏書》曰：『成允成功。』」【疏證】杜注：「亦逸《書》也。允，信也。」顧炎武云：「今《大禹謨》。」

九月，丙午，盟于戚，會吳，且命戍陳也。

穆叔以屬鄫爲不利，使鄫大夫聽命于會。【疏證】杜注：「鄫與莒有忿，魯不能救，恐致譴責，故復乞還之。傳言鄫人所以見於戚會。」

楚子囊爲令尹，【疏證】杜注：「公子貞。」

范宣子曰：「我喪陳矣，

「楚人討貳而立子囊，必改行，【疏證】杜注：「改子辛所行。」

「而疾討陳。陳近於楚，民朝夕急，能無往乎？

「有陳，非吾事也。無之而後可。」【疏證】杜注：「言晉力不能及陳。」

冬，諸侯戍陳。❶

---

❶ 「陳」下，《春秋左傳正義》卷三十有「子囊伐陳」四字。

十一月，甲午，會於城棣以救之。【疏證】杜注：「城棣，鄭地，陳留酸棗縣西南有棣城。」沈欽韓云：「《水經注》：『濮水故瀆東北逕南北二棣城間。襄五年，會于城棣者也。』《元和志》：❶『南棣、北棣二城在鄭州陽武縣北十里。』」今屬懷慶府。

季文子卒，大夫入斂，公在位。【疏證】杜注：「在阼階西鄉。」本疏：「《喪大記》：『大夫之喪，將大斂，既鋪絞、紟、衾，君至，主人迎，先入門右，巫止於門外。君釋菜。祝先入，升堂。君即位于序端。』《士喪禮》：『君若有賜焉，則視斂。既布衣，君至，君升自阼階，西鄉。』以君臨士喪西向，知臨大夫之喪，即位于序端者，亦西鄉也。劉炫又引云：❷『君既即位于序端，卿、大夫即位于堂廉楹西，北面東上，主人房外南面，主婦尸西東面，遷尸，卒斂，宰告。主人降，北面于堂下，君撫之。主人拜稽顙。君降，升主人馮之，命主婦馮之。士之喪，將大斂，君不在，其餘禮猶大夫也。』」光伯引《記》明大殮公在位之禮，其阼階西鄉，於杜無駁。

宰庀家器爲葬備，【疏證】《大胥》注：❸「庀，具也。」朱駿聲云：「按：庀之字，當作比，校次之也。」

無衣帛之妾，無食粟之馬，

無藏金玉，無重器備。【疏證】《魯世家》：「季文子卒，家無衣帛之妾，廐無食粟之馬，府無金玉。」杜注：「器備，謂珍寶甲兵之類。」按：珍寶當釋「金玉」，注疑有脱文。

---

❶「和」，原重文，今據《春秋左氏傳地名補注》卷六删。

❷「引」下，《春秋左傳正義》卷三十有「記」字。

❸「大胥」，原缺，今據《周禮注疏》卷二十三補。

君子是以知季文子之忠於公室也。相三君矣，而無私積，可不謂忠乎？【**疏證**】《魯世家》：「以相三君。君子曰：『季文子廉忠矣。』」杜不釋「三君」。本疏：「季孫行父以文六年見經，則爲卿久矣。宣公之初，襄仲執政，宣八年仲遂卒，後始文子得政，故至今爲相三君也。」❶

❶「故至」，原作「政王」，今據《春秋左傳正義》卷三十改。

《儒藏》精華編選刊即出書目（二〇二三）

白虎通德論
誠齋集
春秋本義
春秋集傳大全
春秋左氏傳賈服注輯述
春秋左氏傳舊注疏證
春秋左傳讀
道南源委
桴亭先生文集
復初齋文集
廣雅疏證

龜山先生語録
郭店楚墓竹簡十二種校釋
國語正義
涇野先生文集
康齋先生文集
孔子家語　曾子注釋
禮書通故
論語全解
毛詩後箋
毛詩稽古編
孟子正義
孟子注疏
閩中理學淵源考
木鐘集
群經平議

三魚堂文集　外集
上海博物館藏楚竹書十九種校釋
尚書集注音疏
詩本義
詩經世本古義
詩毛氏傳疏
詩三家義集疏
書疑　東坡書傳　尚書表注
書傳大全
四書集編
四書蒙引
四書纂疏
宋名臣言行録
孫明復先生小集　春秋尊王發微
文定集

五峰集　胡子知言
小學集註
孝經注解　温公易説　司馬氏書儀　家範
擘經室集
伊川擊壤集
儀禮圖
儀禮章句
易漢學
游定夫先生集
御選明臣奏議
周易口義　洪範口義
周易姚氏學